1903年的鲁迅

有谁从小康人家而坠入困顿的么，我以为在这途路中，大概可以看见世人的真面目。

——鲁迅《〈呐喊〉自序》

张梦阳作品

鲁迅全传

苦魂三部曲之一

会稽耻

增订版

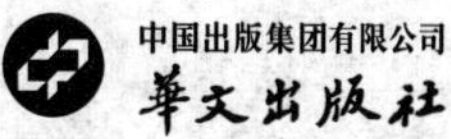

图书在版编目（CIP）数据

鲁迅全传 ：苦魂三部曲 / 张梦阳著. -- 北京 ：华文出版社，2016.7（2024.5 重印）
ISBN 978-7-5075-4556-2

Ⅰ.①鲁… Ⅱ.①张… Ⅲ.①鲁迅（1881-1936）-传记 Ⅳ.①K825.6

中国版本图书馆CIP数据核字(2016)第155351号

鲁迅全传：苦魂三部曲

著　　者：张梦阳
出版策划：李红强
责任编辑：张明华
出版发行：华文出版社
社　　址：北京市西城区广外大街 305 号 8 区 2 号楼
邮政编码：100055
网　　址：http://www.hwcbs.cn
电　　话：总 编 室 010-58336239　发 行 部 010-58336253 58336267
　　　　　责任编辑 010-58336259
经　　销：新华书店
印　　刷：三河市天润建兴印务有限公司
开　　本：710×1000　1/16
印　　张：79.5
字　　数：1160 千字
版　　次：2016 年 8 月第 1 版
印　　次：2024 年 5 月第 3 次印刷
标准书号：ISBN 978-7-5075-4556-2
定　　价：298.80元

前言

《鲁迅全传·苦魂三部曲》，是力图全景式地再现鲁迅和他那个时代的长篇文学传记，旨在刻画鲁迅作为中国二十世纪最痛苦的灵魂的心灵史，以及他周围各色人物的社会众生相，展现二十世纪中国知识分子的精神史。

全书选择鲁迅一生的早、中、晚三个点，分为三部曲。

第一部《会稽耻》，以绍兴鲁迅青少年时代从小康到没落的坎坷经历为主线，展现晚清中国社会的腐朽、没落与少年鲁迅——樟寿的精神成长。

《会稽耻》，二〇一二年一月曾经出过试水版，此次写作全部书稿时，做了很多补充、修订与文字润色。

鲁迅研究虽然持续近百年，但是仍然有许多史实存有疑难，由于年代久远，很多已经无法验证。例如鲁迅少年时代与表妹琴姑的初恋，纵有周建人的回忆和不少专家的阐释，但详情实难细究，所以鲁研界一直存有多种意见。因为本书文学诗化的性质，并欲求写出鲁迅富有才情、倾重感情的活生生的一面，笔者倾向其有，而又有所节制和隐含，没有过于渲染，在修订中也没有删节或改写，但是对于认为无有而进行批评者的意见，表示尊重。学术问题的意见纷纭本是正常的，应该允许不同意见共存。

第二部《野草梦》，以北京鲁迅中年写作《野草》《彷徨》时期与女师大学潮、三一八惨案、许广平爱情的纠葛为主线，揭示鲁迅人生哲学的深化历程，展现二十世纪二十年代的中国社会与文人心态。

鲁迅亲口对青年朋友说过：他的哲学包括在他的《野草》里面。因而要写出鲁迅的哲学，不能不以《野草》的创作为主线。以《野草》创作为中心的这部《野草梦》就更加不能不这样做。但是就出现了一九二五年秋天创作《野草》第一篇《秋夜》以前长达二十余年的生活如何表述的棘手问题，笔者苦思很久，觉得只能用“忆往昔”的法子处理。但时时又感到笔拙，而世界上没有十全十美的事情，笔者才疏学浅，能力有限，只得为了突出鲁迅的《野草》哲学而“笨”做了。

《野草梦》中仍然有许多史实存有疑难，由于年代久远，很多已经无法验证。例如，鲁迅与许广平的情爱过程就有多种说法，本书则主要依据陈漱渝先生的说法。

第三部《怀霜夜》，描述了晚年鲁迅与瞿秋白等的亲密友情与临终前的矛盾与苦闷以及对中国复兴、人类苏生的希望。

《怀霜夜》中有更多的史实存有疑难，由于年代久远，很多已经无法验证。例如“两个口号”的论争等问题就存有多种说法，笔者采取的方法是：尽全力搜寻所有的史料，进行严格的考证。然后，用白描的笔法把事实写出来，由读者自己去判断，其他问题也是这样做的。但一个人的眼界、视野、能力终归有限，不妥之处请方家指正。

全书以当时的主体故事为中心展开广阔的社会画面与人的心灵世界，并以插叙、倒叙、回叙、自叙等手法将需要的故事嵌入。

在叙写的过程中注意文学色彩和地方风味的有机结合，《会稽耻》突出绍味，《野草梦》突出京味，《怀霜夜》突出海味。努力以精致的散文笔法写不同地方、季节的雨、雪、风、景和婚俗、丧俗、年俗等等。

全书追求的美学风格是深沉、醇厚和凄美。

每部三十万字左右，三部共约一百万字。三部之间既互相联系，又各自独立成书。

本书是在广泛搜集、校核鲁迅回忆录和有关史实基础上辅以笔者的文学想象与学术评议综合、融汇、“炼化”而成。文中使用了大量的回忆文章，所有资料题目都附在书后的参考书目中，有些在文中加了注释或变换为引文字体。但有些部分，为了行文的流畅和保持原汁原味，没有这样做。特向回忆文章作者与读者说明，并请鉴谅。

主要人物表

樟　寿　姓周，本名樟寿，初字豫山，入学时改字豫才，小名阿张，后改名周树人。一九一八年五月发表第一篇白话小说《狂人日记》时开始用鲁迅作笔名。
櫆　寿　樟寿二弟，名櫆寿，字星杓，小名阿櫆，后改名周作人。
松　寿　樟寿三弟，名松寿，字乔峰，小名阿松，后改名周建人。
椿　寿　樟寿四弟，小名阿椿，六岁即早逝。
端　姑　樟寿之妹，早夭。

周福清　樟寿祖父，原名致福，后改为福清，字震生，又字介孚，号梅仙。
蒋　氏　樟寿继祖母。
潘大凤　周福清的妾，称潘姨太或潘庶祖母。
周凤仪　周福清的长子，樟寿父亲，名凤仪，字伯宜，进学时改名文郁，考中秀才后，改名仪炳，又改名用吉。
鲁　瑞　樟寿姆娘，绍兴会稽东北乡安桥头人，清举人鲁希曾的三女。
周伯升　周福清的次子，樟寿父亲周凤仪的同父异母弟弟。

长妈妈　樟寿四兄弟的保姆，绍兴东浦大门楼人。
章福庆　周家的忙月，人称“庆叔”。绍兴杜浦乡四村人。
章运水　章福庆的儿子。
宝　姑　周家丫鬟。
阮　标　章福庆的内侄，周福清在杭州时的男仆。
宋　妈　周福清在杭州狱府时花牌楼的台州老妈子。

何　氏　樟寿外婆，会稽县皋埠镇人，父亲何元杰为翰林院编修。
鲁怡堂　樟寿大舅父。
鲁佩绅　樟寿舅表兄，大舅父鲁怡堂的儿子。
鲁珠姑　樟寿舅表姐，大舅父鲁怡堂的女儿。
鲁寄湘　樟寿小舅父。
鲁琴姑　樟寿舅表妹，小舅父鲁寄湘的女儿，称为“琴表妹”。

鲁意姑　樟寿舅表妹，小舅父鲁寄湘的女儿，琴姑的大妹妹。

鲁林姑　樟寿舅表妹，小舅父鲁寄湘的女儿，琴姑的二妹妹。

鲁招官　樟寿舅表妹，小舅父鲁寄湘的女儿，琴姑的小妹妹。

鲁佩紫　樟寿堂舅，即二舅舅鲁季山的长子，樟寿堂兄。

郦永平　樟寿姨表妹，二姨父郦拜卿的女儿，鲁瑞的干女儿，櫆寿称她为“平表姊”。

周四七　樟寿礼房族伯，大烟鬼兼酒鬼。

周六四　樟寿礼房族伯，周四七的哥哥。育婴堂司事。

周利宾　周六四长子，绰号“雨濯鬼王”。

周子衡　樟寿礼房族叔，谱名秉权，字衡廷，乳名惠，樟寿兄弟称“惠叔”。因长年泡茶馆，人称“街楦”。

周子传　樟寿诚房族祖父。

子传奶奶　周子传之妻，樟寿后称其为“衍太太”。

周子京　樟寿立房族祖父，字子京，号敏甫。樟寿童年塾师。

周玉田　樟寿义房族祖父，开蒙塾师，称为“蓝爷爷”。夫人朱氏，人称蓝太太。

周伯㧑　谱名凤珂，小名谦，字伯㧑，又字岐律，周玉田长子。其夫人称谦婶或谦少奶奶。

周仲阳　周玉田次子。

周锡璋　樟寿慎房祖父，字子明，号芹侯。博学多才，擅长书画、治印。族中排行二十八，故樟寿辈称廿八公公。

周庆蕃　樟寿义房族祖父，入江南水师学堂引荐人。字椒生，号杏林，又号虞臣，小名“庆”。因在族中排行十八，故称“十八叔祖”。

周伯文　谱名凤藻，字伯鸾，族中大排行十九，周庆蕃的长子。

周仲翔　谱名凤苞，字仲翔，族中大排行二十三，周庆蕃的次子。

周五十　樟寿礼房族伯，幼名五十，谱名秉榕，字衍生，号荣生。子传奶奶的姘夫。

周慰农　樟寿裕房族伯，谱名鸣凤，号巢梧，族中大排行五。樟寿三味书屋同窗周寿恒、周寿升的父亲。

周桐生　樟寿诚房族叔，周子玲之子，周子传之侄，谱名凤桐。

寿镜吾　名怀鉴，号镜湖。三味书屋主人，樟寿受业师。

寿洙邻　名鹏飞，谱名祖泗，字洙邻。寿镜吾次子，三味书屋助师。樟寿、櫆寿的受业师。

吴书绅　樟寿在三味书屋的同窗，绰号“小头鬼”。

周寿恒　樟寿在三味书屋的同窗，小名泰，俗呼阿泰。

周寿升　樟寿在三味书屋的同窗，寿恒的弟弟。

周寿颐 樟寿在三味书屋的同窗，小名兰星。
胡昌训 樟寿在三味书屋的同窗，商人子弟。
章翔耀 樟寿在三味书屋的同窗，商人子弟。
周梅卿 樟寿的笛房族叔，曾是三味书屋同窗。
高幼文 樟寿在三味书屋的同窗。

范啸风 榜名寅，字啸风，又字虎臣，别号扁舟子。《越谚》编者，绍兴著名文人和书法家。
秦少渔 小名友。娱园主人秦秋渔的儿子，樟寿兄弟称他“友舅舅”。
云　儿 秦少渔的侍妾。

春　荣 东昌坊口地保。
孟夫子 老童生，酒店常客。
阿　桂 东昌坊口闲汉。
阿　有 阿桂之兄，正经劳动者。
水果连生 东昌坊口的水果摊主。
连生嫂 水果连生妻子。
阿　如 衙门口轿夫。
单妈妈 周家台门门房，阿如的姘妇。
阿　和 单妈妈的儿子。
阿　运 阿和的童养媳。
阿祥嫂 和房女佣。
连四嫂子 寡妇，丈夫死后，孩子又病亡，因而发疯。
屠宝林太娘 屠正泰老板娘。
宝姑娘 屠宝林太娘的女儿。
荣　生 轿行师傅，人称“做不杀的荣生”。
“矮癞胡” 本名司徒泉，风水先生，泰山堂药店店主，私塾广思堂堂主。

光绪皇帝
陈　璚 杭州知府。
崧　骏 浙江巡抚。
邹　玉 杭州府狱禁卒。

白胡子老头 谢德兴酒店闲客，旁观者。
黑瘦汉子 高大英武的饥民的领头。

人物关系图

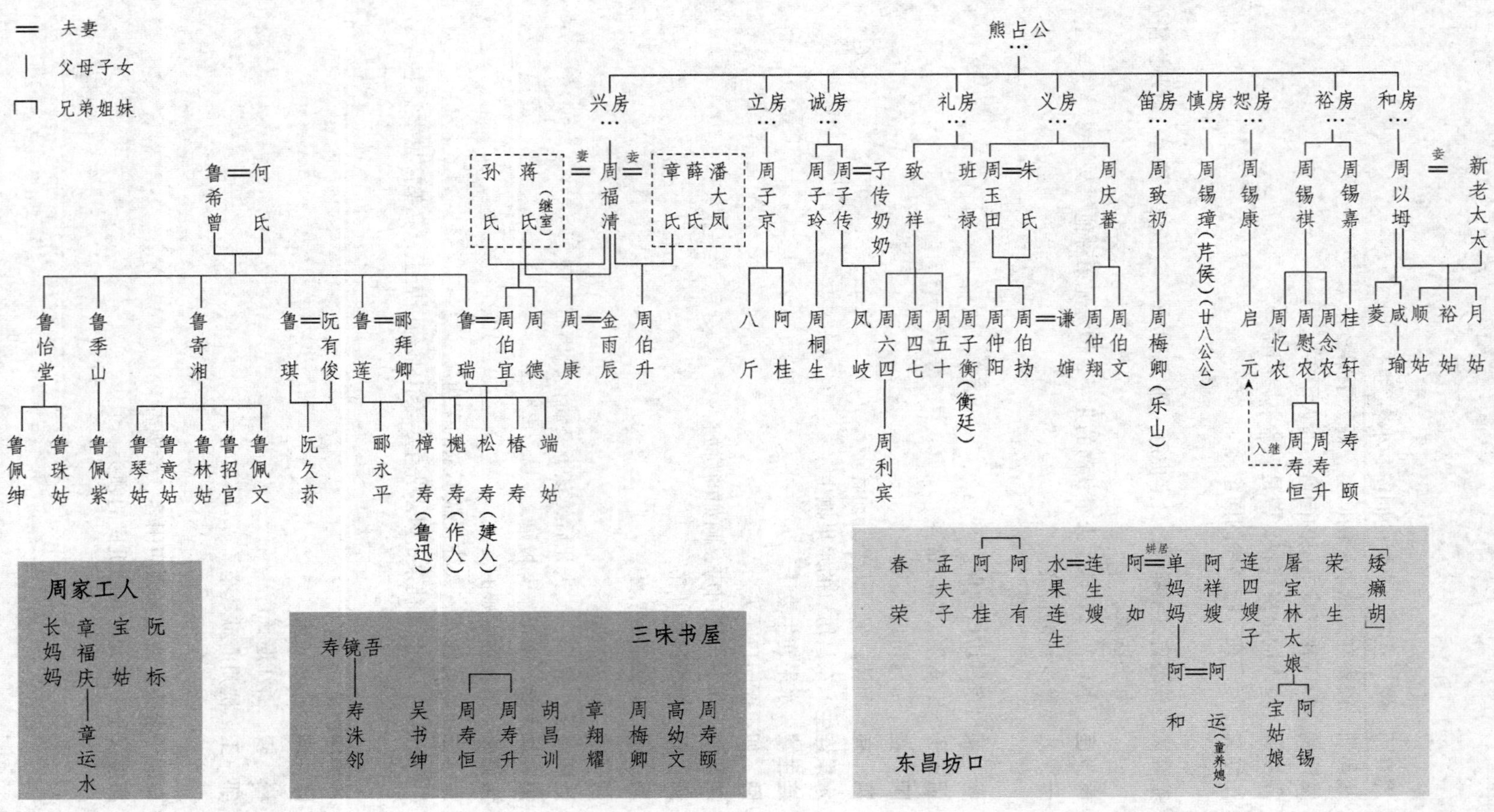

注：本人物关系图仅从本书直接描写的鲁迅祖父周福清辈起始，曾祖父九老太爷苓年公和九老太太戴氏一辈及其上辈从略。本图根据周建人口述、周晔整理的《鲁迅故家的败落》(湖南人民出版社1984年7月版)和张能耿、张款著《鲁迅家世》(党建读物出版社2000年6月版)编制。

目 录

第三章 乌篷船

第四章 皇甫庄

第五章 周福清

第六章 娱 园

序　幕　绍兴古街

古　街

公元一八九三年，即清光绪十九年阴历九月的一天凌晨，江南古城绍兴东昌坊西口的石板路，在晨曦的折射下泛着灰青色的暗光。地保春荣，干瘦驼背，一副鸦片鬼相，懒洋洋从他的破屋走出来，吱扭一声，打开了路口的栅门。

春荣在薄暮中四下望望自己再熟悉不过的东昌坊，往西端是十字路口；过路往西是秋官第和店市热闹的大云桥，街角是绍兴大名人徐渭的故居青藤书屋；往东是一家家的商铺和街中的小船埠头，直到周家台门、覆盆桥和三味书屋；往北是塔子桥，直通城北，会稽县衙门和杀人的轩亭口就在北边的县前街上，由此往西是与塔山对峙的府山；从十字路口往南是都亭桥和南街的洋教堂。

东西路口各有个栅门，夜里关上，清晨打开。夜里，百姓只能从栅门的小门进出。但是，官府来检查，春荣就要赶紧大开栅门，还要跪接，低声下气地说：“东昌坊地总跪接大老爷。”有时，唯恐老爷听不见，总是接连地喊，忙中出错，错喊成“大老爷跪接地总！”就得挨骂：“混账，王八蛋，拉倒打屁股！”于是被衙役拉倒打一通屁股。即使喊对了，也要等官轿抬过去才能起立，回去休息。所以，他夜里总睡不稳，一早起来昏沉沉的。

今早栅门开处，第一个进来的，是个黑瘦、健壮的汉子，短衣衫，破褂子泛出股难闻的汗臭味，脸微圆，颇有乐天气象，头上歪扣着一顶乌黑的破毡帽，帽上粘着几根鸡毛和草屑，帽下溜出一条稀疏灰乌的辫子，沾着泥土。身上乌龊龊，脏兮兮的，发出似黑似青的颜色。手里抱着的一只大公鸡，却红冠金羽，洁净光亮，不住咕咕叫着，红黄羽毛的脖颈一探一探的，瞪着金黄的圆眼睛向四围察看。

春荣瞠怒道："阿桂，偌个偷鸡贼，又去拈啥西？[①]"

阿桂朝春荣龇龇黄牙，笑道："哪格话，这是红鼻子老五托我卖的。"说着，挤挤小眼睛傻笑。

春荣挥挥拳吓唬道："到时不给酒钱，当心鞭子哉！"

甭看地保在老爷面前畏畏葸葸，在百姓那里却威风凛凛，居民有吵嘴打架的事，得先请地保来解决，这叫"地保官司"。对弱势的人，不管拿得出拿不出，他总得找由头勒索，少说也要扒出二十五文"老酒钿"[②]。真是老鹰飞过拔撮毛——恶要。邻里都说，地保好比一口钟，一碰着就要响（饷）。

阿桂一缩脖，答应一声，溜了。春荣回他的破屋补觉去了。

绍兴地处长江三角洲南翼，钱塘江附近，是著名的水城，境内河道纵横，以河为巷，以船为车。河上又架有各式各样的小桥，有的像笔架，有的如题扇，有的似廊厢。天一放亮，东昌坊街中间的小船埠头上传来了摇船的水流声，飘来些微鱼腥味儿。有人从船舱钻出，自船头上了岸。石板路上的行人逐渐多起来，挑担的，挎篮的，空手的，忙忙碌碌地行走。男人多戴着乌黑的毡帽，女人则穿着蓝印花布的衣衫，腰间扎着条蓝色的带子。好不容易挨过了春天的黄梅雨和夏天的炎热，赶上了深秋的响晴天，渐渐显亮的蓝天上只飘着几丝白云彩，青石板路干干净净，人们都兴致勃勃地出来赶生活了。

东昌坊沿路的店铺，一家挨一家，薄薄的黑瓦片翘起一个个尖角。黑黄的门板紧闭着，散发出一种浸透了几十年甚至上百年黄酒、糟毛豆和绍兴红

---

① 绍兴乡间方言，意为：你这个偷鸡贼，又去干什么？

② 老酒钿：买老酒的银钱。

东昌坊沿路的店铺，一家挨一家，薄薄的黑瓦片翘起一个个尖角。

乳汁混合的气味。加上盛开的桂花的香气，更加沁人心脾。各家店铺的旗幡在晨风中翻动，五光十色，花丽斑斓。

青石板路上投下一抹霞光，西北角的门板掀动了。这是一家水果摊，似摊而有屋，似店而无牌号，撤去排门，西南两面都开放了。店主是一个精干的黑瘦男人，人称“水果连生”，三十多岁。他撤了门板，就进屋里收拾一个水果担子。他的女人，年近三十，眉清目秀，人称连生嫂，到屋外摆摊，在一块木板上摆些水果、炒花生、炒栗子，用竹圈围住，免得滚下来。今天摆的水果是特意进山采选的山里红，又大又圆，鲜莹红亮，可人喜爱。连生嫂又拿喷壶洒上些清水，更是引人。他们夫妇俩一边在店里当“坐山老虎”，做门市生意，一边挑了水果担，送到各台门去卖，生意很是不错。

街市的其他店铺也陆续开了张，水果连生东边紧邻坐北朝南的范小大的麻花摊、四一剃头店、王锦昌扎肉店，隔着梁家台门的摇船头脑丁六十的小屋，新台门西北角的张永兴游龙寿坊，斜对面坐南朝北外号“猪头肉念捌”的肉店、高盛全油烛店、箍桶店、“做不杀的荣生”的小轿行，以及小船埠头东边的小鞋店、傅澄记米店、咸亨酒店、王咬脐锡箔店等小店小铺小摊，也一个接一个地开了门，摆出摊。最后，“水果连生”正对面、东昌坊口西南角的寿芝堂药店和谢德兴酒店，就像戏台上的主角要在后面压轴一样，也颇为傲慢地开了业。但是，一开门就有几个等着买药的急客和天天来喝酒的常客分别进了药店和酒店。

酒　店

最热火的是谢德兴酒店，一间门面，门口有一个曲尺形柜台，靠墙放着玫瑰烧、五加皮等酒瓶，直柜台下面放酒坛，横柜台临街，台上有半截栅栏，栅栏里放着茴香豆、鸡肫豆、盐煮笋、炒花生、豆腐干、咸螺蛳等下酒坯。柜台里面是黑胖的老板，总眯着眼笑，见客人就点头哈腰，身边还有一个十二三岁的男孩儿，看来是小伙计，怯生生地躲在柜台后面，专给人温酒。顺柜台往里是雅座，放着几个长板桌和条凳，可以坐十来个人，一面呷酒，一面高谈阔论。也有只要一碗酒，一盘豆，站着在柜台边喝的。这多是卖苦力的短衣帮。

一进门就会发现，门槛里的地面上，买主鞋底带进去的泥，堆得几乎跟烫酒炉的底座一样高，酒店掌柜从来舍不得铲掉。据说这是“龙骨”，踏进去的泥就是财宝。今天是大晴天，带进去的泥少，掌柜还有点遗憾。

里面靠墙一个雅座上有一个汉子。衣衫虽旧，但还齐整，胖胖的圆脸上一副悠然自得相。他坐在长凳上，长方板桌上放着斟满黄酒的高脚的浅酒碗，旁边两盏黄沙粗碟上摆着茴香豆和咸螺蛳，还没来得及吃。他就是周家新台门礼房的衡廷，整天不是泡茶馆，就是坐酒店，听到些街谈巷议，就回台门传播，大家都叫他“街楦”[①]。他年轻时在县衙门里当过朱墨师爷，字写得极好，文理也通顺，很会写状子。有人求他写信写状子，送他几个钱，他就这么生活。如果没人求他写，他也无所谓，不去找事做，仍旧饮茶吃酒。绍兴有句乡谚：“嘬螺蛳，过老酒，强盗来了勿肯走。”这衡廷就是天摇地动也改不了坐店吃酒的脾性，慢悠悠地一点点嘬螺蛳，一口口嚼茴香豆，过老酒，泡上一天，能过上一斤多老黄酒。

这时，只听店外街上传来一个声音：

“……远远望去，东方有一片紫气，不同寻常，我掐指一算，再排天干地支，果然非同小可。不由得我一喜，喜的是东昌坊口又要出举人了！”

衡廷跟对面一个穿马褂的白胡子老头儿说道：“你听，‘矮癞胡’又在算命了。听说，今年为祝慈禧‘万寿’，皇上颁旨在全国各省举行一次恩科乡试，这东昌坊说不定又要出举人。”

街上又传来人们的问声：“司徒，偌说的到底是哪家要中举啊？”所称的司徒，名叫司徒泉，生得特别矮，头上有点癞头疮疤，胡子又多，人们给他个绰号“矮癞胡”。他住家就在这里，与谢德兴酒店隔着个高盛全油烛店。以看风水起家，在十字路口西南开了一家泰山堂药店，但仍给人看风水。他倒很重教育，在东昌坊口开了家私塾广思堂。

“天机不可泄漏！”“矮癞胡”神秘兮兮地说，又往东边新台门周家一指，

---

① 街楦：指经常在街上传播消息的人。

"不过，现在说说也无妨！"

"快说呀！"闲人有些不耐烦。

"还不明白？！老鼠的儿子会打洞，举人还不生举人？""矮癞胡"终于道出天机。

人群中一阵骚动，有惊叹的，有开心的，有怀疑的，有嫉妒的，各有各的表情。

老头儿看来有点忧国忧民，听到街上的议论，摇摇头说："这管个鸟用！能挡得住洋鬼子瓜分中国吗？"

忽然进来个秀才模样的汉子，要了碗老酒，一盘盐煮笋，一盘炒花生，坐在旁边长凳上插嘴道："就这个'昏太后''呆皇帝'，能救得了中国吗？大清朝要完啦！"

衡廷叹口气道："就不能'死马当作活马医'，试它一试？"

老头儿抿了口酒道："我看难！"

秀才道："'呆皇帝'亲自执政快五年了，说是独立了，其实还不是瞅着那'昏太后'的眼色办事。这次乡试，就是为讨太后欢喜！"

老头儿伸出右手四根指头，低声补充道："慈禧太后修颐和园，据传就挪用海军军费白银四万万两。"

衡廷惊骇道："那要是与小日本海战，还不注定大败！？"

秀才伸出右手三根指头，朝桌上一抓道："那还用说吗？三个指头拾田螺——笃定了！"

正说着，突然间外边一阵喧哗，人们都跑出去看。

雷打不动、照旧吃酒的衡廷，隐隐觉得似乎与周家有关，坐不住了，跟着出来看……

惊天大事

原来日头偏高时分，从北面县前街的县衙门里走出两个衙役，去马圈牵出两匹高头大马，一跃而上，威风凛凛地朝着东昌坊口走来。

马蹄踏踏，直奔熙熙攘攘的街市。卖麻花的范小大眼尖，刚好货已卖完，赶紧收摊急躲，没被撞上。水果连生无法躲，摆在屋外的木板被躲闪的人们碰倒，水果、花生、栗子撒了一地。一颗颗又大又圆、鲜莹红亮的山里红，让人踩了个稀烂。连生嫂大哭起来，要在地上捡拾，但被人挤进屋里去了。

街道本来就窄，衙役为了显威风，竟然并排而行，更挤得人仰摊翻。谢德兴酒店里的白胡子老头和那秀才，以及刚跟出来的衡廷等酒客都站到门口惊看，只见马前的人们纷纷逃离。街边阿六炸臭豆腐的担挑、火炉、铁锅、另一头的生豆腐和其他杂物一起被掀翻；黑锅里冒着烟泡的油，尖头黑黄的长竹筷子，正在油里炸着的臭豆腐，以及铁罩、竹签，红色的辣酱，滚撒了一地。街市上更加充溢着炸臭豆腐味。两边乡下人摆的菜摊也翻了，原本青葱红润、水淋淋的苋菜、萝卜，满地滚撒，任人践踏，成了一堆青红黄黑搅拌混杂的菜酱。原来活蹦乱跳的金翅大鲤鱼，早就跳出筐，在地上乱蹦。活虾也爬出了倾倒的竹篓，舞着钳子一般的前脚，四处逃窜。街市上又在炸臭豆腐味道中掺和了鱼腥味。

阿桂手中的大红公鸡乘机扑棱棱呼扇着翅膀飞了，阿桂扑上去追，让逃窜的人们撞了个狗啃屎，险些被马踩踏了。一时间鸡飞狗跳，女哭男叫，乱作一团。正在演讲的“矮癞胡”倒是机警，没等马到，就闪到一边。马过后，又跟在后面去看热闹。

地保春荣闻讯赶来，冲衙役卑怯地笑笑，问到哪里去。衙役指指前方，说了句“周家新台门”。两匹大马的步子也放缓下来，往周家台门走去。

两个衙役，一个高瘦细长，另一个矮胖短粗，天气还不很冷，但都穿着深蓝色的皮袍子，大襟以下都没有扣上，腰间系了一根很阔的腰带，袍里的皮毛有一溜翻出，露在外面，是雪白的上等羊皮，头上戴的是红缨帽，各人手里拿着一支长长的旱烟管。骑的大马也都很阔气，瘦子骑的是棕色的，胖子骑的是黑色的，毛皮都泛着光泽，连马鞍、脚镫也都锃光瓦亮，新簇簇的。

到了周家新台门，两个衙役都下了马。春荣赶忙替他们把马拴在对面空地的大树干上。刚一落脚，衙役们就冲着台门大喊：“捉拿犯官周福清[①]！”“捉拿犯官周福清！”

一时间吓得门斗里坐在两条长石凳上等荐头[②]的乡下妇女，像炸了窝的母鸡般，一哄而散。住在周家新台门门房，专给人做荐头的单妈妈也赶紧躲进屋里，关严了门。

两个衙役径直进了大门，横着身子往里走去。春荣紧赶两步引他们进了仪门，过了大厅，入白板门，来到过廊，李楚才[③]住的兰花间也房门紧闭。又从过廊空隙拐进了桂花明堂，桂花香气并没有令衙役陶醉，反倒使他们更发了疯，破了嗓子大喊：“捉拿犯官周福清！”“捉拿犯官周福清！”春荣引衙役进了黄门，就退回来，大瞪着惊呆了的布满红丝的眼睛，往里傻看一眼，旋即到门口替他们看马。

这时，周福清的次孙櫆寿、三孙松寿，连同周福清妾生的儿子周伯升，虽然比櫆寿只大一点儿，也称为升叔，都在家里。

松寿的姆娘[④]和长妈妈听到有人在桂花明堂大喊“捉拿犯官周福清”，不禁大惊失色，连忙拉着松寿顺楼梯上到小堂前楼上。周福清的小妾，潘庶祖母吓得钻进自己屋里的床底下。櫆寿和升叔本来整天托词读书，关上厅房的门，终日在明堂里玩。正在自娱中，听见衙役的喊声，二人吓得又跑回厅房，藏进了厅堂的桌案底下。顶东头的子传奶奶和子传公公也闭紧了房门。奶妈抱着四弟小椿寿躲进屋里床帐内。

松寿从楼窗口往外偷看，只见两个一瘦一胖的衙役站在楼前大喊：“捉拿犯官周福清！”“捉拿犯官周福清！”

还是祖母镇静，在楼下招呼，请他们到小堂前坐下了。

松寿伏在楼板上，从缝隙里向下张望，见衙役坐在太师椅上，一边吸着长长的旱烟管，一边稍歇一会儿就大喊一声：“捉拿犯官周福清！”还不住地抚弄着皮袍翻露在外面的一溜雪白羊皮，像是自己找乐，又像是小孩过年穿

① 周福清：生于清道光十七年农历十二月二十七日，按照公历算，该是一八三八年一月二十二日，原名致福，后改名福清，字震生，又字介孚，号梅仙。在周家致房行八。绍兴城著名翰林，樟寿的祖父。

② 荐头：旧时以介绍佣工为业的人。

③ 李楚才：绍兴晚清著名文人李慈铭的堂兄弟，租住在此。此屋原是樟寿曾祖父种兰花的兰花间。

④ 姆娘：绍兴一带对“母亲”的称呼。

上新衣想让别人跟着观赏。

这两个衙役坐了小半天工夫，总是这个姿势，也总是这么叫喊。除了他们的声音，台门里死一般的静寂。

祖母进自己的房子，拿了两袋钱，捧到小堂前，送给两个衙役。不知过了多长时间，声音消停了，衙役走了。祖母在楼前发愣。

姆娘和长妈妈带着松寿从楼上下来，迎向站在楼下的祖母。

潘庶祖母也出来了。眼泪汪汪地望着祖母，不知所措。

藏在厅房里的升叔和櫆寿也从黄门进来，扑到祖母跟前。

子传奶奶和子传公公开了门，远远望着这一家人，目瞪口呆。

过了一会儿，在前边大厅看书、下棋的胖胖的玉田公公也来了，连在外边泡酒馆的“街楦”衡廷，四处闲逛的“破脚骨”[①]周四七都来了。

大家面面相觑，像木偶一样一动不动，说不出一句话。

台门里一片死寂……

---

① 破脚骨：绍兴乡间方言，指地痞、无赖。

第一章　三味书屋

书　屋

古街出现惊天大事的时候，东昌坊东头的三味书屋依然在静静地上课。

东昌坊东头，是周家新台门。再往东，是老台门。老台门斜对面，有一座奇特的桥，桥上有讲究的板壁，有玻璃窗。天花板是排列得很整齐的椽子，椽子上搁着像瓷器一样的长方砖，外层是瓦，北堍还有一扇门。这不像桥，而像一所房子，只是不住人，作为走路用的。这座桥叫覆盆桥。据说这里是西汉会稽太守朱买臣和他的前妻相遇的地方。朱买臣贫穷的时候，妻子抛弃了他，富贵以后，前妻又要求和他破镜重圆。朱买臣从张马河里舀了一盆水，倒在马前，说，如果你能把水重新收回盆里，我就和你恢复夫妻关系。泼在地上的水，如何收得回来？他的老婆十分羞惭，回去就自杀了。这座桥因此得名“覆盆桥”。

覆盆桥南堍靠西，是过桥台门，居住着周家中房派下的慎房和裕房。东邻有几间房子，屋虽不多，却有花木、假山、鱼池，很是别致。这是老台门和房十五太爷夏天避暑的别墅，被称为新过桥台门。

再东邻就是寿家台门。原是寿镜吾祖父寿峰岚靠酿酒、卖酒积钱购置的，占地六亩，前临小河，后有竹园，修竹千竿，与周家老台门隔河相望。到父辈寿韵樵，即云巢公时，寿家已不靠酿酒为业，成了一户书香人家。经济上也江河日下，把正屋典给了财主李月舫，由寿镜吾在东配房开设了三味书屋。

从东边斜对石桥的寿家台门双扇正门进去，左拐往东进入一扇黑油的竹门，就闻到浓郁的桂花香气，听见三间东配房里传来一群孩子的读书声，有念“仁远乎哉我欲仁斯仁至矣”的，有念“笑人齿缺曰狗窦大开”的，有念“上九潜龙勿用”的，有念“厥土下上上错厥贡苞茅橘柚”的……真是人声鼎沸。

东配房前面，靠墙有一石条横案，上面放着一个石盆，盆里种着一簇簇红红绿绿的小花草，旁边放着一口棕黑色的圆口大水缸，供学生洗笔砚用的。缸底部生满青苍苍的绿苔。

视线上移，透过东配房正中一间的棱形窗格，朝里望去，就见正中墙上挂着一块匾，上书：三味书屋。据说所谓“三味”，即读经味如稻粱，读史味如肴馔，读诸子百家味如醯醢。匾额下是蓝地洒金屏门四扇，刻着一副对联：

此处正安吟榻好，不如且入醉乡来。

草书奇浑，没有署作书人名姓。联中央是一幅画，画中一只肥大的梅花鹿伏在古树下。画前摆着一张炕床，炕床的前沿放着一张八仙桌和一把大圆椅，桌子的两旁是茶几和椅子。再往前的左右间楹柱上，刻着一对联语：

花前屡泛罗浮酒，架上常存宛委书。

周围摆着七八副桌椅，坐着七八个不同模样的孩子。正中大圈椅上，坐着一位高而瘦的老人，须发都花白了，还戴着大眼镜。这就是塾师寿镜吾，绍兴城中方正、质朴、博学的人。他自己也念书。不一会儿，学生的声音低下去，静下去了，只有先生还大声朗读着：

“铁如意，指挥倜傥，一座皆惊呢~~；金叵罗，颠倒淋漓噫，千杯未醉嗬~~……”

先生一边读，一边微笑起来，而且将头仰起，摇着，向后面拗过去，拗过去。

先生读书入神的时候，学生开始自由活动。西窗下，身长头小绰号“小头鬼”的吴书绅，弓起身用纸糊的盔甲套在指甲上做戏。旁边的两个孩子，也跟着学。南墙下一个显得特别聪颖、英俊的细长男孩儿，是周家中房的周寿恒，小名泰，俗呼阿泰，站起身，拔发接长，悬挂梁上，系一纸条，向同窗牵引①。孩子们见条上写:“去后园，送信笺”，不禁轰动。一个个朝东墙靠南的小门溜去。

紧靠小门坐着一个男孩儿，十三岁光景，穿着一件深蓝色的竹布长衫，寸多长的一把锁匙挂在大衫大襟的扣里，辫子编成三股而又垂得最长。头发又黑又硬，前额的几根头发向上梗挺着，眉毛很浓，眉宇之间透出一股英气。厚厚的单眼皮掩着一双不大的眼睛，眸子黑亮有神，内敛着沉毅的光，像总在观察着什么，思索着什么，令人生出一种莫名的敬畏感。但这孩子又让人觉得和悦可亲，在他紧抿的嘴角上挂着一丝淡淡的微笑，像是在嘲弄这个世界，又要与这个世界亲近，鼻翼翕张间还露出一股天真烂漫的气息。他就是绍兴城著名翰林周福清的长孙，周家兴房第四世的长男，本名樟寿，初字豫山，入学时因为有人戏称他为“雨伞”，经祖父同意，才改字豫才，小名阿张。

樟寿把家藏的《唐诗叩弹集》方正地摆在桌角，铺开“荆川纸”，用“金不换”小字笔，在抽屉内的一方铜墨盒里掭笔尖，准备抄写百花诗，就被正从小门钻进后园的“小头鬼”撞了一下，毛笔掭歪了。

樟寿拧起浓黑的眉毛，瞪了“小头鬼”一下，连忙捂住了桌上的锡制茶壶。“小头鬼”专爱搞恶作剧，不是用锥子钻破别人茶壶的锡皮，又用黄蜡封好，待别人到家用热水沏茶时壶就漏出水来，就是捉了蟑螂从锁孔放进抽屉，咬坏别人的纸盔甲。

“小头鬼”刚过去，樟寿肩头又挨了另一位同窗轻轻一拍，回头一看，见是机灵鬼寿恒，站在身后的是他的堂兄弟兰星。寿恒的聪明，樟寿也是佩服的。同样的书，樟寿读几遍能背出四十行，他却能背出八十行。但私下里，樟寿却觉得他的聪明没有用在正处。

---

① 当时绍兴初设电报，街道上竖杆挂线，学生见了效法，拔自己的头发，一根根接长，悬挂梁上，系信件于上，循环牵引，往来通信。

紧靠小门坐着一个男孩儿，十三岁光景，穿着一件深蓝色的竹布长衫，寸多长的一把锁匙挂在大衫大襟的扣里，辫子编成三股而又垂得最长。

寿恒冲樟寿做个鬼脸，看着樟寿桌案上的书说：“光看书有什么意思，到后园玩去。我送你印花信笺。”

樟寿笑笑，没有答话。寿恒早就和兰星一起出去了。

身着绸缎衣裤的商人子弟胡昌训和章翔耀挨到樟寿身边，很想看他描绣像。樟寿没有描，倒是不慌不忙地拿出一个红纸条，用铜制镇纸圈压好，换了只“十里红”大字笔掭了墨，工工整整地写了四个字：“君子自重”，把字条端端正正地放在桌案右角。俩人见了，吐了吐舌头，知趣地溜进后园了。

笛房族叔周梅卿过来了，在樟寿身边看了看，就到后园去了。他与樟寿最好，铜墨盒就是他借给樟寿用的。一时间，书房只剩樟寿一人。时令正值九月，桂花飘香，令人心醉，到底耐不住诱惑，小樟寿也出了教室，直奔园子而去。

后　园

一进入后园，就如堕入了桂花酒坛，心都醉了。这个小园，南北长两丈多，东西宽一丈多，园虽小，但花木繁茂，布景紧凑。东北隅有一小亭，悬匾“自怡”二字，下署“子昂”书。其实，这乃康熙年间绍兴著名书法家雪岩山人金炳所书，并非元代书画家赵子昂的真迹。亭壁上有四言诗一首，据说是寿镜吾父亲云巢公手题：

栽花一年，看花十日。
珠璧春光，岂容轻失。
彼伯兴师，煞景太烈。
愿上绿章，飙霖屏绝。

据说是云巢公在一阵暴雨之后，看到落花满地，感慨万千，挥笔而写的一首感叹诗。

小亭两旁，长着两株树龄在百年以上的大桂花树，荫蔽全园，开花时金粟漫天，香闻数里。

桂花树旁又有砖砌花坛一个，种着高出屋上的百年蜡梅十余本，一到寒冬腊月就迎风开放。

东南隅又有百年以上大天竹一丛，高与屋齐，自为一坞。秋冬垂垂结实如红豆，如火珠，至为美观。正中为牡丹花坞，叶绿花红。旁边有两个大石墩，上置花瓷缸，各种有翠柏一株。南墙下又有藤萝一本，也是百年之物。

寿恒正在园中分发信笺，裕房的寿颐，又名兰星的，在一边帮着分发。见樟寿来了，兰星连忙递给他一封。信笺上印着精美的花卉，很漂亮。樟寿一向喜欢收集信笺，尤其是这种精雅秀美的，然而他想了想，却推开了。蹲到桂花树下从湿湿的泥土孔里寻蝉蜕。

寿恒见樟寿推开信笺不要，不禁纳闷。正在一边折蜡梅的“小头鬼”，歪头看见，一手举着刚得到的信笺摇着说：“嗨，这么好的信笺居然不要！”又一手舞着蜡梅干枝跳下花坛，玩别的去了。

樟寿不理他们，只从泥孔里掏出一枚蝉蜕，细心地观赏着。看着蝉蜕半透明的黄色硬壳和带齿的前腿，觉得很有趣。接着，他举手一扇，捉了只苍蝇，摔在地上，又用小树枝压死了，拨到一个蚂蚁窝旁边，静悄悄地看着蚂蚁们围吃死苍蝇。小小蚂蚁们很勤劳，也很团结，一起搬动苍蝇，忙着往窝里运。还排成一长队……

正看得入神，一个叫高幼文的小个子同窗，从小门里悄悄出来，走到樟寿身边，蹲下小声对他说：“阿张，我知道先生一会儿对课的题了。”

“什么题？”樟寿也好奇地问。

“独角兽。你看怎么对？”高幼文神秘兮兮地说。

樟寿顺嘴答道：“四眼狗。”

高幼文似乎放下心来，高兴地一边玩去了。

樟寿看蚂蚁吃苍蝇正看得出神，眼前忽然出现了两个纸盔甲，一晃晃地在互相掐架。

樟寿抬起头，原来又是“小头鬼”恶作剧，在两根拇指上各套了一个纸盔甲，在他眼前做戏。

樟寿毫不示弱，从衣襟里掏出自制的纸盔甲，挑出两个套在自己的拇指上，与“小头鬼”对打起来。

一对阵，就显出高低了。“小头鬼”的纸盔甲做得很简易，不过是用白纸折叠粘上罢了。樟寿的可不然，用红、绿、黄、蓝、黑几种颜色纸剪裁糊成，样式很多。还有各种兵器，用竹丝做柄，制成长矛、画戟、钺斧等，应有尽有，都做得非常精致。并用墨笔在盔甲正面画出了人脸的眉眼、胡须，涂了彩色;都是参考各种绣像小说书上的画像来做，煞是好看;样式多，剪得也精巧。盔的大小正好适合戴在大拇指上，以大拇指的下节做项颈，甲可以披在拳上；四指是屈着的，如果二、三指间夹了刀枪等兵器，还可装作武将打仗的姿势。两人一一对打，一时间把周围的孩子都吸引过来了。大家睁大了眼看，像在观赏一出好戏。

“人都到哪里去了？”先生在书房大叫起来了。

孩子们惊住了。“小头鬼”和两三个孩子一窝蜂往小门挤，樟寿和寿恒连忙拉住，说:“别忙。一个一个地进去。”

孩子们一个一个陆续地回书房了。

老寿先生

老寿先生有一条戒尺，但是不常用，也有罚跪的规则，但也不常用，普通总不过瞪几眼，大声道：

“读书！”

于是大家又放开喉咙读一阵书。

读了一阵，老寿先生又沉醉于自己的朗读，学生们又开始做自己的事了。“小头鬼”站起身，也学寿恒的样子，拔发接长，悬挂梁上，系一纸条，向同窗牵引。孩子们见条上写着:“信笺为盗品。勿收。”原来“小头鬼”在后园见樟寿拒收信笺就犯疑惑，后来细想想，觉得似乎在哪里见过。回书房后，猛然想起是在擅长书画的周家裕房芹侯爷爷[①]，樟寿他们叫廿八公公的家里见过，

① 芹侯爷爷：即周锡璋，字子明，号芹侯。是樟寿祖辈中最小的一个，族中大排行二十八，人称廿八公公，只比樟寿大三四岁，善书法，会篆刻，多才多艺。

怪不得樟寿不要呢！原来是偷来的。要赶紧戳穿，不然人家追究起来，可不好说。于是就发起了“土电报”。

同窗一见，纷纷拿出寿恒给的信笺，疑惑着，要还给他。

寿恒不觉大怒，也系一纸条，上写“污人清白”四字。

这时，老寿先生的儿子寿洙邻到课堂上来了。三味书屋南邻有耳房一间，上悬“谈余小憩”小匾一块，也为雪岩山人金炳所书，由小寿先生在此设帐教两个学生，称为“启蒙班”。不过，有时小寿先生也来做父亲的助教，到大堂一起上课。

老寿先生近视，对空中纸条毫无察觉，小寿先生身板挺直，两眼炯炯有神，精明得很。他一眼就看见了纸条，立即问道：“是谁在传纸条？”

机灵鬼寿恒手疾眼快，一把抓住纸条，揉碎了，放入衣襟。“小头鬼”笨，不及收回，就被小寿先生将纸条抓在手里。

小寿先生铺开纸条一看，见写着“信笺为盗品。勿收。”忙问：“什么信笺，怎么是盗品？”

寿恒吓坏了，忙缩在角落，一语不发。兰星也跟着垂下头。

“小头鬼”指着寿恒说：“是他，送给大家信笺，其实是从芹侯爷爷那儿偷来的。”

寿恒忙大声自辩：“胡说！是我家的。”

老寿先生见此状，也不读书了，要拍案发火。小寿先生害怕父亲深究信笺，把事情闹大了，连忙转移话题，问道：“是谁传纸条的？”

“小头鬼”又指着寿恒说：“还是他！”

寿恒像受了天大冤枉，忙站起说：“不是我，是、是……”说了两声“是”，又把话吞回去了。

这两人互相抵赖，各不相让。别的孩子却都往樟寿那里看。樟寿自是正襟危坐，在那里专心看书，不参与这些嬉戏谑浪之事。当时绍兴初设电报，街道上竖杆挂线，学生见了效法，拔自己的头发，一根根接长，悬挂梁上，系信件于上，循环牵引，往来通信。老寿先生近视，没有发觉。后来小寿先生看见空中纸条移动，才发现其中诡秘，责问学生，却互相抵赖，但人们多疑是樟寿所发明。小寿先生也心知乃樟寿所首为，但见他自恃甚高，风度矜贵，父亲执教甚严，对他从未呵责，每每还称其聪颖过人，品格高贵，自是读书人家子弟，深为爱惜，所以也不便深问。转移话题道："别闹啦！上正课。"又看看父亲，见父亲点了下头，就说，"今天提前对课。"

平时都是下午对课，今天忽然提前，孩子们不禁紧张，睁大眼睛望着，竖起耳朵听着。

小寿先生说出了课题："独角兽。"

小个子高幼文闻听大喜，举手要求答对。小寿先生指指他，叫他答。他猛起身，大声说道："四眼狗。"

一时间，逗得满书房哄堂大笑。樟寿用书遮着脸，也笑得要死。

小寿先生发火了，呵问道："'独角兽'是麒麟，是天下珍宝，'四眼狗'算什么东西。怎么能与之对课？"

学生们七嘴八舌，有对"二头蛇"的，有对"三脚蟾"的，有对"八脚虫"的，有对"九头鸟"的。

樟寿却翻着刚读过的《尔雅》说："我对比目鱼。"

小寿先生闻听，马上赞道："'独'不是数字，但有'单'的意思；'比'也不是数字，但有'双'的意思，可见是用心对出来的。"

老寿先生一边捋着胡须，一边望着樟寿微笑。刚入学时，他看着这孩子怯生生地对着三味书屋的扁和梅花鹿行礼跪拜，又对着他行礼，就觉得怪可人心疼的。可是，这孩子不知从哪里听来，说东方朔认识一种名曰"怪哉"的虫，为冤气所化，用酒一浇，就消释了。竟瞪着眼睛问道："先生，'怪哉'这虫，是怎么一回事？"惹得他很不高兴，脸上显出了怒色，回道："不知道。"于是就对这孩子严厉了几天。但是没过多长时间，又见樟寿确实聪明可爱，虽然有时调皮，跑到庙会里扮小鬼，脸上的油彩没洗干净就跑回书房，躲在门口不敢进来，也让人喜欢。樟寿纵然并不是最聪明的，同样的书，樟寿读几遍能背出四十行，寿恒却能背出八十行，但寿恒有点儿嬉皮相，不像樟寿那样既聪明又正派，仍对樟寿和气起来了。

樟寿见自己对课使老小两位先生都满意，就悄悄对小寿先生说："四哥，我这里靠门口透风，能不能调一下位子，到东北隅僻静处去？”

小寿先生心知樟寿是因喜阅小说杂书，藏抽屉中，靠门口不便偷读，托词以寻找僻静，但他也喜读杂书，对樟寿这种喜好，不仅不反对，还暗中支持，就到老寿先生身边问了问。回来对樟寿说：“好吧，偌就搬吧。”

樟寿乐得直蹦高，连忙挪桌子。一边的高幼文也过来帮忙，小声嘟囔道：“偌怎么唬我？说对‘四眼狗’？”

樟寿凑到他耳旁道：“你太呆了。我跟你开玩笑呢。不过，按照《水浒》里人物的诨名，对‘四眼狗’也可以的。”

桌凳搬好了，樟寿在窗下的墙角坐了下来，感到舒服极了。这样，低头看抽屉里的小说杂书，别人不易发现，自己又得到了光亮。

下面该写大字了，樟寿一本正经地铺好了纸，用铜制镇纸圈压好，用“十里红”的大字笔舔了舔墨，工工整整地写起来。

学生们写大字，老寿先生又看自己的书。看了会儿，累了，眯眼养神。忽然大叫起来：“屋里一只鸟，屋里一只鸟！”大家都吃惊，以为先生着了魔。小寿先生连忙跑出来查看，并没有发现什么鸟。但仔细一看，才知道有一只死笨的蚊子叮在老先生近视眼镜的玻璃外边哩！这蚊子是被小寿先生赶跑还是捉住，不得而知。总之学生大笑起来，老寿先生自己也忍不住笑了。

写完大字，学生们都送到老寿先生那里去。先生为了对自己刚才的笑剧表示歉意，给大家多画了几个“红鸡蛋”，樟寿的尤其多。放学时，又把孩子们送出大门。

临过桥时，樟寿让大家把信笺交还寿恒，又对寿恒说：“泰兄，还给廿八公公，就说拿来给大家看看，大家都很赞赏。”

寿恒冲樟寿感激地笑笑，不好意思地把信笺叠好收起，和兰星一起转身向过桥台门的家里走去。

樟寿说声“下午会”，就快步过了桥。待到了桥北，抬头往自己家门口望望，忽觉情景异样……

第二章　败落的肇始

异样的目光

樟寿放学回到家门口时，衙役已经走了。空地上的大树下留有一堆马粪，还冒着热气。“矮癞胡”和几个闲人围在自家门口张望、议论。阿有[①]和常在谢德兴酒店闲泡的白胡子老头也在外围站着。

“矮癞胡”的嗓门最高：“我早就看出周家要出事了！”

樟寿悄悄对同学说：“再会！下午会！”

一种异样的目光，盯在樟寿的背上。他抬头一望，见是“矮癞胡”投来的，嘴角还带着一丝得意的嘲笑。这目光和嘲笑混杂在一起，似乎要从他人身上攫取出一丝带血的骨髓来咀嚼一番，既享受一下欺凌弱者的威严滋味，又反衬出自己的强势。樟寿平生第一次领教这种目光，他感到惊异，浑身起鸡皮疙瘩，恨不能一拳击碎这阴毒的眼睛，但是他没有这样做，而勇敢地回了他一眼，那毒眼刹时无光了。

樟寿紧抿嘴角，往坟墓一般死寂的家门走去。

身后传来人们斥责“矮癞胡”的声音，好像阿有在说：“你刚才不是还说什么东方有一片紫气，周家要出新举人吗？这会儿又这样说……”又像是白

① 阿有：东昌坊口的一个正经劳力，有一弟称为“阿桂”。

胡子老头在说:“嗨，经过这变故，说不定周家后人会有出息呢！”

门洞里的房门紧闭着，死一样的沉寂。

绍兴人们的衣、食、住、行之中从古至今流行着“尚乌”的风情。乌毡帽、乌干菜、乌篷船，为绍兴的“三乌文化”。此外还有乌台门，这是古城最深幽的一道风景，里面隐藏着江南的精致文化与迷人风情。樟寿就在这乌色中往里走着。

出了仪门，进了大厅。樟寿下意识地看了一眼厅柱上抱对的上下联：

品节详明德性坚定，事理通达心气和平。

看着这副对联，樟寿似乎更沉住了气。

穿过桂花明堂，进入黄门，忽看到家人和亲戚都呆立着，一语不发。

猛然间，姆娘扑过来搂住了他。

长妈妈走过来，叫了声:“大阿官！”

祖母也过来了，抚着他的肩膀。

二弟櫆寿，三弟松寿，连同升叔，一起过来了。

亲戚们也都望着他。

年仅十三岁的樟寿，周家兴房的长男，成了这群人的中心。

樟寿还是紧闭嘴角，原来那天真烂漫的神情消失了，只有一种无可名状的坚忍。

姆娘搂着他，带着哭声说:“爷爷犯事了，衙役来捉拿……”

“街楦”衡廷终于开了口:“听街上说，介孚公[①]是因为在苏州府，代人科场行贿犯事的。”

又圆又胖的玉田公公捋捋唇上的八字胡说:“其实，这种事情现在很常见。介孚还是结怨太多。记得那年陈秋舫跟四七的姑姑结婚以后，住在百草园的三间头里不愿走，介孚挖苦他说:‘躲在布裙下，是没有出息的。’被他听到，立即告辞，对人说:‘今后如果不出山，就不上周家门。’后来他果然中了进士，

① 介孚公：即樟寿的祖父周福清，字震生，号介孚，家人一般称之为“介孚公”。

但没有做官，当了师爷，正好在苏州府。介孚的事捅到他手里，还不乘机报复。”

周四七骂道：“这等小人！介孚公举着八角铜锤追打过我，我就不记仇。”

子传公公推了下周四七道：“哪能都像你。人家都是记仇的。那年介孚兄在江西做知县时，俞凤冈知县曾求过亲，要周德[①]做他的继室，结果碰了一鼻子灰。介孚兄说他是癞蛤蟆想吃天鹅肉。俞凤冈怀恨在心，这次派衙役来闹，就是报复。”

祖母点了点头道：“是有这回事，嗯……”像是在想什么事，往自家屋里走。

亲戚见此状，就退散了。

家里的人跟着来到祖母屋里，后房里午饭已经摆上桌了，但大家都无心吃。祖母紧皱眉头，想了下说：“先让阿张吃。吃过饭，还得上学堂去，那里比家里安生。”

姆娘忙扶过祖母说：“偌先吃。”祖母不吃，要在一旁吸旱烟。姆娘只好拉樟寿吃饭，又招呼櫆寿、松寿和长妈妈、祖父的小妾潘庶祖母和升叔吃，然后忙给祖母装烟，点上。

祖母的旱烟管，是一支乌木细竿，很长。祖母吸了口烟说：“先让阿张在三味书屋躲几天再说。”

樟寿胡乱吃了几口饭，过来看姆娘。最揪他的心的，就是姆娘了。

姆娘也说：“赶快上学堂去，别惦记家。”

这时，旁边房子传来了四弟椿寿的大哭声，姆娘和长妈妈急忙过去看。奶妈把小椿寿抱出来了，他圆胖的小脸哭得皱成一团，早已不见了蜜桃般的笑容，像知道家里出了大事……

“三味”的来历

三味书屋里。樟寿坐在他新换的座位上发愣。

一个中午，好像经历了两个世界，那个趣味横生的百草园和三味书屋小书童的世界，霍然间离他远去了，逼他进入了另一个截然相反的世界。“矮癞胡”

① 周德：周福清和原配孙氏生的女儿。

式的恶毒的目光，始终像蝎子的毒螯，狠狠地咬啮着自己，使自己不寒而栗。当然，在三味书屋里，还有另外一种目光，一种极其怜悯而又无可奈何的目光。老寿先生和小寿先生以及同学们肯定知晓了周家的事，但都佯装毫无所知，分外温存地看着他，用目光抚慰着他，让他坐到自己向往的新座位上做自己爱做的事情。而且老寿先生破例没有带领大家读书，只摆摆手让学生们习字。

同学们除寿恒外都到齐了，不再嬉戏，安安静静地习字，生怕出一点响声，惊动了樟寿。

然而，樟寿最怕的就是大家的这种怜悯而又无奈的目光，他低着头，避开周围的目光。大家都低头习字时，才悄悄扫视了一下。怎么？兰星边上寿恒的位子空着，寿恒没有来。他怎么没来上学？是因为信笺事不好意思来了吗？他把信笺还给廿八公公了吗？……

想着，樟寿还是从上衣襟取下锁匙，打开暗锁，拉开抽屉，拿出笔墨和几张“荆川纸”。这次他没有影描小说上的图画，而是小心翼翼地拿出正在念的一本《诗经》，在桌角摊开《卫风·硕人》一页，铺开纸，开始工工整整地抄写其中的一段：

> 河水洋洋，北流活活。施罛濊濊，鳣鲔发发。葭菼揭揭。庶姜孽孽，庶士有朅。

樟寿坐得笔直，将全身心的气力都凝聚在笔尖上，精心书写着中国特有的汉字。他从汉字的结构和笔画中感到了无穷的乐趣，在书写中又体味着中国古典诗文的深厚内涵。他嗜好抄书，在这看来枯燥的抄写中，把外界的一切苦恼、不幸全搁置了，将忧愤和不平统统注泄在每一笔每一画中，进入别样的世界：春秋时代，由齐国到卫国渡河时，黄河水是那么洋洋浩大，滚滚滔滔由北流入大海。张开渔网，撒入水中，发出嚯嚯的声响。黄鱼和鳝鱼泼泼地扇动着鱼尾，长长的芦苇在风中起伏。随卫庄公夫人嫁来的姜姓少女，身材窈窕，随从的众壮士英武高大。《诗经》所塑造的中国古代美好的人物与美好的世界，深深地吸引着他，使他精神高扬……

老寿先生咳了咳嗓子，开始讲书了。这次他讲的不是指定的课本，而是三味书屋的含义："今天下午讲讲这三味书屋的来历。早在我祖父寿峰岚先生的时候，以酿酒为业，却非常喜爱读书写字。一日，他从别处得到一块匾额，上面写着'三余书屋'四字，为杭州梁同书所书。他如获至宝，非常喜欢。据《三国志》裴松之注，引董遇言，所谓'三余'，就是为学当以三余：冬者岁之余，夜者日之余，阴者晴之余。大概寿峰岚先生喜其字而不喜'三余'的含义，就把'余'挖改成'味'。现在细看，还会看出笔迹的不同。所谓'三味'，有一种说法是'读经味如稻粱，读史味如肴馔，读诸子百家味如醯醢。'还有另一种说法，是在宋朝李淑写的《邯郸书目》的序文里，认为'诗书，味之太羹，史为折俎，子为醯醢，是为书三味'。把经、史、子三类书比作三种烹调不同的肉食。我则有另一种解释，认为应是'布衣暖，菜根香，品尝诗书滋味长。''布衣'就是老百姓，'布衣暖'就是甘当老百姓，不去当官做老爷；'菜根香'就是满足于粗茶淡饭，不羡慕山珍海味的享受；'诗书滋味长'就是认真体会诗书的深奥内容，获得深长的滋味。"

老寿先生这时候讲起三味书屋的含义，樟寿知道他的用意。老人传说，祖父介孚公当年点翰林那会儿，曾祖母九老太太当报子敲锣报喜、族人跪满厅堂之际，竟然放声大哭，连说"拆家者，拆家者！"意思是仕途艰险，将来可能败家！这会儿不是应验了吗？！老寿先生是借此申明自己不走仕途的心迹呢！

小寿先生原本从"谈余小憩"里出来静听。听了会儿，见父亲又在老调重弹，就不以为然地摇摇头，回到自己的小天地去了。

杀头！杀头！！杀头！！！

晚上，一家人又在小堂前吃饭。女佣为了安慰一家人，特地做了几个好菜，有干菜焖肉，用猪肉和霉干菜做成，是绍兴典型的风味菜肴。干菜颜色乌黑，香气四溢。焖肉色泽红亮，酥软柔嫩，肥而不腻。还有绍兴特有的香锅风干鱼，是让人越嚼越有味的。另有诱人的炸臭豆腐，这回搁的辣酱尤其多，香味喷鼻。

平时，大家都很爱吃。

这时候，怎能吃得下饭呢？又听人说：祖父科场案可能会判罪很重，说不定会杀头！

杀头！杀头！！杀头！！！

绍兴中心闹市就是专门杀人的轩亭口，常押犯人在那里杀头。

……天还没大亮，在朦胧的夜色中，咯吱吱走过一辆捆着死刑犯的笼车，扛着闪亮大刀的刽子手，穿着红衣，敞开毛茸茸的胸膛，恶狠狠地大步押着车走。后边又是背着洋枪的兵和团丁。围观者挤满两旁。

那犯人忽然一声大喊："过了二十年又是一条好汉！"

"好！"两边的看客一阵骚动。

到了轩亭口，犯人被押下车，按在地上跪下。这时，年小个矮的樟寿只能看到一堆人的后背：脖颈都伸得很长，仿佛许多鸭，被无形的手捏住了的，向上提着。静了一会儿，忽然间，地动山摇，人们潮水般退下来，一直退到樟寿立着的地方，几乎将他挤倒了。

从人堆的缝隙中，看到空地上犯人的尸体，已经身首分离，头在一旁可怕地仰着，后面趴着无头尸，血流满地。刚才还活灵灵大喊的人，已变成了血中的人头和躯体。然而这时也会有交易。

"喂！一手交钱，一手交货！"刽子手浑身黑色，沾满鲜血，站在一个老者面前，眼光正像两把刀，伸出一只大手，向老者摊着；另一只手却撮着一个鲜红的馒头，那红的还是一点一点地往下滴。

老者慌忙摸出洋钱，抖抖地想交给他，却又不敢去接他的东西。那人便焦急起来，嚷道，"怕什么？怎的不拿！"老者还踌躇着；黑色人便抢过他手里的灯笼，一把扯下纸罩，裹了馒头，塞与老者；一手抓过洋钱，捏一捏，转身去了。嘴里哼着说："这老东西……"

"这给谁治病呀？"有人问老者，老者依然浑身颤抖，刽子手递过来的血馒头，仍旧在嘀嗒滴血……

晨曦中，樟寿看见许多人还在观赏着刑场上的血淋淋的人头和无头尸。那目光有些奇异……

这时，樟寿才恍然明白——观赏者的目光和“矮癞胡”何其相似……

姆娘过来，给他夹了块干菜焖肉，放到他碗里。樟寿却还是不吃，大滴大滴的热泪滴落在饭碗里，滴落在乌黑的干菜和红亮的焖肉上。

旁边的潘庶祖母和升叔、松寿也呆呆的，愣着神。长妈妈紧挨着樟寿，不住给他搛菜，催他吃。

櫆寿倒反应不大，仍然慢慢吃着，看来心里是有事，但又无可奈何，只得随遇而安，悠悠然地细嚼风干鱼。

祖母索性不吃了,又到一旁吸乌木细竿的长旱烟。姆娘忙给她装烟,点上。祖母吸了口烟说:“我明天要去找俞知县，问问他究竟是为什么这样做。”

所有的人都眼巴巴地望着祖母，盼望祖母能问出好结果。

好不容易，才完结了这顿看来丰盛的晚饭。樟寿本来是要到祖母房的楼上去影描图画的。可是，这时写字画画也不能使他静心了。胡乱在院子里走了会儿，就到东一间父母房后屋里自己的床上睡下了。

一经过父母的大床，就忽然间想起了父亲，听说祖父案发后，他在考场被扣了考卷,解往省里了。一向好强又脆弱的父亲,经得住这样突然的打击吗?

辗转反侧,总睡不着,樟寿已经敏锐地感到自己这个原本还算小康的故家,自此开始败落了。这在他一生中是如此深深铭刻，以致终生抹不去，多少年后还念念不忘。而最挥之不去的，还是杀头。杀头！杀头！！杀头！！！轩亭口看到的杀头场面总在眼前乱转。爷爷会被杀头吗！？这位高大魁梧、爱骂人又有学问的倔老头儿，真会被杀头吗？！霎时间，轩亭口刑场上的犯人变成了爷爷，正被刽子手按倒杀头，刀光一闪，身首分离，血流如注……

第三章　乌篷船

船上行

乌篷船随着鉴湖水巷起伏的波浪摇啊摇，好像儿时睡过的摇篮。船底潺潺的水声，船尾庆叔的摇橹声和船首工人的撑篙声，伴和在一起，仿佛儿时姆娘在身边唱起的催眠曲。乌篷船顶一格格用蛤壳磨薄而成的玻璃似的明瓦，透进黄昏的余晖，斑斑点点洒落在船舱里，也催人入眠。对面的二弟，偎在姆娘给盖好的蓝底白花的棉被中早已进入梦乡，发出细微的鼾声，而樟寿却无论如何也睡不着。

世事难料。原本平静的小康生活像如镜的鉴湖水，平稳地汪漾着，没有丝毫波澜，可是猛然间一声晴天霹雳，雷雨闪电突兀而下，湖水震荡着，几乎倾泄，生活完全变了样。樟寿实在难以承受。

那天晚饭以后，祖母对姆娘说，她要去找俞知县。第二天，祖母就租了一乘轿，穿戴整齐，在台门口上了轿。似乎过了很长时间，祖母回来了，对一家人说："我对俞知县说，周介孚是读书人，是知书达理的，他做的事，一定自己来了结，决不会连累别人。现在家里只剩下女人和孩子，全不知情。请差役以后不要再来了。"

祖母又拿起那支很长的乌木细竿旱烟，姆娘给她装好烟，点着。祖母深吸了一口，接着说："俞知县倒还客气，说他是奉命办事，既这么说，就不再派差役来了。但又说，希望周福清早日投案，要不然他也不好交差。"

以后，衙门里的差役果真不来了。

然而，祖母和姆娘依然担心樟寿在家危险更大，让他坚持到三味书屋上学，中午也不回家，由庆叔给他把饭送去。

庆叔真是位好人。祖父的科场案事发，许多人都像"矮癞胡"那样，连眼光都变了。庆叔却相反，对周家人更是忠厚、勤谨了。他本名章福庆，是绍兴乡下杜浦乡四村人。原来是一位竹作工人，竹作手艺很高，除了补竹箩、竹簟之类的粗活，还会竹作的细活。如编提花盒，做考篮[①]之类。能在考篮上编出"福禄"的字样。村里人都叫他竹作阿福，到东昌坊口做竹工的时候，被周家看中，成了这家的忙月。他长方脸，直而削的鼻子，眉毛浓黑，目光有神，给人以威严感。但他待人特好，受到周家的尊敬。周氏三台门的工人们也很敬重他，尊称他为"班长"。因为与周福清同名而犯了"福"字的忌，所以小孩们都叫他"庆叔"，祖母则叫他"老庆"。年节祭祀忙时，庆叔又把他的儿子运水叫来看管祭器。樟寿和运水成了好朋友，和庆叔一起在雪地里捉麻雀。晚上，樟寿三兄弟就跟庆叔走棋，听他们父子讲海边的故事。过年时，庆叔还会做庙会上买不到的竹制土货玩具，引得孩子们欢呼雀跃。

庆叔亲切地看着樟寿吃饭，眼光热乎乎的。在这样的眼光注视下，樟寿无论如何也要把饭吃下去了。等樟寿把饭吃干净了，庆叔才收拾起碗筷、提篮起身告辞。樟寿望着他的背影，眼泪夺眶而出。老寿先生和小寿先生看见了，也不住地点头。

这样的日子持续了几天，"捉拿犯官周福清！"的风声又紧了。按照以往的情况，犯官捉不着，是要拿家里的长男或长孙问罪的。祖母和姆娘考虑再三，觉得为避免株连，还是让樟寿和櫆寿到皇甫庄舅父家躲避为好。于是，这天黄昏前，让庆叔雇了条小船，姆娘把樟寿、櫆寿两兄弟叫到跟前说："现今到外婆家住几时，便即动身。"怕孩子不肯去，又安慰说："好在时间不会很长，姆娘会接你们回家来的。"然后他们就悄悄上了船。祖母送到仪门就止步了，

① 考篮：科举考生用以盛文具、食物的提篮。

长妈妈送到埠头，看着小船划远了，才赶紧回去照看三弟松寿和四弟椿寿。小船划到了西郭门外，又换了只三明瓦的乌篷船。

天一黑就要关城门，必须赶在天黑前出去。往常，船上都要点写着“汝南周”的大灯笼，这次却免了。乘夕阳西下时出了城，沿着鉴湖水巷向东驶去。

忆童年

樟寿实在睡不着，又觉得船坞里太闷，就撩开船窗的帘子，朝船外瞭望。

这时，正值乌篷船向北拐弯，窗口正对着西沉的残阳，砖红色的，蒙着一层昏黄的晕，呆呆地滞留在乌黑的兽脊似的会稽山脉上，向鉴湖水映射着一道红黄的光，使层层涟漪泛着黄红色。晚霞中，浮游着点点船影，用烟煤和桐油漆成黑色的乌篷船，是载文人墨客的酒船，慢慢地驶着，显深黑色；没有漆色的白篷船，是运货的航船，行得稍快，泛着灰乌的淡色；用手划楫、以脚蹋桨的小划船，箭也似的划过，激起一串浪花；还有打鱼的小船，渔夫在黄昏中张撒出黑色的渔网，仿佛渔舟唱晚的画幅。

看着这优美的景色，樟寿的心情平和了一些，晚霞映红的鉴湖水波一漾漾地，回照出他那金色的童年……

十二年前，一八八一年九月二十五日，也是秋天，周家台门热火起来了。从西往东数第二间房的楼下，周凤仪和鲁瑞住的房子里传来一个男孩的啼哭声。周家兴房的长孙诞生了。

好消息报给了正在北京当“京官”的祖父介孚公，接到家信的那一日，适值一位姓张的官员来做客。为求吉利，用客人的姓氏取名，把长孙的小名定为阿张，随后再找同音异义的字取作“书名”，乃是“樟寿”二字，号曰“豫山”，取义于豫章。因为出身翰林的祖父周福清曾任江西南昌下属的豫章郡金溪县令，历史上会稽郡与豫章郡同属扬州。江西多产樟木，地名多有“樟树”“樟坪”“樟村”等，江西简称“赣（贑）”，为“章”与“贡”的组合，意思就是向朝廷进贡樟木。后来樟寿上书房去，同学们取笑他，叫他作“雨伞”，他听

看着这优美的景色，樟寿的心情平和了一些，晚霞映红的鉴湖水波一漾漾地，回照出他那金色的童年……

了不喜欢，请祖父改定，介孚公乃将山字去掉，改为“豫才”。将“豫章”一语分别置于原名“樟寿”与“豫才”之中，含有双重意思：一是期待孩子将来能成为樟树那样的栋梁之材，二是纪念自己曾在江西做官。

依照绍兴的习俗，在孩子吃奶之前，先让他尝五种滋味，第一是吃醋，尝酸味;第二是吃盐，尝咸味;第三是吃黄连，尝苦味;第四是吃钩藤，既尝苦，又挨刺;第五是吃糖，尝甜味。尝遍了这五种人生况味以后，才将乳汁放到嘴里，使他壮大起来，去迎接人世的酸苦辣咸，艰苦磨难，争取最后的甘甜。小樟寿当然也遍尝了这五种滋味，这或许预示着他以后的人生也将遍尝这些人生况味，用笔把这些滋味写出来。

姆娘生下樟寿不久，乳房上长了一个硬块，怕是望心痿，据说烂穿可以看到心脏，就想找一位奶娘。正好庆叔的老婆生了一个女儿，奶水很多，愿意来做奶娘，曾祖母便叫她来看看。庆叔的老婆那时二十六岁，生得身材高大，体格健壮，性情也很开朗，就把她雇用下来了。大家叫她庆太娘。因为高大，叫她阿长，孩子们称为长妈妈。后来庆太娘家里有事回去了，又请了一位黄胖而矮的什么姑娘来补她的缺，由于大家叫惯了，没有再改口，还叫她长妈妈，奶奶则叫她阿长。

樟寿的生日，阴历是闰年八月初三，与“灶司菩萨”同生日，出生时衣包又是“蓑衣包”，胎包质地薄，像蓑衣的样子。按照绍兴的老说法，生于闰年，是“蓑衣包”，又和菩萨同生日的孩子，是很少的。这样的孩子，将来一定有出息;不过，难以养大。于是周家全家人，上自爷爷，下至父母，都忙了起来，想方设法使他能顺利长大。因为他是周家兴房的长子、长孙，“物以稀为贵”，要想法子避鬼，保佑。

一是除了通行的“满月”和“得周”的各样祭祀之外，还要向神佛去“记名”。这就是把小孩的名字记在神或佛的账上，表示他已经出了家，不再是人家的娇儿，免得鬼神妒忌，要想抢夺了去。樟寿首先是向大桶盘湖畔寺庙的女神记名。这女神不知是什么神道，好像是九天玄女吧！记了名的义务是每年有一次，要去祭祀“还愿”，备了小三牲去礼拜。

二是要拜一个和尚为师父。从东昌坊口西边往北走，不远的塔子桥头有座长庆寺。寺里的住持，人称“龙师父”，樟寿不到一岁，就被领到长庆寺去拜他为师父了。师父瘦长的身子，瘦长的脸，高颧细眼，和尚是不留须的，他却有两绺下垂的小胡子。对人很和气，对小阿张也很和气，给他取了个法名叫作“长根”。还给了件百家衣，就是“衲衣”，论理，是应该用各种破布拼成的，但阿张的却是橄榄形的各色小绸片缝就，大概是模仿袈裟的做法吧，一件从好些人家拼凑出来的东西似乎有一种什么神力，非喜庆大事不给穿；还有一条在绍兴称为“牛绳”的物事，原义自然是牵牛的绳索，作为小孩的装饰乃是用红丝线编成，有小指那么粗，长约二尺许，两头打结，套在脖子上，平常未必用，若是要出门去的时候，那是必须戴上的。牛绳本身只是一根索子而已，而这种“牛绳”上却挂着一些零星小件，都是有避邪能力的法物。譬如有小铜镜，有叫作“鬼见怕”的一种贝壳，还有一寸多长的小本“黄历”，用红丝线结了网装着。最珍贵的是银筛，那筛子圆径不过寸余，中央一个太极图，上面一本书，下面一卷画，左右缀着极小的尺、剪刀、算盘、天平之类。这是因为中国的邪鬼，是怕斩钉截铁，不能含糊的东西的。“龙师父”是位特别的和尚，不教小樟寿念一句经，也不教他一点佛门规矩；他自己呢，穿起袈裟来做大和尚，或者戴上毗卢帽放焰口，“无祀孤魂，来受甘露味”的时候，是庄严透顶的，平常也不念经，因为是住持，只管着寺里的琐事。在小樟寿看来，他不过是一个剃光了头发的俗人。是俗人的主要标志是和尚是不应该有老婆的，然而他有。听说他年轻时，是一个很漂亮而能干的和尚，交际很广，认识各种人。有一天，乡下做社戏了，他和戏子相识，便上台替他们去敲锣，精光的头皮，簇新的海青，真是风头十足。乡下人大抵有些顽固，以为和尚是只应该念经拜忏的，台下有人骂了起来。师父不甘示弱，也给他们一个回骂。于是战争开幕，甘蔗梢头雨点似的飞上来，有些勇士，还有进攻之势，“彼众我寡”，他只好退走，一面退，一面一定追，逼得他又只好慌张地躲进一家人家去。而这人家，又只有一位年轻的寡妇。而这寡妇正是后来的师母，阿张见她的时候，她大约有四十岁了，胖胖的，穿着玄色纱衫裤，在自己家的院子里纳凉，她的孩子们就来和阿张玩耍。有时还有水果和点心吃，所以小樟寿很爱她。

两三岁时，要种痘了。这一天，就举行了种痘的仪式，堂屋中央摆了一张桌子，系上红桌帷，还点了香和蜡烛，父亲抱了小樟寿，坐在桌旁。一位医官过来，穿的什么服饰，樟寿记不得影子了，记得的只是他的脸：胖而圆，红红的，还带着一副墨晶的大眼镜。说着难懂的“官话”。至于动刀，点浆，也是一点记忆都没有。后来自看臂膊上的疮痕，才知道种了六粒，四粒是出的。当时，樟寿并没有感觉痛，也没有哭，那医官还笑着摸摸他的头顶，说道：“乖呀，乖呀！”父亲翻译给他说：“是在称赞偌呢！”就送了他两样可爱的玩具。一样是朱熹所谓“持其柄而摇之，则两耳还自击”的鼗鼓，也就是拨浪鼓。樟寿不觉得稀罕，因为过去玩过。最可爱的是另外一样，叫作“万花筒”，是一个小小的长圆筒，外糊花纸，两端嵌着玻璃，从孔子较小的一端向明一望，那可真是猗欤休哉，里面竟有许多五颜六色，稀奇古怪的花朵，而这些花朵的模样，都是非常整齐巧妙，为实际的花朵丛中所看不见的。况且奇迹还没有完，如果看得厌了，只要将手一摇，那里面就又变了另外的花样，随摇随变，不会雷同，真是“层出不穷”。然而，小樟寿要探检这奇境了。他于是背着大人，在僻远之地，剥去外面的花纸，使它露出难看的纸版来；又挖掉两端的玻璃，就有一些五色的通草丝和小片落下；最后是撕破圆筒，发现了用三片玻璃条合成的空心的三角。花也没有，什么也没有，想做它复原，也没有成功，这就完结了。他真不知道惋惜了多少年……

三四岁，能够听故事了。那是一个夏夜，小樟寿躺在一株大桂树下的板桌上乘凉，祖母摇着芭蕉扇坐在桌旁，给他猜谜，讲故事。忽然，桂树上沙沙地有趾爪的爬搔声，一对闪闪的眼睛在暗中随声而下，使他吃惊，也将祖母的话打断，另讲猫的故事了——

“你知道吗？猫是老虎的先生。”祖母说，“老虎本来是什么也不会的，就投到猫的门下来。猫就教给它扑的方法，捉的方法，吃的方法，像自己捉老鼠一样。这些教完了；老虎想，本领都学到了，谁也比不过它了，只有老师的猫还比自己强，要是杀掉猫，自己便是最强的角色了。它打定主意，就上前去扑猫。猫是早知道它的来意的，一跳，便上了树，老虎却只能眼睁睁地在树下蹲着。它还没有将一切本领传授完，还没有教给它上树。”

这是侥幸的，樟寿想，幸而老虎很性急，否则从桂树上就会爬下一匹老虎来，究竟很怕人。他要进屋子里睡觉去了。

祖母还讲了白蛇娘娘的故事。有个叫作许仙的救过两条蛇，一青一白，后来白蛇化作女人来报恩，嫁给了许仙；青蛇化作丫鬟，也跟着。一个和尚，法海禅师，得道的禅师，看见许仙脸上有妖气——凡讨妖怪做老婆的人，脸上就有妖气的，但只有非凡的人才看得出——便将他藏在金山寺的法座后，白蛇娘娘来寻夫，于是就“水漫金山”。但是白蛇娘娘终于中了法海的计策，被装在一个小小的钵盂里了。钵盂埋在地里，上面还造起一座镇压的塔来，这就是雷峰塔。此后似乎事情还很多，如“白状元祭塔”之类。那时，小樟寿唯一的希望，就在这雷峰塔的倒掉。当时，家里有一部弹词《白蛇传》，大家都同情“白娘娘”，看不起许仙，而尤其怨恨法海。看到绣像上有法海时，小樟寿就用指甲掐他的眼睛，结果这一页上的法海形象就特别破烂了。

樟寿还从画上看到了民间的故事。他的床前贴着两张花纸，一是“八戒招赘”，满纸长嘴大耳，他以为不甚雅观；别的一张“老鼠成亲”，却可爱，自新郎新妇以至傧相，宾客，执事，没有一个不是尖腮细腿，像煞读书人的，但穿的都是红衫绿裤。他想，能举办这样大仪式的，一定只有他所喜欢的隐鼠[①]。

而最激起樟寿对图画书兴趣的还是玉田公公。这位公公谱名兆蓝，又作梦蓝，字肖云，号玉田，小名“蓝”。族中大排行十二，系周家仁房下的义房周之谆的儿子，原有兄弟九人，他是老六，与樟寿祖父周福清是同曾祖的堂兄弟。周福清中了翰林，新台门周家觉得无上光荣，他便更名瀚清，“玉田”也改了一个字为玉泉，别号琴逸。但樟寿一辈仍然叫他“蓝爷爷”。樟寿七岁时，家里让他到“蓝爷爷”处开蒙读书。读的第一本书是《鉴略》，这是樟寿

① 隐鼠：是鼠类最小的一种，只有拇指那么大，不很畏惧人。

祖父的主张，认为孩子读书不应从千字文、百家姓开始，而应从《鉴略》读起。这样一边认字，一边可以先懂得一点历史知识。樟寿在这里读了三个月书，就得到“蓝爷爷”的青睐，夸他才思敏捷，一次上三字课对，课题是“汤婆子”①，樟寿即对“竹夫人”②，不但对仗工整，而且意思恰当。

“蓝爷爷”是一个胖胖的、和蔼的老人，唇上留着八字胡。住在新台门的中部第四进，正好和樟寿曾祖母、祖母的住房相对，中间是一个不大的明堂，用曲尺形的高墙隔开，南面只剩了一条狭长的天井，北面的小明堂也就不宽大。从白板门出去，走过大堂前，弯到他那里很有一段路。如果没有那高墙，就只有一个明堂之隔，不过十步左右而已。樟寿兄弟常到他家去，吸引他们的是特别有趣的藏书和花草虫鱼。樟寿和“蓝爷爷”谈书，松寿则观看明堂花架上放着的珠兰、建兰、茉莉，还有一种据说是从北方带来的马樱花，很好看，松寿家没有的。“蓝爷爷”对花草很爱惜，对松寿说：“你看不要紧，不要用手去摸呀！”于是松寿就反背了两只手看，“蓝爷爷”也就放心了。可是玉田奶奶呢，却什么也不管，把晒衣服的竹竿搁在珠兰的枝条上，枝折断了，竹竿落在地上，湿衣服又脏了，她心痛她的衣服，愤愤地咒骂珠兰：“死尸！”玉田公公也心痛得什么似的，他心痛他的珠兰。玉田公公还养着金鱼和油蛉一类的虫，松寿也喜欢。

这老人是个寂寞者，因为无人可谈，就很爱和孩子们往来，有时简直称樟寿兄弟为“小友”。他最爱跟樟寿谈书，樟寿也特别爱看他的书。在他的书斋里看见过陆玑的《毛诗草木鸟兽虫鱼疏》，还有很多名目很生的书籍。樟寿那时最爱看的是《花镜》，上面有许多花的图案。“蓝爷爷”还捋捋唇上的八字胡说给他听，曾经有过一部绘图的《山海经》，画着人面的兽，九头的蛇，三脚的鸟，生着翅膀的人，没有头而以两乳当作眼睛的怪物……可惜现在不知道放在哪里了。樟寿很愿意看看这样的图画，但不好意思力逼他去寻找，他是很疏懒的。问别人呢，谁也不肯真实地回答他。压岁钱还有几百文，买罢，又没有好机会。有书买的大街离他家远得很，他一年中只能在正月间去玩一

① 汤婆子：绍兴冬天睡觉时用以取暖的容器，类似现在的热水袋。

② 竹夫人：一种用竹篾编制的空心长枕形器物，长一米左右，炎夏睡觉时抱在身边，使人感觉凉爽。

趟，那时候，两家书店都紧紧地关着门。玩的时候倒是没有什么的，但一坐下，樟寿就记得绘图的《山海经》。大概是太过于念念不忘了，连长妈妈也来问《山海经》是怎么一回事。……

“老和尚转世”

夕阳西沉了。船坞里黑下来，樟寿有些困倦，对面的二弟櫆寿却醒来了。坐起身，端起茶几上的锡制茶壶喝茶。他不过才九岁，就爱饮酽酽的苦茶。

櫆寿比樟寿小三岁多，生于光绪十年甲申十二月初一，阳历是一八八五年一月十六日的夜里，一个堂叔出去夜游，半夜里回来，走进内堂的门时，仿佛看见一个白须老人站在那里，但转瞬却不见了。到下半夜，姆娘生下来第二个男孩。许多老人便议论纷纷，说这男孩是老和尚投胎转世，不是头世人。头世人是初次做人，不大懂人情世故，一般都把不懂事的傻瓜叫作头世人。而老和尚转世的孩子，都少年老成，早通世故。所以老和尚转生，也是很高兴的事。把老二降生的家书送到在北京候补的祖父那里时，正好一位姓魁的官员来访，祖父就给孩子起名櫆寿，号“星杓”。

但是櫆寿虽然老成，却有些顽梗，命运不大顺畅。本来绍兴纵然偏僻，也有医官来给种牛痘的。樟寿两三岁时就种过。然而以后两三年内医官不曾光临，家里也就淡然处之。直待痘神给櫆寿种上了“天然痘”，家里才着急起来。

那时，櫆寿有个叫端姑的妹子，长得十分可喜。有一回櫆寿看她脚上的大拇趾，太是可爱，不禁咬了一口，她大声哭了起来，大人急忙走来，才知道是櫆寿的顽劣行为。当天花初起时，櫆寿的病状十分险恶，妹子却很顺当，大家很放心，把两个孩子放在一间房里睡。有一天两人都在睡觉，忽然听见“呀”的叫了一声。大人惊起看时，妹子的痘便都陷入[1]，櫆寿却显是好转了。急忙去请天花寺门的王医师来看，已经来不及挽回，结果妹子终于死去。后来葬在龟山，父亲亲笔写了“亡女端姑之墓”五个字，凿一小石碑立于坟前。至今也不知道当时那叫声，是谁发出的。櫆寿已经好转，没有叫唤的必要，

① 意指病痘陷入，已经病危了。

妹子太小，也不会叫。就有人推测这是天花鬼的叫声，准是从櫆寿这边出来，钻到妹子那里去了。

于是祖母和姆娘日夜轮流照看櫆寿，这样才顺利渡过了回浆、脱痂期，安全脱险。不仅保住了性命，脸上也没有落下麻子，只是从此体弱多病。姆娘又不能喂奶，只好又雇了个奶娘。而这奶娘原来也是没有什么奶的，为了骗得小孩不闹，便在门口买种种东西给他吃，结果自然消化不良，瘦弱得要死，好像害了馋痨病似的，看见什么东西都要吃。为的对症服药，大人便什么都不给吃，只准吃饭和腌鸭蛋——这是法定的养病的唯一副食品。这在馋痨病的小孩一定是很苦痛的。

“二阿官那时吃饭是很可怜相的，每回一茶盅饭，一小牙的腌鸭子，到我们窗口来吃。”爱哄孩子们比赛吃冰、打旋子的子传奶奶这样说道。不知是同情，还是隐藏着什么恶意，因为她是挑拨离间的好手。而自家人都因可怜櫆寿的病弱，对他事事放松要求。

也可能是自小对吃食敏感的缘故，櫆寿对食物的味道有特殊的感觉。他和大哥樟寿同样喜欢到百草园去玩，感受却很异样。看到木莲藤缠绕上树，长得很高，结的莲房似的果实，就想到可以用井水揉搓，做成凉粉一类的东西，叫作木莲豆腐。看到何首乌，就想到可以救荒，以竹刀切作片，来泔浸经宿，换水煮去苦味，大抵也可当土豆来吃。他特别爱过节，尤其爱过清明节，对扫墓郊游中的“野食”“野趣”念念不忘，清楚地记得扫墓会餐里的菜肴，如白切肉、扣鸡、醋熘鱼、小炒、细炒、香菇鳝、金钩之类。最爱品尝的是熏鹅，以醋和酱油蘸食，别有风味。在野外三明瓦的乌篷船中啖之，就更有趣味。扫墓时的悲凉气氛，早被春游的自由欢乐和“野食”的趣味一扫而空了。

而櫆寿对周围的亲人又抱着同情心。他注意到祖母“受苦”的形象——她的瘦长的虔敬的脸上丝丝刻着苦痛的痕迹，从祖父的怒骂的话里令他想见祖母前半生的不幸，在有妾的专制家庭中，自有其别的苦境。从祖母“苦忍守礼”的痛苦中，櫆寿小小年纪就感受到了妇女的受压抑的悲惨命运与人性的善恶……

櫆寿又抿了一口苦茶，闭上眼昏昏欲睡，眼前浮现出自小熟悉的东昌坊口的石板路，雨后水汪汪的，常传出“橐橐”的声响，那是深夜里仍在街上的行人，穿旧钉鞋行走在石板路上的声音……谢德兴酒店里，正在后边雅座和远房堂伯喝老酒的父亲，称赞他能干，分下酒的鸡肫豆给他吃。那滋味真耐得细品，至今还回味得出来……他从小就是十字街头的人。虽不能称为道地的“街之子”，但总是与街有缘，并不是非戴上耳朵套不能出门的人物。所以祖父总骂他下贱之相，缺少绅士态度。而街头的空气，市民阶层的市民文化和民间文化总在他心中浸润着……一想到此，父亲和祖父就在眼前走出来了。他们现在怎样呢？嗨，担心也没有用，随缘吧……

姆　娘

旁边的姆娘看大儿子要睡去，二儿子却醒了，昏昏的，又要睡去。忙过去给老大盖上薄被，给老二披上衣服，看着两个心肝宝贝，心里又惦记着家里的老三和老四。特别是四阿官椿寿，还不到一岁，虽有奶娘和长妈妈照顾，也令姆娘不放心。想到这儿不禁眼里泪花花的，掏出手帕擦眼泪。抬泪眼望望前方，又想起自己的娘家。

鲁瑞母家安桥头。这是绍兴昌安门外东北三十五里外的一个小村庄。村里也是汊、港、湖、荡、溇密布。村里可以行走的道路，是狭窄的石板路，路的两旁，还放了不少的粪缸。可耕种的田地不多，粮食不够吃；打鱼，收获也很少；生活没有着落。农闲的时候，小村人到杭州和绍兴城里给人做酒。时间一长，就练成一手绝技，只要用耳朵一听，就知道酒熟够了没有。这叫酒头工，可以赚几个手工钱，买些粮食回来糊口。这个贫穷的小村，只有一家很小的名叫正大的杂货店，卖一些生活必需品；另外，还有一只白篷航船，作为往来的唯一的交通工具。

村里的人几乎都姓鲁。鲁瑞的祖父鲁世卿是位杰出的人物。世卿家穷，幼年丧父，仅母子二人相依为命。姆娘在月光下纺花，世卿在月光下看书。有一年，家里只养得一只鸡，是准备过年的，但是，地主来收租了。那时，种租田的除了交租米外，还要交租鸡的，地主一定要把这只鸡捉去，姆娘向地主讨情，地主不理，硬是把鸡捉去了。世卿小小年纪，看到这种情景，一言不发，只是一副坚忍的表情。

那年冬至时分，世卿对姆娘说：“我字也写得这样好了，书也看不少了，我要出去了。”

姆娘说：“我只有你一个儿子，偌怎么好出去？”

世卿说：“冬至日，我先到城隍庙里去求一个梦，梦好我就去。”

姆娘听了，给他一件布衫，到对面当店里当了三百铜钿，一百由姆娘作家用，姆娘买了两个铜钿的豆腐当菜吃，三个铜钿的香油，作为点灯的油。二百铜钿给世卿作盘费。

结果，世卿得了一个梦：梦里，城隍菩萨给他一个算盘一支笔。圆梦的人说，这是皇帝叫你去管账。

姆娘听了很欢喜，又把家里的火囱当掉，让世卿出门应考。一考就考得很好，皇帝果然叫他到木料仓库去管账。世卿把姆娘接到北京去，又在家乡买了七百亩田和城里昌安街的房子，还酬谢圆梦的人十来亩田。世卿的姆娘说，我们以后收租，不要收人家的租鸡。鲁家由此开始发迹了。

安桥头至今流传这样一句话：“若要官司赢，去找鲁世卿。”据说安桥头的农民到城里换料，也就是换大粪，料船歇在河上，附近台门里的少爷说臭，要他们赶快摇开。但因为大粪没有出完，农民不肯把船摇走，少爷大怒，叫人把料船搡破。农民也不含糊，告到鲁世卿那里。结果是少爷赔偿损失。

鲁世卿在安桥头建造了一座朝北的台门。这台门并不伟岸，与村里的房子齐平。进大门是门斗，两边杂屋，好像堆放农具或柴草的；中间一道狭长的天井，东西两侧有房间，东为客房，西为厨房，南为中堂，中堂下去是退堂，两侧各有两间卧室，都相当小。大门虽朝北，卧室在最里面，倒是朝南了，卧室前面还有一块园地，可以种蔬菜。这样的房子，叫它台门，实在不相称。

后来鲁世卿的儿子、鲁瑞的父亲鲁希曾青出于蓝而胜于蓝，中了举人，娶了翰林院编修、绍兴人何元杰的女儿为妻。鲁希曾中举后任户部主事，住绍兴昌安街三脚桥。后来因患哮喘病从户部退隐归乡，安桥头朝北台门太小住不下，大门口又连挂块文魁匾额的地方都没有，就搬到皇甫庄，典了绍兴著名文人、书法家范啸风旗杆台门西面的半个台门，住了下来。

鲁希曾同何氏育有二子三女。长女鲁琪嫁到啸唫阮家,丈夫阮士升是秀才;次女鲁莲嫁到城里广宁桥郦家，丈夫郦拜卿也是秀才。长子鲁怡堂同是秀才，娶的原配是小皋阜秦氏，亲家秦秋渔是个举人，善于诗画，是皋社的主要诗人之一。幼子鲁寄湘，也考中秀才，和皇甫庄沈氏定亲结婚，育有四女。在皇甫庄，范、沈二姓居多，沈氏是道台沈墨庄的孙女，书香气很浓。

鲁瑞是鲁希曾的幼女，和绍兴东昌坊口周家台门的周凤仪结了婚。婚后不久，周凤仪就中了秀才，合家欢喜。然后陆续生了四男一女，除小女端姑夭折外，四个男孩都长得很好。

尤其是大阿官特别聪明伶俐。他幼小的时候，长得很体面，也很活泼，那时绍兴爱给很小的孩子穿红衣服。小阿张穿着红棉袄，手里拿着一位和尚木匠给他做的大关刀，表演了一个关公要杀人的动作，举起刀在大人面前高声说:“给偌看看！”逗得人们大笑。

鲁瑞记得，这孩子讨人喜欢。那年正月，几位本家长辈在家里玩牌。阿张五岁，在牌桌间玩玩看看，大概想弄点东西吃。忽然一位长辈逗趣地问他，喜欢哪个人打赢？他出人意外地回答:“我喜欢大家都赢！”一句话引得大家都笑起来了。连连称赞他聪明。从此，小阿张也笑起来，得了“胡羊尾巴”的外号。这是绍兴话，含有聪明、伶俐、调皮等对孩子喜爱和称赞的意思。

阿张一直很快乐，但是端姑死时，却在屋隅暗泣，姆娘询问他何故，答说:“为妹妹啦。”知儿莫若母，姆娘深知儿子心地善良，不光是妹妹，就是朋友，甚至不认识的人，以至鸽子、小鼠这些动物，如遭惨死，他也会心疼的。阿张最喜欢的就是妹妹了,常看着不满一岁的小妹不停地笑。小妹也跟着大哥笑，小圆脸上显出两个小酒窝……嗨，多可爱的囡子啊，怎么这样小就死了呢？

阿张还爱跟曾祖母逗笑。曾祖父苓年公行九，曾祖母通称九老太太。她以严正称，平常总是端正地坐在房门口那把石硬的太师椅上。那椅子可能是花梨紫檀木做的也说不定，但石硬总不成问题，加上一个棉垫子也毫无用处，可是她一直坐着,通年如此。阿张兄弟有时跑进她的房里,叫她一声“太娘娘”,她就眉开眼笑,说:“阿宝来啦！”叫她的丫鬟宝姑道:“拿点东西来给阿宝吃！”

兄弟三人，她分不清，一律叫“阿宝”。于是便有一个十六岁的姑娘应声而出，从描花彩瓶里，拿出零食给孙子吃，曾祖母连连说:“阿宝，乖，吃咚，吃咚！”小阿张有时去和曾祖母开玩笑，假装跌跟斗倒在地上，曾祖母便说:“啊呀，阿宝呀，衣裳弄脏了呀！”小阿张赶紧爬了起来，过一会又假装跌了，要等曾祖母再说那两句话逗趣。

小阿张聪颖，诡谲，一上学就很快学会了对课，因此名声在外，都知道他才思敏捷，出口不凡。鲁瑞的大姐夫阮士升，是有名的才人，就想借鲁瑞带外甥阿张到自家做客的机会考他一考。当时，阮士升的四个儿子和本地贡生阮廷藩都在场。

阮士升对小阿张说:“阿张，我开个头，给你对个课，大家热闹热闹。”阿张自然应命。说罢，阮士升指着桌上的一碗猪肉说:“红炖肉！”这个课题是容易的,阿张看到桌上放着一碗鸡肉,便对道:“白斩鸡。”因能同时就桌取材，席间响起一阵称赞声。

贡生阮廷藩觉得考题太易，要出更难的，扫视四周，发现石墙上有幅《鸳鸯戏水图》，便接口说:“我也出个对子，‘擎荷底下戏鸳鸯’。你能对吗？”

阿张一眼瞟见左面墙上有幅《春燕图》，顺口答道:“垂柳枝头闹春燕。”众人皆称“妙对，妙对！”

客散之后，阿张和几个表兄弟到庭院放花爆，阮士升见天上的明月，便说:“阿张，酒席上你对得不错，现在还有一联，你能对吗？”

阿张听了应道:“好，试试看。”

阮士升随即手指天空，出了上联:“望日月圆，十五月半，月月月圆称月半。”

这下联阿张也觉得不好对，只得边想边察看四周景色。忽然，他发觉院中树木和盆花上贴着一条条“送除夕，迎初一”的红条子，受到启发，便昂首续联:“除夕年尾，初一年头，年年年尾接年头。”

这下联对仗工整，无疵可指，喜得阮士升一步跨前对小阿张称赞不已。

而最高兴的当然是鲁瑞，作为阿张的姆娘，她很是自豪。

老二自小体弱，没有大哥灵活，也许真的是“老和尚转世”，总像小大人似的，很安静。刚出世时，鲁瑞把婴儿抱给丈夫说:“这孩子是耐性子，老大像我，他像你。”亲友见了也说：“像他爹，像他爹。”这孩子很爱整齐，抽屉总是整整齐齐的。包的东西，棱角分明，捆扎仔细。性格也和顺，好商量，对人很谦和。那次和叔叔伯升打闹，惹得祖父生气，挨了父亲一阵痛打。这是伯宜公第一次打孩子，老二当时哭得很厉害，可是过后又跟没这事一样，照样跟叔叔一起玩,对祖父和父亲仍然很尊敬。看来这孩子是不记仇的。只是很贪玩，读书不用功。

老三体弱多病，却很乖。老四阿椿，长得圆脸大耳，很壮健，惹人喜爱，大家都说长大后比哥哥们还要好。

孩子们这样好，人们都说鲁瑞给家里带来了福气，立了大功。三台门公认她为有“帮夫运”的多子多福的太太，成了红人，也是忙人。三台门里无论哪家娶媳妇，她都被请去接新妇，鲁瑞也很乐意，她本来就是喜欢热闹、爱活动的人。那年，和房的十五曾叔祖给孙子瑜娶媳妇，和儿子咸精心选择接新妇的人，又选上鲁瑞，还选上樟寿和乐山（周梅卿）做执烛。他俩都是十一岁，高矮相等，生得眉清目秀、聪明俊俏，穿着小袍套，戴着红缨帽，一本正经地执行自己的任务，一直送新郎新娘进洞房。和房最富有，瑜又是独子，大里厅搭了明瓦棚，挂满大红灯彩，喜洋洋的，热闹极了。

鲁瑞也是合家四世同堂，喜气洋洋。哪里知道忽然祸从天降，公公的科场案给全家带来了大灾……

灾难来时何处奔？鲁瑞盼着赶紧到娘家。皇甫庄的旗杆台门里有孩子的外祖母和大舅舅、小舅舅……

第四章　皇甫庄[1]

偏要吃给你们看！

后窗由暗转明，窗外的修竹和假山也由朦胧渐显分明。直伸到窗口的竹叶，在白得透明的阳光下，显得格外青翠。樟寿自子夜时分到这间小屋，躺在红木大床上一直愣愣地盯着后窗望，眼睁睁地看着天色，从黑暗到黎明，从晨曦微露到太阳高照。

快到午饭时间了，樟寿少有的感到饥肠辘辘。是的，这几天都没有吃好饭。午夜来到皇甫庄旗杆台门舅舅家，在黑暗中从后门埠头进来，外祖母和两个舅舅、舅母起来迎接。草草吃了些点心，安排他住进大舅舅西侧厢楼的西后房，二弟由塘港妈妈领到座楼西部小舅舅家睡觉。安排好后，姆娘就匆匆地回到船上，由庆叔送她回家了。她还惦记着家里的两个幼儿，特别是刚刚四个月的椿寿。

樟寿本来是很喜欢修竹的。自家西邻梁家就有一个竹园，百十枝竹子，终日萧萧飒飒，鸟雀也多，叽叽喳喳。父亲常望着墙头翠绿的竹叶，感慨地说：如果能够在竹林中有一间小楼居住，是最快乐也没有了。自己也想跟父亲一块去住。而此时他自己正住在竹林簇拥的小楼中，却没有什么乐趣。

二弟现在怎样呢？想起小时候有一回和二弟一起在小床上模仿演戏，两

① 有关皇甫庄的环境描写依据裘士雄的《鲁迅避难过的皇甫庄旗杆台门及其主人范啸风》。

个人在床上来回行走，演出兄弟失散，一面沿路寻找着，一面叫着“大哥呀！”“贤弟呀！”后来渐渐叫得凄苦了，这才停止。兄弟俩不禁搂抱在一起。那时是演戏，何曾想到今日竟成现实。想到这里，樟寿一阵心酸，差点儿落下泪来。

要是在家里，不等肚饿，姆娘、祖母、长妈妈早就叫自己去吃饭了。看书或影描图画起兴时，还故意拖着不去，要让家人叫几遍。可是，在亲戚家，人家不来让，自己是不敢贸然去吃饭的。刹那间，樟寿有一种从暖房坠入冰窖的感觉。

门外脚步声响了。樟寿以为是二弟来了，连忙站起，迎上去。门开了，原来是大舅父的儿子、表哥鲁佩绅。

佩绅大樟寿四岁，在皇甫庄有名的范氏义塾上学。文静白皙，一看就是书香门第出来的公子。他一放学就跑来找樟寿了。表兄弟一见面，紧紧搂抱在一起。佩绅知道周家出了事，但怕刺激表弟，欲言又止。只说:“走，吃饭去。”

这话要在平时，樟寿不觉得怎样。这时一听，却感动得要流泪，仿佛在他乡遇到了故旧。随表哥出了屋。

这是范氏大院的第四进，中间是坐北朝南的正楼，东西两侧各建一座两层厢楼。大舅舅家住西侧厢楼，楼上有一条过道，把房子分成东西两排，每排两间。大舅舅住南前房，大舅母和表姐珠姑住南后房。樟寿寄住北后房，表哥佩绅住北前房，与樟寿对门。楼下中间是客厅，南边是餐室，北边是厨房。大舅舅是抽鸦片烟的，平时不大出眠床。吃点心吃饭就在一张矮桌上面，没有什么特别事情是不穿鞋下来的。这天半夜去接周家母子，累得不轻，就更恋床了。

樟寿和佩绅刚一出门，就听见木制的楼梯咯咯吱吱地响，上来一个瘦小的女人，很寂寞的脸相，端着饭盘。盘里有一碗粥，一碟菜，一块面点，一双筷子。佩绅连忙停下脚步，恭敬地唤她“姆娘”。樟寿也轻声叫“大舅母”。女人冷冰冰地点点头，推门进到南前房。樟寿听人说过：佩绅的生母去世了，现在的是后母，无所出，只是管着家务，服侍着大舅舅，照管两个前房的孩子。所以从来不见笑脸。从空隙中，樟寿看见屋内床帐里的灯一明一灭的，知道是大舅舅在抽鸦片烟。大舅母进去，掀开帐子，把饭菜放在床上一张矮桌上，转身出来。仍然静默不语，兀自下楼去了。佩绅拉一拉樟寿，跟着下楼，来到餐室。

餐室里有一张长桌，三把椅子，一个圆凳。看来圆凳是临时给客人加放的。表姐珠姑正在摆放碗筷，一个位子前一只碗一双筷。见到樟寿，表姐微微笑了一下，待发现后母在瞪她，又急忙收敛了笑容。

佩绅让樟寿入座，樟寿知趣，坐到圆凳上。佩绅拉他坐椅子，他摆摆手谢绝了。佩绅只好由他。

大舅母和珠姑端上了菜，是一盘鲜鱼，一盘鲜虾，一盘霉干菜，一盘辣豆腐，一盆米饭。珠姑给每人碗里盛上饭，等后母拿起筷子开吃，佩绅、珠姑才敢动箸。樟寿看了，也怯生生地拿起筷子。饭菜很香，要是在自己家里，樟寿早就狼吞虎咽了。在这里，腹中饥饿，手中筷子却不听使唤，僵持着不敢搛菜。佩绅看了出来，悄悄给他搛。后母的冷眼睛又瞪过来，佩绅赶忙收了手。樟寿感到后背发冷，饭也难以下咽了。

一个黄胖的矮女人忽然来找。后母忙放下饭碗到客厅去。樟寿见那二人并不坐在椅子上，只是站在门口切切察察，低声絮说些什么事。黄胖的矮女人竖起第二个手指，在空中上下摇动，或者点着对手或自己的鼻尖。这动作有点儿像长妈妈，但是长妈妈做这些指点时虽然也讨人嫌，却觉得并不刻毒，只不过絮叨罢了。这黄胖的矮女人可不然，让人直打寒噤。突然黄胖女人向餐室里瞅了瞅，朝着樟寿扫来一瞥冷眼，像在问那新来的是谁。大舅母不耐烦地说了一下，黄胖的矮女人鼻子一哼。樟寿耳朵里钻进了几句尖利的毒语："讨饭坯""叫化子"……

一时间，他如芒刺在背，坐立不宁，就像小时候看到的，遭遇蛇这可怕屠伯的隐鼠，只能在心中"咋！咋咋咋咋！"地"数钱"，充满绝望的惊恐。但不一会儿，就化为誓必雪耻的复仇。他，浑身颤抖着，想索性不吃了，把碗向这两个女人摔去。然而刚刚端起碗，又改变了主意，凑近饭盆，自己盛了一大碗饭，又搛了一大块鲜鱼，一大撮鲜虾，朝碗里一放，大嚼了起来，泪水早已模糊了他的双眼。惹得佩绅和珠姑都惊异地望着他，他心里则狠狠地说：我偏要吃给你们看！

琴表妹

午饭后，樟寿和佩绅表哥一起到楼上西前房大舅舅床帐前问安。大舅舅在点着烟灯的帐里答应了一声，一边一明一灭地抽着大烟，一边吩咐佩绅好好照顾阿张。这时，珠姑进来了，给父亲烧茶。用的炉子很稀奇，黄铜做的，烧的是纸煤。这是一种用“煤头纸”折成的长条，烧十几根纸煤，一小壶水就开了。珠姑用一只竹节形的紫砂壶给父亲沏了茶，端进帐中。大舅舅熄了烟枪，坐起身，捧起壶一小口一小口地抿茶。抿毕，把壶还给珠姑，又躺下睡去。

珠姑回屋又去折细长条的纸煤，佩绅去上学，樟寿回屋子里休息。

他一个人坐在床上发楞，考虑怎样去看二弟，门忽然一响，櫆寿钻进来了。樟寿惊住，立马从床上弹起，与二弟紧紧搂抱在一起，仿佛离别了几个春秋，比演“兄弟失散”时激动多了。

樟寿急忙问：“吃饭了吗？那边怎么样？”

櫆寿答道：“挺好。外婆一直护着我。四位表姐妹也很亲热。小舅舅全家和堂舅舅一家住在座楼西边，塘港妈妈带我住在一间又宽又空的阁楼上，睡在一张大眠床里。床上有一个朱红漆的皮制方枕头，上边镂空有一个窟窿，可以安放一只耳朵进去，很有趣儿。”

樟寿一颗悬着的心终于放下了，二弟不但没有受屈，还觉得挺有趣。是的，在外婆身边还能受欺吗！又凑近二弟耳边悄声问：“溺床了吗？”

櫆寿不好意思了，红着脸微微点点头，想起褥子上的湿圈。

“人家说你了吗？”

櫆寿摇摇头。

樟寿也摇摇头，心里说：嗨，这二弟，快十岁了，还浑浑噩噩的，不省人事。要是在家，非打他一巴掌不可。嗯，主客各不说破，便自麻糊过去了。小舅舅家待二弟不错。心里想着，小声嘱咐道：“以后要当心。”

樾寿点点头，问道："大哥，你这里怎么样？"

樟寿一时语噎，想把被人掷来的"乞食者"的毒语告诉二弟，但立即止住了。他只会永远埋在心深处，使它化为雪耻的动力，不会告诉自己的亲人的。停了会儿，慢慢说道："也好。午饭吃得很饱！"

樾寿笑了，从怀里掏出一包茴香豆，递给大哥说："这是外婆让我给你送来的。她知道你爱吃。"

樟寿下意识地叨念："外婆怎么不来？"

樾寿说："外婆本来说要来看你，可是走到门口又回去了。把东西给我，叫我藏好了，悄悄捎给你，别让大舅母看见。"

樟寿呵地一声惊住了，他全明白了：婆媳不和。外婆不愿与那冷女人接触！但他不愿尚在幼年的二弟知晓这人世的险恶。泪水又涌上来，樟寿打开纸包。兄弟俩互相让着，你往我嘴里递一颗，我朝你口中放一粒……

樾寿忽然对大哥说："琴姑四姐妹在后花园里呢，她们约我们到那里见面。"

樟寿闻听，喜不胜收，眼前浮现出琴表妹的音容：脸庞圆圆的，两个小酒窝也是圆圆的。刘海儿更像圆形的扇面，盖着圆圆的前额。大大的圆眼睛，黑多白少，像一汪清澈的秋水，滴溜溜一转，灵动可人。一说话，就跟黄莺叫似的，清脆甜美。她也喜欢听他说话，特别是说戏、谈书。听到高兴处，琴表妹爱用右手抚一下自己右额的一绺秀发，微微笑一笑，嘴边显出一个小酒窝。咬着下嘴唇，用乌黑的眼眸深情地望着他，两手不自主地抚弄垂到胸前的发辫。

这时，樾寿连忙跑到后窗说："看，她们四姐妹正在后花园玩呢！"

樟寿急忙到后窗朝下望去，只见下面假山叠翠，树木掩映，石笋、芭蕉、翠竹，骨格清奇，园中曲水，围有栏杆，筑以小桥，园中路径也用鹅卵石铺成图案。四个穿得红红绿绿的小姑娘，正在山石修竹间嬉戏玩耍，仿佛四只美丽的彩蝶。小舅父鲁寄湘思想开明，坚决反对女孩子缠足，所以四姐妹都是天足。

兄弟二人不自主地出门，朝楼下跑去。

鲁家四姐妹见周氏小兄弟来了，不约而同转过身来笑脸相迎。樟寿朝琴表妹走去，见她穿着一身绿绸衣裙，还是那么圆圆的脸、圆圆的眼睛，但脸庞稍长了些，长成了瓜子脸，更秀气了。尤其是眉毛更显得秀美，眉尖若蹙，似乎总在想什么心事。身材也高了一些，胸微微凸起了，头后梳起了发辫，油黑光亮。才一年多没见，就有点儿大姑娘样了。只是有些弱不禁风的样子，但在翠竹、绿蕉、青石的映衬下，倒显得袅袅婷婷。还是爱用右手抚一下自己右额的一绺秀发，微微笑一笑，嘴边显出一个小酒窝。咬着下嘴唇，用乌黑的眼眸深情地望着对方，两手不自主地抚弄垂到胸前的发辫，但是比以前显得更有韵味儿了。

上次见，俩人还情不自禁拉拉手。这次却都僵住了，怯生生地笑笑，不往前走，两颗心都怦怦地跳。

还是琴姑主动，轻声问道："表哥，别来可好？"

樟寿嗫嚅道："还好。"他不愿跟琴表妹提及自家的祸事，更不愿她知道"乞食者"的毒语。

櫆寿打破了僵局，建议像前年那样玩捉迷藏。那时，几个小表兄弟、表姐妹还真在后花园玩过捉迷藏。有藏在假山后的，也有藏在竹林里的，还有藏在小桥下的，就属樟寿别出心裁，蹲在楼墙根不动。结果大家都往花园中找，没注意楼墙，找到最后也没有发现他。

这回樟寿可没有这种心思了，一是年龄大了，不再做这些小孩儿游戏；二是家中出事、心事重重，尤其是"乞食者"的恶毒骂语，始终如大石一样压在他的心头，就对二弟说："你和小表妹去玩吧！我在这里坐坐。"

二表妹意姑，比櫆寿略大，也不想玩。但不愿败表弟的兴，就说："好吧！"

三表妹林姑年龄略小，长得最漂亮，这会儿早拉着四表妹招官，笑闹着去了。

只剩下他们两个。一丝愁云浮现在琴表妹脸上，她意识到眼前的表哥似乎心事重重。父母和奶奶半夜起来到后埠头接姑妈和两位表兄弟，也有些蹊跷。过去都是白天到，为什么这回半夜来呢？似乎怕人察觉似的。上午又听见爹爹和奶奶在悄悄嘀咕些什么，八成是周家出事了。她轻轻对樟寿说："走，到园角亭子里坐坐。"

花园一隅有范蠡洲读书亭，琉璃拱顶，两根亭柱上书有一副对联："达则兼济天下，穷则独善其身。”

琴姑在亭中一个石凳上坐下，樟寿坐到她对面的石凳上。一时间，他真恨不能将一腔愤懑全向表妹倾倒出来，痛痛快快地大哭一场。那样，心里会好受些。但是，他越是这样想，表面上却越是冷静，以至冷峻，一言不发，冷得让人害怕。

空气令人窒息，青翠的竹叶似乎也停止了摆动。

琴姑凭着女性天生的敏感，感到表哥家里笃定是有事了，但她没有去触表哥的伤痛，反倒避开来，抚弄着发辫，仰首望望亭柱上的抱对念道：“‘达则兼济天下，穷则独善其身。’这是范家二十三世祖范蘅洲建这读书亭时的题联。他乾隆甲戌年间中进士时，又在进士第东邻建朝议第，堂名：‘深远堂’，取‘深栽后进，远继先芬’之义。人，总是要放开眼量啊！”一边说着，一边怀着无限的同情，含情脉脉地望着表哥。

琴表妹的话，有如后花园里潺潺流动的清溪，抚慰着樟寿苦涩的心，使他豁然开朗。他知道：表妹的父亲，自己的小舅舅鲁寄湘是很有文采的秀才，而且颇通医道，姆娘是皇甫庄后范溇道台沈墨庄之孙女，也很有文化。他们都非常重视四个女儿的培养，不能上学堂，就在家里教她们读书。四个女儿都知书达理，特别是琴表妹，还能看懂很深奥的医书，确是难得的知己。

樟寿望望后花园说：“这个花园真好！身在其境，大有‘无事此静坐，有时还读书’之感。”

料不到一句话却引起了琴表妹的伤感，叹口气说：“好景不长了，就要离开了。”

“怎么？”樟寿惊道。

琴表妹抚弄着发辫，缓缓地说：“你还不知道吗？这里是我的祖父鲁希曾典的房子。年底典期已到，家里又无力续典，就要搬走了。”

“哦！……”樟寿惊了一声。看看表妹，又望望后花园和前边的楼宇，忽然感到无可名状的留恋。

四下一望，才发现有一个人始终在竹林边盯着自己和琴表妹看。一双眼睛喜盈盈的，都快眯成一条缝了。不是别人，正是外婆。樟寿立马跳起来，嘴里喊着“外婆！外婆！”向竹林边跑去。

琴表妹有些不好意思，朝后一甩发辫，叫了声“娘娘”，也朝竹林走去。

外婆一把抱过两个孩子，抚着他们的头，嘻嘻地笑，眯缝的老眼却滴落下两行热泪。

外孙家里的事，外婆当然清清楚楚。但是她不愿意在樟寿面前提起，只愿像老母鸡护小鸡那样，护着自己的外孙，不让他们受丝毫委屈。然而，她又无可奈何，只能把樟寿放在大儿子家，自己护着年龄小点儿的櫆寿。心里又时时惦记着樟寿，害怕那瘦小的冷女人给他气受。看着大孙女琴姑与樟寿谈得如此亲切，她的心像熨斗熨过一般舒贴，心想：这外孙和孙女莫不是天生的一对？于是乐得眼睛都眯成一条缝了。但一想起自家的难处和周家的祸事，又不禁心酸。

正思念间，花园假山后边，櫆寿和三个表妹嬉闹着出来了。

意姑埋怨櫆寿道：“阿櫆耍赖，明明捉住他了，又跑了，不算数了。”

櫆寿争辩道：“哪里话？我还没藏好，她就来捉了。”

林姑和招官当然向着姐姐，指责櫆寿道：“早就开始了，你让人捉住了，才说没开始的。耍赖！耍赖！！耍赖！！！”三个小姐妹一齐指着櫆寿，一直把他逼到亭子边上，他只有招架之功，没有还手之力。

还是琴表妹大度，劝解道：“游戏岂能当真。别伤了兄弟姐妹的和气。算了，算了。”

外婆把孩子们统统揽到怀中说：“都是我的好孩子。莫要吵闹。”

三姐妹和櫆寿立即和解了。

正在这时，佩绅和二舅舅的儿子佩紫来了。为了早点陪樟寿、櫆寿玩，跟先生请了假，说家里有事须早回家，就赶紧跑来了。

琴姑见状，就拉着三个小姐妹说：“你们玩吧！我们回家了。”

外婆说：“琴姑说得在理，跟我一起回家吧！”就带着四姐妹回座楼西边自己家了。

琴姑不自主回眸送过秋波，恋恋不舍地望了表哥一眼。樟寿也舍不得琴表妹，渴望和她一起去，再细细观览一下就要离开的旗杆台门，听听她的讲解。

但又难以启齿，只得跟着佩绅、佩紫，拉着二弟往前走去。

“一定要报这恶狗的仇！”

范家大院，占地甚广。这后花园，算是五进和六进，是准备房屋不够住时再盖房的。往前第四进是座楼，小舅舅和堂舅舅（家人称二舅舅）住在座楼西半部。楼前有石板天井，南首东西两侧各筑有花坛，植有花木，绿树成荫，花香诱人。花坛前各有一排石凳，罗列盆景。天井北首东西两侧各置一只荷花缸，上种荷花，青翠欲滴；下养金鱼，金光闪烁，自由自在地游弋着。东西两边建有侧厢。樟寿大舅舅就住在西侧厢楼里。

过了座楼，第三进就是香火堂，建有神龛，陈放列祖列宗神像和牌位，是祭祀先祖的地方。

再往前入厅，即第二进，建筑高大、雄伟壮丽的大厅正上方高悬一方“深远堂”横匾，字体浑厚，笔力雄健。因为从琴表妹那里得知，不久就要离开，樟寿比往常更仔细地观览起这些富有文化韵味的摆设。见堂匾下挂有一幅山水中堂画，有崇山峻岭、松柏、亭阁等，听范氏后裔中有人说此画系与范姓有姻亲关系的书画金石大师赵之谦的杰作。中堂画两旁联曰：

责己恕人循祖训，先忧后乐传家风。

这是告诫后人要继承先祖范仲淹的传统：“先天下之忧而忧，后天下之乐而乐。”大厅柱子和壁间挂有若干楹联、抱对：

山川之间发清响，古今以上多同人；
都将笔下烟霞丽，洒作人间雨露浓。

明湖二月潭潭墨浪掀天，宜少监旧游乡才多绣吊；
稷称两峰矗矗笔光窗户，愿高平聚族地人竞攀龙。

这些楹联、抱对出于范寅和同治状元陆润庠、两江总督张之洞等名家之手。中堂画下是长条画桌，左右排列两行茶几、椅子，整齐有序，几椅后面是矗立的“梅兰竹菊”等屏风。整个大厅布置得气氛肃穆,文化氛围尤为浓重。范氏循俗在此接待重要宾客和举行红白喜事、祭祀等重大活动。如“年终的大典”祝福，都在夜深人静的五更前举行，祭品有五牲福礼等，用来摆放的八仙桌多达八张，可见祭品之丰盛。全台门男女老少都起床，度过这个不眠之夜，但祝福只限男丁参加，他们按辈分行三跪九叩大礼，所有女性和个别忌生肖的男丁都要回避。

出厅是庭院，北首东西两旁植有修竹，两丛修竹中间有一棵挺拔的红梅，寒冬花开，香飘院内外。现在虽没有梅花，但紫红的枝叶也很峻拔。紧依红梅的是石砌荷池，夏季碧绿的荷叶，出污泥而不染的雅洁莲花，散发阵阵清香，沁人心脾。早晨，荷叶上露珠点点，雨后，更显得晶莹剔透。这时正值九月，结出了一株株莲蓬，照样可人喜爱。梅竹荷莲，犹如一幅出自艺术大师之手的国画，赏心悦目，令人陶醉。回眸仪门，“为善高门第，读书须儿时”的楹联即刻映入眼帘。

步入台门斗，即可看见仪门上悬“文魁”“副魁”两方匾额。台门斗、仪门，算一进。这样，加上后面临河的埠头。这个范家大院是七进屋宇。

走出台门，见大堂门前竖旗杆若干，植有修竹数丛。这是官宦人家显赫的一种标志。所以，这座后范溇的台门俗称“旗杆台门”。

门前有一与其等长的道地，呈长方形，约三百平方米，由一块块石板铺就。道地前是一块二亩左右的烂田，长年不会干涸，只能种植菱白、蒲草之类的水生植物。寒冬腊月，宛如天然溜冰场，成了孩子们嬉戏玩耍的好去处。

出门就可以展望皇甫庄的景色了。只见四面环水，外出非船即桥，是典型的江南水乡。这皇甫庄隶辖于绍兴县孙端镇，距城约二十五华里，因故有“荷叶地”之称。它的面积较大，约有一点五平方公里，素称“鱼米之乡”。“皇甫庄，大地方，九溇五祠堂；要吃鲜鱼、鲜虾，小库、皇甫庄。”这首民谣就是皇甫庄的真实写照。这九溇分别是:后范溇、学士溇、船舫溇、当溇、西岸溇、经堂溇、讨饭溇、南坟溇和薄刀溇。

皇甫庄拥有三千多住灶，以范、钱、沈三姓居多，所以，范姓、钱姓均各建有大小祠堂一个，沈姓也建有一个祠堂。该村居民多数主业务农，少数务农为主兼营渔业，从政、教书和经商的更少。范氏为皇甫庄大姓，人口最多，至元廿六年，即公元一二八九年，十世祖范绍章携眷定居皇甫庄后，子孙繁衍生息。范氏奉北宋贤臣范仲淹为始祖，在学士溇建有祭祀始祖的大祠堂，堂号“高平氏清白堂”，每逢岁尾年首，大堂高悬范文正公画像，族人顶礼膜拜，非常庄重。祠内设有范氏义塾，凡范氏子孙，均可免费入学。鲁家的佩绅和佩紫因为范家的关系，也在此免费上学。义塾有校歌曰：“姑苏派衍贺湖边，清白家风乐管弦；设学输将家子弟，忠贞遗族永绵延。”

九溇中后范溇有“三多”：范姓多，做官经商多，府第台门多。较大的台门建筑有：天锡堂、朝北台门、大夫第、贡元第、裕兴台门、进士第和朝议第。二十三世祖范蘅洲系乾隆甲戌进士，官广西柳州知府，他在进士第东邻建朝议第，就是旗杆台门里的“深远堂”。

樟寿和佩绅、佩紫及二弟櫆寿来到庄上，立时心旷神怡。想起过去来时，常和农家孩子友泉、阿牛、阿龙、桂生、阿发一起玩。有时下河摸鱼，河边钓虾；有时一同去放牛，黄牛水牛欺生时，小朋友们不再原谅他会读“秩秩斯干”，全都嘲笑起来。然后，又教他如何分清山牛和海牛，如何用“捏三把”的方法评估牛的优劣。初冬，田间的野草开始枯焦的时候，他们一起到村外去玩“弹地毛”游戏。先把坟墩周围的野草割来放在一块，用火点着，围着火堆蹦跳叫闹，欢呼雀跃。深冬，没有草了，就玩“破洋山”的游戏。在野外选择一个较大的坟墩，假设为“洋山”。参加的孩子分成人数相等的两部分，一部分在“山上”，另一部分在“山下”。“山下”的人向“山上”进攻，若把“山上”的人都拉下来，“洋山”就算攻破了。如进攻的人被守在“山上”的人拉住，“破洋山”也就失败了。机智勇敢的小樟寿常常被小伙伴推为“破洋山”的领袖。对这些小伙伴，樟寿也很热情，让姆娘把自己多余的旧衣服送给缺衣少穿的阿牛等孩子。想起这些厚道待人的戴乌毡帽的农民的孩子，樟寿心中暖烘烘的，就提出去找友泉、阿牛玩。佩绅一向文质彬彬，不大与农家孩子往来，没有说话。佩紫与樟寿同岁，人长得粗壮憨厚，喜到野外与放牛孩子玩耍，倒挺积极，立马引路。

刚走到庄子边上，见一家高墙大院的红漆大门前站着一个人，正是中午见到的黄胖的矮女人。樟寿立时怒火万丈，他知道这是陈姓富户的家，估计这个矮女人可能是陈家的女管家。过去，连她主人见了樟寿也是一副奴颜婢膝相，点头哈腰的，极力讨好。可是祖父刚一出事，这些人霎时就变了脸，真是可恶。

此时，那个黄胖的矮女人也看见了樟寿，鼻子哼了一声，似乎又冒出一句"讨饭的""叫花子"……

樟寿刚要回骂，女人身后跳出一只黄色的恶狗，直向门外扑来。佩紫赶快拉着樟寿、櫆寿、佩绅往后退去。恶狗并不扑向他们，而是直奔庄外。樟寿等顺狗跑去的方向望去，只见前方有两个衣衫褴褛的男孩，在拼命躲狗。眼看就要追上撕咬了，樟寿急中生智，捡起一块石头朝狗掷去。佩紫也掷去一块石头，恶狗惊住了，往旁边躲。两个男孩趁机跑开了。

这时，富户的主人陈德贵出来了，叫回了他的狗。陈某人是认识樟寿的，过去见了总把眼睛挤成一条缝，笑嘻嘻地讨好。这次却冷冰冰的，装着没看见，扭头带狗回家了。

樟寿也不睬他，朝那两个男孩走去，走近了，见正是友泉和阿龙。两个小朋友见了樟寿，喜不胜收，连忙过来拉手。他们说："这只恶狗经常咬人。阿发前两天就被咬了，正在家养伤。阿牛为了照料他，也没有出门。"

樟寿怒不可遏，牙齿咬得咯咯响，攥着两只拳头说："一定要报这恶狗的仇！"

复　仇

虽然跑了一天，前几天也没有睡好觉，樟寿晚上仍然睡不着。白天的事总在他眼前浮现：黄胖的矮女人和瘦小的冷女人切切察察的絮叨，"乞食者"的毒语，琴表妹的潺潺清溪般的抚慰，她那双脉脉含情的眼睛，外婆眯缝成一条线的老眼，旗杆台门的古字画，修竹，荷叶，莲蓬，陈家的恶狗，阿牛、友泉被恶狗追赶的情状，想象中阿发被狗咬伤的惨相，聪明的友泉会善罢甘休吗？他本来想去看看阿发，可是佩绅表哥嫌路远，也只好与阿牛、友泉约好第二天上午庄外同地会面，请阿牛也来，一块想法报复一下那只恶狗……

第二天一早醒来，佩绅来叫樟寿吃早饭。到餐厅里坐下，瘦小的冷女人竟然比昨天态度好多了，主动给他盛上了粥，还破天荒一改寂寞相，微笑了一下。樟寿心想：做人骨头硬一点，就少有人欺了，也对她颔首应道："谢谢！"

待吃过早饭，佩绅上了学，珠姑回屋又去折细长条的纸煤，樟寿就直奔昨天约好的地方。阿龙、阿牛，还有桂生等好几个孩子，早就簇拥着友泉来了。一见樟寿，立马围拢上来，如见亲人。

樟寿在友泉身边耳语了一番，友泉频频点头。然后跟阿牛说了一下，就和阿龙、桂生等人隐去了。

阿牛让樟寿躲到不远处树荫后，自己走到陈家大院门口。这时，那个黄胖的矮女人开门出来了，恶狗紧随其后。阿牛冲恶狗大吼一声，恶狗一见他，马上追了过来。阿牛立刻快跑，恶狗穷追不舍。阿牛绕着圈子飞奔，人犬追追停停，跑到了远离陈家大院的僻静处。友泉、阿龙、桂生等早已埋伏好的孩子们，一拥而上，棍棒交加，恶狗无处可逃，哀鸣声一点点低下去，竟到没有声息了。

黄胖的矮女人早盯着狗看，开始还洋洋自得，后见孩子们打狗，急得乱跳，赶紧回院告诉了主人陈德贵。陈某人得知爱犬被打，气急败坏，气势汹汹地奔出来。赶到近前，见狗已死，立刻火冒三丈，要找友泉、阿牛、阿龙、桂生算账，说要他们像葬人一样给他的爱犬送葬。躲在树荫下的樟寿这时走了过去，理直气壮地说："偌家这只恶狗，不知咬伤了多少人，偌要伊们赔狗，那偌先得赔人！"

庄里的人们也纷纷围了过来，阿发的父亲等家里有人给咬伤过的农民，自然为打死恶狗叫好，异口同声给樟寿助威："鲁家外甥说得在理，要赔狗偌先得给我们赔人！"

陈某人见众怒难犯，一边痛骂着，一边灰溜溜地回家，让佣人把恶狗的尸体收起埋掉拉倒。

樟寿轻轻吁了口气，几天来压在心头的闷气终于舒缓了一些。

影写绣像

中午，樟寿精神昂扬，毫不客气地吃足了饭菜，回到自己的西后房休息。

睡足了午觉起来，觉得应该看看书了。好几天荒废了读书，实在需要补补。四下张望了一下，见这间北后房虽然不大，布置却很雅致。后窗朝西，后花园的翠竹直伸到窗口，窗下一张红木桌案，案前摆着一把红木椅，案上是文房四宝。案旁书架上放着不少书，架旁还有一堆藏书。于是就在书架上和墙根书堆里乱翻。忽然翻出了一本《荡寇志》，一部《毛诗品物图考》，樟寿粗翻了一下，绣像很好，雕刻甚精，不禁大喜过望。

一看到书，就想起长妈妈来了。樟寿最早不大喜欢她。最讨厌的是她常爱切切察察，向人们低声絮说些什么事，还竖起第二个手指，在空中上下摇动，或者点着对手或自己的鼻尖。家里一有些小风波，就令人疑心和这“切切察察”有些关系。她又不许樟寿走动，拔一株草，翻一块石头，就说樟寿顽皮，要告诉他姆娘去了。一到夏天，睡觉时她又伸开两脚两手，在床中间摆成一个“大”字，挤得樟寿没有翻身余地。推她呢，不动；叫她呢，也不闻。姆娘听到樟寿的诉苦之后，曾经这样问她：“长妈妈生得那么胖，一定很怕热罢？晚上的睡相，怕不见得好罢？……”樟寿也知道这意思是要长妈妈多给他一些空席。长妈妈不开口。但到夜里，樟寿热得醒来的时候，却仍然看见满床摆着一个“大”字，一条臂膊还搁在自己的颈上。

但长妈妈懂得许多规矩：比如一年中最高兴的时节，自然要数除夕了。因为辞岁之后，能从长辈得到压岁钱，红纸包着，放在枕边，只要过一宵，便可以随意使用。睡在枕上，看着红包，想着明天买来的小鼓，刀枪，泥人，糖菩萨……沉入甜蜜的睡梦中。

长妈妈进来，又将一个福橘放在床头了。

“哥儿[①]，你牢牢记住！”她极其郑重地说，“‘阿妈，恭喜恭喜！’记得么？

---

① 哥儿：绍兴保姆对少爷的称呼。

你要记着，这是一年的运气的事情。不许说别的话！说过之后，还得吃一点福橘。”她又拿起那橘子来在樟寿的眼前摇了两摇，“那么，一年到头，顺顺流流……”

一早醒来，惦记着要买的玩具，樟寿一骨碌就要坐起来。不料长妈妈却立刻伸出臂膊，一把按住。樟寿见她更为焦急地望着自己，赶紧说：

“阿妈，恭喜……”

“恭喜恭喜！大家恭喜！真聪明！恭喜恭喜！”长妈妈笑将起来，同时将一点冰冷的东西，塞在樟寿的嘴里。樟寿大吃一惊之后，也就忽而记得，这就是所谓福橘，可以下床玩耍去了。

长妈妈教给樟寿的道理还很多，比如说人死了，不该说死掉，必须说“老掉了”；死了人或者生了孩子的屋子里，不应该走进去；饭粒落在地上，必须捡起来，最好是吃下去；晒裤子用的竹竿底下，是万不可钻过去的……往常真觉得烦琐之至，但在这寂寞的午后，樟寿忽然感到一种特殊的温暖。

长妈妈也曾引起小樟寿许多敬意。她常常对樟寿讲“长毛”。她之所谓“长毛”者,不但洪秀全军,似乎连后来一切土匪强盗都在内。她说得长毛非常可怕,他们的话都听不懂。她说先前长毛进城的时候，她家全都逃到海边去了，只留一个门房和年老的煮饭老妈子看家。后来长毛果然进门来了，那老妈子便叫他们“大王”——据说对长毛就应该这样叫——,诉说自己的饥饿。长毛笑道:“那么，这东西就给你吃了罢！”将一个圆圆的东西掷了过来，还带着一条小辫子，正是那门房的头。煮饭老妈子从此就骇破了胆，后来一提起，还是立刻面如土色，自己轻轻地拍着胸脯道:“啊呀，骇死我了，骇死我了……”

樟寿那时似乎倒并不怕，因为他觉得这些事和他毫不相干的，他不是一个门房。长妈妈大概也即觉到了，说道:“像你似的小孩子，长毛也要掳的，掳去做小长毛。还有好看的姑娘，也要掳。”

“那么，你是不要紧的。”樟寿以为她一定最安全了，既不做门房，又不是小孩子，也生得不好看，况且颈子上还有许多灸疮疤。

“哪里的话？”长妈妈表情立刻严肃起来，说道:“我们就没有用么？我们也要被掳去。城外有兵来攻的时候，长毛就叫我们脱下裤子，一排一排地站在城墙上，外面的大炮就放不出来；再要放，就炸了！”

这实在出于樟寿意想之外，不能不惊异。他一向只以为她满肚子是麻烦的礼节罢了，却不料她还有这样伟大的神力。从此对于她就有了特别的敬意，似乎实在深不可测；夜间的伸开手脚，占领全床，那当然是情有可原的了，倒应该樟寿退让。

这种敬意，虽然也逐渐淡薄起来，但完全消失，大概是在知道长妈妈谋害了他的隐鼠之后。那时，有“老鼠数铜钱”的说法。老鼠自然怕猫，但还不是最可怕的，因为老鼠只要窜进一个小洞去，猫就奈何不得，逃命的机会还很多。独有那可怕的屠伯——蛇，身体细长，圆径和鼠子差不多，凡鼠子能到的地方，蛇也能到，追逐的时间也格外长，老鼠万难幸免。春后，你听到老鼠“咋！咋咋咋咋！”的“数钱”的声音，就知道可怕的屠伯已经到来了。这是老鼠无路可逃时绝望、惊恐的声音。

祖母她们常恨鼠子们啮破了箱柜，偷吃了东西，樟寿却以为这也算不得什么大罪，也和他不相干，况且这类坏事大概是大个子的老鼠做的，绝不能诬陷到他所爱的小鼠身上去。这类小鼠大抵在地上走动，只有拇指那么大，也不很畏惧人，绍兴那里叫它“隐鼠”，与专住在屋上的伟大者是两种。他的床前就贴着“八戒招赘”和“老鼠成亲”的两张花纸。

有一次，樟寿听得一间空屋里有着这种“数钱”的声音，推门进去，一条蛇伏在横梁上，看地上，躺着一匹隐鼠，口角流血，但两肋还是一起一落的。取来给躺在一个纸盒子里，大半天，竟醒过来了，渐渐地能够饮食，行走，到第二日，似乎就复了原，但是不逃走。放在地上，也时时跑到人面前来，而且缘腿而上，一直爬到膝髁。给放在饭桌上，便捡吃些菜渣，舐舐碗沿；放在书桌上，则从容地游行，看见砚台便舐吃了研着的墨汁。樟寿非常惊喜。他听父亲说过的，中国有一种墨猴，只有拇指一般大，全身的毛漆黑而且发亮。它睡在笔筒里，一听到磨墨，便跳出来，等着，等到人写完字，套上笔，就舐尽砚上的余墨，仍旧跳进笔筒里去了。樟寿就极愿意有这样一只墨猴，可是得不到；问哪里有，哪里买的呢，谁也不知道。“慰情聊胜无”，这隐鼠总可以算是他的墨猴了吧。

与隐鼠相伴有一两月。忽有一天，大半天没有见到隐鼠，大家吃午饭了，也不见它走出来，平时，是一定出现的。他再等着，再等它一半天，然而仍然没有见。

长妈妈也许看他等得太苦，轻轻地来告诉他真相。这即刻使樟寿愤怒而且悲哀，决心和猫们为敌。她说：隐鼠昨天晚上被猫吃去了！

于是樟寿要向猫报仇。他从家里饲养的一匹花猫起手，逐渐推广至凡所遇见的诸猫。最先不过是追赶，袭击；后来用飞石击中它们的头，或诱入空屋里面，打得它们垂头丧气。但许多天之后，樟寿竟偶然得到一个意外的消息：那隐鼠其实并非被猫所害，倒是它缘着长妈妈的腿要爬上去，被她一脚踏死了。这样，樟寿的仇恨就从猫身上转移到长妈妈身上了，开始当面叫她阿长。他想我又不真做小长毛，不去攻城，也不放炮，更不怕炮炸，我惧惮她什么呢！

但当他哀悼隐鼠，给它复仇的时候，一面又在渴慕着绘图的《山海经》了。大概是太过于念念不忘了，连阿长也来问《山海经》是怎么一回事。

过了十多天，或者一个月吧，樟寿还很记得，是长妈妈告假回家以后的四五天，她穿着新的蓝布衫回来了，一见面，就将一包书递给樟寿，高兴地说道：

"哥儿，有画儿的'三哼经'，我给偌买来了！"

樟寿似乎遇着了一个霹雳，全体都震悚起来；赶紧接过来，打开纸包，是四本小小的书，略略一翻，人面的兽，九头的蛇……正是《山海经》。

这又使樟寿对长妈妈产生新的敬意了，别人不肯做，或不能做的事，她却能够做成功。她是真懂得自己对《山海经》的热爱的。她确有伟大的神力。谋害隐鼠的怨恨，从此完全消灭了。

这四本书，虽然是一部刻印都十分粗拙的本子，纸张很黄；图像也很坏，几乎全用直线凑合，连动物的眼睛也都是长方形的。却是樟寿最初得到、最为心爱的宝书。看起来，确是人面的兽；九头的蛇；一脚的牛；袋子似的帝江；没有头而"以乳为目，以脐为口"，还要"执干戚而舞"的刑天。

这小本的《山海经》，使樟寿对长妈妈始终怀着敬意。当长妈妈送自己和姆娘、二弟上船的时候，他望着长妈妈依依难舍，看到长妈妈眼里汪着泪珠。

这个午后，想起长妈妈，樟寿唏嘘不已。长妈妈送的四本《山海经》，比起眼前《荡寇志》上的绣像却差得太远了。父亲旧有的两本《尔雅音图》，是广百宋斋的石印小本，一页里有四个图，原版本有一尺来大，看清不成问题，缩小后就不清楚了。此外家里还存有《百美新咏》，全是差不多的女人，看了也觉得单调。还有一部弹词《白蛇传》，上边也有绣像，不过没有多少张，出场的角色也不多。只是为泄气，总掐法海图像上的眼睛，使这一页特别破烂。总之,家里绣像书虽是有过几册,可是没有值得把玩的。大舅舅家里的这部《荡寇志》，是道光年间的木刻原版，书本较大，画像也生动。像赞用篆隶真草各体分书，显得相当精工。《毛诗品物图考》，是石印的，小本两册，原书系日本冈元凤所作，引用《诗经》里的句子，将草木虫鱼分别绘图列说，文字和图画都很精美。

樟寿小时候也随意自画人物，在院子里矮墙上画有尖嘴鸡爪的雷公，荆川纸小册子上也画过“射死八斤”的漫画，这时却真正感到了绘画的兴味。他高兴得几乎跳起来惊呼，下决心影写。一口气跑到庄上的杂货店里，用姆娘留下的零用钱买了俗名“明公纸”的八开毛边纸一百张，又疯跑回去了。拿过书一比，见这种纸比家里的荆川纸稍黄厚而大，刚好影写大本的绣像。乐得什么似的，到屋角的脸盆边，把手洗得干干净净，立马铺纸研墨，决定首先影写《荡寇志》。

这时，门吱的一声开了。二弟櫆寿跑了进来，樟寿正要埋怨他坏了自己的正事。却见櫆寿笑着往门口一指道:“你看谁来了?”

樟寿回头一看,见琴姑领着三个小表妹进来了,立时转怒为喜,起身迎接。琴表妹见他是要影写《荡寇志》上的绣像，也很赞同，过来替他研墨。

琴表妹今天穿身鲜绿的长袖绸裙，她撩撩额前的秀发，挽起绿袖，露出雪白的小臂。手腕上还戴着一个翠绿的玉镯，映衬得臂腕愈加白皙了。樟寿忍不住从眼梢望了一眼，又赶忙将精神集中在绣像上面。

琴表妹站在一边，往砚台里滴水，拿起一枚徽墨细细地慢研，墨水由稀淡渐渐转为浓黑，黏稠，油亮亮的。樟寿看见她的手指像葱芯一样白嫩，手心透着红润，好似花瓣。她的身上，从指尖到面颊，通体上下都有一股花一样的清香。樟寿真想多闻一会儿，多看两眼，但他还是更喜欢那绣像上的图画，将纸仔细铺展在第一幅张叔夜图像上，与绣像对正，待墨一研毕，就用“金不换”毛笔在砚台上掭了掭墨，精心精意地描画起来了。樟寿全神贯注地影写时，琴表妹咬着下嘴唇，用乌黑的眼眸深情地看着他。过了会儿，见他描得投入，浑然忘了身边的人，便悄没声儿拉着三个妹妹走了。

佩绅、佩紫此时提前放学回来了。他们看到樟寿影写的画，都很兴奋。佩绅写得一笔好字，自告奋勇代写背面题字。樟寿同意了，站起，让他坐下写。果然写出挺秀、工整的楷书，大家都很称赞。一边的佩紫也不甘寂寞，樟寿描完第二幅后，也要来题写，结果有一两笔很粗笨难看，只得中途停止，由樟寿补写。以后再也不让他写了。

静静的午后，因了这几个孩子忽而宁静忽而欢快的声音，显得活泼盎然起来。

这样，精神完全集中在影写《荡寇志》图像上，几乎忘记其他。不久，就积了一百页，樟寿细心地订成一大册，经常翻看，怡然自乐。

范啸风

一阵秋风一阵寒，不知不觉已到深秋。一日，友泉领着阿龙、桂生、阿发、阿牛等小友来看樟寿了。

阿发伤好了，一见樟寿就说：“阿张哥，谢谢偌替我们出了气！”

樟寿说：“主要是友泉的点子，是阿牛不怕咬，引那恶狗出来。”

友泉说：“是大家齐心合力，又有阿张挑头。”

阿龙说：“是啊！要不是阿张哥，陈家和那只恶狗还不知要横行到几时！”

阿牛说：“别的台门我们是不敢进的。这回是范爷爷请来的。”

原来他们是旗杆台门的主人范寅请来的，范寅正在续编《越谚》，他像过去一样，把庄上善唱民谣和儿歌的孩子请到家里来，记录他们所唱的歌谣，不加改饰地记下，并给以糖果奖励。赶巧这天是范寅的改船试验。范寅提出用“以轮进舟”的方法代替摇橹，友泉的爸爸是庄里的能工巧匠，曾帮助范寅改造了一只船，这天赶上下水试验，他也到范家来参观了。

樟寿、櫆寿兄弟便和他们一起到范寅的厅室里，旁听唱记童谣。

这范寅说来也是奇人。他字啸风，又字虎臣，别署扁舟子，自幼好学。十七岁父母双亡，成为孤儿，因为家里贫困，幕游外地。同治十二年，即一八七三年，中副贡，为候选训导。他博学多才，著作颇富。平生致力于民间歌谣、地方谚语的搜集，常邀孩童至家，叫其唱儿歌念童谣，唱毕奖以糖果。光绪四年，即一八七八年，范寅编成《越谚》，分上中下三卷，“传古之语所口习耳熟者”，并旁及经史子集、唐诗元曲、通俗之编、六代同文、百家稗说等，“收采俗语而不拘泥文雅”，“土音俗字毫不改避”，为研究越地方言之重要著作。另有《玉鉴堂诗》《湖雅》《癸俄尺牍》等集及《论潮汐》《论涨沙》《论古今山海变易》等自然科学论文。范寅又精书法，与同学赵之谦并重于时，融化颜柳真草，皆臻神妙，四方求书者，获尺幅若至宝。

这时的范啸风六十多岁，穿一身棕色绸衣，留着胡子，虽有几根白须，但大多黑亮，显得儒雅、潇洒。他见孩子们来了，一边让友泉等进来，一边拉住了樟寿、櫆寿。他显然知晓周家的祸事，却毫无鄙夷之态，反而对周家兄弟更亲近了，这使樟寿大为感动。

范啸风捋捋胡须说：“周氏家族是绍兴有名的书香门第，介孚公和伯宜都为人正直，很有文采，我早就佩服了。你们兄弟二人的才情也无可限量啊！”说完，转身对友泉道，“你又有什么儿歌，唱给我听听。”

友泉清清嗓子唱起来：

白篷船，红划楫，
摇到对岸歇一歇，
点心吃一些，
戏文唱一出。

范啸风仔细听了，然后让友泉唱一句，他记一句。记完之后，又念给友泉听，问对不对，细细校核。

记完，友泉又说：“前几天，我们又把这首歌改了一下。”

范啸风很感兴趣，说道："那你把改过的也唱给我听。"

友泉又唱道：

白篷船，对岸歇一歇。
此刻熄，自己熄。
戏文唱一出。
我放火！哈哈哈！
火火火，点心吃一些。
戏文唱一出。

范啸风听了问道："这是说那要熄长明灯的疯子吧？"

友泉说："是的。"

阿发、阿龙、阿牛、桂生也七口八嘴地说："是的。我们前几天去看他了。他还总是喊着：'熄掉他罢！''熄掉他罢！'"

范啸风摆摆手说："罢了，罢了。其实他是个好人，别伤害他。来，吃糖果吧！"说着，把桌案上的糖果分给孩子们吃。

范啸风又拉樟寿、櫆寿到自己身边说："你们是读书人，我这里有书签送给你们。"说着，从桌案左角上拿过一张小巧的书签。这是他自制的，两端剪贴着红色的花纹图案，中间用工笔小楷写着一行字，他念道："读书三到：心到、口到、眼到。记住了吧！"

樟寿恭敬地说："记住了。"和櫆寿一起，小心收好"三到"书签，放在自己贴身口袋里。

吃过糖果，范寅起身说："走吧！去看我的革新吧！"

大家一窝蜂跟着他朝后门走去。

这是旗杆台门的第七进，已临河，后台门斗放置大石凳一条，可远眺近望广袤田野，青山绿水。后台门斗内也有一间房子，平时堆放橹、桨等船上用具。后门筑有埠头，范氏外出时即在此上船。樟寿、櫆寿那天夜里就是随姆娘从这里进入舅舅家的。

此时，临河已停着一只大船。本来是首尾有两支橹，由两个人摇橹行驶，现在船上换成了水车一样的踩轮，改成“以轮进舟”的方法代替摇橹，需要六七个壮夫像踩车水似的足踏行进。友泉的父亲冲友泉等孩子笑了笑，带着人上船踏了一番，不料速度还不及两人摇橹快，而且费人费事。范啸风只好摇摇头说：“罢了！罢了！”长叹了一声。

看到范啸风叹气，樟寿非常同情，上前叫他一声“爷爷”道：“莫灰心。以后会成功的。”

范啸风望着樟寿苦笑了一下说：“是的。”又叹口气道，“难啊！”

樟寿和櫆寿不禁对这位范爷爷充满了敬意。

阿发想到樟寿住处看看，懂事的友泉摆摆手说：“不去了。”因为他明白樟寿在这里是寄居，不好找外人来的。又悄悄对樟寿说后天包公殿演戏，是《女吊》，让樟寿下午在埠头等他们，他们划船来接他看戏。樟寿很高兴，立马答应了。

女　吊

戏台上响起悲凉的喇叭，少顷，门幕一掀，一个女人出场了。她穿着大红衫子，黑色长背心，长发蓬松，颈挂两条纸锭，垂头，垂手，弯弯曲曲地走一个平台。内行人说，这是走了一个“心”字。她将披着的头发向后一抖，这才看清了脸孔，石灰一样白的圆脸，漆黑的浓眉，乌黑的眼眶，猩红的嘴唇；下嘴角略略向上，使嘴巴成为三角形；两肩微耸，四顾，倾听，似惊，似喜，似怒，终于发出缓慢而悲哀的声音：

奴奴本是杨家女，
呵呀，苦呀，天哪！……

唱词交代了死因：做童养媳，备受虐待，终于投缳。唱完，舞台远端传出哭声，是一个女人，在衔冤悲泣，准备自杀。“女吊”万分惊喜，要去“讨替代”了，忽然间，跳出一个“男吊”来，主张应该他去讨。他们由争论而至动武，女方当然不敌。危急关头，又一人出场，是阴界的王灵官，一鞭把男吊打死，放女的去了。

樟寿过去也看过鬼戏，还扮过鬼——薄暮中，十几匹马，站在台下了；戏子扮好一个鬼王，蓝面鳞纹，手执钢叉，还得有十几名鬼卒，普通的孩子都可以应募。那时樟寿十余岁，手脚灵活，就爬上台去，说明做义勇鬼的志愿。于是戏子们就给他在脸上涂上几笔彩色，交付一柄钢叉。待到有十多人了，即一拥上马，疾驰到野外的许多无主孤坟之处，环绕三匝，下马大叫，将钢叉用力连连刺在坟墓上，然后拔叉驰回，上了前台，一同大叫一声，将钢叉一掷，钉在台板上。然而，这一次看《女吊》，感觉大不一样，胸膛里心潮汹涌，热血沸腾，竟如此同情那女吊，感到她是一个带复仇性的比别的一切鬼魂更美、更强的鬼魂。伴着“乞食者”的恶语，和祖父出事后所受到的种种耻辱，他站在暗夜中的乌篷船前梢上，简直如一团熊熊烈火，要燃烧起来，化作一团复仇的白烟，与那女吊一起向乌黑的夜空上飞去……

第五章　周福清

杭州狱府

杭州的深秋，依然青青苍苍。绵绵秋雨，淋得西子湖畔的松柳宛若秋露沐浴过一样，愈发显得青绿。只是天空乌云密布，西湖的水也变得浓黑如墨。“波漂菰米沉云黑”，这“沉云黑”三字颇传出此时杭州和西子湖的神韵。

离西子湖不远的地方，就是杭州府。府署朝南，署门大堂威严庄重，富丽堂皇。司狱司在其右边，是西向的，一片阴森气象。入门则又一重铁栅门，推门进去，门内坐着几个禁卒。拐过一个弯，又是一张普通的门，里面一个小院子，上首朝南是狱神祠，再往东边的小门进去，又是一个小院落。门内是一条长天井，南边是墙，北边是一排白木圆柱的栅栏，栅栏内有狭长的廊，廊下并排一列开着些木门，这就是司狱司一间间专门关押官员的牢房。一排有四间，只有西头一间关着人。隔壁住了一个禁卒，负责贴身看管，其余都空着没有人住。走进西头的房间，见四壁都用白木圆柱做成，向南一面，上半长短圆柱相间，留出空隙以通风日，用代窗牖，房屋宽一丈半，高约二丈半，下铺地板，左边三分之二的地面用厚板铺成榻状，很大的一片，以供坐卧之用。对着门口放了一张板桌和椅子，桌上有纸墨笔砚。板台上靠北安置棕棚，上挂蚊帐，旁边放着衣箱。中间板桌对过的地方是几叠书和零用什物。

关着的这个人，正垂头坐在榻状的厚板上。他五十七八岁年纪，身材高大魁梧、雄健结实，穿着藏青色绸缎官服，顶戴已被摘去，脑后垂着一根又粗又长的花白辫子。俗话说人有四种脸形：“同”字形、“田”字形、“贯”字形、“日”字形。“同”字形的脸，是富贵的象征，最好；“田”字形是圆脸或横阔的脸，其次；“贯”字形是上大下小的，再次之；“日”字形是狭长的，是命苦的，最差。而这个人不折不扣是“同”字形脸，显得富贵、威严，但似乎很气恼，就像天气一样沉闷，满脸的“沉云黑”，不住把自己右手大拇指的长指甲放在嘴里，咬得嘎嘎作响，嘴里喃喃地骂道：“昏太后”“呆皇帝”“速死豸”“王八蛋”……

此人便是樟寿的祖父周福清，生于清道光十七年阴历十二月二十七日，按照公历算，该是一八三八年一月二十二日，原名致福，后改名福清，字震生，又字介孚，号梅仙。在周家致房行八。

周福清幼年家贫好学，无资延师，经常到三台门房族书塾中旁听。那时，各房族经济充裕者，各延师设塾以课子弟，讲学时间参差先后，本意就是为使各塾就学子弟可以相互听讲，以宏造就。周福清趁机进修，他天资高，易于领会，收获最大。族中人誉之为“收晒凉”，意思是乘便得利。

周福清的姆娘，也就是九老太太，是戴家台门出来的。离周家老台门只有四五家门面，是一排朝南的房子，也是深宅大院。周福清小时候常到那里去玩，他看到戴家表兄弟很阔绰，身带银衣袋，大块的银子放在大袋里，小块的银子放在小袋里，花钱满不在乎，买东西要拣上好的，付钱时从银衣袋里抓一把银子出来，往柜台上一掷，不要人找零。听到人说“少爷真好，真爽气”，就得意地走了。还常常请客饮酒，谁愿去就去。一次，大家喝得差不多了，不知为什么事，一言不合争吵起来，戴家表兄弟随手拿起一只碗扔过来，正好砸在周福清的嘴上，打歪了一颗门牙。从此，除万不得已的应酬以外，周福清再也不喝酒了。戴家台门因为经济上坐吃山空，渐渐地败落下来了。

然而，仍然有万不得已的应酬。周福清二十二岁那年，到跨湖桥环翠楼孙氏岳父家饮酒，与胞叔周以埏比赛酒量，结果酩酊大醉。回家后不省人事，第二天才醒。父亲周以埏哭着说：“我只有你一个儿子，你醉死了，我怎么办？”

周福清不住把自己右手大拇指的长指甲放在嘴里，咬得嘎嘎作响，嘴里喃喃地骂道：“昏太后”“呆皇帝”“速死豸”“王八蛋”……

周福清听了，后悔了好几个月。一年后，太平军攻进绍兴，周以埏到道墟女婿家避难，两年后回家时病重，临终又嘱咐周福清戒酒。

自此，他一生不吸烟，不喝酒，尤其痛恶鸦片，专心致志攻读，参加科举考试。终于在一八六七年的丁卯科合并浙江乡试中考上第八十六名举人。接着又于次年赴京参加礼部会试，但不幸落第，不过仍考取了方略馆誊录。所谓誊录者，其实是高级缮写人员而已。三年过后，又参加了同治十年即一八七一年的辛未科会试，取得会试中式第一百九十九名、殿试第三甲第十五名、朝考第一等第四十一名的成绩，被钦点翰林院庶吉士，分发庶常馆深造。这在周家是很荣耀的大事，但在周福清中进士、点翰林的“京报”抵绍，厅堂里黑压压跪了一大群人贺喜时，九老太太却大哭起来，连说“拆家者①，拆家者！”此事在绍兴城中广泛流传，老寿先生就常常提起，作为他不进仕途的依据。

按照清政府的制度，庶常馆每三年结业一次，名曰散馆，成绩优秀者，分别授以翰林院编修或检讨，其余分发各部充任主事或委用知县。周福清在庶常馆结业时大约没有取得好成绩，与同事的关系也不融洽。一次，他邀一位王姓同乡到京城有名的饭馆广和居饮酒。这位同乡循城根到前门，又经南大街到骡马市，马匹疲劳，道路泥泞，好不容易才到了广和居。而周福清不等他到，就与其他同乡先饮了。王姓来后，周福清又不解释，只点点头就让人家入席。与同席者略饮一下就开始吃饭，没有抽烟就回家了。周福清饭毕，强请一位同乡坐车回去。这位同乡托词不坐，与王姓一同步行回家。到门口时，对王姓说：介孚境况窘迫，经济不宽裕，所以不让他雇车，但问自己时又不便直讲，只能以他词掩饰。这位王姓同乡，本就对周福清先饮不满，现在又听此言，就认为周福清诡诈，并在日记中记了一笔，予以讥刺。其实，周福清也确实并不富裕，虽然已经做了内阁中书，不仅不能往家里汇钱，还一直要家里为他举债。至今还存有两封他向别人借钱的信，其中一张是儿子周伯宜光绪十三年，即一八八七年，经裕房兄长周慰农，为他向高某借英洋贰佰元的借约：

① 拆家者：败家者。

今将己户拱字印契一张，内载坐落廿亩头田五亩正，挽慰农家兄，向高姓押借英洋贰佰元正。面议八对月借洋还洋，利计每月壹分贰厘，起息按月支送。恐后无凭，立此为据。

附拱字田契一纸。

光绪十三年三月十五日立票人周伯宜（画“花押”）

中人周慰农（画“花押”）

周子传（画“花押”）

借约

官至内阁中书却又拮据举债，可想周福清与清朝官场风气并不能契合。此公性格确实奇特，又专爱骂人，上至“昏太后”“呆皇帝”，下至本家侄辈，无不痛骂。骂法又颇奇特，很有些绍兴师爷的风骨，常常进行反讽。譬如说有人梦见什么坏人反穿马褂来告别，意思是说挨骂的人，死后变成猪羊，还被害人的债。这还是平常的旧想头，不过是说挨骂的人，后来孤独穷困，老了在那里悔恨。这样骂来骂去，把各方面的关系都搞坏了，一八七四年离开朝堂，被外放做官，先是放四川荣昌县当知县，他嫌远不去，后改为江西金溪县任知县。

周福清在江西居官清廉，持正不阿，既不贪赃，又不枉法。处理民刑案件务求真情实事，从不颟顸草率。抑且案无留牍，随到随审，随审随结，不任当事人长期拖累。对胥吏衙役，防范周密，驾驭綦严，不容有少许隙漏为其所乘。对上官辄以无欲则刚的态度做应付，不巧言令色，不谄谀迎合，因之为他顶头上司的抚州知府所深恶痛疾。有一次他上府晋谒，不知为了什么事谈得不投机，周福清并没像一般下属那样，对上官的昭示不问青红皂白一律唯唯诺诺地曲承仰体，竟然直率地顶撞起来，弄得抚州知府下不了台，抬出大帽子压他，说:“这是皇上家的事情。”周福清也毫不迟疑地给了一个反诘:“皇上是什么东西，什么叫作皇上？”抚州知府万想不到会得到这样的回答，只好摊出“王牌”，说道:“大不敬！”随即端茶送客，趁此下台。后来周福清横被揭参，这就是主因之一。

周福清对上司常摆出一副神圣不可侵犯的姿态，没有和他接近过的人，不免望而生畏。其实，他却是色严而不厉，词费而不激。从没听过他正式骂过人，也没看到他拍过台子。他性情是温和的，连他骂人的姿态一向也是温和的，不像别人的词严色厉，只限于“王八蛋”一句。只是从来不笑，也从来不说笑话罢了。知县大老爷是何等威风，一呼百应，气焰万丈。衙署里的事情，无不充满了官腔官派。知县大老爷吃饭时，是由一个神气活现的家丁快步跑到签押房，即知县办公室门口，把门帘高高撩起，大喊一声:“请大老爷吃饭啦！”喊完还得撑着门帘恭而敬之地肃立在那里侍候着。而周福清却还是和平常家居一样，绝不要什么官架子。他家有一个老姆娘，是他幼年时雇来的女佣。这时也和家眷一起在金溪县任上。周福清乳名“福”，幼小时一般都喊他“福官”,到了金溪县任上,似乎应该改换称呼了。但是老姆娘习惯了，每当吃饭的时候，总跑到签押房，高叫“福官吃饭啦！”稍微迟疑，还要再来一声“毫燥”，就是绍兴话“赶快”的意思。周福清泰然受用，不以为意。

然而，周福清倒霉的导火索还是在后院。他原配夫人姓孙，生了女儿周德，又生了儿子周伯宜。不久去世了。他又继配了蒋氏，就是樟寿的继祖母蒋老太太，生了女儿周康。太平军攻克绍兴时，社会秩序紊乱，周福清全家逃到乡下避难。蒋老太太中途一度与家人失去联系，事后又团聚了。蒋氏说是被太平军冲散，周福清则怀疑被掳，由此产生隔阂。生气时就毫不客气地破口大骂，有一回竟说出了“长毛嫂嫂”，还含糊地说了一句房帏隐语。蒋老太太哭了起来，说“你这成什么话呢？”就走进她的卧房去了。以后周福清又娶了姨太太薛氏和章氏。章氏生了周伯升，裂痕更深了。周福清在江西金溪县知县任上,九老太太迎养在任,蒋老太太和另外一个姨太太也都随在任上。周福清经常在姨太太房内休息,引起蒋老太太不满。一次,蒋氏潜往窗外窃听，尽管蹑手蹑足，还是难免窸窣之声。周福清隔墙有耳，料定是蒋氏行径，不期然随口冲出了一声“王八蛋”。蒋氏听见骂了，当场不好发作，仍蹑手蹑足潜回自己房内，越想越气，想办法报复。第二天晚上在九老太太耳边进了先入之言，九老太太性乖僻而胸无丘壑，一经渲染即随之同往窗下，故意窸窣有声使周福清听到。周福清闻声不加觉察，又照前骂一声“王八蛋”。蒋老太太闻骂即大张其词高声嚷道：“娘娘在这里，你连娘娘都骂起来了！”周福清知道闯了祸，赶忙戴起红缨大帽跑出来，跪在姆娘面前认罪，并请责罚！九老太太一切不问，只自顾自地号啕大哭，越哭越有劲，哭得满城风雨，全衙咸知。都说：“大老爷骂娘。”这样一传二、二传三地传出去，传到了抚州府衙。顶头上司抚州知府和周福清早有夙嫌，得到这种好材料哪肯放松，忙托出先前的“大不敬”渗入此刻的“大不孝”，再添油加醋加上了不少调味品，就把周福清的前程揭参出去，达成革职处分，因文理尚优，以七品知县的原级休职。自此以后周福清对蒋老太太恶感更深。

回到家里，为重谋复起，就只得卖田捐官。先从陕西赈捐局买了一个比知县高二级的“同知”衔的官。由于光绪皇帝只批了个“著以教职选用”，只得再次买官。这次买的是内阁中书，但也得等候补缺，补缺后还得试俸三年，方得实授。这样，周福清从光绪五年（一八七九年）九月分发到内阁行走，一直候补了九年，才在光绪十四年（一八八八年）四月初十日前后，获得一个以抄写为事的从七品小京官。两个侧室薛氏和章氏都已过世，他又纳潘氏为妾，所以不仅不能往家里汇钱，还得不断要家里变卖田产或代他借贷。

但是，周福清对自己孙子辈的学习却非常关心。孩子入塾时，一般都是从读《三字经》《百家姓》开始，他却主张开蒙先读《鉴略》，除识字外，还能对中国历史有一个总的概念。还认为读经书没啥用场，不如先看看《西游记》，特别是猪八戒的故事。他还爱讲孙行者败逃，化成破庙，尾巴没法安排，变作一枝旗杆，竖在庙后门，立即被敌人识破，以为全是小孩想头，写得很好。读了这些，可以增加孩子们读书的兴趣，把文理弄通，再读别的经书就容易了。这就使樟寿看到了惯常读书人家子弟看不到的中国古典小说。樟寿九岁时，周福清又从京都寄回《诗韵释音》两部。在给儿子周伯宜的信中说，该书“可分与张、櫆两孙逐字认解，审音考义，小学入门（吾乡知音韵者甚少，蒙师授读别字连篇），勉之。”他极想把伯宜、伯升两个儿子和长孙樟寿培养成翰林，在台门口悬一“祖孙父子兄弟叔侄翰林”的匾额，以遂他的平生之愿。

然而，世事坎坷难遂人愿。光绪十五年，即一八八九年，周福清从北京写信给儿子周伯宜，询问他参加本科乡试的情况，要求把“场作及题解”详细抄给他。令他遗憾的是，周伯宜落第了。

四年后，他的姆娘九老太太去世，他只好带着潘姨太和次子伯升回乡奔丧，丁忧[1]在籍。离家多年，一回来就觉得台门已经成了大杂院，周家已每况愈下，周四七等后人一个个成了烟鬼酒徒，只能败家，他着实气恼。而自己呢，补实缺[2]才五年，如今因为母丧丁忧又去职了。这年已五十七岁，丁忧三年下来，已经六十，如何补得上缺？更是感到丧气！所以愈益性格急躁好骂人。九老太太“五七”那天，家里人连日操劳疲惫不堪，早晨起得晚些。他一早起来，穿好素服，走到桂花明堂，看见各间房子都还关着门，好像没这一回事，就走到樟寿祖母的房里，勃然大怒，用力敲床，祖母赶快起来。他转身出去，嘴里喃喃地咒骂着“速死豸”什么的。吓得全家老小纷纷起床。祖母一边跑去给孙子穿衣，一面说：“为啥找小孩子出气呢！”男女老幼都对这位祖父心怀不满。

但他对子孙的学习仍然很上心，对他们很慈祥。他见了松寿，问周伯宜道：“阿松认字了吗？”

周伯宜回答：“还没开蒙哩！不过随便拿起书来看看，不懂问问他哥哥！”

“我来教他认几个字吧！”周福清兴奋地说。

以后，他就隔一两天教松寿认一两字。没有课本，是他亲笔写在一张纸上，字写得很好，就像字帖里的一样。在纸上，今天写“白菜”，明天要松寿读给他听，后天便写“萝卜”，等松寿会了，又写“芹菜”“韭菜”“葱”……几乎把所有的蔬菜都写遍了。这些蔬菜天天在吃，容易记，松寿很感兴趣，也学得快，记得住。

这一年，清朝为祝慈禧“万寿”，皇上颁旨在全国各省举行一次恩科乡试，派定已升为四品官的殷如璋为浙江主考，周锡恩为副主考。殷如璋，江苏甘泉人，是周福清的同榜进士，当时叫作“同年”。周福清作为一位太史公丁忧在籍，声望高，又与主考同年，不免要受到周家有关许多人的请托。因为每

① 丁忧：指旧时朝廷官员的父母亲如若逝去，无论此人任何官何职，从得知丧事的那一天起，必须回到原籍守制二十七个月。

② 补实缺：补实在的官职缺位，也称补实职。

届秋闱，在浙江应试的秀才多达六七千人，录取的名额仅一百零几名。找门路，通关节，买举人，是清朝科举中的公开秘密。于是周福清道墟的姐夫章介千等人便再三恳请周福清出来帮忙。

起初，周福清觉得不大好办。但因为自己的儿子周伯宜也要应试，出钱人付酬又高，通常买一名举人，得送主考白银一千多两，他们却情愿出两千多两。有人献计说，既然酬金高，就让殷如璋无酬录取你的儿子好了。事后，这些人还会另外有酬谢。这样，周福清磨不过，就替他们写了一封信。把出钱人所开的一万两银子期票塞进信封。于一八九三年八月三十一日带其仆人陶阿顺由绍兴启程去苏州，九月三日路过上海，九月五日晚抵达苏州停泊。九月七日，殷如璋的官船果然也来到苏州，泊阊门码头。周福清即嘱陶阿顺先去投帖拜会，如对方不见，再投信函。

陶阿顺雇船出发，终于设法挨到了官船附近，再由船夫驾小船送他到官船边，将信递交殷如璋的当差，并声言要立等回复。而信送达时，副主考正在船上与殷如璋谈天，殷接信后搁置一旁，谈笑如常，然而副主考久坐不去。陶阿顺系绍兴陶堰人，原为绍兴陈顺泉家佣工，因其能干，周福清特地借来带到苏州办事。然而陶虽帮工能干，对官场人事却一窍不通，他在官船边久等无回音，便急得嚷道："似此万金干系，怎么不给收条？"内情遂遭泄露。副主考照例拆阅信件，发觉信内有纸两张，一书凭票洋银一万元等语；一书考生五人：马官卷、顾、陈、孙、章，又小儿第八，均用"宸衷""茂育"等字样，还有周福清名片一张，等等。殷如璋觉得事已无可隐瞒，便将陶阿顺发苏州府讯问。

苏州知府王仁堪提审陶阿顺，陶供出自己系受周福清派遣。王仁堪担心案情过大，株连太多，想把案情缩小。想不到苏州府的名法幕友，恰恰是周福清得罪过的周家致房仁派礼系的女婿陈秋舫。果如周家玉田公公等人所料，陈秋舫觉得这正是报复的大好机会。于是来了个执法如山，坚执不允。王仁堪只好一面电告北京吏部，一面把人证、物证押送到杭州，移交浙江臬台衙门处理。这时，浙江巡抚崧骏[①]正在主持浙江乡试，接案后即饬臬司赵舒翘会

① 崧骏：字镇青，满洲镶蓝旗人，咸丰戊午举人，诗人、书法家。

同藩司刘树堂，督饬杭州知府陈璚亲提陶阿顺审问，查出与行贿有关的考生马家坛，即马官卷者。又查出了周福清的儿子周用吉，随即把这两人考卷扣留，捕押解省。

周福清见事情败露，先到上海治病，然后又回到绍兴家中，让周四七住进大书房，自己躲在百草园的三间头里。后来觉得事情挨不过去，又怕县里再来骚扰，牵累家人，他就听从蒋老太太劝说，到会稽县自首投案了。因为周福清还是翰林身份，所以知县亲自登门拜访告知原委，请他坐着预备好的四人轿，抬进会稽衙门，又摆一席酒菜款待，而后派好几个差役护送到杭州。押在杭州府狱司一间专门关押官员的牢房中。

牢房中的周福清，心中鼓囊囊充塞着“怨、悔”二字。一怨姊夫章介千千不该万不该反反复复找他磨贿考信，他一再说：“这件事动不得咯！”可是介千不肯歇，非要他办不可，结果闯下滔天大祸。悔的是当时自己怎么就把握不住，硬是亲笔写了信呢？！“一字入公门，九牛二虎之力拔不出。”嗨！白纸黑字的亲笔信在那里，反正是逃不脱了。何必蜻蜓咬尾巴——自吃自。自己只有这么一个姊夫，大丈夫做事一人承当，自己一人承担了算了！二是怨自己的儿子伯宜不争气，他要是在四年前那场本科乡试上考中了，又何必这次为他操心。说实在的，这次动心参与此事，主要还是为了儿子。这下子，“祖孙父子兄弟叔侄翰林”的匾额是挂不上了。听说家里祠堂的翰林匾额忽然凭空坠落，莫不是鬼神先示机缄？但自己不知儆戒，宜其及祸？后悔自己不早防此祸，当初教子不严，没有督促他早早努力，早早中举。但又想到这次儿子必受牵连，按常规是要当场扣留考卷，被捕解省的。他那样软弱的人，经受得起吗？想到这里，不禁老泪横流，觉得对不住儿子。又联想起次子伯升和潘姨太，禁不住更是心疼。周福清逢人就骂，唯独不骂他父亲周以埏、小儿子伯升以及爱妾潘姨太。想起他们，泪流得更多了。三是怨佣工陶阿顺太颟顸懵懂，不省人事。怎么能在官船边大嚷：“似此万金干系，怎么不给收条？”使得内情尽泄。殷如璋接信后搁置一旁，谈笑如常，其实就是心中默许此事，待副主考离去就会办理。陶阿顺这蠢货是把本来可以办成的事搞糟了。嗨！还是后悔自己不识人，用人不当。怎么就借用了这么个“败事精”呢？

想着想着，他擦干眼泪，起身走到桌案旁，在椅子上坐定，铺开笔墨纸砚，紧握“金不换”小楷笔，舔了舔墨，在红条十行纸上写日记。他有长年写日记的习惯，无论什么时候都不断的。万一有时写不成，过后也要补记。他是在补前两天的日记，这两天被差役送往杭州，太匆忙，未及写日记。写完后又在几个字上重描了几笔：“大丈夫做事一人承当”……

过　堂

看管罪犯的禁卒，对普通人犯蛮横需索无所不为，但对官犯却驯若绵羊转为罪犯服务。周福清系官犯，虽在缧绁，管理上却较普通人犯来得舒适，可免加镣、铐、铁索之类的刑具。隔壁专门看管他的禁卒邹玉，又是个长厚的老头儿，对周福清更是毕恭毕敬，宛若奴仆。翌日清晨，侍候周福清吃过早饭，他就点头哈腰地小声说道：“老爷，该过堂了。”

周福清微微点点头，说：“知道了。”梳理了一下辫子和衣衫，跟随邹玉出去。别看周福清对上司很傲慢，不苟言笑，但对下属和禁卒之类却一向很客气，常与他们谈天说笑。

出了牢房大门，径直去了署门大堂。门前的一对石狮子，威武地望着周福清。他横扫石狮一眼，比石狮还要威风。知府衙门大堂内外，站着杭州府大大小小近一百五十名衙役和捕快，持杖站列两旁。本应浙江巡抚崧骏亲审，但他有病在身，不能亲临，只得委托杭州知府陈璚代替。陈璚端坐在堂上，头上高顶一块明镜高照的大匾。左边坐着专管刑事的臬司赵舒翘，右边坐着负责民政的藩司刘树堂。衙役持杖肃立案前两侧，礼房端站其后。

两旁衙役持杖往地上一戳，齐声高呼：“威——武——”。知府扫了周福清一眼，便高举惊堂木猛地往下一砸，“啪”的一声格外清亮，震得大堂几乎咻咻地响，大声说道：“带人犯！”如果胆小，只这阵势，就会当场吓瘫。

周福清却毫无惧色，不用人推，自己大踏步往前一迈，直挺挺昂首站立于堂前。口里似乎还喃喃骂道：“王八蛋。”

这下子，知府陈璚倒软下来了，命左右：“看座。”

差役搬过一把高座木椅放在周福清身后，周福清毫不客气地坐下了。腰板挺直，两手扶着两膝，朝堂上怒目而视，仿佛他是主审，知府和臬司、藩司倒成了被审。

知府喝道："开审！"然后宣布："接旨，犯官周福清的内阁中书职即行革职。犯事经过当从实招来！"

原来，苏州事发之后，御史褚成博就上奏此事。光绪皇帝即行下旨令浙江巡抚崧骏严切根究。崧骏上奏折说明事情缘由，请示将周福清革职归案审讯。光绪业已下旨"丁忧内阁中书周福清著即行革职，查拿到案，严行审办，务得确情，按律定拟具奏"。

臬司从后边礼部手中接过周福清当初让陶阿顺交给主考殷如璋的贿考信，问道："此信可是革员所写？"

藩司补充道："文人多会写多种字体，如想以对笔迹辩解，当以大刑侍候。"

周福清鼻子哼了一声，道："此事全系鄙人一时糊涂所致，信件也是鄙人亲笔所写。鄙人乃携仆进京探亲，途经上海，得知本科主考官殷如璋与鄙人是同榜进士，竟起意为子求通关节，并欲为亲友中马、顾、陈、孙、章五姓有子弟应试者嘱托，希图中式，俟主考允诺，再向各亲友告知，择其文理清通诸生列名。由于素知各亲友家道殷实，不患无人承诺，事后必有酬谢之资。于是即由上海雇船开驶，抵达苏州，独自拟写关节一纸，复写洋银一万两空票一纸，然后嘱仆人前往主考官船上投送。"

臬司又问道："送去的是可兑现的钱庄期票吗？"

周福清忙回答："吾家境贫寒，无有余钱。那一万元银票，只不过是一纸空票。系余自开，不能兑现。"

臬司拍案道："谎言。岂有以空票贿人的？！"

周福清紧忙解释："因为那几家家道殷实，事后不愁无人承诺费用。"

知府陈璚也曾任翰林院翰林，在堂上望了望这位腰板挺直的"革员"，心知他是一人承担事情的全部责任，心中不禁对这位同院翰林涌起一股莫名的同情，犹欲全之，连忙插开话题，说道："君清华贵客，宁知法犯法，其中岂有诬枉耶？"

周福清摇摇头，表示并没有冤枉，侃侃而谈，说近年浙闱如某科某人，都是以贿赂主考得以中式，这种事情历历可数。

知府担心他数落的人太多，得罪一大片，后果难收。连忙伸出右手食指，责怪道："偌这个人莫不是有神经病？如此胡言！"

周福清更犟了，脖子一梗道："我哪里有什么神经病！不过是效法此辈做法罢了，非独异也。"

一时间，闹得知府顿然目瞪口呆，只得退堂了事。

巡抚崧骏

下午，终于降了场秋雨。傍晚，天放晴了，入夜时分，月上中天，皎洁的月光照着西子湖畔的一处清幽的宅院。院里并不豪华，却修竹成林，青葱茂密，在月色中随风摇曳，像江南少女一样婀娜多姿。竹林边上，亭台楼阁，碧水瑶池，池中生着荷莲。时令已入深秋，那荷莲虽开始凋落，仍掩抑不住一派朴质、清朗气象。这就是浙江巡抚崧骏的宅院。

在雅静的书斋里，杭州知府陈璚品着上好的龙井茶，向崧骏禀报白天堂审周福清的情况。

陈璚说起周福清在堂上的言行，崧骏不禁哑然失笑，有时还笑出了声。禀报完毕，陈璚品了口龙井，听崧骏的意见。崧骏也细品了口茶，叹口气说："这个迂直的呆子！可惜眼下大清国里，这样的呆子太少，聪明人太多！"

说完，陈璚把堂审记录交给崧骏。崧骏仔细收好，说："不讲这呆子了。散散心，谈谈书画吧。"

这两人都是科举出身，是造诣很深的诗人和书法家[①]。在挂满名人字画的崧骏书房中，就摆放着陈璚赠送的书法四条屏，题写着欧阳修的《秋声赋》。

---

① 崧骏的《题潘绎庐学使同年西园涉趣图》等诗广为流传，并有多幅题刻石碑立于江浙学府。他和当时任布政使的刘树堂筹款，买下葵巷沈氏房屋，重新改建万松书院，更名为"敷文讲学之庐"，使之成为近代意义上的学堂。
陈璚，广西贵县人，号六笙、鹿生、摹古斋主人，同光间廪贡生，曾任翰林院翰林。著有《澹园吟草》《陈六笙督部训子书并诗》等，尤长书法。

崧骏望着前面的四条屏赞道:“书风得益于碑体确实不虚，通幅骨力劲健，却不囿于碑体，而能出入晋唐，圆熟中有散逸，洒脱豪放，雄浑多姿。真乃传世之作！”

陈璚摆摆手谦虚道:“哪里，哪里，大人过奖了。”

说着崧骏咳嗽起来，连连自捶前胸。陈璚知道巡抚近来身体欠佳，连忙问安，嘱咐保重，起身告辞。崧骏定要相送，两人走至院中竹林边，陈璚不禁想起崧骏的《西园涉趣图》题诗来，小声吟道:“径竹朝烟润，池莲晓露香……竹树昼沈沈，名园静绿阴。”连说:“好诗！好诗！！”

崧骏自认道:“确是好诗。”又长叹一声说:“只是以后再写不出了。”

陈璚道:“大人保重贵体，会有更好的诗问世的。”

送至门口，陈璚上轿与崧骏挥别。轿子抬起走了，陈璚情不自禁掀开轿帘朝外望去，见崧骏仍然站在门口向他招手。一时间，热泪盈眶，忽然感到这可能是最后一面。

崧骏回到书房，着一袭竹绿衣裙的侍妾竹青催他喝药休息。他挥挥手，拿过陈璚送来的堂审记录，缓步走到书案前，铺纸挥毫撰写奏折。他完全认可了周福清的供述，强调周福清是“自行赴县投首”，“认前情不讳，诘无预谋买求中式之人，矢口不移，案无遁饰”。最后请示道:“惟查该革员中途求通关节未成，较之交通关节已成未中者，情节似有区别。其所开洋票，系属自写虚赃，与议单文券不同，且财未与人，未便计赃科罪。揆其事后闻拿投首，尚有畏法之心，应否比例量予酌减科断之处，恭候钦定。廪生马家坛、生员周用吉，讯非知情，业已分别斥革，应与讯不知情之家丁陶阿顺，均毋庸议。函内所开顾、陈、孙、章四姓，并无主名，该革员既供先未与各家商谋，应免查提，以省株累。票洋系属自写虚赃，该革员又供家计贫寒，应免著追。关节信函等件，案结附卷，除分咨查照并将供招咨送刑部查核外，所有遵旨审明议拟缘由，谨恭折具陈，伏乞皇上圣鉴训示。谨奏。”

写完奏折，崧骏忽觉身体更为不适，咳嗽得更厉害。侍妾竹青忙过来搀扶，扶他到卧室床上歇息，又叫医官来看，侍候喝药。崧骏自此一病不起……

第六章 娱 园

冬 雨

鲁家在皇甫庄旗杆台门所典的房屋到期了。年底，小舅父一家同外婆回到安桥头老家去。

临走前一天，下了场冬雨，樟寿在屋里朝窗外看着后园萧索的冬雨景象，不觉凄凉。心里惦记着一个人，自己也说不清究竟是谁，只是眼前总浮动着一个倩影——穿着一身绿绸衣裙，眉尖若蹙，似乎总在想什么心事，有些弱不禁风的样子，但在翠竹、绿蕉、青石的映衬下，倒显得袅袅婷婷。噢，是琴表妹。怎么回事？平时总想见到伊，和伊在一起就感到心中有股暖意。一分开就无可名状地思念，总想早点儿再见。这次一听说伊拉全家要走，就愣在那里，一动不动，好半天才醒过闷儿来。说什么也要再见一面，好好说说话。

樟寿鬼使神差地走出屋，下了楼，来到后园，冒着淅淅沥沥的冬雨，来到上次和琴表妹谈心的范蘅洲读书亭，在冰凉的石凳上坐下。这时的后园，已经没有了秋天来时的繁茂景致，满是湿淋淋的枯枝败叶。只有竹林还是绿的，但叶子边缘也显黄了，被冬雨浇得水淋淋的，垂弯了枝头。青松虽然也还绿着，但有些发乌，已没有了往时的翠色。假山没有了绿树红花的陪衬，显得那么孤单。树木失去绿叶的拥簇，光秃秃的铁干似的树枝直刺着乌云密布的天空，很孤独无助。曾经清溪潺潺、假山叠翠、竹绿花红的小园，如今一片萧条冷落。

冬雨夹着寒风潲进亭子里，裹在樟寿的脸上，冷飕飕的。江南的冬雨，最是扰人。雪花落在身上，可以立时掸掉，即使积在衣服上，也不至马上融化湿透，雨点打在身上则不然，可以即刻浸湿衣衫，让人感到透心凉。冬雨从天上落下时，不像夏雨那般痛快如飞箭，也不像春雨那样细腻如花丝，更没有秋雨那种飘洒悠闲的风姿，于微寒中透出清凉，而是乌涂涂地落着，使天地间一片模糊，一片荒寒。

不知过了多长时间，樟寿忽然在混沌的冬雨中看到一个绿色的倩影，一闪一闪地过来了。

琴表妹还穿着那身绿绸衣裙，只是上身加了件绿绸小袄，头上盖了块绿手绢遮雨，但鬓角的头发还是打湿了，黑发贴在白皙的脸颊上，愈加显得灵秀。伊好像很喜欢绿色，这绿色给冬雨中的后园带来了春天的气息。

什么都不用说了。心照不宣，两人都在互相思念着，不约而同地想到这个读书亭，不谋而合地来到这里。

见了面，又似乎无话可说。愣了好久，樟寿嗫嚅道："偌家就要搬回安桥头老家了？"

琴表妹点点头，用右手抚一下自己右额的一绺秀发，微微苦笑一下，嘴边显出那个小酒窝。樟寿望着她强装的笑，觉得比哭还难受。又见她咬着下嘴唇，乌黑的眼眸反常地朝地下望着，不看樟寿。两手不自主地抚弄垂到胸前的发辫。

樟寿探身望伊的双眼，只见那双大眼睛里汪着泪水，几乎要滴下来。他猛然一惊：过去，琴表妹的眼白青得如夜的晴天，这时怎么布满了阴云，还夹着冬雨似的泪花，好像这时的天气？

樟寿反笑道："成了雨中'绿蘑菇'了。没关系，到了安桥头照样过生活。"

琴表妹嗔怒地斜了表哥一眼，肩膀剧烈地颤抖起来，猛一转身，向来的方向跑去。在寒彻心骨的冬雨中，似乎传来了伊的恸哭声。

第二天一早，樟寿、櫆寿和大舅父一家去园后埠头为小舅父全家送行。这时冬雨停了，天还阴沉着。樟寿又看见了那绿色的倩影，然而琴表妹故意不睬他，默默地扶着外婆上了乌篷船，进了船舱。冻云黯淡天气，会稽山下，青绿色的鉴湖河道上，一叶扁舟在沉沉的乌云下划动，岸一边的篷侧窗帘掀开来，出现了那双阴郁的大眼睛……

读《红楼梦》

小舅父一家走后，二舅父搬到了鸡头山，大舅父一家移往小皋埠岳丈[①]家的当台门居住。寄食的樟寿、櫆寿也跟着去了。

秦家和小皋埠前水坝的胡姓共有这座台门。台门前面悬挂着“文魁”“孝文文章”匾额，因为开过当铺，门前还有一个很大的“当”字，所以取名“当台门”。这里出过三个举人，门前竖过三对旗杆，因而也称为旗杆台门。风水先生认为：台门不能完全朝南，要歪一点，于是又称为“歪摆台门”。原来的主人沈氏是明代著名谏臣沈炼的后裔，沈姓是小皋埠的望族，但后来衰颓了，台门转由秦、胡两家共有。厅堂以西的厢房属于秦家。这所厢房有七间楼屋，朝北的楼屋有坐起间，樟寿的大舅父一家住楼下。楼上是秦秋渔的卧室和书房，秦氏早已去世，由他的儿子秦少渔住着。

后园还有假山、藕池、洗砚池等，是过去诗人聚会的娱园。现在已为荒园，类似百草园那样的菜园子。园里有一座微云楼，只是普通的楼房罢了。楼前一丈见方的水池边，还有一间单面开着门窗的房子，匾额题曰“潭水山房”，显得很阴郁。园门外，又有一间侧屋，名字很好听，叫作“留鹤庵”。其实也是很普通的房子，不见得留得住鹤。樟寿和櫆寿就寄住在这里。

秦少渔，即大舅父的内弟。小孩们叫他“友舅舅”，倒很是说得来。因此，樟寿也就不再影画绣像，时常跑去找他谈天。秦少渔也是抽鸦片烟的，但是他并不通日在床上，下午也还照常行动。他算传了家法，常给孩子们画花，喜画墨梅。他又喜欢看小说，买的很多，大都是石印铅印的，看过都扔在一间小套房里，任凭樟寿自由取阅；只是乱扔一堆，找得比较费时，譬如六本

① 岳丈：樟寿大舅父前妻的父亲，绍兴有名的文人秦秋渔。本名树铦，字秋渔，别号勉钮，中过举，以诗画著称，刊行过四卷《娱园诗存》。

八本一部，往往差了一本，要花好些时光才能找全。这些书对樟寿大为有益，从前在家里所能见到的只是“三国”“西游”“封神”“镜花缘”之类，在这里竟然看到了《红楼梦》。

樟寿捧起这部线装本水印绣像《红楼梦》时，简直欣喜若狂了。

这部《红楼梦》上的绣像，对樟寿的吸引力不算大。他觉得金陵十二钗的绣像有些呆滞，似乎所有的美人都是一个模样，还不及《荡寇志》的绣像来得流动、活泼，没有再去影描。但《红楼梦》文字的旖旎和缠绵却一下子就把他抓摄住了。他日夜不息地浸泡在《红楼梦》里，白天将书一卷，躺在床上看，或跑到娱园的假山后面躲着读，夜里在床前点一盏油灯从被窝里探出头念，或者冒着凉风坐在月光下的石头上默想，简直如醉如痴。别人的冷眼，饭食的好坏，甚至年幼的二弟，全撇到一边了。他完全进入了《红楼梦》的世界，和里面的众多人物生活在了一起，觉得他们跟生活中的真的人物一样，活在自己的心中和身边。

刚一读《红楼梦》的开头，女娲补天、大荒山无稽崖青埂峰下独遗一石的奇幻神话就把他的魂魄夺了。想起了长妈妈送的、已经读得烂熟的《山海经》：人面的兽；九头的蛇；一脚的牛；袋子似的帝江；没有头而“以乳为目，以脐为口”，还要“执干戚而舞”的刑天。那是多么奇特、丰富的想象啊！他常做精卫填海的梦，夸父追日的梦，刑天舞干戚的梦。而这时一读《红楼梦》的开头，《山海经》里《大荒西经》所说的女娲补天的瑰丽景象立即浮现于眼前。他做起了大荒山的大梦，感到自己像“过客”一样匆匆走在无边无际的大荒山上。顿时产生了一种无可名状的荒原感。

从天上的神仙幻境落到地上的人间俗界，不知怎的，樟寿对寄食在大观园的林黛玉，从一开始就抱以异样的同感。是呵，还没有进贾家，就感到自己虽靠着贾母疼爱，然在别人身上，都要“步步留心，时时在意，不要多说一句话，不可多行一步路，恐被人耻笑了去”。终归不是自己的家啊！“寄食”的滋味不好受！樟寿不禁想起自己被称为“乞食者”的经历，对这黛玉怜惜不已。读到二十六回黛玉被晴雯拒之门外、错疑在宝玉身上，气怔地回思：“虽说是舅母家如同自己家一样，到底是客边。如今父母双亡，无依无靠，现在他家依栖”，不禁为黛玉心疼如刀割。及到八十三回，有人在园子嚷：“你是个什么东西，来这园子里头混搅！”黛玉误以为是说自己，竟大叫一声道：“这里住不得了。”一手指着窗外，两眼反插上去，肝肠崩裂，哭晕过去。樟寿竟至也热泪长流。然而，又觉得她太软弱了。何必这般自戕！该抗争就抗争嘛！但又想到这样一个弱女子，又能要她怎样抗争呢？转而回翻到第三回贾宝玉与黛玉见面，看到宝玉说“妹妹眉尖若蹙”、“莫若‘颦颦’二字极妙”时，又觉得这林黛玉似乎像自己见过的一个人。想了半天，才恍然悟出琴表妹恰恰是这样的：“眉尖若蹙”，总好像在想什么心事。不由得更觉得黛玉亲近，钦佩她的为人与才华。如宝玉内心所言：“独有黛玉自幼儿不曾劝他去立身扬名，所以深敬黛玉。”樟寿也渴望像宝黛那样在外传野史和诗词歌赋中随心所欲地徜徉，不去读那些乏味的孔孟之书。对不时劝导宝玉走仕途经济之路的薛宝钗，他禁不住和宝玉一样生起气来：“好好的一个清净洁白女子，也学钓名沽誉，入了国贼禄鬼之流！”及读到三十二回，王夫人知道被自己打嘴巴轰出去的金钏儿投井死了、内疚不已时，薛宝钗竟然劝解道：“多半他下去住着，或是在井跟前憨顽，失了脚掉下去的。”樟寿对这世故的名教中人薛宝钗真是厌恶到了极点，恨不能她早早离开大观园。对率真的性情中人林黛玉则更加挚爱，觉得她不仅从不对宝玉做什么仕途经济的劝导，而且极富诗才，乃大观园的第一诗人。潇湘妃子的《咏菊》《问菊》《菊梦》，的确气格不凡，境界高寒，当然要“魁夺菊花诗”。她的悟性也高。第二十二回，宝玉和黛玉论禅，宝玉为“赤条条来去无牵挂”的诗意所动，不禁大哭起来，遂提笔立占一偈：

你证我证，心证意证。
是无有证，斯可云证。
无可云证，是立足境。

黛玉看了，觉得境界不高，便补了八个字：

无立足境，

是方干净。

樟寿读到这里情不自禁拍手叫好，称赞黛玉是第一悟道者。本就是“白茫茫大地真干净”！“万境归空”，“无无才是至境”。黛玉真是到了至高的境界！夜半在油灯下读到宝玉被骗与宝钗成婚、黛玉独自焚诗与世长辞时，樟寿竟至哭出了声。一时间，把一旁熟睡的二弟惊醒了，大睁着双眼呆望着他，不知出了什么事。

樟寿同情宝黛，更喜欢的却是晴雯。开始，他并未注意这个特别的丫鬟。读到第二十回：晴雯在外边与姐妹耍钱玩，回来取钱时见到宝玉给袭人篦头，冷笑道：“交杯盏儿还没吃，就上了头了！”宝玉笑道：“你来，我也替你篦篦。”晴雯道：“我没这么大造化！”说着，拿了钱，摔了帘子，就出去了。后来宝玉说她磨牙，她又跑进来问道：“我怎么磨牙了？咱们倒得说说！”又说：“你们瞒神弄鬼的，打量我都不知道呢！”晴雯这性情爽利、口角锋芒的丫鬟，就立时活现在樟寿眼前了。及读到三十一回：宝玉正是闷闷不乐之际，晴雯换衣服，不小心跌了扇子，宝玉说了她。按说，宝玉是主子，晴雯是丫鬟，主子说丫鬟，也是很正常的。但是晴雯不能接受这话儿，很出乎意料地说：“二爷近来气大得很，行动就给脸子瞧。前儿连袭人都打了，今儿又来寻我们的不是。要踢要打凭爷去，就是跌了扇子，也是平常的事。先时连那么样的玻璃缸，玛瑙碗不知弄坏了多少，也没见个大气儿，这会子一把扇子就这么着了。何苦来！要嫌我们就打发我们，再挑好的使。好离好散的，倒不好？”倒把宝玉给气得浑身发抖。读到这里，晴雯颇有骨气的形象在樟寿心中站立起来了。本来无论什么样的物品，都没有人珍贵嘛！及读到三十一回晴雯撕扇子一节，樟寿不禁觉得解气：晴雯果然从宝玉手中接过扇子，“嗤”的一声撕了两半，接着又听“嗤”“嗤”几声。宝玉在旁笑着说：“撕得好，再撕响些。”正说着，只见麝月走过来，宝玉赶上来，一把将她手里的扇子也夺了递给晴雯。晴雯接了，也撕作几半子，二人都大笑起来。樟寿也情不自禁地大笑起来，特别看重晴雯的全无“媚骨”，觉得奴才也是不可欺的。这样，对晴雯病补孔雀裘的义气与技能更加深敬了。及到抄检大观园，晴雯挽着头发闯进来，“豁啷”一声，将箱子掀开，两手提着底子，往地下一倒，将所有之物尽都倒出来。连狗仗人势的王善保家的都给吓唬住了。樟寿忍不住叫好，叹服晴雯的厉害，但又替她捏一把汗。果不其然，七十七回，王夫人硬把“四五日水米不曾沾牙”的重病的晴雯赶出大观园。樟寿气得握紧了拳头，恨不能打死这个可恶的王夫人！和宝玉一样，不知晴雯犯了什么弥天大罪：“虽生得比人强些，也没什么妨碍着谁的去处！”这时，阶下一株海棠花死了，正应验在海棠花一般美丽的晴雯身上。读到这里，方才知晓了晴雯的身世。原来晴雯十岁就被卖给贾府的奴仆赖大家为奴。赖嬷嬷到贾府去时常带着她，贾母见了喜欢，赖嬷嬷就孝敬了贾母。她长得风流灵巧，眉眼儿有点像林黛玉，口齿伶俐，针线活尤好。深得贾母的喜爱，便给了宝玉。这真如判词所言：“霁月难逢，彩云易散。心比天高，身为下贱。风流灵巧招人怨。寿夭多因毁谤生，多情公子空牵念。”多么让人怜惜啊！

深夜，樟寿读到宝玉去看晴雯。晴雯悲愤地对宝玉说：“只是一件，我死了也不甘心的。我虽生得比别人略好些，并没有私情密意勾引你怎样，如何一口死咬定了我是个狐狸精？我太不服。今日既已担了虚名，而且临死，不是我说一句后悔的话，早知如此，当日也另有个道理……”读到这里，樟寿泪如泉涌。害怕哭出声，又吵醒了二弟，连忙一个人披上衣服，举着油灯，来到已经荒芜的娱园中，心中念道：晴雯受冤屈而死，她死不瞑目啊！又借着油灯闪闪的火苗和明洁的月光读到晴雯铰下自己的指甲送给宝玉，穿上了宝玉穿的小袄，而且说：“回去他们看见了，要问，不必撒谎，就说是我的。既担了虚名，越性如此，也不过这样了。”樟寿感到晴雯堂皇正大，敢做敢当，视死如归，这就是晴雯的本色，这就是晴雯的风骨啊！及在月光下读到七十八回，晴雯一死就送往城外化人厂时，樟寿再也抑制不住自己，竟放声大哭起来。

哭得累了，回到屋里倒在床上昏昏睡去。迷蒙中他做了一个梦……

梦见自己来到了大荒山无稽崖青埂峰下，观看缩成扇坠一般鲜莹明洁、甚是可爱的那块顽石。在泛青的绿雾中，跟着那一僧一道，在无边无沿的大荒原上无休止地疾走。又看见顽石在警幻仙子宫中化作了“神瑛侍者”，日以甘露灌溉灵河岸上三生石畔那棵娇娜可爱的“绛珠仙草”，使之久延岁月，幻化为一清纯少女。少女终日游于“离恨天”外，饥餐“秘青果”，渴饮“灌海愁水”。欲报“神瑛侍者”的灌溉之德，雨露之惠，同“神瑛侍者”一同下世，把一生所有的眼泪还他。于是看到他俩都穿一身绿衣，携手下凡，历尽种种恩恩怨怨，又在粉红清香的芙蓉花下祭拜，念诵什么《芙蓉女儿诔》：“孰料鸠鸩恶其高，鹰鸷翻遭罦罬；薋葹妒其臭，茝兰竟被芟鉏！花原自怯，岂奈狂飙；柳本多愁，何禁骤雨。偶遭蛊虿之谗，遂抱膏肓之疚。……诼谣謑诟，出自屏帏，荆棘蓬榛，蔓延户牖。……既忳幽沉于不尽，复含罔屈于无穷。高标见嫉，闺闱恨比长沙；直烈遭危，巾帼惨于羽野。”

那芙蓉花霍然幻化为一清丽少女，也穿着一身绿衣。真个是“其为质则金玉不足喻其贵；其为性则冰雪不足喻其洁；其为神则星日不足喻其精；其为貌则花月不足喻其色”。“神瑛侍者”和“绛珠仙草”都向少女拥去，“仙草”和“芙蓉”渐渐融为绿色的一体，都眉尖若蹙，美目含情，合成了一株鲜嫩美润的“芙蓉仙草”。又渐渐地化为了樟寿心中的一个人——琴表妹。

刹那间，樟寿和琴表妹携起手来，在大荒山青绿色的长空中飞舞。又突然落入人世间，身处荒废的娱园。樟寿不禁慨然长叹，看看自己周围的荒园，又想到当初的娱园，是“皋社”诗人聚会之处，也曾繁华热闹过一阵。王眉叔的《娱园记》说，是“在水石庄，枕碧湖，带平林，广约顷许。曲构云缭，疏筑花幕。竹高出墙，树古当户。离离蔚蔚，号为胜区”。而今却是遍地都长了荒草，不能想见当时“秋夜联吟”的风趣了。自家和两位舅舅家，也都日渐败落，岂不如《红楼梦》中贾府一样吗？“好一似食尽鸟投林，落了片白茫茫大地真干净。”琴表妹不禁念起了黛玉的《葬花吟》：“天尽头，何处有香丘？”樟寿又忽看见白茫茫一片旷野之中，“神瑛侍者”身上披着一领大红猩猩毡的斗篷，和“芙蓉仙草”一起向荒坟走去，这正是“冷月葬诗魂”！自己和琴表妹也随他们，向着广寒奔……

醒来不禁怅然，樟寿仍如在梦里。他望着身边的《红楼梦》，如见稀世珍宝，倍感文字的力量，更加敬惜字纸了。把手洗干净，仔细地按卷排好，细细地将皱折的页角抚平，理得平平整整的，放入箱盒内。

这时，已近正午，洗漱之后，直接去吃午饭。后舅母，一来是樟寿硬起来，她反倒软了，二来是到了前房的娘家，自己又无所出，到底收敛许多，三是这里没有皇甫庄陈家那种小人的挑唆，对樟寿兄弟较前好多了，也没有计较他早起还是晚来。

饭后睡了个午觉，樟寿就捧着齐整的一箱《红楼梦》，和二弟櫆寿去西厢房楼上找"友舅舅"秦少渔谈天，郑重地把书还他。秦少渔吞云吐雾之后，来了精神，看见樟寿手捧《红楼梦》来，更是高兴。让他把书放在桌案上，就仰坐在一把红木制的躺椅上，如闲云野鹤，神寒气静。他的房间里，摆设虽旧，却质地甚好。雕花的宁式红木床，上有木板顶棚，顶棚和床沿之间有挡板。挡板上装了五彩玻璃的小窗，窗四周木板上雕镂着精美的图画，有飞禽走兽，也有花鸟鱼虫。床沿和地面之间，都上了围板，板上精心雕刻着《西厢记》《牡丹亭》等戏曲故事。床前还有踏板，四周也雕刻着精美的图案。床帐是绛紫色的，很厚重、华丽，用银钩挂起。帐内紫红淡绿的绸缎被子在一方木枕下面乱堆着，没有叠整，铺的是绣边狼皮褥子，不很华丽，但却很温暖、舒适。木枕通体泛着黝黑的木质光泽，没有修饰，只在下侧雕刻着一株倒挂梅花。可以想见主人睡在里面自成一个世界，是多么舒服和惬意。床下有一炭盆，烧着木炭，火不太旺，却很暖和。床前靠墙处，是又大又阔的桌案，案上摆着文房四宝和刚画好的画作。案前一个很阔气的太师椅，像是紫檀木做的，非常稳实。旁边还放着很讲究的躺椅和几把圈椅，中间是一个高腿的紫檀木茶几。四围墙上挂满了名人字画和秦少渔自己的画，画的多是倒挂墨梅。墨梅间隙挂着一只镶白玉垂红穗的紫竹洞箫，惹人注目。屋里充满了文人雅趣和书卷气。

"友舅舅"和他俩坐在茶几周围，使女云儿进来端过一个盘子，放在茶几上。盘子里有个刻有倒挂梅花的扁形紫砂壶，造型流畅灵活，虽不追求工巧雕琢，但匠心独运，朴雅坚致，奇妙脱俗。壶边一个紫砂杯座，放着三盏茶杯。云儿先往茶杯里倒点儿茶水，舒缓优雅地洗杯，把洗过杯的茶水倒在茶座的凹孔里。然后给各自杯子里倒上清黄、醇厚的茶水，悄悄退出。

"友舅舅"端起茶，说道:"请品。"随即细品了一口，念了两句梅尧臣的诗:

“小石冷泉留早味，紫泥新品泛春华。”又道，“这茶用紫砂壶烹煮而成，味道不同凡响。如苏东坡诗中所言：‘活水还须活火烹，自临钓石取深情。’用鉴湖深水煎茶，味道更加清醇悠远。”

樟寿端起茶杯品了一口，赞道：“果然很美。”

二弟櫆寿也品了一口，只啧啧了两声，就专心看起“友舅舅”坐的躺椅。这是件红木云石躺椅，圆形搭脑，侧面雕花卉纹，靠背向后呈40度弯曲，框镶云石板，下雕卷草纹，扶手间两端向外翻卷，椅面攒框镶云石，无束腰，两侧有罗锅枨加矮老，面下有可抽拉的小几，牙板饰卷云纹，直圆腿，料精、纹美、工细，主要构件干净利落。櫆寿心中羡慕，心想将来自己要有这么个物件坐坐、品品苦茶就好了。

樟寿一心想着《红楼梦》，寒暄了几句就直入正题，问道：“友舅舅，偌怎么看《红楼梦》的‘色空’？”

“友舅舅”又品了口茶，思忖了一下说：“看破色相。把物色、财色、官色、美色、器色都看破，从色中看到空，‘赤条条来去无牵挂’，‘质本洁来还洁去’，从身外之物看到无价值，看到‘落了片白茫茫大地真干净’，便是大彻大悟。‘天尽头，何处是香丘？’人，都不过是往世上走一遭的匆匆过客，前面都是‘坟’。‘人向广寒奔’，‘无无才是至境’，何必要那功名利禄！世上唯有文字是不朽的。黛玉死了，但‘冷月葬诗魂’。她的诗文不会死，是不朽的。这便是《红楼》所言的‘色空’。”说着，往躺椅上一仰，半闭着眼，魂游天外，几乎要与人间绝缘。

樟寿听着他的话，品了口茶，沉思片刻，又问：“贾宝玉为什么厌恶经济仕途，不爱劝他读孔孟之书、走科举之路的薛宝钗，深敬林妹妹呢？”

“友舅舅”不假思索地言道：“贪图功名利禄，做国贼禄鬼、色鬼名利之徒，其实是‘反认他乡是故乡’，认陷阱为大道正道。到头来，只能是‘机关算尽太聪明，反算了卿卿性命！’还是陶渊明、曹雪芹能享受羁鸟还林、池鱼归渊的大快乐！”

樟寿想到祖父的中举、做翰林，又到今日的科场案问罪，不由得伤感起来。但很快强忍感伤之情，转移话题，追问道：“那你最喜欢的是哪个人物？”

“友舅舅”当即言道:“深敬林黛玉,她孤寒到极点,有一颗孤高冷艳的灵魂。但更喜欢晴雯！她才是‘群花之蕊、冰鲛之縠、沁芳之泉、枫露之茗’。”说着，站起身，走到案桌边，伸出两手，用一对食指和拇指轻轻拈起一幅画，提到樟寿和櫆寿面前说,“这是我昨天才画的一幅倒挂的墨梅。晴雯就像这墨梅,‘心比天高，身为下贱’！”

樟寿两眼直愣愣地观赏着墨梅，由衷地佩服这位“友舅舅”。觉得他不愧佛老哲学和禅宗经典的深通者，颇有“禅味”，是《红楼梦》的知音，也是自己的知己。

自此，宝玉、黛玉、晴雯这些真的人物就一直活在樟寿心中,《红楼梦》文章的旖旎和缠绵倒在其次了。自此樟寿爱上了小说,切实感到了小说的力量。此后的日子里，他总在书堆中锐意穷搜，一旦见到就如饥似渴地阅读，简直成了“小说迷”了。秦少渔小套房里的侠义小说也都读了，但再没有一本书会像《红楼梦》那样令他这般如醉如痴。

春　雪

江南的春天来得早。刚过了年，吹绿了爬草的二月的风，将满山满野染绿了。然而,早春二月的江南,天气就像孩儿面,说变就变。方才还是晌晴的天,充满了暖意。忽然间天就阴沉起来，下起了一场春雪。清晨起来，整个小皋埠都成了白雪的世界，屋顶、墙头、娱园、台门外的房屋、小巷、埠头、河岸、田野，都覆盖了一层起伏的白雪。但雪盖不严的去处，却露出一株株的嫩绿的小草，透出春天的信息。

春雪也带来了好消息:外婆和小舅父带着琴姑四姐妹还有二姨父郦拜卿的女儿郦永平、二舅舅的儿子鲁佩紫等表兄妹要到小皋埠来了。大舅父一家和樟寿、櫆寿接到从安桥头探亲回来的同村人的口信，高兴极了。第二天，大舅父破例不吸大烟，早早起身，率领一家人到村边埠头去迎接。

小皋埠没有皇甫庄大,也没有那样阔绰的台门,有些地方还是茅舍和草房,街道也是狭窄的土路，春雪融化后变得泥泞了，很难行走。但是所有的人却走得很快，恨不能马上就到达埠头，迎来小舅父一家的乌篷船。

到了埠头，向四围望去，只见密布的彤云压着白雪的村庄，在白雪的世界中，青绿色的鉴湖河道弯弯曲曲向一片水泊伸去。水天相接处，白雪覆盖的会稽山脉像一条白色的长蛇盘桓在那里。一只黑色的乌篷船像黑点一样缓缓驶来。

船到埠头了。是一只三明瓦的乌篷船。舱帘开处，小舅父和琴表妹扶着外婆出舱。樟寿眼睛一亮，那绿色又闪进他的眼中，她还穿着一身绿，只是青绿的小袄显旧一些，人也清瘦了许多。

樟寿连忙和大舅父一起上前去接扶外婆。但与其说是扶外婆，不如说是为了早些靠近那“绿色”。

他隐约感到，“绿色”也在渴望靠近他，下船时一边把外婆送到他手里，一边深情地望了他一眼。他也紧盯着看了“绿色”。四目相视，没有一句话，甚至连声音都没有。但已经够了，仅这眼神，已令两人心醉。

还是琴表妹乖巧，轻轻叫了声:“大爹”，向大舅父行了个礼。又叫了声:“大妈”，向大舅母行了个礼。

樟寿也跟着叫外婆。外婆喜盈盈地答应了一声，心疼地摸摸樟寿的头。这时，櫆寿也过来叫外婆，外婆冲他眯着眼笑。樟寿兄弟两个又赶忙叫过小舅父和小舅母。佩绅和珠姑也随着过来，大家见了面都热乎乎的。

小舅父一家人连同一起来的郦永平和鲁佩紫都下了船。先请外婆坐上一辆小推车，其他人都跟着，一步步回到“当台门”家中。

西厢房的楼上还有好几间空房，安排外婆和小舅父、小舅母一家住一大间，琴姑四姐妹和郦永平合住一个套间，佩紫则住到佩绅的房中。中午做了顿好饭，两家人围坐在外婆身边欢欢喜喜地吃了顿团圆饭。几次去请秦少渔与席，都婉谢了，说他一个人惯了，一般不见外人，更不与人同席吃饭。饭席上，樟寿不便和琴表妹多说话，两人不时四目相视。

饭后，大家都回屋午睡了。樟寿和二弟也回到留鹤庵，在床上躺了一会儿，见二弟已经睡着，就翻身起来，走到门口，朝西厢房望。

琴表妹走过来了，在覆盖着白雪的院子里，“绿色”显得格外清丽。

两个人欣喜至极，但又不愿过露，樟寿抬手指指后院，意思是请琴表妹到娱园看一看。

琴表妹心领神会，跟着他来到娱园。

娱园此时成了白雪的园地，假山、藕池、洗砚池和微云楼、“潭水山房”，都盖满了雪，洁白晶莹，爽人心目。几株老梅竟斗雪开着满树的繁花，有白中隐青的单瓣梅花，也有深黄的磬口的蜡梅花。原来秦少渔独爱梅花，虽然园中建筑已无力修复，但对几株百年的老梅树却不惜花钱请花匠悉心培植、修剪，所以愈长愈好，成为一景。

琴表妹仔细观赏着梅花，不禁吟起了本乡大诗人陆游的《卜算子·咏梅》：

> 驿外断桥边，寂寞开无主。已是黄昏独自愁，更著风和雨。　无意苦争春，一任群芳妒。零落成泥碾作尘，只有香如故。

樟寿一边听，一边点头道：“偌背得出全词，吟咏得很有味儿。”

琴表妹笑笑说：“来之前就听说，这里的娱园有几株有名的老梅树，所以把有关梅花的诗找来读了。父亲那里还存有一本《娱园诗存》，偌见到了吗？”

樟寿不好意思地说：“在‘友舅舅’那里见到了。不过还没来得及细读，这阵子光顾看小说了。”

琴表妹兴奋地说：“这里有小说？！都看了什么了？”

樟寿兴致倍增：“看了《红楼梦》了！”

笑容在琴表妹脸上漾开来，欢呼道：“呀，太好了。这里有《红楼梦》？”

樟寿也高兴极了，说：“有。而且印得很好！”

琴表妹悄悄跟樟寿说自己也读了《红楼梦》，是父亲的，藏在他的书房里，不许孩子们看，自己偷着读的。樟寿知道小舅父爱好文学，精通诗文，肯定藏有《红楼梦》。两人兴致勃勃地谈起了《红楼梦》。谈到宝玉被骗与薛宝钗成婚、黛玉孤独地死去、死前焚烧自己的诗稿时，琴表妹咬着下嘴唇，乌黑的眼眸朝地下望着，强忍着不让眼泪流出来。樟寿也忍着，让泪水往心里流。

琴表妹低着头说：“真不知黛玉当时是怎样的心情？”

琴表妹低着头说：“真不知黛玉当时是怎样的心情？”

樟寿沉吟道："一定很苦。"

琴表妹叹息一声，说："那是怎样的苦境啊！……"

樟寿无法回答。两人都沉默了。

西厢房那边传来了洞箫声，如怨如诉。樟寿知道是"友舅舅"秦少渔吹的。他莫不是有难言之隐？一个人独身生活，只和使女云儿相好，莫不是把她当作了晴雯？俩人相伴，不考科举，也不务经济，只靠祖上留下的二三十亩田地营生，读书、画梅，终日在床帐里高卧吸烟，然而比那些达官显宦更有学问、才气和见解。

"听那箫声。是'友舅舅'吹的。"樟寿为打破难挨的沉默，插话让琴表妹听箫。

琴表妹听着箫声，轻轻走到洗砚池旁。春雪融化在池里，汪出半池水，倒映出灰溜溜的天和斗雪的老梅，也浮现出琴表妹清瘦、秀美的脸。一只鸟从头上飞过，衔着的一粒石子掉了下来，落在池水中，脸碎了。

"偌瞧那池缝里的小草多绿！"琴表妹伸出右手食指，指向池里，笑着说。池缝中果然有一棵小草，冒着风寒挺立着。

樟寿望着伊强做出的笑脸，心里发疼。

西厢房的箫声更其呜咽了，听来如在梦里。

樟寿终于问道："安桥头老家还过得惯吧？"

琴表妹猛一扭头，想要说什么，又忍住了，低下头去，大滴的泪珠顺着脸颊往下流。

樟寿小时候跟姆娘陪外婆单独去安桥头躲"清静"时，了解那里的情况：房子又狭小，又阴暗，还很潮湿，与皇甫庄范啸风家的旗杆台门无法比。从皇甫庄回到安桥头，真跟从天上落到地上一个样。才两个月工夫，琴表妹就消瘦多了，面色苍白，身体虚弱，像是生了病。

琴表妹将发辫朝后一甩，猛抬起头来，再也忍不住，流着热泪对樟寿说："阿张哥，安桥头房小，阴湿，爹娘又盼着生儿子，对我们四姐妹不放在心上。四妹叫招官，就是盼着来儿子。我只想赶快离开这个家，越快越好！"说着，两眼盯着樟寿，充满期望。

樟寿望着她的泪眼，像看到两汪不见底的春水，对他透出无限的期待。

樟寿明白琴表妹的意思，但关键要看姆娘的主意。他想起了姆娘，已经有半年没见伊了，真是日夜思念啊！便托咐道：“偌有机会去看看我姆娘吧！”

琴表妹绝顶聪明，明了樟寿的心意，点点头肯定地说：“好的。我一定去看伊老人家。”

女 衫

这个时候，櫆寿午觉醒了。他睁眼一看，大哥不在，以为必定在“友舅舅”那里，便起身去西厢房。到了门口，没敢进去，却见表兄佩绅和佩紫来了。他们鬼鬼祟祟地招呼櫆寿过来，指指郦永平和琴姑四姐妹住的套房说：“伊拉不在。我们一起到伊拉房里找东西吃去。伊拉带来了好多好吃的！”

櫆寿闻听大喜，他平时最喜欢的是郦永平，端庄秀丽，人见人爱。俩人同年同月生，櫆寿称伊为“姊”，伊也称櫆寿为“兄”。櫆寿本来其貌不扬，是只“丑小鸭”，年龄又小，不受人注意。可是他却对平表姊隐秘地怀着无可名状的情意，一听要随表兄弟去伊房里偷吃东西，真是喜出望外。就像有只小兔子在心里抓挠，痒滋滋的，难以自控，身不由己地跟着去了。

一进门，就闻到股异样的香气。这香气，有点像盛开的鲜花散出的丝丝的微香，又似过年吃的糖果点心发出的细细的甜香，还掺杂着一种脂粉气，反正有股与自己和大哥住的房子不一样的气息。櫆寿使劲张开鼻翅儿，深吸了一口，简直有些陶醉了。再看屋里的被褥，红缎绿绸，细软温馨，床头放的红绿绸衣，更是诱人。

这时，佩绅在床旁的柜子上面发现了一盒绍兴香糕，有黄色的琴糕，形似朝笏的朝笏糕，白色的鸡骨糕和含有桂花香味的桂花糕等。

櫆寿喜得跳起来，和佩紫一起上去抢食。这香糕，以精白米、糖为主，辅以丁香、白芷、豆蔻等中药制成，兼有甜、香、脆诸特点。放在嘴里一嚼，松脆香甜，煞是好吃。三个表兄弟高兴地跳着，有点儿发疯了。

最疯的是櫆寿，他一把抓过平表姊的雪青纺绸衫穿了跳起舞来。佩紫也不示弱，随手掠起另一件花红绸衫跟着跳起来，逗得佩绅笑得前仰后合。

櫆寿手触着平表姊女衫的袖子，觉得光滑柔细，有股异样的感觉，心里说不出的扰乱。忍不住拿到鼻下闻了闻，觉得比香糕还要香甜，有一股说不出的快感。

正兴致勃勃时，佩绅忽然“嘘”了一声，右手食指竖在噘起的嘴唇上做一警告，小声说：“伊拉回来了，快走！”

櫆寿和佩紫连忙脱下女衫，放回原处，佩绅也紧忙盖好了点心盒，三人悄悄溜出了屋。以后竟然没有出现什么破绽，櫆寿因此得意了一世。

雪罗汉

其实，佩绅和櫆寿、佩紫三个表兄弟不过是一场虚惊罢了。郦永平和琴姑的三个妹妹并没有回来，在楼道出动静的是秦少渔的使女云儿，她去给秦少渔烧茶，看见了这三个小子的坏模样，但并不理会，也不会多管。

这四个表姐妹到哪里去了呢？原来她们午觉醒来，见没了琴姑，郦永平先是一个窃笑，然后也“嘘”了一声，对意姑、林姑、招官说：“咱们到后边娱园去抓两个人！”

琴姑的三个妹妹似懂非懂，跟着去了。

到了娱园，看见樟寿和琴姑正站在洗砚池旁边靠得很近地说话，都像很难过的样子，郦永平让意姑姐妹低下身悄悄溜到墙边，突然大叫一声，一起跳出来起哄。吓得琴姑一哆嗦，背过身去，咬着下嘴唇，满脸通红。樟寿也很不好意思。

郦永平连忙劝道：“别生气。我们找偌玩来了。”

琴姑见平表妹一脸善意，没有使坏的迹象，方才放心了，笑道：“坏丫头，吓了我一大跳！”

樟寿也笑笑说：“平表妹真是人小心眼多！”

平表妹反驳道：“哪有阿张哥机灵啊！看了那么多的书。”

意姑插过话问道：“阿张哥，偌二弟上哪儿了？叫他来，我们还玩捉迷藏。”

樟寿说："大概还在我们住的留鹤庵吧。"

正说着，天上又飘起了雪花儿。几个人赶忙笑着闹着各回各屋了。

第二天一早，天地间一片白，积雪长厚了许多，娱园的树木像一株株的白珊瑚。梅花被雪覆盖，看不见了，偶尔在白雪间露出一点点儿粉红色。午饭后，雪停了，孩子们顾不上睡午觉，一起来到园子里堆雪罗汉。忙了半天，"罗汉就塑得比孩子们高得多，虽然不过是上小下大的一堆，分不清是壶卢还是罗汉；然而很洁白，很明艳，以自身的滋润相粘结，闪闪地生光。"这时，大舅父和小舅父也破例起了床，跑来助兴，帮助孩子们用龙眼核做眼珠，不知是谁从姆娘的脂粉奁中偷得胭脂来涂在嘴唇上，这回确是一个大阿罗汉了。雪罗汉也就目光灼灼地嘴唇通红地坐在雪地里。两位舅父和孩子们一起，对了伊拍手，点头，嬉笑。樟寿忽然想起了外婆，便和琴姑跑去请伊来观赏。外婆在他俩搀扶下高兴地来了，同儿孙们一起欢乐地叫好。

小舅父看着姆娘搂着女儿和外甥，心里喜滋滋的。心灵眼尖的琴姑从眼梢儿望见父亲的笑脸，心里踏实多了。

樟寿看着雪地里的四个表姐妹，不禁想起了刚读过的《红楼梦》第四十九回晴雯形容新来姐妹的话，顺口说道："这四个表姐妹，倒像一把子四根水葱儿，水灵灵的，雪白鲜灵。"

琴表妹故意噘起小嘴，嗔怒道："刚从《红楼梦》学得的话，就在这里卖。"

樟寿笑道："偌是水葱儿的尖儿，更是雪白鲜灵。"

琴姑装作生气的样子，要去打樟寿。樟寿连忙做出害怕的样子逃跑。

外婆说："小心雪地滑，别摔倒了。"

樟寿才停了下来，抬头一望，发现西厢房楼上秦少渔的窗子开了。他和云儿一起也望着雪人和这欢天喜地的一家人微笑。

春雪完全融化时，小舅父一家和外婆、郦永平、鲁佩紫要走了。樟寿和櫆寿同大舅父一家去送他们。琴表妹对樟寿深情地望望，一句话也没说，但那眼白又如晴天的夜空，干净澄澈。她内心深处对樟寿充满了期待和信任，对父亲和娘娘也一百个放心，身虽要回安桥头，心却早就飞到周家了。

樟寿心里一震，想起冬雨中的分别，春雪里的相聚，恍然间不觉感到什么无可名状的征兆：雪，早春二月这场反常的雪，莫不是死掉的雨，是雨的精魂……

第七章　圣旨压魂

光绪皇帝

冬天的北京紫禁城，在倦怠的阳光照耀下，连琉璃瓦也折射出枯黄的阴气。虬曲的古松，盘旋着直刺阴沉的天空，使人倍感寒冷。

沿东路的九龙壁向北走，是宁寿宫，出了后门，就可进入养性殿。这是宁寿宫后寝主体建筑之一。宁寿宫是清乾隆三十七年，即一七七二年，仿内廷养心殿建造，体量略小，平面布局特殊。原为乾隆作太上皇帝后的寝宫，光绪十七年重修，成了光绪皇帝批阅奏章、召对臣工、选派官吏、接见外藩属国陪臣的地方。这里气氛肃穆，布局庄严，殿的天顶正中是装饰华丽的浑金蟠龙藻井，金黄闪亮，华贵庄重。殿的中间，是铺着黄缎坐垫的宝座，檀香木的桌案，后面是屏风，两旁的角端、香筒盛放檀香，缕缕青烟更增神秘色彩。角端是古代传说中的神兽，日行一万八千里，通晓四夷之语，为吉祥之物，也寓护卫和辅助君主之意。香筒形状仿古代亭子式样，“亭”和“定”谐音，寓江山安定之意。其他陈设也包含着吉祥和长寿意蕴。

殿外的日晷，此时指到下午三刻，光绪午休不久，就又回到桌案前办公。这天是一八九四年一月三十一日，他已执政五年，渐渐长大，面对旧疮新疾，痛心疾首，恨不能一夜之间就把满目疮痍的社稷整顿一新。

他从一叠奏章中拿过最上面的一份，见是当日的刑部奏，正是周福清科场案的奏文。此案他从头年十月十一日御史褚成博的奏折中就知晓了，立即下旨浙江巡抚崧骏“严切根究，务得确情，按律定拟具奏”。十月十三日崧骏奏折到达御前，略述了案情缘由，他又立即下旨“案关科场舞弊，亟应彻底查究”。并将周福清即行革职，令“查拿到案，严行审办”。十二月十四日，他又披览了御史林绍年奏，同感“近来考事风气卑坏，弊窦丛生，外间传闻，令人骇怪”。同意对此严密稽查，认真关防，以期无弊。今年一月十八日，浙江巡抚崧骏又一奏折到达御前，为周福清委婉开脱，他即默然。眼下的刑部奏折仍然请为周福清减罪，说什么“中途求通关节未成，较之交通关节已成未中者，情节似有区别；其所开洋票系属自写虚赃，亦与议单文券不同”。“拟以斩决，未免过严。”“应请如斩罪上量减一等，拟杖一百，流三千里”等。他不禁面显愠色。

光绪把奏折放在案上，眉头紧锁。他虽年仅二十三岁，却已做了二十年皇帝，亲自执政五年，感到应该有所作为了。特别是昨夜不顾皇后的嫉恨到景仁宫与珍嫔欢聚，珍嫔愈加妩媚，善解人意。一夜欢愉之后，光绪不忍离去。珍嫔理着他的朝服，低头思忖片刻，仰起丰腴的脸庞，柳眉下深黑的眸子闪动着异样的光彩，柔声说道：“皇上还有朝政在身呢！国家兴亡全寄望皇上！”听了这话，光绪立时精神抖擞，大踏步前去上朝。连珍嫔女子都有振兴之心，何况堂堂皇帝呢？他认为周福清案应该重办以革弊端，于是挥起御笔，批复道：“科场舞弊，例禁綦严，该革员辄敢遣递信函，求通关节，虽与交通贿买已成者有间，未便遽予减等，周福清著改为斩监候，秋后处决，以严法纪，而儆效尤。”

光绪眉清目秀，虽然瘦弱，眉宇间却透出一股英气。他擅长音乐，会弹钢琴，虽未出过国门却会英语，字也写得很漂亮。尽管他在慈禧太后面前不过是个傀儡，但对下面的官吏和民众来说，仍然是威不可犯的皇帝。

他这写得异常挺秀的上谕，“黑云压城”般层层压下去，压得级级官员目瞪口呆。浙江巡抚崧骏上奏折后不几天，就在一八九三年十二月一日与世长辞，自然不会再吃惊了。一心为周福清开脱的杭州知府陈璚，见圣旨已下，是重处“斩监候”，也没了办法，只好让府狱妥善告知。不料，得知详情的周福清竟无所谓的样子，异常坦然，倒使狱卒吃惊不已。

周家呢，自打两个差役闯来“捉拿犯官周福清！”就陷入惊恐之中。后来周福清投案押往杭州府狱，周伯宜在考场上考卷被扣，人被捕，樟寿和他的二弟櫆寿被送到亲戚家避难，家里没有了成年男人，一时间更是惶恐不安。只好卖掉几亩上好的水田，换了五百大洋，请周子传公公到衙门奔走。费尽九牛二虎之力，也没有打通关节，人们都说周福清是钦犯，他所犯的科场案是钦案，是皇帝直接管的，没有谁能够援手。

子传公公腰缠五百大洋，白天不便，只能夜里出去。一天夜晚，街上寥无行人，他忽然听得后面有声音，似乎有人追他，因为身上有钱，怕被人抢，又惊又急，走得很快，后面的声音也追得快。到目的地时，回头一看，哪知道是一只狗。但他已经是冷汗一身，疲惫不堪了。从出世到四十来岁，他从来没有这么辛苦过，平时又抽大烟，身体早就虚了，哪里禁得起这番风浪，就此一病不起。一开始说肚里不舒服，渐渐地，肚子胀了，得了膨胀病。子传婶说他的腰子给银元压坏了，就把蟑螂放进洋铁罐，封紧后放在火上烤，启封后倒出炭粒一样的死蟑螂，又研成粉，给子传公公吃。但病不但不见好，反倒日重一日了。

周家在阴郁中过了年，子传公公托付过的人，来家说了周福清被皇帝判处“斩监候”的消息。一听见这要杀头的噩耗，全家人都吓呆了。松寿望着祖母和姆娘，见她们面面相觑，说自首投案是要减刑的，这次非但没有减刑，还要杀头。那么，不自首投案又该是什么罪呢？

潘庶祖母也呆了，她没有料到这么严重，一直不当作什么事，嘻嘻哈哈的。这下知道要杀头，吓得脸色煞白。

升叔听了，号啕大哭，说：“爹杀头，我怎么办啊！我活着做什么，不如替爹去死吧！”要求替斩。

升叔虚岁才十三，却似乎已经饱经忧患了。潘庶祖母安慰他，说难得他有这样的孝心，不过，这还要等秋审，到时候再说罢！

三台门的族人听了，也都摇头晃脑，说：“奇杀人哉！奇杀人哉！”都不明白，对这件没有成为事实的犯罪，又是自首投案的，为什么光绪皇帝竟如此重判。有的说，生死由命，富贵在天，想必介孚命中有此横祸。有的说，介孚是三台门最出山的人，尚且这么下场。正如俗语所说，“未归三尺土，难保百年身；已归三尺土，难保百年坟。”世界上的事情，真太难预料了。有的说，天无绝人之路，福人自有天相。秋审的事，谁能预料？说不定皇上还能回心转意呢！

不管怎么说，皇上的圣旨是把周家人压得魂飞魄散了。

周伯宜

开春以后，一个瘦瘦的男人低头走进周家台门。他就是樟寿的父亲周伯宜[①]。

此时，他本就苍白的脸颊更其苍白了，下巴更其瘦尖，不到三十四岁，背就驼了。头上显出稀疏的白发，无精打采的，整个人像风雨后的瘦竹垂下了头。

他先走进小堂前，坐在木椅上，向四围望去。看到香案上方悬挂着的兴房祖先——九老太爷苓年公和刚去世的九老太太的画像，不禁唉声叹气，捶头顿足，连连摇头。

鲁瑞见丈夫回来了，立时悲喜交集，抱着椿寿，领着松寿，来到小堂前迎接。

椿寿刚十个月，只会呀呀地叫。这小毛头，长得结实、白嫩，不愧是人们称呼的“米块头”，见人就笑，人见人爱。见了爹爹，扬起嫩白的小手，叫唤着要他抱。

周伯宜抬起头，见了小儿子的可爱样儿，脸上绽出一丝笑容，但很快收敛了，变得更加阴郁。

松寿叫声“爹爹”，连忙跪下磕了个头。

周伯宜呆呆地点了点头，没说什么，就起身回自己房间了。

鲁瑞把椿寿交给长妈妈，自己到房间里劝慰丈夫。松寿见父亲心情不愉快，就特别的乖，不去吵闹和纠缠他们，跑到廊厦玩他的两副象牙和紫檀的七巧板，一会儿又到桂花明堂里踢毽子，独自玩。第二天，他到父亲房间里

---

① 周伯宜：生于清咸丰十年十一月初十，即1860年12月21日，谱名凤仪，字伯宜，后改名文郁，考上会稽县学生员后又改名仪炳，再改名用吉。

请安，听见父亲对姆娘说："'用吉'这名字多不好，把'周'拆散了！奇怪！怎么会起这样一个名字？"

松寿赶忙躲了出去，后来他从大人那里听说，因为祖父出事，父亲的秀才被革掉了。

心里如汤煮的还是周伯宜。他终日卧在一张褐色的皮躺椅上发愣，不时朝北墙望望。不过，这时看到的只是墙边的梨木大床和已经发乌的金色的床帐，过去住在西边一楼一底时，能够看到的西邻梁家竹园伸过来的百十枝绿竹，现在已经看不到了。那时，窗前的翠绿竹叶，终日萧萧飒飒，鸟雀也特别多，叽叽喳喳，增加不少情趣。还有一株棕榈树，蓬头鬼似的向屋里望，也平添些许绿意。周伯宜的目光总留恋在这一片绿色上，时常感慨地说：如果能够在竹林中，有一间小楼居住，就是最快乐的了。他对身处的大家族已经厌倦，想找一个幽静的处所，度过自己的余年。

嗨！周伯宜深深地叹了一口气，又想起昔日参加兰亭会的情景。那兰亭在绍兴西南的兰渚山下，相传越王勾践曾在这一带种过兰花。汉时为驿亭所在。东晋穆帝永和九年，即公元三五三年三月初三，大书法家王羲之和谢安等四十一人在这里修禊宴饮，流觞曲水，得者即席赋诗，不然罚酒三觞，结果二十六人作诗三十七首，王羲之为之结集作序，并当场写了序文，这便是中国书法艺术史上最辉煌的篇章《兰亭序》。从此兰亭成了历代书法家"朝圣"之地。内有王羲之父子书写的"鹅池"石碑，及流觞亭、右军祠、小兰亭、御碑亭等。每逢三月上巳，兰亭会成员就到兰亭集会进行纪念，修禊之余，吟诗作赋。值年者只备茶饭及一切应用器具，与会的各自带来酒一壶菜两碟，彼此各不相谋，而都要别出心裁，肴馔如雷同，就得受罚。

周伯宜和长子的开蒙塾师周玉田都是兰亭会的与会者，常在这里潇洒风流，一显才能。那时的日子是多么快乐啊！自己热爱书法，亲手抄录了《禹贡》。不仅字好，还写得一手好文章。那年春天，在送一位长辈灵柩入土的送葬船上，有人已写好一篇祭文，曾在浙江乡试中获得经魁头衔的裕房支祖周以均[①]不满

① 周以均：是周氏历史上的第一位举人，樟寿曾祖父一辈中的杰出人才，周福清的受业师。字一斋，号赞平，又字仲笙，晚号澹香，别号澹吾，行一。

意，便叫周伯宜重写。伯宜在船中的茶几上立就一篇，念给周以均听。周以均竟号啕大哭，说周伯宜的文章文情并茂，打动了他的心。周伯宜文名因此大长，族中婚丧等事，往往由周慰农总管，周伯宜动文笔。他曾经给“孝子”代作过两篇祭文草稿，颇受人赞赏。慰农和伯宜也因此要好，常在一起喝酒，潇洒自在。周忆农结婚那年，请他俩陪“亲送舅爷”，看着花烛时刻将到，两人还在吃酒谈天，并无准备衣帽陪客的意思，新郎发急去催促，说婚姻大事，岂可迟误，他俩听了答道：“你尽管大事，于我们何干？”反而更是悠然地吃起酒来。结果忆农说了好些好话，才哄得两人放下酒杯，去换衣服。这件事也成了周伯宜的轶事之一部，到处传扬。所以周福清和其他人都对他的科举前途寄予重望。一八八九年周福清从北京写给儿子的信中，就关切地询问他参加本年乡试“想必和顺”，又要求把“场作及题解详细抄来”，自己又将这一年顺天乡试中的钦命闱题抄录给儿子。

按照这种情况，周伯宜的科举仕途应当是没有问题的。他很快考中秀才，虽然乡试不太顺利，但这一次却有高中的希望。他清楚地记得这次提的考篮是老庆编的，篮上编有“福禄”字样，精细、考究无人可比。他这次作的文章也特别得意，自觉定中无疑。岂料祸自天降，考官突然令差役扣了他的考卷，又解往省里查询。方知是父亲周福清犯了科场行贿案，问明他毫不知情，才革掉了秀才头衔，放了出来。他又逃到道墟亲戚家避难，待周福清投案自首、没有危险后才回到家中。一直在书斋中生活的他，哪里经得起这番惊吓、颠簸！早就失魂丧胆了。今后怎么办？科举仕途是彻底完了！嗨！这个老爹，为什么要行这个贿啊？！不但没有得半点好处，还惹下了惊天大祸。其实，如果正常考下去，自己很可能会高中的。这个愚不可及的老爹！一时间对周福清充满了怨恨。转念又想到老爹被判了“斩监候”，说不定秋后要杀头，就不禁浑身颤抖。真比杀他自己还恐怖！说什么也要卖地筹钱营救！可是，地又卖得差不多了！怎么办？

到中午了，鲁瑞进来，叫了一声“宜老相公”，把菜肴端到床前的四仙桌上，斟好一杯黄酒，请他独自喝着。自己和其他家人到吃饭间用饭。

忽然，传来瓷器摔在石板上发出的清脆的声响。正在吃饭间的松寿和姆娘吓了一跳，一起跑进东屋看。松寿见父亲把饭碗掷出窗外去了，又把菜碟也掷出去了。接着，酒杯也落在石板地上，桌上的碗筷一点不剩。父亲脸色阴沉、忧郁，旁边的人不敢问一句。

松寿再看姆娘，她站在父亲身边，是这样的安详、温顺，既不喜，也不怒，而是充满了爱怜，仿佛是说："如果这能使偌心里舒服些，偌就掷吧！"她并没有说出来，只是默默地注视着父亲。

父亲掷完碗筷盘匙，和衣歪在皮躺椅上，什么话也不说。

姆娘擦净桌子，宝姑赶忙跑进来，拿了扫帚和簸箕，把地扫净，剩菜扫起来放到猫砦碗[1]里。收拾完，松寿和宝姑都躲开，鲁瑞一人留在屋里，见丈夫已经躺到床上，面向墙壁，便叫道："伯宜，宜老相公，偌还没有吃东西呢，肚饥了吧？偌看吃点什么？是给偌放一碗面，还是到都亭桥买一碗荤粥？"

父亲发了一阵脾气，似乎也平静了一些。他回过头来，说："有冷饭，就烧一口咸泡饭吧！"

"哦！"姆娘答应着，就到灶头间去了。

不一会儿，鲁瑞端来一碗热气腾腾的菜泡饭。周伯宜吃完泡饭，一声不响地走出屋。

经过周子传的房间时，子传婶正在门口，咂咂嘴，右手食指往上一挑，关切地问："伯宜，刚才听偌在摔碗，偌和少奶奶吵嘴了吗？"

周伯宜回道："少奶奶从来不和我吵嘴，她脾气好。我摔碗是我脾气不好啦！"

"偌为什么发脾气呢？"

"我心里难过，不知不觉就发起脾气来了。"

"嗨，不要发脾气。好好过，'船到桥头自会直'，没有过不去的坎儿。到我屋里歇歇，跟偌子传叔聊聊。"

周伯宜被子传婶让进屋，见子传叔躺在床上，一脸病容，心知子传叔是为跑自己父亲的事连累带吓得的病，心里不觉惭愧。

子传叔倒很达观，不但不埋怨，反而劝伯宜要往开里想，别急坏了身体。

---

① 猫砦碗：喂猫的食器。

门吱地一响，一个四十多岁的瘦子推门进来。原来是礼房的周五十，他幼名五十，谱名秉榕，字衍生，号荣生。是周四七的哥哥，周六四的弟弟，与周伯宜同辈，比周子传晚一辈。也是个大烟鬼，瘦骨伶仃，像只腊鸭。他早年曾在县衙门的一个库房做过事，后来就什么事都不干，只是在诚房子传叔家寄食，据说与子传婶有一腿。他虽然和周四七一样放荡不务正业，境遇却比四七好得多，在寄食处，生活比子传婶的儿子周凤岐过得还好。

他见人三分笑，眼睛眨一眨，计策有一百，总是笑嘻嘻。见周伯宜在这里，连忙点头哈腰，笑眯眯地说道："哈，伯宜在这儿啦！好吗？"

周伯宜哭丧着脸回道："好什么，好……"

周五十仍笑道："是咭，是咭。总会好起来的。没有钱愁它什么，到时候总自会来的。"

闹得周伯宜哭笑不得。

子传婶又从洋铁罐里倒出炭粒一样的死蟑螂，研成粉，给子传叔吃。子传叔难以下咽，子传婶一边劝道："吃了就好啦！"一边把调好的大烟，装进烟枪，翻了翻媚眼，请周五十吸，又对周伯宜说："伯宜，偌也吸一口。"

周伯宜连忙摆手拒绝。子传叔也说："别让伯宜吸这个。"

周五十则笑道："伯宜还是吸点儿吧！吸了，多愁的事都不愁了！"

周伯宜禁不住劝，推推搡搡间也坐下吸起了鸦片。不料，自此以后便上了瘾，隔三差五就想吸，自己又不会熬烟，须得请子传婶代办，其被揩油也正是不得免的了。

鲁瑞渐渐知道了这事，就牵着樟寿的手，到子传家窗外去暗中察看，看到伯宜确实在那里，就仍然牵了樟寿的手，擦着泪回到自己家中。由于介孚公的官司，伯宜的医药，经济状况早已破产，又加上鸦片的负担在鲁瑞更是个大难题。樟寿看着姆娘的愁容，心里说："阿娘，真是苦呵！"

送　别

松寿正在桂花明堂玩，忽听有人大声喊："周伯宜，有信！"

松寿一看，见从黄门进来一个人，身上背着一个两三尺长的背褡，插满了信，饱鼓鼓的。进门以后，就从背褡里抽出一封信来。

松寿赶紧跑上前，接了信。他认出是祖父的笔迹，因为祖父教他认过字。信封上写着："福盆桥新台门周伯宜先生启"。

哈！祖父把"覆"字写成"福"字了。

松寿的父亲拿了十二文钱，交给送信人。从松寿手中接过了信。那时的民办信局有约：从杭州到绍兴的信是十二文，寄信的时候要付十二文，收信的时候也要付十二文。这是规定。

松寿想，祖父很可能忌讳这个"覆"字，怕房族的覆灭，因此改成"福"，祈神降福给这个家族！

松寿看见，父亲看了祖父的来信，便和祖母、潘庶祖母、姆娘，商量什么事。

接信不几天，从乡下来了一个年轻的农民，他生得漂亮，讲话风趣，应对敏捷，很能干的样子。他叫阮标，是庆叔妻子阮太君的内侄，运水的表兄。周伯宜看了很满意，便打发他到杭州服侍周介孚去了。

又过了不到一个月，潘庶祖母和升叔也要走了。原是阮标帮助祖父在杭州狱府附近的花牌楼租了一幢房子，他俩也要去那里服侍祖父。

一家人一起为他俩送行。

小椿寿在长妈妈怀里，扬起两只小手，要潘庶祖母抱。潘庶祖母接过他，亲他的小脸蛋儿，两行热泪落下来，湿了孩子的衣衫。鲁瑞和长妈妈也不禁流了泪，就连一向对潘姨太看不顺眼的祖母，两眼也潮湿了，不断地嘱咐路上要小心。

松寿和升叔手拉手，难分难舍。虽然升叔和二哥櫆寿一起读书一起玩，和松寿玩的时候不太多，但松寿觉得升叔很聪明，来绍兴不久，就讲得一口道地的绍兴话，几乎让人以为他是出生在绍兴的。升叔不仅聪明，而且身材魁梧健康，也很明白道理，对祖母、姆娘都很好，对松寿这些侄辈也极和蔼，不欺侮人。及到祖父"斩监候"的消息传来，升叔哭着要求替斩，大家对他的印象就更好了。觉得他小小年纪就知道行孝，代父赎罪，真是条汉子。他似乎也觉得自己不幸，生母很早去世，生父比他大四十五岁，不可能照管很周到，继母比他只大十四岁，对这样的大孩子，还产生不出母爱。他的环境经常变化，在绍兴一年光景，刚和大家混熟，便又走了。

及到埠头，升叔要上小船时，不得不和松寿分开手，松寿禁不住喊着“升叔”，大哭起来，櫆寿也忍不住哭了，升叔站在船上也跟着哭了，不肯进船舱里去。还是潘庶祖母搂着他，一边向岸上招手，一边进了船里。

慰　藉

春花盛开时节，琴表妹一家来到周家新台门，看望姑爹、姑妈。周家安排他们暂住在西头祖父的房间里，琴姑四姐妹住楼上，她们的父母住楼下。

她仍然穿着一袭浅绿的长裙，微微凸起的胸前绣着几朵淡粉色的梅花。还是时不时用右手抚一下自己的右额的一绺秀发，微笑一下，嘴边显出那对小酒窝。

她一见到鲁瑞就扑过去搂住脖颈，“姑妈，姑妈”地叫个不停。然后又到东边房间里给姑爹叩头，随即从提篮里拿出一小盆精致的文竹，青翠欲滴的绿竹间藏着一座金瓦红墙的瓷制小屋。

周伯宜连忙接过来，摆在桌案上，绽出了满脸的笑容。这是他到家后第一次笑。鲁瑞看见也不禁欣慰，打心眼里赞叹侄女的心机。伯宜就喜欢竹林，盼望能在竹林里有间小屋住住。这闺女怎么就想起送这么件可心的礼物呢？

琴表妹站起身，笑笑说：“姑爹，俗话说：只要人手多，行牌抬过河。易得者田地，难得者兄弟。偌有四个儿子。有这四兄弟在，周家一定会越来越好的！”

听了这话，周伯宜眼睛一亮，又笑了起来。

说着，琴姑又拿出两把绣着梅花的精美圆扇，一把送给姑妈，另一把送给了坐在一边瞅着她笑的蒋老太太，也把两人逗笑了。

小舅父、小舅母也为女儿的聪明懂礼感到高兴，笑起来了。

三个妹妹跟着大姐一一施礼，但都没有那么自如。

长妈妈抱过了椿寿，琴表妹把提篮交给二妹意姑，过去逗椿寿玩。接过小椿寿，示意大人说话，晚辈避开，带着妹妹、松寿一起到桂花明堂里去了。

一踏入明堂，就闻到一股浓郁的花香。南墙边那株高高的桂花树，绿叶葱郁，透出了春天的气息，但离开花尚早。花香是北墙边石条凳上那一长排花盆发出来的，郁李、石竹、映山红、牛郎花，姹紫嫣红，争相开放，花气袭人。花两边大石板砌成的石池里，也汪着两池春水，风一拂过，就漾起绿色的涟漪。北边与过廊相连用淡青灰刷过的墙上，粉笔画作的横长格子里，有用铁钉划出的图像，其中一个尖嘴鸡爪的雷公最惹人注意。

琴表妹一进来，就被这雷公吸引住了，抱着椿寿去看。边看，边对松寿说："这一定是偌大哥画的。他最爱画画了。"

松寿应道："是大哥画的。你看这尖嘴鸡爪的雷公，除了大哥，谁也画不出来。"

琴表妹笑道："有点儿像他，他就有点儿雷公的尖刻！"

松寿也被逗笑了。但又不大懂，翻了翻眼睛说："是吗？"

琴表妹好像深知樟寿的脾性，肯定地说："就是的。不过，是挺让人喜欢的尖刻。"

琴表妹怀里的椿寿呀呀叫着，扬起小手要去抓墙上的雷公。琴表妹生怕图像被抓污了，赶忙抱着他离开。

这时，长得最漂亮的三妹林姑，不知从哪里弄来了一碗肥皂水和一根竹管，把竹管往肥皂水里一沾，就朝天吹起了泡泡。只见一串串的泡泡飞升起来，在春日的辉映下，闪烁出五颜六色的光晕，化出奇美的景象。二妹意姑、四妹招官，和松寿一起，跳着蹦着，拍手笑着，欢乐极了！椿寿也扬起小手，哈哈笑起来，小脸像一团绽开的香雪海①。

二妹意姑觉得这个小表弟太好玩了，就把提篮搁在石凳边上，从姐姐怀中接过了椿寿。琴姑腾出手，从提篮里拿出一只万花筒，交给松寿说："这是送给偌的。"

松寿接过万花筒，见是一个小小的长圆筒，外糊花纸，两端嵌着玻璃，听说大哥小时候也玩过。松寿接过来，两手举着，从孔子较小的一端向明处

① 香雪海：梅花的一种。

一望，里面出现许多五颜六色、稀奇古怪的花朵，这些花朵的模样，非常整齐巧妙，在实际的花朵丛中看不见的。松寿将手又一摇，那里面就又变了另外的花样，随摇随变，不会雷同，真是“层出不穷”。小松寿乐得直蹦高，很是奇怪，要探检这奇境，伸手剥外面的花纸。

琴表妹连忙拦住，说：“偌兄弟怎么一个样，都要拆这万花筒！”

松寿这才停止了。

孩子们在外面玩，鲁寄湘和周伯宜待在屋子里。孩子们出去后，女人们也避开了，只剩他们两人一块儿谈谈心。

鲁寄湘说道：“去年，大姐夫阮士升发呆病去世了。”

周伯宜一惊：“是吗？”

鲁寄湘沉了一会儿叙说道：“他考试时，突然发台风，把考棚顶吹掉，他的考卷也吹得无影无踪。他很伤心，因为这次考试是他生平最得意的一次，是肯定会中的。大家都劝慰他，但他的呆病越来越重，终于死了。”

周伯宜联想到自己，不禁长叹一声，垂下头，不说话了。

鲁寄湘忽然觉出自己触到了伯宜的疼处，连忙转话题道：“所以说：人，就是要往开里想。中不中，全是天意。顺天行事吧！‘船到桥头自会直’。多多保重自己的身体！”

周伯宜点了点头，又叹口气说：“话是这样讲，可是轮到谁头上，都不好受……”不禁又望了望摆在桌上的那盆精致的文竹，青翠欲滴的绿竹间藏着一座金瓦红墙的瓷制小屋……

两人相对无言。各想各的心事……

第二天，春意更加和煦温暖。琴表妹和妹妹、松寿到百草园玩。鲁瑞抱着椿寿，也加入进来。为了喜庆，给椿寿穿上了节庆才穿的百家衣，就是樟寿小时候穿过的“衲衣”，橄榄形的各色小绸片所缝就，好像和尚的袈裟。脖子上还套了“牛绳”，上面挂着小铜镜、贝壳、“黄历”，用红丝线结了网装着。珍贵的银筛也在里面。

琴表妹走过去逗椿寿，细看那银筛，见那筛子圆径不过寸余，中央一个太极图，上面一本书，下面一卷画，左右缀着极小的尺、剪刀、算盘、天平之类。说道："跟阿张哥小时候戴的一个样。他跟我说过。"

鲁瑞笑道："是的。老二、老三命硬，没有找和尚做师父，算命先生说，老四命软，和他大哥一样都到寺里拜了师。"

这时，听到沙沙的风轮声，仰头便能看见一个淡墨色的蟹风筝和一个嫩蓝色的蜈蚣风筝在天上飞。还有寂寞的瓦片风筝，没有风轮，又放得很低，伶仃地显出憔悴可怜模样。

小松寿第一个跳起欢呼起来，大叫道："风筝！风筝！多好看的风筝！"

琴表妹和三个妹妹也惊喜地叫起来，雀跃着，欢呼这风筝。

松寿看看姆娘，想叫姆娘给他买风筝放着玩。可一看到姆娘那挂着愁痕的眼角，就止住了。

琴表妹看在眼里，记在心中。第二天一早，拉松寿在后园拾枯竹，又从樟寿画画的房间里找来纸、笔、颜料、糨糊、细绳，来到后面一间堆积杂物的小屋里，在尘封的什物堆中向着大方凳，坐在小凳上，细心地扎蝴蝶风筝的竹骨，又用短竹圈成一对做眼睛用的小风轮。然后糊上纸，画上几株梅花。一个小风筝居然做成了。松寿乐得几乎又要叫起来。

松寿随大表姐举着风筝，来到百草园，把风筝放飞出去。虽然没有别人的飞得高，但已经很满足了。他真感谢大表姐，她真聪明，像钻进了人的心里，什么也瞒不住她。

时间过得真快！一转眼，琴表妹一家要回去了，鲁瑞舍不得琴姑走，趁丈夫到子传婶家吸烟，拉侄女到自己房里坐。望着琴姑秀气的脸颊，竟流下泪来。

琴姑也想哭，但忍住了，将发辫朝后一甩，说道："姑妈，听说偌总脖颈疼，我跟爹爹学过推拿，给偌捏捏吧？"说着，就给鲁瑞捏起了脖颈。

鲁瑞觉得一双细嫩的小手在她脖颈上有力地捏着，不觉舒服了很多。

琴姑一边给姑妈拿捏，一边说道："处事从容日月长。别犯愁，事情会好起来的。”

鲁瑞听了，心里像熨斗熨过一样舒贴，眼角的愁纹也舒展开了。

过了会儿，鲁瑞怕琴姑累，又拉她坐下，细细望着她，像是有了个亲女儿。那年端姑夭折时，鲁瑞就伤心了好久。有四个儿子，就差一个女儿。还是女儿是姆娘的热背心，最贴心，要有这么个女儿该多好！

琴姑让姑妈望得不好意思了，站起身，说：“姑妈，我临走把偖家被子洗洗吧！”于是就走到床边动手拆被。

鲁瑞忙说：“不用。有宝姑做呢！偖才来几天，哪能这般劳累。”

琴姑说：“不累。”说着，就干起活来。

鲁瑞见止不住她，只好唤宝姑来帮忙。

宝姑一唤就到，和琴姑一起忙活起来。琴姑让宝姑拆外面姑爹、姑妈的被子，自己躲到后房樟寿睡的床上，专门拆大表哥的。一看见那绿缎被子，就像见到了阿张哥。被子已经半年多没盖了，发出一股书香气和男孩子的汗味儿与潮味儿掺加起来的气味儿，令琴姑闻了还想再闻。闻到这气味儿，就想起了阿张哥，琴姑禁不住落下泪来。又怕人看到，连忙用枕巾擦净了眼泪。小心翼翼地拆着被子，像是给阿张哥解衣服，满含羞赧和幸福。

忙了一上午，一家的被子都拆洗了。在桂花明堂拴了几道绳子，把洗净的被里、被面挂起来晾，被套也挂出来，在太阳底下晒。春天的太阳暖洋洋，日头偏西时就干了，抱进屋缝缀。

琴表妹还是让宝姑缝姑爹、姑妈的被子，自己躲到后房，专门缝阿张哥的。她把被里铺在表哥睡的床上，对齐铺上被套，又盖上绿缎被面。一一对齐整了，就脱了蓝色的绣鞋，跪伏在床上，把被里翻折过来，与被面压齐开始缝。那两只穿白线袜的秀脚，朝上翘着，薄薄的脚弓优雅地隆起，像两只交颈的小白鹅。一会儿，又坐起身，两条腿顺在身侧，两只脚叠在一起，小白鹅又并肩靠齐了。两只水葱儿似的小手，水灵灵的，雪白鲜灵，舞着针线在被褥上翻飞。

她细缝着，洗净、晒干的被子发出一股干草般的甜香。琴表妹细细地闻了又闻。绿缎被子缝好了，她仔细叠得四棱四角的，放在床后角。又给阿张哥的枕头换了自己带来的枕套，上面有自己精心精意绣的两株梅花，枝丫交叉在一起，好像一对恋人。旧枕巾没有洗，她不想把阿张哥那种特有的气味儿洗掉，愿意永远保存在自己身边，就向四围扫了一眼，确定后房只有自己，便将旧枕套和枕巾悄悄放进自己随身带的提篮中。又从提篮里拿出一块新枕巾铺在枕头上。新枕巾上也绣着两株梅花，与枕套一个样。看着这梅花，她不禁又想起了日思夜念的阿张哥。他现在怎样呢？在娱园又读《红楼梦》了吗？画画了吗？想家了吧？什么时候回来呢？什么时候再见面呢？两人会永远在一起吗？会的。姑妈、姑爹，还有自己爹妈，看来都很赞成这门亲上加亲的好事。不自主又用右手抚一下自己的右额的一绺秀发，微笑一下，嘴边显出小酒窝。咬着下嘴唇，乌黑的眼眸深情地望着窗外……

"哈！一个人躲在这里，想什么啦？"忽然一个女孩儿把头探进后房大声询问，吓了琴表妹一跳。抬头一看，见是郦永平，平表妹。

琴表妹起身下床，趿拉着鞋，跑过去打了平表妹一下，说道："死囡子，从哪儿钻出来的。差点儿把我吓死！"

平表妹做个鬼脸道："哪会吓死呢？喜死了吧？"

琴表妹又举手要打郦永平。永平连忙向鲁瑞求救："啊呀！姨妈，偌看啊，偌家的人打我呢！"

鲁瑞进后房，佯装生气地说："琴姑啊，怎么能打偌平表妹呢？"

琴表妹一边提鞋，一边佯装嗔怒道："姑妈偏向，向着偌干女儿！"

鲁瑞没有女儿，但很喜欢女孩儿。郦永平生得美，又住绍兴城内，离周家台门不远，常常往来，头几年就过继给鲁瑞做女儿。鲁瑞和周伯宜都很疼爱她。

郦永平笑道："女儿也没有媳妇近。女儿是别人家的人，媳妇是自己家的人。"

琴表妹一听，顿时羞得脸红到耳根，过来要捂郦永平的嘴。

郦永平一边叫姨妈救命，一边躲到鲁瑞身后。

鲁瑞一时间倒没了主意，又是喜，又是乐，不知说什么好，看着两个调皮的囡子，扑哧一声笑了起来。

第八章　归　家

梅　雨

又是一年梅雨时节，淅淅沥沥，缠缠绵绵，无止无休。冒着这如云如雾的梅雨，樟寿和二弟櫆寿归家了。

是庆叔一大早来接他们的。兄弟俩头天就知道家人要接他们回去，连忙与大舅父告别。又去“友舅舅”房里话别，谈得很晚才离开。回到“留鹤庵”，兴奋得一夜没睡着觉。第二天早早起来，准备好小包袱等着。大舅父起不来床，让儿子佩绅去送两个表弟。从“留鹤庵”出来，樟寿回头看看这座房子，又望了望娱园，依稀在如梦的雨雾中，恍恍惚惚见到了那绿色的倩影时闪时现，禁不得依依难舍。但又归家心切，即刻撑起雨伞，随着表兄佩绅，拉着二弟櫆寿，冒着梅雨直奔村边埠头。

老远就看见庆叔披着蓑衣，戴着竹笠，站在乌篷船头朝他们招手。兄弟俩连忙冒雨跑过去，拥到庆叔粗壮的臂膀中，见了庆叔就跟见到家里亲人一个样，充满了暖意。庆叔先把櫆寿扶上船，又扶他钻进船舱。樟寿收了雨伞，朝佩绅招招手，也在庆叔扶持下，上了船，钻进狭小的船舱。

船划动了。樟寿蜷缩在船舱里，看见庆叔一笠一蓑，像古画里的农夫，坐在船尾，用手划楫，以脚蹰桨，自如地划着船。小划船，箭也似的驶向前方，激起一串浪花。

他想：庆叔真是能人，不仅竹作手艺高，还擅长各种农活，会走棋，善捉麻雀，划船也是行家里手，不由得从心眼里佩服他。

烟雨蒙蒙，空气里氤氲着潮湿的气息，乌篷船里有些憋闷。樟寿面朝船头，身体稍稍前倾，想呼吸一些新鲜空气。他望见岸边的烟柳在风雨中摇曳，织成一片碧绿的锦衣。绿衣晃浮着，晃浮着，似乎又幻化成那绿色的倩影，在绿雾中舒展长袖，婀娜起舞，不觉兴奋起来。

二弟櫆寿卧在船舱里，眯着眼听雨，神态安详。四月的黄梅雨落在船棚上，不像夏天的急雨那样，发出噼噼啪啪的声响，而是软绵绵的，有如少女秀发的抚弄，几乎听不到声音。但他却能模糊地听见丝丝的雨声，从心里细细品味。

黄梅雨锈谁家剪，未了情归游子期。船行半日，正午时分，终于进了绍兴城，在街巷间划行。在这水乡里，街随河走，河随街流，有时是“一街一河”“一河两街”，有时是“有河无街”。每条路差不多都有一条小河平行着，河两岸多是白墙黑瓦、翘起尖角的房子，房檐下有雨廊，人们在街上行走，用不着打伞。雨中，男人依旧戴着乌黑的毡帽，在雨廊下走。有的女人穿着蓝印花布的衣衫，腰间扎着条蓝色的带子，弯腰在河里舀水。乌篷船在河街中行驶，不断钻过一道道的小石桥。真如杜荀鹤的诗中所说：“古宫闲地少，水乡小桥多。”河边还有所谓“枕河人家”，在临河处搭建小屋，开店营业，然后临河开个门，河上铺设梁板，上面盖屋顶，两侧做板墙和窗户，与河边小屋相接，成为“前店后屋”的格局，中间还多一间河上的房间。船从这样的跨河水阁下经过，就像通过地下隧道一样。两兄弟看到家乡的水景市貌，就像回到姆娘的膝下，心里热乎乎的。

终于顺着张马河划到东昌坊口的小船埠头，庆叔老远就看见女东家鲁瑞站在埠头瞭望，忙向她招招手，稳稳地把船靠在埠头边上。

樟寿扶二弟櫆寿弯腰从船舱出来，未及抬头，就听见姆娘叫他们：

“阿张，阿櫆！”

兄弟俩直起身就要上岸，脚下一急，小船晃了起来。庆叔赶忙搀住他们，两脚跨开，稳住船身。

樟寿不顾一切地跳上岸，抓住姆娘的手，櫆寿被庆叔抱到了岸上，也朝姆娘身边偎去。

庆叔看见他们母子三人的亲热劲儿，眼泪差点儿下来。

一家人顾不上张伞，冒着细细的雨雾，往新台门走。老远就看见祖母拉着三弟松寿在梅雨弥漫的门前等候，长妈妈抱着四弟椿寿也在笑嘻嘻地迎接他们。

樟寿和櫆寿连声喊着“娘娘！长妈妈！”跑过去，祖母一把将兄弟俩搂在怀里，淌下两行老泪。三弟松寿也挤过来叫“大哥！二哥！”俩兄弟转过身，连叫“阿松！”三兄弟搂在了一起，悲喜交集，竟都哭起来。

长妈妈抱着四弟叫道：“大阿官！二阿官！你俩可回来了！”

俩兄弟又转身叫“长妈妈！”望着她怀里的四弟，不禁破涕为笑。樟寿抬手摸摸四弟的小脸蛋儿，叫“米块头”。四弟扬起嫩白的小手，呀呀地叫，好像在叫哥哥，逗得櫆寿伸手要抱四弟。长妈妈赶忙转过身说：“偌哪儿抱得动。”

一家人簇拥着往台门里走。庆叔收拾好船只，也跟上来进门。

周家原籍河南汝南，始祖是著有《太极图说》的濂溪先生周敦颐。南宋末年，为避金兵，周家先祖始迁绍兴。明正德年间，始祖周逸斋定居竹园桥。到第七世寅宾公移居覆盆桥。到八世熊占公，多谋略，善治家，家道从而兴起，有田三千亩，当铺多家。因人口渐多，不够居住，正值距覆盆桥不远的东昌坊口王家有两宅紧连的房屋要出卖。周家就买了西面较大的一宅，建了新宅院，称为新台门，覆盆桥对面也新建一宅，称为过桥台门，原宅称老台门。

此时，新台门顶上仍是黑瓦，但比街上的房瓦略显厚实些。大门是木头的，有六扇，黑漆漆的，外面钉一层竹签，竹签上有一排排的钉牙齿。门斗里两条长石凳上坐满了穿着蓝印花衫的乡下妇女，是乡下没的吃，来找单妈妈荐到各家台门做妈妈。

重见了这六扇黑漆漆的木头大门，外面钉一层竹签，竹签上有一排排的钉牙齿。樟寿不禁觉得这钉牙齿有些异样，像是吃人怪兽的颗颗利齿。走进门，坐在门斗里两条长石凳上，穿着蓝印花衫的乡下妇女，纷纷站起身，和单妈妈一起，赔着笑脸道："噢，大阿官、二阿官回来啦！"

长妈妈笑笑说："好好好。"

右边门斗房里单妈妈的儿子阿和，童养媳阿运也侧过头往外看。阿运并不漂亮，阿和却把她当成了天上的仙女，生怕别的男人看上抢去，总看护着。樟寿不愿多看他们，扭过头看左边，见这间门斗房空着，东南西三面是墙，北面却是门窗墙壁一概没有，原来是婚丧寿庆厨师作场用的，当然要空出一面了。给曾祖母办丧事时，这里可热闹过一阵子。嗨，多疼我们的曾祖母，再也看不到了。

身后一个妇女悄声说着："那就是东浦大门楼余五九他妈，这里人称长妈妈的。"

另一个妇女羡慕地说："看人家多好，找了个好主子。"

再往里走，是仪门，上方挂着一块扁，雕着两个金色的大字："翰林"。樟寿知道，这是给爷爷挂的。字是四七伯伯写的。听人说，他那时年轻漂亮，写得一手好字。爷爷到外边做官，还带他去了。不知怎么回事又回来了，落得现在这"破脚骨"相，怪不得爷爷要追打他呢？！

看到扁上的金色大字"翰林"，樟寿忽生异样的感觉。觉得当翰林也不是什么好事。祖父如果不是什么翰林，也不为儿孙争翰林的头衔，还不至于全家遭此大难呢！

过仪门，就进了"德寿堂"。两厅柱上那副抱对的上下联扑进眼帘：

品节详明德性坚定，事理通达心气和平。

樟寿对这十六个字，依然感兴趣。不过，他又想：怎么才能品节详明，德性坚定，事理通达，心气和平呢？这样的世道，人能平和吗？

全家没有进神堂，而是经过白板门，进了过廊。

迎面就是兰花间，一套曲尺形的房子。原是曾祖父种兰花的，后来划归诚房，租给李慈铭的堂兄弟李楚才住了。小时候，有几个报子敲着锣走进新台门。大家以为周家又有喜了，高兴得跑出来迎。结果与周家无关，是向李楚才报喜的，他的堂兄弟李慈铭在北京当上御史了。李家后来又寄住着一家姓沈的女人，大家叫她沈四太太，五十多岁，讲一口北方话。不久，沈家又来了另一个女人，带了三个孩子，男孩约十岁，两个女孩还小。看来生活很穷苦，夏天男孩光屁股，女孩只穿小裤衩。到了秋天，也只穿着薄薄的单衣，冷得直淌清水鼻涕。见了樟寿、櫆寿一起喊："大阿哥，二阿哥回来啦！"

松寿想进去玩，长妈妈拉过他，头也不回，沿着过廊往北折。长妈妈心里埋怨道：这周家台门，如今成了大杂院了。什么人都进来住！

樟寿头也不回，沿过廊北折，踏入桂花明堂，闻到北墙边石条凳上那一长排花盆飘来的花香，不觉深深吸了一口，感到了家的气息。一踏入明堂，就看到高高的南墙边上生长着高大的桂花树，秋天时树下散落着金黄色的花瓣，可以闻到一股浓郁的桂花香气。这开黄花的桂花树叫金桂，不能和在茶或糖里吃，不为人所看重，但香气还是挺浓的。另外还有一株罗汉松，一株茶花，其余有木瓜、枇杷，树荫底下还有秋海棠之类。北墙边有一人多高的石条凳，三条相连，搁着一长排花盆，有郁李、石竹、映山红、牛郎花，还有绍兴人叫老弗大的平地木。红红绿绿的，可喜人了。花的两边各有一个大石板砌成的石池，是用来储水浇花的。北边与过廊相连的墙上用淡青灰刷过，又以粉笔画作长方格，好像磨光的大砖砌成的。在那横长的格子里，有用铁钉划出的图像，其中一个尖嘴鸡爪的雷公最惹人注意。樟寿看着自己过去刻的画，不觉感到挺亲切的。

这桂花明堂还是櫆寿和伯升叔戏玩的场所，櫆寿想起自己的叔叔伯升，他们叔侄俩经常不分辈分，一前一后，跑到桂花明堂里追着玩。每每想起，还怪想念的。

樟寿曾祖母去世后，祖父带着潘庶祖母和伯升叔回来奔丧。丧事办完后，就在家里住下了。樟寿仍旧回三味书屋读书，伯升和櫆寿请后院仁房庆蕃公公的儿子伯文叔来教书，书房就设在南边厅房里。伯文叔没有考进秀才，只是个文童，前不久还在最南边的大书房里和人下棋吵架，哪里做得了老师。他早晚到厅房各来一次瞅瞅，就跑到最南边的大书房里看玉田公公下棋、聊天去了。櫆寿和伯升就整天躲在厅房中，托词读书，关上了门，却终日在明堂里玩。罗汉松下埋着两只“荫缸”。这是不大不小的缸，埋在土里，缸里盛着水，这水不是清澈的雨水，而是不知经历多少年的青黑色的陈水，里边积存着大半缸腐烂的树叶。他们两个并不觉得是叔侄，虽然这么称呼，却像平辈一样玩，尽在园里淘那两只“荫缸”，将里边的树叶瓦砾清理出来，看其中有无怪物。奇怪的是他们居然没有中什么毒，连在预料中的蜈蚣、毒蛇、癞蛤蟆之类，也没有碰见过。

玩耍当中，难免磕碰，有时还要吵嘴打架。一次吵架吵到桂花明堂来，被正在北墙后小堂前的周福清听到了，生起气来，对周伯宜说：“伯宜嗬，我和你约法三章，伯升不好归我教训，櫆寿不好归你教训。”说着，拖了伯升进自己屋了。周伯宜觉得櫆寿竟然冒犯了叔叔，使他受到父亲的责备，不禁大怒，便扯了櫆寿到东边的大堂前，冲着祖宗牌位跪下。闹得姆娘和长妈妈坐立不安。长妈妈就到大堂前去看了一下，回来后姆娘问她：“打了吗？”长妈妈说：“打了。让二阿官朝牌位跪下，一边打一边骂：‘打死你这不肖子孙！周家怎么会有你这样的子孙？’”这是周伯宜第一次打孩子，也是唯一的一次。但不久，櫆寿就忘了这事，一看见升叔，两人又高高兴兴地玩起来了。

进了黄门，正在门口的子传奶奶一把抱住了樟寿和櫆寿，咂咂嘴，带着哭腔叫道：“啊！阿张，阿櫆，可回来了！”

在子传奶奶身后站着的周五十，点头哈腰，笑眯眯地说道：“哈，回来了！好啊好咭！总会好起来的。”

樟寿家的兴房和子传奶奶的诚房，同在一排上下两层的楼房里。诚房靠东，住两楼两底；兴房靠西，住四楼四底。最靠西的房间是送妈妈，即女佣房，以后各间就是周家兴房，第一间楼下是松寿父母住，楼上是长妈妈带樟寿或松寿住。然后是小堂前，是悬挂兴房祖像和待客的地方。东邻的房子前半间曾祖母和她的使女宝姑住，后半间是全家吃饭的地方。楼上堆放杂物。东面第一间祖母和櫆寿住，楼上姑母回娘家时住。曾祖母去世后，宝姑搬了出去，到烧饭妈妈房里住了，祖母和櫆寿住进曾祖母的房间。樟寿父母便住进祖母东一间的前房，后房住樟寿，楼上住长妈妈和松寿。樟寿父母原来住的西边一楼一底打扫干净，让给祖父、潘庶祖母和升叔住，里面摆了一张铁梨木的大床。

这排楼房后面，西边是立房周子京一家的住房，朝西窗外有一个小天井，墙外邻居梁家园里长着一棵橘子树，树枝伸进天井里。因此，他家的房间号称橘子屋。橘子屋通向外面的门是蓝色的，通称蓝门。周子京外出教馆，家里只剩下他的姆娘十二曾叔祖母和她的老仆妇得意太娘，还有一个烧饭妈妈。从旁边的长廊往北，一直通到百草园。往东，则是仁房派下的礼、义、信三房，义房的玉田公公就住在松寿家房后，“街楦”衡廷和周六四等也住在附近。本来只有一个明堂之隔，但是中间隔着道一曲尺形的高墙，要到他们家就须从白板门出去，走过大堂前，弯过一大段路才能到。

樟寿和櫆寿都对子传奶奶和周五十没有好感，冷冷点了下头，径直到父亲房里请安了。

父亲正卧在那张褐色的皮躺椅上发愣，见兄弟俩回来了，微微起身，点了下头。

樟寿、櫆寿连忙跪下，给父亲叩头。父亲抬抬手让他们起来，仍然无话。

鲁瑞见此情景，忙拉着兄弟俩儿出去，来到小堂前坐下。长妈妈把椿寿交给宝姑带，自己给哥俩儿沏茶，鲁瑞示意沏好茶。长妈妈就到吃饭间拿出一桶茉莉花茶，这是祖父在北京做官时托人捎给曾祖母的，很少让家人喝。

当热腾腾、香喷喷的两杯茉莉花茶端到樟寿、櫆寿身边茶几上时，他俩几乎要哭了。回家的感觉真好！

一切都熟悉而新鲜——曾祖父九老太爷苓年公和刚去世的曾祖母九老太太的画像，依然挂在正墙上，下设香案。香案前放一张四仙桌，东西两面靠墙摆着木椅和茶几。墙上东西悬挂两幅古画，西墙上是赵孟頫的画，画的是一朵荷花，一片荷叶，一只鹭鸶。东墙上是任伯年的画，构思十分奇特：老鼠想喝花瓶里的水，花瓶被扳倒了，水从瓶里流出来，从桌上一直流到地上。家里待客和议论事情都在这里。

以前觉得这里很普通，没有什么特殊的。这次重见，却分外亲切，尤其是任伯年的那幅画，更是感到奇异难得。

外边烟雨蒙蒙，寒气袭人，屋里却散发出茉莉花沁人心脾的清香。洁白如玉的茉莉花，在清黄的茶水中飘着，清新淡雅，在这梅雨的愁闷中暗香浮动。

樟寿抿了一口，芳香爽口，清雅宜人，心情似乎好了很多。

櫆寿也抿了一口，觉得蛮好，但似乎没有在“友舅舅”那里喝过的苦茶有味道。

樟寿看着窗外的雨丝，品着清香的茉莉花茶，苦涩的心开始变得柔软，软到变成一种思念，犹如这茉莉花香，渐渐蔓延……

夜幕来临，樟寿回到东一间后边自己的房间里。看到床上铺着刚拆洗干净的绿色缎被和绣着两株梅花的新枕巾，不觉一惊！古书上说：“江南每岁三四月，苦霪雨不止，百物霉腐，俗谓之梅雨。”人们常说：“梅雨或作霉雨，言其沾衣及物，皆出黑霉也。”而自己的被褥不但没有发霉，还这般洁净、温香。不是琴姑来过，拆洗过，晾晒过，又会是谁呢？

看着这梅花，眼前不禁浮现出日思夜念的琴表妹：用右手抚一下自己右额的一绺秀发，微笑一下，嘴边显出小酒窝。咬着下嘴唇，乌黑的眼眸深情地望着自己……

又想起那春雪时节，在娱园与琴表妹的谈心。伊现在怎样呢？在安桥头待得下去吗？什么时候能再见面呢？

夜里，在温暖、温馨的被窝里，樟寿做了一个香甜、温馨的梦，又看到那个梦境……

在朦朦胧胧的春草的新绿中，他和一袭绿衫的琴表妹在绿草丛中嬉戏、奔跑、翱翔，在绿雾朦朦的烟柳上飞升。忽然，琴表妹的绿衫上浮现出两株粉红色的梅花，天地间幻化出一片粉红，他俩在红色的天宇间飞啊飞……

这一夜，櫆寿可没有做梦，只想第二天一早到街上去玩。已经半年没有逛街了，真憋坏了。

天还没亮，他起身穿衣。祖母让他再睡会儿，他也不听，穿好衣服，擦了把脸，就上楼找三弟松寿，不顾长妈妈拦阻，拉着松寿就往楼下跑。

老天还在下着淅淅沥沥的黄梅雨，屋檐流下断断续续的水滴。櫆寿从床底找出两双好久没有穿的钉鞋，给松寿一双，自己穿上一双，撑起桐油涂过的纸雨伞，就和三弟连蹦带跳地出了台门，来到东昌坊口古街上。

街上的人不多，石板路湿漉漉的，没有积水，也没有泥泞。大概石板底下都用石条架着，无论多少雨水全由石缝流下，一总到河里去。

兄弟俩穿着钉鞋，撑着雨伞，安心地走到雨中去，到街上去买吃食。半年前姆娘送他和大哥到皇甫庄时，临走给了每人五十钱，他还分文没花呢！

他俩先跑到东昌坊西口南边都亭桥下一家没有招牌的店，买了两碗荤粥，一人一碗，香喷喷地喝起来。这家主人姓张，就是周家新台门西北角张永兴游龙寿坊的老板。这张老板一面做着寿材，一面在住家制荤粥出售。荤粥又名肉骨头粥，是从猪肉店买骨头来煮粥，食时加葱花、小虾米和酱油，每碗才几文钱，价廉而味美，是平民的好食品，樾寿很爱去吃，隔了半年没尝，还挺馋的，到家第二天就拉三弟松寿去解馋。

吃完粥，透过雨雾回来，又闻到一股炸臭豆腐的香味儿，是街边阿六的担挑。梅雨时节也照常出摊。头上戴着竹笠，身上披着蓑衣，站在街边叫卖。担挑一头是火炉和铁锅，另一头是生豆腐和其他杂物。乌黑的锅里，油滋滋冒着烟泡，阿六用尖头黑黄的长竹筷子翻着油里的臭豆腐，炸好后放在锅边的铁罩上，又用一根竹签，往上一插，五块串成一串，抹上红色的辣酱，递给来买的人。松寿深吸了一口臭豆腐香味儿，想起去年曾想买一串尝尝，但被长妈妈拉走了。这回二哥一定会给买的，果不其然，樾寿掏出几个铜板递给阿六。阿六接过一笑，就送过一串抹上浓红辣酱的炸臭豆腐。樾寿让松寿先接过来吃，自己等阿六送过第二串，才接过吃起来。

这炸臭豆腐一入嘴，真比孙悟空吃了王母娘娘的仙桃还可口，辣嗖嗖，香滋滋。兄弟俩乐得直蹦，把钉鞋踹在石板路上，嘎哽嘎哽地响。街头买不起炸臭豆腐的野孩子见了，不觉妒心大发，纷纷起哄，大喊道：“看啊！旱地乌龟来了！”这哥俩儿自己也觉得怪寒碜的，赶忙逃回家里。

酒　客

回家不一会儿，雨停了，长妈妈又带着松寿到谢德兴酒店去了。她是常到这里给孩子买鸡肫豆的。径直到柜台前说：“来一文鸡肫豆。”

掌柜一把抓了个准，用细草纸包作纤足状，递给长妈妈。这鸡肫豆是黄豆盐煮漉干所成，软硬得中，自有风味。长妈妈打开纸包，叫声“三阿官”，拿出两粒递给孩子，自己也捡了一粒放进嘴里，嚼了嚼，觉得挺有咬劲儿，果像鸡肫似的。孩子吃完了，又要，长妈妈又给了他两粒。

这时，衡廷正与对面的白胡子老头儿吹牛：“我长的是一双‘狗眼’，看得见鬼。”

老头儿故意逗他说：“格末偌话，鬼是什么样？”

衡廷故作惊恐地说：“嗨！那还不是青面獠牙，吐着长长的红舌头。”

老头儿摇头笑道：“这哪里是偌看到的呀！是画里的吧？”

衡廷赶紧补充说：“是我亲眼所见。我还看见过女鬼，一身白衣，长长的水袖，红红的长舌头。”说着，便站着学起戏里的样子。

老头儿哈哈大笑，指着衡廷说：“这是戏里的女吊啊！哪格是偌的‘狗眼’看到的！只能吓唬女人，岂能唬我这老爷子！”

衡廷一脸尴尬，无言以对。

这时，只见周四七唱着小调：“我有一把苗叶刀，能水战，能火战，也能夜战……”到谢德兴酒店赊酒来了。他敞怀穿着破旧龌龊的竹布长衫，头上戴顶凹进的瓜皮秋帽，右手捏着尺许长的潮烟管，左手拿了一个猫砦碗，脸色青白，人瘦得只剩一把骨头，肋棚骨一根根地显露出来，活像腊鸭。

衡廷正在尴尬中，见周四七又进来赊酒，不觉想解解闷儿，就冲他喊道：“偌个四七又来骗酒喝了！”

周四七点着潮烟管自辩道:“哪格骗？我屋里现了宝,典了就来还！”说着，鼻孔一翕一张，使劲吸食老酒的香味。

衡廷笑道：“鬼才相信呢！想那子京叔看见过多少次白光，花钱雇工人掘过多少回，都没见个银子影儿，偌还能有啥造化？”说着，站起身，学着子京的腔调说道，“眼面前一道白光。宝就藏在这里……”馋兮兮向四下寻觅。

酒店掌柜也笑道：“周大少爷，本店概不赊账了。赔不起了。”说着，指指柜台后的小黑板说，“睬，偌都欠了好几次了。”

周四七白了眼，还未及答言，身后走来一个穿旧长衫的高个儿夫子，说道：

“我这是现钱，来碗酒。酒要好！”他正是站着喝酒而穿长衫的唯一的人，人称孟夫子。身材很高大；青白脸色，皱纹间时常夹些伤痕；一部乱蓬蓬的花白胡子。穿的虽然是长衫，可是又脏又破，似乎十多年没有补，也没有洗。

衡廷顺势喊道：“哈，孟夫子来了！人家在主顾里是品行最好的。向来是现钱。就是一时欠了，也很快还上。哪像我们这位兄弟。”

周四七闻听是在刺他，大不以为然，笑道：“品行好？！前天我还见他在我家大书房偷书，让玉田伯逮了个正着。”

孟夫子脸一红，嘟嘟囔囔地嗫嚅道：“窃书不算偷。读书人的事。”

一时间，逗得周四七、衡廷、白胡子老头儿，还有酒店掌柜，连同柜台后面一直不敢吭声的小伙计，全都大笑起来。整个酒店充满了喜悦的气氛。

白胡子老头一边笑，一边冲着长妈妈和松寿，啧啧嘴赞道：“周家会有望的。伯宜兄的儿子樟寿、櫆寿，”又指指松寿说，“还有这个松寿，都是‘胡羊尾巴’，人精子，聪明绝顶啊！都会是好文才，日后定当高中！”

掌柜斜了周四七一眼，心里话：“再有望，偌也挑不起来。”可转念一想，觉得周四七再不行，也是周家少爷。周家复兴，他也有光，还是不得罪为好，于是拿过周四七的猫砦碗，让小伙计斟满了掺水的酒，递过去道：“再赊一次，下不为例。”

周四七见酒就乐，大嘴咧成双钩形，深吸两口气，咂了咂嘴，品了一口，啧啧两声，咧嘴笑道：“谢谢掌柜的。”溜了旁边的孟夫子一眼，损道，“哪像这位屡试不中。”说着，右手捏着尺许长的潮烟管，左手端起盛满酒的猫砦碗，又唱起小调：“我有一把苗叶刀，能水战，能火战，也能夜战……”摇着身子晃出了谢德兴酒店。

孟夫子确实是屡试不中，年过半百，还是个童生，见周四七揭自己的短，气得脸红一阵，白一阵，可又没有办法，只冲周四七背影呸地啐了口痰，从嗓子眼里冒出一句绍兴“呆话”：“棺材里伸手——死要！”喝完酒，悄悄溜了。

长妈妈自然为主人有望高兴，拉着松寿，兴冲冲地走了。

只剩下衡廷和白胡子老头还在酒店里闲泡。长方板桌上高脚的浅酒碗里的黄酒已经不多了，旁边那盏黄沙粗碟上的茴香豆也只余下几粒，近旁堆着几颗嘬尽了的螺蛳壳。

街 市

长妈妈和松寿从酒店出来，古街上已经熙熙攘攘。人群中，阿桂正站在街边，又双手捧着一只大公鸡叫卖。两边是乡下人摆的菜摊，青葱葱的苋菜，白雪雪的萝卜，都水淋淋的，煞是好看。菜摊边是卖鱼虾的，清晨刚上网的金翅大鲤鱼在筐里还活蹦乱跳，竹篓里的活虾舞着钳子一般的前脚，一个劲儿地往外爬。

过路人朝阿桂溜一眼，但都弯腰挑菜，没有人买他的鸡。几个闲人围住他逗趣："阿桂，偌这鸡又是哪里偷来的啊？"

阿桂涨红了脸道："凭啥泼人脏污水？这是红鼻子老五托我卖的。"

闲人们大笑道："鬼才相信呢！"

嬉笑中，南街洋教堂的修女，肘间夹着白色的药包，从旁走过。

阿桂上前搭讪道："买鸡不？好鸡哦！"

修女不理睬他，只说了句"偌好！"声调很生硬，洋腔洋调。

阿桂又捧过鸡去，修女摆摆手，微笑一下，擦身过去了。想是又有什么人得病、负伤，她去看病敷药了。

古街中间，有条东西流向的张马河与小街并行，河上小船驶来过往，那是小型的乌篷船，船工以楫为马，用肘夹、手握一短桨掌舵，用脚蹬划一支长桨，船就自如地前行。这河面太狭，只能走这种小船，到了街中的小船埠头，就停靠下来，乘船的人从篷里钻出来上岸。如到远处去，也得先坐这种小船，到东西南北的水城门，再换三明瓦甚至四明瓦的大型乌篷船，到会稽山和鉴湖各支流沿岸的村镇，或者经山阴道往钱塘江去，顺江而上，到西兴，再渡江到杭州。

这时，一个嫂子，三十岁左右，手脚壮大，利利索索，脸上泛着红润，挽着双臂，湿淋淋的，托着淘箩和一捧洗净的青菜，要到河边淘米、洗菜，看见长妈妈领着松寿在街上走，就笑着问道："长妈妈，又带三阿官出去逛街啊？”

长妈妈喜盈盈地笑道：“噢，是阿祥嫂啊！淘米去啦？”

阿祥嫂点点头谦和地说：“是啊！”又轻抚孩子的脑壳，低头笑笑说，“三阿官长高了。”就爽快地朝河边走去。

长妈妈回头望着阿祥嫂的背影自语道：“和房雇着了佣人，比男工还能做！”

说着，一个年轻妇女，头上扎着白头绳，脚下穿着白鞋，怀里抱着一个瘦弱的两岁男孩儿，从一条小船舱里出来，像是上坟归来。

长妈妈知道是新守寡的连四嫂子，不觉起了怜悯心，紧赶两步，过去说：“啊，连四嫂子，孩子怎了？——看过先生了吗？”

“看是看了。——长妈妈，你有年纪，见得多，不如请你老法眼看一看，怎样……”

“唔……”

“怎样……？”

“唔……”长妈妈端详了一番，把头点了两点，摇了两摇。又摸摸孩子头，无可奈何地叹口气：“嗨！”又安慰道，“‘船到桥头自会直’，会好起来的。”连四嫂子抱着孩子走了。

一个穿蓝布衫的闲汉过来要帮她抱孩了，她觉得汉了来路不善，闪身躲开。但她着实累了，很希望降下一员天将，助她一臂之力，却不愿是这个阿五。但阿五有些侠气，无论如何，总是偏要帮忙，所以推让了一会，终于得了许可。他便伸开臂膊，从连四嫂子的乳房和孩子之间，直伸下去，抱去了孩子。连四嫂子便觉乳房上发了一条热，霎时间直热到脸上和耳根。

长妈妈望着她的背影，自语道：“要是儿子再没了。可是‘火筒里煨鳗’，怎么活啊！”

埠头西边是荣生轿行，只是一间小屋，里面有一乘轿，墙上挂着一件操衣，衣背上有一个“勇”字，还挂着盾牌和腰刀。主人名叫荣生，有人来租轿，他马上和他弟弟两人抬轿。抬完轿，马上贩水果，挑了担沿街叫卖。谁家死了人，他赶去入殓，抬棺材。一到秋天，他又到大教场去操练。有火灾的时候，他又忙着救火。从天不亮起床，到天黑睡觉，一刻不停，样样生活都做。所以大家叫他为“做不杀的荣生”[①]。此时，他正忙着收拾轿子，可能有人来租，马上要抬出去。

长妈妈对这位荣生倒很佩服，冲他笑笑，让松寿叫叔公。松寿也就大声叫起来。喜得荣生停下手里的活，抬头答应，咧开嘴憨厚地笑。松寿也冲他笑。

“早”

天隔一日才放晴，樟寿回三味书屋上学。

走进像是一所房子的覆盆桥，就被两个孩子拥住了。樟寿定神一看，见是身着绸缎衣裤的商人子弟胡昌训和章翔耀。这两个富家子弟虽然心思不在学业上，对樟寿却佩服得五体投地，半年没见了，真想得要死，一把抓住说：“啊呀！豫才可回来了！想死我们了！”

还没有进书屋，就被高个儿、小头的“小头鬼”吴书绅迎面抱住，大叫“豫才”。这小子平时专爱搞恶作剧，这时却一本正经，满怀诚意。

笛房族叔周梅卿也在“小头鬼”身后站着，叫了声“豫才”。他虽只年长樟寿四岁，但少年老成，还真有点儿族叔相。

小个子高幼文和堂兄弟兰星也争着过来，抓住樟寿的手，像见到了久别的亲人。

老寿先生和小寿先生破例站起来，冲着樟寿微笑。

樟寿脱开同学的包围，朝先生恭恭敬敬地鞠躬。先生摆摆手，让他到座位上坐下。

族叔周梅卿引他到自己的桌前，高幼文和兰星也跟上来。

樟寿见自己的桌子擦得干干净净，很有些奇怪，周梅卿看了出来，指指高幼文说：“是他天天代你擦桌子！”

兰星也说：“是的。幼文天天代你擦桌子！”

高幼文言道：“见不到豫才，想得慌！擦擦桌子就像见了面。”

---

① 意指轿子铺的主人荣生终日终年地卖苦力，不知歇息。“做不杀”即“做不死”。

樟寿不禁感动得热泪盈眶。他端端正正地坐下了，掏出深蓝色竹布长衫大襟扣里那把一寸多长的锁匙，打开了自己的抽屉。抽屉里有灰尘，这是高幼文没法擦的，他从书包里拿出一块抹布，细细地将抽屉里里外外擦干净，把几本珍爱的书整整齐齐地放进去。打开抽屉内的那方铜墨盒，见墨已经干了。就从书包里拿出锡制茶壶，往墨盒里滴一点儿水，拔下"金不换"小字笔的铜笔帽，将墨棉点软。又从抽屉里拿出家藏的《唐诗叩弹集》，方正地摆在桌子左上角，把锡制茶壶放在右角。郑重地拿出范啸风送的"三到"书签，摆在桌子上方；书签两端剪贴着红色的花纹图案，中间用工笔小楷写着："读书三到：心到、口到、眼到。"

坐定之后，他回身望望三味书屋匾额下那副对联：

此处正安吟榻好，不如且入醉乡来。

又望望梅花鹿古画前左右间楹柱上那对联语：

花前屡泛罗浮酒，架上常存宛委书。

不禁觉得与以前的感觉不一样，似乎体味出了联中的意味：还是回乡读书好！

再看看正中大圈椅上则坐着的老寿先生，觉得他更加高而瘦，须发更为花白，大眼镜也更老旧了，而人也更加方正、质朴。樟寿更加尊敬这位先生，连用纸糊的盔甲套在指甲上游戏的事情也决计不做了。他笔直地坐着，编成三股的长辫更黑更硬，前额的几根头发更加向上梗挺着，眉毛更浓，眉宇之间更是透出一股英气。眼睛眸子也更加黑亮有神，内敛着的沉毅的光，显得更加冷静、深邃，冷眼观察着这个人世间，思索着什么，令人更生出一种莫名的敬畏感。

樟寿环视一下周围的同学，兰星旁边寿恒的位子由他弟弟寿升坐着。寿恒怎么还没来上学？是因为信笺事不好意思来了吗？他把信笺还给廿八公公了吗？……他的弟弟寿升倒来了，坐在哥哥寿恒的位置上，是替哥哥来上学的？

老寿先生咳了咳嗓子，开始带学生读书。

课间休息的时候，樟寿和同学们又到后园去玩了。

桂花树旁砖砌花坛上的百年蜡梅，已经开过花了，但绿叶间还有些许红色的梅花迎风开放。东南隅的百年大天竹，翠柏，南墙下的藤萝，都正绿得可爱。

和他一起进后园的周梅卿注意看着他，发现樟寿好像变了一个人，不再从泥孔里掏蝉蜕，也不再看蚂蚁们围吃死苍蝇。而是凝神看着“自怡”小亭亭壁上的四言诗，默默吟诵：

栽花一年，看花十日。
珠璧春光，岂容轻失。
彼伯兴师，煞景太烈。
愿上绿章，飙霖屏绝。

据说这是云巢公在一阵暴雨之后，看到落花满地而写的一首感叹诗。樟寿禁不住自叹道：“时光易失，不可再失！”

樟寿又往北去，见花墙一道，中开月洞元门，门额上题有“月地云谐”四字，旁有联语，据说都是云巢公就素壁上悬腕手题。走进洞门，有大绣球花一丛，芭蕉数本，秋海棠萱槿等遍地。这里原来是后园的外园，坐南朝北有小阁两间，中隔粉壁一道。壁上嵌有爱鹅堂石刻，据说是王羲之所书。樟寿欣赏着壁上的书法，不禁陶醉其间。

傍晚放学回家，进了黄门，子传奶奶正站在她家门口。见了樟寿，立马过来拍肩膀问：“阿张，上学回来啦？好吧？”

樟寿漫应道：“好。”

子传奶奶故作玄虚地问：“偌知道爷爷的事吗？”

樟寿故作镇静地答道：“不就是自首投案，关在杭州狱府里吗？”

子传奶奶“嘘”了一声，压低声音说:“已经判啦！是皇上御批的。”

樟寿惊了一跳，问:“批的什么？”

子传奶奶举起右手掌，往自己后脖颈一砍道:“‘斩监候’！秋后杀头！”

“啊！？”樟寿惊呆了。父母为了不让孩子担忧，故意瞒着他和二弟，没有告诉他们爷爷的事。

子传奶奶见樟寿如此惊骇，也惊住了，连忙又拍拍樟寿肩膀道:“‘斩监候’就是没有定下来。还可能到时候皇上开恩，不杀头呢！”

樟寿再也听不下去了，痴呆呆地挪着僵持的步履，回到家中。

鲁瑞见儿子回来了，迎上去，看到这模样儿，以为病了，摸摸头说:“阿张，怎么不舒服？”

樟寿摇摇头，一声不吭，走进后房，一头栽倒在自己床上。

杀头！杀头！！杀头！！！

绍兴中心闹市轩亭口的杀头场面，又出现在樟寿眼前——

…………

樟寿猛扯过被子，蒙上头，呜呜地哭起来。

姆娘过来了，她纳闷:是不是病了？头不烫。是在书屋里受人欺侮了？挨先生打骂了？不会吧？！老寿先生不会的。

该吃晚饭了，叫他，他也不应。他最害怕姆娘的抚慰。

姆娘默默地端过一碗菜泡饭，放在他床边的茶几上，呆呆地站在旁边，等他吃。他不忍心让姆娘如此着急，起身胡乱扒了几口，又躺下了。

夜里他又听见父亲翻身和呻吟的声音，知道父亲也在惦记着爷爷。

辗转反侧，总睡不着，挥之不去的，还是杀头。轩亭口看到的杀头场面总在眼前乱转。霎时间，轩亭口刑场上的犯人变成了爷爷，正被刽子手按倒杀头，刀光一闪，身首分离，血流如注……

轰！！！樟寿的耳边又响起晴天霹雳……

第二天，当他睁开眼，发现日头已经高照时，不禁打了个寒战。呀！晚了，还要上学呢！

赶忙起身，穿上衣服，胡乱扒了两口饭，抓起书包就往三味书屋跑。

书屋里传来了读书声。

樟寿站在门口，不敢进去。那次跑到庙会里扮小鬼，脸上的油彩没洗干净就跑回书房，躲在门口不敢进来，这次比那次还难堪！迟到了，刚回来上学就迟到了。先生会怎么惩罚呢？老寿先生是最恨迟到的学生了。

犹豫了一阵子，还是硬着头皮开门进来。

读书声停止了，同学们的眼睛全转向门口，朝樟寿射来。

老寿先生摘下眼镜，侧眼看了看樟寿，眼珠凸出来，嘴唇嗫嚅了几下，要说什么没说出来。樟寿看着先生那眼神，只能站直了一动不动。

僵持了两三分钟，老寿先生突然站起身，把书往桌子上一摔说："还不赶快到座位上读书！"似乎还模模糊糊地说了一句，"不给家里争口气！"

樟寿赶到自己的书桌前坐下，满脸通红，深深地低下了头，像是犯了天大的错误。

小寿先生也从"谈余小憩"里走出来看，见樟寿已经坐到自己的桌前，才放心地回耳房了。

这天午饭后，樟寿从家里带来一把小刀。下午放学时，他跟小寿先生说自己还有书要抄晚些回去。待人走屋空了，拿出小刀，在自家带来的书桌左上角，工工整整地刻了一个"早"字。

过了几天，二弟櫆寿也到三味书屋读书了。他已经不能像大哥当初那样，花两块钱买一张两只抽屉的新书桌，只能从家里搬来一张八仙桌，放在"谈余小憩"里，由小寿先生设帐授业。读的书是《中庸》上半本，普通叫作"上中"，第一天上的"生书"，是"哀公问政"这一节，因为里边有"夫政也者蒲芦也[①]"这一句，觉得很好玩。他虽然在本家书房里混过好几年，但是所读的书总计起来，只有《大学》一卷和《中庸》半卷罢了。所以到了三味书屋

① 出自《中庸》："人道敏政，地道敏树，夫政也者，蒲芦也。"意思是人道的法则是勤于政事，领导者努力，会得到追随者的爱戴，地道的法则是培育树木的成长，政事好比是芦苇，只要你辛勤照料，就会很快地成长起来。

也只能从《中庸》上半卷开始。本来这两种书的难读是著名的，当时有一首儿歌说得好：

大学大学，
屁股打得烂落！
中庸中庸，
屁股打得好种葱！

本来大学者“大人之学”，中庸者“以其记中和之为用”，也不是小学生能懂得的事情;樾寿拿出《中庸》来看，那上边的两句“人道敏政，地道敏树”，就不晓得讲的是什么，觉得小孩子读不进去是深可同情的。幸好三味书屋的老寿先生和小寿先生都很和气,没有打屁股一说,屁股也就没有“烂落”或“种葱”。不然，真的难受了。但正因为如此，樾寿读的时间不短，却始终没什么长进。

《花镜》

从小皋埠回来后，樟寿更是爱书如命了。见书就想读，尤其看到图画书更是爱不释手。一天下午放学早，他到过桥台门找廿八公公，倒发现了一部好书。

这过桥台门，屋小而精，有树木花草假山鱼池，原是和房十五曾祖的避暑之所。后来中房派下的慎房和裕房住此，中派裕房支祖周以均。他曾奉旨办理太平天国善后，凡会稽县知县上任，或有什么事情，必来拜会，找他商量。据说他晚年在家纳福，不喜官场应酬。一次，知县的轿子已经抬到厅前，他又恰恰从耳厅出来，见知县来了，连忙用芭蕉扇把自己的面孔一遮，叫声:“挡驾，不在家。”知县也只得无可奈何回去了。

周以均很爱有文采的人，在送葬船上赞扬周伯宜祭文写得文情并茂的，就是他。

他有两个儿子锡祺和锡嘉，锡祺有三个儿子念农、慰农、忆农。慰农有两个儿子寿恒和寿升;锡嘉有一个儿子桂轩，又有一个孙子兰星。寿恒、寿升、兰星都是樟寿在三味书屋的同学。

樟寿这次来找的廿八公公，是周以均的幼弟周以增的次子，名锡璋，字子明，号芹侯。是祖辈中最小的一个，族中大排行二十八，人称廿八公公，但他只比樟寿大三四岁。年纪虽轻，却已抽鸦片了，闹得两肩高耸，身子像竹竿，那样子很是滑稽，樟寿总觉得他适于在戏中演一个角色。这廿八公公十分聪明，是个多才多艺的人。能书善画，兼擅雕刻，能刻细小的竹器，制作各种精致的鸟笼和各种玲珑的玩具。还会熬烟，熬的烟比别人成色高，香味足。

一进廿八公公精雅的小屋，樟寿就被屋门口悬梁挂着的两个鸟笼吸引住了。这两个鸟笼，一大一小，大鸟笼黄色，金灿灿的弯弧形的挂钩，黄澄澄的竹编圆笼，笼底是红、黄、绿三色的雕版，有些像皇宫的琉璃瓦。另一只绯胸鹦鹉，涂了蜡似的、角质的小红嘴，一点一点向下啄。廿八公公朝它做了个手势，它就张开小嘴叫道:“吉祥快乐！吉祥快乐！”

廿八公公两手背在身后，在屋里踱着步子，念起一首唐诗:“笼中鹦鹉唱，唱且拟人声。曲爪抓金紧,弯腰点首兢。我心他不会,他语我难听。替主言多事,相嬉亦可憎。”

樟寿不自主也跟着背了一首白居易的诗:“安南远进红鹦鹉，色似桃花语似人。文章辩慧皆如此，笼槛何年出得身？”

廿八公公含笑不语，又揭开了小鸟笼的笼衣，古色古香的深褐鸟笼里现出一只小巧秀丽的画眉，对着笼罩鸣啭起来，滴溜溜清脆悦耳。

樟寿听得有些陶醉了。

廿八公公解释道:“画眉喜欢隐居在密林里，性情又急躁，新来的画眉，不论是幼鸟还是成鸟，鸟笼一定要穿上笼衣，罩上一层深色的布。使它跟在黑暗的密林中一样，会安定下来。去掉笼衣，就如飞到了亮处，自动鸣叫起来了。”

樟寿佩服廿八公公懂得这么多养鸟的学问，不禁想起了欧阳修的一首诗，信口念道："百啭千声随意移，山花红紫树高低。始知锁向金笼听，不及林间自在啼。"

廿八公公拍手叫起好来。

樟寿又注意起廿八公公屋里的盆花，真是姹紫嫣红，争奇斗艳。对这些奇花异草，他很多叫不出名字。一会儿问这是什么花，一会儿又问那是什么草。

廿八公公一边耐心回答，一边说道："有一本叫《花镜》[1]的书，里面把各种各样的花都说到了。"

樟寿大感兴趣，睁大眼睛问道："从哪里能找到这本书？"

廿八公公说："兰星那里就有一部。"

樟寿兴奋极了，叫道："太好了！兰星跟我是同学。我去找他要。"

廿八公公拉住樟寿说："你去不妥。我去把他叫来。"说着，就跑出屋去。

樟寿独自一人在屋里欣赏廿八公公的作品，见那印着精美花卉的漂亮信笺，摆在桌案一角，知道是寿恒还回来了，煞是高兴。又看见桌上的文房四宝、篆刻刀具、红色印泥和刚写好的条幅，更是喜欢。特意过去看了看廿八公公的书法，字体秀丽、峻逸，很有些王羲之的风骨。不过，他尤其喜爱廿八公公的篆刻，盖下的芹侯印三字，红灿灿的，劲挺、精工。要是能得到廿八公公的印刻就太好了！

不一会儿，兰星随着廿八公公进屋来了，手里捧着一部《花镜》。

樟寿睁大了眼睛看去，见是三册黄纸的旧书，连忙捧了过来细看。

封面上是篆体的"花镜"二字，笔画很细，但很工挺，是陈淏子所著。翻开来是秘传花镜总目，全书共六卷，卷一为"花历新栽"，含分栽、移植、扦插、接换、压条、下种、收种、浇灌、培壅、整顿十目。卷二为"课花十八法"。卷三为"花木类考"，记载花木类植物一百多种。卷四为"藤蔓类考"，记载藤蔓类植物九十多种。卷五为"花草类考"，记载花草类植物一百多种。卷六为"附禽兽鳞虫考"，其中有"养禽鸟法""养兽畜法""养鳞介法""养昆虫法"，共记载园林常见动物四十多种。原书附有插图数百幅，虽是线刻，但很传神。

① 《花镜》：我国较早的一部园艺专著，主要介绍花卉植物种类和遗传育种知识。作者为清代园艺学家陈淏子，一名扶摇，自号西湖花隐翁，浙江杭县人。

樟寿看得入迷了，不忍释手。他似乎记得小时候在玉田公公家里看到过这部书，但不敢翻看，也不敢向玉田公公细问，这次是生平第一回亲手触到，并翻读了，简直如获至宝。

兰星也被樟寿感动了，想:不如将此书送他。但又想到近日手紧，缺钱花，就说道:“你喜欢，就卖给你吧！”

樟寿惊喜道:“卖给我？真的？”

兰星点头道:“真的。”

樟寿将书捧到怀里问:“多少钱？”

兰星信口说:“二百五十文。”

樟寿想了想:姆娘送他和二弟到皇甫庄时，给过一人五十文。自己原来还存有一百五十文，就对兰星说:“二百文吧！？”

兰星还在犹豫，廿八公公顺水推舟道:“行了。就二百文吧！”

兰星只好答应。

樟寿听了，高兴得跳起来说:“我就去家里拿钱。”

廿八公公大度地说:“我先垫付，你下次来时还我。”

樟寿捧着《花镜》，朝廿八公公鞠了一个躬，又向兰星道了声谢，忽然又想起寿恒，问道:“泰兄现在做什么？怎么不去学堂了？”

未等兰星回答，廿八公公就替他答道:“他觉得读书没有用，骑马，唱戏，参赌去了！绝顶聪明的人，这下完了！”

樟寿也不禁为之叹惜，摇摇头，小心翼翼地把《花镜》放进书包里，高高兴兴回家去了。

回到家里，再无心做别的，樟寿来到祖母房间的楼上，将杂物收拾到角落，摆好四仙桌和圈椅，找来抹布把四仙桌擦得干干净净，又把手洗净擦干，恭恭敬敬地从书包里将《花镜》取出，端端正正地摆在桌边，把圈椅拉近，坐下来，用指头捏住书页折缝上方印有一条阔墨线的地方，一页页地仔细翻看，像叩拜神佛的信徒一般虔诚、敬惜。看着一幅幅花卉的插图，就像当年看到长妈妈送的《山海经》一样兴奋。《山海经》上那些人面的兽；九头的蛇……

但那终归是虚幻的，想象中的神物。而这些线刻的很传神的花卉，却是生活中实有的，真真切切，就在眼前。他入迷了，姆娘叫吃饭也没有听见，直到三弟跑到房间里拽他，才不得不停下。

樟寿把心爱的《花镜》放到姆娘眠床旁边的一只红皮箱里去。这只皮箱里不放衣服，藏的都是他的书。因为木板书箱容易生虫，所以放在皮箱里。书叠得整齐，大空处放大书，小空处放小书。缝里插进小包樟脑，以防蠹鱼蛀食。里面的书有从家里大书柜里找出的《野菜谱》，画着穷人充饥度荒的各种野菜；家里藏书还有任渭长画的《于越先贤像传》和《剑侠图传》，画得很是别致好看；《毛诗品物图考》，则是他自己花钱买的。每次买回书来，发现有污墨或有一页订得歪斜了，就立即赶去调换。即使是完好的，他也都用绢线自己订过。因为总觉得书坊店里订得粗糙。

草草吃过饭，他又连忙跑回来，从红皮箱里拿出《花镜》，用绢线细细地重新订为天、地、人三册。有的书角折了，他一一用手指平整过来。天昏暗了，又捧着《花镜》，来到祖母房间的楼上，在朝北的后房窗下桌子上，把《花镜》摊开，一页页地翻看着。天更暗了，他才点上油灯，在灯下细读，完全沉醉在书里了。

第二天一早，樟寿特地到桂花明堂的花坛中采了片广玉兰的花瓣，夹在第二本“地”册中……

阿　云

这一天，老寿先生有事停课，樟寿打算补补觉。可是，天还没亮，就听见东头传来一个女人的恸哭声，呼天抢地，惨不忍闻。

姆娘首先起来，开门出去。樟寿也跟着起床，匆匆穿上衣服，去追赶姆娘。哭声是东头礼、义、信三房居住的处所传来的。

子传奶奶也出门去看，正好与姆娘碰上了。于是两人并排出了黄门，穿过白板门，走过大堂，来到玉田公公房子的东边。樟寿紧紧跟在后边。

东边周六四家门口，已经聚集了一些人。玉田公公和玉田奶奶一家也在里面。只见屋门开着，六四伯母趴在一张小床前号啕大哭。六四伯伯站在一边垂头流泪。玉田奶奶和她的儿媳谦婶过去劝慰，姆娘和子传奶奶也跟去安慰，可是任何人的劝解都不管用，六四伯母听都不听，只是流着眼泪鼻涕、顿脚捶胸，号啕不止。原来她的女儿阿云生急病死了，阿云只有十二三岁，生得并不漂亮，不大得人喜欢，却是六四伯母的心肝宝贝。宝贝女儿死了，当娘的怎能不伤心呢？大家看着，也都替她悲伤。

这时，樾寿和松寿兄弟俩也来了。松寿探身往屋里看，天亮了，看清小床上躺着的阿云，白布蒙着，直挺挺的。松寿不禁想起前年爷爷从京城给曾祖母带来麻菇、杏脯、蜜枣、桃脯、葡萄干、榛子、茯苓饼，曾祖母不吃，娘娘分给他们兄弟吃。阿云刚缠了脚，一瘸一拐地在明堂里走，看见他们吃东西，觉得稀奇，过来看。二哥在她面前，故意吃给她看，又不给她吃，她不知道是什么，就追着看。她跑又跑不快，更加一瘸一拐的了。男孩子们看了好笑，学她走路的样子，她气得直流眼泪。可是，这么一个活生生的人，现在就僵直地挺着，死了。松寿抬头看看二哥，见二哥似乎也在回想逗阿云玩的情景，眼泪在眼窝里转。

樟寿看着僵死的阿云，也不禁悲伤。心想：人为什么会死呢？

好不容易，才把阿云安葬了，可是六四伯母仍然不停地大哭，几乎不吃不睡，要跟女儿一起到另一个世界中去。六四伯伯是个老实人，既不像三弟周四七那样整日晃荡，又不似二弟周五十那般诡计多端，只是在育婴堂里当他的司事，周四七讥讽他什么“育婴堂里当司事，雪白布头包银子”，什么“反贴门神”“倒套灯笼壳”，也从来不恼，一心一意安分守己过日子，不搞邪的歪的，哪里经过这等事情！？看着老婆这个模样，站在一边呆立着，束手无策，不知该怎么好。紧皱眉头想了阵子，悄悄出去了。

一会儿，新台门里突然来了一个“夜牌头”，就是走阴差的女人，径直挨到六四伯母的家门口。看见六四伯母坐在门槛上哭哭啼啼，作了个揖道：“你是阿云的姆娘吧？我来向偌报喜来了。”

六四伯母停止哭泣，抬起头吃惊地问：“什么喜？”

“夜牌头”有声有色地说:“你家阿云当了土地奶奶的从神，比在家里还舒服呢！”

六四伯母大喜，立刻站起来问:“真的？”

“夜牌头”肯定地说:“真的。我走阴差时亲眼看到的。穿着新衣裳，人也见胖了。”

“啊！这下可好了！”六四伯母乐开了花，立马回屋拿了一百钱交到“夜牌头”手里，四处奔走着，逢人便宣告这个喜讯:“我家阿云当了土地奶奶的从神了，比在家里还舒服呢！”“阿云当了从神了！哈哈哈！”脸上也有了笑容。然而，樟寿看了她的笑，比看她的哭，还感到悲伤。

大家猜测，一定是六四伯伯花钱教“夜牌头”这么说的。

第九章　从夏熬到秋

苦　夏

这年夏天，把人热苦了。赤日炎炎，石板路热得烫人，简直可以煎蛋，狗卧在树下，把舌头耷拉出来，一动不动，猫过来都不追了。苍蝇也纷纷落下来，飞不了，聚集在树根上，一片黑雾似的。人更是对毒太阳生畏，不敢出门。古街上看不见人影，仿佛进入了无人地带。

如果逢急事非得出去，也恨不能往头上浇凉水，可刚一浇上，又热得像着了火，觉得可以在头上将水烧沸。恨不能变成鬼，逃进地狱里去，但又唯恐地狱被热得熔化了，再也无处可逃。

更叫人难熬的，是绍兴水乡特有的湿热。又潮湿又闷热，人们即便在屋里阴凉处坐着不动，也像是进了蒸笼，经受熏蒸热。浑身上下水淋淋的，燥热难耐，气都喘不过来。摇扇子吧？连扇出的风都是烫的，越摇汗越多。冷水擦身吧？汗比水还要多，更是挥汗如雨，仿佛浑身在燃烧。什么法子也解决不了这难忍的酷热。

周伯宜躺在屋子东边靠窗的一张小床上。这是鲁瑞专门为他准备的，床上铺着竹凉席，尽可能弄得凉爽一些。那张褐色的皮躺椅摆在小床边上，躺烦了，可以再换到皮躺椅上坐坐。他正躺在小床上发愣，虽然只穿着背心短裤，但还是汗流浃背，觉得竹席都烫手。

鲁瑞坐在旁边的矮凳上，挥动着芭蕉扇，给丈夫扇凉。无论多热，她都得穿着那件玄色绸衣，前后襟被汗浸湿了一大片，大滴的汗珠从额上脸上淌下来，也顾不上擦，只是一劲儿地扇。她明知道风都是烫的，再扇也无济于事，但还是扇个不停。

不管怎么扇，周伯宜还是热得难耐，越来越烦躁，猛一抬手，把鲁瑞手中的芭蕉扇弹开，瞪大了眼睛，四下张望，像是寻找什么。

鲁瑞心知肚明，晓得丈夫是在找他的考篮和科举用书《经策统纂》。今年是甲午年，大比之年，该赶考了。可是丈夫的秀才被褫革了，已经没有资格参考，为了避免他触景生情，早已把赶考的用品藏起来了。于是起身放下芭蕉扇，从桌上端过一杯冰水，递给丈夫，轻声说道："宜老相公，喝杯鲜藕汁吧！冰水冰过的，很清凉。"

周伯宜接过杯子，喝了一口，确是很清凉，不禁又心疼起妻子，把杯子递还给她说："你也喝。"

鲁瑞接过杯子，遵命似的抿了一小口。

周伯宜仰头躺下去，眯着眼睛，想象着他的考篮。他知道自己只能在幻梦中看见这物件了。

那是一件多么好的考篮啊！

是老庆用竹篾编成的三层提篮，暗红色，四边刻有回字纹，竹提梁上刻着花草、山水、人物纹饰，篮盖上穿孔，插上扁铜，即可上锁。提梁的两侧有黑字，一侧写的是"浙江乡试"，另一侧是"周伯宜"，都是自己用毛笔写的。上下共三层，上层加盖，每层用薄木板做篮底。第一层放毛笔、墨、砚台、水盂、纸张，下面两层放食物和用品。有人的考篮，内有秘密的夹层，存放考场作弊的抄件。周伯宜却从来不做这等事，他认为既为学子，就当凭自己的真学问应试，不搞这些虚的假的。

科举分童试、乡试、会试、殿试四级。童试，他顺利通过了，成了秀才。三年一次的乡试却几次未中，乡试时间为阴历八月，故称"秋闱"。因此每一入夏，他就不顾暑热，埋头准备赶考。乡试应考三场，每场连考三天，三进三出，考试期间答卷、食宿均在号舍中进行。这个考篮伴在身边好长时间了啊！

想到这里，被考官突然扣了考卷、解往省里查询的尴尬情景又在眼前浮现，令他捶胸顿足，连声长叹。又埋怨起自己的父亲：这个愚不可及的老爹！为什么要行这个贿啊？！不但没有得半点好处，还惹下了天大的灾祸。其实，如果正常考下去，自己很可能会高中的。一时间对周福清充满了怨恨。但转念又想到老爹被判了“斩监候”，说不定秋后要杀头，就不禁浑身颤抖。真比杀自己还恐怖！夏天到了，秋天也不远了！杀头的时候越来越近了！说什么也要卖地筹钱营救！可是，地又卖得差不多了！怎么办？

周伯宜霍然似乎又明白过来，跳将起来，连喊了三声：“怎么办？怎么办？怎么办？”

鲁瑞吓了一跳，马上明白丈夫又在愁公公“斩监候”的事情，按住丈夫的肩膀，柔声说：“别发愁。会有法子的。”

其实，她心里比谁都清楚，什么法子也没有。只能听天由命！

“红蝙蝠”

苦夏刚过，以为会凉快了，可是老天偏要跟人做对，又来了秋老虎，比夏天还燠闷。

而最为燠闷的，莫过于东关金家大院的一间小屋了。屋里窗户紧关，全部封闭，闷热得像蒸笼，能将人蒸得烂熟。床上躺着一个女人，脸红得像熟透的螃蟹，满头冒着热汗，旁边一个不足月的婴儿，也是浑身通红。

这个女人就是樟寿的小姑母，祖母蒋氏唯一的亲生女儿周康。她性情和善，当姑娘时，不但对樟寿姆娘客客气气，对侄儿们也很好，常讲故事、唱儿歌给侄儿们听。出嫁那天，櫆寿攀着轿杠不肯让她走，还要钻进轿里和她一起出嫁。

她丈夫金雨辰是个秀才，夫妻两人感情很好，但是舅姑很难侍候。周福清在杭州狱中知道后，严命家中与金家绝交，关系闹得更僵。周康先生一女，名珠姑。这年八月又生一子，分娩时，难产发热，正在危急中。

金雨辰站在屋门口,急得来回踱步,不停地跺脚。见管家终于引来了大夫,忙把大夫请进屋。大夫看了看,给周康把了把脉,摇摇头,起身告辞。金雨辰更急了,跟了出来。大夫又摇摇头说:“没法了。准备后事吧!”接了诊费,上轿走了。

金雨辰束手无策,在院里号啕大哭。还是管家清醒,忙凑到他耳边说:“快请夫人的娘家人来吧!”

金雨辰这才点了点头。管家急忙去办。

金雨辰回到火炉般的小屋,见妻子脸烧得通红,扬起右手,正喃喃自语:“红蝙蝠飞来了,来接我了!”恍然间,她隐约看到红彤彤的云团间一只红艳艳的蝙蝠飞来了,周身一轻,坐上红蝙蝠伸展的翅膀,朝着寥廓的云天飞去……

金雨辰一愣,一惊,猛然扑倒在妻子床前哭嚎起来……

东关离绍兴城还有六十多里水路,管家派的伙计驾着乌篷船,用手划楫,以脚蹰桨,拼命地划着船。小划船,箭也似的驶向前方,足有半个时辰,方才到达东昌坊口埠头。急忙跑进周家新台门,报告东关有急事,要祖母蒋氏快去!周家一听就知大事不好,祖母立马简单收拾一下行装,风风火火地前去了。

第二天,伙计又来接父亲周伯宜前往。樟寿三兄弟看着大人紧张忧切的神色,知道出了大事。

几天后,祖母和父亲同船回来了。

父亲郁郁不欢的脸上又增添了一层乌云,摇摇头就回自己屋里去了。

祖母本来性情诙谐,这时却变得痛苦和悲伤。她流着泪向姆娘讲:“康官这次生了个儿子,婆家人都欢欢喜喜的,却不料产后发起烧来,八月初的天气,碰到秋老虎,比夏天还燠闷。产房里门窗紧关,好人进去,也受不住。她烧得脸通红,讲胡话,说:‘红蝙蝠飞来了,来接我了!’就去了。刚生下来的小毛头,一个胖胖的男孩儿,也没有留下来,跟着他娘一起去了。”

樟寿三兄弟站在旁边,长妈妈抱着椿寿,姆娘扶着祖母,都伤心地听着。

讲到娘俩儿都去了时，祖母哭得说不出话来，婶娘和长妈妈也陪着流泪。

樟寿想起小姑母刚出嫁到东关，曾邀请侄儿去看五猖会[①]，那可是他所罕逢的一件盛事。虽然上船前父亲突然叫他背书，闹得不愉快，但梅姑庙里塑着的那对眉开眼笑的少年男女，五猖庙里的五通神和他们那并不“分坐”的五位太太，以及骑马来“塘报”的孩子，汗流浃背、用双手托着长旗杆来“高照”的胖大汉，还有“高跷”“抬阁”“马头”，穿着红衣枷锁、扮犯人的孩子，都是他从来没有见过的。多么好的小姑母啊！怎么就去了呢？

櫆寿想起小姑母出嫁那天，自己攀着轿杠不肯让她走，还要钻进轿里和她一起出嫁的情景，不觉鼻子一酸，大哭起来。

松寿看见二哥哭，也禁不住跟着哭了。

小椿寿偎在长妈妈怀里，不知道怎么回事，也啼哭起来。

大家都伤心落泪。长妈妈劝道：“红蝙蝠是从天上飞来的，想是神来接去了吧！”

可是祖母还是哀哀地哭泣。康官这女儿，是她唯一的亲骨肉，即便是神接去享福，也无法减轻她心头的悲痛。

祖母又说，是伯宜给康官穿了衣服，送她入了殓。很是感激！

樟寿听了，想道：为死者穿衣服是自愿的，要精细、敏捷，也要亲切、谨慎，父亲常和慰农伯伯搭配，为本家长辈穿衣服，这次，他为自己的异母妹妹也尽了最后的一点心意了。

夜里，樟寿睡不着，小姑母的身影总在他眼前浮动，小姑母请他们弟兄去赛会最盛的东关看五猖会的情景一幕幕闪过，那是全县中最盛的会，东关又是离他家很远的地方，出城还有六十多里水路。在那里有两座特别的庙。一是梅姑庙，就是《聊斋志异》所记，室女守节，死后成神，却篡取别人的丈夫的；现在神座上确塑着一对少年男女，眉开眼笑，殊与“礼教”有妨。其一便是五猖庙了，名目就奇特。据有考据癖的人说：这就是五通神。然而也并无确据。神像是五个男人，也不见有什么猖獗之状；后面列坐着五位太太，

① 五猖会：地方民俗，祈求五猖神驱鬼祛邪，消凶化吉，并伴有庙会游行。

却并不“分坐”。

因为东关离城远，大清早大家就起来了。昨夜预定好的三道明瓦窗的大船，已经泊在河埠头，船椅、饭菜、茶炊、点心盒子，都在陆续搬下去了。樟寿笑着跳着，催他们要搬得快。忽然，工人的脸色很谨肃了，他知道有些蹊跷，四面一看，父亲就站在樟寿背后。“去拿你的书来。”父亲慢慢地说。这所谓“书”，是指樟寿开蒙时候所读的《鉴略》，因为他再没有第二本了。他们那里上学的岁数是多拣单数的，所以这使他记住其时是七岁。父亲此时却叫他背书，背不出，就不准去看会。好不容易背过了，才让他去，大家都很高兴，樟寿却并没有他们那么高兴。开船以后，水路中的风景，盒子里的点心，以及到了东关五猖会的热闹，对于他似乎都没有什么大意思。樟寿想起这事，一直诧异他的父亲何以要在那时候叫他来背书。

不管怎样，小姑母还是让人想念的。他想起《红楼梦》里宝玉在月光下给晴雯作的《芙蓉女儿诔》，就下床穿衣，悄悄出屋，来到桂花明堂，为小姑母吟诵了一篇祭文。正朗诵完最后两句：“茫茫苍天兮红蝙蝠，汝乃神明抑或邪魔？怎不令君子兮有寿？”忽听身后有动静，连忙退回，缩在角落，只见祖母一人出来，在桂花明堂里摆上香案，点起一对三拜蜡烛三支线香，在月光下，跪在大方凳上向天膜拜，脸上充满了虔诚、悲痛和寂寞。樟寿想起小时候，祖母夏夜在桂花明堂大树下给他讲猫当老虎师傅的故事，心中一阵酸疼，想去劝慰祖母，但他又知道，无论什么人规劝，祖母心头的创伤都不可能平复了。就不去扰乱她，独自回到屋里。

长庆寺

祖母要求为女儿做法事超度亡灵。金家是富室，金雨辰对亡妻又深为怀念，于是决定在长庆寺做七天七夜水陆道场。

樟寿三兄弟都去了。

长庆寺位于绍兴城南塔子桥南堍，沿古街往西，走到东昌坊西口，再朝北走二百步就是。这寺，为绍兴八大寺之一，始建于唐永徽二年，即六五一年，八四一至八四六年一度圮废，至九五八年又重建，堪称千年古刹。寺院坐西朝东，赭墙黑瓦。红色的山门上悬挂一块红底烫金的“长庆寺”匾额。进门是头殿，有一尊袒胸露腹、笑容可掬的弥勒菩萨。主殿分为前后两殿，前殿供有一尊如来大佛和十八罗汉，殿内石柱上刻有两副楹联：“九品莲台狮吼象鸣登法座，三尊金相龙吟虎啸出天台”；“炳惠照于西天教开两汉，荫慈灵于中土恩普十方”。后殿是一尊木雕的千手观音像，寺里有丈余的大佛，也有数尺或数寸的小菩萨，殿内还有大小匾额五十多块。

水陆道场，是中国佛教最隆重的一种经忏法事，全名是“法界圣凡水陆普度大斋胜会”，简称水陆会，又称水陆斋、水陆道场、悲济会等，是设斋供奉以超度水陆众鬼的法会。

这天，主殿内搭起高台，台上挂起黄色帷幕和五彩幡幢；北墙彩绘五尊佛像，依次为释迦、弥勒、阿弥陀、普贤和观音诸菩萨；正中设一法座，祭器祭品一应俱全。

只见大殿内烛火通明，香烟缭绕。长庆寺住持龙师父头戴毗卢冠，身披大红袈裟，手擎如意，登上高台。他身材瘦长，脸形瘦削，颧骨高高的，眼睛细细的，留着两绺下垂的胡子，面朝台下一百零八名和尚坐定后，开始领念《烛盛光大威德消灾吉祥陀罗尼经》，台下众僧着一身通黄的僧衣，趺坐蒲团齐声和诵，配座按着音节击打法鼓。钟、木鱼、引磬、钹、铃，与行云流水般的诵经声交织一起，时疾时徐，和谐顺畅，悦耳动听。

樟寿还没进寺门，就被这诵经声和佛乐吸引住了。一进门，又被这大红大黄的缤纷色彩炫得眼花缭乱，真不知往哪里看才好。最后还是盯住自己的师父，见他头戴毗卢冠，身披大红袈裟，庄严透顶的样子，但樟寿似乎庄严不起来，觉得他不过是一个剃光了头发的俗人。

松寿一进门就去找千手观音，钻过人群，来到前殿，看见了殿里的十八尊罗汉和财神菩萨、伽蓝菩萨。转到后殿，又看见那早就听长妈妈说过的千手观音。见这千手观音有一丈多高，向上首周围伸着一只只手，每只手里都拿着东西，有一个是骷髅。唬得他连忙回来拉大哥去看。他不懂骷髅的意思，问大哥，大哥说就是死人头骨，他感到非常恐怖，以后到寺里去，对那佛像就不敢正眼相看了。

櫆寿不愧是“老和尚转世”,眯着眼站在旁边一动不动,专意看和尚们念经。

和尚们念完经，又一同起身，手持各种红彤彤的法灯围圈行走，口中仍然念念有词，不断祈祷着“南无阿弥陀佛”。虽然天气依然很热，和尚却不出汗，一个个神清气爽，据说这是因为心静自然凉。

水陆法会的基本程序是：第一日三更，外坛洒净，四更内坛结界，五更遣使建幡。第二日四更，请上堂，五更奉浴。第三日四更，供上堂，五更请赦，午刻斋僧。第四日三更，请下堂，四更奉浴，五更说戒。第五日四更，诵《信心铭》，五更供下堂，午刻斋僧。第六日四更，主法亲祝上下堂，午前放生。第七日五更，普供上下堂，午刻斋僧，未时迎上下堂至外坛，申时送圣，至此水陆法会即告圆满结束。

连续闹哄了七日，第一日，住在对面土谷祠里的阿桂就来看热闹了。他破褂子泛出的难闻汗臭味，惹得周围人不堪忍受，纷纷轰他走。他不走，结果被一位留着络腮胡须的壮实看客揪着辫子拖出来，才不得已离开了。临走，他冲长庆寺啐了口唾沫道：“孙子才要看呢！”

“络腮胡”闻听，过来一把抓住他辫根朝寺院的赭墙撞去，边撞边骂：“偌讲谁是孙子？”

阿桂被撞得疼不可耐，连连求饶道：“我是孙子，是虫豸，人打虫豸，好不好！——我是虫豸，还不放么？”

“络腮胡”还是又连撞了他三下响头，才撒手，转身得意地扬着脸，又看道场去了。

阿桂抚着被撞出大包的头顶，歪头瞅瞅那人，哼了一声，起身走了。走了老远，又回头骂道：“我总算被儿子打了，现在的世界真不像样……”这样骂着，竟也挺直腰杆，气宇轩昂地到小酒店喝酒去了。

七日间，是要举行“解结”的仪式的，因为死人在未死之前，总不免开罪于人，存着冤结，所以死后要替他解散。方法是在这天拜完经忏的傍晚，灵前陈列着几盘东西，是食物和花，而其中有一盘，是用麻线或白头绳，穿上十来文钱，两头相合而打成蝴蝶式、八结式之类的复杂的，颇不容易解开的结子。有些实在打得精奇，据说是闺中的小姐或少奶奶打的。有些打好之后，浸过水，还用剪刀柄之类砸实，使和尚无法解散。解结，是替死人设法的，现在却与和尚为难，颇有一点虐待异性的病态的、借以纾解深闺的怨恨。

樟寿看到一群和尚环坐桌旁，且唱且解，解开之后，钱归和尚，而死人的一切冤结也从此完全消失了。他觉得这道理似乎有些古怪，但谁都这样办，并不为奇。不过解结是并不如世俗人所推测的，个个解开的，倘有和尚以为打得精致，因而生爱，或者故意打得结实，很难解散，因而生恨的，便能暗暗的整个落到僧袍的大袖里去，一任死者留下冤结，到地狱里去吃苦。这种宝结带回寺里，便保存起来，也时时鉴赏。当鉴赏的时候，当然也不免想到打结子的是谁呢，男人不会，奴婢不会，有这种本领的，不消说是小姐或少奶奶了，就不免睹物思人，“时涉遐想”起来。

一日，师兄向樟寿炫耀，樟寿一定索要，不然就要告诉师父。师兄不得已分给他几个，樟寿高兴地拿回家里藏起来，珍存了好久。

七日过后，长庆寺又恢复了安静。龙师父特地请周伯宜留下吃饭。请他吃火腿炖乌龟，说这是很补的。两人还要了一瓶老酒，边吃边聊，伯宜三杯酒下肚，就放言起来，问道：

“向师父请教，人死后，亡灵能够超度吗？”

龙师父也喝得微醺，说起真言：“人死万事空。哪里有啥子亡灵啊！”

“那为什么还超度呢？”

“这不是为了安慰活着的人吗？寺里也要谋生啊！”

“噢！”周伯宜恍然大悟。

胖胖的师母，穿着玄色纱衫裤，在自己家里的院子里纳凉，请樟寿三兄弟和她的小孩子一起玩耍。还在小桌上，摆出水果和点心，让孩子们吃。三兄弟都很高兴，一时间忘了小姑母去世的悲哀。

姆娘和长妈妈抱着椿寿也来了。小椿寿已经一岁，刚刚学会走路。他从长妈妈怀里下来，一步步朝前面蹒跚地走，呀呀地叫着。师母赶忙起身，从小桌上拿起一片苹果递进他嘴里。小椿寿的小嘴被苹果堵得满满的，不住地嚼，逗得人们全笑了。

小椿寿吃完了苹果，看见大门敞开的屋子里，爹爹正跟一个人说话，就侧着小脸叫："爹爹！"

周伯宜一听，心都酥了，出屋抱起儿子，亲了一口。

龙师父也出了屋，站在台阶上，望着周伯宜的四个儿子。

樟寿对父亲和师父说："我和松寿去前殿看了，那千手观音有一丈多高，向上首周围伸着一只只手，每只手里都拿着东西，有一个是骷髅。好吓人！"

父亲笑笑说："甭怕。那是泥塑的，真鬼是没有的。"

师父也笑道："有什么可怕的。我们天天在这儿，都没怕过。"

櫆寿在一旁听了，却怕了，再也没有到长庆寺去过。

做了七日水陆道场，小姑母去世的消息传开了。傍晚，从南街耶稣教堂来了一个美国修女，手里拿着一把阳伞和一本福音书，五十岁左右，却说着一口道地的绍兴话："我来看看周太太。"

祖母和她坐到小堂前的板凳上，她担心凳子不干净，把阳伞垫在身下，就向祖母传道了，说道："耶稣基督仁慈，凡相信他的人，灵魂可以得到拯救，升入天堂。"

祖母很耐心地听她说，修女还劝她星期日到教堂做礼拜。

祖母回答："我这一世还顾不周全，哪有工夫去管来世呢！"

修女不再说什么，以后再也不来了。

"四个儿子"

办完小姑母的后事，也快入秋了。一家人又陷在祖父就要秋决的恐惧中，惶惶不可终日。周伯宜下决心把最后的一块余田卖了，请人去托门子，保父亲不被杀头。但托付的人，很快就回来了，说这是御案，谁也管不了。周伯宜只得又让人告诉正在杭州的阮标，没法也得想法，总不能眼看着父亲杀头。周伯宜愁得一天到晚唉声叹气。

九月下旬的一天下午，“街楦”衡廷风风火火地从街上跑进大厅，一路上带着哭声大喊道：“中国打败啦！大清国完了！”

听见哭喊声，周伯宜、玉田公公、周五十、周六四等周家的男人全跑过来，聚在大厅里。一会儿，连在外面游逛的周四七，也右手捏着尺许长的潮烟管，左手拿了一个猫砦碗，凑拢来了。

鲁瑞拉着樾寿、松寿，长妈妈抱着小椿寿，也来了，站在一边听。子传公公也让子传奶奶扶着进了大厅，周伯宜连忙搀他坐在厅里的椅子上。

这时，樟寿正好放学回家，见父亲等人都在里面，就立在一边听。

衡廷见大家到齐了，像演说一样宣讲道：“九月十七日，中日双方海军在鸭绿江口大东沟附近海面决战。北洋舰队军舰十艘，日本海军军舰十二艘。中午开战后，北洋舰队重创日本比叡、赤城、西京丸诸舰，但北洋舰队的致远舰亦受重创。管带邓世昌为保护旗舰，下令向敌先锋舰吉野猛冲，以求同归于尽，不幸中敌鱼雷，二百余人壮烈殉国。下午，北洋舰队十舰中，沉四、逃二、伤二，日本只伤四舰，广造舆论，渲染胜利，准备一攻再攻，大清国则一退再退，屡屡惨败！”

男人听此消息，禁不住个个捶胸顿足，连声长叹。子传公公咳嗽得更厉害了，子传奶奶不断地给他捶背。女人们也一个个低下了头。

衡廷忽然大喊道：“国将不国，怎么办？”

周伯宜一时间热血沸腾，拍着胸脯说：“我有四个儿子，将来可以派一个到西洋，一个往东洋，去求学问，谋求救国之道！”

玉田公公应声道：“对！像邓管带那样，谋求救国之道！”

周六四也说：“邓管带有志气，像个中国人！”

连周四七也举着尺许长的潮烟管说：“中国人都学邓管带，打他娘个洋鬼子，小倭寇！”

周伯宜一时间热血沸腾，拍着胸脯说：“我有四个儿子，将来可以派一个到西洋，一个往东洋，去求学问，谋求救国之道！”

唯有周五十依然笑眯眯，不住点头叨念着："都好，都好，都会好起来的。"

樟寿听着惠叔衡廷的讲演，看着父亲和诸位亲人激昂的反应，情不自禁咬紧了牙关，攥紧了拳头……

秋　雨

入秋的北京紫禁城，下起了绵绵秋雨。雨中又刮起萧瑟的秋风。在雨网的笼罩和秋风的呼啸下，阴沉的天空更加阴郁，琉璃瓦折射出的枯黄阴气也仿佛浸透了阴间的腐湿，令人感到丧气。那潮湿的红墙，发出一股难言的血腥色，和墙旁的白皮松以及依然油绿的松叶成为强烈对照，又与沉闷的天空遥遥相应，使人似乎进入了血淋淋的刑场，不胜胆寒，不寒而栗。

在宁寿宫养性殿里，天顶正中装饰华丽的浑金蟠龙藻井，纵然依旧金黄闪亮，华贵庄重，但黄缎坐垫的宝座，好像要燃起红黄的火苗，檀香木的桌案两旁的甪端，这古代传说中日行一万八千里的神兽，也宛若在不断向君王报告坏消息，皱起了眉宇。形状仿古代亭子式样的香筒，好似要歪倒了，不再寄寓江山安定之意。

这时，刚刚退朝的光绪，情绪烦躁地来到桌案前，坐上宝座。他面对旧疮新疾，痛心疾首，恨不能一夜之间就把满目疮痍的社稷整顿一新，然而事事不如意。

北洋海军正式建军后，就再没有增添任何舰只，舰龄渐渐老化，与日本新添的战舰相比，火力弱，行动迟缓。前三年，连枪炮弹药都停止购买了——钱被慈禧拿去修颐和园了。慈禧太后说："光绪登极时年幼，我不得不垂帘听政，后来改为'训政'，再改为'归政'。我什么都不过问了，修修花园养老还不行么？"光绪纵然气恼，却无可奈何。结果甲午海战中，定远舰的火炮是十分钟一发，只能远程射击，而日本鱼雷艇射出的鱼雷却是一分钟数发。虽然邓管带等将士无比英勇，也只能是中国大败。

康乾盛世一去不复返，大清王朝的没落似乎已成定局，一向被中国看不起的"倭寇"竟全歼北洋水师，索要巨款，割夺国土。朝野上下，由此信心丧失殆尽。清政府的独立财政即将破产，要靠向西方大国举债度日。

光绪皇帝忧愁的目光注视着窗外，像是看到了屈辱的黄海和阴气重重、再无重振希望的大清国土。

旁边的侍官说了声："皇上，请。"

光绪才猛然一惊，向桌案看去，见刑部已将这年秋决的公案摆在案上，香烛已经点起了。这是每年秋决前都要履行的程序：刑部把"斩监候"的犯人分省写在一页纸上，每页的姓名成圆形排列，待到择定日期，摆公案于明堂，将纸铺在案面，由皇帝操朱笔在上面随意画一圆圈，哪个犯人姓名上染上朱色，就要在秋天祭孔后就地执行，没有染上朱色的，则仍然监禁狱中，到第二年再秋审，如果连续三次没被圈着，就改为终身监禁。

光绪本就情绪烦躁，加之总觉得这事不大吉利，就拿起朱笔闭眼一落笔，由侍官处理去了。

侍官赶忙收起皇帝圈好的公案，到台下文书房中"钉封"[①]。

不一会儿，午门外，驿卒骑着骏马，带着"钉封文书"飞快地送达各地了。

花牌楼

绵绵的秋雨，在江南秋风的吹拂下，飘洒在杭州西子湖的绿波之上，像银灰色黏湿的蛛丝，织成一片轻柔的网，网住了整个杭州城。

离西子湖不远的地方，就是杭州府狱。再往西不远，是杭州那时候标准的市房。临街一道墙门，里边是一个两家公用的寓所。

其中一半住着陪监的周福清一家，双扇的宅门，有两扇向外开的半截板门，平常关着。里边一间是堂屋，后面一间稍小，北头装着楼梯，底下有一副板床，是仆人阮标晚上来住宿的床位，右首北向有两扇板窗，对窗一顶板桌，小主人伯升白天在这里看书，晚上就让给阮标用了。后面三分之二是厨房，其余三分之一是一个小院子，与东邻隔篱相对。走上楼梯去，半间屋子是女仆台

① 钉封：把朱笔圈到的犯人签以处决死刑的公文，放入封袋内，在封袋中央用锥穿一孔，用纸捻钉入孔内，两面用糨糊把纸捻粘附在封袋上，再钤章加火漆，谓之"钉封文书"，以防泄露秘密，如囚犯获知而自杀，官吏须受严重处分。

州老妈子——宋妈的宿所，前边一间是主妇潘姨太的，伯升宿在那里东边南窗一张小床上。阮标是专门伺候周福清的，一早出门去，给周福清预备早点，随即上市买菜，在狱中小厨房里做好了，送一份到寓里来，因为寓中只管煮饭，不管买菜。等周福清吃过了午饭，阮标便又飘然去上佑圣观坐茶馆，顺便买些杂物，直到傍晚才回去备晚饭，上灯回寓一径休息。这是他每日的刻板行事。他很英俊，作为庆叔妻子阮太君的内侄、运水的表兄，像周福清的亲属一样，能干而又忠实。

天暗沉沉的，像古老的住宅里缠满着蛛丝网的屋顶。那堆在天上的灰白色的云片，就像屋顶上剥落的白粉。在这古旧的屋顶的笼罩下，一切都是异常的沉闷。园子里绿翳翳的石榴、桑树、葡萄藤，都只代表着过去盛夏的繁荣，现在已成了遗迹，在萧萧的雨声中瑟缩不宁。草色已经转入忧郁的苍黄，地下找不出一点新鲜的花朵；墙根的霜痕，渗着水滴，透出一线苍绿，像是含着满眼的泪珠，在那里叹息它的薄命。墙角的桂花树，黄金一样散发幽香的花蕊，大多已经脱落，余下的几粒只能悄悄地回忆自己盛开时的辉煌，叹惜将和同伴一样逝去的生命。

在花牌楼楼上，潘姨太和周伯升都坐在前间床铺上，像筛糠一样不住地瑟缩着。一想到即将到来的秋决，想到自己的丈夫和亲人将要面临的杀头厄运，就吓得浑身战栗不止，比杀自己还恐怖。周伯升早就发誓要替斩，代父亲去死。然而，到现在也不知究竟怎样才能去替斩，绍兴家里凑的银元，交到阮标手里很久，阮标也忠实地四处奔走，却不知究竟应该往哪里送。人们都说这是钦案，皇帝下的旨，别人管不了的。

雨淅淅沥沥地下着，只有一点细细的微声。

灰黑色的房屋，像披着陈旧袈裟的老僧，垂头合目，受着雨底洗礼。那潮湿的灰砖和墙下依然绿油油的桂叶成为强烈的对照。灰色的癞蛤蟆，在湿烂发霉的烂泥里跳跃着；在秋雨的沉闷的网底，只有它是唯一的充满愉快生气的东西。它背上灰黄斑驳的花纹，跟沉闷的天空遥遥相应，构成灰暗的色调。

癞蛤蟆扑通扑通地跳着，从草窠里，跳到泥水里，溅出深绿的水花。又哇哇地叫起来，渐渐由独唱变为大合唱，如惊雷震耳。

周伯升霍地跳将起来，大叫:“爹爹，我去替斩，替你死吧！”叫着跑出去。

潘姨太发疯似的跑去抓住周伯升，母子俩从来没有像这般亲昵地搂抱在一起，号啕大哭。

雨不停地下着，在窗外织成了一幅透明的珠帘。

旁边高大的树木，被雨水冲洗得干干净净，颜色苍绿苍绿，叶片上挂着晶莹的泪珠。

秋 决

秋雨停了。秋高气爽，是个大晴天，却刮起了江南从来没有过的萧瑟秋风，几乎一时间要把所有的树叶吹落。

杭州府狱里，仍然一片阴森气象。西头的房间，厚板铺成的卧榻上，周福清低头坐着，仍然不住把自己右手大拇指的长指甲放在嘴里，咬得嘎嘎作响，嘴里喃喃地骂道:“昏太后”“呆皇帝”“速死豸”“王八蛋”……

禁卒邹玉，这长厚的老头儿，悄悄走进房里，毕恭毕敬地小声说道:“老爷，该秋审了。”

按照清朝法制，凡是判处死刑的囚犯，在“监候”期间，每届秋季，由该省主管刑狱最高的“臬司”举行一次亲审，如有冤抑，得以平反。行之既久，转成一种惯例，只由臬司亲莅大堂，作一“点名”，并不实行亲审。

周福清听说之后，慢慢起身，随禁卒来到大堂。

这时，人已到齐了。死刑囚犯一律站在右面，经臬司按次点名。每点一名，囚犯就由右趋入堂上，跪地应一声“有”，起立转向左方。若是官犯，则只应“有”趋过，不须跪地。

点到周福清了。他信步趋到堂上，臬司对他客气地立起身来，而他却不应“有”，反倒回了一声“王八蛋”。

一时间，大堂上一片惊嘘。臬司深知周福清的性格，倒不生气，挥挥手，由他转向左方。

“秋审”完毕，周福清又回到自己的牢房中，照旧坐在卧榻上若无其事。

第二天一早，禁卒邹玉跑到周福清面前屈一足，手垂地行礼，打了一个千，说：“大老爷恭喜！”

周福清知事不妙，问禁卒：“‘钉封’到了吗？”

禁卒答：“请大老爷升天。”

周福清听了，形色自若地换上公服，靴帽袍套照旧，只帽上无顶饰，改天青褂为元色褂不缀补服，静坐待提。

候了一会儿，没有动静，知道还早。因为在未提出以前，先须会营，通知城守营派兵警戒，发梆三次，叫全体衙役准备，击三次鼓，打三次典，叫全班书吏衙役以及典史、禁卒站堂伺候，然后县官披着大红斗篷，戴上大红风兜升坐大堂举行堂威、排衙以壮声势。经过了这些程序，才提出人犯，验明正身，赐予酒肉，先问有无冤枉，继问有无遗嘱，最后勉励他下世务必做个好人，这才动手插标捆绑。所有的一切，周福清全知道得一清二楚。于是他坐下来先写遗嘱，再给亲友写留别书，见还无动静，又把存在狱里的私人衣物、书籍都开列清单。特别是那一匣《唐宋诗醇》，单挑出来，放在衣服上面。

正在办理这些事情的时候，禁卒匆忙跑进来对他又打了一个千，口中仍喊“大老爷恭喜！”周福清以为是来提了，不慌不忙站起身，准备出去，禁卒忙把他按住，说：“真的恭喜了。”原来刚才“钉封”的是另一个同音不同字的武职官犯，不是他。

周福清这才知道禁卒弄错了，又从容镇定地脱去了公服，换上便装，坐下来，依旧看他的书——读过不知多少遍的《唐宋诗醇》……

说也怪，萧瑟的秋风骤然停了，周围一片平静。

阮标一直在杭州狱府前面焦急地观望着，看押出行刑的官犯是不是自家主人。

好大一阵子，见两个衙役拖着一个吓得半死的武职官犯出来了。阮标倒吸了一口冷气，还静候着。直到三通鼓响，行刑完毕了，依然没见主人，阮标大喜，赶忙飞跑回家告知潘姨太和周伯升。

潘、周二人正哭作一团，见阮标来报喜，即刻不哭了，转哭为笑。

周伯升不顾一切，连忙准备笔墨纸砚，给家里写了封平安信，交阮标速速发走。

周家新台门里正一片恐慌，茶食不进，几乎断炊，又忽听有人大声喊："周伯宜，有信！"

周家人立即倾巢出动，全来接信。周伯宜颤抖着双手，从信局送信人手中接过了信。

松寿见信封上还是写着："福盆桥新台门周伯宜先生启"，只是字迹稚嫩，不像祖父的笔迹。

周伯宜手抖着，从大襟里掏出十二文钱交给送信人。送信人转身走了，他依旧不敢拆信。这一年，时时记挂着"斩监候"的父亲，从夏到秋，怎一个"熬"字了得！苦"熬"，煎"熬"，难"熬"，死"熬"！在热死人的苦夏中，既盼望这苦热的夏天赶快熬过去，又害怕秋天的凉爽降临，亲生父亲遭杀头之难！自己和家人遭惊魂之恐！其中滋味可以想见！

玉田公公捋捋唇上开始花白的八字胡，催促周伯宜拆信，他方才瑟瑟缩缩地拆开看。信函一进眼帘，就不禁咧嘴大笑起来，叫道："爹爹平安了！"

在场的周家人也如释重负，齐声欢呼："平安啦！"

接着，周伯宜又大哭起来，呼道："今年平安，明年又会怎样？这般日子何时熬到头啊？"

周家人又全都垂下了头。

第十章 过 年

祭 灶

周家已经两年没有过年了。虽然周福清的生死仍然未定，但是终归熬过了第一年的鬼门关，心里略松了一些，鲁瑞为使丈夫高兴一点儿，决定让家人过个平安年。她打起精神，率领宝姑、烧饭姆娘、长妈妈，在灶头祭灶，准备送灶司菩萨上天去。

正在繁忙的时候，来了一个中年妇女，矮个儿，圆脸高颧骨，肤黄，不大好看，上穿黑色背心，下着黑色折裥裙，腰间束蓝布，梳着挽成长约八寸的高髻“老嫚头”，挽着做工精细、黄色方底有盖形似元宝的“老嫚篮”，悄悄走进来了。

鲁瑞见了，忙招呼道：“呀！老嫚[1]来了！来得正是时候。”

老嫚笑笑说：“太太，偌福气真好，笃定大福大贵！”说着，从“老嫚篮”里拿出了用粽箬竹签编好的祭灶糖，交给鲁瑞。接着，又请出了灶神像和一

① 老嫚：是堕民层的已婚女性，男性称为大贫、堕贫，未婚女孩为嫚线。他们世代为固定主顾服务，主顾家娶媳嫁女、弥月得周、建新房、迁新居、寿诞、丧葬等喜事宴请时，操持些招呼客人、鼓乐、抬彩轿、抬棺材等事。男性大贫，多做鼓乐手，吹吹打打，拉拉唱唱；女性老嫚，则油嘴滑舌、巧舌如簧，用三寸不烂之舌保媒拉纤，上下帮忙，说吉庆话，讨主顾喜欢。以此向主顾家“讨彩头”，“打秋风”，要赏钱。对主顾的走动权，称为“门捐”。不仅可以继承、陪嫁，还可以买卖，不必经过主顾同意。

副写着“上天奏好事，下界保平安”的小对联，鲁瑞连忙恭恭敬敬地接过来，让长妈妈把祭灶糖藏入米缸，待第二天祭灶神时当作元宝糖供奉。灶神像和小对联，则由自己亲手端端正正粘贴在灶神台上。

这时，祖母拉着松寿来了，老嬷弯腰鞠躬说：“老太太，偌福气真好，笃定有一百岁好活！”又递过一块糖对松寿说：“小少爷，吃了我的旗杆糖，将来读书赶考当个状元郎！”

长妈妈在一旁笑道：“老嬷嘴真巧，可以说得‘火腿会走，白鲞会游’！”

老嬷也笑道：“哪有偌的福气大，遇上了好主家！”

长妈妈又笑应：“幸好我不年轻，生得又不好看。不然，偌准得说：‘小姐长得越来越好看，将来嫁个如意郎，我好陪偌进洞房！’”

老嬷顺水推舟道：“是啊！进了洞房，我还得说：‘姑奶奶，祝偌来年添个小宝宝！’”

长妈妈接过话头说：“那你还得给我一块‘姑娘糖’。”

逗得众人都笑起来。

说着，老嬷放下“老嬷篮”，和宝姑、烧饭姆娘一起帮周家操持祭祀去了。

晚上，长妈妈抱着小椿寿，坐在小前堂里，叫过樟寿、櫆寿、松寿，给三兄弟讲了一个老嬷说媒的故事：

“说的是老底子的辰光，有户人家的小倌宁是个驼背，另外还有一个地方呢，有一户人家的女儿天生缺齿隆。春去秋来年复一年，眼见得各自的孩子一天天长大，终身大事却没着落，两户人家的父母们正挠头呢，老嬷出现了。她向女方介绍小倌宁聪明能干肯吃苦，一天到晚背只锅走四方。女方以为小倌宁是干修缸补锅的行当，也没在意；向男方介绍女孩时则说，姑娘皮肤雪白，身材高挑，生她的时候多出一路风，男方也没去注意多出一路风是什么意思。双方光听得对方条件如此如此好，很是满意，就答允了这门亲事。直到大婚那晚，西洋镜戳穿，新郎新人才发现一个是驼背，另一个是缺齿隆，都责怪老嬷当初没有说清情况，闹着退婚退聘礼，当然也包括老嬷的跑腿辛苦铒。这时候，老嬷不急不躁，慢条斯理对他们说：‘我不是说的蛮灵清的嘛，小倌宁一天到晚背只锅，背只锅嘛就是驼背嘛;女方生出来的时候多出一路风，多出一路风嘛就是缺齿隆嘛。是你们事情没搞清楚就同意这门亲事的，怎么现在怨到我头上来了呢？一番话说得双方哑口无言。老嫚见势接着说：偌落双方都有缺点个，还想别宁家十全十美，偌格有介个好事体？依我看呢，偌落酒也办了，客也请了，差不多仍旧做一对恩爱夫妻么算哉。男女双方想想也在理，只好答应。偌说这老嫚的嘴巴厉害不厉害？”

三兄弟都大笑起来，连怀抱里的小椿寿也笑了。

腊月二十三，祭灶日到了，百草园南面的灶间可热闹啦。灶神像和那副写着“上天奏好事，下界保平安”的小对联前面，摆上鸡、果脯、毛竹筷，还有老嫚送来的用粽箬竹签编好的祭灶糖。这种糖，用饴糖制成，食之粘牙，是为了使灶君上天时被粘住口，以免在玉皇大帝面前说三道四，故名粘牙糖。在米缸里藏过，又称元宝糖。还搁上“搁火”，一种用细竹制成，形同小型圆背椅子的架子，又名“竹灯檠”。上面搁一只瓷碟，注以菜油，燃以灯芯，用来照明，因此得名。也有在架子上糊红纸加毛竹筷为杠，给灶司菩萨当轿坐，由小孩子们专责糊纸制作。

这天是百草园祭灶顶热火的一回，一年三百六十日从不去灶头的周伯宜，也第一个来行礼，这的确是很稀有的事。樟寿兄弟见父亲来了，既感到稀奇，又觉得紧张。待大人拜毕，小孩子们才学着大人的样儿一一跪拜。

祭祀灶神之后，鲁瑞和老嫚、宝姑一起，把灶神像和像旁的对联揭起，安放在“搁火”上边，一起放进桶盘端送到天井，在天井中间铺上一束稻草，放上银锭，也就是锡纸制成的冥钱，将“搁火”连同灶像放在银锭上焚烧，就送灶神升天了。

老嫚要走了，不等她开口“打秋风”，鲁瑞就递给她一个包，内有寓意年年高的八块年糕，寓意多子多福的两串粽子，虽然手紧，还是装了六角压岁钱。

老嫚脸上像开了花，连忙接过包，放在自己的“老嫚篮”里说：“谢谢太太了！拿得偌家高高兴兴个个有，年年高起来！”

鲁瑞笑应道：“我家人手够，忙得过来，偌以后不要来了。”

不料老嫚却勃然变色，愤愤地回答道：“偌说的是什么话？……我们是千年万代，要走下去的！”

鲁瑞吃了一惊，一时语噎……

从祝福到除夕

送灶之后是祝福。那一天的午前，工人们砍取了新竹筱，缚长竿上，掸扫挂着“德寿堂”匾的大厅。随后又取两担水来，将地面冲洗干净，偏向檐口放上四张八仙桌，到子夜时分，各房把三牲鸡鹅肉加活鲤鱼搬来陈列，香烛爆仗茶酒盐腐以及神马由值年房置备，各房男子齐集礼拜。照祭神的例，桌子须看木纹横摆，与祭祖相反，叫作横神直祖，拜时也与祭祖不同，却在神马后面向着外边行礼，只拜一遍。然后焚化元宝，祭祖用的是银锭，用锡箔纸折成的锞子。祭神则用黄色的金锭。最后燃放爆仗，祀典就完成了。樟寿、櫆寿已经十岁以上，都参加了。鼓励他们半夜起来的东西，是一小碗鸡汤面。小孩子参加的在家里都可以吃到。

祝福以后是除夕，这天又是曾祖母的忌日，鲁瑞下午就安排人在小堂前正中挂了曾祖父母的画像，前面摆长条桌，系上桌帏，放好杯筷、香炉、蜡烛台，供上九云箩。天刚黑，就点上蜡烛，先上供菜九碗，外加年糕粽子，斟酒盛饭，末后火锅吱吱叫着端上来，放在中间，这是最后的信号，家主就拿起香来点着，开始上香，继以行礼了。这行礼只有一次，也不奠酒，因为祖先要留在家里，供奉十八天，所以不举行奉送的仪式。之后是辞岁，又是跪拜，与拜年不同，只限于小辈对尊长施礼。先是周伯宜和鲁瑞向祖母施礼，后是樟寿三兄弟给爹爹、姆娘叩拜。行礼之后是分岁，全家吃年夜饭，所用的饭菜与拜像的祭菜一样，仍是十碗头，摆在中间的还是火锅，也称为暖锅，照例是三鲜什锦，此外特别的菜有鲞冻肉，碗面上一定搁上一个白鲞头，并无可吃的地方，却尊称为“有想头”，只看不吃。又有一碗煎鱼也是不吃的，称作“吃过有余”。处州的菜笋，米泔水久浸，油煎加酱醋煮，又取藕切块，加白果红枣红糖煮熟，名为“藕脯”，却读若“油脯”，也是要上的，盖取“偶偶凑凑”之意。最特殊的是年糕之外，必配以粽子。而这粽子到了端午却不吃，偏偏这时端上。

粽子都是尖角的，有极细尖的称“尖脚粽”，又有一大一小或一大二小并裹在一起的叫作“抱儿粽”，“儿”读作“倪”，大抵纯用白米，不夹杂枣栗在内。其实，也是为了取义，义取“高中”。

吃过年夜饭，孩子们拿到压岁钱，是板方大钱一百文，还有一只鲜红的大福橘。已经学会走路、说话的小椿寿也得了一份，乐得活蹦乱跳，小手捧着大钱和金橘喊道：“阿椿大了，会蹦啦！”把全家都逗乐了。

兄弟四个和长妈妈在守岁的大红烛底下玩耍了一会儿，说着，笑着，拿着压岁钱和金橘各回各屋睡觉了。松寿和阿椿还要依照长妈妈的安排，把压岁钱和福橘放在枕下，不许动。樟寿和櫆寿则各由自己了。

新　年

新年里，松寿和四弟小椿寿由长妈妈领着，在台门外放鞭炮。小椿寿虽然只有一岁半多一点儿，但身体结实，生得方头大耳，很少生什么病，在台门口活活泼泼地跑跑跳跳。长妈妈不敢让孩子放响炮，只在墙缝里插一支小鞭炮，叫松寿用香点着小放一下。她则抱起小椿寿在一旁看，小椿寿挣扎着，一定要自己放，还是被长妈妈拦住了。

这时，看大门的老怦把大门敞开，在大门口燃放一个双响的大爆仗“天地响”，这叫作“开门炮”。然后手里拎着新年五天内布施乞丐的“鱼眼”“沙壳”小钱，这是值年房除夕晚上预先交付的，坐在总门口阔而长的大凳上，静候“讴顺流”[①]的乞丐。只见一个衣衫褴褛的乞丐，过来喊了一声“顺流”，老怦就给他小钱一文。乞丐拿钱就走，到另一家讨要。乞丐随来随要，老怦随到随给，乞丐绝不讨添，老怦也绝不拒付。并非布施方慷慨，也不是乞丐方客气，而是布施方害怕乞丐口出恶言，犯了新年忌讳；乞丐方也明知不会增添，讨添反倒会耽误时间，影响收入，好在五天之内，每天都可到每家拿一文，还是跑得快，走的家多来得上算。所以虽然看见三五成群的乞丐满街飞跑，却没

① 讴顺流：在绍兴，元旦日乞丐们会到人家门前，一唱一和，说着求乞词。往往是一句吉祥话后跟一个“顺流”，以此求得他人的布施。

有酿出布施的纠纷。松寿和小椿寿看着乞丐们一个接一个地来，又一个接一个地去，觉得怪有趣的，竟拍手叫起好来了。

新台门布施热闹的时候，周伯宜带着樟寿、櫆寿到老台门拜像、拜岁去了。

这老台门是三个台门共同的祖先，是常去的。这里的和房到第十世时没有儿子，根据“小绝长顶”的族规，便向智房要了一个，承继下去，这就是樟寿曾祖父苓年公的幼弟。名周以坶，字武勋，行十五，统称为“十五老爷”。他曾捐职布政司理问，议叙加随带二级，敕授儒林郎。在周氏家族中，唯独和房单丁独传，所以资产集中，最为富有，当时还有田五百多亩。每当入不敷出，就只好开田。账房先生问：“开多少？”十五老爷答：“开一百亩。”“田价多少？”“每亩五十元。”买主嫌价高找来磋商，账房先生向他请示，总是说：“王八蛋，我皇上的田哪有还价的！不减价。”买主不要，他又说：“王八蛋，添他十亩不一样吗？”如此这般，家资虽厚，消耗得也快，但他照样大手大脚，游手好闲。整日以虫鱼花鸟做伴为乐，厅里、房里、明堂里，一年四季鲜花不断，春兰秋菊，四时的月季，夏天的并蒂莲，姹紫嫣红，争奇斗艳。池中游着各式金鱼；空中挂的鸟笼里有鹦鹉、八哥、百灵各种鸟类，常常发出清脆悦耳的叫声，还有蟋蟀、油蛉等虫类和松鼠等小动物，真是有趣极了。

因为富有，老台门的格局虽然略小一点，但却显得富丽堂皇。由大门进来是仪门，仪门上挂满了翰林匾、文魁匾，大厅是一式的德寿堂匾和抱对，另外还有节孝匾之类，大厅上有太平天国壁画和龙凤，粉刷过几次，但还像新的一样，那条龙还是那么活灵活现。

周伯宜和樟寿、櫆寿两个儿子来得早，没有什么客人，自己拜过之后，就让两个儿子向十五曾叔祖叩头拜年。

十五曾叔祖已年逾花甲，但身体硬朗，精神矍铄，人很随和。拜过之后，就连忙把两个孩子扶起来。他身边的新老太太也向周伯宜父子做了个万福。原来十五曾叔祖母生下儿子咸和女儿菱以后就去世了。十五曾叔祖身边只有一个姨太太，又生了三个女儿：顺姑、裕姑、月姑，没有儿子。两个女儿嫁的都是官宦人家，只有小女儿没有出嫁。母女人缘都很好，但姨太太再老也称“新”，所以呼新老太太。因为没有儿子，还没有扶正。原十五曾叔祖女儿菱嫁的也是书香门第，又觉得自己是嫡出，不把姨太太放在眼里，目中无人，十分傲慢。但新老太太对她仍旧优容，每逢她回娘家来，对她和她的仆从都是以礼相待。

儿子咸，乳名咸，名星曹，字琴友。孙子瑜，乳名瑜，名承缃，号伯青。父子两人也对周伯宜父子做了个揖，不知怎么缘故，他们都自幼体弱多病，把所有的补药、草药都吃遍了，身体依旧不好，十五曾叔祖认为是有鬼，就常找道士或巫师来捉鬼。披头散发，手拿宝剑，从房间到后园乱窜乱跑，乱挥乱舞，很是吓人。每次都说是捉到鬼了，可是父子俩还是照样生病。咸又是一个怪人，吃的茶水也要工人到渡东桥去挑，而且路上不准换肩，只取中间部分，泼去底面。为防止工人作假，每天早上都叫瑜去监视，风雨无阻，路途也不算近。东方甫白时，瑜还要到街上各茶叶店门口捡取头一天倒掉的茶叶，拿回来晒干，准备充枕头之需。因为怕人看见难为情，所以总得在天没大亮时做。每天晚上，又要被父亲督课用功，非至十二点不准休息。长此以往，本就虚弱的身体更加病魔缠身了。道士、巫师们便说又有什么野鬼跑进来了，就再去捉，捉来捉去，病还是不好。

又来了几位近亲，但仪式还没有开始，客人们就背着手，观赏各种花草虫鱼鸟兽。

突然间，外面传来呼喊声，周伯宜仍然与几位亲属坐在桌边喝茶、聊天，樟寿和櫆寿却坐不住了，跑出来看。见大门口抬来一尊轿子，一个当差跟在轿后跑，快到门口时，当差赶紧打开帖包取出名帖和一张名片，快步抢先飞跑到门首，一脚跨上阶沿大喊一声“接帖”。跟在轿后准备中途换肩的一名轿夫，迅速钻进轿的后面，双手挽着轿杠，两抬一挽以稳而快的姿态飞梭一般地抬到门口直立不动，静待门里面的消息。老台门的大门是开着的，二门虽关但却虚掩着，大门口本就有一个老伻和一个轿夫坐在阔而长的大凳上，二门里也有一个当差戴着红缨帽等候着，听到外面喊“接帖”，二门的当差飞快跑出来接住帖子，高喊一声“请”。这时，老伻迅速把二门哗啷大开，和老伻坐在一起的轿夫敏捷地钻进客人轿的前面，双手挽住轿杠，表示主人对客人的殷切欢迎，当差的右手高举，擎着客人的名帖在前引导，轿子两抬两挽地跟在当差后面跑，抬进大厅放下轿子，客人一出轿，马上喊一声“升”，于是轿子升起，客人穿一身皂色绸缎马褂，显得很精干，跨出轿杠，主人十五曾叔祖袍褂靴帽翎顶辉煌地跑到面前，彼此相互拱手各道“恭喜、恭喜”。随即让到花厅，拜过了年，主人双手端着茶碗送到炕几上，让客坐炕床，客人拱手连称“不敢、不敢”，随手把主人送的茶亲自端到旁列的茶几上，“虚左待贤”，表示谦恭，主人再说一句“太客气、太客气”，也就不再谦让，在左边坐下。客人则坐在右边。

原来这位客人是绍兴有名的师爷，正在邻县佐幕。人称“刀笔吏”，下笔断狱，老辣精当，冷峻尖刻，如烈日秋霜。人也生得精明，额头发亮，目光炯炯，脸庞鼻梁棱角分明。坐在厅上，气宇沉稳，不多言语。

说着，一盏燕窝，用上下有盖托茶杯式的高盅盛着端出来了，盅里放一只银制小茶匙，主人端起来请客人吃，客人也端起来说“请”，彼此各拿小茶匙在盅里舀两舀，送到唇边微微地碰一下，就把盅放下。其实并没有吃，不过行了个仪式。

当差又用红漆描金小桶盘端出四小碟点心：一碟是炸春卷，一碟是蛋饺，一碟是用枣泥和糯粉中嵌活油、松仁、桂花糖、豆沙做馅制成的枣糕，一碟是用糯粉做成像拇指大小、上面用骨扦夹出空心梅花、小巧玲珑的花饺，放在摆攒盒的桌上。主人把客人让到这桌上吃点心，坐下后，又彼此谦让一番，随便搛一样放到嘴里，再虚让一阵就算完事。彼此放下筷子，就开始“要架子”：当差把自家带来的手巾在厅角脸盆的热水里绞过，交给自家主人，主人揩过脸，掏出一个红封袋掼在点心碟旁边，这是给主人家佣人的赏封，主人嘴里“嘶、嘶、嘶”地仿佛在说“这个、这个”，含含糊糊地那么一来，其实什么也没有说，客人手一拱，当差马上就高声喊“送客”。主客两人一先一后，走到轿前拱手而别。客人在里面吃点心时，他的当差和轿夫也在外面吃东西，不过只是年糕粽子和桂圆茶或莲子茶之类。临走时主人除开发轿钱之外，每人还要加一副糕粽。八块年糕、八个或六个粽子算一副。

开始请春酒了。有红色全帖的客人才有资格参加，各位客人都是带着当差的，如果没有，就临时拉一个剃头司务或者裁缝司务来充数。各当差一齐动手，各把主人的红缨帽换成便帽，外褂换成对襟大袖的四方马褂，这才请、请、请地依次入席。坐定后，主人举筷对着众客自左而右画一个弧形说："简亵！简亵！"众客人也一致举筷对着主人说："叨扰！叨扰！"首席对其他各客说"僭坐！僭坐！"主人一手举筷，一手端杯请客人吃，大家都把酒杯送到唇边微抿一下。主人让客吃菜，客人筷虽举着却不动作，主人用筷把菜翻一下，首席也去拨一拨，众筷这才齐搛，但也只搛了微微一点，就都把筷子缩回放下，等到把"四热盆、四热炒"一一都照形式谦让着吃完了，就都嗑瓜子作闲谈。每人面前都有一个叫作"手抓碟"的小碟子，碟里一半放着一撮瓜子，一半放着一撮炒杏仁。再等一会儿，头菜上来了，主人仍然依次谦让，众客一致把身子向前一伸，做个"局促不安"的样子，齐说："太丰盛。"说毕举筷，动作一如前式。二道菜快要上来了，主人再度举筷做一番虚让，客人也举起筷来做一个空形式。于是头菜撤下，换上第二道菜，仍照先前一样的动作再做一遍。直到三道四道以至最后的坐菜，都照此类推，反复照做。吃饭时，主人照例虚让一番。当差端来的饭，不大的碗只盛两调羹那么点儿，大家齐说一声饭陪，把碗端得高高的，筷子在碗里好像数米粒。拨几拨稍微拨一点到嘴里，两只眼睛都平着碗沿向四面扫射，侦察别人饭已吃到什么程度，见大家都只剩几粒时，不约而同地来一个快动作，吃尽余粒。主客一致把双筷比齐向前一伸又向左右一扫，同说："慢用！慢用！"客向主致谢，主向客致谦，说："虚邀。"各当差忙进手巾、漱盂。揩面、漱口毕，主人重让客人到客厅"散坐"，客人离席相互谦让一番，走进先前所坐的那间客厅。各当差又忙着各替各的主人换上原先穿来的冠服。于是客人齐向主人作揖道谢兴辞，走到厅门口又是一番谦让，这才上轿。主人走到每个轿边拱手恭送。这幕大戏演完，主人感觉"过难关"，客人感觉"受罪"，大家的肚子也都饿得可以，各自在家重新吃饭。

大厅上男桌早已撤去，大堂前女桌的太太们总还是坐着高谈阔论，大为热闹，因为她们难得一聚，喝了酒多少有些醉意，谈话便愈多也愈响，又要等待同来的妈妈们吃饭，所以要耗得很晚。

樟寿和櫆寿还没有资格上席，只是被安排在厅角小桌上吃饭，但他俩都时不时朝大人桌上望，见此情景，樟寿不禁想笑，櫆寿也觉得可笑，但又感到很有趣。又听大人说：这次宴席，虽然菜肴繁杂，却井井有条，忙而不乱，是因为十五曾叔祖母雇到了一个叫阿祥嫂的好女工，比男工还能做！樟寿兄弟见过这位阿祥嫂，禁不住频频点头……

《海仙画谱》

大年初二，东昌坊口充满年味儿。沿街店铺的旗幡，在薄薄黑瓦片翘起的尖角下翻动，因为是年节，有些店铺多扎了条红绸，在花丽斑斓中平添了一道耀眼的火红。街道上，爆竹的红色余烬还没有扫，又落上了一层新的。黄酒、糟毛豆和绍兴红乳汁混合的气味中，除了些微鱼腥味儿，又增加了不少火药味儿。阴沉的天空上，不时传来鞭炮的脆响。

离新台门最近的是东昌坊口东头一家小店，只有一间店面，白墙有些发乌，黑瓦也破碎了几片。没有柜台，只是当街一个木栅栏，直角放着钱柜，檐下横放一个铺板，陈列十几堆炒豆、炒花生之类。还有一个长方木盒，上面盖着玻璃，盒中分几格，每格放着圆眼糖、粽子糖、茄糖、梅饼，还有几块长方的梨膏糖。

店主屠宝林太娘，脚小，人高，眉毛极细，相貌极好，被称为“豆腐西施”。她儿子是镴箔司务，女儿宝姑娘整天坐在小店里砑纸，很像她姆娘，越长越美丽。太娘一看见樟寿、櫆寿、松寿三兄弟，就尖着嗓子喊道：“哎哟，是哪阵风把三个阿官吹来了？好久没有光顾我们屠正泰了。”

这小店没有字号，屠正泰不过是屠宝林太娘的自称。

“豆腐西施”屠宝林太娘，油黑的头发上插了朵大红的鲜花，坐在摊边招揽顾客。女儿宝姑娘穿件崭新的花布衫，在小店里砑纸，显得愈加美丽。

太娘又招手道：“哎哟，三位阿官，过年好！吃块梨膏糖吧！”

漂亮的宝姑娘也尖声细语地说：“过年好！吃块梨膏糖吧！”

三兄弟不理睬她们，径直走过东昌坊口古街，张永兴游龙寿坊、摇船头脑丁六十的小屋、小船埠头东边的小鞋店、傅澄记米店、咸亨酒店、王咬脐锡箔店、“做不杀的荣生”的小轿行、箍桶店、高盛全油烛店、“猪头肉念捌”的肉店、四一剃头店、王锦昌扎肉店、范小大的麻花摊等小店小铺小摊，一个接一个地过去了。西北角的寿芝堂药店和谢德兴酒店，也近在身边。最馋人是扎肉店刚烧熟的红喷喷的扎肉，看着就香。松寿忍不住望了一眼，被大哥从后背搡了一拳，硬拉走了。

到西口时，“水果连生”和连生嫂热情地招呼他们来吃水果，樟寿代兄弟们拱手致意，婉谢了。

此时，忽听身后有个破锣嗓子在喊:“这果子几铟一斤？”

连生回头一看，见是周家新台门礼房的周四七，虽是时冬腊月，却依然敞怀穿那件破旧龌龊的竹布长衫，头上戴一顶凹进的瓜皮秋帽，右手捏着尺许长的潮烟管，左手拿了一个猫砦碗，脸色青白，人瘦得只剩一把骨头，肋棚骨一根根地显露出来，活像腊鸭。

没等连生回答，连生嫂就向周四七做了下手势。四七连声叹道:“这么贵！简直成了仙丹了。你们是水果摊，还当是华佗的药铺哉！”

“嫌贵就勿要买！”

连生两口子尚未应声，半路上杀出个程咬金，来了个粗壮汉子替他们反驳了。

原来是轿夫阿如，他正与周家新台门门房单妈妈姘居，比进故夫家的“孵床佬”还差一等。专职是县府衙门轿班里的轿夫。轿班不但没有收入，还得出一笔钱，才能谋到这个差使。因为这算是老百姓给官服役，一靠近官，就有好处，可以按时向摊贩收取例规钱。

连生一向“捏卵子过桥”——谨小慎微。见是阿如，连忙赔上笑脸，请进屋里，从屋角一捆甘蔗里取出一根粗的，刨皮，斩断，送上去。一边又悄悄由担子里拿出一个红纸包，塞进阿如腰间褡裢里。

这全被一旁的周四七看在眼中，不禁妒火中烧，跳脚骂道:“偌个‘水果连生’，就会贿赂阿如。生怕官轿过时，他一脚踢翻偌的摊子，再问偌个撞倒官轿罪。”

连生自认是软柿子，两头挨捏。唯唯诺诺，大气不敢出。阿如可不示弱，心想：你周四七纵然是周家少爷，可如今落魄到"破脚骨"相，疯脚烂蹄的，哪个还看得起！就大声说道："啥人在这儿多嘴！？"

周四七用潮烟管指指腊鸭似的瘦胸脯说："偌个周家大少爷！"

阿如鼻子一哼道："勿晓得是啥人让举人老太爷举着八角铜锤追着打，还要骂：'偌个败家子，偌个不肖子孙，偌哪格变得这个样子！打死四七！打死四七！！'"一边学骂，一边做出打的手势。逗得周围几个闲人、看客捧腹大笑。

周四七被揭了短，面红耳赤，反骂道："也勿晓得啥人想做寡妇的'孵床佬'还不可得，只能姘在一起。还和人家儿子厮打。寡妇在一旁喊'爹咭，爹咭！'儿子说'怎个是我爹，我爹早死了！'"一边说，一边用手里的潮烟管做着打人的样子，还做着撕扯的怪样。也逗得周围几个闲人、看客捧腹大笑。

这可把阿如惹恼了，要上去动武。连生连忙拉住。阿如也觉得周四七再穷酸也是少爷，自己又住在周家台门门房里，到底须小心，恰好同一轿班的轿夫叫自己上班，就鼻子一哼，瞪了周四七一眼，一语双关地冲着"水果连生"说："还是人家连生会做人，又会做生意。原来以为伊要倒灶，叫伊'倒灶连生'，现在改叫'勿倒灶连生'。"又冲周四七道："哪里像这个！"说着甩甩袖子，扬长去了。恰好范小大的麻花摊刚开张，烧饼、麻花，热气腾腾，阿如掏出刚才"水果连生"给的红纸包，佯装拿钱买烧饼。绰号麻花小大的摊主，连忙摆摆手，送上一个烧饼。阿如点头笑笑，又到扎肉店要了块刚烧熟的红喷喷的扎肉，往烧饼里一裹，大口吃起来。怪馋人的。他还想到谢德兴酒店讨碗老酒，无奈同班轿夫又在呼叫，只得抹抹嘴巴，跟着去了。

周四七又妒火中烧，冲着阿如的背影"呸"地啐了一口，举起潮烟管追打。连生忙斩了段甘蔗赶上去递给他，敲顺风锣劝道："周大少爷勿要生气，勿要跟小人一般见识。"转念一想，又打个寒噤，觉得这话如传到阿如耳里，到时抬官轿过来，当真一脚踢翻自己的摊子，可了不得，连忙话音一转道，"嗨，伊也是'麦秆炮仗'，有口无心。"

周四七把潮烟管夹在肘间，接过甘蔗嚼了口，笑了。

连生嫂在一旁劝周四七说："周爷还是谋个事做好。你大哥六四不是做了司事吗？”

周四七笑道：“绍兴有个周六四，育婴堂里当司事。雪白布头包银子……我周四七再穷，也不学他这个‘反贴门神’，去‘倒套灯笼壳’。”

连生知道这“反贴门神”是周四七对他大哥周六四的称呼，“倒套灯笼壳”是给他嫂子起的绰号，忙给老婆使眼色。周四七嚼完甘蔗，吐了一地渣，又右手捏着尺许长的潮烟管，左手拿了猫砦碗，唱起小调：“我有一把苗叶刀，能水战，能火战，也能夜战……”又不知到哪里混事去了。

连生望着他的背影，叹口气道：“嗨，周家后人怎个都变成这副样子！好似败篷时的钩头黄瓜，都是大烟鬼兼酒鬼！”又看着三兄弟，赞扬道：“周家后人就这哥仨儿有出息！”挑起水果担子上街叫卖去了。

出西口往北边大街走不多远，就到了塔子桥大街上的旧书店。

这旧书店还真是别一番风味儿，古色古香，飘来一股书卷气。胖胖的书店老板戴着副金丝边眼镜，文绉绉的，和和气气。

三兄弟一进书店，就被满店的书籍吸引住了。特别是一部《海仙画谱》，为日本江户幕府末期的文人画家小田海仙所画，又称《海仙十八描法》，是一八四三年京都芸草堂木刻本。里面有十八罗汉图，图中众罗汉衣纹各别，用了枣核描、钉头描、鼠尾描等种种技法表现。三兄弟都很喜欢这部书，但问老板价格，说要一百五十文。樟寿和櫆寿原本买得起，但是归家后，首先就去搜求在皇甫庄大舅父家看到的石印本《毛诗品物图考》，终于在一家书摊上见到，日本冈元凤所著，天明四年甲辰，即一七八四年木板刊行，雕刻甚精，兄弟俩极为喜欢，各自买了一本。櫆寿爱到街上买零食，樟寿则花二百文买了《花镜》，闹得两人手头只有过年刚得的一百多文，以一个人之力是买不起这《海仙画谱》的。只得都缩了回来。

松寿看见大哥不忍放下这部书，一翻再翻，一看再看，恋恋不舍地撂下走了，又返回头再拿起看，不忍释手，就建议道：“咱们三个人合买吧？”

大哥闻听，喜出望外。二哥也极为赞成。于是三兄弟就把各自的钱合在一处，由大哥把钱交给老板，老板喜滋滋地把《海仙画谱》用大张黄纸包好，交到樟寿手里。

樟寿捧着书往家跑。两个弟弟在后面跟着。

到了家，就都跑到祖母房间的楼上，樟寿把纸包着的书小心翼翼地放在窗台上，找来抹布把朝北后房窗下的四仙桌擦得干干净净，又把手洗净擦干，恭恭敬敬地打开纸包，将《海仙画谱》取出，端端正正地摆在桌边，把圈椅拉近，坐下来，习惯地用指头捏住书页折缝上方印有一条阔墨线的地方，一页页仔细翻看，像叩拜神佛的信徒一般虔诚、敬惜。两个弟弟也在旁边观看，但都背着手，害怕万一手碰到书页，弄脏了书，大哥不高兴。

松寿到底还小，不一会儿就烦了，独自下楼去玩，心想：买书是好事，告诉父亲何妨，就跑到父亲房里说："我们到塔子桥书店去了，买了部《海仙画谱》，可好看啦！"

父亲正躺在他的小床上抽鸦片烟，皱了下眉头说："拿给我看看。"

松寿愣住了，不知所措。

父亲见他不动，生气了，催道："还不快去？叫你大哥把书拿给我看看！"

松寿才不得已上楼去了。对大哥嗫嚅道："爹爹叫你把书拿给他看看。"

樟寿一听，吓坏了，因为按照老规矩，"花书"不是正经书，父亲是不允许看的，知道了会骂的。他忽然想起去看《五猖会》时父亲叫他背书的情景，呆住了。

櫆寿也吓了一跳，但他觉得父亲叫，还得去，不去会更生气，就催促大哥快拿去。

樟寿只得拿着书下楼，到父亲身边交上去，低着头，准备挨骂。

两个弟弟也在后面站着，预备一起担待。

松寿战战兢兢地看着父亲，见父亲放下烟枪，接过书翻了翻，颇有兴趣的样子，不作一声还给了大哥，才松了心，跟着大哥转身出来。

到了外边，大哥冲松寿发了怒，问道："爹爹怎么晓得的？"

松寿只好说："我告诉的。"

大哥怒道："谗人！"

樟寿正在三味书屋读《诗经》，"谗人"是《诗经·青蝇》里的话，是指"直道不违”“无诈虑”“无心术”、无意道出真情而伤人之人。松寿还没有上学，当然听不大懂，但还是知道其中意思的。心想：不管说什么，自己都不是的。自己把兄弟们做的事，跟父亲讲讲有什么关系呢？再说，这类花书，大哥早在看，在描，父亲也早知道，有什么向父亲保守秘密的必要呢？不过他虽然心里明白，嘴上还说不清楚，就不为自己辩解，只是不理不睬。樟寿叫了几次，见松寿没有什么表示，以为他不懂“谗人”的意思，就不叫了，改叫“十足犯贱”。因为祖父送给樟寿的筷子上刻着“竹青木香”，送给櫆寿的刻有“射鹿刺麂”。字刻好后涂上青绿色颜料，手工比较精致。送给松寿则是一双上方下圆的白竹筷，在一支筷子上刻了“十品”，另一支筷子上刻了“万钱”，一双筷子合成“十品万钱”。祖父告诉他，这是吃一顿饭，十种菜，耗费万钱的意思。“十足犯贱”就是松寿筷子上刻字的转音，很通俗，松寿当然懂。但他还是不理不睬，樟寿也就不叫了。

樟寿倒心知父亲虽然不允许孩子看“花书”，但是对画画是不计较的。由《山海经》开始，他爱上了图画书，还爱用画画来表达爱憎。蓝门周子京爷爷的长子八斤，比樟寿大三四岁，衣服不整齐，夏天常赤身露体，手里拿着自己做的竹枪，跳进跳出的乱戳，口里不断地说：“戳伊杀，戳伊杀！”这种示威在小孩子是很难忍受的，但家教禁止与别家小孩打架，气无可出，樟寿便来画画，以示抗议。那时东昌坊口通称“胡子”的杂货店中有一种荆川纸，比毛边纸薄而白，大约八寸宽四寸高。对折订成小册，正适于抄写或绘画。在这样的册子上，樟寿画了不少漫画。是在窗下四仙桌上画了，随后塞在小床的垫被底下，因为小孩子没有专用的抽屉。有一天，不晓得怎么被父亲伯宜公找到了，翻开一看，见有一幅画着一个人倒在地上，胸口刺着一枝箭，上有题字曰：“射死八斤”。便叫了樟寿来问，可是并不严厉，还有点笑嘻嘻的，父亲大概很了解儿童的反抗心理，所以并不责罚，只是把这页撕去了。此外还有些怪画，只是没有题字，父亲也不曾问。

在书塾之外，孩子们能在大众面前，冠冕堂皇地阅看的，是《文昌帝君阴骘文图说》和《玉历钞传》，上面都画着冥冥之中赏善罚恶的故事，雷公电母站在云中，牛头马面布满地下，不但“跳到半天空”是触犯天条的，即使半语不合，一念偶差，也都得受相当的报应。

樟寿所看的那些阴间的图画，都是家藏的老书，并非他所专有。他所收得的最先的画图本子，是一位长辈的赠品:《二十四孝图》。这虽然不过薄薄的一本书，但是下图上说，鬼少人多，又为他一人所独有，使他高兴极了。那里面的故事，似乎是谁都知道的；便是不识字的人，例如长妈妈，也只要一看图画便能够滔滔地讲出这一段的事迹。但是，他于高兴之余，接着就是扫兴，因为他请人讲完了二十四个故事之后，才知道“孝”有如此之难，对于先前痴心妄想，想做孝子的计划，完全绝望了。还依稀记得，他幼小时候实未尝蓄意忤逆，对于父母，倒是极愿意孝顺的。不过年幼无知，只用了私见来解释“孝顺”的做法，以为孝顺无非是“听话”“从命”，以及长大之后，给年老的父母好好地吃饭罢了。自从得了这一本孝子的教科书以后，才知道并不然，而且还要难到几十几百倍。其中自然也有可以勉力仿效的，如“子路负米”“黄香扇枕”之类。“陆绩怀橘”也并不难，只要有阔人请他吃饭。若主人问:“为何作宾客而怀橘乎？”他便跪答云:“吾母性之所爱，欲归以遗母。”阔人大佩服，于是孝子就做稳了，也非常省事。“哭竹生笋”就可疑，怕他的精诚未必会这样感动天地。但是哭不出笋来，还不过抛脸而已，到“卧冰求鲤”，可就有性命之虞了。他故乡的天气是温和的，严冬中，水面也只结一层薄冰，即使孩子的重量怎样小，躺上去，也一定哗啦一声，冰破落水，鲤鱼还不及游过来。自然，必须不顾性命，这才孝感神明，会有出乎意料之外的奇迹，但那时他还小，实在不明白这些。其中最使他不解，甚至于反感的，是“老莱娱亲”和“郭巨埋儿”两件事。他至今还记得，一个躺在父母跟前的老头子，一个抱在姆娘手上的小孩子，是怎样地使他发生不同的感想呵。他们都一手拿着“摇咕咚”。这玩意儿确是可爱的，持其柄而摇之，则旁耳还自击，咕咚咕咚地响起来。然而这东西是不该拿在老莱子手里的，他应该扶一枝拐杖。现在这模样，简直是装佯，侮辱了孩子。樟寿没有再看第二回，一到这一页，便急速地翻过去了。最招他反感的便是“诈跌”。无论忤逆，无论孝顺，小孩子多不愿意“诈”作，听故事也不喜欢是谣言。

至于玩着“摇咕咚”的郭巨的儿子，却值得同情。他被抱在他姆娘的臂膊上，高高兴兴地笑着;他的父亲却正在掘窟窿，要将他埋掉了。记载上说:“汉郭巨家贫，有子三岁，母尝减食与之。巨谓妻曰，贫乏不能供母，子又分母之食。盍埋此子？”但刘向《孝子传》所说，却又有些不同：巨家是富的，他都给了两个弟弟；孩子是才生的，并没有到三岁。结尾又大略相像了，“及掘坑二尺，得黄金一釜，上云：天赐郭巨，官不得取，民不得夺！”樟寿最初替这孩子捏一把汗，待到掘出黄金一釜，这才觉得轻松。然而他已经不但自己不敢再想做孝子，并且怕他父亲去做孝子了。家境正在坏下去，常听到父母愁柴米;祖母又老了，倘使他的父亲竟学了郭巨，那么，该埋的不正是他么？如果一丝不走样，也掘出一釜黄金来，那自然是如天之福，但是，那时他虽然年纪小，似乎也明白天下未必有这样的巧事。

父亲吐血了!

鲁瑞千方百计想办法，使丈夫和婆母从种种打击下恢复过来，全家也渐渐淡忘着那场令人惊魂的噩梦，但不知怎的，周伯宜突然狂吐起血来。他一次坐在后房间的北窗下，血就吐在北窗外的小天井里，好像吐了不少。

这可把鲁瑞吓坏了，把全家惊呆了。

赶紧请了医生来，中医的学说，医者，意也。说陈墨可以止血，取其黑色可以盖过红色之意。于是樟寿端上墨汁，周伯宜不想喝，但还是喝下去了，弄得满嘴漆黑,好像小孩写字舔笔,弄成乌嘴猫一样。小孩这样子,只令人好笑，亲人们见到父亲弄成这样，却使全家悲哀了。

来势虽然凶猛，却并没有再吐。周伯宜精神还很好，医生来看过走时，他还亲自送到大堂前。

吐这样多的血，就要设法补血。按照土方，藕是补血的。鲁瑞每天黎明就端来一碗鲜藕汁，给周伯宜喝。天天都是如此，周伯宜的身体也真的好了起来。有的时候，鲁瑞送藕汁进去，周伯宜还熟睡着，就撩开帐帘，把藕汁放在被桥板，也就是床横档的板上，又放下帐子，走出来。

有一天，鲁瑞端了藕汁进去，周伯宜已经醒来了，见了妻子，问：“你刚才不是已经进来过了么？”

鲁瑞说：“没有，我下床后给你榨藕汁去了，才榨好。”

周伯宜惊讶地说：“我刚才朦朦胧胧的，看见你走进房来，走到床前，把帐子撩开，右膝跪在床板上，手里拿了一只碗，朝被桥板上的那只碗里一倒，又走了。我以为你是来给我加添一些藕汁的，所以也不在意，就似睡非睡地躺着，谁知你又进来了。你不是刚出去的吗？”

“不是的。我刚才没有进来过。你大概是做梦，平时看你没有醒，就把碗放在被桥板上。今天倒没有。”鲁瑞解释道。

“我仿佛见你把手里的碗，往被桥板上的碗里一撂，就回身出去了。”周伯宜强调自己看得很清楚。

“没有！”鲁瑞看看被桥板，说，“你自己看，只有我的手里有碗，被桥板上并没有碗啊！”

周伯宜一看，果真如此，说声“奇怪”，就把碗里的藕汁喝下去了。

鲁瑞拿了空碗出来，走到灶头间，自言自语地说：“真奇怪！”

长妈妈和松寿都在灶头间，长妈妈问鲁瑞什么事，鲁瑞把刚才的事说了。

烧饭妈妈也说了声奇怪。

长妈妈既神秘又胸有成竹地说：“看来，宜少爷的病是不会好的了！”

鲁瑞一呆，说：“病不是已经好起来了吗？”

长妈妈好像是个先知，说道：“宜少爷看见的那个进屋的女人，是章介千姑丈的小姐！”

“怎么是她？章家小姐不是早死了吗？”鲁瑞忙问。

“是的，当年，曾经有人来做媒，要把章家小姐许配给宜少爷，老爷和章家姑丈倒都同意，只等换帖了，谁知章家小姐生病故世了。”长妈妈似乎亲眼所见似的说道。

“好像听娘娘说起过，是有这件事。”鲁瑞点点头说。

“这就对了，既然做过媒，就有一段姻缘未了，现在她来喊他去了。”

“怎么呢？”

“她不是把一碗东西添进他的藕汁里吗？这就是让他吃下，好跟她去。”

长妈妈这一番话，说得鲁瑞心神不宁。樟寿三兄弟却不禁也对长妈妈犯了疑惑：她怎么那样善知自己家的过去未来？她其实是庆太娘给大哥断奶后才来的，所说的事无非是听祖母讲的，她把两件事连在一起，编织出这么一段故事。怪唬人的！

第十一章 春　寒

清明上坟

绍兴今年倒春寒。二月早春，阳光和煦，“暖风熏得游人醉”，一到清明，却突来一股冷流，让人倍觉料峭春寒，只得又穿上了小夹袄。幸好黄梅雨还没下来，只是天阴沉沉的，小风清凉凉的。

周家虽然各房都穷落了，清明上坟的排场却一点不减，因为这费用不是由各房出，而是由祖上的祭田收来的租子开销。

子夜时分，天还黑着，周家各房就在绍兴城南河埠聚齐了。仍旧是三道龙门船十只，分有厨师船、吹手船、男船、女船。这“三道龙门”，是三明瓦的大船，高大而华丽，用四支橹摇。船头画一面具，名叫“鹢首”。俗传：越本泽国，在塘闸未建以前，河流直接通海，故有“渡东桥是海”之说。“鹢”居海内，性嗜龙，龙见而畏之，把它的面目画在船头，使龙远避，不敢作乱，船行可获安全。传说如此，但无依据。书上所载，只说：“鹢”是水鸟，所以把它的像画在船头，并没说它要吃龙。

兴房和慎房、义房的男人坐一只船，四弟椿寿在家由长妈妈看着，樟寿三兄弟全去了，拉着廿八公公坐在一起。像竹竿一样高挑的廿八公公，多才多艺，风流倜傥，三兄弟都喜欢他。

在朦胧的夜雾中，船开了，吹手船上传来吹吹打打的声音。出了正南的植利门。

原来这绍兴府的城门，有旱门，也有水门。旱城门建筑在陆地上，水城门却是建筑在河上，东南的东郭门、东北的都泗门、正南的植利门、正南偏西的偏门、北面偏东的昌安门，都是水城门。植利门和昌安门之间的河流，把绍兴城分为两县，河西岸是山阴，河东岸是会稽。水城门的墙脚建筑在河的两岸，而城门却开在河上，白天拉开，到天黑就关上了。天黑时进出城门是要收钱的。船一过，管城门的就问："船头还是船梢？"就是问开门钱是向船头收取，还是向船梢收取。但是周家却不用交现钱，因为船头高悬着"汝南周"的大红灯笼，管城门的逢年过节到周家来，已经领过赏钱了。

船队出了植利门，东天边射来一线晨曦，透过船舱的方窗，望见水天相接处，乌黑的会稽山脉像一条黑色的长蛇盘桓在微曦中。河边田野中有一堵高大的四方围墙，后边是园，有竹林和大树露在墙外。廿八公公说："这就是静修庵，是个有名的庵，因为它大，年代也就久远。"

舱底传来潺潺的流水声，下雨了，雨点打在船舱顶上，滴沥沥地响，非常悦耳。

船老大卖力地撑篙摇橹，船行得很快，从窗口回望，只见城门朦朦胧胧的，被甩在春水的新绿中了。河边葱绿的山间小路上，披着蓑笠的行人急匆匆地在雨中走着。

廿八公公禁不住念了句杜牧的诗："清明时节雨纷纷，路上行人欲断魂。"

樟寿也正热读唐诗，随口跟道："借问酒家何处有？牧童遥指杏花村。"

兄弟三人和廿八公公一边喝着黄酒，一边吃着茴香豆、豆腐干和点心，很是滋润。

樟寿一直盼望得到廿八公公的印章，心想：何不趁此机会一求？就朝着廿八公公作一揖道："廿八公公好！求公公治印何如？"

廿八公公酒兴正浓，也愿意一显身手，就当即拿出随身携带的工具，在小桌上篆刻起来。不大工夫，就治两印。一枚文曰"只有梅花是知己"。石是不圆不方的自然形，文字排列颇好，不知怎地钤印出来不大好看。这印是朱文的，另一枚是白文方印，文曰:“绿杉野屋”。刻得很好，钤印出来也很好看。

樟寿对这两颗印都很喜欢，拿在手中，不住地端详着，尤其喜爱这富有诗味的文字，有滋有味地吟道:“‘只有梅花是知己’，‘绿杉野屋’……”

櫆寿也很喜欢这印中的文字，觉得很有诗意，特别向往那“绿杉野屋”。心里念叨:“要是真住到‘绿杉野屋’里去该多好！”

松寿还小，不大懂，只是觉得廿八公公刻得真快！就像变戏法似的，把两颗印章变出来了。

周伯宜病好多了，在船上看着三个儿子与廿八公公嬉闹，不禁笑起来。他从樟寿手中拿过两颗印章，反复欣赏着，赞不绝口。然后郑重地交回樟寿手里，嘱咐:“好好保存。”樟寿接过，小心地放进贴身衣袋里。

船靠岸了。人们陆续下了船，离祖坟还有一段路，男子都步行，女子照例坐坟邻[①]准备好的“兜子轿”或“椅子轿”，沿山路前行。

雨小了，小得只有蒙蒙的细雾，飘洒在身上也不会打湿衣襟，反倒觉得清爽。樟寿三兄弟乐坏了，简直是连蹦带跳地往前奔。山间小路两旁满山满野的映山红，鲜红鲜红的，像火在燃烧。还有紫红色的紫云英，二三寸高的“老弗大”，在雨雾中显得水灵灵的，格外艳丽。

到达祖坟时，天公作美，雨完全停了。只有乌云在天空中翻卷，却没有一丝雨水，周家人在坟前自动排好了。

先祀“后土”，每一坟的左侧都竖有一块石碑，上刊“祀神所”，石碑前面放一张祀后土用的石桌，祭桌上陈列的是：鹅、鱼、肉组成的三牲。按乡下风俗，鹅必须用熏鹅。再有肉一方，盐一盘，太锭一副，烧纸一块，上香、门宵烛一对，酒一壶，外加“上坟烧饼”若干。

这回是由和房值年。和房本就讲究排场，脾气怪癖，值年就更加拘礼。十五曾叔祖亲任正赞，他儿子星曹任副赞，带领族人跪拜行礼。仪注的口号，多数由正赞喊出，副赞只在正赞喊出后做些帮助。但在行礼膜拜三跪三叩首时的三个“兴”字，是由副赞喊出。三献礼时，正赞所喊的礼注，凡是带有“献”

① 坟邻：指居于墓区代人看坟的人家。

字的,副赞都把“献”字改成“进”字,亦照样地喊一句,只有“献财帛”的“献”字改作“纳”。

读祝文是副赞的专责，周星曹双手举着一幅黄纸写的祝文，抑扬顿挫地念道:

维 清光绪二十一年乙未三月初一日，信士周琴友昭告于乌石头后土尊位前曰，惟神正直聪明，职司此土。今周星曹躬修岁事于七世祖考寅宾府君七世祖妣陈氏太君之墓，惟时保佑，实赖神庥，敢以牲醴，用申虔告。尚飨。

祀毕，放炮仗三枚，砰、砰、砰，爆响在山野之间，乌云之下，杂花坟茔间顿时弥漫着一股呛鼻的火药味儿。

接着是祀祖。仪式用礼生四人，仍然是十五曾叔祖主祭，站在左前方，周星曹站在右前方，周锡璋即廿八公公站在左后方，周伯宜站在右后方。后方的两个礼生只是随同传递祭品，无其他事情，俗称哑礼生。但廿八公公旗杆似的身形却最招人注意。

其他诸人各依辈分一排一排地列在后面，只以男性为限，妇女、孩子站在两旁。

墓前供菜十大碗，八荤两素，内用特鸡，即三岁以上的禽兽。三牲一副，鹅、鱼、肉。水果三色，百子小馒头一盘，坟饼一盘，汤饭杯筷均六副。上香、门宵烛一对，横溪纸一块，大库锭六百只。祝文。酒一壶，献杯三只。

按序就位以后，一起鞠躬四拜，平身。主祭者十五曾叔祖在坟墓前跪拜，同祭者也都跪下，初上香，再上香，三上香，酹酒，初献爵，亚献爵，三献爵，献牲，献果品，献面食，献茶，献时食，献肴，献馔，献羹，献汤，献粢盛，献箸，献章帛，主祭者兴，复位，跪、俯伏，仍然是周星曹手举全红帖写的祭文，读祭章:

维 清光绪二十一年乙未三月初一日，裔孙武勋谨以清酌庶馐之莫，致祭于七世祖考寅宾府君七世祖妣陈氏太君之墓曰：烟冷荒郊，风悲蔓野，瞻仰茔寝，倍切凄怆，睹松楸之垂荫，修垄峨峨，想山水之钟灵，泉台杳杳，恭维　七世祖考妣仪是式，慈范长存，后世缵承前绪，不替渊源，垂裕后昆，无忘世序。裔孙等传呼莫效于生前，封绩孰彰于殁后，缅怀宗祖，窃愧曾元，兹当三月良辰，已届清明之节，爰先期而入告，愿佑启于无疆，灵兮有知，来歆来格。尚飨。

仪式完毕后，妇女孩子再依辈分年龄先后膜拜。拜毕，燃放炮仗五枚，砰、砰、砰、砰、砰，山野之间接连五声爆响，层层乌云之下，杂花坟茔之间，火药味儿更浓了。

放炮的工人，又把上坟烧饼投掷在坟的前后左右，一个个烧饼像散花一般落下来，农村儿童纷纷抢取，大家笑乐起来。

祭扫完毕，所有点过的烛头，祭过的果品、点心、酒水以及祀土的一方肉，都由坟邻拿去，这是坟邻的专利。祭扫者绕坟巡视一周，察看四周所植荫木株数，有无砍伐短少，四周界石有无移动，坟面泥土有无松陷，然后各自回船散胙，饮酒吃饭。

樟寿三兄弟和别房的孩子们，却不愿回船，漫山漫野地跑。他们平时关在家里和书房里，总觉得乡下特别有趣，早就盼望清明节的到来。乡下儿歌有云："正月灯，二月鹞，三月上坟船里看姣姣。"其实这是成人把自己的想法安在孩子头上了，不是儿童的本心。在儿童看来，"女人不如花"，吸引他们的不是女人，而是花。他们采集映山红，把花瓣放在嘴里嚼，有一股清香和酸味；再采集紫云英，把紫红色的花朵串作球，准备交给大人将茎叶用腌菜卤煮，味道有点像豌豆苗，很好吃的。还拔"老弗大"，这种植物只二三寸高，老是长不大，所以俗称"老弗大"，叶子像榛栗，籽像天竹，鲜红可爱，冬天也不凋谢，乌石山上多极了。

樟寿想起《花镜》上有映山红的图画和说明，就特意挖掘了几棵，小心翼翼地装在事先带来的布袋里，准备回家栽种。

周伯宜也在山野间若有所思地漫步，他走到一座小坟前停下了。小坟前立着片石，上题“亡女端姑之墓”，下款是“伯宜”。这是他亲笔题写的，有四个儿子，只有一个女儿。至今端姑那可爱的小圆脸还时时在他眼前浮现，却早早就没了，怎不令他揪心？伏下身，用手细细地拔去小坟上的小草，抚平坟上的泥土……

在山脚下的僻静处，寿镜吾和寿洙邻父子二人，从一只小船上来，沿小路走到寿家坟茔，摆上香烛银锭祭拜。祭毕之后，又沿原路回来，下到小船上，从怀里摸出两个烧饼当饭吃，悄悄划走了。

坟邻的儿子

鲁瑞没有到山上乱走，她径直到坟邻的屋前来了。

这是两间低矮的平房，在乌石山麓，比上岸经过的村落要远一些，也更荒僻。屋里只有自己用木料做的桌椅和床，瓦钵泥罐，用具少极了。屋门前，搭着一些豆棚瓜架。

老远就听到屋里有女人撕心裂肺的哭泣声。鲁瑞走进屋，见是坟邻的妻子在哭，喉咙都哭哑了，眼睛也肿了，如痴如呆的样子。

鲁瑞问她为什么哭，她也哭得说不清了。

坟邻招呼完外面的老爷少爷，也进屋来了，说：“少奶奶，真没有法子，她哭个不停……”说着，自己的眼圈也红了。

原来坟邻的小儿子被马熊吃了。那天早晨起来，孩子在屋门口剥豆，坟邻娘子出来，人不见了，大声叫喊起来。坟邻和她赶到门口不远处，只见孩子躺在草窠中，血肉模糊，面颊、手臂、大腿、肚子都被吃空了，只剩下骨骼和手脚。坟邻娘子当场昏死过去，以后天天哭泣，眼睛都快哭瞎了。

鲁瑞听着听着，也禁不住陪他们哭了起来。

坟邻的朋友进来劝慰，哭声才小了一些。朋友说，这乌石头本来还有些住户，太平天国时期，长毛也不曾到这深山野坳，可是后来官军还要说这里有人通长毛，把人都杀了。自此以后，人烟稀少。人一少，就出现一种马熊，毛驴那么大，走路咯咯咯的，似马似熊。见了人也不怕，已经拖走了不少孩子。

回家路上，鲁瑞跟三兄弟讲了坟邻儿子被马熊吃掉的事，三兄弟也很悲伤。

回家船上

姆娘带着三弟松寿回娘家，要坐另外的船。樟寿、櫆寿就随父亲回到来时的船上，见船上的方桌上摆满了糖果酒肴，廿八公公等没有动箸，专等着他们来一块儿畅饮，就赶快入座，开怀对饮起来。

船夫的午膳照例是在祭扫时先吃的，等祭扫完毕回船，各船夫都已红光满面，醉眼蒙眬。开船以后，各船夫都趁着醉意，奋勇争先，和自家的各船竞赛快慢，途间碰到别家的上坟船，就一声呼啸，众橹齐飞，大有一决雌雄之概。而各家的上坟船都随有吹手船，仿佛鸣金击鼓地给各船夫助威，结果搞得这家船和那家船一只一只都靠得紧紧地连成一个横排，弄得大家都不能上先。这样，每个船夫都红着脸，赤着膊，以冲锋陷阵的姿态，作万马奔腾的猛闯，堵得所有的船都不能前进。尤其是过桥洞时，众篙齐举，都想把自家船撑过去，把别家船推后，闹得由此演出全武行的大打出手，吓得妇女发抖，孩子啼哭，虽有双方主人极力制止，船夫哪个肯依。不但船夫如此，带去的长工，也都自动加入竞赛。

周家的祭扫船共有十只，每船两个船夫，外加一个帮工，算来近四十人。另外还有头家船料理一切杂务和各房自带的长工，人多势猛，人人奋勇，个个争先，都摩拳擦掌的，唯恐这场恶剧演得不够热烈。双方的吹手船也紧紧地跟在后面大吹大擂地助威，偶有一方获胜，这一方的吹手立马就吹出“将军令”的牌子，奏“凯旋乐”。每年清明祭扫都是如此，但打架尽管打架，从没有打出什么事情来，厮打完结，各分东西以后，一样地又遥相对谈，嬉笑如常了。当然，这与以前因为一点小事打成一团，两败俱伤，从而汲取教训有关。有一年，周家和马家同天清明上坟，双方人数上百，不知怎么回事，两家妇女上错了船，周家妇女上了马家的船，马家妇女跑到周家船上去了。一班顽固男性，把这事视为奇耻大辱，大有“是可忍也孰不可忍也”之概，加上船夫长工鼓噪，扩大得不可开交，先是唇枪舌剑，相互谩骂，继则拳脚相加，大打出手，结果双方都头破血流，两败俱伤。事后，双方族长都觉得这样做有百害而无一益，还是要以和气为贵，于是往后祭扫双方都放弃了正清明上坟的成规，改为一家在先一日，一家在后一日，邢尹避面，免得再起纠纷。万一冲突，也是打归打，过去即完，不再结仇。

尽管外面打得热火朝天，廿八公公和樟寿、櫆寿却怡然自乐，对酒赋诗。

正在另一桌上的周仲翔，见他们赋诗，过来口占一绝：

数声箫鼓夕阳斜，记取轻舟泛若耶。
双桨点破春水皱，清风送棹好归家。

周仲翔谱名凤苞，字仲翔，族中大排行二十三。是樟寿称为“庆爷爷”的周庆蕃的次子，因为他父亲正在南京江南水师学堂任职，颇受族人尊重。

廿八公公赞不绝口地说：“好诗！好诗！！”

这下倒惹恼了仲翔的哥哥周伯文，使他妒火中烧，愤怒得双目几乎突于眼眶之外，吼道：“好什么，好？跟他开的酒店一个样，要倒闭啦！”

这周伯文，谱名凤藻，字伯鸾，是周庆蕃的长子，族中大排行十九。他性格暴戾，知识浅薄，经常发怒，妒忌心重。常以楚霸王自况，发怒时双目突于眼眶外面，故绰号“金鱼”。而且他的发怒常常为人所不及防，遇上者不论人畜无一幸免。有一猫经过其侧，适逢其怒，拎起后脚撕成两爿掼于屋上。族房中有一鸡走到他脚跟，他将鸡撕成两半，血淋淋丢进族房室内。有一次他正在发怒，他父亲捧了一个西瓜进来给他，他夺过来猛力一拳把西瓜击得粉碎，两只手抓起来大把大把地送进嘴里狂啖。他还好洁成癖，总嫌别人脏，可自己整年不洗澡，身体脏了只用干净的燥衣服当浴布周身燥擦，然而他自己的衣服从来不肯派这个用场，只是用别人的。他大便，也与众不同，先把房间里的所有门窗全部洞开，再把倒洗得很清洁的马桶拎进来摆在屋子中央，又经他端详是否确系清洁，并低下头去左闻右闻，检查有无臭气，然后全身上下的衣服脱得一丝不挂，这才上便桶出恭，哪怕是冬季大风雪天也一样照做，不改其常态。凡此种种，都为族人所不齿。还在大书房里和玉田公公的次子仲阳常因下围棋吵架，一个将棋盘撕碎，一个把棋子撒满明堂，过了一会儿又决定重新比赛，分头去拣拾满地的黑白子，或往东昌坊口杂货小铺买纸棋盘去了。他曾经在大厅西偏的小书房教过伯升和樾寿半年书，但没有什么本事，并不怎么管教，只是早晚到厅房来一次。后来居然又外出就馆，在乡间坐馆教书，忽然暴虐起来，责罚学生，用竹枝打学生的脊背，再用盐擦，用做腊鸭的法子整治学生，被主人辞退回家了。他所说的酒店倒闭事，是指仲翔与几位本家在东昌坊口合伙开的咸亨酒店，双间店面，坐南朝北，正对新台门大门，请了一个伙计一个徒弟照看，但因经营不善，正面临倒闭。伯文作为亲哥哥，不但不帮忙，反倒幸灾乐祸。

廿八公公本就讨厌周伯文，这时见他又跳出来捣乱，不禁大怒，拍案斥道："这儿哪里有你说话的地方！"

樟寿握紧了拳头，对周伯文怒目而视。樾寿觉得周伯文纵然只是屡屡考不进秀才的文童，人缘也不好，但终归当过自己和升叔的开蒙老师，做老师时也不严厉，任他们玩耍，也就不以为然，转过脸去，只当没这回事。

周伯文欺软怕硬，见廿八公公不好惹，又是自己的长辈，族人多站在他一边，只好悻悻然地笑笑，躲到船舱外面去了。

安桥头

鲁瑞带着松寿到皇甫庄为父亲鲁希曾祭扫了坟墓，就到安桥头姆娘和弟弟家中去。

油乌色的乌篷船就像一把锋利的剪子，贴在绸缎般的水面上稳稳地裁剪着。日头偏西时，行到安桥头埠头不远处，鲁瑞就看见一个绿色的倩影站在岸边朝船来的方向张望。她猜想准是琴姑，心里喜得开了花，恨不能立马见到这好侄女。

船靠了岸，鲁瑞刚一出舱，穿着一身绿衣的琴姑就连忙过来搀扶她上岸，又招呼松寿道：“三弟，小心点儿！”说着，船工把松寿扶上了岸。三个人一起往家里走。

安桥头是一个典型的江南水乡中的小村，在绍兴昌安门外，距城约三十里水路，村北不足四里就是曹娥江，东西相距各五里为孙端、马山两个集市。孙端镇在春秋时期尚系泽国，汉时淤成滩涂，五代吴越王钱镠发动民工修筑海塘，逐渐形成村落，相传有位叫孙端的人居住于此，故名孙端。安桥头村就在镇内。这村是水乡、桥乡、酒乡和书法之乡。许多人文化水平并不高深，但是能写出一手的好字。

安桥头村名的来历，曾有好几种说法。一说因为朝北台门前有一座“安宁桥”，因桥而得名。其实这座单孔石桥，东首桥面石板上刻有桥名：“通宁桥”，不是“安宁桥”，故此说不确。又一说法认为这里原叫岳墅村，村口有一座东南庵，庵旁有圆洞桥，改称为庵桥头，由庵而安，又讹传为安桥头。其实此庵名东莲庵，较远处有一座三眼桥，前村碧波潭才有一座圆洞桥，此说也不能成立。第三种说法较为可信，据见过鲁氏族谱的祖辈口述，这安桥头建村住人始于北宋末年，当时这里是一片茫茫海涂。有山东鲁兰谷者偕宁波籍门客丁仁泰来到浙江，欲赴宁波而止于绍兴皋埠，教书为业。其第三子鲁世端与丁仁泰，结伙贩盐为生，从曹娥江对岸南汇挑盐到这里正须歇脚，天长日久，就在这里搭茅屋，架木桥，围垦海涂，定居下来。为表示安居乐业之意，把木桥取名“安桥”，地名也就叫作安桥头了。后来有一岳姓盐米官商来这里开设埠头，运盐米至浙东上八府，一度十分繁荣，在官方土地册籍中，这里被编为会稽县七都四图，地名岳墅镇。后遭兵燹之灾，又沦为偏僻小村。“岳墅”之名，后人知之甚少，而“安桥头”这个村名，却一直沿用至今，算来已有八百多年了。

绍兴平原河湖纵横，村落大多临水而建，安桥头被东西向的两个溇分隔成前村、中村和后村。溇，就是长条形的河湾，南溇长不足半里，溇底是一个牛车盘连着一长溜大坟堆。北溇长约三里，溇底通到邻村里赵。村东是通往外域的河道，江口有一航船埠头。过了三眼桥，河东仅有一座土地庙和一座东莲庵，这就是中村，鲁瑞娘家的朝北台门就在这村里。

鲁瑞的祖父鲁世卿当过清朝四品京官，做过木仓科主事，承办内务府皇家事务。告老还乡时，造了这座台门。三间开阔，前后两进，前进平屋，后进带有阁楼，中间小天井满铺青石板，东西两侧是厢房，后有小园，前临小河，粉墙黑瓦，自成一个院落，占地半亩有余。门口就是连通中村与后村的通宁桥。台门坐南朝北，全村除大祠堂外，是独一无二的，故称之为朝北台门。另一处与众不同的地方是，房屋的外墙是三板石萧墙，就是墙的下半部连垒三块长方形大石板作为基础，上面再砌青砖。过去寻常百姓，即使有钱，也是没有资格垒三板墙的。

快走到家时，鲁瑞就看见姆娘、弟弟、弟媳和三个侄女站在门口向他们招手，不自主加紧了脚步，琴姑和松寿也小跑起来。两方一会合，鲁瑞就和姆娘拥在一起，鲁寄湘也一把搂住了松寿。

一家人簇拥着走进朝北台门，房子比皇甫庄的旗杆台门矮小多了，确实连“文魁”的匾额都放不下。进了平屋，也低矮潮湿，光线阴暗。来到中间小天井的堂前，才豁亮起来。满铺青石板的地上，摆着一张茶几，上面放着一把大锡壶，旁边搁着一闷碗浓茶汁和几只空碗。转圈排着四把椅子。周围是分格的书架，架上放满一匣匣的线装书，有医书，也有鲁寄湘喜读的诗文。还有两盆清丽、幽绿的文竹。天井下的木柱上挂着一副对联：“忠厚传家久，诗书继世长。”虽然古旧，却很有些文气。

琴姑请奶奶和姑妈坐在右侧椅子上，父母坐在左侧，三个妹妹和表弟松寿坐在旁边的长凳上，就去茶几旁，在一只空碗里倒一点茶汁，再从大锡壶里斟水冲配。先端给姑妈一碗，又端给奶奶、父母各一碗。最后又给松寿表弟一碗，自己的三个妹妹则由她们自便了。

喝着茶，鲁寄湘对鲁瑞说道：“前天和大哥怡堂、二哥季山到皇甫庄给爹上坟了。”

鲁瑞道：“我是顺路今天上午去的，拜毕，就来这儿了。”

喝过茶，琴姑扶姑妈和松寿弟从楼梯上到阁楼，那里光线明亮，也不潮湿，本是她住的地方，让给姑妈歇息了。

阁楼一角是一间卧室，一看就明白是位喜欢绿色的干净姑娘的闺房：浅绿的被单，深绿的缎被，床边的梳妆台上放着的粉盒胭脂、木梳发卡，也有点儿泛绿。一小盆文竹，更是翠绿翠绿的。只有文竹边上，一匣线装《红楼梦》是蓝色的，打开了，一册卷在一旁，看来闺房的主人正在读。

鲁瑞忙不及地说："啊呀！你让我住这儿，你住哪儿啊？"

"我到楼下和妹妹一块儿睡。偌先歇歇，再到奶奶那儿聚聚。我去备晚饭。"琴姑说着，径自下了楼，让姑妈休息。

鲁瑞哪里待得住，停了会儿，就拉着松寿去看姆娘。女儿心里有话，只能跟姆娘说。人长到多老，都是这样的。

松寿看见外婆正站自己的屋前，往阁楼上望。她也盼着女儿跟自己说贴心话，鲁瑞一下来就随她进屋去了。

屋里低矮潮湿，母女俩哪管这些，互相搀扶着坐到床上。

松寿坐在旁边小凳上眼巴巴瞅着外婆和姆娘。听得姆娘在跟外婆讲家里的事：小姑母的去世，祖母的伤心，大哥的上学，二哥也上学堂了，父亲的吐血……

"早春天气，他不知怎的吐起血来，幸而现在好了，今年刚上了坟。"姆娘说。

"还是要当心他的。"外婆回答。

"是啊！这两年所经历的事，也亏他受的。我对他说：宜老相公，你这辈子算完了！"

"瑞姑！"外婆突然注意起来，惊道，"偌当真这么说的？说他这辈子完了？偌这就说错了，姑爷听了心里要难过的。"

"他不难过。他自己也常常这么说：我这一辈子算是完了，他说的时候，一点也不难过。他还说：我还有儿子呢！儿子会给我争气的。"

"瑞姑，这一点偌难道还不懂？无论什么话，姑爷自己要怎么讲都可以，但不是说，偌也可以这么讲。有许多话，自己讲讲不要紧，但别人讲了，会心里难过。姑爷也够晦气的了，他心里一定很不好过，你又何必再讲这些话使他伤心呢！"

外婆停了会儿，似乎回忆起自己的事情，接着说："偌爹生前多病，我服侍他多年，自己也以为尽心了。等偌爹过去，我在想，自己总做得不够好，有时还不耐心,有时为一点小事和他争。唉！这又何必呢？我看姑爷人品不错，这十多年来待偌也好。现在他有难，偌千万千万不可刺伤他的心，更不可嫌弃他，要尽心尽意地宽慰，让他身体康复起来才好。"

"姆娘说得对，我明白了！"鲁瑞说，"古人相敬如宾，举案齐眉。我尽力而为就是了！"

大人们在孩子面前讲话，总以为他们什么也不懂，其实松寿都懂，他觉得外婆真好！

"奶奶、姑妈，吃晚饭啦！"琴姑在外面叫，鲁瑞赶忙扶着姆娘出来，到小天井厅堂里。松寿在后边拉着姆娘的衣角，尾随着。

奶奶说："琴姑听偌要来，就开始准备偌爱吃的东西。忙了好几天了。"

到了厅堂，见茶几换成了大方桌，桌上摆满了菜，四围放好了杯盏筷子和一大瓶"女儿红"绍酒。虽近黄昏，但自天井射下的阳光，仍使桌上菜肴分明可见：中间一盘霉苋菜梗蒸豆腐，白瓷盘里盛着雪白的豆腐，上面摆着几根青绿的霉苋菜梗，显得晶莹明丽，可人喜爱。旁边一大盘霉干菜焖肉，霉干菜油光乌黑，五花肉色泽红亮。紧挨着的是一盘洁白、鲜嫩的糟溜虾仁，晶滢滢的，令人眼目清爽；左边是一盘糟香醇厚的糟鸡，嫩黄色的，飘着酒香气味；右边是一大碗"珍珠文武鱼"，所谓"文武"意为鲜、腌两种原料。选用鲈鱼、白鲞和冬瓜球合蒸，鲜、咸互补，清香咸鲜，滑嫩入味，形色俱佳。鱼肉旁边还放一碟素菜：水煮的罗汉豆，绿莹莹的，别有风致。对面则是一蓝花瓷盆，盖得严严实实。但盆壁散发出的鲜美气味儿，着实撩拨人，松寿口水都要流下来了……

琴姑道："一会儿再开盖，让大家看究竟。"

琴姑的姆娘沈氏说道："琴姑知道姑妈要来，几天前就准备了。原来都是烧饭妈妈做菜，这回她非得自己下厨不可。"

琴姑让奶奶先坐正座，又请父母、姑妈坐定，自己才和三个妹妹、松寿顺序坐下，习惯地用右手抚一下自己右额的一绺秀发，微笑一下，嘴边显出小酒窝。咬着下嘴唇，乌黑的眼眸深情地望着自己好不容易烧就的这一桌菜……

稍过一会儿，她举起酒杯道：“祝奶奶、爹娘、姑妈康健高寿！”

一家人都举起杯，开怀畅饮。

“田舍家家藏家酿，驿路处处飘酒香。”每逢冬酿季节，绍兴家家自酿老酒。这“女儿红”酒，据说是女儿出生时酿好，深埋地下，待女儿出嫁时才取出喝，因而得名。所以是多年陈酿，滋味醇厚。

喝着老酒，大家各自动筷搛自己爱吃的菜。琴姑搛了块红亮的霉干菜焖肉，放在奶奶碗里，说：“奶奶，这是偌爱吃的五花肉。”又搛了块霉苋菜梗，放到鲁瑞碗里说：“姑妈，我知道偌爱吃这个，吃吧！”

范氏笑笑说：“琴姑这孩子心细，晓得老人爱吃什么。”又对琴姑说，“我们自己搛。你吃你的，不要管了。”说着，给鲁寄湘搛了块嫩黄的糟鸡，又给松寿和琴姑的三个妹妹搛菜，自己则搛了片滑嫩的鲈鱼。

鲁瑞咬了口霉苋菜梗说：“这苋菜梗，闻起来有点儿臭，吃起来却酥嫩嫩的，味道煞香。”

奶奶看看鲁瑞说：“瑞姑小时候就最爱吃这霉苋菜梗。”

琴姑点点头，别的不搛，只搛那绿莹莹的罗汉豆下酒，想起阿张哥最爱吃这罗汉豆，不觉会心地笑了。

酒过三巡，琴姑打开了蓝花瓷盆，一只只在酒中泡过的活虾不住地往瓷盆外爬，用筷子夹回去还是爬。

松寿第一个拿筷子去夹，怎么也夹不着，琴姑连忙告诉他说：“别来回夹，往嘴里送，硬吃掉！”松寿夹了一只，却下不去嘴。活虾又爬了出来，小舅父忙又夹住，送到他的嘴里，逗得大家都笑起来。

鲁寄湘言道：“此菜选用鉴湖所产的鲜活公虾，调以绍酒、南乳汁等泡醉。壳肉相离，生脆鲜嫩，清淡醇香，别有情趣。”

琴姑笑道：“这次可不是鉴湖里的，是从村头河沿钓的。当初阿张哥到家来的时候，就喜欢在河沿钓虾。他说过：虾是水里的呆子，一见了食饵，就用自己的两个钳捧着钩尖送到嘴里去，所以不半天便可以钓到一大碗。昨天我跟妹妹也去钓了，回来放在盆里养着，今天泡了来吃。”

鲁寄湘听了道：“是阿张过去钓过的啊！那好，我先尝尝。”说完，干脆做一示范，夹起一只活虾就朝嘴里送，嚼得咯吱咯吱直响。大家也照样各吃一只，唯有琴姑虽劝大家吃，自己却不吃，眼睁睁看着这一只只活蹦乱跳的虾，活生生成了人们的口中餐，不禁暗自怆然。

吃过饭，烧饭妈妈收拾碗筷，擦净桌子。琴姑忙过来帮忙，悄声说：“妈妈，你快去吃吧！”烧饭妈妈闻听，眼泪都快下来了，忙回过身，端着碗筷进厨房了。

天快黑了，琴姑点亮香油灯。这是一个瓷的灯台，承油盏的直柱只有二寸高，下面即是瓷盘，另有一个圆罩，高七八寸，上部周围有长短直行空隙，顶上偏着开一孔，可以盖在灯上，使得灯光幽暗，只从空隙射出一点来，像是一堵花墙，这是不灭灯时用，需要亮光时把罩反过来当作台，上边搁上灯盏，高低也刚适合。

家人各自回屋休息，琴姑又擎着一盏“水蜡烛”扶姑妈上阁楼，松寿跟在后边。这所谓“水蜡烛”，实际仍是香油灯，用黄铜作壶，约容油二两，口作螺旋，孔中出棉线灯芯，壶下短柱与底台接连，壶与台之间装一把手，以便执持。这种灯具用香油点火，禁得起风吹，不会熄灭，油量充足，无匮乏之虞，那时是最实用的移动照明具了。

上到阁楼琴姑的闺房，琴姑扶姑妈坐在床边休息，又给松寿在床边搭了张小床，就又下楼端来水盆让她们洗涮，自己也出去洗了，收拾了盆巾要到楼下和妹妹一起就寝，却被鲁瑞一把拉住说：“好闺女，不忙走，姑妈舍不得，一块儿说说话。”

琴姑也不愿离开姑妈，顺势坐在一起，紧搂着。

鲁瑞腾出一只手，翻着梳妆台上的《红楼梦》说：“你看《红楼梦》？”

琴姑笑道：“是爹爹的。我拿过来看。”

鲁瑞虽然没上过学，但靠自修能够看书识字，尤其爱读古小说。她拿过琴姑正看的那册，翻开折页瞅了瞅，见是第九十七回林黛玉焚稿断痴情薛宝钗出闺成大礼，一张书签恰插在林黛玉往火盆投诗稿绢子那段。问道："偌看到这一段了？"

琴姑摇摇头说："早读过几遍了。就是爱读这一节，又重新看看。"

鲁瑞似乎悟出了什么，低头说："这一节最苦了。"

琴姑感慨道："黛玉临死这几天，竟连一个问的人也没有。该是多苦啊！"说着，不禁流下泪来。

鲁瑞见琴姑流泪，也禁不住眼眶湿润润的。

琴姑心眼灵，不愿姑妈跟着难过，忙转话题说："阿张哥也读《红楼梦》了。"

鲁瑞有些惊讶，道："伊什么时候读的？家里没有啊。"

琴姑说："是在娱园，从'友舅舅'秦少渔那里借的。"

鲁瑞"哦"了一声，明白儿子为什么回家后像变了个人，老成多了。

琴姑又拉姑妈道："到阁楼看看夜景吧！"

两人一同出来。松寿已经在自己的小床上睡着了。

这时，天晴了，月亮下面，河流、田野、农舍反射着银色的微光，不远处传来狗吠的声音。琴姑想起了什么，轻声细语说："那年奶奶到这里躲清静，我跟了来，偌也带阿张哥来了。阿张哥和村里的孩子到赵庄看社戏，我和奶奶、姆娘、姑妈，在这阁楼上透过窗户看村里的戏，不用跑远路，也不用到台下去挤，多好啊！可惜，这些年村里穷，请不起戏班，演不起戏了。"

鲁瑞也回忆起当年的情景，说："那戏班开头有一个小丑上台念道：'风餐露宿走四方，绍兴乡下唱戏文，粗菜淡饭过日子，摸升螺蛳开开荤。'"

琴姑拍手笑道："姑妈记性真好！还记得这词啦！我也记得那年秋天，四邻八乡迎神赛会，搭台唱戏。白天，舞狮、舞龙、武术、杂耍，巡游到各村表演，路过村里大道是一定要表演一番的。最难忘的是杂耍戏酒坛，一个人把一只老酒坛在手中拨来弄去忽地抛向空中，落下来时用头顶稳稳接住，纹丝不动，接着甩动头颈，酒坛在头顶转动起来，赢来一片喝彩叫好声。"

鲁瑞倾耳听着，笑了。

过了会儿，琴姑心知姑妈接连奔波两天了，一定疲劳，说道："姑妈歇息吧！"要下楼去。鲁瑞哪里肯舍，硬拉侄女回屋，姑侄俩合躺一床，合盖一被，亲亲热热地睡了一宿。

第二天绝早起来，按说鲁瑞是要在娘家住上几日，但她惦念家里的丈夫和儿子，特别是小儿子椿寿，决定一早就回去。

早上，琴姑侍候姑妈洗漱、吃早饭，又到后园看了看。

这后面小园子里，种了几畦苗菜，还有一棵高大的水杉。角落里放着两只大南瓜。

琴姑指着南瓜说："爹爹在村里行医，不收分文诊费，村民感激他，知道他喜欢吃南瓜。等南瓜一熟，就摘几个送他。这是两个最大的，舍不得吃，还存在这里。"

鲁瑞点点头说："偌爹跟偌爷爷一样，都是善心肠。"

说着，收拾东西出门。鲁寄湘吸大烟，起不来床，鲁瑞不让叫他，就由姆娘、范氏和琴姑的妹妹们送到门口。

台门口那座石桥，苍老古朴，风采依旧，刻在桥板上的"通宁桥"三字，清晰可辨。鲁瑞见了，想起过去的种种事由，真有点儿不舍离去。但家里的孩子，还是牵着她的心，强忍眼泪，嘱咐姆娘好生保养，就由琴姑陪着，拉着松寿往埠头去了。

琴姑扶着姑妈、三弟上了乌篷船，自己就立在河边痴痴地望着，盼望能有一天也上船同去。

鲁瑞进了船，不禁撩开舱帘向岸上望去，见琴姑绿色的身影一动不动地立着，两手不自主地抚弄垂到胸前的发辫，直到船行远了，才慢慢消失，口中念叨："多好的孩子啊！"眼睛被泪水沾湿了……

广思堂与武秀才

樟寿回到家里，第一件事就是把从山里移来的映山红种在明堂的花盆里，细心地浇上水，又插上写着"映山红"的竹签，又在每株花前列一标签，才回屋洗净了手，看那部《花镜》。

看到映山红一页，见有这样的说明：“若移植家园，须以本山土壅始活。”才想起没有从山中带土，是用自家明堂的土栽的，蹙眉思索了一下，在此页夹上一片广玉兰花瓣。

第二天，照旧去三味书屋上学。老寿先生和小寿先生依然是那么和蔼、仁厚，就跟没有清明上坟这桩事情似的。同学们也更加亲密、随和，其乐融融。

课间，同学们到后园玩，章翔耀把大家召集到一起说：“咱们老寿先生多好，虽然备有戒尺，立有罚跪的规则，却不常用。实在恼了，也只拿戒尺轻轻扑五下，再换只手扑五下。可是那边广思堂王宅，‘矮癞胡’设的私塾，打手心要把手背顶着桌角，好像捕快拷打小偷。咱们三味书屋大小便完全自由，径自往园里去就行了。‘矮癞胡’那边却有什么撒尿签，学生撒尿得上他那儿要签。”

樟寿本来就对“矮癞胡”恨透了，想起他那毒鳌似的异样目光就怒不可遏，恨得牙齿咬得咯咯响，骂道：“他也要模仿古人出恭入敬牌了。去把他的撒尿签撅了。”

同学们一起响应，中午放学后，一同往广思堂王宅跑去。此宅在百草园东边，隔着两三家，是一个破落的大台门，大厅烧了，只剩一片空地，偏西的厢房里设着私塾，师生都已散了，这帮“见义勇为”的学生便冲进“矮癞胡”的书房。大家攫取笔筒里的撒尿签，一一撅折，将墨砚复在地上，笔墨乱撒一地，扬长而去。

这次行动，纵然没有直接教训“矮癞胡”，樟寿和同学们却大长了志气。路见不平，拔刀相助，成了他们的常事。

一次有人报告，小学生走过绸缎弄的贺家门口，常被武秀才打骂。大家一听，便不管三七二十一地觉得讨厌，约好在绸缎弄集合，章翔耀仍是首领，樟寿特地从楼上把爷爷做知县时用过的腰刀拿了出来，隐藏在大褂底下，雄赳赳地走到贺家门口。几个同学好像《水浒》好汉似的分散在武秀才门前守候，却总不见他出来。不知他是偶尔不在，还是事先得到消息，怕同小孩子们冲突，避开了。但不管怎样，孩子们都认为他屈服了，由首领下令解散，各自凯旋，回家去了。

第十二章　又是从夏熬到秋

夏　殇

夏天到了，怎一个“熬”字了得。绍兴变成了一口热锅，把人和畜牲、昆虫搅拌在一起蒸熬，像要蒸熟了一般。子传公公酷暑来到之前死了。开始人们都叹息道：“嗨！吃了那么多烤焦的蟑螂碳粉，也不见效，还是死了！”暑热一到，人们又不禁为他庆幸：“亏得死了！不受这份热罪了！”子传奶奶热得大开房门，周五十赤身露体地在她房里鬼混也不顾忌，反正丈夫死了，一个寡妇，一个单身，谁还管得着？

东昌坊口也不平静，接连出了两起抢亲。

头一起是和房的女佣阿祥嫂。一天照往常一样，她早上去河边淘米。不一会儿，介绍她到和房做工的单妈妈带了一个三十多岁的女人进来了，说那是阿祥嫂的婆婆。那女人虽是山里人模样，然而应酬很从容，说话也能干，寒暄之后，就赔罪，说她特来叫她的儿媳回家去，因为开春事务忙，而家中只有老的和小的，人手不够了。

十五曾叔祖听了说：“既是她婆婆要她回去，那还有什么话可说呢。”

于是算了工钱，一共一千七百五十文，她全存在主人家，一文也没有用，便都交给她的婆婆。那女人又取了衣服，道过谢，出去了。其时已经是正午。

“啊呀，米呢？阿祥嫂不是去淘米的么？……”好一会儿，新老太太才惊叫起来。她大约有些饿，记得午饭了。

于是大家分头寻淘箩。新老太太先到厨下，次到堂前，后到卧房，全不见淘箩的影子。十五曾叔祖和儿子咸父子俩踱到门外，也不见，直到河边，才见淘箩平平正正地放在岸上，旁边还有一株青菜。

看见的人报告说，河里面上午就泊了一只白篷船，篷是全盖起来的，不知道什么人在里面，但事前也没有人去理会它。待到阿祥嫂出来淘米，刚刚要跪下去，那船里便突然跳出两个男人来，像是山里人，一个抱住她，一个帮着抱，将她拖进船舱去了。阿祥嫂开始还哭喊了几声，此后便再没有什么声息，大约给用什么堵住嘴了罢。接着就走上两个女人来，一个不认识，一个就是单妈妈。窥探舱里，不很分明，她像是捆了躺在船板上。

“可恶！然而……”十五曾叔祖话没说下去。

这一天是新老太太自己煮午饭，儿子咸烧火。

午饭之后，单妈妈又来了。

“可恶！”十五曾叔祖说。

“你是什么意思？亏你还会再来见我们。”新老太太洗着碗，一见面就愤愤地说，“你自己荐她来，又合伙劫她去，闹得沸反盈天的，大家看了成什么样子？你拿我们家开玩笑么？”

“啊呀啊呀，我真上当。我这回，就是为此特地来说说清楚的。她来求我荐地方，我哪里料得到是瞒着她的婆婆的呢。对不起，十五曾叔祖，新老太太，总是我老发昏不小心，对不起主顾。幸而府上是向来宽宏大量，不肯和小人计较的。这回我一定荐一个好的来折罪……”

“然而……”十五曾叔祖说。

于是阿祥嫂事件便告终结，不久也就忘却了。

不久，又出了第二起抢亲。这次抢的是屠宝林太娘的女儿宝姑娘。

宝姑娘从小就许给姆娘娘家山里的远亲，长大以后，她不满意这门亲事。宝林太娘没有办法，只好赖婚。男家很穷，本来也没有钱筹办婚礼，知道后，便来抢亲。

男家摇着船来抢亲了，一见来势不妙，宝姑娘的兄弟阿锡手里捏着柴叉在家门口守候，宝姑娘自己慌忙关上房门，躲在楼上。邻居对抢亲这类事，是不好插手的。因为有的是双方父母商量好了，只是女方不同意；有的是女方也同意，只是家境贫寒，办不起酒席。有一次知县见到如此陋习，非要惩办不可，把一个去抢亲的新郎捉进衙门打屁股，恰恰这次是新娘本人情愿的，见新郎被捉去，坐在轿里大哭起来。知县尚且不好管，别人就更不能过问了。阿锡虽勇，但势单力薄，终究寡不敌众，手中的柴叉被人夺去，人也被拉到东昌坊口的茶馆里。新郎带着另一些人冲上楼梯，猛推房门，宝姑娘见情况不妙，想从后楼窗爬出，到东隔壁躲藏，不慎失足落水，正好男家的船就泊在旁边河里，顺势把她从河里捞起，塞进船里，一面又派人到东昌坊口召唤还在茶馆里的人，喊道："人已经抢到了，快回去！"大家纷纷到河埠头上船了。

船行的速度很慢，阿锡从茶馆逃出后，急中生智，马上追到木连桥，捧起一块大石头，等男家船一到，就高声大喊："赶快把人放回，不然我就把船底搡通。"说着，高举起手中的巨石。男家没有办法，只得把人放了。

这是一次没有成功的抢亲，台门里外都在说这件事，似乎是头条新闻，后来听说男家终于解除婚约了。

宝姑娘胜利了，但经这一吓，再在水里一激，病倒了。屠家小店也再没有了往日的风光。过一些时候，正逢酷热难当时，一口薄皮棺材从小店里抬了出来，宝林太娘拍手拍脚地号啕大哭着，阿锡和另一个兄弟把宝姑娘埋葬了，二十岁的年轻生命从此消亡。

宝林太娘只能发起宣卷，在那悲凉楚怆的音调和佛号里，寄托她的哀思。人们在悲怆的哭音与歌声中，仿佛看到了宝姑娘消逝了的音容笑貌和那清丽的倩影……

那白胡子老头叹口长气说："是夏殇啊！酷暑多伤情……"

樟寿三兄弟不久听到了抢亲的悲剧故事，一个个也哀伤着。松寿不禁想起了当初见到阿祥嫂和宝姑娘的情景：

阿祥嫂，三十岁左右，手脚壮大，利利索索，脸上泛着红润，挽着双臂，湿淋淋的，托着淘箩和一捧洗净的青菜，轻抚一下自己的脑壳，低头笑笑说，“三阿官长高了。”就爽快地走过去……

细眉细眼的宝姑娘柔声细气地说：“三阿官，吃吧！可甜了！”……

松寿禁不住哭起来了……

樟寿只紧咬着嘴唇，深思着什么……

櫆寿却很悠然，望望远方，好像觉得这很平常，没有什么……

宝　姑

天热，茶水喝得多，宝姑负责烧水泡茶。泡茶、煮饭用的都是天落水，用又长又粗的毛竹管接在屋檐下，下雨时顺流在水缸里，虽然上有两爿半圆的缸盖，但孑孓很多，宝姑常常用短毛竹管放进水里舀水，咕咚一下，那些孑孓翻着跟斗逃开了，她舀满一壶，在灶头间烧开了，便拿进吃饭间冲进大茶桶里。

有一天，宝姑拎了开水壶，走过后明堂，不知怎的在石板地上一滑，开水烫在脚上了。周伯宜在北窗正好看见，连忙赶出来。

宝姑忍着痛，赶忙去拿壶，一边说：“啊呀，水壶给我敲瘪了。”

周伯宜说：“壶敲瘪倒是小事，脚烫坏没有？”

鲁瑞和长妈妈也赶了出来，鲁瑞把宝姑扶进屋里。长妈妈拾起开水壶，咕噜着：“宜少爷倒关心宝姑的脚！”

宝姑的脚没有缠得像其他姐妹那么小，但也有长长的裹脚布，幸亏有这重重叠叠的裹脚布，脚背虽然已经红肿，烫得不轻，但还不至于伤得很厉害，她没有说什么，一瘸一拐地回自己屋里去了。

那些传教士可真奇怪，消息也真是灵通。宝姑的脚被开水烫坏，台门里的人知道了，修女也立刻来了。

正是三伏天，毒日头晒得石板地发烫。那五十岁左右、金发碧眼的美国修女又来了。她手里拿着一把阳伞，拎着一个药包。阳伞是夹层的，外层黑色，里层白色。她走进黄门，就把阳伞收拢了。看见蒋老太太，客气地说：“周太太，你好！听说你们家宝姑的脚被开水烫坏了，我来给她看看，好吗？”

蒋老太太便叫宝姑出来，和她在小堂前坐下。那修女好像怕太师椅不干净，把那柄收拢的阳伞垫在自己的屁股底下。

宝姑把脚给她看，她就要宝姑拿出脚盆来，用温水把脚洗干净，然后给她搽上什么药，走了。

以后，修女每天下午来给宝姑换药，不久，宝姑的脚就完全好了。

修女又要向蒋老太太传教，但正在一边的松寿看到祖母依然是那样寂寞的神情，对修女们宣扬的耶稣基督，始终是那么冷漠和陌生。

小孩儿也感觉到：祖母失去小姑母的内心创伤，是永远没法治好了。

“白光”

正在最热的时候，台门里突然一阵骚动，人声嘈杂。周家的孩子们赶忙到蓝门的橘子屋，挤过人群，只见子京公公被人抬在眠床上，昏迷了。他那样子真可怕，衣服是湿的，衣襟被拉开，露出胸口，喉头和胸脯全是伤。伤口的肉翻了出来，已泡成白色。一条灰白色的辫子像死蛇一样缠在颈上，脸色灰白，不省人事。两手的指甲里满是河泥。子传奶奶大声叫他，他也没有反响。像是死了，只剩下一口气。

周子京本在塔子桥南埯路西的惜字禅院开馆教书，因为明年轮到他值年，开春就回来了。

他原名致祁，改名福畴，字子京，号敏甫，族中祖父辈大排行十九。是个忠厚老实的人，赶考一辈子，还是个老童生，年年县考的榜上，看不到自己的名字，就发呆病。但在族里仍然受尊敬，因为他的父亲周永年，在太平军占领绍兴时失踪。太平军退出后，族人周以均奉命恢复绍兴地方政府，便将其归入“殉难”一类中，而且是“骂贼不屈死之”。经上报，朝廷赏给了云骑尉，而且世袭罔替，拜忌日或上坟时，可以戴白石顶子，但周子京不愿意承袭云骑尉，就去呈请调换，被批准为以生员论，可与秀才一起参加乡试考举人。他又不甘心，一定要凭自己的本事考秀才。但他的文章写得太怪，考官以为是同自己开玩笑，不予通过。譬如有一首试帖诗的题目是“十月先开岭上梅”之类，他就开题写什么“梅开泥欲死”，谁也不懂是什么意思，所以他去县考时，被批饬不准应试。

周子京曾收过几个学生在家里教书，樟寿也去读过一年。就坐在窗下，面对橘子树读，因为周子京比他长两辈，敬称他为明爷爷。明爷爷对他很严格，叫他背四行书，他立刻背了，一切课业都办妥了，就在那里玩。明爷爷看看不对，就再加四行，十六行、三十二行……半本书，一本书，以后就每每整本的书责令他背，但他还是很快做妥了，仍然在那里玩，原因是他看过一两遍就背得一字不差。结果弄得周子京没有法子，而他自己不仅文理不通，而且错字连篇，如把“荔枝”的“荔”写成“栃”。樟寿拿回家去，被周伯宜看到，批其错误。第二天周子京见到批语后，大为惶恐，在课本注了些谴责自己的话，末了一句是：“真真大白木。”后来却又出了笑话，给樟寿对三字课，用叔偷桃对父攘羊，平仄不调倒是小事，他依据民间读音把东方朔写作“东方叔”，就大谬了。在教读《孟子》时又出了更大的笑话，讲到“孟子”引“公刘”诗云：“乃裹餱粮”，他说这是表示公刘很穷困，把活猕袋的粮食也咕地一下挤了出来，装在囊橐里带走了。他显然是论声音不论形义，裹字里的从衣，餱字的从食，一概不管，只取其咕与猴的二音，便成立了他的新经义了。樟寿把公刘抢活猕的果子的话告诉了父亲，周伯宜只能苦笑。这样，樟寿勉强在周子京那里支撑了一年就中止了。

周子京教书不成，县考不利，又无财产，渐渐生活无着。但对先祖十分尊敬，书房正墙上郑重地挂着周用的一组水墨山水，共四幅斗方。周用，明弘治十五年，即公元一五〇二年进士，后官至刑部、工部、吏部尚书。明史有传，说他“为人端亮”，很有作为。画作很一般，不过几棵树、几座山罢了，可是周子京却视为珍宝，画左下角盖着印章，一枚是“周用之印”，还有一枚却是“子京”。

周家台门传说，祖上怕子孙败落潦倒，在台门埋藏了一笔金银财宝，数量可能不小。这对住在台门里的人来说，是一个很大的诱惑。有些家境况已经很窘困了，如果能掘到藏金，该有多好！对于周子京来说，就更是梦寐以求地想发意外之财。金银藏在什么地方呢？传说有一句口诀："离井一纤，离檐一线。"有人猜，必定在明堂里，因为那里既有井又有檐。但明堂里的井很多，究竟是哪一口呢？离井一纤，纤是背纤的绳吧，船在河中行驶，人在岸上拉纤，那纤绳是很长的，而这里还没有这么大而深的明堂。离檐一线是指离屋檐很近的地方，和离井一纤配合起来，又在哪里呢？又有人猜，这是指阳光的照射，影子好像一纤和一线，并不是实物的真正长度。大家猜不透，只好作罢。不料想，忽然听说子京公公在掘藏了。

橘子屋就在樟寿家后面，他最先听得，就跟弟弟一起随长妈妈跑去看。

这时，已近黄昏，只见子京公公带着石作土工，正在房间里掘。

人来得多了，子京公公兴致勃勃地对大家说："下午，我在教学生读书，得意太娘醉醺醺地进书房来，坐到床前一把太师椅上，东倒西歪地坐不住，我去扶住她，也没和她说什么，她忽然说道：'眼面前一道白光。'"他朝四下望望，接着说，"白光，就是银子的光，白光起处，必定藏有银子！"

听的人多数都不相信，因为觉得周子京和这位得意太娘神经都不正常。得意太娘姓唐，住覆盆桥下木莲巷口状元台门内。她的地位是佣人，却从不做佣人的事，整天蓬头垢面，蓝衣青裙，通年不换，总是醉醺醺的。她有一个儿子，是工人，屡次来找，她却始终不肯回去。周子京的夫人早已去世，他对两个儿子八斤和周阿桂平时放纵不管，任八斤"戳伊杀，戳伊杀！"地乱喊乱叫，管时又不讲道理，凶狠毒打。一次问八斤蟋蟀是什么，答说是蛐蛐，周子京就用戒尺打其头角，且打且说："虱子啦，虱子啦！"两个儿子不堪父亲毒打，出逃在外。八斤一去不回，据说死在外边了。周阿桂出奔之后还回来过，特别是他姆娘忌日那天，要来拜忌日，穿着新的蓝布长衫，身上干干净净的，人们说是给什么店家做了养子，本人却毫不吐露。父子相见很是客气，拜过忌日，周子京留"客"吃饭，说："吃了忌日酒去。"儿子答道："不吃了，谢谢。"这样，家里只有得意太娘和一个烧饭妈妈。周子京每发疯病，得意太娘必紧随其后，有时追赶不上，就拉住他的辫子。一个在前狂奔疾叫，一个拉住辫子跟在后面不断地喊"老爷"。久而久之，得意太娘神经也不正常，和周子京

“疯”味相投，有时同坐地下，拾菜叶包鸡屎相与共食，两人还津津有味地赞美不已。所以，众人都不相信这两个疯子的话。

然而，长妈妈却很相信，应和道：“戏文开场时，常常演一出《掘藏》，先放一阵焰火，随后用方天画戟来掘，就掘出金银元宝来了。”

子京公公就决定照着他的老佣人得意太娘看到起白光的地方掘。他信心十足，满有把握地指挥工人掘着。人们回家吃饭去了，他还在掘；人们睡觉去了，他还在掘。

“这回总会掘着了吧！”长妈妈睡着了，还不断地呓语。

以前子京公公也试过几次，那是在蓝门内，橘子树下。有一次似乎看得十分准了，叫工人来把明堂里的石板凿出一个圆洞，大概可以和埋着的缸口相当吧，然而还是没有，只得又用砖石把圆洞填补好。这一回有白光的预兆，肯定会掘到了。

第二天，子京公公还在掘着，地上出现了深坑，他亲自下去检查，摸索到一块石头的方角，很有点儿像装死人的石椁，他一惊慌，赶紧爬上来，匆忙中把腰骨闪了。这一回还是一无所获，他想不通，从此就总有点儿失魂落魄。

一天夜里，人们都睡熟了，子京公公却睡不着，他在房里自怨自艾，随后又自己大批嘴巴，用前额磕着，大声责骂：“不肖子孙，不肖子孙……”不知道他是在骂人还是自骂。翌日早晨，开门出来，只见他脑壳肿破，神情凄惨，惶惶然地向台门外走去。后来，他又是那么自责，用头撞墙，自打嘴巴，时好时犯，大家见怪不怪，也就不大理会了。

这样犯神经病，又总是教错了书，就没有学生来上学了。他只好到塔子桥南塊路西的惜字禅院开馆授徒，搬到那里去住。烧饭妈妈也辞了，老佣人得意太娘不见了，大概是她儿子给接回家了。

曾经轰动一时的橘子屋，人去楼空。蓝门紧闭，石板缝里长出不少野草。人们见了叹息道：“唉！子京这一房，怎么会弄成这样？”

子京公公在惜字禅院也混得不好，正好明年该他值年，就顺势回来了。不知怎么，又落到水里去了。

人们营救的营救，看热闹的看热闹，也有人七嘴八舌地议论。据说他在惜字禅院发过多次狂，大抵是在半夜里发作，先是厉声说不肖子孙，随即自打嘴巴，又用前额在墙上碰。旁人无法劝阻，也不知为的什么事，只好听其自然。第二天，他前额红肿，神情凄然，慢慢地也就好了，像常人一样。

这一次是在白天发了狂，最初照例地自责自打，随即用剪刀戳喉咙，戳胸口，用稻草浸了煤油，点了火，自己伏在上面烧，一面喊："爽快！爽快！"又奔出来，从塔子桥上跳进咸欢河，一面高叫："老牛落水哉！"

街坊看到他的疯狂眼神和举动，都不敢走近，落水之后，才把他捞起来，运回蓝门。昏迷了一天，断了气。

周伯宜赶紧写信通知子京的姆娘，松寿辈的十二曾叔祖母。子京公公的长子八斤和次子阿桂，出走后都已死了。按照族规：小房绝，长房续。这长房是指长房里的少子，子京公公无后，理应由樟寿的升叔承继过去，做他的儿子，来办理后事。但升叔在杭州陪伴父亲，不能回来，就由周伯宜代替。

本来这一年轮到子京公公值年，但他等不到冬天收租，春间早就把租谷廉价押给了别人，用这笔钱为自己办了两件大事：养儿防老，积谷防饥。媒婆给他说亲，串通了人，借了一个女的给他看了一回，骗了钱去；另外是在庙里修造仓间积谷，还没造好，三伏天就发狂死了，只好作罢。族人正犯难的时候，周伯宜答应代替子京公公承当值年，白尽义务，总算解决了一个大难题。

子京公公去世后，他姆娘，十二曾叔祖母回来了。一个人孤零零地住在那荒凉破败的蓝门里，过着寂寞的生活。她很少出来，出来时也只是和蒋老太太、鲁瑞聊聊，诉说自己的苦命：丈夫早年在太平天国时失踪，儿子发神经病惨死，孙子逃走又去世，只剩下她一个孤老太婆。蒋老太太由她的坎坷想起自己的不幸，就陪着落泪，好言宽慰她说："十二婶，你是老寿星了，身体也硬朗，将来阿升孝顺你，还有后福呢！"

十二曾叔祖母知道蒋老太太说的这话是很渺茫的。伯升只有十四岁，还在杭州陪他父亲，将来怎么样，谁也难说。

十二曾叔祖母回答说："我这是寿星吃砒霜，活得勿快活啊！"有时又说："唉！今朝弗知明朝事呢！"

幸而她雇的烧饭妈妈，人很老实勤快，替她把所有的家务事都包下来了，一点不用她操心，她精神上虽然痛苦，生活上还算过得去。

说 戏

孩子终归是孩子。大人有说不尽的愁苦，孩子却还是要寻找自己的乐趣。天逐渐凉下来了，樟寿拉着二弟櫆寿，松寿领着四弟椿寿，又叫来了廿八公公和邻居沈家的主人沈老八，还有三味书屋的同学“小头鬼”吴书绅、章翔耀等，在明堂的桂花树下演起戏来。

从周家台门到三味书屋不过隔着十几家的门面，其中沈家的主人沈老八，头大身矮，家中养着一只山羊，据说是为了厌禳火灾的，便觉得很有一种超自然的气味。常对人说：“有它！就可高枕无忧，不患失慎了。”他家的山羊常在路旁吃刺苋，章翔耀等同学要去骑它，往往为那看山羊的独眼老婆子所骂，所以就在演戏时把这大头派为凶人。而廿八公公因为吸鸦片的缘故，耸着两肩，仿佛在大衫底下横着一根棒似的。“小头鬼”则是由于身子长，头显得特别小。这三个人让人看了，都感到有些异样，于是就拿来戏剧化了。

一开场，大头沈老八扮演凶恶的巨人，带领着山羊，占据了岩穴，扰害平民。“小头鬼”和“耸肩”的廿八公公便各借了法力去征服巨人，“小头鬼”从石窝缝里伸进头去窥探巨人的动静，“耸肩”等巨人出来，只用肩一夹，就把巨人装在肩窝里捉了来了。于是大家欢呼雀跃，大声叫好！

“好哉！好哉！打坏人哉！”只听得两岁的四弟椿寿最高兴，叫得最响。举着根长满绿叶的树枝，连跳带蹦，要用树枝打巨人沈老八的屁股。沈老八连忙躲藏，“小头鬼”和“耸肩”跑过去拉住他，要四弟去打。樟寿忙对四弟说：“轻轻打一下，这是演戏，别打重了。”

四弟哪里肯听，举起树枝就连打三下，边打还边叫着：“打坏人哉！”松寿忙上前把他抱过来了。

巨人沈老八不但没恼，还回身抚了下四弟的脸蛋说：“小椿寿最喜人哉！”

大家都被逗笑了。

接着又演打败贺家武秀才。还是由大头演武秀才，他把石窝缝当作绸缎弄的贺家门口，在那儿凶恶地横站着。樾寿、章翔耀等从眼前一过，就上来打骂。樟寿又把爷爷做知县时用过的腰刀拿了出来，隐藏在大褂底下，雄赳赳地走到假武秀才面前，举起腰刀要砍。章翔耀首当其冲，过来助阵，樾寿和“小头鬼”“耸肩”也跟着上。假武秀才连忙逃窜，大伙儿佯装追赶，连连喊杀，叫好。看客松寿和四弟椿寿也跟着叫起好来。四弟跳得更高了，举着两只小手，大喊：“打坏人哉！打坏人哉！”于是战斗胜利，演出结束。

“戏”散以后，樟寿又在桂花明堂四围踱步，观看花盆里的各色花卉。只见清明时从山上移来的映山红已经一片红艳，灿如云霞。这几个月来，他一直精心照料这株山花，用腐熟菜籽饼兑水施肥，果然见效，不禁喜上心来。

晚饭后，他又上楼擦净桌子，点亮油灯，把手洗干净，小心翼翼地翻开《花镜》，细细阅读。翻到映山红一页，还夹着那片广玉兰花瓣，见书上写着：“若移植家园，须以本山土壅始活。”禁不住摇了摇头，就在墨盒里掭掭“金不换”小楷笔，于该条下批注道：“按：花性喜燥，不宜多浇，即不以本山土栽亦活。”

离就寝还早，樟寿就上了床，却不睡，招来三个弟弟，听他说仙山。这时他大抵看些《十洲》《洞冥》之类的书，里面有“赤蚁如象”的话，便想象居住山中，有天然楼阁，巨蚁供使令，名阿赤阿黑，能神变，又炼玉可以补骨肉，起死回生，似以神仙家为本，而废除道教气味，完全童话化，变作活生生的理想乡，颇极细微，惟妙惟肖。三个弟弟都听迷了。

颤　栗

暑热过去了，秋天到了。绍兴乡里乡外都松了一口气，纷纷出来享受这久违的清凉。但是周家却不一样，一个阴影，一种重压，随之而来。紧张、恐惧、煎熬、痛苦，缠住了全家。特别是周伯宜，常常会无缘无故地受到惊吓，变得神魂不安。

他明明在那里呆坐着，没有任何人过来，却忽然惊叫起来，跳起，浑身颤栗不止。如果四弟椿寿在一边，也会吓得惊叫着，往姆娘怀里钻。鲁瑞只要没事，都要紧紧抱着自己的小儿子，既像母鸡护小鸡一样保护着他，又从小儿子柔嫩的身上获得一些安慰。没有这种慰藉，她也会如丈夫那样不自主地不停颤栗。是啊，一想到公公又要面临杀头的危险，又怎能不害怕呢？家里现在已经无地可卖了。而且即使有钱，也不晓得往哪里送，只好听天由命了。

樟寿就在父母房间的后屋住，他清楚这一家人此时的恐怖，不再说戏了。自己在夜里还是常常做那杀头的噩梦，不断从梦中惊醒，醒后也颤栗不止……

他想：这个世界为什么总要人杀人呢？想让人死，就死吧，为什么还要残酷地杀头呢？是因为脖子是头与身体的相连处，比旁处细，容易砍断吗？人，生在这样的世界上，真是太痛苦了。

在三味书屋里，寿镜吾老先生喜汉魏六朝古典文学，时时诵读，虽因文义较为深奥，没有授徒，但樟寿耳濡目染，已经心领神会。“小寿先生”这时正阅览明季遗老诸书，如《曲洧旧闻》《窃愤录》《玉芝堂谈荟》《鸡肋编》《明季稗史汇编》《南烬纪闻》等，樟寿也借来尽阅之。因而使他阅读的注意力转向“野史杂说”方面，读了不少野史。

他从“小寿先生”处看到一部《蜀碧》。乾隆初刻本，四卷，四川丹棱人进士彭遵泗所撰，虽然已经泛黄、破旧，但倒还齐全。这书几乎收尽了当时记载张献忠据蜀的所有史料。其中包括《明史》《明史纲目》《明史纪事本末》等二十五种。考订工作做得很细、很深。虽然《蜀碧》不属第一手资料，但在第二手、第三手资料中，应该算是最好的和最有价值的。特别是所选录的一些史料，不仅少年时的樟寿，就是当时的大学者也已不可见到了，就更显其可贵。

樟寿拿到书，就日夜翻读起来，方明白过去听人说的张献忠的“七杀碑”，原来就是“天生万物养于人，人无一物回于天，杀！杀！杀！杀！杀！杀！杀！”杀人，成了张献忠这“流贼”的嗜好，杀从官、文官；杀绅士；杀诸生；杀武生；杀所获妇女、儿童；杀无可杀，则杀妻妾。并有各种杀法和称谓：割手足，谓之“匏奴”；分夹脊，谓之“边地”；枪其背于空中，谓之“雪鳅”；以火城围炙小儿，谓之“贯戏”。他还抽善走者之筋，斫妇人之足，碎人肝以饲马，尤其骇人的是又创生人剥皮法，从头至尾，一缕裂之。张于前，如大鸟展翅，逾日始绝。有即死者，行刑之人坐死。兵书龚完敬以为无道。被剥皮后实于藁草，衣冠以徇市。整部书都浸满了蜀人的血，“蜀碧”就是取苌弘之血、“三年化碧”的意思。

看到这里，樟寿想到“剥皮”时的残酷，浑身颤栗，不忍卒读。停了好一会儿，才又读了作者之兄彭端淑为《蜀碧》写的序，序中叹道：

> 呜呼！蜀非有深怨积怒于贼也，而残忍若此！天实为之耶？抑人事使然耶？览是集者，必将有叹息江下而不能已者也。故曰：蜀碧者，哭蜀也。

读毕《蜀碧》，樟寿好几天不思茶饭，对“流贼”张献忠痛恨不已。

自此，樟寿对阅读野史杂书有了浓厚的兴趣。他到处翻找这类的书，偶然在家里破书堆里发见了一本不全的由明代宋端仪[①]著的《立斋闲录》[②]。他闹不明白，自己家并不是藏书家，怎么会有这明抄本。就不管三七二十一，只是埋头去读。

待读到永乐皇帝残杀铁铉一节，不觉又颤栗了。

永乐硬做皇帝，一部分士大夫反对。顶撞最厉害的是建文的忠臣景清和铁铉。于是景清剥皮，铁铉油炸，铁铉的两个女儿则发付了教坊，叫她们做婊子。永乐皇帝的上谕竟如此卑劣：“永乐十一年正月十一日，教坊司于右顺门口奏：齐泰姊及外甥媳妇，又黄子澄妹四个妇人，每一日一夜，二十余条汉子看守着，年少的都有身孕，除生子令做小龟子，又有三岁女子，奏请圣旨。奉钦依：‘由他。不的到长大便是个淫贱材儿？’”“铁铉妻杨氏年三十五，送教坊司；茅大芳妻张氏年五十六，送教坊司。张氏病故，教坊司安政于奉天门奏。奉圣旨：‘分付上元县抬出门去，着狗吃了！钦此！’”君臣之间的问答，竟是这等口吻，

---

① 宋端仪：字孔时，福建莆田人。成化十七年进士。历礼部主事、主客司员外郎，后以按察佥事督广东学校，卒于任。

② 《立斋闲录》：为宋端仪杂采明代官府档案、方志、明人文集、碑志及《圣谕录》《水东日记》《天顺日录》诸书所成，记明太祖吴元年至宪宗成化年间典故、人物。

不见野史，樟寿是万想不到的。永乐的上谕，竟是这般凶残猥亵，联想起《蜀碧》所记张献忠祭梓潼神的名文："咱老子姓张，你也姓张，咱老子和你联了宗罢。尚飨！"觉得和永乐皇帝比起来，真是高华典雅得多了！张献忠是个"流贼"，凶狠、粗俗倒也罢了；永乐是当朝皇帝，竟然比"流贼"还粗猥，真是更加令人憎恶。那时的教坊是怎样的处所？在那里是并非静候嫖客的，据永乐定法，还要罪人的妻女"转营"，每座兵营里都去几天，目的是在使她们为多数男性所凌辱，生出"小龟子"和"淫贱材儿"来！樟寿这时发现，女人的"守节"，其实是只准"良民"专利的特典。罪人的妻女是想"守"而不可得的。在这样的治下，真好比在人间地狱里一般。于是将对张献忠的憎恨移到永乐身上去了。

一想到这样的人间，这样的皇帝，又想起正在监狱等候"斩监候"的爷爷，樟寿只能朝天发问：同样是人，为什么如此不平等？互相之间如此惨无人道？这难道就是人间吗？每一想起这一连串问题，他就止不住浑身颤栗……

萧瑟秋风今又是

秋风萧瑟。杭州狱府里，周福清静静地坐在卧榻上，听着屋外萧瑟的风声，看着窗外的落叶，好像泥塑一般，枯坐到天黑。

今年干燥，入秋以后一直无雨，秋风便独自呈威。周福清正青灯黄卷，专心读书，忽听一种奇特的声音从西南方传来。心里不禁悚然，惊道："奇怪！"这声音初听时似雨声淅淅沥沥，再听又似风声萧萧飒飒，忽然变得汹涌澎湃，像是夜间大海上波涛突起，又似狂风暴雨骤然而至。碰到物体上，如金铁相击，锨锨铮铮。再仔细听，又像奔赴战场的军队正衔枚疾进，没有听到号令，只有人马行进的声音。

周福清惊愕了，朝窗外望去，只见月色皎皎，星光灿烂，浩瀚银河，高悬中天。四下里没有人声，那声音是从树林间传来的晚秋的风声。这风声，凛冽之气似乎穿透衣服直刺肌肤，其萧条之意似已围裹全身。他立即感到这风声所含的秋气，是一种肃杀之气，有一种"凄凄切切，呼号奋发"的威力，只要施展它的一点余威，就会使繁茂蓊郁的绿色变黄，葱茏的佳木凋零，让人浑身颤栗。忽令他想起了幼时就已熟读的欧阳修的《秋声赋》："夫秋，刑官也，于时为阴；又兵象也，于行为金；是谓天地之义气，常以肃杀而为心。"秋天属阴，行刑待秋而决、征伐待秋而举，乐有属西方的商调，律有属七月的夷则，商为哀伤，夷为杀戮。秋天对人来说，意味着有悲凉肃杀死亡之气。这秋风之声，自远而近，自弱而强，自隐而显，令周福清不寒而栗，对生命将息充满悲叹与伤感。不禁叹息一声，背诵《秋声赋》的一句："噫嘻，悲哉！此秋声也，胡为乎来哉？"自语道："这次怕是躲不过去了！"想起年幼的儿子伯升，年轻而将要守寡、生活无着的爱妾潘氏，家里的长子伯宜和四个孙子，不觉老泪纵横。

但过了一会儿，又安慰自己道：呜呼，"草木无情，有时飘零"，何况人呢？"草拂之而色变，木遭之而叶脱"，草木是由天力的摧残而败落，而人与万物"春生秋实"相同，经历着由青春少年到衰老死亡的过程，又有内在的因素的侵扰，即"百忧感其心，万事劳其形"，百般的忧虑和万事的操劳必然损伤着人的身心，内心受到刺激和痛苦，必然损耗精力，更何况是"思其力之所不及，忧其智之所不能"呢！达不到的事情硬要去寻找、追求，怎能不"渥然丹者为槁木，黟然黑者为星星"呢？朱颜易老，乌发变白，"奈何以非金石之质，欲与草木而争荣？"岂不是自己无穷无尽的忧劳伤害了自己，又何必去怨恨秋声的悲凉呢？既然是皇帝御批"斩监候"，非人力所能改变，只能听天由命，又何必去自伤自悲呢？心情平和了许多。但稍过一阵，无限感慨、愤懑之情又溢于胸中，想起自己入仕二十多年，真可谓历尽宦海的波涛，数十年来屡不得志，怀才不遇，报国无门，心情郁闷，蓄积已久的深沉苦闷和悲凉没有人能理解。想那欧阳修尚有童子相对，而自己虽有樟寿、櫆寿这些读书达理的孙子，却不能与自己相伴，唯有四壁的虫鸣，与"我"一同叹息。此情此景是何等悲凉：秋风呼号，秋声凄切，长夜漫漫，虫声唧唧，悲愤郁结，无可奈何，只能徒然叹息，自我安慰。又不住把自己右手大拇指的长指甲放在嘴里，咬得嘎嘎作响，嘴里喃喃地骂道："昏太后""呆皇帝""速死豸""王八蛋"……

此时在花牌楼里，潘大凤和周伯升更是抖缩成一团。一入秋，这俩人就一天到晚心神不安，像丢了魂似的。秋风一起，就直打冷战。随着风声的萧鸣，颤抖得就愈加厉害。萧瑟秋风今又是，秋风有如利剑，戳杀着他俩的心，滴滴淌着鲜血。

潘姨太唯一可做的事情，就是掷骰子占卜今秋夫君周福清的命运。这骰子是象牙雕成，小正方块，六面分刻一、二、三、四、五、六点，一、四涂以红色，余涂黑色。还有制作精美、与骰子相配的海南黄花梨木，也称降香黄檀木制的骰盅，下是圆形木盘，上是精美的盅盖，称作骰宝。用海南黄花梨木心材雕成，通体光素，不加雕饰，给人以木质本身纹理的自然美，质优纹美，如行云流水，色金黄而温润，深沉华美，典雅尊贵，令人产生文静、柔和的感觉。这种颜色不静不喧，恰到好处，纹理或隐或现，生动多变。木纹中有些木疖，又称瘿木，呈现出狐狸头、老人头及老人头毛发等纹理，美丽可人，即为人们常说的"鬼脸儿"，亦类狸斑，又名"花狸"。这种木质经久耐用，百年不腐，还能长久地散发出清幽的木香之气，有提神避邪之说法。放入水中呈半沉状态，不全沉入水中也不全浮于水面。

她拿起骰子，举起来，欲投又止。雪白细嫩的手腕上，戴着一副海南黄花梨木手串，是周福清在江西任职时连同骰子、骰盅一起购买，后来送给她的。呈暗红色，典雅华贵。过去她常和周福清一起玩，老爷很爱看她白皙手腕上的暗红手串。那时总是随意往骰盅一掷，视所见点数或颜色为胜负。胜了，她就高兴地跳起来，老爷也看着她笑。负了，她噘起小嘴佯装生气，老爷还要过去劝她，还教给她唐朝温庭筠的《新添声杨柳枝词》，边劝边吟："玲珑骰子安红豆，入骨相思知不知。"现在不知怎么，总不敢投出，生怕结果不吉利。

骰子掷进骰盅以后，骰子显一、四红色为吉利。可是，这几日连投了多少次，都是黑色，从来没有见红。潘姨太大为恐怖，预感今秋老爷定有不测，禁不住哭天抹泪，终日以泪洗面。拿起骰子，就想起往日周福清对自己的恩爱，虽说是买的妾，但从来没有红过脸，尽管对别人动不动就发脾气，对自己却一直疼爱有加，老爷倘若真的问斩，她该靠谁呢？怎么活啊？只能是悲伤不已。

不拿骰子吧，又想预卜老爷的命运，想骰子显红，昭示吉利，可以聊以自慰。但是一掷下去，骰子却总是见黑，预兆不祥，她见了就越哭得伤心，真把自己折磨得泪人一般。

周伯升一直哀叹自己替斩不成，想起父亲面临的"斩监候"，也禁不住蜷缩一团，瑟瑟颤抖。潘姨太见他如此，也动了真心，不顾男女有别，将继子搂在怀中，俩人抱头痛哭。

楼下的阮标也没了主意，呆坐在自己的铺板上，不知所措。去年他还怀揣着周家硬凑的钱，到处找门子，可惜有钱也不知往哪儿送。今年连杭州四个人的饭钱也难酬，买命钱更是没有了，只好听天由命。他无特殊事是不上楼的，除了呆坐别无办法。

一夜秋风之后，早晨又下起了绵绵秋雨。天黑沉沉的，加上秋风萧瑟，真有"黑云压城城欲摧"之势。

突然，"沉云黑"的天空上响起一声惊雷，震得府狱的木头窗子直晃。窗口外刺来一道闪电，像一把利剑直戳周福清的胸膛。他猛然一惊，叹道："大限已尽。听天由命吧！"开始从容地整理东西，梳理服饰。

然后又端坐在厚板铺成的卧榻上，好像泥塑一般……

禁卒邹玉，这长厚的老头儿，又悄悄走进房里，毕恭毕敬地小声说道："老爷，该秋审了。"

周福清听说之后，慢慢起身，随禁卒来到大堂。

这时，人已到齐了。死刑囚犯一律站在右面，经臬司按次点名。每点一名，囚犯就由右趋入堂上，跪地应一声"有"，起立转向左方。若是官犯则只应"有"趋过，不须跪地。

点到周福清，他依旧骂了一声"王八蛋"。

人们对此人的此骂已经习惯，倒不以为奇。深知周福清性格的臬司，也不生气，挥挥手，由他转向左方。

他昂然挺立着，等待秋决。这时，臬司站起宣读圣旨。囚犯都跪下听，周福清也不得不勉强跪下。原以为是宣布他问斩，但竟然喜从天降，只听臬司宣道："奉旨：周福清著免勾。钦此。"

大堂上又响起一片惊嘘，不知是为周福清庆幸，还是叹息自己没有像他似的幸免受死。

原来一八九五年阴历九月十八日的上谕说明了免勾的理由："一起斩犯周福清……闻拿投首，中途投递信函求通乡试关节未成，赃亦尚未与人，不无可原，是以未勾。"

周福清仍然毫无表情，无动于衷，过堂之后就回自己的监室，连老禁卒邹玉的贺喜都不屑一听，就又倚在卧榻上，读起从浙江官书局新买来的雕版《唐宋诗醇》……

此时秋风秋雨都停了，宇宙像死了一样静寂。

第十三章　父亲病了

转喜为忧

阮标从杭州府狱获知周福清免勾的消息，立即飞跑回花牌楼，告诉哭得几乎昏过去的潘姨太和周伯升。潘、周两人立马转悲为喜，跳将起来，潘姨太研墨，周伯升写信，阮标送信，以最快速度把喜讯告知周伯宜。

周伯宜见信，急忙举着信奔走相告，整个周家台门都如释重负，喜不胜收。

然而，周伯宜拿着信回到自己屋里，往他最喜欢的褐色皮躺椅上一坐，突然觉得两腿肿胀，沉得像灌了铅，动弹不得。

鲁瑞见丈夫忽然站不起来，忙过来搀扶，却总也扶不起来。赶紧喊：“来人啊！”

祖母和长妈妈闻听，急忙赶来，一起帮忙，还是搀不起来。

这时，鲁瑞忙喊：“来个男人！”

宝姑在外面听见，风风火火跑到后园叫来了庆叔。庆叔力大无比，一个人搂住周伯宜的肘窝，一使劲就将人整个提起来了。刚一站起，玉田公公和他夫人兰奶奶，长子周伯执、长媳谦婶，以及子传奶奶也赶到了，伯执和庆叔一同把周伯宜扶到旁边大床上躺下。

周伯宜直挺挺地躺在床上，两腿还是动弹不得。玉田公公问他感觉怎样，他嗫嚅道："直觉得两腿像被湿布捆紧了。"

鲁瑞给他脱了鞋，盖上被，让他先休息。庆叔和宝姑知趣地退出，祖母、长妈妈、子传奶奶和玉田公公一家躲到门口悄声议论。

长妈妈凑到鲁瑞耳边，切切察察，低声絮说着什么，又竖起第二个手指，在空中上下摇动，一会儿点着鲁瑞的鼻尖，一会儿又点着自己的鼻尖，最后扭头冲着大家说："准是章家小姐又鬼魂附体了。"

子传奶奶习惯地咂咂嘴，右手食指往上一挑，说道："是啊！老台门不就常捉鬼吗！"

鲁瑞听了说："宜老相公可是不大信什么鬼的。"

玉田公公沉思了一下，捋捋唇上的八字胡，想起周伯宜的一件轶事：光绪初年他在亲戚家吃酒，回家时已过半夜，提着一盏灯笼独自走着，走进一条小弄的时候，忽然看见不远的地方站着一个矮鬼，身子只有三尺，脸狭而长，却有一尺多，披着长头发分散两边。他心想这回倒好，有运气看到鬼了，一直走上去，那鬼也不退避，还是站在那里，及至走得很近，举起灯笼来在鬼面上一照，那鬼这才呼啦一声掉转头跑了去了。原来外边是个废园，泥墙半坍了，有一匹白马在缺口处伸出头观望着，见有人持灯笼来就转头跑了。后来周伯宜常对人说："我好容易见到了马面鬼，就只可惜乃是一匹真马。"所以他很顽固地主张无鬼，说他死了也不会变鬼的。

玉田公公由这件轶事肯定周伯宜绝不相信鬼，就说道："伯宜是不信鬼，还是先将息疗养一段看看，是不是前一段子京去世，他答应代子京值年，心里压的事太重，又过年繁忙，夏天暑热，加之这次见到介孚公免勾的信，大喜过度，伤身了？"

大家觉得还是玉田公公说得在理，就点点头散去了。

樟寿、櫆寿放学后，和三弟松寿一起，领着四弟椿寿进屋向父亲请安。

周伯宜一见刚刚两岁四个月的小椿寿，方头大耳，白胖白胖的，招人喜爱，苍白的脸上绽出一丝笑容。

小椿寿扑上前扬起两只小手，不住地喊："爹爹！爹爹！"要父亲像以前那样抱他，周伯宜仰了仰头，起不来。樟寿忙紧前两步，抱起四弟，说："爹爹有病了，让爹爹歇歇。"鲁瑞忙上前扶住丈夫，给他捏腿。樟寿抱着四弟，示意二弟、三弟一起退出。正等在门外的长妈妈忙接过了四弟，连连摇头。樟寿回想刚才父亲的形状，禁不住流下泪来，感到父亲这回的病不像上次，是很难好转了。祖父关在狱中，父亲这根唯一的顶梁柱再折断了。一家人可怎么办呢?

鲁瑞精心护理丈夫，每天老早起来榨藕汁，扶着丈夫一口口喝下去。吃饭前给丈夫烫酒，摆上削好的水果，弄些鲜鱼活虾给他下饭，还让他抽一口鸦片止痛，搀扶着他逐步下了地，能到四仙桌前吃饭。

为了让丈夫清静地休养，鲁瑞叫樟寿到祖母房间的楼上住，在樟寿原来住的后房换了张黄色漆柱的小床，让丈夫歇息。床头柜上摆着琴姑送的那一小盆精致的文竹，绿竹依然青翠欲滴，竹间藏着那座瓷制小屋依然金瓦红墙，光闪闪的。周伯宜看着，嘴边露出一丝笑意。

丈夫一有动静，鲁瑞半夜就起来照料。无论饮食、起居、冷暖，都照管周全。她心想：怎么又发病了呢？莫非子京公公的惨死，给他的刺激太深了？

一阵秋风一阵寒，天气一天冷过一天。周伯宜的病总不见好。他看着床边的文竹和小瓷屋，又透过后房的后窗，观看西邻梁家竹园探过来的百十枝绿竹。窗前的翠绿竹叶，终日萧萧飒飒，鸟雀也特别多，叽叽喳喳，增加不少情趣。还有那株棕榈树，蓬头鬼似的向屋里望，也平添些许绿意。周伯宜的目光总留恋在这一片绿色上，仍然感慨地说：如果能够在竹林中，有一间小楼居住，就是最快乐的了。他对身处的大家族已经厌倦，一直想找一个幽静的处所，度过自己的余年。但是又病得难以动弹了。

和四个儿子说笑，成为他减轻病痛的唯一方式。樟寿、櫆寿从三味书屋放学回家，天黑以前吃过晚饭，就和三弟、四弟一起到父亲房里请安。周伯宜还坐在四仙桌边喝酒。遇到他兴致好时，四兄弟就多坐一会儿。父亲把下酒的水果分给他们吃，往往先给四弟椿寿，还给最大的。椿寿总是让给哥哥，自己要最小的。父亲问他为什么要最小的，他说因为自己最小，所以应该吃最小的。父亲不禁高兴起来，姆娘也笑了。原来姆娘给他讲过孔融让梨的故事，他记住，还学着做了。

周伯宜见四兄弟相互礼让，一块儿吃得津津有味，兴致更高了，就讲起故事来了。一般都讲的是《聊斋志异》里鬼怪的故事。一次讲里面所记的“野狗猪”，一种人身狗头的怪物，兵乱后钻进死人堆中，专吃人的脑髓，说到肢体不全的尸体一起站起惊呼道：“野狗猪来了，怎么好！”实在阴惨可怕。四兄弟听得时而高兴，时而害怕，时而紧张，时而兴奋。鲁瑞一边手里做着活，一边也在听，脸上露出微笑。这也许是她最幸福的时刻了。丈夫兴致好，儿子懂事听话，她就高兴。

讲完故事，四兄弟见父亲酒也喝得差不多了，脸色不是发红，而是渐渐变成青白，话也少下去，就知道父亲又快不高兴了，便各自走散。

不幸的是，周伯宜的病一天比一天重了，请名医来治病，腿上的肿不但没有消失，而且一点一点向上漫，从脚背、小腿，而到腿肚。人也更加没有力气，不再跟儿子们说故事，而是默默地望着后窗外的竹林，一言不发，好像已经看透了人生，憎恶这世间，但从不责备任何人，只怨恨自己。就是病重的时候，他也很爱整洁，看见挂毛巾用的绳子，一边高一边低，他就提出要鲁瑞重新钉过，但鲁瑞因为事情多没有照办，他就自己动手，因为已经没有力气，还是一边呻吟一边把绳子挂整齐。看着丈夫死了一样的表情，鲁瑞总是以极大的耐性，极力体贴着他，一心想使丈夫好起来，但毫无效果。只能将所有的苦难都往自己身上压，不使本已陷入痛苦和不幸的丈夫再增加些微苦痛。

姆娘的痛苦，樟寿看在眼里，记在心中，每一看到姆娘愁苦的脸，听到她无奈的叹息，心里就像刀扎一般疼，但也毫无办法。只能和姆娘、祖母、长妈妈一样，都忧虑得吃不下饭。祖父免死的喜悦，转成了父亲病重的忧愁。

家有长子

“国有大臣，家有长子。”父亲病重以后，樟寿俨然成为一个大人了。

他和姆娘一起商量，最初延请了绍兴一位姓冯的名医，穿了古铜色绸缎的夹袍，肥胖的脸总是醉醺醺的。那时，樾寿也生了不知什么的病，请他一起诊治，他头一回对周伯宜说道：

“贵恙没有什么要紧，但是令郎的却有些麻烦。”

等他隔了两天第二次来的时候，却说的相反了。因此周伯宜觉得他不能信赖，就不再请他。他见病人有不请之意，又说有一种灵丹，点在舌头上边就可治病，因为是“舌乃心之灵苗”，这是“医者，意也”的流派，意思是说舌头红色，像是一根苗从心里长出来，仿佛是“独立一支枪”，点上丹就灵。周伯宜却不相信，没有请教他的灵丹，将他送走完事了。

周伯宜的病症严重起来，樟寿只得请更有名的名医来诊父亲的病。这次请的是姚芝仙，一次诊金是一元四角，这在当时已经是笔巨款，很不容易张罗的了；何况又是隔日一次，不久家里就被掏空了。

名医大概的确有些特别，用药就与众不同。“药引”尤其难得，新方一换，就得忙一大场。先买药，再寻药引。“生姜”两片，竹叶十片去尖，名医是不用的了。起码是芦根，须到河边去掘；一到经霜三年的甘蔗，便至少也得搜寻两三天。有时还要寻找多年埋在地下化为清水的腌菜卤，屋瓦上经过三年霜雪的萝卜菜，就更是难得了。常常累得樟寿焦头烂额，浑身大汗。

有些人说，神妙就在这地方。先前有一个病人，百药无效；待到遇见了什么叶天士先生，只在旧方上加了一味药引:梧桐叶。只一服，便霍然而愈了。“医者，意也。”其时是秋天，而梧桐先知秋气。其先百药不投，今以秋气动之，以气感气，所以……樟寿虽然并不了然，但也十分佩服，知道凡有灵药，一定是很不容易得到的，求仙的人，甚至于还要拼了性命，跑进深山里去采呢。

然而，父亲的水肿逐日厉害，将要不能起床；樟寿对于经霜三年的甘蔗之流也逐渐失了信仰，采办药引似乎再没有先前一般踊跃了。正在这时候，名医姚芝仙有一天来诊，问过病状，便极其诚恳地说：

“我所有的学问，都用尽了。这里还有一位何廉臣先生，本领比我高。我荐他来看一看，我可以写一封信。可是，病是不要紧的，不过经他的手，可以格外好得快……”

这一天似乎大家都有些不欢，仍然由樟寿恭敬地送他上轿。进来时，看见父亲的脸色很异样，和大家谈论，大意是说自己的病大概没有希望的了；这位名医因为看了这样长时间，毫无效验，脸又太熟了，未免有些难为情，所以等到危急时候，便荐一个生手自代，和自己完全脱了干系。但另外有什么法子呢？本城的名医，除他之外，实在也只有一个何廉臣了。明天就请何廉臣。

何廉臣的诊金也是一元四角。但前回的名医的脸是圆而胖的，他却长而胖了：这一点颇不同。还有用药也不同。前回的名医是一个人还可以办的，这一回却是一个人有些办不妥帖了，因为他一张药方上，总兼有一种特别的丸散和一种奇特的药引。

芦根和经霜三年的甘蔗，他就从来没有用过。最平常的是“蟋蟀一对”，旁注小字道：“要原配，即本在一窠中者。”这就是说原来同居一穴的，才算是“一对”，随便捉来雌雄两只不能算数，似乎昆虫也要贞节，续弦或再醮，连做药资格也丧失了。这差使并不为难，樟寿、櫆寿兄弟俩走进百草园的菜地里，翻开土块，同居的蟋蟀随地都是，十对也容易，可是随即就逃走了，而且各奔东西，不能同时抓到。幸亏他们是两个人，可以分头追赶，但假如运气不好，捉到了一只，那一只却逃掉了，那么这一只捉着的也只好放走了事。好容易捉到了一对，用线缚好了，活活地掷入药罐的沸汤中完事。然而还有“平地木十株”呢，这可谁也不知道是什么东西了，问药店，问乡下人，问卖草药的，问老年人，问读书人，问木匠，都只是摇摇头，临末才记起了玉田公公，爱种一点花木的老人，跑去一问，他果然知道，是生在山中树下的一种小树，能结红子如小珊瑚珠的，普通都称为“老弗大”，《花镜》里有。樟寿想起清明扫墓回来时，曾经拔了些来，种在桂花明堂里，于是赶紧去找，果然有，而且在山里的时候结籽至多一株树不过三颗，家里种的却可以多到五六颗。

“踏破铁鞋无觅处，得来全不费工夫。”药引寻到了，但还有一种特别的丸药：败鼓皮丸。这“败鼓皮丸”就是用打破的旧鼓皮做成；水肿一名鼓胀，一用打破的鼓皮自然就可以克伏它。清朝一位名叫刚毅的将军，因为憎恨“洋鬼子”，预备打他们，练了些兵称作“虎神营”，取虎能食羊、神能伏鬼的意思，也就是这道理。可惜这一种神药，全城中只有一家出售的，离樟寿家就有五里，但这却不像平地木那样，必须暗中摸索了，何廉臣先生开方之后，就恳切详细地给周家说明。

“我有一种丹，”有一回何廉臣先生说，“点在舌上，我想一定可以见效。因为舌乃心之灵苗……价钱也并不贵，只要两块钱一盒……”

父亲沉思了一会，想起最初姓冯的名医也说过这种丹，就摇摇头。

“我这样用药还会不大见效，”有一回何廉臣先生又说，“我想，可以请人看一看，可有什么冤愆……医能医病，不能医命，对不对？自然，这也许是前世的事……”

凡国手，都能够起死回生的，走过医生的门前，常可以看见这样的匾额。连医生自己也说道：“西医长于外科，中医长于内科。”但是绍兴城那时不但没有西医，并且谁也还没有想到天下有所谓西医，因此无论什么，都只能由传统中医的嫡派门徒包办。古时候是巫医不分的，所以直到那时，他们的门徒就还见鬼，而且觉得“舌乃心之灵苗”。这就是中国人的“命”，连名医也无从医治的。

不肯用灵丹点在舌头上，又想不出“冤愆”来，自然，单吃了一百多天的“败鼓皮丸”有什么用呢？依然打不破水肿，父亲终于躺在床上喘气了。还请一回何廉臣先生，这回是特拔，大洋十元。他仍旧泰然地开了一张方，但已停止“败鼓皮丸”不用，药引也不很神妙了，所以只消半天，药就煎好，灌下去，却从口角上回了出来。

这时，由于父亲的遗传，樟寿也开始成为“牙痛党”之一了。父亲的牙齿很坏，樟寿于是从小牙齿也不好，或蛀，或破……终于牙龈上出血了，无法收拾；住的又是小城，并无牙医，唯有《验方新编》是唯一的救星；然而试尽“验方”都不验。后来，一个善士传给他一个秘方：择日将栗子风干，日日食之，神效。好在这秘方的结果不过是吃栗子，随时可以风干的，也无须再费神去查考。然而吃了不少栗子，并不见效。只得正式看中医，服汤药，可惜中医仿佛也束手了，据说这是叫“牙损”，难治得很呢。有一天一个长辈斥责他，说，因为不自爱，所以会生这病的；医生能有什么法？樟寿虽然已经十六岁，有性的意识，但还是不大明白是怎么回事，不过从此不再向人提起牙齿的事了，似乎这病是他的一件耻辱，加上父亲看中医始终不愈，病反而越来越重，对中医也不大相信了。

从此樟寿便不再和何廉臣先生周旋，只在街上有时看见他坐在三名轿夫的快轿里飞一般抬过；后来听说他一直康健，一面行医，一面还做中医什么学报，正在和只长于外科的西医奋斗哩。

从当铺到药店

令樟寿终生难忘的是那条从当铺到药店的路。

该去给父亲买药了，明天还要付名医的诊金。午饭后，姆娘却踌躇着，小半天掏不出钱来。樟寿心知姆娘遇到了难处，不询问，甚至不敢看姆娘的脸，背过身去装着做别的事情。

终于，姆娘嗫嚅了一下，开口了，声音有些颤抖："大阿官，"姆娘很少这样称呼自己。

好一会儿，樟寿才反应过来，答应了一声。

姆娘还是嗫嚅着，说不出话来。

樟寿这时成了男子汉，鼓励姆娘说："姆娘，有什么事，尽管说。天大事，我来扛！"

姆娘含着泪眼看看儿子，有了主心骨，吐口说道："家里空了，没有钱了。余下的二十亩稻田，要留着吃饭，再不能卖了，只能由你到当铺去当东西，换钱给爹爹买药，付明天的诊金。"

"啊！……"樟寿蒙了，好像闷雷在头上轰鸣。自语道："什么？"

姆娘无可奈何地重复："拿家里的东西，到当铺当些钱来……"

"当铺？！"樟寿小声惊呼了一声。心想：这样的地方，自己是从来未曾去过的，但是知道那是怎样的地方，是穷得实在没有办法的人才去的。他想起了路过时，从外面看见的当铺掌柜的冷脸。简直怕人！自己想起就厌恶。怎么能去那样的地方呢？

然而，看见姆娘愁苦的脸，脸上流淌下的两行热泪，樟寿立刻应道："好吧！

我去！”

姆娘擦了擦眼泪，从立柜里取出了父亲的一个会——子母会。这是从寺庙“请”来的宝物，两个小玉佛，一小一大，好像子母。用一块绿缎包着，看来很是珍惜。

下午在三味书屋上学时，樟寿向老寿先生告了假，说明天要去给父亲买药，不能来了。顺便还提及这次名医开的药引是几年陈的陈仓米，不知到哪里才能找到。

第二天一早，樟寿就小心地把子母会裹在水印蓝花的包袱里，从百草园后门，悄悄出去。他怕遇上人，特别是熟人。

出去往北走不远，就是咸欢河，河不宽，两岸长着荒草。从塔子桥过河到了北岸，就见一排黑瓦白墙的房子。一大间的墙上写着一个大大的“当”字，这就是恒济当。

樟寿在当铺门外踌躇了一会儿，才鼓起勇气进去。

迎面就是高高的柜台，比自己高出一倍。柜台上坐着掌柜的，很威严，脸孔冷板板的，有些像长庆寺里泥塑的凶神恶煞，令人胆寒。周家过去也开过很多当铺，在这一行当很有威望，过去当铺掌柜见了周家人，不论大人孩子，总是笑脸相迎，九十度鞠躬，头弯得会碰着柜台，这时却如此严冷。樟寿倍感世态炎凉，俨然从温室落入冰窖。

樟寿从包袱里拿出子母会，伸长胳臂，踮起脚，递上去。

掌柜的在柜台下仔细地翻看着，还跟旁边的账房嘀嘀咕咕了一番，随后跟唱戏似的喊道：“子母会一个，系陈年旧货，无大用场，念佛祖之面，当大洋十二块。”

樟寿心中一惊，想到：姆娘说这子母会是很值些钱的。怎么会是陈年旧货，无大用场？怎么才值十二块？

正犹豫间，掌柜的把子母会往柜前一推，不屑地说：“不愿当，拿回去好哉！”

樟寿只好点点头，说了声：“当。”话音比哭还难受。

樟寿从包袱里拿出子母会，伸长胳臂，踮起脚，递上去。

掌柜的递过一张当票，让樟寿接了，到账房那里领钱。账房先生是个瘦子，戴副深度眼镜，从镜边斜了樟寿一眼，接过当票看了看，哼了一声，往柜台上摔过十二块大洋。

樟寿的心都颤抖了，感到受了极大的侮辱，联想起了“矮癞胡”那毒恶的眼光，皇甫庄矮女人“乞食者”的斥骂，恨不能把钱扔到账房先生脸上，再用极毒的毒语挖苦掌柜的几句，但是又想起了姆娘那愁苦的脸，久病的父亲痛苦的呻吟，什么话都没说，默默地拿过了钱和当票，小心翼翼地放在包袱里，走了。

他还沿原路从百草园后门回家，把十二块大洋和当票如数交给姆娘。姆娘先是愣了一阵，因那珍贵的子母会只当了这点儿钱而惊讶，张了张嘴，但什么都没说，默默地收好了。又取出两块钱，让樟寿拿着药方去给父亲买药。

樟寿又出正门，沿着东昌坊口的古街，向大街的震元堂和府横街东头的天保堂走去。

出门就见的屠家小店早就收摊了，只能不时听到里面传来的宝林太娘悲凉楚怆的哭声，宝姑娘那清丽的倩影再也见不到了。

屠家小店斜对面、新台门西北角的张永兴游龙寿坊，是樟寿最不愿看的。每一走过，就不自在，禁不住背过脸去。这回也是目不旁视地赶快走过去，到了街里。

“嗨，谁买铜锅哎！”

一声叫卖把樟寿的目光吸引过去，只见熙熙攘攘的人群中，一个黑瘦汉子正站在街边，双手捧着一只铜锅叫卖。原来是阿桂，这回他不卖鸡，改卖铜锅了。

两边是乡下人摆的菜摊，散落着一些青菜、萝卜，已经快卖完了。菜摊边的鱼虾也不多了，有些打蔫儿，跟人一样，都有点无精打采。

过路人朝阿桂溜一眼，但都弯腰挑菜，没有人买他的铜锅。几个闲人围住他逗趣：“阿桂，偌这铜锅又是哪里偷来的啊？”

阿桂又涨红了脸道：“凭啥泼人脏污水？这是人家托我卖的。”

闲人们又大笑道："鬼才相信呢！"

阿桂见樟寿过来，就上前搭讪道："大阿官，买铜锅不？天冷正要使哦！"

樟寿认识阿桂，他的哥哥就是住在新台门大书房东偏一角小屋里的阿有。阿有是给人做短工的，经常舂米，力大无穷，肯吃苦，肯做，人也很好，台门里的老太太都叫他有老倌。他的老婆早已去世，留下一个能干勤劳的女儿巧姑，替他管理家务。父亲肯做重活，多得一点工钱，又烟酒不吃，女儿把家务管得井井有条，日子倒还过得去。这个阿桂，本来也是打短工的，不知道是不愿做呢，还是不能吃苦，不大有人找他做了。他就住进了塔子桥南埦的土谷祠，生活没有着落。有时候看见他抱了一只鸡叫卖，有时候又是铜锅，总之，什么样的货色都卖，又是零零碎碎、一件两件的。大家猜想：有的可能是败落的大人家缺现钱用，随便把一件物品托他去卖，卖掉后给他一点酬劳；有的就不大靠得住，可能是偷来的了。他自己也不避讳，有时跑到阿有这里来借钱，说近来生意不顺手，意思就是偷不到，只好向哥哥借几文钱用用。阿有大怒，喝道："偌个是什么话？我要高声说给大家听了。"于是阿桂只好神色仓皇地逃走。有时候，阿有出去做工了，便由他女儿来对付。这阿桂就耍无赖，说："偌不要看不起我，偌的老公比我还不如呢！"闹得巧姑哭鼻子。

樟寿不理睬他，赶紧往西走。

飘来股炸臭豆腐的香味儿，又是街边阿六的担挑，乌黑的锅里，油滋滋冒着烟泡，阿六正举起一串，抹上红色的辣酱，递给来买的人。樟寿深吸了一口臭豆腐香味儿，也想买一串尝尝，自打父亲病后，家里的开支节约到极点，饭食越来越差，每天掀开锅盖，饭架上只有腌鱼和咸菜。有时候到门口买一块豆腐，或者一斤螺蛳，给祖母和四弟换口味，别人也不吃。所以总觉得肚子不饱，想吃东西。捏捏兜里的钱，犹豫了一下，姆娘愁苦的脸又浮现在眼前，咽了口唾沫，走了。

又经过了老胡子文具杂货店，樟寿多看了两眼，常到这家店买描图用的荆川纸，抄文章用的红格子纸，还买"金不换"小字笔和"十里红"大字笔。"老胡子"的老婆人蛮好，总是叫他樟官。近来忙，去得少了，还怪想的。紧邻是傅澄记米店，樟寿倒没大注意。反正家里每年收进四十担稻子，足够吃，不用买米。但以后会怎样，就难说了。

路过小船埠头，一个年轻妇女，头上扎着白头绳，脚下穿着白鞋，衣衫破烂，两眼发呆，不住地朝人群喊着："阿宝，你上哪儿啦？娘找你找得好苦啊！"

樟寿知道这是连四嫂子，死了丈夫，不久又死了孩子，人疯了。禁不住停了一下，但又摇摇头，心里念叨："真如长妈妈说的：'火筒里煨鳗'，怎么活啊！"自知无能为力，只好走自己的路。

埠头西边是荣生轿行，"做不杀的荣生"还在不停地忙着，但是更穷了，裤子的两膝全破了，也顾不上补。

然后又是王锦昌扎肉店、四一剃头店、坐北朝南的范小大的麻花摊，外号"猪头肉念捌"的肉店、高盛全油烛店、箍桶店，以及小船埠头东边的小鞋店、咸亨酒店、王咬脐锡箔店等小店小铺小摊。再就是街中"水果连生"的水果店和西南角的寿芝堂药店和谢德兴酒店，熙熙攘攘，闹闹哄哄，好不热火。

人群中又见败篷时钩头黄瓜也似的周四七，仍然敞怀穿那件破旧龌龊的竹布长衫，头上戴一顶凹进的瓜皮秋帽，右手捏着尺许长的潮烟管，左手拿了一个猫砦碗，唱着小调："我有一把苗叶刀，能水战，能火战，也能夜战……"到谢德兴酒店赊酒去了。

不远人群中忽然传来"矮癞胡"的声音，又是在大讲什么风水。樟寿憎恶此人，紧赶几步躲过去。"矮癞胡"却不放过，见他来，想起去年自家广思堂私塾遭一伙小孩儿捣乱的事，不禁怒火中烧，故意厉声叫道："夜里掠过扫帚星，爷爷'斩监候'，爹爹水臌病，周家要完哉！"

人群中一阵骚动，都扭过头看正走过去的樟寿，议论纷纷。

樟寿回头斜了"矮癞胡"一眼，又见那异样的目光，像蝎子蜇人一样狠毒地向自己投来。樟寿已经多次领教这种目光了，他业已成熟，丝毫不感到惊异，只以自己特有的少年的神勇回了他一眼。那毒眼刹时无光了。

樟寿鼻子里哼了一声，走了过去。

身后传来阿有斥责"矮癞胡"的声音："人家孩子有什么过？你凭什么欺侮人家孩子？"

好像"水果连生"也在说："周家的孩子倒有出息！"

须到西头大街的震元堂买药，西口都亭桥下那家卖荤粥的店，已经改卖馄饨和面，生意更是繁昌，老远就闻到股香味。樟寿咽了口唾沫，准备过街去，突然间看见几个身着红衣的捕快，手持亮闪闪的大刀，押着一个五花大绑、穿一身白衣的黑壮汉子从南边往县衙门走。

汉子昂首挺胸，威武不屈，大吼道："哥老爷们，会稽乃报仇雪耻之乡，非藏污纳垢之所。我大明王朝，岂容满贼玷污！我是为崇祯帝戴孝！反清复明，豁出一条性命！"声如洪钟，震得天响。

捕快朝他眼前一晃大刀，唬道："住口！"

汉子毫不退缩，猛一跺脚呼道："大丈夫顶天立地，'民不畏死，奈何以死惧之？'二十年后又是一条好汉！"

"好！"人群中一片喝彩声。

人群中一个秀才模样的人，一下惊住了，半张着嘴，要叫那汉子，又立时止住。

这时，衡廷和白胡子老头也从谢德兴酒店出来看热闹，老头儿悄悄对衡廷耳语："这是哥老会的，主张'反清复明'。前年官府就旨令'即行严密查拿，从重治罪'。杀了不知多少，可是不但杀不尽，还越来越多！"

人群里一个人道："可有好看的了！听说明天一早在轩亭口杀头呢！"

樟寿顺声音看去，见那人满头的"癞疮疤"，不觉蔑视地哼了一声。

人群中，几个"破脚骨"相的看客，伸长脖子看着，扯着破锣嗓子叫喊："又有好戏看了！"

衡廷捶胸跺足，叹口长气，转身要回酒店，刚一转身，就直撞上几张伸来的乞丐的脏手，有的是跛子，有的是瞎子，有的是哑巴，有的是瘫子，挂根草垫半躺在地上。他只好从衣袋里掏出几块铜板，一只手里放了一块，赶快逃离。白胡子老头儿也跟着回去，俩人继续喝酒，但半天说不出话来。不住地唉声叹气，苍凉得很。

樟寿看着眼前的情景，对那威武不屈的汉子敬佩之极，但一句话也说不出来，等捕快和汉子过去，人群散了，才慢步走过街去。

经过徐渭故居"青藤书屋"，只见几个闲人正站在屋门口讲徐文长的故事，一个文人模样的高个儿在指手画脚地说：

“一家有个女儿，天天站在门口闲眺，好事的朋友对徐文长说，你能逗得那女郎对你先笑后骂，以后不敢站在大门口，我们请你吃席。第二天，女郎又站在门口，正好身旁躺着一条狗。徐文长走近前去，对着狗深深地一鞠躬，叫声‘爹爹！’女郎果然‘噗噗’地笑了。徐文长回转身，又向女郎深深地一鞠躬，叫道：‘姆娘！’女郎大怒，一面骂一面哭着走了进去，从此再也不站到门口来了。”

众人听了大笑不止，樟寿虽然只耳闻了几句，也禁不住笑了。

到了震元堂药店，樟寿进去。药店柜台和他一样高，掌柜和伙计也比当铺和气，交上药方，就如数称药，包好交钱，转身走人。

又走了十多里地，才到家，累得快要散架了。樟寿还是强耐着，把药和找赎的零钱交回姆娘手中，又惦记起药引的事。自语道：“几年陈的陈仓米，哪里去寻？”

忽听门外有人叫：“豫才！”

开门一瞅，见是老寿先生亲自背了一只装铜钱的褡裢来了。樟寿忙把先生请进小堂前。老寿先生放下钱褡，从中取出一个小袋，里面盛着一升多陈米。其实医方里要用的只是一两钱，而他竟背了一升多，樟寿忙请先生坐。先生却不坐，一定要走，樟寿只好送他出了新台门，看着先生回三味书屋，望着先生的苍老、微驼的背影，热泪不禁夺眶而出，流到嘴角，有一股咸涩的味道……

情在书屋

樟寿翌日一大早就到三味书屋上学了，他感觉只有这里才温暖如春。见到老寿先生，连连鞠躬道谢，老寿先生摆摆手，让他别再客气，回到位子上好好读书。

樟寿回到自己桌前，虽然一天没来，桌面却很干净，知道又是同学代擦的。周梅卿、章翔耀、“小头鬼”等同学都向他投来问候的目光。小寿先生也从耳房出来，樟寿连忙站起鞠躬。小寿先生扶着他肩膀让他坐下，樟寿心中升起一股暖意，几乎要哭出来。

樟寿望着老寿先生，不禁想起先生的轶事。

老寿先生有居正不阿的一面，也有脾气古怪的一面，他执拗得没有商量余地，简直使他的家人难以适应，连他的夫人也没有办法。譬如他床上的帐子已经脏得发黑，布满了蜘蛛网，替他拆下，洗净，晒干，重新挂上，他认为是多余的，发现后勃然大怒，重把帐子取下，用两脚踩脏，再挂上去。以表示对擅自洗他帐子人的抗议。因此，衣服脏了，别人也不敢给他洗，他若无其事地穿在身上，倒觉得很正常。一次，媳妇给他洗衣服，他愤然问道："谁洗的？"媳妇说："我洗的。"在媳妇面前他只好让步，如果是别人，肯定又要大怒。总之，他不叫你做的时候，你千万不能轻易动他的东西，否则就会遭到严厉的谴责。

三味书屋每年正月十八开学，一年里只端午、中秋各放假一天，此外，清明扫墓放假四天。学费，每年四节，清明、端午、中秋、过年，每节二元，不再收其他杂碎费用。

老寿先生收到"束脩"[①]后，银元换成铜钿，五十文一串，一百文一串，用细麻绳串好，放在柜里，规定每天用一串，没有特殊情况，绝不超过。因他为人节俭，夏天只备一件夏布长衫，挂在墙上，他与两个儿子谁出门谁穿。可三人高矮不一，高的嫌短，矮的嫌长，他都全然不管，而只知"节俭"二字。

三味书屋学生数量一定是八个，收受学生极为严格。首先得有熟人介绍，老寿先生本人还要上门目测，同意了就告诉你正月十八开学，自己带桌子椅子到三味书屋读书。学生进了书房，不准在墙上乱涂墨迹。三天不上课，他就上门家访，如有正当理由，就告诉你事情完成后，马上回到书房读书。如无理由，就对不起，把你"推"出去，也就是除名了。

寿家经济一度很困难，只得把台门正屋典给绍兴富户李月舫。李家长年喝牛奶，在冬季为了牛奶新鲜，不掺水，特地租了一头奶牛养在屋里。老寿

① 束脩：旧时学生送给老师的酬金。

先生害怕房屋被牛顶倒，一声不响地跑进去，往牛肚子底下一躺，说："踏踏煞算哉[1]，踏踏煞算哉。"李月舫的儿子李槐卿赶紧跑过去，把老寿先生拖起，也赶紧把牛牵出台门。

老寿先生不吸烟，也不准儿孙吸烟。向别人借来的书，一定按期归还，而且要保存好。夏天，有客人到他家去，他赤膊是不见客的。一次，新台门的周藕琴盛暑造访，适值老寿先生赤膊危坐，见藕琴至，惶遽间觅长衣不得，急到天井拉得一件被晒得滚烫的皮衣披在身上陪客，周藕琴见状忙把自己的长衫脱卸，也请他脱掉皮袍，老寿先生却坚执不允，连说："赤膊见客荒唐！赤膊见客荒唐！"周藕琴很尴尬，只得赶紧告辞。

老寿先生也曾迷恋围棋，每有空闲就和邻居李月舫下围棋，竟成了围棋迷，忘记了吃饭和睡觉，到了三十七八岁，他忽然发愤戒绝，说道："十几年功夫，读了书，或许可以有所成就，不能再这样蹉跎了。"因而改号"镜湖"，取心地明静如镜的意思。以后，果然不再下围棋，专心致志读书了。

老寿先生为人严肃，管理学生也极苛刻。一次，夫人做客回来，他帮着从船上拿东西，樟寿的堂弟周寿升看见，对同学说道："先生给师母拎香篮哩。"恰巧被先生听到，决定把他推出去，不允许他再在三味书屋读书，寿升的叔父来道歉，说情，也没有成功。

当时，樟寿因为和寿升是堂兄弟，心里有点儿偏向寿升，觉得先生未免太苛酷了。听到先生那些轶事后，也觉得先生未免过于执拗，但是昨天先生亲自送去陈仓米后，他才更加理解了先生，觉得他即使固执，也固执得可敬可爱。自己到底是情在书屋啊！

这时已经开笔学八股文和试帖诗，因为老寿先生不喜欢八股，所以用新刊行的俞樾《曲园课孙草》作课本，内容也较清新浅显。同时还讲解《古唐诗合解》，樟寿却都不很感兴趣。他见老寿先生常手抄汉魏六朝古文，倒对此兴趣盎然，抽屉中小说杂书古典文学，无所不有。虽然不大注意正课，但也未尝欠课，一见了了，不劳记诵，间出余枝，为同学捉刀对句，语多发噱。

最惬意的时候，是忙完了一天的事情，晚饭后回到楼上自己的屋子，把

① 意为：（让你的牛）踏死我算了。

方桌擦得干干净净，在油灯下细心抄录从小寿先生那里借来的杂书笔记，在读书、抄书中，将所有的忧愁都忘记了，进入了汉魏六朝的古典文学世界。

在抄魏晋杂书中，他霍然看到了一个令他惊异的名字——嵇康①。

南朝宋代刘义庆所撰的《世说新语·雅量》中的一节记事，使他惊悚了——

> 嵇中散临刑东市，神气不变。索琴弹之，奏《广陵散》。曲终，曰：“袁孝尼尝请学此散，吾靳固不与，《广陵散》于今绝矣！”太学生三千人上书，请以为师，不许。文王亦寻悔焉。

这个嵇中散是何等人物？他为什么弹奏《广陵散》的绝响而弃世？他还有哪些诗文？樟寿有些像初读《红楼梦》那样，被嵇康吸引住了。

第二天，一到三味书屋，他就向小寿先生请教。小寿先生那里没有嵇康的文集，只找到一些零星的诗文。樟寿下午拿回家，草草吃了晚饭，抹抹嘴，洗干净手，就上楼抄写，一句五言诗又使他震撼了：

> 哀哉人间世，何足久托身？

樟寿想起了“矮癞胡”对自己家的讥讽：“爷爷‘斩监候’，爹爹水臌病，周家要完哉！”

“哀哉！哀哉！！哀哉！！！”虽然在街上刚听到“矮癞胡”的诅咒时，他不服气，狠狠瞪了这家伙一眼，但是此时冷静细想，又不能不承认是这么回事。自己所处的人间世真是太悲哀了！“何足久托身？”

……

一边抄写，一边低吟着这清词丽句，他钦佩古人竟能用这样简约、精练的文字写出这般曲折、深奥的内容。自己也将抄文章用的红格子纸叠成一个

① 嵇康（224—263）：三国魏文学家、思想家、音乐家。谯郡铚县（今安徽宿州西南）人。“竹林七贤”之一，与阮籍齐名。嵇康与魏宗室通婚，曾任中散大夫。他崇尚老庄道学，著有《养生论》。嵇康善于鼓琴，以弹奏《广陵散》闻名于世。

本子，按照线装书的长方格样式，用粗线绷紧右脊，在封面上工整地写上丙申年日记，开始在本子上写日记，把近来的所闻所见所想、满腹的忧愤、怨气全倾泻在日记中了。

第十四章　父亲的死

辞　世

周伯宜吃了很多苦药，名医也换了好几位，但丝毫不见效，水肿从腿部升到肚子，肚子胀得很可怕，竟至不能起床了。人消瘦得厉害，常常对鲁瑞说水肿使他浑身好像被湿布捆紧了，连透气也觉得吃力。

鲁瑞只是百般安慰，说:“宜老相公，你要吃点什么吗？枕头垫高一点吗？舒服吗？”周伯宜的饮食减少，连捧碗的力气也没有了。鲁瑞在丈夫面前从不伤心落泪，在背后，却偷着落了不知多少眼泪。她白天黑夜地看护着丈夫，几乎不吃不睡。然而，回天乏术，周伯宜生命的火苗渐渐地熄灭下去。

三伏暑天过去了，秋老虎也失去了淫威，空气凉爽，人们透过气来，噩耗却要来了。

公元一八九六年十月十二日，即光绪二十二年阴历九月初六，夜里，鲁瑞预感到了什么，叫四个儿子不要再睡了，守候在父亲身边。长妈妈也在一起陪伴着，祖母在床边椅子上坐着，鲁瑞劝她回去睡觉，她犹豫着，终于回去了。

四弟椿寿才四岁，熬不住夜，在长妈妈怀里睡熟了，宝姑把他抱走。余下三兄弟，都很清醒，一点儿都不困，因为他们知道要发生严重的事情了，都目不转睛地看着父亲。

父亲睡在前房的大床里，床朝北，他的头朝南，身体侧向外面。

樟寿和二弟、三弟依次站在父亲床边的踏脚板上，靠近他的头部，距离大约只有两尺，看得清清楚楚。

父亲神色是安详的，看了儿子们一眼。

长妈妈想起章家小姐的事，轻轻捅了鲁瑞一下，耳语一番，鲁瑞问道："你看见什么了吗？"

周伯宜摇摇头说："一无所见。"又问妻子："老四呢？"

长妈妈赶紧出去把四弟叫醒，抱到他的眼前。方头大脸的四弟扬起嫩白的小手，呀呀地叫"爹爹"。

父亲看了一眼可爱的小儿子，像是放心了，闭上眼睛。

儿子们以为父亲太疲倦了，需要养神，谁知他按在自己胸前的那只手，轻轻地抬起来，又轻轻地落下，这样重复了几次，嘴里喃喃地说："呆子孙！呆子孙！"声音很是微弱。

樟寿兄弟被父亲的举动惊呆了，父亲穿的是白布短衫，袖子很长，几乎遮住手背，从父亲那动作看得出来，他似乎在责备谁。

说完"呆子孙！呆子孙！"父亲就不言语了，好像昏迷过去。

长妈妈在这紧要关头，忙极了，把四弟交给宝姑，自己将经卷焚化，火熄灰冷以后，用红纸包作两包，塞在周伯宜手里，叫他捏着。又和鲁瑞一起，忙着给周伯宜换衣服。儿子不管她们，只是注视着父亲。

善知过去未来的长妈妈突然催促樟寿："大阿官，叫呀，快叫呀！"

父亲的喘气颇长久，连樟寿也听得很吃力，然而谁也不能帮助他。樟寿有时竟至于电光一闪似的想道："还是快一点喘完了罢……"立刻觉得这思想就不该，就像犯了罪；但同时又觉得这思想实在是正当的，他很爱他的父亲。便是以后，也还是这样想。

他伤心地站在父亲身旁，眼看着为家奔忙的父亲，已经不能留在人间，要永别了，真如万箭穿心，伤痛难忍。经长妈妈一催促，或者出于焦急，或者是六神无主，不由得大叫起来："爹爹，爹爹！"声音十分凄惨。

"大声！他听不见。还不快叫？！"长妈妈说。

“爹爹！！！爹爹！！！”

父亲已经平静下去的脸，忽然紧张了，将眼微微一睁，仿佛有些苦痛。

“叫呀！快叫呀！”长妈妈催促说。

“爹爹！！！爹爹！！！”

“什么呢？……不要嚷。……我吃力……”父亲低低地说，又急速地喘着气，好一会儿，才复了原状，平静下去，气息越来越弱。

櫆寿在一边似乎觉出父亲不想让大哥叫了，想劝阻，又开不了口。

“爹爹！！！”樟寿还在叫，一直到父亲咽了气。

樟寿多少年后还听到那时自己的这声音，每听到时，就觉得是对于父亲的最大的错处。

葬　仪

父亲断气后，长妈妈把一对红烛点起来，把香也点好，分给樟寿、櫆寿、松寿兄弟三人，每人三支。三兄弟捧着香跪在地上哭送。鲁瑞此时再也忍耐不住了，突然像火山喷发一般大哭起来，尖厉的哭声直冲天宇，在云霄间旋绕，悲惨极了。

长妈妈也热泪奔涌，虽然只是周家的保姆，却早已融合在一起，成为一家人了。她叫宝姑把椿寿抱来，最后看一看父亲。椿寿不懂什么是死，但看到父亲直挺挺地躺在床上，姆娘大哭，哥哥跪哭，也跟着哭叫起来。引得宝姑也呜呜地哭，想起主人的种种仁义，那次敲瘪了水壶，主人不计较，只担心她烫伤了脚，不觉哭得更伤心了。

这时，天还没有亮，人们还在睡梦中，周家人哀哀的哭声，打破了周围的寂静，把人们惊醒了。

祖母来了，也哭。他们不知哭了多久，总之是很久很久。

子传奶奶、谦叔、谦婶、玉田公公和玉田叔祖母，新台门的周家人统统都来了。他们再三劝着鲁瑞。

“爹爹！！！”樟寿还在叫，一直到父亲咽了气。

樟寿成了孝子，繁重的殡丧仪式落在他头上了。起立致哀后，他赶紧回屋写了封急信，请庆叔火速送到杭州爷爷那里。然后，穿上孝衣，由一个工人撑着伞，拿了银锭，到土谷祠行礼烧锭，并背靠庙里的廊柱，双手向后倒抱三次。这是因为死去的人，已被阎罗缚在柱上，倒抱三次，是给死人解缚，使他回来。

老嫚闻讯来了，给鲁瑞梳孝髻，换孝服，櫆寿、松寿兄弟也都穿了孝服。四弟椿寿太小，没有他合适的孝服，就在小衣服上绷了白布。周家的一个工人王富叔，用砻筛盛了酒饭、银锭、香烛，送到大门外，放在地上，由樟寿带领，兄弟四人全跪在门槛的草荐上，等银锭烧完，方才起立，然后哭着进去。砻筛里的饭菜，让路人吃了，据说这样可以免除灾晦。

该进房移尸了，樟寿捧头，鲁瑞托腰背，櫆寿、松寿帮着抬脚，抬到大堂前中央，头南脚北，放在板上。在尸体后面，点燃一盏油灯，从移尸到出丧不能熄灭。据说这是给死者在阴间照明用的，如熄灭，他就要跌跟斗。这盏灯叫明灯。不知谁请来了画家叶雨香[①]，他站在死者脚后的方凳上，看一眼，画一笔。周伯宜生前和他父亲介孚公一样，是“同”字形的脸，病中消瘦，死后却成了“日”字形了。

尸体移出后，就派人到亲友家报丧，报丧人倒夹一把雨伞，到哪一家，哪一家就开发一些钱，还用一只破碗，猛砸过去，据说是吓走随他同来的鬼魂。

三天后入殓，殓衣用柏香焚烟熏过，孝子樟寿穿上十三件殓衣，两个帮手把衣领袖子平整服帖，用线把领扣和袖子缀好。樟寿两手交叉放在腹前，旁边有两人扶着他，一人手里张着伞，一人提了一个水桶，拿了几文钱，走到张马河边，扔进三五文钱，打起半桶水来叫买水，回到家里，给死者胸前揩抹三次，这是表示揩去死者生前所受的污辱，还他干净身体，去见祖宗。殓衣也是明朝服装，因为清朝起始时，为笼络汉人，规定了“十不从”，其中有“生从死不从”，即死后改穿明朝服装。穿衣前，梳好头，穿上内衣内裤，再由樟寿捧着父亲的头，和左右两人一起把死者抬到棺材盖上。然后把孝子樟寿穿过的十三件殓衣脱下，套在一支横竹竿上，覆盖在死者身上，死者左

① 叶雨香：绍兴当地专门给人画像的知名画家。

右一边一个人，为主的一人说："升。"两人同时把尸体升高一些，把手伸进殓衣的袖子里，捏住死者的手从袖子里拉出来；为主的一人又说："降。"两人同时把尸体往下拉，衣服便穿进去了，整理好袖口，把衣服一件件裹好，结紧衣带，就算穿好了。穿的殓衣，胸前挂一袋，叫招文袋，放进死者生前爱好的古玩之类。接着就包衾，上身、腰部和脚部用带子捆住，祭毕，把尸体用两根广藤撑起，四人各执一端，平平稳稳地放进棺材，尸体两脚踏在棺材底，盖上寿被，用石灰包把头部和四周空隙的地方塞实，盖上棺材盖，再用法砝涂上生漆和生面粉，塞进合榫处，就把棺材密封了。之后，再祭香烛和饭菜，每天要上饭三次，到出丧为止。另外，还要供阴差饭。柩前挂白布幔，叫作孝帘，中悬遗像，桌子系绣花白缎桌帏，桌上供五事摆九云篓，供祭菜。

做七以后还要转煞，据说煞神是人首鸡身，到时间从丧家的灶囱下来，谁遇见就要被冲死，所以儿孙都要避宿在棺材边，由道士在灵前念经。除在房间设祭外，还要在灶头设祭，灶头地上撒上草灰，坐守到三、四更，道士吹形如大螺螄的哱罗。看到草灰上有鸡爪印，道士就说煞神已来吃过祭肴了。煞神是半夜时来，凌晨时去，道士就说煞神驱逐了，以后家人才回到房间里住宿。在门上贴着斜角纸，死者是男的贴在左边，女的贴在右边，叫作殃榜，入殓时揭下，压在棺材上，转煞后烧掉。

丧事如此繁琐复杂，消耗了大量的人力和物力，本家都来帮忙，虽然不必付酬金，但一日三餐和戴孝穿素，总得由丧家供给，周家忙得晕头转向，樟寿和姆娘几乎不吃不睡，真不知怎么过来的。

五七的时候，得叫道士来做"炼度"法事。本来这种特别法事，只有妇女难产才适用，小姑母去世时就在长庆寺做过，因为世俗相信《刘香宝卷》里的话："生男育女秽天地"，倘若因此死了，就要落血污地，不得超生，这便需要他力济度。在佛教是水陆道场，道教则为炼度。周伯宜病的起头是吐血，有牵强附会的人，提出也用炼度法事。子传奶奶仿佛见多识广，很有主见似的，极力这么主张。本家近房长辈要怎么做，即使借债，也得照办。炼度法事价格很不便宜，凡三昼夜，共计须银洋四十几元，比起水陆道场来却又少得多，而且可以在家里厅堂做，不必到长庆寺去再增加花费。鲁瑞和祖母、樟寿商量了一番，点点家里的东西，早就在给周伯宜治病时卖得差不多了，已没有值钱的了，只好忍痛从保命的水田中硬拿出两亩卖了，来做炼度法事。

周家所用的道士，俗名阿金，平时和俗人一样，拖辫子穿大衫，看不出什么特别，一做法事就别有一番模样了。

炼度的法事三天，白天只念道经，对着玉清元始天尊、上清灵宝道君、太清太上老君这道教称为“三清”的画像，行礼，口里念“至心朝礼”什么什么天尊已。到了夜里，“炼度”的精彩节目开始了。所有道士装束登场，身披鹤氅，头戴道冠，上边插着金如意，手执牙笏，足踏禹步，全部是飘飘然地仿佛不是人世了。

第一个夜间是“上表”，大道士率领孝子樟寿背着表文，请求为死者赎罪，俯伏在坛下，约莫有个把钟头，据说这是大“入定”，神魂到天上面圣去了。

第二个夜间是“破地狱”，一座四五尺见方的纸糊的酆都城，城门城墙都画得很整齐，放在大厅当中，大道士走来作法，念完咒，把手里木制的七星剑戳进纸糊的城门去，把它撕得粉碎。这时节，由小道士扮成各种鬼魂，纷纷登场。鬼里边有大头鬼和小头鬼，五伤鬼，还有死在考场的“科场鬼”，以及赌鬼，鸦片烟鬼，做出种种令人发笑的表情动作，在戳地狱时，众鬼仓皇奔走一通。这时候，像看戏一样，仿佛是《闹天宫》里的一场，族里的人，亲友，街坊等各路观众，都高兴极了，又说又笑。众鬼表演完毕，回到当作后台的厅房里去了。人们也像散场一样走散。松寿等小孩子也觉得很有趣，竟把悲痛放在脑后了。

第三个夜间是炼幡，把记着死者姓名的幡折叠好，外边层层用盐卤浸过的耐火纸包装，每一层里藏一件纸糊的五彩东西，包十层，扎得像个莲蓬或是胡蜂窠似的。左右两副金童玉女，也是一层层包扎好，这三样东西放在柴堆上烧炼，在适宜的时候抖掉外壳，把夹着的彩物挥舞一会儿又烧掉。烧到最后一层，就是主幡，里面有一张身穿斜领衣明朝装束的周伯宜遗像。遗像将要出来的时候，大家都极紧张，因为万一炼不出来，就要受罚从头做起。

这一场由阿金亲自出马，他要在火中烧物取物，所以只穿着斜领短衫，头戴道士冠，抖擞精神，一层层地烧、舞、再烧，最后把炼出来的三道幡送到灵前供了起来，象征周伯宜已经从血污池中超度得救了。于是这一场炼度法事遂完全了结。

断七以后，便出殡了，樟寿用朱漆特地在棺材后方写了一个篆文的“寿”字做记号。起灵时，棺材头上放一粗碗，棺材一起地，就用这碗猛力掷向棺材头击成粉碎。殡屋在南门外的龟山头。山很低矮，只是个丘陵罢了。这种山，就叫龟山或蛇山，城外是很多的。殡屋里有桂轩的棺材。桂轩是中慎房一斋曾伯祖的孙子，兰星的父亲，周伯宜生前和他是很要好的。

鲁瑞一直大哭不止，祖母也不停地流泪。周伯宜虽不是亲生，但总像亲儿一样孝敬她，祖母怎能不难过呢？

松寿看见来吊丧的所有亲戚，外婆、舅父母、姨母、表姐们，都不住地劝慰着姆娘和祖母，但都无济于事，她俩仍然不住地啼哭。无论怎样都难以平复。

松寿想到自己永远失去了父亲，再不能看他在四仙桌前喝酒，听他讲故事，分吃他的水果了，也感到难耐的寂寞、伤心，不禁跟着姆娘、祖母哭泣。边哭边心中自问：爹爹为什么说“呆子孙”？子京公公临死时自言自语“不肖子孙”，随即自批嘴巴，用头撞墙，是在指摘自己。爹爹临终前说“呆子孙”，用手轻轻在自己身上拍打，是不是也在谴责自己？越是疑问，越是伤心，哭得也越是厉害。

长妈妈一边自己抹眼泪，一边把松寿拉到身边，抚慰着。宝姑也含着眼泪抚慰松寿，又跑前跑后，忙个不停。

樾寿一语不发，站在一边，让拜就拜，让跪就跪，随其自然。他想起那一年，大哥十岁，自己六岁，父亲从杭州乡试回家，兄弟俩早上起来把父亲带回的一木箱玩具打开来看，里面有一件东西很奇怪，用赤金纸做的腰圆厚纸片，顶有红线，两面各写“金千两”字样，后来听说是日本的制品，让他俩好生喜欢。另外，还有几张紫砂小盘，上有鲤鱼跳龙门的花纹，据说是闱中给月饼吃时的碟子，拿来正好做家事游戏。于是兄弟俩就一块儿玩起来。又想起父亲那年在大厅里说过：“我有四个儿子，将来可以派一个到西洋，一个往东洋去做学问。”父亲对儿子抱了多大的希望啊！现在父亲是再也回不来了，也拿不回好玩的东西了，儿子们将来有出息，他也看不到了，禁不住哭将起来。

周家新台门被痛哭声淹没了……

无　言

樟寿，这几天悲伤加繁忙，人已经麻木了，几乎哭不出声，也说不出话。周福清这时偏偏又让庆叔送来一副挽联，更是令他尴尬。

这挽联的上联是：

世间最苦孤儿，谁料你遽抛妻孥，顿成大觉

下联是：

地下若逢尔母，为道我不能教养，深负遗言

周福清不吸烟，不喝酒，尤其痛恶鸦片。周伯宜为病魔所扰，经久不愈，不得已染成了鸦片嗜好，现在人已死了，作为父亲谅解他也罢了，然而周福清绝不以其是为治病而予以原宥，在挽联中还要加以谴责，深令樟寿不满，愤言道："人已死了，还不饶恕吗？"

但这是爷爷的挽联，不挂又不行，樟寿为难极了。他在一幅幅白色挽幛中低头呆立着，不知怎么办好。

忽然觉得身侧闪过一个白色的影子，向庆叔做了一下手势，庆叔立刻明白了，把周福清的挽联挂到众多挽幛后面、不易看到的地方，樟寿的忧虑涣然冰释。

什么人这般聪明？这般善解人意？节骨眼儿上帮了自己一把。樟寿抬头看去。

原来琴姑也随父母一起来吊丧，刚刚拜祭过了。她一袭白衣，发辫扎着白头绳，一直默默无言，却不断环视着周围，乌黑的眼眸蒙着泪珠，琢磨着，看怎么帮阿张哥一把。

樟寿望望琴姑，恰好琴姑也抬头望他，四目相视，闪映出万语千言。但什么也没有说，更没有任何表示，就赶快避开了。

琴姑看见旁边哭成泪人的姑妈,就转身和姑妈相拥在一起,泪水往一处流,却一句话都没有说。外婆、父母、大爷、大娘和平表妹不住地劝姑妈，她依然不说话。但鲁瑞从琴姑轻抚在自己肩上的柔软的手里感到了温暖，觉得比说什么话都慰藉。

鲁瑞总是紧紧抱着小椿寿不放，好像小儿子是自己身上的一块肉，越在这时越要贴在身边。平表妹怕她累,过去要把椿寿接过来。鲁瑞躲闪着,不撒手。琴姑看到，明白了什么，忙拉过平表妹，示意平表妹不要接孩子，平表妹从琴姑眼神里看出了她心里的话:“让椿寿在她姆娘怀里吧！”

小椿寿穿着绷了白布的孝衣，小手紧紧搂着姆娘的脖子，头紧贴在姆娘的胸口，听见姆娘的心在怦怦地跳。姆娘的热泪落在了他的脸上，惹得他也呜呜地哭个不停。姆娘腾出手，拿手帕给他擦泪，他扬起小手，也要给姆娘擦泪。

琴姑看着，鼻子一酸，扭过脸去，掏出白手帕擦眼泪。

这情景，正在一旁的樟寿全看在眼里，心里像刀扎一般，悲痛难忍。又望望琴姑,恰好琴姑又抬头望他,四目相视,但什么也没有说,更没有任何表示,又避开了。这时候还有什么话可说呢？有这目光就足够了。

有人叫樟寿，他赶紧又忙场去了。

松寿看见了琴表姐，连声叫着“姐姐！姐姐！”扑进姐姐怀里，琴姑搂住他，抚着他的头，和他哭作一团。松寿清楚地记得，姐姐带自己放风筝的情景，见了琴表姐就像见了最亲的亲人。

整个吊丧期间，樟寿和琴姑之间没有说一句话，连招呼都没有打，但琴姑满含热泪的眼眸和节骨眼儿上的帮忙，已经给了他最大的安慰。

吊丧完毕，琴姑要随父母回家了，樟寿送他们到小船埠头，琴姑扶着姆娘上了小划船，突然回转头，望着樟寿，要说什么，眼眸里的泪水喷泉似的一涌而出，身子颤抖着，要哭出来，可又强忍住了，低头进了船舱。

樟寿呆呆地站在岸边，眼看着小划船顺着古街慢慢地走了。眼前重现起三年前在皇甫庄埠头给琴姑一家送行的情景：冻云黯淡天气，会稽山下，青绿色的鉴湖河道上，一叶扁舟在沉沉的乌云下划动，岸一边的篷侧窗帘掀开来，出现了那双阴郁的大眼睛……

寂　静

丧事全部办完了，骚乱了好几天的周家新台门突然安静了下来，万籁俱寂，似乎一根针掉在地上，也能听见响声。

樟寿一下子瘫软在自己的床上，骨头像化了一样，动弹不得。他感到不习惯这种寂静，恨不能大喊起来，让这世界再哄闹一番，但又喊不出声，呼呼地睡着了。

他实在太累了。

子夜时分，樟寿醒了，再也睡不着，索性起来穿衣下楼出门，沿着东昌坊口古街，朝府山走去。

暗夜中，沿路店铺的薄薄黑瓦片翘起一个个尖角，在满天繁星的映照下，仿佛一只只黑兽，狰狞地向天上看着。店铺黑黄的门板紧闭着，还是散发着那种浸透了几十年甚至上百年黄酒、糟毛豆和绍兴红乳汁混合的气味。街中小船埠头上传来了摇船的水流声，飘来些微鱼腥味儿。

出了东昌坊口西端的十字路口，往北边的塔子桥走，到路口再往西拐，走上一里地，就到了府山脚下。星光下，苍郁的松柏黑压压地朝上延伸，黑雾似的树林间有一条山路显出蟒蛇般的灰白色。樟寿沿着这条灰白的山路向上爬。忽然，他停止了脚步，钻进梦魇般漆黑的松柏树下，在一块石头上坐了下来，想起了祖父出事后，自己处在“乞食者”境遇中遭到的种种屈辱，种种刺伤，父亲病后的种种冷眼、轻蔑、打击和无法向任何人言说的劳苦，最痛心的莫过于父亲临终时的苦痛和自己的错处，耳边又回响起自己呼叫“爹爹”的声音，一时间如万箭穿心，疼如刀割，不觉流下泪来，接着就失声，立刻又变成长嚎，像一匹受伤的狼，深夜在旷野中嗥叫，惨伤里夹着愤怒和悲哀。

是啊！家里姆娘、祖母、弟弟，还有长妈妈，本就够难受的，大哭不止，自己再哭，岂不增添他们的痛苦。只能憋在心里，找没有人的去处，在深夜的府山松林里哭个痛快！

秋寒浸髓，夜露打湿了衣衫，有些冷峭，倒令人神爽。他哭够了，默默地，漫无目的地登上了山顶。朝天上望去，只见月亮羞涩地藏在云间，不露出脸来。满天繁星中间横亘着一条莽莽苍苍、浑然泛光的银河，河的两边隐约可见牛郎星和织女星，隔河相望。他不禁又想起了琴表妹，明明近在咫尺，却连招呼都没有打，总像有一张无形的大网禁锢着他俩，使有情人不得在一起说说心里话。有点儿像这天上的牛郎星、织女星，即便成了夫妻，也会被天河隔开，只能在七月七鹊桥一会。这个天织的无形的大网，是从哪里来的？为什么那样害人呢？可是，这一回，琴表妹那一双深情的黑眸，节骨眼儿上给自己的帮忙，已经很够了。比说上多少话都有力量。很多时候，语言是无力的，无言反倒充满了张力。

他又想起百草园里愉快的童年——

除了热爱图画书，樟寿还挚爱花和草。新台门后面的百草园，是他童年的乐园……

啊，那碧绿的菜畦，光滑的石井栏，高大的皂荚树，紫红的桑椹；那鸣蝉在树叶里长吟，肥胖的黄蜂伏在菜花上，轻捷的叫天子[①]忽然从草间直窜向云霄里去了。那在短短的泥墙根一带这低唱的油蛉，弹琴的蟋蟀们。……那像人形的何首乌根，还有那覆盆子，像小珊瑚珠攒成的小球，又酸又甜，色味都比桑椹要好得远……

长妈妈讲的“美女蛇”的故事，又使樟寿觉得做人之险，夏夜乘凉，往往有些担心，不敢去看墙上，而且极想得到一盒老和尚那样的飞蜈蚣。啊！童年多么美啊！如果总是在童年，哪里会有这一桩桩的烦恼！

他又想起故乡的迎神赛会。他家离闹市很远，待到赛会的行列经过时，

① 叫天子：云雀。

一定已在下午，仪仗之类，也减而又减，所剩的极其寥寥。往往伸着颈子等候多时,却只见十几个人抬着一个金脸或蓝脸红脸的神像匆匆地跑过去。于是，完了。他常存着这样的一个希望：这一次所见的赛会，比前一次繁盛些。可是结果总是一个“差不多”;也总是只留下一个纪念品,就是当神像还未抬过之前，花一文钱买下的，用一点烂泥，一点颜色纸，一枝竹签和两三枝鸡毛所做的，吹起来会发出一种刺耳的声音的哨子,叫作“吹嘟嘟”的,吡吡地吹它两三天。

今天想来，那种“嘟嘟嘟”的声音还真好玩，可惜是不会再有那心情了……

一轮圆亮的秋月从云间露出脸来,向大地洒下水银似的白光,朝四围望去，整个绍兴城就在月光中，模模糊糊地尽收眼底了。

他环山漫步，东北有蕺山，东南有塔山，与这府山鼎足而立，远方又有会稽山脉横在西天边，近有鉴湖水，在月色下泛着隐约的银光，为这水巷古城平添气势。

东方发白了，红日露出了头，把云彩映作瑰丽的红黄色，彩云下的群山、河湖渐渐显出了轮廓和苍翠的浓绿。他顺北麓走去,见到飞檐、峭壁的越王台。不由得想起当年卧薪尝胆、十年生聚、十年教训的越王勾践，心中念道：“会稽乃报仇雪耻之乡，非藏污纳垢之所。”自己该怎样报这会稽之耻啊？！

从越王台向西沿山路而上,登临府山主峰,上有望海亭,可饱览越中风貌。据说还可以鸟瞰大海，今天来不及了，以后再去瞭望吧！

再往北麓走，就是文种墓。墓前有亭，亭内树碑，附近有唐、宋、明等各朝代的摩崖石刻。樟寿不禁遥想起那悠远的年代，文种曾经辅佐越王勾践于困苦绝境中发愤图强,重新崛起,怎么在成功、富贵之后,反被勾践杀戮呢?这就是君臣之间可以共患难，不可共富贵吗？历来的君与臣到底是怎样的关系呢?

下山时,日头跳出了东天边,天空开始放亮,石板路上的行人逐渐多起来，挑担的，挎篮的，空手的，忙忙碌碌地行走。男人多戴着乌黑的毡帽，女人则穿着蓝印花布的衣衫，腰间扎着条蓝色的带子。好不容易挨过了春天的黄梅雨和夏天的炎热，赶上了秋天的响晴天，渐渐显亮的蓝天上只飘着几丝白云彩，青石板路干干净净，人们都兴致勃勃地出来赶生活了。

他朝四周张望，看到全是人，人，人……不过才一夜之间，就好像久违很多年月了。对眼前的人，他既感到熟悉，又觉得陌生。

他忽然看见——

一个乞丐，浑身脏污破烂，在地上一步步爬着，伸出污黑的手，向人们乞讨。他身后又爬过几个乞丐，有老人，有孩子，有跛子，有秃子，都伸过手来，街头聚拢了好多张污黑的手。从这手边走过的人，没有一个理睬。还有人朝乞丐啐了一口唾沫，几个闲人瞅着乞丐大笑。几个孩子朝乞丐身上掷石子，乞丐们拼命地爬，逃出唾沫和石子，一个老人爬不动，躺在街边……

路边上，两个饿得精瘦的浮浪汉，一个头上有癞头疮疤，另一个长着满脸的络腮胡，一大早就脱下又脏又破的褂子，坐在墙角比赛捉虱子。每捉到一个，就狠狠地塞在厚嘴唇里，狠命一咬，发出噼的一声。

“癞疮疤”捉得没有“络腮胡”多，咬得又不响，于是癞疮疤块块通红了，将衣服摔在地上，吐一口唾沫，说：

“这毛虫！”

“癞皮狗，你骂谁？”“络腮胡”轻蔑地抬起眼说。

“谁认便骂谁！”“癞疮疤”站起来，两手叉在腰间说。

“你的骨头痒了么？”“络腮胡”也站起来，披上衣服说。

“癞疮疤”以为“络腮胡”要逃了，抢上去就是一拳。这拳头还未到达身上，已经被“络腮胡”抓住了，只一拉，“癞疮疤”就跄跄踉踉地跌进去，立刻又被“络腮胡”扭住了辫子，要拉到墙上去碰头。

“君子动口不动手！”“癞疮疤”歪着头说。

“络腮胡”似乎不是君子，并不理会，一连给“癞疮疤”啪啪碰了五下，又用力地一推，使“癞疮疤”跌出六尺多远，这才满足地去了。

“癞疮疤”无可适从地站着，嘴里叨念着：“总算是被孙子打了！”

对面走来了静修庵的小尼姑，“癞疮疤”迎上去，大声地吐一口唾沫：

“咳，呸！”说道，“我说我今天怎么这样晦气，原来就因为见了你！”

小尼姑全不睬，低了头只是走。“癞疮疤”走近伊身旁，突然伸手去摩着伊新剃的头皮，呆笑着，说：

“秃儿！快回去，和尚等着你……”

“你怎么动手动脚……”尼姑满脸通红地说，一面赶快走。

路边的闲人大笑了。“癞疮疤”看见自己的勋业得了赏识，便愈加兴高采烈起来。

“和尚动得，我动不得？”他扭住小尼姑的面颊。

闲人大笑了。“癞疮疤”更得意，而且为满足那些赏鉴家起见，再用力地一拧，才放手。

他这一战，早忘却了“络腮胡”，似乎对于今天的“晦气”都报了仇，仿佛啪啪地被碰响头之后，反而更轻松了，飘飘然地要飞去了。

远远地听得小尼姑凄惨的哭声……

突然，北街上传来唬人的呼喊：“肃静！让道！”

原来是官轿来了，只见一列威武的衙役举着黄色的肃静牌，耀武扬威地在前面开道，一尊红黄缎帐，金光闪闪的八乘大轿过来了。人们慌张地四散开去，像看见老虎一般害怕。

官轿刚过不久，两个衙役，一个高瘦细长，另一个矮胖短粗，骑着两匹高头大马，威风凛凛地走来。他俩都穿着深蓝色的皮袍子，袍里的皮毛有一溜翻出，露在外面，是雪白的上等羊皮，头上戴的是红缨帽，各人手里拿着一支长长的旱烟管。骑的大马也都很阔气，瘦子骑的是棕色的，胖子骑的是黑色的，毛皮都泛着光泽，连马鞍、脚镫也都锃光瓦亮，新簇簇的。街两边的摊贩，凡躲不及的，都被撞得人仰摊翻，落花流水。

人，为什么是这样的呢？无论是富是穷，是贵是贱，是美是丑，是高是低，是男是女，是老是幼，都逃不过生死之关，都要生活，又都要死亡，可又为什么这般冷漠，无情，互相仇恨，以别个的痛苦为自己的欢乐呢？

怎样才算一个人？怎样做一个真的人？樟寿心中开始朦胧地升起这样的问题……

博　览

回家以后，有些困倦，但是樟寿还是稍稍洗漱，吃些早饭，就提起书包，和二弟櫆寿一起去三味书屋了。

老寿先生和小寿先生见樟寿兄弟来了，都过来安慰。同窗们也默默围上来，但都没有说话。不知说什么好，或者觉得说话，反倒不如沉默更能抚慰学友的心。

戴着重孝的樟寿、櫆寿分别坐到自己的位子上去。

继续学习时文和试帖诗，老寿先生自谦文笔古旧，由他儿子小寿先生担任命题和批改。樟寿不喜欢词章之学，以为此等描头画角，文人习套，不足以发挥自己的意思。尤其不喜欢科举试题，也不习帖练字。对八股文更不感兴趣，只是在小寿先生教学生造句，写假想的游戏短篇时，笑而应之，兴致颇高。此时，小寿先生正在阅览明季遗老诸书，如顾炎武、黄宗羲、王船山的书，和《明季稗史》《明史记事本末》《林文忠全集》《经世文编》等典籍，樟寿也都借来阅读。

父亲去世后，家里倒没有事让他做了，有的是空闲，下午放学回到家里，吃过晚饭，就上楼去，把自己的书桌擦干净，先端坐桌前，拿过自己用红格子纸缝叠成的日记本，握起“金不换”小楷笔，工工整整地写日记。把父亲丧事期间落下的补上，再写当日的。

写日记和抄书时，挺直腰板，端坐在桌前，读闲书时，可就潇洒随意，悠然自得，或者侧躺在床上，或者歪坐在椅子上，或者倚在桂花明堂的桂花树下，或者跑到百草园里，干脆躺在草丛中，把书一卷，举在眼前津津有味地读，忘了时辰，忘了吃饭，忘了所有的忧愁和危难，只在书海中尽情徜徉，闲思散想，遐思无限，上天入地，无拘无束，真正成了书迷、书痴和无限遐想者。

他还从自己家里到处搜书，竟然找到了家藏的《王阳明全集》《谢文节集》《韩玉泉诗》《制义丛话》《高厚蒙求》《文史通义》《癸巳类稿》，以及父亲的科举用书《经策统纂》等。继而又千方百计购读了《阅微草堂笔记》《淞隐漫录》等笔记小说，和各种诗文集，如《板桥全集》《酉阳杂俎》《容斋随笔》《辍耕录》《池北偶谈》《金石录》，以及《古诗源》《古文苑》《六朝文絜》《六朝事迹类编》《周濂溪集》等。自家的书不够看，又从玉田公公那里借来了《唐代丛书》，一一抄写。

后来，他又看到了甘肃武威张澍[①]所辑的《二酉堂丛书》，不禁想到自己故乡会稽先贤的故籍零落至今，而没有编集，何不效法张澍收集一部《会稽郡故书杂集》呢？于是，见到会稽古籍就悉心抄录，几成嗜好。

---

① 张澍（1776—1847）：清代著名学者，一生著述甚丰。其《二酉堂丛书》，收录了古代甘肃地区学者有影响的著作。

第十五章　樾寿陪侍祖父

夜航船

摇啊摇，摇向关押祖父的杭州城……

樾寿躺在夜航船的铺板上，好像儿时躺在摇篮里，长妈妈轻轻晃着睡篮，姆娘柔声唱着催眠曲，摇得他睡意甘甜。

哗哗哗，笃笃笃，耳边响着流淌的水声和欸乃的橹声。

惨淡的月光透过船篷上用竹条编成的梅花眼洒进船舱里，落在铺盖上，绣出斑斑梅花影。

忽而传来船夫“靠塘来”或“靠下去”的呼喊，这是因为沿河都有石铺的塘路，可以供船夫拉纤之用，夜里航行的船都以塘路为准，遇见对面的来船，辄互相高呼，以相指挥；大抵以轻船让重船、小船让大船为原则。

樾寿好奇地掀开篷侧的窗帘朝外张望，只见一钩弯月下水波粼粼，银光闪闪，大小船只交相驶过，河边的远山有如漆黑的兽脊，静静地向天尽头伸延着。

除了水声、橹声和船夫的招呼声，靠近岸边时乡间的犬吠鸡鸣，就是隔壁船舱大人们叽叽喳喳的聊天声。一个读书人腔调的，在大讲明末文人张岱的《夜航船》[①]：

“想那张宗子在《〈夜航船〉序》中曾言道：昔有僧人与士子同宿夜航船，士人高谈阔论，僧畏慑，拳足而寝。僧听其语有破绽，乃曰，请问相公，澹台灭明[②]是一个人，是两个人？”

此时，另一个读书人做假嗓尖声道：“是两个人。”

前一个读书人又问：“尧舜[③]是一个人，是两个人？”

假嗓应道：“自然是一个人。”

前读书人大笑不止，学僧人声道：“这等说起来，且待小僧伸伸脚。”

于是这两个读书人和同舱的人都大笑起来。

槐寿在三味书屋曾在小寿先生那里看到过张岱的《夜航船》。小寿先生也津津有味地讲过这个僧人和士子的故事，槐寿当时觉得有趣，却不敢笑，这回可被逗得跟着大笑起来。

接着又听这些人，不断聊着天，天南海北，无所不及。槐寿似懂非懂，胡乱听着。此时春寒料峭，天气甚冷，夜更深了，聊天的人们也渐渐停歇，船里一片死静，只听得水声越来越沉浑，好像已经进了钱塘江航道，潮水拍打着江岸，推涌着航船。槐寿想朝外面看一看，但月亮似乎被乌云遮住了，透进篷隙的月光也没有了，舱里黑漆漆的，什么也看不见。槐寿感到只有水在陪伴着自己：先是自家门前那条小河，脚划船的木桨溅起点点水花，像幼

---

① 张岱（1597—1679）：明末清初文学家、史学家，又名维城，字宗子，又字石公，号陶庵、天孙，别号蝶庵居士，晚号六休居士，汉族，山阴（今浙江绍兴）人。寓居杭州。出生仕宦世家，少为富贵公子，精于茶艺鉴赏，明亡后不仕，入山著书以终。著有《琅嬛文集》《陶庵梦忆》《西湖梦寻》《三不朽图赞》《夜航船》《白洋潮》等绝代文学名著。《夜航船》是一部小型百科辞书，分门别类，众采经史子集资料。上至天文，下至地理，三教九流，诸子百家，人伦政事，礼乐科举，草木花卉，鬼神怪异，无所不有。共计 20 大类，4000 多条目。

② 澹（tán）台灭明（前 512—？）：字子羽，孔子弟子，教育家，比孔子小三十九岁，孔门七十二贤之一，鲁国武城（今山东费县）人。长相额低口窄，鼻梁低矮，不具大器形貌。孔子以貌取人，颇为嫌弃。澹台灭明受到冷遇后，毅然退出孔子的弟子行列，更加发奋求学，严谨修行，往南游学到吴地（即楚国，后老死在楚国）。跟从他学习的有三百多人，他有一套教学管理制度，影响甚大，是当时儒家在南方的一个有影响的学派。其才干和品德传遍了各诸侯国。孔子听到这些消息感慨地说：“我凭长相判断人，看错了子羽。”东汉明帝永平十五年（72）祀孔子及七十二贤，他是其中之一。唐玄宗开元二十七年（739）封“江伯”。宋真宗大中祥符二年（1009）升为“金乡侯”从祀孔子。

③ 尧舜：我国古代传说中的黄帝后出现的两个首领。

时在河里扔石子，打水漂儿；后来是西郭门外的鉴湖水，在三明瓦乌篷船下哗哗地响，像是绍戏里的唱腔；以后，水声就越来越宏厚，像是到了大水中了。櫆寿还从没有出过绍兴家乡，他既感到好奇，又觉得有些害怕，不禁颤抖起来。在一边蜷着的阮标觉出櫆寿的抖动，连忙过来帮他盖好被子，他就缩在被窝里睡着了。

櫆寿到杭州陪侍祖父，是因为他的小叔伯升在杭州陪侍父亲将近三年，不愿再这样待下去，要进南京水师学堂当海军了。十八叔祖周庆蕃“庆爷爷”在江南水师学堂教汉文，当管轮堂监督。虽然台门里的人说，他是为了混饭吃，没办法，才委身学堂，却顶顶反对洋务派的买兵舰、建海军、办工厂、设学堂。但台门的人无路可走时，还是要走他亲戚的门路进水师学堂去。这个学堂设头、二、三班，预定每班学三年，一共要学九年。各班学生的膳宿、衣靴、书籍、仪器，都是公家供给，另外每月还给津贴，称为赡银，起码每月一两。进了学堂，生活就不愁了。如此优待，还没有人愿意去，因为人们认为进这种学堂不是正路。听说周伯升要进水师学堂后，都说周福清脑子里稀奇古怪的事情多，自己坐牢等杀头不说，还把儿子的灵魂卖给洋鬼子了。

不管怎样，周伯升还是进了水师学堂。“庆爷爷”觉得进洋学堂用谱名不好，就给他改了名字，叫文治。

他没有参加兄长周伯宜的丧事。出丧不久，周福清在杭州监中没人陪侍，就来信叫櫆寿去杭州，代替周伯升。此时，周家已经焦头烂额，天昏地暗，凄凄惨惨，鲁瑞舍不得櫆寿前去，因为丈夫刚去世，孩子在自己身边总是一种安慰，但又是公公的命令，不能不服从。家里樟寿是长子，不能去；松寿和椿寿又太小，无法去。只能让老二去，真个是依依难舍！能拖就拖吧。就让樟寿写信给公公，说快过年了，等过了年就去。

过了个惨淡的年，眼看着挨不过去了。公公派仆人阮标来接櫆寿，鲁瑞只好送儿子上路了。

阴历正月的一天下午，鲁瑞扶着二儿子，像怕他摔倒似的。大儿子樟寿也在另一边拉着二弟的手，三弟松寿紧跟在后面，长妈妈领着已快四岁、能奔会跑的四弟椿寿，一步步走到东昌坊口的小船埠头。

阮标叫来了脚划船，扶樾寿上船。樾寿与家人难分难舍，不愿上，一时间和姆娘、大哥、三弟拥在一起，哭作一团。

长妈妈也在一边抹眼泪，四弟椿寿见姆娘、哥哥都在哭，也不禁大哭起来。樾寿连忙分开姆娘和大哥，弯过身去一把抱起了四弟，号啕大哭。这四弟也与二哥脸贴着脸，兄弟俩的热泪流淌在一块儿。

樾寿最喜欢的就是四弟了。觉得他生而神异，目炯炯有芒，如岩下电，虎头燕颔，有食肉相，性任侠，又聪颖喜读书。四岁描影格写大字，竟字有劲气，为韵语清绝，比自己强得多。禁不住死死抱住，不舍放下。姆娘和长妈妈一起好言相劝，才算将这两兄弟分开了。

阮标扶着樾寿上了脚划船，鲁瑞还是不放心，又叫来一只，要跟着去，樟寿哪里会让姆娘一人去，就搀着姆娘一起上船，回头嘱咐长妈妈看好三弟和四弟。长妈妈点点头，示意他们塌心，眼看着脚划船沿着河巷慢慢地走了。

到了绍兴西郭门外北海桥时，已近黄昏，阮标先把行李放进船舱，又扶樾寿登上夜航船。从绍兴到杭州附近的西兴，至多不过百钱。鲁瑞手头虽紧，却花二百钱买了“开铺”，这样可以摊开铺盖，占两个人的位置，使儿子舒服些。又千叮万嘱阮标千万当心，阮标频频点头称是，让主人舒心。待航船驶远，消失在薄暮中了，樟寿才扶着啼哭不止的姆娘，又坐脚划船回家去了。

樾寿生性随遇而安，上船时大哭不止，与姆娘、大哥依依难舍，看着他们的背影在岸上消失了，才肯让阮标扶着进到舱里，但入舱高卧在铺板上以后，便也渐渐安静了下来，听着水声、橹声、人声，不觉悠悠然起来。

入夜了，阮标在铺板上铺好女主人特意准备的被褥，侍候小主人睡下，自己才敢蜷缩在一角打个盹。想到翌日清晨可到西兴，过钱塘江，就能到达杭州，向主公交差了，心里也踏实了许多。

西兴渡江

早晨，一线阳光将樾寿刺醒了。他揉揉眼睛，睁眼一看，见太阳照得白花花的，已经大亮了。

阮标忙扶小主人起来，告诉他到西兴了，重又叠好被褥，打好行李。

船靠埠头，阮标一手提行李，一手扶樾寿上岸。樾寿回头一望，只见一条大江，浩浩荡荡地横在身后，不时掀起浪潮，一直向天边流去。对岸是绿葱葱的烟柳，朦朦胧胧，看不清楚；此岸是古老的垂柳，粗黑的树干，嫩绿的柳枝，令人眼前生光。江滩上铺着跳板，让下船人踩板上岸。

阮标把行李交给挑夫，自己扶着樾寿上了岸。岸上商家林立，桃红柳绿，人头攒动，热闹得很。原来这西兴是萧山县的一个市镇，也是由绍兴西郭北海桥到杭州的第一个驿站，计程是水路九十里，船行整整一夜。这虽是一个小镇，但因为是通达杭沪宁各大商埠出入必由之路，所以着实繁盛。比那东路通达宁波的曹娥站，热闹多了。

樾寿随阮标进到市面上来，觉得虽是平常的一个市镇罢了，却自有一种驿站的特色，这便是有许多的“过塘行”，专门管理客货，有俞天德行，也有不称什么行，但也是“过塘行”的盛七房。“过塘行”的隔壁或对门，照例是一家小饭店，那里的店主兼伙计十分有礼貌，看见客人落行，洗过了脸，便过来招呼，请在他那里吃便饭。阮标肚子早就饿了，又盛情难却，便也欣然应命，和樾寿一起前去。也有些客人，懒得行动，就叫送过来吃。店主人殷勤地招待阮标、樾寿坐下，推荐下饭的小菜，都是些绍兴的家常菜蔬，无非那些煎鱼烤虾腌鸭子三类，黄灿灿，香喷喷，热乎乎，吃得很舒服又不怎么耗费。吃过之后，主客欢然作别。

随后就是过塘行了。行李不必操心，有专挑行李的，东西一件也不会失落。但人过钱塘江是件很危险的事，恐怕要比渡黄河还凶险。在钱塘江里会遇到潮汛，在没有桥也没有轮渡的时候实在是非常可怕的。这在绍兴水乡的居民看来，不算什么事，出门使船如马，乡下不分远近，公用的交通工具就是船，一层薄板底下，便是没有空气的水，一生中时时刻刻都有落下水去的可能，若要怕水岂不是没有工夫做别的事情了吗？可是徒步过江边的沙滩却是件难事，沙滩浅而远，渡船不能靠近的时候，需要跳板接过来，而这跳板长而且软，前面有人走着，两条板一高一低，后边走的人踏上去，很是艰难，差不多要被掀下水去的样子。阮标觉得钱再紧，也不能让小主人冒这个险，就雇了乘轿子，请櫆寿像那些坐轿的公子一样上船。

櫆寿除了小时候小姑母出嫁时，曾趴在轿上不让走之外，还从来没有坐过轿子，这回阮标扶他上去，还真有点儿新鲜，觉得晃悠悠的，挺过瘾。但等下了轿子，上了渡船，往钱塘江上一望，见潮水汹涌，几乎看不到边，又有些害怕，因为绍兴虽是水乡，却没有这么大的浪。第一次出绍兴，才感到天外有天，水外有水。世界原来这么大！待阮标和轿夫一起扶他在渡船上坐稳了，心方静了些。

上了渡船之后，船上的人还得看那天的风色，这并不是占卜天候如何，乃是看这里是不是顺风，或虽偏风而可以利用风篷。若可以利用，那么百事大吉，只消挂上布帆，便一直前去了。万一全然不能利用，则乘客就大倒其霉，要洗耳恭听船夫的各种恶骂了。一只渡船的船夫本来就只是三四个人，不使帆时须凭摇橹，人手原是不够用的，所以须得乘客义务帮着去摇。据渡船不成律的规定，凡坐轿的和徒步而穿长衫的都照例得免，而抬轿挑脚，及一切短衣人等则都有帮摇的义务。阮标为人乖觉，深谙此道，看见风帆空悬着，便自动去摇橹，到了适当时候就退了下来，到摇橹费力时倒可以不去管了。渡船上懒人到底居多，风不顺须摇橹时，人手不够了，却没有人去补。船夫就开始说话了，起初是一般的邀请，其次便指名，说那位戴毡帽的，那个抽旱烟的，最后则破口大骂了。绍兴船夫的善于骂人，是向来著名的，似乎这里的也是一样，辱及祖先，并及内外姻亲，很是恶毒难听。可是有一点，连櫆寿这小孩子也觉得奇怪，就是绝不侵犯对方的配偶。因此他疑心，此乃诅咒而非骂詈。

纵然骂得厉害，船上有的短衣人一边听着，一边恬然毫不为意，终于不去摇橹，这时候船也就快到埠头，大家不一会儿一哄而散了。

清波门

过了钱塘江，又是从跳板上过沙滩。不过，这边似乎短得多，好走，只要阮标扶着，樾寿就很快过去了。

上岸后，放眼望去，只见满世界都是绿色，而且是一种新绿，像一片片刚出壳的毛茸茸的绿色小鸡，聚拢在一起，铺展出满天满野的浓浓淡淡的草绿色。樾寿感到自己似乎浸泡在嫩绿的海洋里，心都醉了。

阮标挠挠后脑勺，寻思：怎么走呢？让小主人骑马？骑驴？都不放心。最后还是叫来一顶小轿，让樾寿上轿。樾寿见了，直往后退，心想：这不是女人坐的吗？自己怎能上去呢？渡江时，只是沙滩一小段，也就罢了。这回看来是要走长路，怎么行呢？要自己走。

阮标见樾寿犹豫，央求道："小少爷，上轿吧！路长着呢，你走不动。"

樾寿不得已，只好上了轿，行李也塞进轿里。小轿被轿夫抬起来，往前走。阮标在轿后跟着。樾寿在轿子里觉得一颠一颠的，慢慢也习惯了。掀开侧面窗帘朝外看，见仍是一片绿海，轿子像小船似的在绿浪中行驶，仿佛先是由西往东走，然后北拐，又由东往西去了。

好一阵子，到了一座城门下面，人开始多了。小轿在人群中行驶，进了城门，出现了街市，沿街是檐角上翘的苍黑色的木楼商铺，比东昌坊口热闹多了。渐渐的，进入一条繁华闹市，卖炊饼的，玩杂耍的，商店一个接着一个，饭馆一家连着一家。再往前，是一座座茶庄，飘来龙井茶的清香。然后又是一家接一家的药铺，散来浓郁的中药味，樾寿歪出头去看，见一家最大的药铺的招牌上写着几个大字：胡庆余堂。他鼻翼翕动，深吸一口药味，觉得好闻。

过了"药铺"长廊，人少了。街面上有衙役佩着腰刀四下察看，街旁的房子也高大威严。小轿像畏惧似的，拐进一条小巷。

这是一条普通的小巷，名叫"花牌楼"，却并无什么牌楼；往北走一点路，有一条十字街，名叫"塔儿头"，虽是小街，却颇有些店铺，由此往西，走不远就是一所银元局，附近都能看见它的大烟囱。

阮标让小轿在小巷里一座院墙门口停下，把樾寿从轿里接出，取出行李，付给轿夫工钱，打发他们抬轿去了，就拍院子的墙门，喊道："阿樾少爷来啦！"

不一会儿，门开了，迎面是一位四十几岁的女仆，人很精干和善，见了樾寿，一把搂过来说："呦，这就是阿槲少爷吧？"

阮标应道："就是的。"又对槲寿说："这是宋妈，台州人。往后由她照顾你。"

三个人走进去，槲寿进到这陌生的地方，不禁有些紧张，四下看看，见这是一个狭长的两家公用的院子。院内是一楼一底的房屋，双扇的宅门，有两扇向外开的半截板门，半掩着。门内传来一个年轻女人清脆的声音：

"阿槲来啦？"

说着，飘出潘庶祖母亮俏的身姿。她穿着一身鲜亮的女衫，上蓝下粉，戴着玉镯的雪白手腕朝上仰起，好像一支白莲花。

槲寿连忙向她鞠躬，叫声"祖母"，要跪下叩头。潘庶祖母伸过玉臂搀住他说："免了吧！"拉着他，进了宅门。

这是杭州那时候标准的市房，里边一间是堂屋，用板壁隔开，作为两间，后面一间稍小，用作厨房。北头装着楼梯，底下有一副板床，像是仆人阮标住宿的床位。潘庶祖母拉着槲寿上了楼，楼梯很简陋，咯吱咯吱地响。走上楼梯去，半间屋子是女仆宋妈的宿所，前边一间大些，摆着一张干净、舒适的大床，东边南窗有一张小床。

潘庶祖母指指小床说："这是伯升睡的，他走了，你就住这儿吧！"

槲寿点点头，阮标把他的行李提上去，打开来，宋妈帮着拿出槲寿自己带来的被褥，铺在小床上。

阮标领槲寿到楼下一角洗漱、歇息了一会儿，宋妈就做好了晚饭，请槲寿和潘庶祖母一起吃。

堂屋右首北向有两扇板窗，东边窗下有一顶板桌，吃罢晚饭，潘庶祖母回房休息了，阮标便陪槲寿坐在桌边聊了起来。

阮标指指板桌说："伯升白天在这里看书，现在归你用。晚上让给我用。"

槲寿点点头。看到桌上有文房四宝，还摆着几卷书，倒也惬意。

阮标便跟他讲起这清波门来："西边的城门原来叫涵水门，后来改名叫清波门，因为在西湖东南边，有一座流水福桥，桥下有水通西湖，水波清清，所以称清波门。"

樾寿一听，眼中放出光彩，说："明天带我去看看。"

阮标说："先别看门，先拜你爷爷吧！"

樾寿想起了牢房里的爷爷，忙点头称是。

阮标又说："别看这清波门名叫清波，其实并不是什么好去处。每年处决犯人就在这里。官府衙门和关你爷爷的牢狱也在这里。杭州人讲话，活不下去，被领到'清波门头'，就是到清波门坐牢、杀头，什么困难都算解决了。着实让人不愿多待。"

樾寿听了，不禁毛骨悚然，对这清波门，打一开始就感到惨淡了。

祖　父

翌日，天阴沉沉的，布满了乌黑的沉云。一早，阮标就带着樾寿去不远的司狱司拜望祖父去了。

离清波门不远的地方，就是杭州府。府署朝南，署门大堂威严庄重，富丽堂皇。司狱司在其右边，是西向的，一片阴森气象。

樾寿吓得几乎不敢抬头向周围看，更不敢朝那黑森森的清波门张望，一路上低着头，随阮标来到司狱司门口，见是一重铁栅门，推门进去，门内坐着几个禁卒。阮标冲他们点了点头，禁卒们笑笑，任他带樾寿进来。

樾寿见爷爷正垂头坐在榻状的厚板上，身材还是那样高大魁梧、雄健结实，穿着藏青色绸缎官服，顶戴已被摘去，脑后垂着一根又粗又长的花白辫子。"同"字形脸，更加显得富贵、威严，但是却像天气一样沉闷，满脸的"沉云黑"，不住把自己右手大拇指的长指甲放在嘴里，咬得嘎嘎作响。

樾寿一进屋，就忙跪下，给爷爷叩头。阮标躬下腰，低声说道："老爷，阿樾小少爷来了。"

爷爷周福清这才怔了一下，醒过蒙儿来，抬起头，看到了樾寿，不禁两眼闪出泪花，猛上前一步，叫一声"阿樾"，拉起孙子的手，吓了樾寿一跳。

周福清拉着孙子，扶他到榻板上坐下，不禁老泪横流，问道："阿樾，路途遥远，路上劳累了吧？"说毕，低下头，为自己的案子给儿孙带来灾祸，感到愧疚。停了会儿，又问道："你爹爹可安葬妥了？"

樾寿点头道："妥了。"他觉得爷爷不像当初回家掀起风暴时那么可怕，忧虑的眼神里带着愧色，对他很温暖，显得很是亲切平和，一颗提着的心总算落了地。朝周围看看，见祖父的房间里，对着门口放了一张板桌和椅子，板床上靠北安置棕棚，上挂蚊帐，旁边放着衣箱。中间板桌对过的地方是几叠书和零用什物，板桌上满都是书，有《四史》《明季南略》《明季北略》《明季稗史汇编》，还有精印的《唐宋诗醇》，木板的《纲鉴易知录》，铅印的《徐灵胎四种》，其中只有一卷《道情》曾经听小寿先生讲过，自己也可以懂得。樾寿跟大哥一样自小爱看书，见到这么多的好书，两眼立时有了神采。

周福清看到孙子见书就高兴，也很喜欢，指着书说："这些书，你随意看。到爷爷这里来，就是要好好读书！"

樾寿连连称是，快乐得什么似的。

此后，樾寿每隔三四天就去司狱司看爷爷一回，认得路径了，不用阮标领路，自己独自去。

樾寿的坐处就在台上书堆与南窗之间，遇见廊下炭炉上烧着的水开了，就拿来给祖父冲茶，便壶满了，就提出去往小天井的尽头倒在地上，别的时候，就总是坐着翻翻书看。听祖父讲书，有时自己自由自在地翻书。陪祖父坐到下午方才回来。

祖父给他上另外的新课，至于读经作文的，由樾寿自己去读在三味书屋没有读完的《诗经》以及《书经》,学做八股文和试帖诗,抄过《诗韵》两三遍。每次去，讲新课之前，必查阅他的作业。樾寿也不辜负祖父的教诲，用功读书、写作，学问大长，祖父很高兴，夸奖他既聪明又用功，比伯升强得多。阮标回家时，把这夸奖话传给了鲁瑞和祖母，两位老人都乐滋滋的。

周福清虽然发起怒来还是仍旧咬手指，畜生虫豸的咒骂，却并不对樾寿生气。他的日课，是上午默念《金刚经》若干遍，随后写日记，吃过午饭，到各处去串门，在狱神祠和禁卒等聊天。他平时常苛于论人，从"呆皇帝""昏太后"起，下至本家子弟，几乎没有一个好人，但是他对那些禁子犯人，却绝少听见贬词。

一回，听见外面传来很响亮的镲声，又有人高声念佛，声音渐渐远了。不一会儿，老狱卒邹玉进来说：“是台州大盗提出去处决。人很仗义，威武呢！”

周福清听了，低头长长叹息一声，很是感伤和寂寞。他想到自己虽然免勾了，但不知道什么时候才能出去。说不定，皇帝什么时候不高兴，又不免勾，要斩杀了。想到这里，连连摇头，叹道：“嗨，这世道……”

樾寿见祖父低头长叹，不住摇头，觉得祖父骂旁人而不骂强盗和禁卒，虽然有些怪僻，却并不是没有道理的。

樾寿见祖父最常读的书，是那精印的《唐宋诗醇》，不觉感了兴趣，拿过来翻读。祖父见孙子喜读此书，兴奋起来，跟樾寿说道：“这是学诗的必读书。”又问，“你大哥爱诗吗？”

樾寿抬头道：“爱。”

祖父更欢快了，说：“那就把这部《唐宋诗醇》送给他读吧！”

于是坐到板桌前，铺开一张漂亮的信笺，握起毛笔，沾了沾墨，在信笺上写道：

> 初学先诵白居易诗，取其明白易晓，味淡而永。再诵陆游诗，志高词壮，且多越事。再诵苏诗，笔力雄健，辞足达意。再诵李白诗，思致清逸。如杜之艰深，韩之奇崛，不能学亦不必学也。
>
> 示樟寿诸孙

写毕，把便笺夹在《唐宋诗醇》中。樾寿看见爷爷随笔写出的便笺，这般秀挺、雄健，有如名人书帖一样，打心底里佩服。

阮标再来送饭时，周福清令他把夹便笺的《唐宋诗醇》寄回绍兴家里。

可怜的人间

樾寿刚住进花牌楼，就感受到了人间的可怜。第一觉得苦恼的是被臭虫咬。有些人被咬了，出现大块的肿痛，好几天不能消，有的甚至变成疮毒。櫆寿虽然起初也很觉得痛痒，但是幸亏体质特殊，据说这是“免疫”了，以后便什么也不知道。虽是如此，被臭虫白吃了血去，也不甘心，所以还是要捉。在帐子的四角，以及两扇的合缝处，只要一两天没有看，便生聚了一大堆，用一个脸盆盛上冷水，往下一泼，就都浮在水面，只消撩出来把它们消灭。这实在是一件很讨厌的工作。

对櫆寿来说，更加苦恼的，乃是饥饿。其实吃饭倒并不限制，一天的饭食，是早上吃汤泡饭，这是浙西的习惯，因为早上起得晚，只将隔日的剩饭开水泡了来吃，若是在绍兴则一日三餐，必须从头来煮的。寓中只煮两顿饭，菜由仆人阮标做了送来，供中午及晚餐用。櫆寿才十二岁多，正是生长的时期，这一顿稀饭和两餐干饭的定时食，实在不够，说到点心也不是没有，定例每天下午，一回一条糕干，这在櫆寿也是不够的。何况櫆寿小时候因为姆娘没有奶，雇了一个奶妈，而这奶妈原来也是没有什么奶的，为的骗得小孩不闹，便在门口买种种东西给他吃，结果自然是消化不良，瘦弱得要死，好像害了馋痨病似的，看见什么东西都要吃。为的对症服药，大人便什么都不给吃，只准吃饭和腌鸭蛋——这是法定的养病的唯一副食品。这在馋痨病的小孩是很苦痛的，子传奶奶就形容过櫆寿当时的模样：“二阿官那时的吃饭是很可怜相的，每回一茶盅饭，一小牙的腌鸭蛋，到我们窗口来吃。”说得櫆寿很不爱听。自小得过馋痨病，这会儿又饿得肚子咕咕叫，没有别的办法，他就偷冷饭吃，独自到灶头，从挂着的饭篮内拣大块的饭直往嘴里送；櫆寿觉得这淡饭的滋味简直无物可比，可以说是他一生所吃过的东西里最美味的吧？

但这事不久就暴露出来了，主妇潘姨太看出冷饭减少，心里猜想一定是櫆寿偷吃了，却不说穿，故意对女仆宋妈说道：

“这也是奇怪的，怎么饭篮悬挂空中，猫儿会来偷吃去了的呢？！”

这俏皮的挖苦话，引起櫆寿反感，心想在必要的时候就决心偷吃下去，不管你说什么。但是平心一想，又觉得潘姨太本人还并不是怎么坏的，有些事情也只是她的地位所造成的，不好怪得本人。所以当潘姨太需要櫆寿帮着做事时，櫆寿也去做。潘姨太是北京人，爱好京戏，不知从哪里借来了两册戏本，有一本是《二进宫》，心想抄存，却又不会写字，就用薄纸蒙在戏本上面，照样描下来，而原本是石印小册，大约只有二寸多长，便只得依照那么的细字描了。潘姨太要樾寿帮她抄一本，樾寿也照抄了。樾寿从来没有讲过她的坏话。

女仆宋妈给樾寿的印象更好一些。她是浙东台州的黄岩县人，却在杭州做工，四十几岁，嫁了个轿夫，也是穷得可以的绍兴乡下人。但宋妈却很乐观，对丈夫照料得很是周到，还拿些家乡土产的“六谷糊”来。樾寿饿了，就讨了来吃，觉得十分香甜，后来一直爱喝。其实就是玉米面加白薯块煮成的，并不是什么好东西。宋妈有点台州人的侠气，大概看到樾寿孤苦无依，所以特意加以照顾。因此，樾寿一直对她心存感激。

饥饿之外，是单调。在家里住惯了，虽是个破落的“台门”，到底房屋是不少，况且更有“百草园”的园地，十足有地方玩耍，如今拘在小楼里边，前档的窗只能看见一个狭长的小院子，与东邻隔篱相对，没有意思。东窗可以望得很远，偶然有一二行人走过去。这地方有一个小土堆，本地人把它当作山看，叫作“狗儿山”，日夕相望，看来看去也还只是一个土堆。不过，花牌楼也因此得名“仰山楼”。明明晓得清波门外就是名扬四海的西子湖，东边不远是有名的城隍山和城隍阁，却不敢去，也无心去。是啊，爷爷在牢狱里等杀头。即便免勾了，也不知道什么时候能出来。更难预测，说不定什么时候，皇帝不高兴，又不免勾，要斩杀了。怎么有心去逛西湖、城隍山呢？

生活气闷，邻居也无聊。门外东边住着一家姓石的邻居，男人名叫石泉新，是在“塔儿头”开羊肉店的。他的妻子余氏是绍兴人，和潘姨太是好朋友，时常过来谈心，那余氏人颇聪明，学的杭州话很不错。据她自说，她的半生也是够悲惨的。起初她是正式嫁在山乡，照例是母家要行一笔“财礼”。有时要的太多了，便似乎是变相的“身价”，结果就很不好了。过去之后，不中那老姑的意，生生地把他们分离了，夫家因为要收回那一笔钱，遂将她转卖给人，便是那羊肉“店倌”。幸而羊肉店倌是独身的，没有父母兄弟，而且夫妻感情很好，但是“活切头”的境遇到底不是很好受的。民间称妇人再醮者为“二婚头”，其有夫尚存在者为“活切头”，尤其不是出于合意离婚，不免有“藕断丝连”之恨。所以总是戚戚惨惨的。

幻　想

唯一给櫆寿带来慰藉的是东邻贴隔壁姚家的干女儿三姑娘。姚老太太五十余岁，看去也还和善，却不知道什么缘故与潘姨太处得不很好，到后来几乎见面也不打招呼了。姚家有一个干女儿，本姓杨，家住清波门头，因为行三，人家都称她为三姑娘，姚老太太便叫作“阿三”。她不管大人们的纠葛，常来这边串门，大抵先到楼上去，同潘姨太搭讪一回，随后走下楼来，站在櫆寿同阮标共用的那张板桌旁边，看櫆寿影写陆润庠[①]的木刻字帖。櫆寿不曾和她谈过一句话，也不曾仔细看过她的面貌和姿态。大致觉得是一个尖面庞，乌眼睛，瘦小身材，年近十二三岁的少女，并没有什么殊胜的地方，但却引起櫆寿对女性的幻想，甚至一度自以为三姑娘是爱慕他的第一个女性了。

潘姨太正当盛年，过去又一向风流，如今守活寡，难免烦躁，常常骂詈他人以出火气。有一天晚上，忽然又发泄对姚姓的憎恨，末了说道：

“阿三那小东西，也不是好货，将来总落到拱辰桥去做婊子的。”

櫆寿不很明白做婊子是些什么事情，但听了心里想道：

“她如果真流落做了婊子，我必定去救她出来。”

① 陆润庠（1841—1915）：元和（今江苏苏州）人，同治十三年（1874）状元，官至都察院左都御史。能书法，擅行草，方正光洁，清华朗润，意近欧阳询、虞世南笔法。

第十六章　世相百态

夜　梦

自父亲去世、二弟去杭州陪侍祖父之后，樟寿陷入无边无际的孤独和寂寞中，更加沉默寡言了。

他总愿意独自一人待着，不愿与人来往，即便自己的姆娘，也不愿在一屋居住，一直在楼上描图抄书的桌子旁边独居，默默地读书、抄书，累了就躺在旁边的竹床上休息。

他越来越爱黑夜，爱穿黑衣，或在桌案上一盏油灯下，披着黑衣抄书，或躺在桌边的竹床上，将黑衣盖在胸前，呆呆地看着一晃晃的油灯火苗在黑暗中闪动。仿佛夜永远不会结束，而且越来越沉黑，只有火苗和书像有生命似的，成为自己的唯一伴侣，和自己不时悄悄低语。他在灯火的幽光下，斜倚床头，手卷着一册书细品。看得累了，歪头休息，书散落在胸前黑衣上，也不去管，痴痴地想着什么。

常常想起幼时听过的“老鼠数铜钱”的故事。想着，忽然真地听得隔壁空屋里有着这种“数钱”的声音，不禁毛骨悚然。莫不是幼时护养过的隐鼠在叫？这使樟寿有些惊喜了！但是左顾右盼，在暗夜里摸索个遍，也没有看到隐鼠的影子。

他怏怏地回到房里，又躺在床上，感到恐怖而又无聊。觉得自己待在家里，却像病羁异乡的客子独宿在陌生的客舍，也像那隐鼠一般可怜，由此也怜悯这世上所有像隐鼠和自己一般可怜的弱者。他凝望着黑暗中微弱的灯火的变幻，又听见“咋！咋咋咋咋！”的声响，刚要惊起，才发觉原来是老屋里木器家具的纤维格格的开裂声。只好又躺下了，昏沉沉地睡去，进入梦界……

在梦中，樟寿又见到了临终前的父亲，按在自己胸前的那只手，轻轻地抬起来，又轻轻地落下，这样重复了几次，嘴里喃喃地说:“呆子孙！呆子孙！”声音很是微弱，他似乎在责备谁……

在梦界还听到那时自己叫爹爹的这声音，一听到，就觉得是对于父亲的最大的错处，不觉惊醒了。父亲的死，才使樟寿明白了什么是死。小姑母的死，他没有看到，只是到长庆寺看过水陆道场，虽然想念小姑母，知道以后再也见不到了，不禁怅然，却并不彻骨地心痛。高叫“老牛落水哉！”跳河的子京公公，是亲眼看到了尸体：样子真可怕，衣服是湿的，衣襟被拉开，露出胸口，喉头和胸脯全是伤。伤口的肉翻了出来，已泡成白色。一条灰白色的辫子像死蛇一样缠在颈上，脸色灰白，不省人事。两手的指甲里满是河泥。但到底不是至亲，感到震撼却并不十分伤痛。而至爱的父亲的死，却是眼睁睁地看着的，一个活生生的父亲就这样去了，再怎么叫也不应了，再也回不来了。又操办了父亲的葬仪，才更加明白人都是要死的，每个人的前面都有一个终点，这就是“坟”。

“呆子孙”，是指谁呢？樟寿此时懂了，父亲是指他自己和周家的后代。在走向“坟”之前，一定不能做父亲临终时诅咒的“呆子孙”！

那么，应该怎么做呢？读书吗？可是，读书又有什么用呢？

沉思中，他又进入梦界……

他梦见茫茫无际的荒原，自己孤身一人在大荒原上奋然疾走，总觉得前面的声音在催促他，叫他走，使他息不下，明知前面是坟，却毅然前行，向野地里踉跄地闯进去，夜色跟在他后面。

黑云压原原欲催，风吹草低见荒坟。

梦，像大块黑絮似的团团乌云，在苍穹间舒卷翻涌，樟寿梦见自己的黑色身影在乌云下、荒草中向前疾行……

台门内

早晨，樟寿被一个人的哭喊声惊醒了。只听得子传奶奶和儿子凤岐居住的东边两间房子和兰花间里，传来子传奶奶的一声尖叫：“不好了，救命哪！”

樟寿赶紧飞奔下楼，见姆娘、长妈妈和三弟松寿也奔过来了。原来是凤岐服毒自杀了，瘫在床上。

人们都围拢来，不知是谁请来了南街教堂的美国医生，赶紧急救，灌了什么药下去，凤岐的眼睛睁开了，大家七手八脚把他扶到明堂里，突然“哇”地一声，把胃里的东西统统吐了出来。

“好了，好了！”大家宽慰地说，又扶他回到屋里，躺在床上。

子传奶奶松了一口气，好像一块石头落了地。

人们陆续离去了，凤岐似乎睡着了，呼吸均匀。子传奶奶替他放下帐子。

然而，事情并没有结束。凤岐身体恢复以后，就大哭大叫：“我不要活呀！我不要活呀！你让我死了吧！我没有脸见人呀！”

子传奶奶似乎在劝他，听不清说些什么。

樟寿和三弟莫明其妙，但祖母和姆娘、长妈妈是知道缘由的，她们并不感到奇怪，祖母深深叹了一口气：“唉！……”回到她的房里去了。

凤岐在大喊大吵大叫大闹中，文绉绉地说了一句：“不及黄泉，无相见也！”

樟寿已经读了不少古书，知道这句话是《左传》上郑庄公对他姆娘说的，凤岐说这话，是因为发觉他姆娘有面首[①]，是指子传奶奶与周五十有暧昧关系。三弟睁大眼睛，不知岐叔说的是什么，但也似乎记得在什么古文上见过这句话。

子传奶奶也真有本事，不知用什么办法使儿子安顿下来。这一场大闹之后，凤岐也并没有寻死觅活，而子传奶奶却没有收敛，她和周五十的关系，反而

① 面首：旧时有地位女子的情夫、男宠或男妾。

公开了。

樟寿和三弟到老台门去时，见十五曾叔祖已经很老了，行动不便，眼睛也看不见什么东西了，专门雇了个名叫恭慎的工人服侍他。他对台门的事，好像还很明白，常常对樟寿和三弟叹息道："你曾祖母真是死不得呀！她在，三个台门毕毕静，太太平平，她一故世，台门里的事情就接连不断！唉！这样的老太太真是不可多得呀！"

祖父下狱，父亲去世，家道中落，在一些势利者看来，这家低人三分，可以随意欺侮了。一次三弟松寿回家，周伯文正在大发神经，双手叉腰，站在神堂前白板门门槛上，一只手还横了支长旱烟管。松寿从他腋下轻轻擦过，想不到他抡起长旱烟管朝松寿头上"啯"地一下打了过去。还问："见了长辈为什么不叫？"松寿还小，不敢还嘴，回来告诉了姆娘和祖母。祖母听后一言不发，下午走到神堂下，与子传奶奶闲谈，凑巧得很，周伯文正从神堂后出来，祖母一看是他，一声不响地抡起长旱烟管，猛向周伯文头上也是一烟管，说道："见了长辈为什么不叫？你会教训阿侄，我也会教训阿侄！"周伯文只得连声说："八妈，阿侄错哉，阿侄错哉！"

樟寿恰好放学回家经过这里，将这场面全看在眼里，很是佩服祖母的骨气，而对这周家台门则越来越讨厌了。白天不愿待在台门里，酷暑过去，秋凉的时候，一有空闲，就到东昌坊口的街上闲逛。

台门外

屠家小店失去了昔日的风光，门口的糖果摊已经没有了，只从屋里时时传来悲凉楚怆的宣卷音调和佛号，还夹着宝林太娘嘶哑的哭声。

迎面走来了一个两眼发直的女人，好像是连四嫂子，她已经疯了很久了，衣衫更加褴褛不堪，趿着双烂鞋，嘴里"�櫢咻"地叫着"宝儿""阿宝"，四处寻找她死去两三年的儿子。

刚给一个乡下女人做荐头回来的单妈妈，看着连四嫂子，怜悯地摇了摇头，

“嗨”地叹口气，跑回家里，和已正式成为儿媳的阿运一起，端出碗稀粥，给连四嫂子喝。连四嫂子狼吞虎咽喝完了粥，又把碗舔了舔，阿运忙要过了碗。连四嫂子又眼睛直直地往前走了。

单妈妈长叹一声，对儿媳说：“像她这样，还不如阿祥嫂呢！阿祥嫂让娘家人抢走，卖到深山里。开始不从，还往案角撞破了头，流了好多血，后来却好了，听说还生了个大胖小子。”

正要往前走，忽听后面过桥台门那边吹吹打打，好不热闹，街旁有人说是寿恒娶妻呢。樟寿已经很久没有见到这位聪明过人的寿恒了，不觉想去看看。

刚转身，迎面碰上过桥台门的家人，急匆匆地四下张望，看见樟寿，问道：“你知道寿恒在哪里？”

樟寿道：“自打他退学，我就没见过，怎么知道他在哪里。”

家人也不应，连忙到别处去找。

樟寿往过桥台门看去，见一顶花轿正停在桥头。原来花轿已到，就要拜堂，新郎却不知到哪里去了。旧式婚仪最重时辰，耽误了可了不得，寿恒的父亲周慰农在大厅里急得直打转，派家人四处寻找。

待了会儿，一顶轿子急匆匆地来了，停下，久违了的寿恒从轿子里下来。他父亲周慰农迎上去问：“你到哪里去了？”

寿恒气喘吁吁地说：“在观音桥宁家‘游大湖’[①]。”这是绍兴一种地方赌博游戏，令很多人着迷。

老头子问：“牌局散了没有？”

寿恒说：“没有散。”

他这老爹便说：“好！你赶紧拜堂，时辰已到了，我去接你！”于是老头子钻进送儿子拜堂的轿子，去接“游大湖”的班了。

樟寿见此情景，不禁摇了摇头。心想：泰兄本比自己聪明，同样的书，自己读几遍能背出四十行，他却能背出八十行。凭泰兄的聪明，本可很有出息，然而他读书不用功，也不喜欢读书，从来没有看见他写过字。他喜欢骑马，家里没有马，便到外面去租马骑。一次要四角钱，这是很大的数目，可他花

---

① 游大湖：绍兴的一种地方赌博游戏。

这钱一点也不心痛。他还喜欢唱戏拉二胡，和戏班子熟悉，临时缺什么角色，找不到人，他都能凑凑，样样搭配得上，演得一点也不逊色。可是，戏曲艺人地位很低，为社会所轻视，台门里的少爷是万万不能做戏子的，所以演戏终于没有成为他的职业，而他自己是喜欢的。家里人希望他学钱业，曾送他到一家钱庄学生意，结果是学不进去。不喜欢的他不想做，喜欢的又不让做，也就成了无事可做的嬉客大少爷，到了结婚的时辰，还在别人家参赌。而他之所以如此，全是受他老爹周慰农的影响。这不，长子去拜堂，老子接着去赌，真是天下少有！

樟寿摇着头，感慨了一番，转身要走，又听有人在呼喊他，扭头一看，见是寿恒的弟弟寿升。他被老寿先生从三味书屋推出后，曾到衣庄店学过生意，但没有多久，就不去了。从此在家里嬉客做做，平调唱唱，和哥哥寿恒一样，喜欢玩弄丝竹，而且颇有成就，但始终没有正业，也成了嬉客大少爷。

寿升拉住樟寿说："阿张兄，好久没见了。到家吃喜酒去！"

樟寿摆摆手，头也不回，径直走了。经过西邻老台门的沈家，头大身矮的沈老八，又牵着家中养的那只厌禳火灾的山羊，用超自然的口气对人说："有它！就可高枕无忧，不患失慎了。"见樟寿来了，还以为是寿恒势利，不让樟寿吃喜酒，他的院落是从寿恒那里典的，本就因典价过高有气，就冲老台门努努嘴说："别看他这会儿吃喜糖，喝喜酒，将来总会吃辣茄呢！"

樟寿只当没听见，走自己的路。

没走多远，就看见街中间站着一个女人，两手叉腰，摆出圆规式的姿势，怒站街心。原来这是住在张马桥南沿河一间小屋里的常林他娘，丈夫早死，遗一子名常林，以打草鞋维持母子生活。她脚缠得特别小，喜修饰，常涂脂抹粉，年纪已大，照样如此。邻近多锡箔作坊，午夜歇工，锡箔工人辄至其家，相与闲谈，遂誉之为"草鞋美女"。不知是何缘故，她与王咬脐锡箔店的咬脐太娘有了摩擦。这咬脐太娘也不是好惹的，高兴时，大放厥词和人聊天；不高兴时，就含讥带刺地呶呶不休，与"草鞋美女"对阵。

她俩一开始就两脚分开，两手叉腰，做"剪刀"状，只是三言两语地对骂，然后就双手高举狂拍，掌声之密赛过祝福时的燃放鞭炮，拍完一阵子又迅速翻转到后面拍屁股，拍得密而且响，如是周番频仍巡回不已，此外还把双脚并起往上猛窜，嘴里不住地尽所有的乱骂。“草鞋美女”骂咬脐太娘找野男人“咬自己个儿的肚脐眼儿”，咬脐太娘骂“草鞋美女”老不要脸，涂脂抹粉招“野汉子”。双方功力悉敌、经久不衰者叫作“剪刀阵”。这两位都在“剪刀阵”上摆过擂台，自诩健将，各不相让。摆过“剪刀阵”，两人转换姿势，左手叉腰，右臂向右前上方伸直，用食指指向对方开骂，无非还是“咬脐眼”“偷汉子”那老一套。人称之为“一壶骂”。众人早已数见不鲜，习以为常，只是在旁边观阵嬉笑，没有拆劝者。

樟寿在一旁看见，啼笑皆非，连连摇头，赶快躲开。

路过摇船头脑丁六十的小屋，“六十头脑”和他的儿子幼堂，及一个小助手，正从小乌篷船上搬回整坛老酒，还有孔雀毛编制成的“贡花”①。他们是用小乌篷船，也叫“放纸船”的，满载锡箔到乡村发给农妇去褙箔，然后又带回整坛的老酒和“贡花”来卖。

南边是老胡子文具杂货店，樟寿是最常去的。“老胡子”的老婆人蛮好，总叫他樟官。可今天是不想去了，就回转头去。

一转脸，又看见圆脸短胡的“六十头脑”在河岸边冲他扬手，笑了笑，樟寿也冲他点点头。

经过荣生轿行，“做不杀的荣生”正忙得浑身冒汗，一边擦汗，一边冲樟寿点头打招呼，樟寿也朝他笑笑。

到了东昌坊口古街中间，只听得人声嘈杂，卖菜、贩鱼的早市业已散去了，只有“矮癞胡”站在街中神侃，无非又是什么“远远望去，东方有一片紫气”之类，一群无所事事的闲汉围着听。樟寿很讨厌“矮癞胡”，紧赶几步越过去了。

经过西头四一剃头店，听见店里吵吵嚷嚷，原来是“剃头四一”又割破了客人的头皮。他为人老实厚道，但戆得不可开交，技术非常差，还不如他新雇的不到十六岁的小学徒。这个小理发匠，虽是新学，却聪明伶俐，从未把客人的头割破过。所以客人来了，总要找小理发匠剃头，不找师傅。“剃

① 贡花：做祭礼或菩萨“五事”中的花瓶里所插之物，因为松针与孔雀尾毛相似，用松针扎成的柴也有点像贡花，所以也称松毛柴。

头四一”觉得丢了自己师傅的面子，不由分说，总抢过来由他剃。他占手时，小理发匠才能上工。而“剃头四一”每次给人剃头总要割破几刀不可。逢着一般客人，不过埋怨几句算了，可是这回遇上的是专门惹是生非的“破脚骨”，非要让他赔头，不然就要赔钱，还让他算算该赔多少。“破脚骨”这会儿正大声吼道:“照你的规矩，大头十六文，小头十二文，我是大头，你给割破了三刀，应当倒赔多少钱？”“剃头四一”本来懦弱，这当口更是不知所措，面红耳赤、葸葸缩缩地说:“小讨饭不会算。”他向来不称“我”,谦称“小讨饭”。“破脚骨”哪里罢休，扇了“剃头四一”一个大耳光子说:“我替你算！”不由分说把小柜里的钱全掏走了，“剃头四一”看坏了自己的生计，哭求着，追上讨要。小理发匠也跟着师傅追出门口，见街上还有几个游手好闲的“破脚骨”，正找机会寻事造孽，恶作剧，打群架，霎时吓白了脸，师徒俩连忙缩回。

街中“水果连生”夫妻俩也赶紧收拾摊位，护住自己的水果。王锦昌扎肉店跟着收起了喷香的扎肉，连卖炸臭豆腐的阿六，也匆忙挑担儿逃跑。乌黑的油锅里，还滋滋冒着烟泡，飘出股子炸臭豆腐香味儿。

那几个“破脚骨”又跟一个单身走过的陌生孩子挑衅，殴打取乐。那孩子赶忙哭着跑了,一个很像周四七、肋棚骨一根根地显露出来、活像腊鸭的“破脚骨”，追上去打，被一位高大壮实的汉子拦腰挡住。

“腊鸭”跳起脚骂道:“关你甚事？他欠我钱！”

汉子知道，“破脚骨”都是如此敲诈勒索，无理取闹的，故意反斥道:“你也欠我钱！”

“腊鸭”见汉子不是好惹的，就要起赖来，一拍腊鸭般的瘦胸脯说道:“老子屁股也打过，大枷也戴过。向来是打翻又爬起，爬起又打翻。怕你个屌！”

汉子不信邪，挥起铁锤似的拳头在“腊鸭”脸面前晃了晃，“腊鸭”刹那间没了威风，一溜烟跑了。别的“破脚骨”也跟着逃得无影无踪。

樟寿很钦佩这汉子，竖起大拇指赞扬。汉子也冲他笑笑，走了。樟寿不愿多停，一直走到街口，向右拐进长庆寺街里，竟又见一场面。

饿得精瘦的阿桂从土谷祠里懒洋洋地走出，看来已经很久没有人找他做短工，他偷鸡也很少得手了。一出祠，恰好遇到一更加精瘦的小个子。

“腊鸭”见汉子不是好惹的，就耍起赖来，一拍腊鸭般的瘦胸脯说道：“老子屁股也打过，大枷也戴过。向来是打翻又爬起，爬起又打翻。怕你个屌！”

他俩不知什么缘故，“仇人相见分外眼明”，阿桂迎上去，小个子也站住了。

“畜生！”阿桂怒目而视地说，嘴角上飞出唾沫来。

“我是虫豸，好么？……”小个子说。

这谦逊反使阿桂更加愤怒起来，本来要唱“我手执钢鞭将你打！……”但手里没有钢鞭，于是只得扑上去，伸手去拔小个子的辫子。小个子一手护住了自己的辫根，一手也来拔阿桂的辫子，阿桂便也将空着的一只手护住了自己的辫根。看来先前的阿桂，是不把小个子放在眼里的，但近来挨了饿，又瘦又乏已经不下于小个子，所以便成了势均力敌，四只手拔着两颗头，都弯了腰，在粉墙上映出一个蓝色的虹形。

“好了，好了！”看的人们说，大约是解劝的。

“好，好！”看的人们说，不知道是解劝，是颂扬，还是煽动。

俩人都不听。阿桂进三步，小个子便退三步，都站着；小个子进三步，阿桂便退三步，又都站着。大约半点钟，他们的头发里都冒烟，额上便都流汗，阿桂的手放松了，在同一瞬间，小个子的手也放松了，同时站起，同时退开，都挤出人丛去。

“记着罢，妈妈的……”阿桂回过头去说。

“妈妈的，记着罢……”小个子也回过头去说。

这一场“龙虎斗”似乎并无胜败，也不知道看的人可满足，都没有发什么议论，而阿桂却仍然没有人来叫他做短工，他也偷不到东西，依然挨着饿。

樟寿看着这场人间闹剧，简直不知所以，就返回东昌坊口街头了。

刚到街头，就见打老台门方向来了顶轿子，下来一个人，穿一身崭新的棕色绸缎马褂，后面跟着一个当差，耀武扬威地走进谢德兴酒店。

樟寿定睛一看，方知是周六四的儿子利宾，周四七给他起的绰号是“雨濯鬼王”。因为他是个“蒸笼头”，整天地热气腾腾向上冒蒸气，越是严冬越冒得多，两道倒垂浓且阔的眉毛，整天不住地左上右下、左下右上地循环动弹，说是鬼王倒是很像，加上“蒸笼头”上的热气不断蒸发，真的像是“雨濯鬼王”。他平时没有脾气，官僚气却很重，最喜欢骂“王八蛋”。但只会这一句，该骂不该骂，用得着用不着，一概不管，往往因为骂了一句“王八蛋”，被人家反驳穷诘，他也不还嘴，直立一边，一声不响听人训斥，似乎与他毫不相干。他穷得要死，却好要架子，时常邀几个人来家打牌给他抽头。又拿今天抽头的收入，去做明天的赌资，常常入不敷出。有时家族中共有产业变卖，当然有他应得的一份，他一经拿到手，就立刻上街买料子，叫成衣铺当晚动手赶做衣服，情愿多出工钱，愈快愈好地给他赶制出来，第二天一早，穿上新衣，坐着轿子，后面还跟一个临时当差，上茶馆或菜馆摆阔。这回又是显富来了。

樟寿倒不爱热闹，但越来越喜好冷观这人世，就跟了进来。只见利宾进了里面的雅座，泡一碗茶呷一口，又点几样菜，微微摌一点，马上付账就走。掌柜要找他钱，他一挥手，不屑地说："不用找了！"好像有万贯家业，不在乎这点儿钱，扬长而去，身后的临时当差对掌柜和客人嬉笑一声，跟着去了。

樟寿看着，不觉好笑，知道他不消两三天钱就会花得精光，又和赌友们厮混在一起了。摇了摇头，要出酒店。冷不丁，却被人在肩头拍了一下，回头一看，见是常在谢德兴酒店聊天的白胡子老头。

老头冲他笑笑，说道："豫才，坐下一块儿喝一杯。"

樟寿从来没有下过酒店，连忙推脱，可是正在桌案对面坐着的惠叔也招手让他，只得在桌边坐下，听这二位长者和店里酒客海阔天空地瞎聊……

酒店逸闻

这时，谢德兴酒店里，孟夫子恰好正在，众人又拿他开玩笑，闹得笑声一片。孟夫子自己知道不能和酒店的人们谈天，便只好向孩子说话。正对小伙计说道："你读过书么？"小伙计略略点一点头。他说："读过书……我便考你一考。茴香豆的茴字，怎样写的？"小伙计斜过蔑视的眼光，回过脸去，不再理会。孟夫子等了许久，很恳切地说道："不能写罢？……我教给你，记着！这些字应该记着。将来做掌柜的时候，写账要用。"小伙计不耐烦了，懒懒地答他道："谁要你教，不是草头底下一个来回的回字么？"孟夫子显出极高兴的样子，将两个指头的长指甲敲着柜台，点头说："对呀！对呀！……回字有四样写法，你知道么？"小伙计愈不耐烦了，努着嘴走远。孟夫子刚用指甲蘸了酒，想在柜上写字，见小伙计毫不热心，便又叹一口气，显出极惋惜的样子。

这时，邻居孩子也赶热闹，围住了孟夫子。他便给他们茴香豆，一人一颗。孩子吃完豆，仍然不散，眼睛都望着碟子。孟夫子着了慌，伸开五指将碟子罩住，弯腰下去说道：“不多了，我已经不多了。”直起身又看一看豆，自己摇头说，“不多不多！多乎哉？不多也。”于是这一群孩子都在笑声里走散了。

白胡子老头不管这些，扯过一条长凳，和樟寿一起，坐到衡廷、马褂老头儿对面，捋捋袖子，给樟寿斟上一杯老酒，又叫伙计摆上一副筷子，用手指点点桌上的茴香豆，让他吃，就像说书人似的开始“说人”了：

“要说这人啊，真个是这世上最难琢磨的了！就拿这东昌坊口街上说罢，什么人没有？确确是行行皆有，色色俱全，薰莸同器，良莠互见，无奇不有。有官绅胥幕，地主奸商，衙役地保，乞丐小偷，也有媚富傲贫的钱猢狲，剥蚀贫民的鑞夜壶，执行死刑的刽子手，局赌渔利的牧猪奴，玩弄女性的假道学，巧取豪夺的伪君子，颠倒是非的恶讼师，代撰书状的‘官代书’，坐拥皋比的村学究，酸气扑鼻的穷秀才，屡试不第的老童生，还有种菜翻地的园艺人，挑葱卖菜的行贩人，小本经纪的商业人，雕琢篆刻的手艺人，擅长丝竹管弦兼唱词调的曲艺人，专事游荡不务正业、迷信宿命坐以待毙的没落人，胁肩谄笑卑鄙龌龊的无聊人，遇事生风借端敲诈的白相人，也有迎神赛会演戏施食首事敛钱的人，游山玩水迷惑风鉴寻求来龙去脉的人，诵经拜忏勉持升斗的人，念佛宣卷借作鬼混的人，看相卖卜测字算命浪迹江湖的人，纵情逸乐不问生计唯声色犬马是务的人，好吃懒做自趋绝境的人，傲世玩物目空一切的人，再有忍饥挨饿不屑人怜的人，依人作嫁的店伙栈司，帮工打短的苦力轿夫，依赖手艺的百作老司，凡此种种，都是这条古街的写景。”

樟寿听白胡子老头一口气说了这么多的世相人态，不觉钦佩，不眨眼地看着他，洗耳恭听，顾不上喝酒吃豆。

衡廷品了口老酒，感慨地说：“我们这周家台门也尽是大烟鬼兼酒鬼，完啦！”

白胡子老头摇摇头说：“三台门中当然也有上面说的各种人物，不过像地保、衙役、乞丐、小偷、刽子手、代书之类是没有的。”

衡廷点点头说：“到底是大户人家，不会出这流人物。只是不善营生，坐吃山空，日渐没落罢了。不光没有三教九流，像广思堂东首陈家三兄弟那样，狼心狗肺，乘危打劫，踏田成契，放高利贷，杀得穷人透不过气来者，也是绝对没有的。”

白胡子老头赞成道：“都是一副软心肠，没有蛇蝎之心。绝不会出老台门西首吴藕舲那三个妾似的‘卖婆’，败落大人家妇女，为撑场面，冒充富有，遇事须戴珠花，自己又没有，只能从‘卖婆’那里出资贳来。戴后，为经济所迫不及归还，暂付当铺当钱济急，贳资租金按日照付，结果是‘雨落拖被絮’，越拖越重。‘卖婆’们从中盘剥，利中滚利。老牛太娘、小牛太娘、小脚阿张、廿九太娘、兰生太娘和一个专做珠宝生意的朱三二也来参加，为猛兽效忠，吮穷人膏血，真不知逼死了多少穷人，其毒辣行径，周家台门人谁能做得出呢？！”

樟寿听了一惊，这是他生来第一次知晓世间还有这般狠毒之人，怪不得父亲只能落得将田地卖尽，穷病而死呢！就禁不住惊叹道：“人世间还有这般毒蝎？”

衡廷叹道：“比这些歹毒的，还有的是呢？”

白胡子老头冲他一笑，说起了“破靴党”的事情——

一般流氓称“破脚骨”，高等流氓称“破靴党”，一位毛姓秀才就是东昌坊口继承父业的“破靴党”首领，一边舞文弄墨，以讼师为生涯，一边称霸一方，从私窠子[1]捞钱，因而又有一个绰号：“窑口总办”。所谓“窑口”，就是绍兴对“私窠子”、私娼的称谓。当时，私娼为官府所严禁，做此营生者最怕的是被捉将官里去，受不起牢狱的凌虐，差役的需索，所以被迫给称作“道长”的府役和称作“头脑”的县役按月贿赂“规费”，有此孝敬，官府也就不去干涉了。于是地痞、流氓则与私娼勾结，狼狈为奸，择嫖客之有钱而无势力者，伺其光顾时暗打招呼，由流氓聚集三五人破扉而入，声势汹汹，冒充本夫来捉奸。这些恶人拉住嫖客找剪刀要剪辫子或剪耳朵，吓得嫖客跪地求

① 私窠子：旧时人们对私娼住处的称呼。

饶，恶人便迫使其写凭票，立“伏辨”，表示悔过，身上所有的银钱或怀表以及身穿的衣服全被掳去，这是一种手法。还有另一种手法，是以伤风败俗为理由，将私娼、嫖客赤条条捆在一起，送到官衙请官府发落，以此表明他们是“整顿风化”，不是来敲竹杠。其实，归根结蒂还是嫖客再三求饶恳请，从而大敲一笔而去。毛氏秀才恰恰是这种流氓营生的总头，所以号称“窑口总办”。凡私窠子里有新妓女到来，先得向他报告，因为他享有“首夜权”，妓女纯粹尽义务，不收钱的。不然的话，他就雇一批烂手烂脚、遍身疮毒的叫花子手捧雪白的银子，拥进私窠子嫖妓。妓女当然拒绝，他就说：你们是做生意的，我们是顾客，为什么拒绝？事后他还到处散话，说某窑口真下作，连叫花子的生意都不放松，使得一般嫖客不敢问津。所以每有新妓女来到，必赶先向他挂号，让他享受“首夜权”，还得拜他为干爹，唯他之命是听。

一日，这位“总办”获知有位叫徐衍生的纨绔子弟，很有些资产，而且喜赌好嫖，挥金如土，又性情软弱易受人愚弄，就拉关系与徐衍生相识，常常到家来和他扯淡聊天。有一天，衍生在“总办”家里吃中饭，饭后下雨了。衍生觉得有点儿气闷，“总办”马上招来两人叉麻将遣闷，叉到半夜终场，衍生肚子疼要回家，雨却下得更大了。“总办”赶忙叫轿子送衍生，自己也准备去送，怕路上不放心，但轿子只叫到一顶。衍生叫他不必送了，他却坚持要送，让衍生坐轿，自己打着伞提着灯笼在轿后跑，轿抬到门口，又赶紧掀开轿帘，打着伞把衍生护送到家。他自己此时已满头大汗，衣履全湿，衍生大为感动，觉得此人确是热心的好朋友。以前轻信传言，对他有所防备，现在看来非人所言，心中甚是不安。

自此以后，和“总办”日益亲密，每日都在一起。慢慢地也到私窠子走走。起先不过打打“茶会”“开开盘”，后来也渐渐地住夜了。但每次都是和“总办”一道去，私窠子对衍生极尽奉承之能事，始终相安无事，衍生心满意足。一天“总办”没来，衍生觉得每天都去，从来没有发生过任何事情，就自己单独去了。可是这次却大事不妙，刚一上床，就人声鼎沸，有壮汉冲入房内，动手把衍生捆绑起来，拿出一把小刀要割耳朵。另一人说：“这不好，还是送官究治来得妥当，我们只请大老爷究治他一个强占有夫之妇罪，何必割耳朵，弄得满脸血污的，好像还是我们的不是。”衍生直吓得簌簌地抖，上牙和下牙捉对厮打，一句话也说不出来。正闹得不可开交时，忽然有人叫大家赶紧放手，说“总办”来了。一听这消息，仿佛天上响起惊雷，刚才耀武扬威、气冲斗牛的“好汉”们顿时肃静无声了。只见“总办”歪戴着帽子，大模大样地走进房来，四下一望，说：“好！好！犯了我的老朋友了！”举起手来，对这些呆站着的不速之客，左一个巴掌，右一个嘴巴，一个不落空地打了个满堂红。打完之后，高声喝问：“谁叫你们来的，徐大少爷和你们有什么仇？还不把徐大少爷放开！”于是，这伙“好汉”连忙七手八脚地给衍生松了绑，把衣服给他穿好扣好，和先前的凶恶相比，判若两人。“总办”回过头来，埋怨衍生说：“你怎么不等我，就独自一人来了呢？我到你府上，说你出去了，就连忙赶来，想不到已经出了事了！”一脸伤心模样。说着又回过头来，问这伙“好汉”：“现在你们打算怎么办？”这些人哪里还敢开口，半晌，才勉勉强强地说：“求大少爷开恩，从轻发落。”转过脸又求衍生替他们讨情。“总办”叫他们先给徐大少爷服礼认错消气，再看徐大少爷肯不肯饶放！这些人听了，“扑通”跪下向衍生叩头如捣蒜，弄得衍生受宠若惊，忙叫他们起来，对他们说了句风凉话：“下次如果我们再碰到了，须请你们原谅一点。”这些人连声说：“不敢，不敢。”衍生又转头对“总办”说：“算我晦气，饶了他们吧。”“总办”这才算买了衍生的面子，一百个不情愿地答应下来，吩咐他们明天买一对斤通和一千鞭炮，到徐大少爷府上燃放服礼。这些人当然诺诺连声。衍生赶忙阻止说：“不要！不要！这样一来岂不通天了吗？”因为他怕岳母和夫人知道。“总办”笑了笑说：“便宜了这班王八蛋，滚！”这班人“是、是、是”地退了出去。

此后衍生对“总办”真是感激涕零，每天总非在一起不可。过了一段，衍生到毛家去，看“总办”的神态举动和往常大不相同，一味沉默寡言，处处敷衍勉强，好像有重大心事，问他怎么回事，他又强作欢容，说：“没有什么事情。”衍生深为怀疑，私下向“总办”的佣人询问，都说“不知道”，但又说可能确是有点事情，因为他已经不安好几天了，夜深人静时，独自在房内踱来踱去，一会儿又坐在椅子上仰头呆望，和他说话，应答得也牛头不对马嘴，老爷着急得了不得。衍生听到这里，估计老头子肯定是晓得的，他在毛家已经厮混得和自家人一样，穿房入户，绝无拘束，于是直闯到老头子房里，追问缘由。“总办”的老子也是秀才兼“破靴党”首领，是绍兴著名“破靴党”“六兰三竹一梅花”中的“兰”。听见衍生来问，老头子一面让他坐，一面叹口气说：“事情是有一件，完全是这‘畜生’自己找出来的。我常常同他说，‘黄牛钻狗洞’，要量身份。但他是‘春风吹马耳’，一睬也不睬。整天整晚地闹阔，绷场面，自己力量不足，东拖西借来凑，一弄两弄，弄得满身是债，到期无法还，再借债还债，维持信用。八个油瓶七个盖，盖来盖去盖不转。这畜生闹到四面逼牢，再也没法周转了，索性瞒着我把整所住宅抵给人家，现在期头到了，钱是两手空空。和朋友商量吧，又是一笔大款子，怎么能和别人开口呢！开口，也未必有效，不听老人言，吃亏在眼前。自作自受，让他自己去想办法。现在人家要叫他限期出屋，我承受上代的遗产，是一天不死，一天不出屋的，我不做败家子倒祖宗的楣。”衍生问：“抵了多少？”老头子说：“这要问他自己，他是瞒着我的，我也不清楚底细。听说好像是三撇。”绍俗一千叫一撇，因为千字头上有一“撇”。万就叫一“草”，因为万字头上是草字头。衍生听了，回头去看“总办”，“总办”正背着身子呆呆地站在屋中央。衍生跑过去把肩胛一拍，说：“我们出去走走吧！”“总办”说：“时候不早了，明天去吧。”衍生不由分说，拉住手往外拖，说：“天下没有大不了的事，走走走。”拉到一家菜馆，边吃酒边问这事。“总办”知道他老子已经和盘托出，也就毫不隐讳地说了出来。衍生说：“不用愁，这好办。明天我会给你‘挑华车’”，就是说要给“总办”解围还债。“总办”装腔作势地感谢了一番。

以后，衍生不仅代他还了债，还和他一起到杭州读书，一切费用都由衍生包管。毕业后，“总办”回绍兴继续挂牌做讼师，勾结官府，上下联手，玩弄当事人于股掌之中，大发其财……

故事讲到这里，樟寿明白了大半，但又沉默不语。

白胡子老头晓得这孩子绝顶聪明，悟性极高，一定悟出来了。但也不直说，故意卖关子，问樟寿道：“这两位大少爷可谓交情深厚？”

樟寿笑笑说：“这还不全是圈套，徐大少爷被‘总办’骗得好苦，但始终蒙在鼓里。”

衡廷猛拍一掌道：“好聪明的令侄！这故事里，先前总办的淋着雨跟着轿子跑，后来的‘扪窑’、‘好汉’对徐大少爷先绑后放，再磕头求饶，其实都是串通好的。一个巴掌多少钱，磕一次头多少钱，预先都有价目。”[①]

白胡子老头一拍桌子道：“这就是人！就是这般世道！”

马褂老头儿半天没吭声，这时也叹道：“人变鬼，鬼变人，人鬼不分啊！”

樟寿恍然对这世道上的人们，多了一分了解，也多了一分警惕和疑惑……

① 以上几段采自倪墨炎编、周冠五（观鱼）著《鲁迅家庭家族和当年绍兴民俗》第8页和第71—75页，上海文化出版社2006年10月版。其他采自文献处，均见书后参考文献，不一一注明。

第十七章　故家败相

周四七死了

这一年绍兴的冬天格外冷，尤其是寒夜，即使盖着棉被也会冻得人瑟瑟缩缩。周四七从后面百草园的三间头搬到前面的大书房来了。

他仍旧每天傍晚从外面回来，一手捏着尺把长的潮烟管，一手拿了一猫砦碗的酒，只是身上的衣衫更加龌龊破旧，脸色更青，嘴里还是有气无力地唱着小调："我有一把苗叶刀，能水战，能火战，也能夜战……"只是声音更颤抖了。

他已经把所有的东西都卖尽当光。到冬天，赎出棉被，当进破竹布长衫；夏天，赎出竹布长衫，又当进破棉被。可是到了这个冬天，手中实在没钱，棉被赎不出，到夜里，冻得没有办法睡觉，就盘膝坐在床上，破棉袍披在身上，把手脚都包进去，把衣领拉到头顶，这样坐到天亮。天将明时，冷入骨髓，实在受不住，就直着喉咙大喊："冻杀哉！冻杀哉！"把附近的人都吵醒。大家赶忙起来进他房里，只见他像刺猬似的在棉袍里缩成一团，在床上冻得发抖，便问他："你这是怎么睡的呢？"

他冻得牙齿格格地响，一边还回答："我这样子叫作'神仙睏'。"

别人好心送给他棉花褥子，他不多几天又送进了当铺，因为鸦片烟瘾发作，比冻杀更难过。以后，也没有人再理会他的“神仙晒”了。

在这个冬天，周四七好久没有出来，人们进他的屋里去看，发现他已死在床上。是在所谓“神仙晒”中死去的，蜷曲着，人已经僵了，皮包骨头，就像一架骷髅。

看见的人，没有一个不伤心惨目，无不慨叹：难道周家台门的子孙，竟弄到这步田地？

周四七冻死了！但有人说，他不是冻死的，而是死于鸦片烟。凡是抽大烟的，没有一个人能长寿，即使不挨冻，也是要死的。有一句俗语：“穿，威风；吃，受用；赌，对冲[①]；嫖，脱空；烟，送终。”

台门里抽鸦片的人很多，见了周四七的惨相，也都流了几滴伤心的眼泪。但过后，抽的还是抽，不抽的人也想学着抽，无可奈何地向着地狱的大门走去。

樟寿和三弟松寿一大早就看见周四七的死相了，也很悲凉。樟寿对三弟说：“四七叔年轻时漂亮，没有临过帖，也没有认真用功，却写得一手好字。爷爷的‘翰林’匾，就是他写的。爷爷还带他去过江西任上，可惜不自重，酗酒、抽大烟，不务正业，闹得这般凄惨。”

松寿点点头，觉得大哥说得对，自己可要争气，不能跟这种人学。

周桐生回来了

周家台门越来越多事了。周桐生在外十多年，忽然又回到周家台门来了。

周桐生，谱名凤桐，是诚房大排行二十二的周子玲的儿子。他姆娘临盆的时候，事先没有准备，临时仓猝，生产又特别快，手忙脚乱，把他生在便桶中，所以就取了一个“桐”字。后来索性就拿“桐”做了他的名字，前面加一个“凤”，称“凤桐”，是他的书名。后面加一个“生”，叫“桐生”，成为号名。他姆娘早逝，父亲飘然往河南，找做官的亲戚做生意，就把他送往道墟外婆家抚养。外婆很爱他，家里也很富有，专雇一个妈妈负责看护他。于是他自小在外婆家穿绸吃油，极尽享受。偶然回周家拜忌日，也由专责的妈妈领来，饭后领去。

① 对冲：意思是赌博双方都破财。

他显得有些迟钝，据说是因为姆娘子玲太太精神上不健全，遗传下的。也有说是生时落在马桶里，迷信他晦气大。其实还是因为小时候没有受教育、娇生惯养造成的。尽管如此，衣冠楚楚，穿得很整齐，台门内各房族的孩子们无不对他眼红，说:“他的福气到底比我们好！”但是到了十七岁，外婆去世，从此他失去靠山，就倒了楣。舅父们不肯管，打发他归宗，厄运就此开始。

回到新台门后，周子玲的胞弟周子传，即二十五老爷已经去世。子传奶奶，也就是二十五太太，是他的亲婶母，义不容辞，不得不收。况且也有他父亲遗留的几间房屋，他还可能有希望轮到当年的祭田收入。随身带回来的衣物以及他父母遗留久寄在外家的东西什物，虽然不多也不见得好，到底也值几文。这样，初回家时，在衣食方面，子传奶奶也算供给过一段。但时间不长，他头发蠢起寸把长，大衫破得满身都是窟窿，因为“龙”与“窿”谐音，绍兴人富有幽默感，称之为“龙袍”。尽管如此，到底是“台门货”，人家轻易不敢侵犯。因为周家在此居住了百余年，先前曾经置过几千亩田，开过当，中房十一世的一斋大老太爷做过地方上首席缙绅，就是吆五喝六的地保见了他，也得恭恭敬敬地垂手而立，叫一声“桐少爷”，等他走过，才开步。这使他忘乎所以，觉得自己真的了不起，虽然常挨饿，却只要一有钱，就到酒店喝酒。喝醉了，就一反羞涩的常态，变得非常活跃，爱发议论，爱开玩笑，但又讲不出什么风趣话，只是喊“偌爹[①]，偌爹”，讨人便宜。人家不和他计较，他越说越高兴，一定要弄得人家恼了，当起真来，他又赶紧赔笑脸认不是。有时也和人相打，打过之后，胜利者走了，他站在原地拍手拍脚地还在骂。别人以为他打胜了，但是他面上一块青，一块肿，就说明了问题。他从来不把被打吃亏的事情告诉别人，也不图报复，除非下次再喝醉之后，才又大骂山门，并且大言道:“偌爹，不怕。”

桐生有个义务保镖，是住在台门门房、单妈妈的儿子单阿和。阿和是个孔武有力、精通拳术的莽汉，粗识几个字，也常常看些武侠小说。他认为，和姆娘、媳妇一起住在新台门门房里，不出一个钱的房租，自己又是个粗坯，周家的人，应该都是自己的主人，自己既具有一身本领，岂可不尽保护之责。

① 偌爹：意思是“我是你爹”。

“桐少爷”虽然没落，也是周家的少爷，而且憨厚老实，不像周四七那般讨嫌，必须竭尽他的职责。有些人见“桐少爷”醉后憨态可玩，都找他开开心，欺侮欺侮。阿和一见“桐少爷”受人欺负，总要出头。只要他一站出来，看到他那结实的身子，粗大的拳头，闲人们就识相地走开了。阿和鼓励“桐少爷”道：“常山赵子龙在，怕什么呢！”这样，“桐少爷”的醉话就说得更起劲了。尼姑经过，赶忙“呸”地吐一口唾沫，说声“晦气”。这时，如果身边有人，一定拉着这人左右分立，把尼姑夹在中间，说：“夹一夹，脱脱晦！”如果只有他一人，就跑过去，把尼姑猛力一撞，骂道：“娘煞，天还没有黑呢，要去寻和尚哉？”后来绍兴成立警察局，单阿和当了警察，没有工夫保护“桐少爷”了，闲人看有机可乘，就跑来把他当玩具耍弄。“桐少爷”经常被人欺凌而磕头讨饶。

“桐少爷”，是台门外对他的称呼，台门内都叫他“桐店王”。也是因为绍兴人多具幽默性，“店王”是“点王”的另一写法，王上加“点”成为“主”，“店王”即“点”“王”为“主”的意思，戏言沿成习惯，变成社会上流行的称谓。也有叫“桐菩萨”的，反正称呼上听起来都挺尊重，实际上全非如此。渐渐地仅有的一点东西卖光了，又从陕西传来了桐生父亲去世的噩耗，知道桐生奥援[①]已绝，只余下一个光人。二十五太太精于计算，她和丈夫、儿子、媳妇、孙儿，以及绰号“陈年灶司”的次子、后继媳妇“红鼻头”等，生肖都属“鼠”，族房中人戏呼她家为“老鼠窠”，哪里肯做蚀本生意，就当机立断，毫不犹豫地改变方针，抱定“闭门推出窗前月”的态度，只掌握桐生父亲遗留下的一点房屋，把桐生推出不管，任他自作主张。这下子“桐菩萨”就可怜兮兮，连住的地方都没有了。

义房的仲翔、伯㧑等人打抱不平，集合起来向二十五太太责问，二十五太太若无其事地说：“问问他自己就行，他愿意怎样，我都依他，何劳你们伯叔们担心。”说着就将桐生叫来，当着大家的面问他，还叫他不要怕，有话尽管讲。这位桐生呢，冷笑两声，把肩胛向上耸两耸，面对二十五太太叫一声“二妈”，回转头对替他抱不平的族房兄长们说：“二妈待我漫漫好，房屋是我不愿住，请她代我照管的。饭，她常常也叫我去吃，不去吃，是我自己放

① 奥援：指暗中支持和资助。

弃，不能怪二妈。这是我们诚房内部的事。外房头不清楚，有事我会向二妈说，二妈一定会答应我。”说完，再把肩胛耸两耸，笑着对二十五太太说：“二妈！没有事了吧，我出去哉。”去给他抱不平的人满满碰了一鼻子灰，最后还听二十五太太一番风凉话：“阿桐说的话，大家都听见了吗？要不是三见六面，又当是我捏造出来的，诸位叔伯却也是好意，到底是自家人。这就是阿桐说的诚房内部的事情，外房头是不会清楚的。我是妇道人家不会讲话，胡说乱道的，诸位叔伯不要见气，请放心好啦！阿桐这畜生着实坏，他会吃亏吗！”

第二天，仲翔和伯扮遇见这位“桐菩萨”，问他：“昨天在你二妈面前，为什么要那样说呢？”

“桐菩萨”答复得很妙：“反正不会听你们的，君子落得为君子，二妈的心思我知道，我的心思她也知道，这叫作知己知彼，棋逢对手，仲翔兄，伯扮弟，你们说是吗？”又是冷笑两声完事。

仲翔、伯扮哭笑不得，但出于软心肠，还是设法给他找了个职业，到东昌坊泰山堂药店当伙计，总算有了吃住的地方。

桐生这药铺伙计也不知道是怎么当的，他不认识什么字，更不必说那些名医龙蛇飞舞的大笔了，他替人家“撮药”不会弄错么？大人常有这样的担心。孩子们却不管这些，药店里一种叫“玉竹”的药，一种黑色长条形的东西，嚼起来有甜味，孩子当作零食吃。松寿这些孩子到泰山堂买时，桐生倒不曾拿错，反而因为本家，往往多给一些。这是他的好意，但大人知道了，不免担忧，假如药方里有麻黄，他也多给了，这岂不糟么？而孩子们却很感谢这位桐叔，觉得他是个羞涩、软弱、讲话说不出口的人，心地善良厚道，希望他在药店长做下去，工钱虽然少，至少吃在店里，住在店里，又不费力，生活不发愁了。像住在老台门勇房的心梅叔，在元泰纸店做伙计，巴巴结结地干活，家里给他送长衫去，他说：“你们快拿回去，我不要穿长衫。我在这里不光是站柜台卖卖纸，还要进货，要扛纸，怎么能穿长衫？”纸店老板说他好，不像个少爷，人说要这么干，饭碗才能保得牢。桐叔没有父母，也要像心梅叔这么干才好呢！可是这位桐叔却很懒，一次，松寿去买玉竹，桐叔拉开药抽斗，只见一条条又长又胖的虫子在蠕动，松寿吓了一跳，桐叔却好像视而不见似的，从不肯收拾。哪个老板愿意用这样偷懒的伙计？

然而，他在药店里并没有弄出什么麻烦，只是药铺自身出了事。一天，药店主人申屠正在家门口坐着，忽然从外边飞来一块砖头，把他脑袋打破，死了。主人既死，这家小药店也就只好关门了。

药店关门，桐生又没有生路了。还是仲翔、伯执等好心肠的本家设法，让他住进门厅左边、婚丧寿庆厨师作场用的门斗房里，东南西三面是墙，北面空出一面。

有地方住了，还得找谋生的职业。仲翔给他募集一点钱，买了一套卖麻花烧饼的家伙，又替他向东昌坊口西北角的麻花摊担保，每天付给若干货色，至晚清算，如有短欠，由保人归还。祠堂里饮胙[①]有座位的长辈中，有一个便是卖麻花烧饼的，所以这种行业虽小，却也是有名誉的。桐生卖了几时，倒也规规矩矩，但是他有一个小毛病，爱喝老酒，做买卖得来的利润只够糊口，哪里有买酒的钱？喉咙太干，酒瘾难耐，就只好将付麻花摊的钱挪去给了酒家，结果要保人赔一天的钱，有时竟把竹篮也卖掉了。这种事情有过二三次之后，大家觉得不是办法，只好终止。

营生没有了，只得由仁房义系各小房轮流供应，叫他每天按餐依次到各房支流里，在灶间和长工、忙月、打短、妈妈等一道同吃。

食宿问题解决了，桐生又翘了起来。一早起来，立刻到仪门里往“管门老伻”专用的阔且长的大凳上一坐，起得虽然不算早，但总好说“一早”。而且还念一句戏剧上的唱词：“昨夜晚，喝酒醉，和衣而卧。”他虽没有天天喝醉，但和衣而卧却是经常的。下床既无穿衣系裤之烦，且无须洗涤手脸，一跳下来即行。新台门的老伻，是有时有，有时没有的。说没有嘛，有时却实实在在有一个老头儿俨乎其然坐在那里，对进进出出的陌生人问长问短地克尽厥职。说有吧，却又经常光着凳子阒无其人。这是由于各房族经济不稳定，各自对自己的经济能力没有把握，又想支撑旧家族的门面，一致想雇老伻，雇没几天又因为经济能力不许可摧折了，所以老伻才忽而有忽而无。有老伻的时候，桐生就坐在大凳上和老伻胡扯瞎缠地谈天说地。老伻多是年高有德，嘴里含

① 饮胙：祭祀的一个阶段，指祭祀礼毕，在祠堂设宴，族人会餐。

着长旱烟管，一双眼睛似开似闭地一句一“嗯”地应着，到底听没听到只有他自己知道。没有老伻的时候，他也不作一声地坐在那里，高兴时，碰到长辈经过，忙即站起，耸一耸肩胛，笑容可掬地喊一声“某某”；不高兴时，他身子一扭，屁股朝着你，等你过去，他才转过来。你要是“阿桐”喊他一声，他还是背着你应一声：“做啥罗！又没有事体！”要是平辈喊他，那就恶狠狠地应一声：“啥！叫我吃老酒！空佬佬[①]！”要是小一辈，更是报以白眼，有时还绷起面孔厉声应一个“嗯”。

这位对小一辈常报以白眼的周桐生，自己却出了个大笑话。一日，他在义房的灶头间同长工们一起吃饭，吃完之后，突然朝烧饭妈妈跪下，说：“你给我做老婆，你给我做老婆！”结果，“砰”的一声，头上被狠狠地揍了一下，回转身一看，见是周伯文拿了一支大竹杠，对他怒目而视，他便一溜烟逃走了。

后来，仲翔跟樟寿说起这事，樟寿仔细听着，陷入沉思。

族人看着这样的本家，真觉得毫无办法。但桐生也有好的一面，就是决不偷窃，有时也很懂情理，并不一味胡来。他没有周四七、周五十那样的谋生手段，轮不上各房派饭时，常要挨饿，等到饥渴难耐的时候，只好向人借钱。一角两角可以过一天了，但是他的渴比饥还要紧，往往把借来的钱都喝了酒，肚子还照样饿着。有一次向樟寿的姆娘借钱，鲁瑞对他说：“钱可以借两角，但是你要拿去吃饭，不可以买酒呢！”他正色道：“宜嫂嫂给我的钱，我决不买酒吃。”他说了果然做到，孩子们看到他量了一升米，买柴买菜，回到门斗房做饭去了。

这样，族人对他还是很同情的。一年年终，祝福祀神之后，长辈们说：“好多天没有看到阿桐出来，怕不会饿死了吧？”各自叫仲翔等人，拿了二十块年糕和两串粽子，照着灯，到他那没有门窗的住房里去。见他面壁躺着，呼呼大睡，不知是否正做黄粱美梦，娶了那个烧饭老妈做媳妇了？亮光照进来，醒了，他抬头看了看，仍旧躺下。仲翔就叫：“桐店王，你怎么不出来？”别人也说：“这是给你过年的，你慢慢吃，一下子吃得太多要吃坏的。”

① 意思是：“平白无事叫我做嘛？”

桐生依然高卧不起，说："安咚好哉[1]！"

仲翔等人也只好走了。后来向别人转述此事，觉得"桐店王"这股硬气还蛮有意思。

读李贺

樟寿对这台门故家烦得无可奈何，就只好埋头读自己的书。

祖父让仆人阮标送来的《唐宋诗醇》,翻读多遍了。这套书因为是"御选"，所以依例套色印行。初刻本是清乾隆十五年武英殿朱墨套印本，祖父送来的是清光绪七年浙江书局翻刻殿本，二十册，第一册封面及封底都有介孚公的墨笔题识，中间夹着他嘱孙儿读此书的信笺。樟寿读过之后，对所选的唐李白、杜甫、白居易、韩愈，宋苏轼、陆游六大家的二千五百二十余首诗都很欣赏，觉得李白超妙，杜甫真挚，白居易平易，韩愈雄奇，苏轼豪放，陆游情真，令人叹赏。但樟寿对这些大诗人纵然赞赏有余，却都不大喜欢。恰好三味书屋正在学八股文和试帖诗，老寿先生不喜欢八股，于是用新刊行的俞樾《曲园课孙草》作课本，内容清新浅显，比较易学。后来老寿先生谦称自己文笔古旧，由小寿先生担任命题和批改，并一起讲解《古唐诗合解》，使樟寿系统读到了李贺的诗，一时间竟把他吸引住了。其他诗人的诗都撇在一边，唯独爱读李贺的诗。小寿先生就把《李长吉歌诗汇解》借给他，任他散漫地涵咏细品。

这本《汇解》是清人钱塘王琦所编，前面有杜牧的《李长吉歌诗叙》和李商隐的《李长吉小传》等,还编有历代记述李贺身世的《事纪十二则》和《诗评三十二则》。共分四卷和一个外集，合计收李贺诗二百四十一首。

樟寿一拿到书，就被李长吉那瑰丽奇谲的丰富想象惊住了！

当他在《李凭箜篌引》中读到，"女娲炼石补天处，石破天惊逗秋雨"一句时，不禁联想起在皇甫庄避难时读过的《红楼梦》开头，想起女娲补天、大荒山无稽崖青埂峰下独遗下的那块鲜莹明洁的石头，那位悲天悯人、才情

[1] 意思是："搁下在那里吧，你们还怕我会饿死么？"

横溢的贾宝玉，和他一起随着李长吉上天入地，古往今来，进入了诡丽惝恍、奇丽变幻的境界。忽而在《梦天》中看到“玉轮轧露湿团光”；忽而在《秦王饮酒》中，听见“羲和敲日玻璃声”；忽而又在《杨生青花紫石砚歌》中“踏天磨刀割紫云”。真个是天马行空！樟寿不禁惊呼道：“作诗当有此大精神！”

他手卷着《李长吉歌诗汇解》，倚在床上读，靠在椅上读，在明堂桂花树下读，在百草园泥墙根下读，随着李长吉的感情变化而变化。在李长吉歌诗里，天地间一切事物都随着诗人强烈的情感而歌舞、而哭泣，樟寿便和李长吉一道欢乐和悲戚，李长吉诗句中的一切无知的景物在他眼前都变得多情善感，和他一道诉说悲伤和忧戚……

杜牧说李贺乃“骚之苗裔”。李贺也在《赠陈商》中自述道：“长安有男儿，二十心已朽，楞伽堆案前，楚辞系肘后。”在《伤心行》中说：“咽咽学楚吟，病骨伤幽素。”樟寿读着李长吉的诗，就像当初读《楚辞》那样，感到奇诡变幻、愤怨激越；也如读六朝乐府和齐梁体诗歌那样，觉得设色绮丽，绚烂而又凄婉。他从心底深处赞叹：美哉斯诗！

夜里，樟寿读着李贺的诗和关于他的纪事，仿佛见到了李长吉：“细瘦，通眉，长指爪，能苦吟疾书”，童年即能词章，十几岁时，已以工乐府诗与先辈李益齐名。号称“东京才子”“文章巨公”的韩愈、皇甫湜，曾因惊奇他的才华而亲访他。但因父名晋肃，“晋”“进”同音，与李贺争名的人，就说他应避父讳不举进士，韩愈作《讳辨》鼓励李贺应试，但李贺终不得登第。后来只做了三年奉礼郎这种情同仆役的小官，心中郁郁不平，在《马诗》其九中向蹭蹬的遭遇发出了悲愤的呼声：“夜来霜压栈，骏骨折西风。”在《开愁歌》中叹道：“我当二十不得意，一心愁谢如枯兰。衣如飞鹑马如狗，临岐击剑生铜吼。”在《致酒行》中唱道：“我有迷魂招不得，雄鸡一声天下白。”而为生活所迫，又不得不忍气吞声，继续当这卑微的小官。自己在《题归梦》曾说：“家门厚重意，望我饱饥腹。”

樟寿联想到自己，祖父科场案后，家道中落，父亲故去，受尽世人白眼，不觉与李贺同病相怜，醒来又读李长吉的诗卷，更加挚爱他的诗。

读着读着，昏昏睡去。在梦中与李长吉重逢，见他在茫茫荒原上，团团黑云下，带一小奴，骑驴相随，背一破锦囊。得有诗句，即写投囊中，归家后足成完篇。姆娘郑夫人常说“是儿要当呕出心乃已尔”。

猛然又醒来，再读李长吉诗，仿佛是看到李贺那赤红的心，在纸上跳动，涌出滴滴鲜血。不禁感到这书上字字都是心，都是血，“有崩云涌雪之惊”“雁荡龙门之怪”，须细细品味。

清晨读到《秦王饮酒》中的“羲和敲日玻璃声”时，樟寿不禁跑到外边仰头望日，奇怪怎么会有羲和那样的神仙去敲太阳，发出玻璃声？真是匪夷所思。

读到《马诗》其四，看到李贺用“向前敲瘦骨，犹自带铜声”形容骏马。又是一个“敲”字，使人似乎听到了声响。“犹自带铜声”那个“铜”字，更是惟妙惟肖，让人如临其境，如听真音。

樟寿觉得李长吉的歌诗，真非常人可以比得！原来文字会造就出如此的奇迹！

樟寿在自己做诗时，也苦心炼字。这时，他已经离开三味书屋，在家自修，但所做诗文仍请“小寿先生”批阅。一次诗的题目是“‘百花生日’,得‘花’字”;“‘红杏枝头春意闹’,得‘枝’字”,都经寿洙邻批改。还有一次，是“‘苔痕上阶绿’,得‘苔’字”;“‘满地梨花昨夜风’,得‘风’字”。他自己很是满意，写信给正在杭州的祖父和二弟，告知这得意之笔。樟寿不仅注意提炼和润饰字词的含意、色泽、华丽和对偶，为了充分表达感情，还刻意追求字句的声调之美，使之激昂慷慨、奋扬响亮。

杜牧序中批评李长吉诗“理虽不及，辞或过之”。樟寿不以为然，因为他一读到《老夫采玉歌》中的“老夫饥寒龙为愁，蓝溪水气无清白。夜雨冈头食蓁子，杜鹃口血老夫泪”，就被深深打动了。痛感供富人享乐的宝玉原来是以采玉老夫的死亡作代价的。读到《感讽五首》其一中的“县官骑马来，狞色虬紫须”“越妇拜县官，桑牙今尚小”“县官踏飧去，簿吏复登堂”，联想起绍兴镇上的所见，痛感劳动者被官吏压于水火之中。读了《宫娃歌》，似乎听到宫女的幽怨，“愿君光明如太阳，放妾骑鱼撇波去。”禁不住和李贺一起悲天悯人、同情弱者。

同情百姓苦痛，愤恨官吏残暴，让他拍案而起。樟寿从《汇解》所收“诗评”中，看到姚文燮在《昌谷集注》序中说：“故贺之诗，其命辞命意命题，皆深刺当世之弊，切中当世之隐。倘不深自弢晦，则必至焚身。斯愈推愈远，愈入愈曲，愈微愈减。藏哀愤孤激之思于片章短什。”又想起清人王夫之独具只眼，评价：“长吉长于讽刺，直以声情动古今。”由此想到《秦王饮酒》《金铜仙人辞汉歌》，托古寓今，焕然有新意。不觉顿生同感。

樟寿想到自己所处的现实，不禁也想用自己的笔直刺时弊。

樟寿对李贺诗倍感迷恋，不禁与李长吉一样，由现实而历史，从地下到天上，痛感光阴之速，年命之短，世变无涯，人生有尽。他手握着书，到府山上信自漫步，心中默吟着长吉的《天上谣》：“东指羲和能走马，海尘新生石山下。”《浩歌》：“南风吹山作平地，帝遣天吴移海水。王母桃花千遍红，彭祖巫咸几回死。”《秦王饮酒》：“劫灰飞尽古今平”；《凿井》：“一日作千年，不须流下去。”《梦天》：“黄尘清水三山下，更变千年如走马。”不禁心生日月逾迈、沧桑改换、千年倏忽之感，而这种感受偏出自昙花朝云、生命短促的李长吉。樟寿不禁恍然觉得每个人都不过是走向“坟墓”的过客。

对于死亡，樟寿又赞同李贺用神话予以消解和诗化，以慰藉人心。从李商隐《李长吉小传》中知道了李贺临死的故事，令他久久难忘：李贺困顿了一世，而他临死的时候，却对他的姆娘说，“阿妈，上帝造成了白玉楼，叫我做文章落成去了。”樟寿读后心中念道：这岂非明明是一个诳，一个梦？然而一个小的和一个老的，一个死的和一个活的，死的高兴地死去，活的放心地活着。说诳和做梦，在这些时候便见得伟大。他想，假使寻不出路，所要的倒是梦。

樟寿又觉得长吉追求秾丽、奇峭，但有时过于华美、雕琢；追求含蓄蕴藉，但有时也过于晦涩难懂。读到《恼公》时，他反复品味之后，不觉对王琦等“狭邪游戏之作”说起了怀疑，感到另有深意。读到《昌谷诗》中“攒虫锼古柳”一句，联想起总放在枕边的《嵇康集》，觉得与嵇康庭中有巨柳、康常锻于树下的典故有关。“草发垂恨鬓，光露泣幽泪。”似乎是对竹林七贤中的嵇康被杀，深表哀悼，但把握不准。去向“小寿先生”请教，“小寿先生”觉得有些道理，但又坚持不可牵强附会。樟寿虽然同意先生的看法，但这些难解之谜却使他更加爱读李贺的诗了。回去后一个字一个字、一个典故一个典故地细究，纵然还是没有完全弄懂，却增长了不少知识。“小寿先生”也觉得樟寿这位学生，有一股追根究底、不搞清楚不罢休的犟劲，心中很是满意。

分房会议

人世的烦恼是躲不过去的，樟寿正钻到李贺歌诗中忘乎所以，却有人叫他晚上到大书房参加家族会议。

吃罢晚饭，樟寿去了。一进门就惊呆了，新台门的所有长者都已经到齐了。除了居无定所、被人蔑视的周桐生之外，叔伯辈的伯文、仲翔、衡廷、六四、衍生、伯执都来了，连已经过继给信房周吉生的仲阳也来了，围着唯一在家的祖父辈玉田公公，严严实实、虎视眈眈地坐满了一屋子。屋中间八仙桌上点着三支大蜡烛，照得光亮亮的。正中间梁上，廿八公公写的“志伊学颜”匾看得清清楚楚。桌边放着一张纸，樟寿扫了一眼，见是什么协议书。

胖胖的玉田公公过去总是和颜悦色，笑容可掬，这会儿不知为什么横眉立目，气鼓鼓的。他让樟寿坐在桌边的凳子上，然后捋一捋唇上的八字胡，慢慢悠悠地叫道：“豫才。”

樟寿不觉一惊，因为玉田公公一向只叫他的小名“阿张”，甚至呼他为“小友”，从来没有叫过字。这一叫，就表明要谈的事情非同小可，很是郑重。

玉田公公清了清嗓子，说道：“你祖父因事入狱，父亲又故去，我们都很同情。现在你家人丁稀少，只有祖母、姆娘、你和两个弟弟，一共五口人，住房却还照旧，楼上楼下六间。可是别的家却人丁渐多，房屋不够住。这你也知道的，我家住台门四进，与你家相对，中间是一个不大的明堂，用曲尺形的高墙隔开，南面只剩了一条狭长的天井，北面的小明堂也就不宽大。西边后房花塍死后，由你椒生叔祖住，后房是我所居，将廊下隔断，改造为小书房，南窗下放着书桌。你也见过摆满了各种书籍，早已盛不下了。伯执，你谦叔早已成家，眼看就要生子，房屋也不够住。仲阳虽说已过继给信房，但还时常回家，房子更不够了。这样，族人商量重新分房，把你家空闲的两间房子让出来，给房少的居住。你看如何？”

樟寿一听才知是为房子的事情，他也知道玉田公公住房很狭窄，但祖父尚在狱中，不知什么时候回来，他如回来，房子已让给别人，他住哪里呢？族人趁祖父入狱不在家，就如此强行逼自己就范，是断不能接受的。不觉摇摇头，表示不同意。

玉田公公见他摇头，刹那间气得满脸通红，青筋凸起。

周伯文两眼又凸起得像一对金鱼，霍地跳起来吼道：“这是你玉田公公祖父辈的意思，跟你商量是抬举你，你不同意也得同意！”

樟寿咬紧牙关不说话，就是不点头。

跟子传奶奶有一腿的周五十，眼睛眨一眨，诡计有一百，笑眯眯对樟寿说：“玉田公公是好意，你答应了，准有好报。过后你家若有难处，族人自会再想办法。”

樟寿本就厌恶这个周衍生，知道他又在讲骗人的鬼话，狠狠瞪了他一眼。衍生往后退了一步，仿佛感到这两只眼射出了利剑，要将自己戳杀了，吓得不再说话。

玉田公公见樟寿软硬不吃，顿时恼怒，猛然立起，点着桌上的分房协议，指着樟寿声色俱厉地吼道：“签字！不签也得签！”

樟寿惊了，抬眼望望玉田公公，不敢相信自己从小的开蒙塾师、历来尊称“蓝爷爷”的叔祖，会这样蛮横无理。他往后退了一步，强压住怒火，慢慢地细声说：“祖父是一家之长，这事需要通过祖父，没有他的许可，侄孙是断不敢做主的。”

玉田公公听后，跳将起来叫道：“哪里管得了那许多！别人没有房住，你家却空着，像话吗？签、签、签！签字画押！”

周伯文也上前催促，金鱼眼睛更加凸起，仿佛要突射出来。

樟寿仍不发火，只是低着头小声说：“等我禀告狱中祖父，再做商议。”

玉田公公面对这个软硬不吃的侄孙，一时间进不是，退也不是，失了方寸。

伯㧑忙扶住父亲，让他坐下。仲阳也过去劝父亲不必跟个孩子动气。

衡廷看着樟寿，倒觉得这孩子有主意，不简单。

眼看着双方僵持着没有结果，三株大蜡烛也快燃尽了，大书房里暗了下来，衡廷过来说："玉田叔，今天先到这里，等樟寿回禀介孚公再说吧！"

六四也说："先这样吧！以后再从长计议。"

玉田公公见事已如此，别无办法，只好点点头，不欢而散。

待所有的人都走了，樟寿才一步步挪出了大书房。来到黑暗中，他不觉鼻子一酸，要大哭一场。是啊，长到十七岁，什么时候经过这样的场面，受过这样的呵斥啊！而且是自己过去尊敬的"蓝爷爷"，开蒙塾师，一直呵护自己，称自己为"小友"，今天竟然这般厉害！嗨，这就是世人的面目！

他刚要放声大哭，忽然想到了连遭不幸的可怜的姆娘，年迈的祖母，两个未成年的弟弟，立刻强忍住眼泪，把泪水咽进肚子里，默默地走回自己家。见了姆娘也一声不吭，径直上了自己的阁楼。

郁　闷

上了楼，樟寿一头倒在床上，蒙起被子，在被窝里不出声地流泪。过了好一会儿，又起身拨亮桌上的油灯，铺开日记本，掭掭"金不换"毛笔，写起了日记。他似乎已经养成了习惯，把自己的喜怒哀乐完全倾注在文字中。

他把满腔愤怒都化作了文字，像当初画画，写上"射死八斤"那样，将燃烧着怒火的文字射向玉田公公，射向这面目突变的世人。文字是那样令人心酸，让人怒火中烧，以至半年后回家的二弟櫆寿偶然看见这日记时，也不禁泪流满面，方知大哥居然受过这样大的委屈。

写完日记，樟寿心里倒平静了许多，熄了灯睡去。一时又睡不着，想到这个家族实在是败落了，同是一个家族，各房之间还有利害冲突，没有别的进益时，只能在族内互相挤轧，恃强凌弱，以大欺小，怎能不发生这种事情呢？

第二天起来，心中依然郁闷，总觉得有一股闷气撒不出来，忽然想起似乎多日不很看见三弟了，好生纳闷。

这时正是春二月，放风筝的时节，倘听到沙沙的风轮声，仰头便能看见一个淡墨色的蟹风筝或嫩蓝色的蜈蚣风筝。还有寂寞的瓦片风筝，没有风轮，又放得很低，伶仃地显出憔悴可怜模样。但此时地上的杨柳已经发芽，早的山桃也多吐蕾，和孩子们的天上的点缀相照应，打成一片春日的温和。

樟寿向来不爱放风筝，不但不爱，并且嫌恶，因为他以为这是没出息孩子所做的玩意儿。和他相反的是三弟松寿，十岁内外，多病，瘦得不堪，然而最喜欢风筝，自己买不起，大哥又不许放，只得张着小嘴，呆看着空中出神，有时至于小半日。远处的蟹风筝突然落下来了，他惊呼；两个瓦片风筝的缠绕解开了，他高兴得跳跃。他的这些，在樟寿看来都是笑柄，可鄙的。

樟寿忽然想起了，记得曾见三弟在后园拾枯竹。他恍然大悟，便跑向后园少有人去的一间堆积杂物的小屋去，推开门，果然就在尘封的什物堆中发现了三弟。他向着大方凳，坐在小凳上；看见大哥进来，很惊惶地站了起来，失了色瑟缩着。大方凳旁靠着一个蝴蝶风筝的竹骨，还没有糊上纸，凳上是一对做眼睛用的小风轮，正用红纸条装饰着，将要完工了。樟寿在破获秘密的满足中，又很愤怒三弟瞒了他的眼睛，家道中落，祖父入狱，父亲去世，家里任人欺凌，不说争口气，多读书，反倒这样苦心孤诣地来偷做没出息孩子的玩意儿。真是可气！他即刻伸手折断了蝴蝶的一支翅骨，又将风轮掷在地下，踏扁了。论长幼，论力气，三弟都是敌不过他的，他当然得到完全的胜利，于是傲然走出，留三弟绝望地站在小屋里。后来三弟怎样，他不知道，也没有留心。

三弟松寿直愣愣在小屋中傻站着，风筝折断的翅骨围在他脚下，像小狗小猫似的仰脸瞅着他，暗泣着。他开始一声不吭，好一阵子，忽然大哭起来，边哭边喊着“琴姐姐”。他想起两年前琴姑给他糊风筝，带他放风筝的事来了……

第十八章　绍兴乱了

饥　民

一八九八年早春，樟寿家的生活水准已经压缩到了最低点。每天掀开锅盖，饭架上只有腌鱼和咸菜，但还能吃饱饭，全家就很满足，因为很多人家已经快断粮了。县城里涌来越来越多的饥民，像马蜂一样从四面八方嗡嗡地涌拢来，聚集在米店门口。

一早，樟寿上街时，看到东昌坊口小船埠头与张马桥之间的傅澄记米店门前，聚集了好多面黄肌瘦、衣衫褴褛的饥民，一动不动地往里面看，鸦雀无声。

米店老板一看形势不对，赶快让伙计上排门。

饥民中间一位高大英武的黑瘦汉子，对老板说："伢（我们）末饿煞，偌落把米放起来卖好价钿[①]……"

老板不听，命伙计加快上门。

领头的黑瘦汉子，两眼炯炯有神，只是连日挨饿，面色黧黑，瘦得只剩一把骨头，但依然从容镇定，心中有数。

他周围的饥民气不过了，连声骂起老板："伢（我们）末饿煞，偌落把米放起来卖好价钿……"

① 意为：我们饿坏了，你们却把米存起来不卖，等待价格抬高了再卖好价钱。

一个瘦小的饥民耐不住了，大叫一声："搡[①]！"

大家齐声喊道："搡！搡他个鸟！"

饥民们冲进米店，把店门、木栅、招牌搡掉，出一口气，有人要冲上去抢米。领头的黑瘦汉子连忙挥手制止，那人立即退回来了。但有气没处撒，就狠命地踩踏已经倒地的招牌，众人也跟着踩。边踩边骂道："这世道，让老百姓没法活了！"

米店老板见大势不好，早就一溜烟逃走，跑到衙门找知县告急去了。

这时，樟寿听见路边的人在纷纷议论："测水牌、瓦窑头的米店，全被饥民搡坏了，最热闹的是五云门、昌安门，搡得特别凶。"

谢德兴酒店里的那位白胡子老头，也在一边旁观，摇头叹气道："天下要大乱了！太平天国要重演哉！"

流　言

樟寿看到街上太乱，匆忙回家，刚到台门口，就见长妈妈和单妈妈跟一群找活儿的穿蓝印花衫的乡下妇女在指手画脚地议论着什么。

长妈妈跟单妈妈切切察察，低声絮说着。说到兴头上，竖起第二个手指，在空中上下摇动，一会儿点着对方的鼻尖，一会儿又点着自己的鼻尖，最后扭头冲南街的洋教堂指着，渐渐大起声来：

"一个女人，原在洋鬼子家里做佣工的，后来出来了。她说，在那家亲见一坛盐渍的眼睛，小鲫鱼似的一层一层积叠着，快要和坛沿齐平了。为远避危险，赶紧走了。"

"是啊，我也听说，洋鬼子专爱挖人的眼睛，腌起来。"单妈妈点着头，补充说。

旁边的乡下妇女侧耳听着，脸都吓白了。一个冒问："洋鬼子腌人的眼睛做嘛哉？"

长妈妈像权威似的解释道："用来照相呢！"说着，与那妇女眼睛相对，

① 搡：推捣之意。

问道，“看见不？我瞳子里不是有个你吗？这就是小照相。街上照相馆里的相是怎么照出来的？不就是用人的眼睛照的吗？”

那妇女将信将疑，摇了摇头。

另一个乡下妇女抢过来说：“不是吧？我们乡下说用作电线。怎么用，他没说。洋鬼子的用意，他却说过，就是每年加添铁丝，将来鬼子兵到时，让中国人无处逃走。”

长妈妈觉得自己解释不清洋鬼子腌眼睛的用途，别人也说不清楚，就放出了更吓人的消息：“我听说啊，洋鬼子不光腌眼睛，还挖心肝呢！”

单妈妈和乡下妇女们都吓了一跳，纷纷吐了舌头问：“啊呀！太吓人了！挖心肝做嘛哉？”

长妈妈这回真可以做权威了，竖起第二个手指，按在噘起的嘴唇边，“嘘”了一声说：“我听一位念佛的老太太说的，他们挖了去，熬成油，点了灯，向地下各处照去。人心总是贪财的，所以照到埋着宝贝的地方，火头便弯下去了。他们当即掘开来，取了宝贝去，难怪洋鬼子这么有钱哉！”

单妈妈和乡下妇女们面面相觑，连大声都不敢出，生怕洋鬼子跑来挖她们的眼睛和心肝。

樟寿无心听这群女人的瞎议论，但也听别的人说过，不能去照相，因为精神，也就是威光和元气，要被照去的，所以运气正好的时候，尤不宜照。特别不能照半身相，照了，就像被腰斩，不吉利的。他想，绍兴忌讳也真多，这个城人心浮动，到处惶惶不安，南街教堂的修女已经不敢上街了，据说有的逃回国了，这个世界似乎要出大事。

“大阿官！”长妈妈见樟寿过来，赶紧停下议论，叫小主人。

樟寿冲她点点头，也不说话，径直进台门，往家里走。只听背后长妈妈在对人说：“我家大阿官，读书可好了！懂事，现在家里的事情全靠他了！”

樟寿对长妈妈的说长道短很反感，但又觉得她一心一意帮助姆娘维持这个家，也真不容易。

骚　乱

流言像早春的狂风，吹在熬过一个冬天的干草上，燃着了草场的大火，而且流言越传越盛，干风越吹越大，火焰越烧越旺，势不可当，整个绍兴都骚乱起来了。

先是传言，诸暨县有武童刺死洋人四名。樟寿写信告诉在杭州的祖父和二弟，不几天又传诸暨等地民众拆毁了教堂，绍兴也有一群群的人，气势汹汹地冲向南街的教堂，声言要予拆毁。吓得牧师、修女躲在教堂里，不敢出门。

前些天包围米店的饥民，更是饥不可耐了，开始搡大户。大户人家自己都有米仓，从不上米店买米，正吃饭的时候，忽然有一群饥民冲进屋，抢饭抢米。他们把辫子盘起，挽着扭纠头，赤着膊，光着脚，穿一条破裤子，像饿兽一样不管不顾。领头的还是那位高大英武的黑瘦汉子，他说搡厅堂里的，大家就搡厅堂里的；他说搡后堂前，大家就搡后堂前。有人要往内房冲，他马上大喊："内房不要进去！"那人就立即止步了。

绍兴府衙门前又出现了农民的跪香[①]，四乡的农民进城来，每人手里拿着一支香，跪在绍兴府衙门两旁，申诉生活的苦况，请求官府减免租粮。知府程赞清不仅不听，还派散兵游勇把跪香的农民打散。农民们被打得头破血流，呼天抢地，号啕痛哭，惨不忍睹。

樟寿正在台门里，听见里里外外的人都在议论：

有的说："农民不种田，哪里来的饭吃，眼看就要天下大乱了！"

有的说："这真叫作'官气入进，人气走出。'农民老老实实跪香，向你请愿，求你做主，犯什么法？不减免也还罢了，把人打成这样！"

有"街楦"之称的衡廷，知道的消息最多，他站到中间，大声宣讲："不光绍兴乱了，整个浙江也乱了，温州饥民毁官衙土局，拒兵劫米，宁波民变，殴打鄞县、慈溪县令。不光浙江乱，全国都乱了，治河经费被官吏侵吞，黄河大溃决，直隶的东南部，山东沿运河的西部都决毁，淹死十六七万人，损失田地房屋不可数计。官府不但不救济，还不承认有灾，依然加紧搜刮。官

① 跪香：旧时请愿者手捧香炷跪在衙门前提要求。

逼民反，不得不反，听人说直隶大名府‘土匪’起，山东沂州乱。广东刘毅募勇五千，鼓噪索粮。潮州又乱，知府被戕。”

白胡子老头不知什么时候也来了，他愤愤地说：“慈禧太后和光绪皇帝好像不知道这些灾荒、饥饿、民变。报上说，德亲王亨利送上礼物四抬，内有珊瑚，长八尺余，回送以十六抬，内珍珠朝珠一串，每粒重钱余云。送回礼是对方的四倍，这才显得自己是天朝大国的气派。倘若知道，能这样不顾百姓的死活吗？嗨，天下大乱了，太平天国要重演哉！”

老年人都摇头叹气，像白胡子老头那样叹道：“天下大乱了，太平天国要重演哉！”

镇　压

第二天，绍兴城里一片肃杀，空气中弥漫着血腥味儿。

早晨，樟寿走出台门，惊住了，东昌坊口失去了往日的热闹，墙上贴着杀人示威的布告，沿街十步一岗，五步一哨，站着持刀的官兵，杀气腾腾。

身后有个童声喊“大哥！”回头一看，见是四弟椿寿跑来了，后面跟着三弟松寿。四弟已经四岁了，长得精实，个头儿快赶上三弟了。三弟生得又瘦又矮又小，像只病弱的小鸡。

四弟天真烂漫，总是很高兴。樟寿一见街上情况，连忙冲他摆摆手，示意三弟带四弟回家。

三弟松寿一向害怕大哥，自那次毁他风筝之后，更加畏惧了。大哥发的话，只能服从，赶忙拉着四弟的小手，转回家去。

樟寿却对外面的情状很好奇，慢慢地一步步挪到台门外。

见街上有人在走，还有人往西边大街跑，像是赶去看什么热闹，就跟着去了。

樟寿跟着路人沿东昌坊口往西走，沿街的商铺全打烊了，连“水果连生”也将门板闭得紧紧的。

到了十字路口，樟寿更吃惊了！南北向的大街上密密地站满了穿红衣的官兵，兵后面是拥挤的人群。人群像一团团的马蜂，嗡嗡嗡地骚动着，忽然看见阿桂正跳起来喊：“看杀头哉！好看，好看！”

樟寿心里一惊，忍不住走过去，又猛然惊住了！

原来人群后面，靠墙一排，用各式枷锁铐着示众的犯人，全是搡大户和跪香的农民。那个首先搡米店的瘦小饥民，头被锁在一面长枷中间，两手夹在长枷的下面，两只黑瘦枯干的光脚又被一块横枷固锁住，黑污的脚底板仰伸在横枷上。枷比人大，大枷几乎盖住了黑瘦细小的人，只像一堆枯草黑柴，摊在地上。两边的人，或者被长枷锁住了头和手，或者被横枷铐牢了脚，有些是三四个人被一件大枷锁在一起，一个个都黑干枯瘦，奄奄一息。

最北头，是一个站笼，里面立着那位高大英武的黑瘦汉子。他的个子比站笼还高，头卡在笼上，身子在笼里，两腿只能蜷曲着，更是难受。但他毫不屈服，两颗黑亮的眼睛，燃烧着炽热的怒火，瞪视着这个世界，两手抓住站笼的木栏，青筋凸起，像要将栏杆掰碎。

不少人围在站笼旁边，有的看稀奇，嘴角挂着一丝傻笑；有的痴呆呆地瞅着，毫无表情；更多的人默默地同情又无奈地注视着汉子。

街南头骚动起来，行刑的队伍开来了，人们朝街边涌去。最前面的是身穿红衣的刽子手，高大魁梧，敞怀露着毛茸茸的胸毛，扛着雪亮的大刀，凶神恶煞一般。然后是骑大马的刑吏，威风凛凛的。再后是囚车，里面锁着一个被反绑着的少年，跪在车上，后背插着一根标签，名字上画着红叉。少年上衣满是破洞，露出黑瘦的脊背，背上有道道鞭伤，滴着鲜红的血，被鞭子抽伤的血痕还没有结痂呢！最后是监斩官的轿子和护卫的衙役。

樟寿认出来了，这个少年正是四一剃头店的学徒，刚刚十六岁的小理发匠。他怎么会被杀头？！樟寿惊讶得快晕过去了。

忽听站笼里发出一声雄狮似的怒吼：“放开孩子！我去替他！”

人们不约而同地回转头，见站笼里那位高大英武的黑瘦汉子，正在声嘶力竭地大吼，将站笼摇得山响，恨不能将站笼挣碎。

头脚戴双枷的瘦小饥民，原来气息奄奄，这时霍地惊醒，也挣扎着，欲立起来大喊：“放了孩子，我来替他！”

忽听站笼里发出一声雄狮似的怒吼："放开孩子！我去替他！"

旁边同在示众的饥民，跟着大呼："放了孩子，我们替他！"

跪在刑车上的小理发匠，闻听跳起来，大叫三声："冤枉！冤枉！！冤枉！！！"

一个五旬左右的妇女呼天抢地，从街边扑到行刑队伍前面大哭："我的儿啊！放了我的儿吧！"

小理发匠看见姆娘，大叫："姆娘，我冤枉哉！冤枉哉！！"

街边，"剃头四一"跪在地上叩头，大哭着乞求："放了'小讨饭'的徒弟吧！他没有搡大户，没有偷东西啊！"

樟寿听旁边的人议论，说是小理发匠并没有搡大户，只是看着好奇，跟着去看热闹。官兵来抓人，饥民纷纷逃走，他觉得自己又没有搡，心安理得地慢慢往外走，结果被官兵第一个抓住，拿去邀功，说抓住了土匪，还诬他乘势偷了一个铜脚炉，狠抽一顿鞭子，屈打成招，知府程赞清当夜判令首先拉到轩亭口杀头。

行刑队伍被挡住了，监斩官大怒，从轿子侧窗"呸"地啐了口痰，命令痛打闹事者。官兵、衙役一起上，连拖带拉，把小理发匠的姆娘搡到街边，又挥鞭猛抽黑瘦汉子和被示众的饥民，行刑队伍继续往轩亭口行进。人们也跟着去看杀头。"剃头四一"连哭带喊逃回剃头店了。

一位秀才模样的瘦高男子，将发辫往头上一盘，大呼道："中国要亡了！中国人还这样残杀中国人！"

说完，捶胸跺脚，号啕大哭。

白胡子老头和衡廷也过来了，不禁跟着号啕大哭。

樟寿也禁不住痛哭起来。

周围传来了恸哭声……

此刻，一位高大壮实的汉子，雄赳赳地大步走过来说："哭有孬用！还不如一介武夫哩！"

樟寿抬头一看，正是那次在东昌坊口遇上的镇住"破脚骨"的汉子，不禁钦佩，以至仰视。要上去攀谈，汉子大踏步走了。

“救中国！”

汉子攀谈不上，樟寿就走到秀才模样的瘦高男子身边。秀才见这少年有心志，就拉他躲到街后长庆寺的墙角，白胡子老头和衡廷也随着去了。到了没人的背静处，秀才从长衫内衿掏出一叠报纸，见是一册《知新报》，秀才翻开来，指着内页一张图说：“这就是瓜分中国图，列强要瓜分中国喽！”

樟寿定睛看去，见一页上有从日本《时事新报》翻译转载的《法国照会瓜分中国事》一文，下面占大半版篇幅，登着一幅据说是法国政府草拟的瓜分中国图：中国各省都标明了被外国列强占据的国名。《知新报》编者在这篇译文后面附有“本馆谨注”，言道：

> 瓜分之说，倡自德人，已十余年。中国每一创败，辄复起议。今祸机益酷，势将下手。日本竟公然刊图登报；且闻其作《讨清国檄》，译英、俄、德、法文布告海内，以图我事，成否未敢决然。火及衽席，主者犹鼾睡未觉，其谓之何？爰亟译刊报内，以当当头之棒，凡我同类，其能无恫欤？

白胡子老头看了说：“这真是当头之棒！列强正在瓜分中国，我们岂能鼾睡，仍不警醒？”

衡廷也说：“这是给国人敲响警钟哉！”

樟寿没有说话，但将“火及衽席，主者犹鼾睡未觉”之语深记心中。

说着，秀才又从内衿掏出一张图片，让三人看。

这图上写“时局图”三字，右书“不言而喻”，左书“一目了然”。中间是中国地图，东北被一黑熊所占，东边有裂为两半的日头，正朝华北射出毒光，江南有一猛虎横行，云南爬着一只青蛙，台湾正被一只老鹰叮啄，等等，在众禽兽包围中，一个清廷的老官斜躺在地上抽大烟，一个年轻官吏正和一女子饮酒，一个站立的中年官员手中正抛掷着金钱，上方两个武将似的男人一个赤膊搬着箱子，一个坐在椅子上算账，一匹马卸鞍闲站。

秀才指着图说："图中以熊代俄国，犬代英国，蛙代法国，鹰代美国，日代日本，肠代德国，其旁题词曰：'沉沉酣睡我中华，哪知爱国即爱家！国民知醒宜今醒，莫待土分裂似瓜！'"

白胡子老头拍一下大腿慨叹道："沉沉酣睡我中华，哪知爱国即爱家！"

衡廷接着叹道："国民知醒宜今醒，莫待土分裂似瓜！"

秀才又流泪哭啼，哽咽道："救中国哉！中国要亡了！"

白胡子老头和衡廷同声哀叹。

樟寿不动声色，心中却如汤煮。

衡廷这"街楦"又神秘兮兮地说道："听说有苗兵三千入杭城守镇海关。"

白胡子老头摇摇头说："怕不会吧！"

秀才皱了皱眉头道："很难确说。"

樟寿望着三个大人，不知说什么好。

四人正在忧患中，忽听街头有人跑来嚷叫："好看！好看！杀头真好看！一刀下来了，头颅滚到地上，血喷得老高！"

四人转头看去，见阿桂和小个子、"癞疮疤"、"络腮胡"几个浮浪汉正冲长庆寺跑来。

阿桂来到土谷祠门口，一屁股坐下，不住地用手掌扇着汗，说道："明天还有好看的呢！"

小个子也跟着坐下，问道："嘛好看哉？"

阿桂故作神秘地小声道："你猜？"

小个子道："听说今晚那几个示众的，也都要杀头。"

阿桂笑道："杀头已经看过了。没啥好看的了。"

"癞疮疤"不示弱，仿佛他才是天下第一知情人，打了个哈哈说："我晓得！"

阿桂和小个子一块蹲在地上问："偌知道个鸟儿？"

"络腮胡"看着"癞疮疤"这个曾经的手下败将，不屑地哼了一声。

"癞疮疤"打起了"官腔"："晓得也不告诉偌！"

阿桂站起身，两手叉腰道："偌还能比老子晓得的多？告诉偌吧，明天一早，要给那站笼里的汉子施‘八刀刑’。”

樟寿侧耳听见，心里一咯噔，他第一次听说“八刀刑”这词。

小个子惊问：“什么‘八刀刑’？‘八刀刑’是怎么回事？”

阿桂语噎，他也说不清“八刀刑”是怎么回事。

“络腮胡”搔搔脑袋，他虽力气大些，但闯的世面还少。

“癞疮疤”知多识广，闯过江湖，站起身，清清嗓子说道：“八刀刑，就是施行的人，将犯人绑在木柱上，用一篓编上号的快刀。”说着，将小个子一把揪起，用手掌作刀，往小个子左胸一切，说道：“第一刀，切胸口，一律从左切，下列也如此。”又用手掌为刀切小个子右胸说，“第二刀，切二头肌；第三刀，大腿；第四刀和第五刀，切手臂至肘部；第六刀和第七刀，切小腿至膝盖。”一一做了切样，然后往小个子后颈一砍道：“第八刀，枭首。切下的肉放入箩筐里，头颅公开示众。”

“癞疮疤”无所谓地说着，好像在讲怎么杀猪宰羊。但吓得阿桂和小个子、“络腮胡”等都吐长了舌头，樟寿和秀才、白胡子老头、衡廷也都脸色煞白。

“癞疮疤”嘿嘿笑一下道：“嘿，有嘛大惊小怪的。我亲眼看过！在杭州清波门刑场常有的呢！一刀一刀地割，不让他立马就死，眼看着他的肉一块一块‘卸’下来，血流成河，人疼得像鸡一样抖，苦苦叫疼，不住求死。那才叫好看哉！”

小个子半张着嘴道：“活活一个人，就这么一刀刀地给‘卸’了？”说完，像沙堆倒塌一般，蹲下了。

阿桂捂着头道：“吓死人哉！”也蹲了下来。

“络腮胡”捋捋胡子，脸也吓得煞白。

“癞疮疤”坦然道：“有什么吓人的。人，到头来，不过是这么一小箩筐肉！”

小个子重复道：“一小箩筐肉？要这肉做嘛哉？”

“癞疮疤”不以为意地说：“吃呗。”

阿桂瞪大了眼睛，惊讶地说：“吃？吃人肉？”

“癞疮疤”神秘地说：“人肉好吃。俗话说：人肉不能尝，尝了吃了娘。”

阿桂摇摇头说：“我不吃。”

小个子也说:“我也不吃。”

“络腮胡”苦笑着，摇摇头。

“癞疮疤”嘴一撇,不屑地说:“要不偌没出息呢！人肉不光好吃,还能做药,是配制疥疮药的药引。”

说着，拉起阿桂、小个子道:“走，喝酒要牌去！”

阿桂、小个子、“络腮胡”还有两三个浮浪汉子,嘻嘻地跟他往小酒店去了。

秀才、白胡子老头、衡廷和樟寿，见这情景面面相觑，说不出话来。

好一会儿，白胡子老头才叹道:“救中国！先救救中国人吧！”

秀才也跺脚大呼:“会稽乃报仇雪耻之乡，非藏污纳垢之所。岂容这般污垢！”

樟寿愣愣地呆望着前方,不禁想起两年前读过的《蜀碧》,想起张献忠“杀！杀！杀！杀！杀！杀！杀！”的“七杀碑”，以及各种杀法和称谓：割手足，谓之“匏奴”；分夹脊，谓之“边地”；枪其背于空中，谓之“雪鳅”；以火城围炙小儿，谓之“贯戏”。抽善走者之筋，斫妇人之足，碎人肝以饲马，又创生人剥皮法,从头至尾,一缕裂之。张于前,如大鸟展翅,逾日始绝。有即死者,行刑之人坐死。兵书龚完敬以为无道。被剥皮后实于藁草，衣冠以徇市。更想起永乐皇帝比流贼更粗猥残酷的御旨:景清剥皮，铁铉油炸，妻女发付教坊，流转兵营,任人凌辱,死了以后“着狗吃了”。而民间也互相仇恨,有恨不能“食肉寝皮”之说。皇帝“剥皮”，造反的头头也“剥皮”，“剥皮”成了一朝又一朝的惯例。

人与人之间，为什么要这般残忍呢？为什么要相互吃杀呢？樟寿脑际中烙下“吃人”二字。

“戛剑生”

樟寿中午回到家里，没吃午饭，也不跟姆娘打招呼，就上楼蒙头躺下，昏昏入睡，在梦中总看见那站笼里高大英武的黑瘦汉子，梦见他眼中燃烧的怒火，梦见他被施残酷的“八刀刑”，梦见他至死不吭一声，最后放在箩筐里的血肉还在抖抖地要复仇，他为汉子痛惜，几次在梦中哭醒。心中不断地问这苍天：同是人，人对人为什么要这般狠呢？为什么要吃人？

一觉睡到黄昏，感觉有些肚饿，起来要到灶间用饭，忽然听得后面蓝门传来一片喊声，连忙过去看。

原来子京公公去世以后，他姆娘，樟寿的十二曾叔祖母一个人孤零零地住在那荒凉破败的蓝门里，过着寂寞的生活，她很少出门，出来也只是和樟寿的祖母谈谈，诉说自己的苦命。幸而她雇的烧饭妈妈，人很老实勤快，替她把所有的家务事都包下来了，一点不用她操心，她精神上虽然痛苦，生活上还算过得去。

但是日子还是不太平，烧饭妈妈的丈夫是个又馋又懒又恶的家伙，每到黄昏，常常来向老婆讨钱喝酒，鲁瑞让庆叔跟那男人说过几次，叫他不要来了，可那男人不听，不给还要打，打得烧饭妈妈大哭大叫，十二曾叔祖母吓得躲在自己的房里，不敢出来相劝。

这天晚上，那男人又来了，樟寿家正要吃晚饭，忽然听得十二曾叔祖母大喊："眠床要塌了，眠床要塌了！"

樟寿和三弟松寿飞奔过去，只见烧饭妈妈钻在十二曾叔祖母的床底下，双手抱住床脚，那男人拉住她的脚，想把她从床底下拖出来。一个拼命拉人的脚，一个死命抱住床脚不放，眠床就剧烈地晃动起来。十二曾叔祖母在旁边束手无策，只好高叫。

这时，庆叔赶来了。他问："什么事，什么事？"

那男人放开他老婆的脚，答道："她逃到床底下去了，我要拉她出来！"

"你拉她出来做什么？"庆叔问。

"这不用你管！"那男人气势汹汹地回答，他站立起来的时候，比庆叔还高大魁梧。

"你又来打老婆了。"

"打老婆又怎么样？天下通行。"

"她赚几个辛苦钿，不容易！你来逼她，说了又不听，你是个人吗？"

"我不是人？"那男人仗着自己身强力壮，一边说着就一拳打过来。

庆叔让开，说：“我是好心相劝，你还是把酒戒了吧！”

“谁要你多管闲事？”那男人仗着自己是蒋门神一样的身材，又是一拳打来。

这回庆叔可不客气了，他闪开，还了一拳。这一拳竟如此有力，使那男人弹出房门，跌到明堂去了。

庆叔跨出房门，走到明堂里，把那男人的前胸衣领一把揪住，啪啪打了两巴掌，那两巴掌也如此有力，竟使那男人踉跄几步，站不稳了。

庆叔抓着他衣领，像老鹰捉小鸡一样，拎出桂花明堂，又是两巴掌一拳头，再打出黄门、白板门、大堂前、大厅、仪门，每拎出一段，就给他两巴掌一拳头，一直打到大门外，那男人跌倒在街心，再也不敢来了，庆叔才回转进来。樟寿和三弟一路跟着他出去，又跟着他回来。只见他脸不红，气不喘，好像没花什么力气。樟寿看着看着，不禁大大地佩服，恐怕上来十个八个人，也不在庆叔话下。

晚饭后，樟寿回到自己屋里，情不自禁把庆叔的这次壮举写进了日记。他想到，人还是要有强健的体魄和像庆叔那样的武艺，如果是个文弱书生，就对付不了那男人。

他由此更加敬佩庆叔，也想起庆叔的儿子运水。想起那个大祭祀的值年，运水来管祭器，和他一起捕鸟，听他讲夏天到海边捡贝壳去，管西瓜去，用胡叉刺猹，那些樟寿素不知道的许多新鲜事……

由运水而想起了安桥头的农村孩子。那是在随姆娘回外婆老家的时候，每天的事情大概是掘蚯蚓，掘来穿在铜丝做的小钩上，伏在河沿上去钓虾；与双喜、阿发等一帮小朋友乘白篷船到包公殿看社戏，有说笑的，有嚷的，夹着潺潺的船头激水的声音，在左右都是碧绿的豆麦田地的河流中，飞一般向前进……呵，永远忘不了两岸的豆麦和河底的水草所发散出来的清香；忘不了扑面吹来的月色朦胧的水气，淡黑的起伏的连山，仿佛是踊跃的铁的兽脊似的，都远远地向船尾跑去了；还有那宛转、悠扬的笛声，那屹立在庄外临河的空地上的一座戏台，在台上显出人物来，红红绿绿的动；那能连翻八十四个筋斗的铁头老生，咿咿呀呀地唱的小旦，那蒙了白布、两手在头上捧着一支棒似的蛇头的蛇精，还有套了黄布衣跳老虎，那被绑在台柱子上，给一个花白胡子的用马鞭打的红衫小丑，而最忘不了在回家船上孩子们自己采、自己煮的罗汉豆，以后他再也没有吃过那么好的豆了，也不再看到那夜似的好戏了。

越是憎恶这败落的故家，就越是想念农村的孩子，安桥头的双喜怎样了？皇甫庄的友泉、阿发又如何呢？

想着，再读《李长吉歌诗汇解》，见到李长吉一边写着辉煌的歌诗，一边又对文人墨客不屑地吟道："请君暂上凌烟阁，若个书生万户侯？""寻章摘句老雕虫"，"文章何处哭秋风？""见买若耶溪水剑，明朝归去事猿公。""男儿何不带吴钩，收取关山五十州？"充满渴望建功立业、报效国家的慷慨激昂之气。樟寿看到国家危难时的悲惨景象，想到还是那位高大壮实的汉子说得对，如果有一身武艺，一把利剑，再有强大的武力，何苦像那秀才似的，只能号啕大哭？岂不当场就把小理发匠和被示众的农民解救出来了？反被那些滥杀无辜的贪官污吏抓起来杀了？他当即去找廿八公公给自己刻了三块新章："戎马书生""文章误我"和"戛剑生"。取名"戛剑生"，意思是要挥剑斩妖，报仇雪恨，拯救祖国，去打那些卖国求荣、残杀百姓的万恶坏人！把要瓜分中国的外国列强赶出国门！

然后，他坐到书案前，郑重地铺开信笺，给在杭州的祖父、二弟写信：余见《知新报》内有一瓜分中国图，"言英、日、俄、法、德五国，谋由扬子江先取白门（南京），瓜分其地，得浙英也。"又说，绍兴传"有苗兵三千入杭城守镇海关，未知果否？"

夜已深了，樟寿仍然"心事如波涛"，勉强躺下，也难以入眠……

大清音

一边是饥民骚乱、残酷镇压，一边还是照样婚丧嫁娶、歌舞升平，不几天，樟寿的一个表兄家举办婚礼，请他陪姆娘参加，樟寿虽然心情不好，可是又不便违拗，只得和姆娘一起去了。

婚礼很热闹，吃了一天酒，又演了几天戏。戏的种类很多，有一场大清音。

这是一个音乐班子，坐在像床一样的扶栏里，有弹，有吹，有敲，有唱，有合演的，也有独奏独唱的，很好听。有一场大木偶戏，戏台比大眠床还要高大，木偶在台上演出，人在台下布幔里弹唱，演得活龙活现，很好看。又有一场隔壁戏，在大厅里张开一张很大的布幔，把观众的视线挡住，一个人在布幔后面演口技，一个人可以发出十几种声音。还有一场扇子戏，一个人手里拿把白油纸扇，另一个人手里拿把乌油纸扇，又各拿一个尺把长的纸人，蜡烛火打暗后，两人把手里的纸人放在空中，用油纸扇对扇起来，一对纸人就在空中翩翩起舞，纸人舞姿美妙，大家都看呆了。最后，是一场小调，这在绍兴，种田的、摇船的、砍柴的、放牛的都会唱。小调班子上来，唱了一支又一支，大家听得很开心。突然，一个嘹亮的声音，吐出这样的词句：

清朝世界啊……大也大不同……
顾了东来失了西，
顾了西来失了东，
……

这显然和这喜庆的场面不协调，大家听了一愣。樟寿心里明白，这些不得温饱、受人歧视的穷艺人，是在热血沸腾地唱出自己心头的悲愤，把自己和绍兴刚发生的悲剧与国家危亡连在了一起。艺人不顾一切地唱着，唱完以后已经热泪盈眶，听的人一个个像泥塑木雕，坐在位子上动弹不得；本来心如古井的，也激起波澜来了。贪官污吏又如此残杀百姓，谁能无动于衷？

樟寿不禁陷入了沉思……

第十九章　走异路，逃异地

阿如死了

动乱后的绍兴又恢复了平静，像死了一样寂静。

樟寿除了看书，就是漫无目的地逛街，看世界。他对这个俗界越来越厌恶，越是厌恶，越是冷眼观察。

东昌坊口的商铺照样开着，人们照样做着各种营生，可都像被打了麻药一样，半死不活。

他忽然看见离开三年的阿祥嫂了。她不是被娘家抢走，卖到山里去了吗？怎么又回来了？

她右臂挎着一个荸荠式的淘米篮，头上扎着白头绳，乌裙，蓝夹袄，月白背心，脸色青黄，依旧原来的样子，只是两颊上已经消失了血色，顺着眼，眼角上带些泪痕，眼光也没有先前那样精神了。只是直着眼睛，和大家讲她自己日夜不忘的故事……

原来她被迫嫁到山里后，开始抗争，但后来见丈夫是个老实人，也就过起了日子。可是丈夫害伤寒死了，三岁的儿子阿毛又被狼叼吃了，大伯占屋把她轰了出来，只得又回来做女佣。

几个人，有男人，也有女人，围着她，听她喃喃地讲着什么……

好一阵子，阿祥嫂突然想起自己还没有淘米，赶紧闪开，到河边淘米去了。

单妈妈也转身要回家，忽见儿媳阿运疯了似的跑出来喊：“姆娘，快回来……”

单妈妈问：“做啥西？”

阿运结结巴巴地说：“爹，他、他，没气啦！”

单妈妈惊了一跳，连忙跟着阿运跑回家。不一会儿，新台门门洞右边门斗房里传来单妈妈凄厉的哭嚎：“我的天哎……”

人们纷纷跑来，子传奶奶也来了，进屋去问。

樟寿站在门口，关心地看着。

不一会儿，子传奶奶和阿运扶着单妈妈出来了。

单妈妈边哭边诉说道：“这是怎么回事啊，壮壮实实的人，刚才还好好的，就说心口有点儿疼，躺下歇歇，一炷香工夫，人就没了。他是个好人啊！杀小理发匠那天，他给监斩官抬轿，回来后就气不过，说小理发匠是冤枉的，身上被鞭子打伤的血痕还没凝痂呢！打那天起，就总说胸闷。”

说完，一屁股坐在地上，呼天抢地，号啕大哭。

子传奶奶蹲在一旁劝道：“阿如既已走了，哭也哭不回来，还是保重自己的身子要紧。”

单妈妈哭诉道：“我知道是哭不回来，可阿和他爹走得早，我想和阿如能白头偕老，过一辈子，谁想到他突然就走了，连个话都没留下。”说完，又大哭起来。

阿和闻听阿如猝死的消息，从外面赶回来了。虽说与阿如经常打架，但终归是姆娘的亲人，一起生活了好几年，还是有感情的，就一边劝慰姆娘，一边同阿运和几个帮手到屋里处理丧事。住在对面门斗房的周桐生也过来，帮他的“保镖”料理，但站在一边，急得直搓手，不知做什么好。

单妈妈还坐在地上大哭，不起来，子传奶奶和两位来找活的乡下妇女一起，扶她到长凳上一同坐下。

单妈妈哭泣稍停，凑到子传奶奶耳朵边说悄悄话。虽然将声音压得很低，但刚刚大哭过的嗓音，还是沉沉地将意思泄露出来：“有人说，将来我到了阴司，阿和的亲爹和阿如这两个死鬼男人还要争，给了谁好呢？阎罗大王只好把我用锯解作两爿，分给他们。我一想这下场，就吓得不行……”说完，禁不住浑身哆嗦。

子传奶奶倒开通，不信这邪，摇摇头说：“哪会呀！甭听人瞎说。”

听了这话，单妈妈安静了一些，樟寿忽然觉得子传奶奶还是有可敬的一面。

子传奶奶见场面消停了，事情由人家自己处理，外人不必多管，就回转身往家里走，见樟寿在旁边，招呼道：“阿张，到我屋里坐会儿。”

樟寿也觉得无人说话，就随子传奶奶去了她家。

周五十正在家里，见樟寿来了，眨眨眼，笑眯眯，又是让座，又是倒茶，怪亲切的。

樟寿本来很讨厌周五十，但父亲去世以后，饱尝世态炎凉，受尽世人白眼，所以一时间对这般的亲切顿生感激之情。坐下闲聊，不禁把心里藏着的话都倒了出来，说自己觉得许多东西要买，看的和吃的，尤其是书，只是没有钱。

子传奶奶同情地说：“姆娘的钱，你拿来用就是了，还不就是你的么？”

周五十也眨眨眼说：“就是啊！姆娘的不就是你的么？现在家里是你掌柜哉！”

樟寿赶紧说：“姆娘没有钱的。”

子传奶奶悄悄说：“你可以拿首饰去变卖啊！”

周五十是妇唱夫随，跟着说：“是啊！首饰不就可以变成钱哉！”

樟寿低下头说：“也没有首饰。早在父亲生病时，就卖光了。”

子传奶奶凑到樟寿身边，神秘兮兮地说：“不会都卖光的，也许你没有留心。到大厨的抽屉里，角角落落去寻去，总可以寻出一点珠子一类东西……”

周五十也神秘兮兮地眨着眼，奸笑道：“是哉！去角角落落细细寻去，一定会有的。”

樟寿百思不得其解地摇了摇头……

人言可畏

樟寿觉得子传奶奶和周五十的这些话很异样，便不到她那里去了，有时也真想打开家里的大厨，细细地寻一寻，但一想到姆娘那愁苦的面容，就戛然止住。

然而，他外出时，忽然发现人们都在用别样的眼光看着自己。

这眼光不像“矮癞胡”那种异样的目光，而是带着种种疑惑、可怜和同情、惋惜，又掺和着某种蔑视，像是在说：“阿张，你这个孩子，好好的，怎么会做这种事呢？”樟寿感到这种眼光比“矮癞胡”式的狠毒目光可怕多了，“矮癞胡”的目光，樟寿以特有的少年的神勇回了他一眼，就如一剑击碎了那阴毒的眼睛，那毒眼就刹时无光了。而对于这种眼光，樟寿却不敢正视，连自己也仿佛觉得真是犯了罪，怕遇见人们的眼睛。祖母过来叫：“阿张啊！”他以为是询问他拿没拿家里的东西，赶紧躲开。姆娘过来抚他的头，他也紧忙跑到别处，怕受到姆娘的爱抚。

“舌头底下压煞人”。他只好逃走，逃离人们别样的眼光，逃离亲人的抚爱。然而，逃是逃不了的，一次经过兰花间，李家那穿得又脏又破的孩子，竟拿了一片芦叶指着他道：“杀！”小孩子还不很能走路，而自己竟然被“天真”的孩子所仇视了，樟寿仰着头，心里自语道：“想起来真觉得有些奇怪。这很小的小孩，怎么也会听到流言，对我如此仇恨呢？”一天上午，他听见长妈妈站在子传奶奶的门前吵嚷：“你怎么能这么说哉？我家大阿官是从来不会做这等事的，他现是我家的顶梁柱，站得稳，立得正。绝不会做见不得人的勾当！”

子传奶奶自觉理亏，不敢大声回应，只跟长妈妈赔着笑脸道：“我没有说啊！这话不是我讲的。”指指前面的兰花间说，“是那边李家传出来的。”似乎周五十也要出来澄清，子传奶奶挡住他，赶紧关上门。

长妈妈“呸”地往子传奶奶门前啐了一口痰。

樟寿一时间有如掉入冷水里，浑身打颤。流言的来源，樟寿是明白的，恨不能写篇文章，找地方发表，总要骂出流言家的狐狸尾巴来，但此时的他除了憎恶子传奶奶和她的姘夫周五十、又感谢长妈妈之外，还能做什么呢？他想起小时候，一次到子传奶奶家去，她正在和她的男人看书。走近去，她便将书塞在自己的眼前道：“你看，你知道这是什么？”小樟寿看那书上画着房屋，有两个人光着身子仿佛在打架，但又不很像。正迟疑间，他们便大笑起来了。这使樟寿很不高兴，似乎受了一个极大的侮辱，不到那里去大约有十多天。现在大了，隐约明白了那画书上的意思，就从心底知道这个子传奶奶不是好人。还记得冬天，水缸里结了薄冰，孩子们大清早起一看见，便吃冰。兰花间的沈四太太看到了，大声说道："莫吃呀，要肚子疼的呢！"这声音给孩子们的姆娘听到了，跑出来把孩子骂了一顿，大半天不准玩。孩子们把沈四太太当作祸首，给她起了个绰号，叫作"肚子疼"。子传奶奶绝不如此，假如她看见孩子们吃冰，一定和蔼地笑着说："好，再吃一块。我记着，看谁吃得多。"倘若正好被孩子的姆娘看到，一定又改口说："看，我不让你们吃，你们偏要吃！"十多岁时，和几个孩子比赛打旋子，看谁旋得多。她就从旁边计着数，说道，"好，八十二个了！再旋一个，八十三！好！八十四！……"正在旋着的阿祥，忽然跌倒了，阿祥的婶母恰恰走进来。她便接着说道："你看，不是跌了么？不听我的话，我叫你不要旋，不要旋……"想到这一连串事，又想起她姓陈，她的原配媳妇和她一式，也姓陈。她和丈夫、儿子、媳妇，以及一位姑奶奶"红鼻头"，所有这一堆人的"生肖"都属"鼠"，族房中人对她家都戏称之为"老鼠窠"，怪不得这么坏呢！樟寿对这个子传奶奶恨透了，心里骂道："再不叫她子传奶奶了！她的丈夫子传爷爷倒是好人，在族里排行二十五，人们叫他这老婆为二十五太太，但她与丈夫并不好，相好的是那姘夫周五十。此人大名不是叫周衍生吗？就唤她'衍太太'吧！"

是呵，他在这从小康到没落的途路中，经过这一番刻骨铭心的遭遇，才真正体验了世态的炎凉，越来越看清了世人的真面目。那个百草园里的小阿张，三味书屋中的豫才，离他越来越远了，他变成了另一个成熟而深刻的人，铸就一颗忧愤而痛苦的灵魂……

被迫逃离

樟寿回到自己的阁楼上，坐在桌案边，铺开日记，掭好"金不换"，工工整整地写日记，把"衍太太"和周衍生狠狠地痛骂了一顿。写完心里倒舒服了一些，只是感到累，就往小床上一倒，盖上被子，蒙头睡去。

翌日，日头升得老高，樟寿才懒懒地起来，胡乱擦了把脸，漱了口，往嘴里扒了两口水泡饭，就又上街闲逛去了。

又看见阿祥嫂愣愣地站在街上，过来几个人，她又开始讲她的故事……刚讲了一个开首，一位妇女就厌烦地打断她的话，走开去了。阿祥嫂张着口怔怔地站着，直着眼睛看他们，接着也就走了，似乎自己也觉得没趣。但她还妄想，希图从别的事，如小篮，豆，别人的孩子上，引出她的阿毛的故事来。看见街旁站着一个两三岁的小孩子，她就说："唉唉，我们的阿毛如果还在，也就有这么大了……"孩子看见她的眼光就吃惊，牵着姆娘的衣襟催她走，于是又只剩下她一个。大家都知道了她的脾气，她经过一个孩子身边，孩子的姆娘便似笑非笑地问她："阿祥嫂，你们的阿毛如果还在，不是也就有这么大了么？"

樟寿无言地看着阿祥嫂，觉得她未必知道她的悲哀经大家咀嚼赏鉴了许多天，早已成为渣滓，只值得烦厌和唾弃；但从人们的笑影上，她也仿佛觉得这又冷又尖，自己再没有开口的必要了。她单是一瞥他们，并不回答一句话，默默地去淘米了。

樟寿也默默地无目的地在街上闲走。

走到谢德兴酒店门口，忽然间听得一个声音，"温一碗酒。"这声音虽然极低，却很耳熟。看时又全没有人，樟寿向酒店门口望去，见孟夫子在门槛边坐着。他脸黑而且瘦，已经不成样子；穿一件破夹袄，盘着两腿，下面垫一个蒲包，用草绳在肩上挂住；见伙计来了，又说道，"温一碗酒。"掌柜也伸出头去，一面说，"孟夫子么？你还欠十九个钱呢！"孟夫子很颓唐地仰面答道，"这……下回还清罢。这一回是现钱，酒要好。"掌柜仍然同平常一样，笑着对他说，"孟夫子，你又偷了东西了！"但他这回却不十分分辩，单说了一句："不要取笑！""取笑？要是不偷，怎么会打断腿？"孟夫子低声说道："跌断，跌，跌……"他的眼色，很像恳求掌柜，不要再提。此时已经聚集了几个人，便和掌柜都笑了。伙计温了酒，端出去，放在门槛上。他从破衣袋里摸出四文大钱，放在伙计手里，见他满手是泥，原来他便用这手走来的。不一会儿，他喝完酒，便又在旁人的说笑声中，坐着用这手慢慢走去了……

酒店里的人在议论着：

一个酒客说："他总仍旧是偷。这一回，是自己发昏，竟偷到丁举人家里去了。他家的东西，偷得的么？"

掌柜问："后来怎么样？"

"怎么样？先写服辩，后来是打，打了大半夜，再打折了腿。"

"后来呢？"

"这不，刚看见的，打折了腿了。"

"打折了怎样呢？"

"怎样？……谁晓得？只能等死呗。你看他这样，还能活几天？"

掌柜也不再问，仍然慢慢地算他的账。

樟寿望着孟夫子远去的背影，禁不住热泪盈眶，差点儿哭出声来。自打看过瓜分中国图以后，衡廷叔不再泡酒店、当"街楦"，而准备成家，正经过日子。白胡子老头也不大来了。樟寿再也无心逛闹市，回转身拐进土谷祠的小巷，见阿桂、小个子和"癞疮疤"、"络腮胡"四个人，正在押牌宝，一堆人蹲在地面上看，阿桂汗流满面地夹在这中间，声音他最响："青龙四百！""咳~~开~~啦！"庄家揭开盒子盖，也是汗流满面地唱。"天门啦~~角回啦~~！人和穿堂空在那里啦~~！阿桂的铜钱拿过来~~！""穿堂一百——一百五十！"阿桂的钱便在这样的歌吟之下，渐渐地输入别个汗流满面的人物的腰间。他终于只好挤出堆外，站在后面看，替别人着急。一会儿，"癞疮疤"借给阿桂一叠铜钱，让他接着赌。阿桂高兴得嘴都合不拢了，蹲下就耍。

听得庄家的歌唱了。他赢而又赢，铜钱变成角洋，角洋变成大洋，大洋又成了叠。他兴高采烈得非常："天门两块！"阿桂想到那一堆洋钱，白花花的，全是自己的，自己马上会成为富翁，可以随便喝酒，找女人，真是迷狂了，忘乎所以。忽然间，他不知道谁和谁为什么打起架来了。骂声打声脚步声，昏头昏脑的一大阵，他才爬起来，赌摊不见了，人们也不见了，身上有几处有些痛，似乎也挨了几拳几脚似的，小个子和"络腮胡"诧异地对着他看，"癞疮疤"却不知哪里去了。莫不是他故意设的圈套？先借钱给他，待他赢了，又挑起打斗，趁乱将钱抢走？很白很亮的一堆洋钱！而且是阿桂的——现在不见了！

阿桂懊丧地骂道:“娘的,算被儿子拿去了！”却总还是忽忽不乐;又说:“我他娘的是虫豸！”也还是忽忽不乐。过了一会儿，他擎起右手，用力地在自己脸上连打了两个嘴巴，打完之后，便心平气和起来，似乎打的是自己，被打的是别一个自己,不久也就仿佛是自己打了别个一般,心满意足地和小个子、“络腮胡”摆摆手，回土谷祠睡大觉去了。

樟寿在一旁看了个一清二楚，觉得既可笑，又可悲，还无聊，径直往南走，又往西拐，来到塔子桥，忽然看见连四嫂子两眼直愣愣地朝天呆看着，污黑的双脚拖着一双破烂不堪的脏鞋，在街上走。她已经完全疯了……

樟寿赶紧北转，不知不觉到了轩亭口，霍然惊呆了，只见轩亭上悬挂着几颗人头。啊！骇死人了！正中间挂的那颗,他一眼就认出了,是饥民的领头,那位高大英武的黑瘦汉子——怒目圆睁，闭不上眼睛。头颅被割下了，依然高昂着，永不屈服，眼中喷射出的复仇怒火要烧化整个世界！

樟寿听见有人小声说:“死得壮烈！被施‘八刀刑’，至死不讨饶。从来没有见过这样铁打的硬汉！”

围观的其他人都沉默着，一语不发，樟寿感到人们从心中怀着对这头颅的无限敬意，有地火在地下运行，奔突……

“民不畏死，奈何以死惧之？”镇压越厉，反抗越强！复仇的烈火是扑不灭的！樟寿的心中似乎也燃起了熊熊大火。

提刀、穿红衣的差役正在四围巡视，樟寿唯恐自己会哭出声来、大声呐喊，招来杀身之祸，赶紧转身回家，径直回到自己的房子里。此时，他感到唯有这个小屋才是自己的避风港，就好像惊恐的小鸟缩进自己的窝里，而那颗高昂的永不屈服的头颅，那喷射出复仇怒火的眼睛，却永远印刻在脑海中，怎么也消失不了。

怎么办？这个家乡是不能再待下去了，到哪里去呢？

衰落的读书人家子弟常走的是两条路——学做幕友和商人。樟寿是绝对不愿意的。

那么，在绍兴进中西学堂吧？要“救中国”，光读那些中国的古书是无济于事的。

不行。为全城所笑骂的就是这个开得不久的学校，汉文之外，又教些洋文和算学。然而已经成为众矢之的了；熟读圣贤书的秀才们，还集了《四书》的句子，做一篇八股来嘲诮它，这名文便即传遍了全城，人人当作有趣的话柄。只记得那“起讲”的开头是：

> 徐子以告夷子曰：吾闻用夏变夷者，未闻变于夷者也。今也不然：鴃舌之音，闻其声，皆雅言也……。

而且樟寿对于这中西学堂，也不满意，因为那里面只教汉文、算学、英文和法文，没有更有用的救国之道，何况也不能离开这讨人厌的老城。

但是，哪里去呢？绍兴城人的脸早经看熟，如此而已，连心肝也似乎有些了然。总得寻别一类人们去，去寻为绍兴城人所诟病的人们，无论其为畜生或魔鬼。功课较为别致的，还有杭州的求是书院，然而学费贵。无须学费的学校在南京，自然只好往南京去。十八叔祖周庆蕃“庆爷爷”在南京水师学堂教汉文兼管轮堂监督，伯升叔就是通过他进的那个学堂。那么，走吧！走异路，逃异地吧！离开这个令人气闷的地方！

杭州行

一经下定决心离开绍兴、去南京，就立即想念起在杭州的祖父和二弟，一定要去看看狱中的祖父，探探他的意见。二月十八日，樟寿就由庆叔陪同，到杭州去了。

庆叔跟鲁瑞说不用家人送了，由他一路照顾樟寿，尽管放心。家里人也就没有送，庆叔带着樟寿从东昌坊口的小船埠头，上了脚划船，又到了绍兴西郭门外北海桥，登上夜航船，花二百钱买了“开铺”，让樟寿入舱卧在铺板上，自己蜷缩在一边。樟寿过意不去，一定让庆叔也睡在铺板上。自那次亲眼目睹庆叔赶走捣乱男人的壮举以后，就更是敬重他了。看着庆叔的长方脸，直而削的鼻子，浓黑的眉毛和炯炯有神的目光，樟寿总觉得他不仅是工人中的班长，而且如果上战场，也会有大将风度，打起仗来，将临阵不惧，从容自如地指挥他的军队，出奇制胜地把敌人打败，可惜他没有这样的机会去施展自己的才能。在他身边，无论出现什么情况，都感到踏实，可靠。樟寿一再让庆叔上铺。

庆叔推托不过，才勉强在铺边躺下。

渐渐安静下来了，水声、橹声、人声在耳边响起来，樟寿对这水声倒不在意，却趴在棚窗边，掀开帘子，瞭望河边的会稽山，见它在黄昏中有如漆黑的兽脊，静静地向天尽头伸延着。有时峰脊凸起，昂然直插云天，凛然不可侵犯。使樟寿突然想起了那在站笼中挺立的黑瘦汉子，觉得他就像这山一样，峻拔英武……家乡的山山水水，他都爱，但是更爱的，还是这山，这会稽山！

哦，那高昂的永不屈服的头颅！那喷射出复仇怒火的眼睛！

好一会儿，才躺下昏昏睡去。一觉醒来，天已大亮。庆叔扶他到船舱外透气。只见今年的春二月，景色格外好，柳枝、小草都透出一股新绿，淡绿中泛着嫩黄，可人喜爱。进入钱塘江之前，支流的水，也绿得清澄，行在“山阴道”上，船、桨和岸边绿柳、村姑、游人……都倒影在澄碧的江水中，随着每一打桨，各个夹带了闪烁的日光，并水里的萍藻游鱼，一同荡漾，在波浪中翻动，仿佛在逗人欢喜。然而，樟寿总是高兴不起来，心里还是想着那会稽山乌黑兽脊似的山峰……。

到了西兴，在“过塘行”吃了便饭，渡过江去，来到从未见过的杭州。天气开始阴沉，景色却很美，樟寿仍无心欣赏。庆叔要找小轿让他坐，他坚决不坐，和庆叔一起步行。庆叔挑着行李，樟寿挎着包袱，那里面装着他给祖父和二弟带的书。

进了杭州城，商铺琳琅满目，行人拥挤不堪，樟寿也无心多看，随着庆叔来到清波门小巷深处的花牌楼。阮标牵着二弟早在门口等待了，阮标见他们来了，一个箭步跑过来，叫着“庆叔”，接过了行李挑；二弟櫆寿跟着跑过来，扑到樟寿身边，连声叫着“大哥”，热泪奔涌。樟寿抚着二弟的头，泪流满面。又想起小时候，兄弟俩在小床上模仿演戏，两个人在床上来回行走，演出兄弟失散，一面沿路寻找着，一面叫着“大哥呀！”“贤弟呀！”后来渐渐叫得凄苦了，这才停止。不禁和二弟紧紧搂抱在一起，一阵心酸，再也克制不住了，也号啕大哭起来。

庆叔看着这兄弟俩，大滴大滴的眼泪顺着直而削的鼻子流淌下来。

阮标忙放下担挑，过来劝慰道：“阿张、阿櫆少爷，莫哭，这不，哥俩儿见面了嘛！”

兄弟俩刚止住哭泣，门内传来一个年轻女人清脆的声音：

“阿张来啦？”

说着，飘出潘庶祖母亮俏的身姿。她穿着粉红的仿绸丝棉小袄，戴着玉镯的粉白纤手还习惯地向上扬着，像支莲花。她身后跟着恭顺的宋妈。

樟寿连忙向她鞠躬，叫声“祖母”，要跪下叩头。潘庶祖母伸过玉臂搀住他说：“免了吧！”拉起他，又朝庆叔招呼道：“老庆，别来可好？”

庆叔冲她鞠躬，说：“谢潘婶关照。”

几个人一同进了宅门。

进了房门，宋妈忙服侍樟寿洗脸，樟寿也请庆叔一起洗，庆叔摆摆手，先帮阮标撂下行李，阮标把樟寿手里的包袱解下放在桌案上。

洗漱完毕，宋妈请樟寿、櫆寿和潘庶祖母到早已准备好的饭桌上午餐，又与阮标、庆叔一起在灶间小桌上用饭。

午饭后休息了一会儿，樟寿就急着要去看望祖父。阮标背起包袱，带着他和櫆寿前往，庆叔留在家里拾掇已经破旧的家什。

到了司狱司门口，阮标推开铁栅门进去，门内几个禁卒冲他们笑笑，任他们进来。樟寿不像櫆寿初进时那样吓得几乎不敢抬头，而是向周围沉着地观看，从容得很。

一进狱门，樟寿见爷爷正从榻状的厚板上站起迎接他们，可能已经知道消息了，专意等候。爷爷的身材还是那样高大魁梧，藏青色绸缎官服，已经半旧，没有戴帽，光着头，脑后垂着的又粗又长的辫子，几乎全白。“同”字形脸，布满皱纹，爷爷老了！不禁落下泪来，忙跪下，和二弟一起给爷爷叩头。

爷爷上前一步，叫声：“阿张！”扶长孙起来，扶他和樾寿到榻板上坐下，不禁老泪纵横，叹道：“阿张，这段日子可苦了你了！”说毕，低下头，为自己的案子给儿孙带来灾祸，愧疚万分。停了会儿，又问道：“你姆娘可好？”

樟寿答道：“好。”不觉哽咽得说不出话来，热泪夺眶而出。

樾寿不住地饮泣。

阮标把包袱放在桌案上，站在一边听着，也禁不住流下泪来。

好一阵子，四人才平静下来。祖父清清嗓子，慢慢地说：“是爷爷不好，连累了全家。可还是那‘呆皇帝’‘昏太后’做的孽，将世道搞得不公，多少人为所欲为，飞黄腾达，爷爷的事并没有实做，就遭如此重罪……”

又停顿了，狱室里静极了，似乎听得见四人的呼吸声。

爷爷又开始说：“我想写一篇文章，题目叫《恒训》，归理周家败落的教训，给你们留下，代代都须记住：有恒心，有恒业，有恒产。有恒心得以见有恒善，此乃圣之基也。”

爷爷接着讲了一个故事：“兄弟三人，长为官，次开大店铺，大概是绸缎店之类，三只开一爿豆腐作坊。后长次二家官败店关，后人无所依赖，被招至豆腐店工作，始得成立。故业不在大，而在恒。”

爷爷望望两个孙子，见都瞪大眼睛听着，又接着说：“我们家明万历时，已经小康，累世耕读。至乾隆年分老七房小七房，合有田万余亩，当铺十余所，俨然大族。到嘉道年间，族中多效奢侈，遂失其产。复遭十七爷房争继，讼至京师，各房中落者多，而我高祖派下小康如昔。自我昆季辈不事生计，侄辈继之卖田典屋，产业尽矣。”

清清嗓子，手抚着樟寿肩头嘱道：“但愿你们兄弟力戒昏惰，力戒烟酒，力戒损友，用功读书，俭朴持家，振兴周室！”

樟寿和樾寿兄弟连忙答道：“我们一定遵爷爷叮嘱！”

爷爷笑了，说道：“樾寿这一年，学问大长，比你们伯升叔强得多！”

樾寿听到爷爷夸奖，有些不好意思。

樟寿听见爷爷夸奖二弟，十分高兴。

爷爷又拿出自己几大册日记说：“去昏之法，在事事认真。看书写字，用静细功夫。心不二用，神气自清。次日应做诸事，立一日记簿，预先写出。所闻所见，关学问者，关家务者，一一记簿，时时细看，切勿怠惰。”

樟寿、櫆寿过来看爷爷日记，见字迹秀雅、劲挺，无一笔草字，无一处涂抹，甚是钦佩。

樟寿说道：“我也开始写日记，记了一厚本了。”

櫆寿闻听说道：“我也要写日记，从今天开始！”

樟寿从桌案上的包袱里拿出书来，说道：“这是给爷爷和二弟带来的书。”

爷爷和二弟见书就喜，忙过来看，见是《壶天录》四本、《读史探骊录》五本、《淞隐漫录》四本、《阅微草堂笔记》六本，不禁大喜过望。

爷爷说：“先让櫆寿读吧，读后告我心得。”

櫆寿喜不胜收，将书收进包袱里。

樟寿又对爷爷说了欲和伯升叔一样上南京水师学堂一事，爷爷沉思片刻，微微点头。樟寿知道爷爷同意了。

天近黄昏，樟寿、櫆寿兄弟才离开爷爷回家，阮标拎着包袱，爷爷送至门口，看着兄弟俩的背影，朦朦胧胧地感到这两个孙子，凭着二人的文字，将来没准会成就一番大事业，不禁喜上心来……

晚上回到家里，见破旧的家什或加钉，或重绑，或修理，知是庆叔的功劳，十分感激。櫆寿看到桌案整治一新，擦得干干净净，更是欣慰，顾不上洗脸，就坐在桌前，细心钉一册日记簿，端端正正地写起日记：

> 光绪二十有四年岁次戊戌孟春二十八日东鉥若耶周櫆寿订于浙江武林仰山楼之东窗下
>
> 正月大
>
> 廿八日阴[去]下午豫亭兄偕章庆至坐谈片刻偕归收到壶天录四本……

晚上，兄弟俩同寝一床，同盖一被，合衿而眠……

一大早起来，兄弟俩又冒雨同往申报馆派报售书处，购得《徐霞客游记》六本、《春融堂笔记》二本、《唐人合集》十本及画报二本。

把书带回家，兄弟俩急不可耐地翻读，一时间竟被这些笔记、小品的清词丽句迷住了。樟寿拿出"戎马书生"的新章，在《徐霞客游记》第一册上，郑重地盖上印。

下午，雨稍停，又同往离清波门不远的城隍阁一游，见到阁顶横幅：气吞六合。上到二层，见东侧两旁抱柱悬明代徐渭名联：

八百里湖山知是何年图画
十万家烟火尽归此处楼台

及至上到四层，鸟瞰杭州全景，西湖、环山尽收眼底，满眼绿色，更觉气宇超凡。又仰视东侧两旁的抱柱悬清人名联：

上联：大好湖山正宜画阁留云琼台邀月
下联：无边风景还待雄文纪胜绝唱传神
横批：高耸而风

樟寿忽然又觉出文章的力量，原来"雄文"可以"纪胜绝唱传神"，这"无边风景"还在期待着雄文的出现！

第三天，樟寿独自冒雨出游，在小饭铺尝食水芹紫油菜，第茎紫如茄树，耳花色黄，觉得与油菜味同。饭后回来，给二弟带回建历一本，口香饼二十五枚等。櫆寿尽记入日记。

第四天，上午又有雨，樟寿和庆叔回绍兴，带回《历下志游》二本、《淮军平捻记》二本、《梅岭百鸟画谱》三本、锦套《虎口余生记》一本、画报一本、

《紫气东来图》一张、著色戊戌中西月份牌一张，全装入包袱里，由庆叔提着。櫆寿和阮标送樟寿和庆叔到门外，忽然大雨倾盆，天黑如墨。庆叔急撑伞护住樟寿，让櫆寿留步，櫆寿则不顾自己淋雨，忙护住盛书的包袱。阮标连忙跑到街上，叫来一辆马车，推庆叔、樟寿二人急上马车，匆匆往钱塘江埠头去了。

"穷出山"

回家以后，樟寿立即拜托"庆爷爷"的次子仲翔叔给他父亲写信，求办去南京水师学堂读书之事，又给已在此上学的伯升叔写信，恳求协办。

转眼工夫，已到清明，周家无力再办家族祭祀，各小家各去上坟。樟寿和三弟松寿一起，陪姆娘去龟山给父亲扫墓。祖母和长妈妈在家看护四弟椿寿。

只能到丁六十那里雇小划船，"六十头脑"特派他的儿子幼堂划船，嘱咐道："定要经心哉！"扶三人上了船。小划船里，没有了往年的热闹，却有小家的亲近。一路上，樟寿紧靠着姆娘，见姆娘又多了几根白发，不禁暗自落泪。就要与姆娘离别了，但又不愿意早告诉她，怕她伤心。能拖就拖，越迟告诉越好，只是默默体贴，趁在姆娘身边时多尽些孝心吧！

今年春冷，四月了，还春寒料峭，小风嗖嗖。河边的春花却开得烂漫，尤其那映山红，火红火红的，旺得喜人。樟寿心事重重，无心赏花，只觉得山和花都往脑后游过，一个时辰就到了龟山。

扶姆娘和三弟下船，谢过幼堂，让他在山边等候，就和姆娘、三弟沿着花草丛生的山径向山上爬去。一路上，搀着姆娘，护着三弟，好不辛苦。

山很低矮，只是个丘陵罢了。不大会儿就到了停放父亲棺材的殡屋，一看见樟寿用朱漆写的那个篆文的"寿"字，母子三人就忍不住号哭起来。

樟寿边哭，边扶姆娘走到棺材前方，摆上带来的几份水果、点心，在地上铺一张草垫，和姆娘、三弟一起跪在上面叩拜。

姆娘哭得更惨厉了，哭声仿佛一支响箭，要冲开棺材，和死去的夫君相拥在一起。

樟寿深知姆娘心中的悲哀，她和父亲恩爱一世，相知相亲，生下五个儿女，刚到中年，父亲就驾鹤西去，撇下她和四个未成年的儿子，家境日渐困顿，祖父又身陷囹圄，怎能不伤心呢？

三弟见姆娘大哭，也偎在姆娘身边痛哭流涕。樟寿强忍悲痛，好言抚慰姆娘和三弟。好一阵子，才算平静下来。

祭过夫君，鲁瑞又惦记早逝的小女儿端姑，和两个儿子一起走出殡屋，来到不远的一座小坟前。小坟前立着片石，上题"亡女端姑之墓"，下款是"伯宜"。一看到小坟，端姑那可爱的小圆脸恍然浮现在眼前，鲁瑞禁不住又大哭起来。樟寿和三弟一起伏下身，细细拔去坟上的小草，抚平坟上的泥土，就像是抚慰姆娘的心……

怕姆娘哭伤身体，樟寿扶姆娘离开小坟，到坟邻的屋里休息。

坟邻的妻子脸上还带着抹不去的悲伤，但在山里不停地干活，身子骨还算硬朗，精神比两年前好多了，见鲁瑞和两个儿子进来，连忙让座，倒水。

鲁瑞的喉咙哭哑了，眼睛也肿了，嘶哑着嗓子道谢。

坟邻的妻子劝慰道："死去的人，都是升天享福去了，不受这人间苦了。别再伤心难过了！"

鲁瑞点点头，苦笑着说："是哉！是要这般想哉。"两个妇人一见面，就唠叨个没完，越说越起劲。樟寿任她们去说，自己悄悄出了屋，在坟山上信步乱走。

来到一片平民的坟场，中间歪歪斜斜一条细路，是贪走便道的人，用鞋底走出的，但却成了自然的界限。路的左边，都埋着死刑和瘐毙的人，右边是穷人的丛冢。左边，填了十几尊新的土堆。

杨柳才吐出半粒米大的新芽，柳枝下面，一位老妇人在右边的一座新坟前面，排出四碟菜，一碗饭，哭泣，化纸，呆呆地坐在地上，仿佛等候什么。樟寿一惊，认出她来了，就是小理发匠的姆娘，拦截行刑队被拖走的妇人，不到两个月，头发已经全白了。

小路上，映山红烘托出一朵红云，飘来一个年轻女子，衣裙虽然褴褛，却显得很是秀美，提一个破旧的朱漆圆篮，外挂一串纸锭，来到旁边一座高高的新坟前，放下圆篮，摆出四碟小菜，化过纸锭，默默地饮泣。从后面望去，看见她的背部在不停地抽搐。

小理发匠的姆娘徘徊观望着她，忍不住问："这坟里的是谁？"

"谁？"美女子转头反问道。

老妇人默默无言，感激又敬重地望着美女子。

美女子突然站起，指着远处的会稽山高声说道："是谁？是我那夫君！"

樟寿霍然明白了，坟中掩埋的就是那饥民的领头，那高大英武的黑瘦汉子。这般好看的美女子，怎会不爱那真正的男子汉？……

樟寿呆想着，恍然如在梦中，似乎看见那高高的坟上开满了火红火红的映山红……

山风绕着山脊奔跑，远处树林子喧哗起来，半山腰传来女人哭坟的声音。一只乌鸦，站在一株树上，周围便都是死一般静。

忽听得"哑——"的一声大叫，只见那乌鸦张开两翅，一挫身，直向着远处的天空，箭也似的飞去了。

樟寿到杭州时，明显地感到祖父经济越来越拮据，回来后就请伯㧑叔代为借钱。清明后十天，伯㧑叔告知，钱已借到。他赶忙写信给祖父，说已借到银元二十元，可派阮标来取。

离家的事情料理清楚之后，樟寿特意去拜谒了大禹陵[①]。他一直对这位栉风沐雨、奔波劳碌、三过家门而不入的治水英雄充满敬意，觉得要救中国，还得靠这种实干硬干的人，靠满脚底都是栗子一般老茧的实干家，那种只知空发议论的文人，是靠不住的。

又过了七天，仲翔叔来家告知：到南京水师学堂读书的事，"庆爷爷"已来信说办妥，可来。伯升叔也来信说毫无问题。樟寿当即写信给祖父，告知此事。

看来是肯定要走了，不能不告诉姆娘了，吃过晚饭，樟寿悄悄来到姆娘房里请安，说了要去南京水师学堂一事，并说祖父业已同意。

---

① 大禹陵：位于绍兴城东南稽山门外会稽山麓，距城三公里，相传是我国古代治水英雄大禹的葬地。

姆娘先是一愣，半天说不出话来。因为读书应试是正路，所谓学洋务，社会上便以为是一种走投无路的人，只得将灵魂卖给鬼子，要加倍的奚落而且排斥的，而况伊又看不见自己的儿子了。

但姆娘没有法，儿子决定了，公公又点了头，只好服从。她走到衣柜前，从襟间掏出锁匙，打开柜子，拿出一个小包裹，翻开一层又一层，最后从最里面排出八块银元，交给樟寿，说道："这是川资，由你自便。"

说完，伊背朝墙角，哭了。樟寿又看见姆娘的脊背一阵阵地抽搐，心如刀绞，泪流满面。

姆娘忽然转过身，流着泪对儿子一字一板地说："'穷出山'①，你要争气！"

别诸弟

就要走了，离开这厌恶的地方了。不能走时，盼着离去；要走时，又舍不得了，尤其是舍不得年幼的弟弟。

第二天上午，看到三弟和四弟在桂花明堂玩，樟寿就把他俩叫到自己住的阁楼上，看自己的画册。

两个弟弟都知道大哥爱书成癖，最怕弄脏他的书，所以都反背了两手，只看不动手摸，连五岁的椿寿也反背着手，侧着小脸看，樟寿见了不禁笑起来。想起四弟两岁多，就爱在一旁看自己读书，奶声奶气地说："我长大也看书。"逗得樟寿弯过身，抱起椿寿，在小脸蛋儿上亲了一口。觉得椿寿长大读书一定强过三个哥哥。

于是，樟寿从红皮箱里拿出《于越先贤像传》，一页一页地翻着，给两个弟弟讲："这都是我们绍兴的先贤，他们有才有德，给家乡做了很多好事。"

两个弟弟不住地嗯着，听得很有味儿。

樟寿又坐到桌案前，准备好墨笔，铺开平时舍不得用的上好宣纸，给三弟画了一个扇面，是一块大石头，旁边生着天荷草和一些杂草，有一只蜗牛

① 穷出山：绍兴当地的遗训，即"穷出山，富还乡"。是指百姓家庭期待子女出门游学，学成后衣锦还乡。这里的意思是姆娘要樟寿为已经穷落的家里争气。

姆娘忽然转过身，流着泪对儿子一字一板地说：“‘穷出山’，你要争气！”

在石头上爬，是用墨画的，虽然构图简单，却风致生动，三弟看了很喜欢。

四弟看了，也想要。樟寿对他说："你还小，等长大了，大哥给你画一张更好看的。"

画毕，樟寿靠在椅背上，两个弟弟坐在床上，兄弟三人聊起天来。

樟寿深深叹息一声，对三弟松寿说："不管压力有多大，要顶得住；不管冤屈有多深，要受得了，千万不能自暴自弃，要奋发和自爱。一旦自暴自弃，就没有出头之日，只能沉沦苦海了。"

三弟点点头说："大哥说的，我牢记在心。"沉吟一会儿，又说，"玉田公公好几天没出门，听说病了，得了牙痿。"

樟寿听了一惊，虽说那次分房会议上玉田公公对他声色俱厉，但"蓝爷爷"还是位好人，小时候在他那里读过三个月书。记得"蓝爷爷"给自己出三字课对，课题是"汤婆子"，也就是绍兴冬天睡觉时取暖的容器，相当于热水袋；自己马上对"竹夫人"，这是绍兴用竹篾编制的空心长枕形器物，夏天抱在身边感到凉爽。"蓝爷爷"很高兴，夸自己才思敏捷，称他为"小友"。而自己从"蓝爷爷"那里也得到不少教益，把他家的书都看得差不多了。

等两个弟弟走了，樟寿拿出玉田公公作的《鉴湖竹枝词》，恭恭敬敬地抄写起来。抄毕，在篇末写了"侄孙樟寿谨录"，就开始收拾行装，衣物倒随便，对珍爱的书籍却格外仔细。从红皮箱里取出那三册《花镜》来，细细翻读，见第二本"地"册中还夹着那片广玉兰的花瓣，虽然枯干了，却依然喜人，就把这心爱的《花镜》郑重地放进行囊，准备到南京再读……

一八九八年五月一日，樟寿要和仲翔叔一同离家去南京了，行李收拾好了，告别饭也吃过了，樟寿还特意去看自己前年从龟山移来的映山红，嘱托三弟注意浇水。一切都办妥了，还是舍不得走，姆娘、祖母、长妈妈和两个弟弟围拢着他，也不愿他离开。一家人在小堂前，无言地坐着，四弟一声不吭地靠在大哥膝前，睁大了眼睛望着大哥，愿意在大哥身边多待会儿。

樟寿见姆娘坐卧不安，不住地往外看着什么，像是在等人，心中好生奇怪，问姆娘还有什么事。姆娘凑到他耳边小声说："我托人把你要去南京的事通知琴姑了，让她来送你。她传话说要来送，怎么还没有来？”

一句话惹起了樟寿的万般思念：父亲去世后就再没有见过她，她怎样了？好吗？

但是左等不来，右等还是不见影儿，天近黄昏了，仲翔叔提着行李来叫，不好再拖了。樟寿只好拎起行李，向家人告辞。姆娘看时辰不早，再晚就赶不上南门外的夜航船了，只得放他走。

这时，下起了绵绵春雨，长妈妈给樟寿撑起了油纸伞。走到台门口，樟寿让姆娘、祖母和弟弟不要送了，长妈妈也让女主人留步，由她送大阿官到小船埠头。姆娘、祖母只好止步，四弟伸出两只小手，樟寿把他抱起来亲，两行热泪直流下来，四弟用小手给他擦眼泪，奶声奶气地说：“大哥哭了，莫哭，莫哭……”

姆娘一把抱过了阿椿，拉着松寿，和祖母一起扭头进门去，忍不住哭出了声。

樟寿咬咬牙，和仲翔叔、长妈妈冒着淅沥的春雨，往小船埠头走去。到了埠头，长妈妈先请仲翔上船，又扶樟寿上，小声说：“大阿官，放心，家里的事有我呢！”

樟寿心里一热，对这位从小把自己看护大的长妈妈感激不尽。小船划动了，朝着长妈妈不住地招手，直到看不见她在岸边的身影了。

来到南门外，樟寿下意识地不愿上船，仿佛要等候什么。仲翔叔再三催促，才不得不上去了。上船以后，又掀开舱窗帘往外看着，恍然间，似乎看见岸上绿柳丛中有一个绿色的倩影向船奔来，樟寿怦然心动，恨不能向那倩影迎去，正要招呼，船启动了……

第二天，五月二日，细雨刚晴，下午到了杭州清波门，见到了二弟櫆寿。兄弟俩先去见了潘庶祖母和宋妈、阮标，然后二弟拿出自己的日记簿给大哥看。大哥见二弟的日记，是从他上次来杭州那天开始的，已从正月廿八写到闰三月十一日，字迹工整，无一草笔，文字也清丽、简劲，十分喜爱，不住夸奖二弟大有长进。并说自己的日记也写了一大册了，二弟回家时，可以看看。二弟得了大哥表扬，心花怒放，用自己的零花钱请客，和仲翔叔一同去河坊街吃松花团团。

有仲翔叔在，不便住在花牌楼，樟寿就和仲翔叔合住在附近一家小旅舍里，第二天晴日当空，上午到花牌楼与二弟告别，见枇杷上市，澄黄喜人，就买了一大把，送给二弟和潘庶祖母。潘氏也乐得合不上嘴，称赞："阿张懂事。"

为了不惊扰爷爷，决定不再去探视。临走，兄弟俩依依不舍。二弟一定要送大哥上船，大哥恐二弟回去时天色太晚，遭遇不测，一再劝阻。

阮标找来一辆马车，催樟寿和仲翔叔上车。两人一上去，马车就跑起来，櫆寿在后面追了几步，见追不上，只得停下，望着马车后影，"大哥、大哥"地叫，号啕大哭。樟寿从车后窗看见，也忍不住哭泣，欲下车去安慰二弟，仲翔叔连忙拦住。马车到巷口拐弯，看不见二弟了，樟寿只好作罢，但仍痛哭不止，心中酝酿起一首诗：

别诸弟

谋生无奈日奔驰，有弟偏教各别离。
最是令人凄绝处，孤檠长夜雨来时。

周树人

马车到了杭沪运河尽头的拱辰桥，樟寿和仲翔叔下来，付过车钱，向埠头走去。只见河水浑浊污黑，天空烟雾昏沉，人声喧嚣杂乱，樟寿第一次离开那山清水秀的家乡，来到如此脏乱地方，只觉得天昏地暗，难以适应。

好不容易才买到船票，登上破旧的小火轮，更觉拥挤气闷，经一夜颠簸，到了上海。在青莲阁耽搁三天，见客栈楼上满是"野鸡"[1]和售卖鸦片的各色店铺，令人烦闷。

① 野鸡：指流窜在街头的妓女。

五月五日方乘上长江轮船，七日才到达南京。下船后，已近黄昏，望着四围景象，樟寿心中默想起一篇《戛剑生杂记》：

> 行人于斜日将堕之时，暝色逼人，四顾满目非故乡之人，细聆满耳皆异乡之语，一念及家乡万里，老亲弱弟必时时相语，谓今当至某处矣，此时真觉柔肠欲断，涕不可仰。故予有句云：日暮客愁集，烟深人语喧。皆所身历，非托诸空言也。

仲翔叔雇了辆马车，樟寿随他上了车，来到十八叔祖周椒生“庆爷爷”的住处。

“庆爷爷”五十五岁，脸圆微胖，唇上留着两撇小胡子，因为常年练“八段锦”，健身有方，身板很是硬朗，见儿子带侄孙来了，喜不胜收，特地备饭款待，还一同喝了坛绍兴老酒。酒饭之后，坐在太师椅上，捋捋两撇小胡子，对樟寿言道：

“本族子弟进学堂‘当兵’，不大好，不宜用本名，给你改个名吧？”

樟寿点头同意，问：“改什么名？”

周椒生沉吟片刻，说出一个响亮的名字：

周——树——人

尾声

周树人考取了江南水师学堂试习生。经过三个月的试读,补为三班正式生。但不到半年，发现这学校“乌烟瘴气”，决意退学，改入矿路学堂。因外国教员没有到校，开学推迟，从南京回到绍兴。此时，二弟樾寿也自杭州回到绍兴，两人在姆娘和族中亲戚的竭力怂恿下，参加了会稽县考。一八九八年十二月二十日，四弟椿寿因患急性肺炎死在姆娘鲁瑞怀里，树人不再参加复试，回到南京。继续在矿路学堂学习。这时，戊戌变法失败不久，谭嗣同菜市口问斩，光绪被幽禁，康有为、梁启超出逃日本，章太炎的《訄书》、严复的《天演论》和主张革新的《时务报》出版，树人苦读《天演论》和《时务报》，接受了新思潮。他不甘心做奴隶，常常骑着马，从旗人住区疾驰而过，大声疾呼，和旗人的小孩儿对骂。有一次因为驰得太快，从马上摔下来，仍不服气，起身再上马奔驰。

小儿子的死给姆娘鲁瑞沉重打击，和次子樾寿、三子松寿一起回到小皋埠“娱园”和安桥头娘家散心，琴姑给她以极大安慰。鲁瑞有意两家结亲，但回家商量，长妈妈认为两人属相“犯冲”。因为琴姑属羊，绍兴有俗语说：“男子属羊闹堂堂，女子属羊守空房。”说是属羊的女子克夫，只能嫁给两种人：一是算命先生，因为这种男人命硬，不怕克；另一种是结过婚的男人，女的只能做“填房”，也因为这种男人命硬，已经克死了原配，再婚也不怕克了。阿张不但不属于这两种男人，而且生下时就是“蓑衣包”，命弱，最怕克的。这样，亲事就搁下了。琴姑久候周家提亲，不至，家里只能把她嫁给别人，心中一百个不愿意，抑郁而终。临终时对服侍她的贴心妈妈说：“我有一桩心事，在我死前非说出来不可，就是以前周家来提过亲，后来忽然不提了，这一件事，是我的终身恨事，我到死都忘不了。”小舅父鲁寄湘因女儿琴姑的死，对姐姐鲁瑞也有意见，对她气恼哄哄地说：“难道周家的门槛那么高吗？我的女儿就进不了周家的门吗？”鲁瑞只能低头听着，半天没有作声。她对琴姑的死也极伤心，又无可奈何。后院的谦婶因为幼子早夭，与鲁瑞同病相怜，走得很近。谦婶的婆婆、玉田公公的夫人“蓝太太”来自绍兴城丁家弄朱家，她的内孙侄女朱安常到周家来，引起鲁瑞注意，于是托谦婶做媒，与朱家定了亲。树人虽在外求学，但一直惦念姆娘，一九〇〇年三月托同学捎回家信，并附从微薄的津贴中节省下的四块银元。一九〇一年冬天有机会回绍兴，才知道了琴表妹去世的消息和死前的话，心痛欲碎，对姆娘和长妈妈的悖谬愤愤不已，几乎要发作，但是一看到姆娘那愁苦的面容和长妈妈虔诚的表情，什么都没有说，只是夜里又一个人躲到府山树丛中大哭了一场。在感情问题上，女人往往比男人细心，痴情。男人，特别是树人这样的一心报国的男子在男女私情上却常常是粗心的，表达方式也有所不同。他悔恨当初太不在意琴表妹的情谊了，深感内疚和悲痛。而悲痛越切，埋藏越深，不愿再提起，只是更加专注于事业。但是一直感慨死于慈母或爱人误进的毒药才是最悲苦的！后来又得知姆娘给自己找了朱家姑娘，很不满意，一再推托。

一九〇二年一月二十七日，树人以一等第三名的优秀成绩从矿路学堂毕业，决心到日本留学。二月二十日，回绍兴做出国准备。三月十七日返抵南京，二十一日往水师学堂，看望已经在此上学并改名周作人的二弟，告知于本日集中，三日后动身。二十三日晚，十八叔祖周椒生设饯行便宴。当夜，树人和作人、伯升叔同到水师学堂同窗好友胡韵仙处话别，韵仙作诗曰：

英雄大志总难侔，夸向东瀛作远游。

极目中原深暮色，回天责任在君流。

三月二十四日，周树人深怀国仇家恨乘日轮“大贞丸”号赴日留学。

二〇一一年七月初稿

二〇一二年二月出试水版

二〇一四年九月修订

二〇一五年七月十二日再润色

二〇一六年六月再修订

参考书目

1. 鲁迅著:《鲁迅全集》(十八卷),人民文学出版社2005年11月版。
2. 舒汉编:《鲁迅生平自述辑要》,山东人民出版社1979年5月版。
3. 北京鲁迅博物馆鲁迅研究室编:《鲁迅年谱》第一卷,人民文学出版社1983年4月版。
4. 薛绥之主编:《鲁迅生平史料汇编》第一辑,天津人民出版社1981年7月版。
5. 鲁迅著,何信恩撰文:《与鲁迅看社戏》,浙江文艺出版社2004年8月版。
6. 周建人口述、周晔整理:《鲁迅故家的败落》,福建教育出版社2001年8月版。
7. 周作人著,止庵编:《关于鲁迅》(《鲁迅的故家》《鲁迅小说里的人物》《鲁迅的青年时代》),新疆人民出版社1997年3月版。
8. 周作人著:《苦茶——知堂回想录》,敦煌文艺出版社1995年3月版。
9. 周作人著:《周作人日记》(上),大象出版社1996年12月版。
10. 张菊香、张铁荣编著:《周作人年谱》,天津人民出版社2000年4月版。
11. 周作人著,何恩信撰文:《与周作人乘乌篷船》,浙江文艺出版社2004年8月版。
12. 周冠五(观鱼)著,倪墨炎编:《鲁迅家庭家族和当年绍兴民俗》,上海文化出版社2006年10月版。
13. 裘士雄等著:《鲁迅笔下的绍兴风情》,浙江教育出版社1985年5月版。

14. 裘士雄著:《鲁迅避难过的皇甫庄旗杆台门及其主人范啸风》,载《鲁迅研究月刊》2008年第4期。

15. 周芾棠著:《乡土忆录——鲁迅亲友忆鲁迅》,陕西人民出版社1983年4月版。

16. 张能耿、张款著:《鲁迅家世》,党建读物出版社2000年6月版。

17. 张能耿著:《鲁迅亲友寻访录》,党建读物出版社2005年7月版。

18. 何启治著:《百草园·社戏·三味书屋——少年鲁迅的故事》,湖北少年儿童出版社1998年9月版。

19. 车文耀编著:《绍兴方言词汇》,大众文艺出版社2005年1月版。

20. 王敏红著:《"越谚"与绍兴方俗语汇研究》,中国社会科学出版社2009年5月版。

21. 寿永明主编:《绍兴方言研究》,上海三联书店2005年10月版。

22. 侯友兰等点注:《〈越谚〉点注》,人民出版社2006年4月版。

23. 王建华主编、陈望衡执行主编:《浙学、秋瑾、绍兴师爷研究》,人民出版社2008年4月版。

24. 俞婉君著:《绍兴堕民》,人民出版社2008年5月版。

25. 章玉安著:《绍兴文化杂识》,中华书局2003年5月版。

26. 朱志勇、李永鑫著:《绍兴师爷与中国幕府文化》,人民出版社2007年6月版。

27. 顾琅川著:《周氏兄弟与浙东文化》,人民出版社2008年3月版。

28. 马元泉主编:《绍兴掌故与风情》,西泠印社出版社2006年9月版。

29. 吴传来著:《绍兴的老街、弄堂、台门……》,西泠印社出版社2006年9月版。

30. 鲁锡堂等编著:《鲁迅故乡——鉴湖风情》,九州出版社2004年11月版。

31. 傅建祥、颜越虎主编:《绍兴历史文化丛书》(《绍兴师爷》《绍兴堕民》《绍兴越窑》《绍兴文物》《绍兴名产》《绍兴戏曲史》《绍兴绘画史》《绍兴书法史》《绍兴文学史》《绍兴教育史》《绍兴思想史》《绍兴纺织史》《绍兴灾异史》《绍兴农业史》《绍兴简史》),中华书局2004年9月版。

32. 潘承玉著:《中华文化格局中的越文化》,人民出版社2010年10月版。

33. 董建成摄影,王锡荣、乔丽华选编:《鲁迅和他的绍兴》,上海文化出版社2007年1月版。

34. 北京鲁迅博物馆编:《鲁迅(1881—1936)生平事迹图集》,中原出版传媒集团河南文艺出版社 2008 年 4 月版。

35. 王锡荣著:《捡漏记》，载 2011 年 2 月 25 日《文汇读书周报》“书人茶话”。

36.（清）曹雪芹、高鹗著:《红楼梦》，中国艺术研究院红楼梦研究所校注，人民文学出版社 1996 年 12 月第 2 版。

37. 刘再复著:《红楼梦悟》，生活·读书·新知三联书店 2006 年 10 月版。

38.《御选唐宋诗醇》：吉林出版集团有限公司 2005 年 5 月版。

39.（唐）李贺著,（清）王琦等评注:《三家评注李长吉歌诗》，上海古籍出版社 1998 年 12 月版。

40.（清）彭遵泗撰:《蜀碧》（乾隆初刻本）四卷。

41.（明）宋端仪著:《立斋闲录》四卷。

1925年的鲁迅

……于浩歌狂热之际中寒；于天上看见深渊。于一切眼中看见无所有；于无所希望中得救。

——鲁迅《野草·墓碣文》

张梦阳作品

鲁迅全传

苦魂三部曲之二

野草梦

中国出版集团有限公司
華文出版社

主要人物表

鲁　迅　浙江绍兴人。姓周，本名樟寿，初字豫山，入学时改字豫才，小名阿张，后改名周树人。一九一八年五月发表第一篇白话小说《狂人日记》时开始用鲁迅作笔名。

许广平　广东番禺人。号景宋，女师大学生，学生自治会总干事。后为鲁迅爱人。

周作人　鲁迅二弟，名櫆寿，字星杓，小名阿櫆，后改名周作人。

周建人　鲁迅三弟，名松寿，字乔峰，小名阿松，后改名周建人。

鲁　瑞　浙江绍兴安桥头人。鲁迅母亲。

朱　安　浙江绍兴城里凰仪桥（俗称黄泥桥）丁家弄人。鲁迅原配夫人。

许寿裳　绍兴赵家坂人。字季茀，号上遂，鲁迅至交。曾在北京女子高等师范学校等校任职。

齐寿山　河北高阳人。名宗颐，字寿山。鲁迅在教育部的同事、好友。

陈师曾　江西义宁人。名衡恪，字师曾，号槐堂。画家，篆刻家。鲁迅留日同学，教育部同事，好友。陈寅恪的长兄。

陈寅恪　江西九江市修水县义宁客家人，生于湖南长沙，祖籍福建上杭，字鹤寿。集历史学家、古典文学研究家、语言学家、诗人于一身的中国现代最负盛名的人物。曾和鲁迅一同留学日本，鲁迅在教育部任职时与其有过交往。

孙伏园　浙江绍兴人。鲁迅学生。曾主编《晨报副刊》等，号称“副刊大王”。

许钦文　浙江绍兴人。鲁迅学生。作家，曾著《故乡》等小说。

许羡苏　浙江绍兴人。许钦文四妹，曾在女师大学习，后在女师大图书馆工作。在鲁迅家三次居住，并协助管理家务。

俞　芬　浙江绍兴人。鲁迅在砖塔胡同暂居时的邻居。

俞　芳　俞芬的二妹。

俞　藻　俞芬的三妹。

林卓凤　广东人。女师大学生，与许广平同宿舍，曾和许广平一起于一九二五年四月十二日首次拜访鲁迅。

王顺亲　浙江绍兴人。许广平同班同学，曾于一九二五年六月二十五日端午节与许广平一起到鲁迅家赴宴。

荆有麟 山西猗氏人。又名李林，笔名艾云、织芳、金林等。曾协助鲁迅创办《莽原》周刊等。

陶元庆 浙江绍兴人。字璇卿。画家。

章廷谦 浙江上虞人。字矛尘，笔名川岛。作家。

章衣萍 安徽绩溪人。名鸿熙，字衣萍。随笔作家，著有《古庙杂谈》等。

吴曙天 浙江杭州人。生于山西翼城。章衣萍之妻。随笔作家。

李小峰 江苏江阴人。名荣弟，字小峰，出版家。曾为北京大学新潮社成员，后参加编辑《语丝》，创办北新书局。

高长虹 山西盂县人。又名高仰愈，笔名残红、CH 等。作家，狂飙社主要成员。曾积极参与《莽原》编辑，著有《心的探险》等。

向培良 湖南黔阳人。作家。狂飙社成员。《莽原》主要撰稿人。

尚　钺 河南罗山人。字宗武。作家，历史学家。

李霁野 安徽霍邱人。翻译家。未名社成员。

台静农 安徽霍邱人。作家，书法家。未名社成员。

韦素园 安徽霍邱人。翻译家。未名社成员。

刘和珍 江西南昌人。号素予，女师大学生自治会主席。三一八惨案中牺牲。

杨德群 湖南湘阴人。女师大学生，三一八惨案中牺牲。

石评梅 山西平定人。原名汝璧，自号评梅，笔名波微。女师大附中体育教师，作家，有“京城才女”之称。

陆晶清 云南昆明人。原名陆秀珍，笔名梅影、娜君、小鹿。女师大学生，石评梅挚友。

张静淑 湖南长沙人。女师大学生，三一八惨案中受重伤。

方其道 江西南昌人。当过军人和编辑、记者，刘和珍未婚夫。

小　芬 河北三河小老妈子，三一八惨案中牺牲。

段祺瑞 安徽合肥人。字芝泉，北洋军阀皖系首领，曾任“中华民国临时执政”。

章士钊 湖南长沙人。字行严，笔名孤桐、青桐、秋桐等。曾任段祺瑞执政府司法总长兼教育总长，创办过《甲寅周刊》。

刘百钊 湖南武冈人。曾任北洋政府教育部专门教育司司长。

杨荫榆 江苏无锡人。早年留学日本、美国，曾任北京女子师范大学校长。离开女师大后，到苏州东吴大学任教授，后被日军杀害。

陈　源 江苏无锡人。字通伯，笔名西滢。现代评论派主要成员。

目　录

第十一章　　酷暑八月

第十二章　　秋天的果实

第十三章　　诗意的栖居

第十四章　　冬日的冷箭

第十五章　　三一八惨案

序　幕　北京古城

古　城

公元一九二四年，即民国十三年六月三十日中午，北京古城碧空如洗，灿烂的阳光下，一群白鸽在天上飞翔，忽而在空中盘旋，忽而又直下古城灰黑色的房脊，似乎要落下来，但即刻重上青天，直冲晴空。在这鸽群高低疾徐、飞掠而过之间，蓝天上发出一种琅琅的天音，时洪时细，忽远忽近，亦低亦昂，倏疾倏徐，悠扬回荡，仿佛天上的仙笛吹响嘹亮的乐声，又好似佛陀奏起悠缓、沉厚的琴音，恍若钧天妙乐，令人神往。但当鸽群下冲，一落千丈时，又霎时间百鸽齐喑，万籁俱寂，让人屏气凝神，觉得“此时无声胜有声”；而转瞬天音又起，使人意气风发，舒心爽气，感到恬适而安闲，心旷神怡，禁不住仰首遥望，只见忽有三两朵白云悠然浮过蔚蓝的天空，鸽群正在浮云间展翅。而那只打头的，是一只棕黄色羽毛的健美雄鸽，悠悠自得，率领鸽群驰骋于天宇，发出的乐音最响、最美、最妙。

这空中妙乐，来自系佩在鸽子尾巴上的鸽哨，随着鸽子的飞动，响起动听的哨音。这鸽哨声已经融入北京人的生活，成为老北京的一个象征。

倘若能如那领头的雄鸽一样，从蓝天上俯瞰这北京古城，一定会惊讶古城的壮观与古朴吧？

北京古城碧空如洗，灿烂的阳光下，一群白鸽在天上飞翔……

看这方正、厚重的一座城池，厚实的城墙环围起一圈内城，往南又接围起外城，正南正北，四四方方，中心则是金碧辉煌的紫禁城，琉璃瓦在阳光下金光闪闪，瑰丽奇峭，雄踞东方，将皇家气派、天子风神抖显得足足的。难怪历代帝王多愿在此建都，连那四围的护城河，近卫皇宫的筒子河，也泛起傲人的波澜。

然而，在宫廷外面，却没有那么辉煌。房屋低了下来，即便百年老字号的名牌商铺，达官显宦的私宅大院，也不过是黑瓦灰墙的齐整砖房罢了，绝对不敢与宫墙相比。不然，要当心肩上的吃饭家伙挪窝儿示众，天子脚下可容不得丁点儿的不服与抗上！虽说辛亥年就推翻了帝制，但末代皇帝溥仪还住在宫中，即使面临军阀逼宫，待在宫中的日子像兔子尾巴，长不了了，百姓的脑袋瓜子里还是要有位皇帝，即使没有也要造一个。旧的走了，要有新的；昏的垮了，来个明的。没有皇帝，腿脚都不知该怎么摆了。所以，屋墙还是绝对不敢睥睨宫墙。

虽说矮了宫墙一大截，市井的老北京人活得还挺滋润。一条条的胡同隔开又连通着一座座的四合院，伸向一条条的大街，沿街排着一家家商铺、饭馆、酒店、茶楼。内街四角立着红柱金顶的牌楼，东北有东四牌楼，西北有西四牌楼，东南是东单牌楼，西南是西单牌楼。街上穿梭着马车、轿子、行人。最惹眼的是奔跑着的人力车，车夫多是精壮、伶俐的小伙子，穿着长袖小白褂，黑裤子，裤筒特别肥，脚腕上系着细带，脚上是宽双脸千层底青布鞋，干净、漂亮，透出股精气神。车也簇新、精亮，不断响着铃铛，车上坐的或者是脑满肠肥、怡然自得的阔佬、显贵，或者是浓涂艳抹、花枝招展的小姐、太太，这已成为北京一景。但也有年迈的黑瘦老头儿，拉着辆破车，吃力地慢走，车上的客人也多是老人，衣衫灰旧。

再飞高瞧那远景：街旁绿树成荫，城西连着几个湖泊：后海、什刹海、北海、中南海，湖光粼粼，游船荡荡。各湖连接处有汉白玉砌成的各色石桥，还有石塔，北海有雪一样的白塔，西四牌楼往西又有圣洁的白塔寺。俨然是一幅河湖的秀美图画。

那雄鸽率领群鸽落在一处房脊上歇息，如像它那样靠近了，就会时不时听到街巷里传来一声声的吆喝："萝卜赛梨哎！""冰糖葫芦哎！"再如它那样咕碌碌转动着金黄的眼珠子定睛看去，就会看见胡同里，一个短衣帮汉子，在小推车旁站着，车上摆放着一个个水萝卜，头绿尾白。汉子用短刀将萝卜尾部的皮一条条削开，露出紫红的心，又将萝卜心切成方格形状，像花一样搁在车子上方。再拿一把喷壶往萝卜上洒水，鲜淋淋的，引得路人和胡同里的住户耐不住驻足观看，忍不住买个尝尝。从方格中抽出一根儿一咬，果真甜脆可口，赛过鸭梨。这边的摊上，玻璃罩里插放着各色各样的冰糖葫芦，有山楂红的、紫葡萄的、生荸荠的、胡桃仁的、山药蛋的、黑枣的、梨片的、大红橘子瓣的，长长的一串，才卖几个铜子儿，拿过朝嘴里送进一颗，酸甜润口，煞是喜人。后脑勺留一根小辫的男孩儿，瞪大眼睛，仰头瞅着，馋得不行，恨不得吃一口，可惜家里没钱，只能干瞪眼，流涎水。大人说："几个铜子儿，别人家不当回事儿，搁咱家可不能小瞧，够买斤棒子面儿，蒸窝窝头儿，顶得住全家充饥呢，哪有闲钱买零食？甭想！"

此时，一个衣衫褴褛的老人，吃力地缓缓推着北京独有的单轮水车，在磷磷不平的胡同石路上走来。水车"吱妞妞，吱妞妞"地呻嘶。这单调的轮轴声，不像鸽哨的乐声那般悦耳，而是有些扎耳，令人滞闷。不经意间，又过来位挑担子的剃头师傅，举一根巨镊似的叫作"唤头"的东西，用一铁钉自镊隙中划出，发出如同巨蜂鸣叫般"嗡嗡"的金属声。一个衣衫烂旧的磨刀剪的男人，又吹起比衣衫还烂旧的喇叭，"唔吼哈哈"地叫唤。一位老妪从破旧的木门里出来，拿着菜刀，递给男人请磨。原来老北京并非全是齐整的四合院，也有破败的土屋和贫民窟。

雄鸽似乎也不大喜看这让人烦闷的情景，扑棱棱飞起来，领着鸽群朝皇宫正南，中轴线上的前门楼子飞去。这里是北京最繁华的街市，有轨电车轨道快建成了，想着眼下就要看着簇新的有轨电车，"咣当咣当"开过来，倒也蛮有意思。往西一条街市，是有名的大栅栏儿，瑞蚨祥绸布店、内联陞鞋店、六必居酱菜园，卖中药的同仁堂、卖茶叶的张一元，鳞次栉比，像同胞兄弟，一个挨着一个。斜对前门楼子，西北路口把角还有家卖酱牛肉的月盛斋，多年老汤煮的，味浓肉嫩，老远就闻到一股特有的香味儿，与那些百年老店争相透散老北京的韵味儿。再朝西飞去,又是另一番景象,一条街上一家接一家,坐落着书画店、古玩店，不断有身穿长袍马褂、留着八字胡的文人墨客在店里出入。没准儿，其中就有哪位是名垂千古的大文化人。这就是宣外南城著名的琉璃厂，专卖古字画、碑帖、古书、古玩，还有宣纸、毛笔以及北京特制的印花信笺。

鸽群盘旋一番，往南飞过有年头的会馆、饭庄，最终落在胡同深处一座灰瓦砌成的房顶上，这就是城南有名的饭馆——广和居。

广和居

广和居僻处宣武门外菜市口西路南北半截胡同南头路东，远离热闹的中心城区。没有铺面房，同住宅的房子一样，是四合头院子。房子不大，磨砖刻花小门楼，黑漆大门，红油门联。进大门迎面影壁上挂着擦得金光照眼的大铜牌子，刻着“广和居饭庄”五个大字。厨房是和大门并排临街房子北头的两大间，房顶上有排热气的气窗，紧挨大门的是一间账房。转过影壁，是个狭长院子，边上摆着黑油长凳，是给顾客的车马侍从休息用的，南北屋是供散客的房座。往东里面还有一个小院,房子都隔成单间,是雅座。建筑比起“汇丰堂”“同丰堂”等大饭庄子的高堂大院，是不可同日而语的，但地方小而名气却大，是个名流雅聚的好去处，食客众多，十分热闹。

这广和居之所以店小名气大，在于它从晚清起就不是一家普通饭馆，简直是宣南掌故的总汇，几乎成了“政治家”的俱乐部。一些有权势的大官吏、有影响的大名士都以到广和居聚会为盛事。因此,饭庄里有一味怪菜,本是“全家福”之类的杂烩，却称之曰“总理各国事务衙门”。

广和居老板也善于审时度势，从中渔利。有位常客何绍基，是清末大书法家,湖南道州人。道光十六年进士,也称何道州。其父何凌汉曾任户部尚书,是知名的藏书家。其子何伯源,学业也有成就。但因性情耿直,仕途屡遭挫折,经济拮据，家中三世都常在广和居宴客，欠有老账。据说何绍基还不出陈年酒账，便亲笔开了张欠条。广和居老板深知自己做的全是富商、流寓、京官的生意，拿到何道州的欠条，如获至宝，便不再去要账，而把这张欠条送到裱画铺裱了起来，挂在账房里，当作活广告，以广招徕。果不其然起了意想不到的宣传作用，不少人特地来看何道州的欠条，传为宣南佳话，因而使广和居门庭若市，大发其财。

当然，饭庄真正兴旺，光靠宣传是不行的，还得有实打实的名牌菜肴。广和居在这点上是过硬的，而且把名人与名菜巧妙地结合起来。其中最有名的是潘鱼，是京官潘祖荫所创，用整尾鲤鱼折成两段，蒸成以后，煎以清汤，汤如高汤色，并不加其他作料。鱼皮光整，折口仿佛可以密合，但鱼肉极烂，汤极鲜美。还有五柳鱼也是广和居的拿手菜，系仿西湖做法，形同红烧，另外加鲜菇丝、笋丝、火腿丝、红辣椒、口蘑丝共五种，也系一陶姓京官所授，因陶渊明写过《五柳先生传》，故将“陶鱼”转义为“五柳鱼”了。总之，不管什么菜肴，都爱与名人系联起来，很有些文化韵味儿。

广和居不仅菜肴俱佳，菜名有含义，堂倌的吆喝也称一绝。每天一开市，堂倌头儿站在门前，精神饱满、满面春风，客人一进门，彬彬有礼又格外热情地上来打招呼：“您来啦！几位哪？”接着向里面高声喊：“几位，看座！”里面老式院子，南屋北屋，东屋西屋，大间小间，各有房号，自有分管的伙计招待客人进屋就座，沏茶、擦脸、入座、点菜，里外一致地接待客人，井井有条，忙而不乱。要是预先订好座，或赴人宴会，那大门招呼起来就更方便了，什么先生的客人，从大门口可以一直喊到里面来。门口那位堂倌头儿，对客人是极为熟悉的，具有惊人的记忆力，记得里面有十家、八家订座宴客，一般熟客，一进门就知道是谁赴谁家的宴，这就是所谓“知客”的本领。

到了正午时分，太阳光耀耀、烤烘烘的，鸽群也打蔫儿回窝了，忽听堂倌头儿扯着嗓子，唱歌似地喊：“周大先生、钱大先生、孙大先生到！”

喊着，只见三位先生径直进了大门，来到院子，东转入了雅座。

鲁迅先生

领头的周大先生，矮个儿，方额，稠密得有些粗莽的平头发型，头发硬硬地直挺着，唇上留着浓黑的八字胡，上唇被浓须覆着，把下唇衬得几分孤傲、不屑和诡谲。单眼皮的双眼，冷峻、严厉，炯炯有神。浓眉由于高高架起的眉弓，在眉棱骨处分成两道，上半道像匕首，下半道如弯弓，勾勒着微微浮肿的眼窝，显出冷眼凝思的深邃。双颊平实，鼻子隆长，双翼屏着气，翕动着，透出勇毅与坚忍，但也显出大病初愈后的倦色。身上的灰色夏布长衫，很不讲究，甚至有些显旧，下襟处还镶着补丁。手里老拿着烟卷，好像脑筋里时时刻刻都在那儿想什么似的。

他，就是当年的樟寿，豫才，周树人。现在是闻名遐迩的大作家——鲁迅先生。

那位钱大先生，是北京大学的著名教授钱玄同[①]。曾在日本与鲁迅、黄侃等人师从章太炎学国学，研究音韵、训诂及《说文解字》。他曾是《新青年》的编辑，抨击封建文化的一员猛将。鲁迅的第一篇白话小说《狂人日记》，就是在他的鼓动下写出，又经他手发表的。

此时，钱玄同旁若无人地环视四周，大步而入。他身材不高，长圆脸庞，胖胖的，戴着近视眼镜，穿件竹布长衫，腋下夹一个黑皮包。走到哪里，哪里就响起了高谈阔论的声音，总有股子质疑一切的气势。进屋后，就坐在鲁迅身旁座位上。

那位孙大先生，绍兴人，是鲁迅的学生，北京《晨报》副刊编辑，人称“副刊大王”的孙伏园[②]。鲁迅名作《阿Q正传》，就是经他邀约在该报连续发表的。他头发浓密，上唇和下颌都留着浓黑的胡须，自认晚辈，态度谦逊，一直轻轻搀扶着鲁迅，坐在另一旁。

这是张圆桌，三人正好开圆桌会议。堂倌给他们沏了茶，送上热毛巾擦脸，孙伏园示意照惯常上菜，就给周、钱二位大先生面前的茶杯里斟满了香喷喷的北京花茶。

鲁迅端起茶品了一口，从长衫内襟里的烟盒中抽出一支烟，用不到半寸的余烟引火，深深吸了一口，吐出一圈烟雾，从容舒缓地对钱玄同说：“到故

① 钱玄同：吴越国太祖武肃王钱镠之后。原名夏，字中季，少号德潜，后更为掇献，又号疑古、逸谷，笔名浑然，再改名玄同。

② 孙伏园：原名福源，字养泉，笔名伏庐、柏生、桐柏、松年等。

地看望伏园，又巧遇中季兄，幸甚！幸甚！”

钱玄同端起茶杯，恭举一下道：“豫才难道不晓得我爱串门的脾性？当初不是我造访绍兴县馆的‘补树书屋’，哪里会有《狂人日记》？”

鲁迅笑道：“我在《呐喊》自序中写了，那时中季兄因为怕狗，似乎心房还在怦怦地跳动。你下午四时到，一直聊到晚上十一二点，才回琉璃厂的北高师教员宿舍。你还把这种长谈戏称为‘生根’，意即坐下不走，屁股生根。”

玄同亦笑道：“那是豫才兄作文学夸张了。我哪里有这般小胆儿，屁股也不会生根。”

孙伏园插嘴道：“中季师是有名的大胆！当年抨击‘选学妖孽、桐城谬种’，化名王敬轩在《新青年》上发表了《文学革命之反响》，洋洋洒洒数千言，罗织新文化运动种种罪状，攻击主张新文化的人是不要祖宗。半农先生撰写了万余言的《复王敬轩书》，对王敬轩所提出的观点一一驳斥，把实无其人的王敬轩批驳得体无完肤。这其实是钱、刘二人演出的一场‘双簧’戏，至今想来仍令人捧腹。”

鲁迅兴奋起来，称赞道：“这是一场‘大仗’！回想起来，那时候真是热闹！可现在又太寂寞了！”

伏园的一番话，将玄同的兴致引高了，对伏园说道：“伏园也是功劳不小啊！豫才的《阿Q正传》不就是你催出来的吗？”

鲁迅闻听，笑道：“那时伏园虽然还没有现在这样胖，但已经笑嘻嘻，善于催稿了。每星期来一回，一有机会，就是：‘先生《阿Q正传》……明天要付排了。’于是只得做，心里想着‘俗语说，讨饭怕狗咬，秀才怕岁考。我既非秀才，又要周考真是为难……’然而终于又一章。”

说着，三人都大笑起来。

笑毕，玄同道：“要不是伏园善于催稿，《阿Q正传》还不知何年何月问世呢？”

鲁迅谢道：“是啊！要不是二位的‘提携’，我哪里想到会戴上这顶‘作家’的高帽啊！”

孙伏园连忙说：“哪里！还是先生有作家的天分，不然，我们怎么催也催不来！”

此时，堂倌把菜端上来了，是潘鱼、砂锅豆腐、炸丸子和酸辣汤，外加一坛绍兴黄酒。

孙伏园给二位先生斟满了酒，起身举杯道：“幸会！幸会！并祝大先生乔迁之喜。”

玄同忙问道：“西三条胡同新居的房子还好吧？”

鲁迅笑笑答道：“很好！总算有自己的窝儿了。五天前，五月二十五号搬去的。”

伏园补充道：“大先生自己从正房后接出一个书房兼卧室，称作‘老虎尾巴’，会不断有好文章从里面涌出的。”

玄同站起身举杯道：“可喜可贺！”

鲁迅也站起身，一手拿烟，一手举杯道：“大家痛饮！”

于是，三人坐下，动箸搛菜。鲁迅刚要搛，孙伏园就先他一步，搛过一大块潘鱼，放到先生身前盘子里，说道：“知道先生爱吃潘鱼，给先生奉上。”

鲁迅笑笑道谢，就将鱼送进口中，连连称赞道：“好吃，好吃！真是名不虚传！”说着，抿了一口老酒，更是惬意。

玄同不用别人搛菜，毫不谦让，自己搛了一大块鱼，大嚼起来。

鲁迅看着玄同的吃相，禁不住想起当年在日本留学时的情景，笑道：“那年我们在东京一起向太炎师求学，中季兄在席上爬来爬去，因而得名‘爬翁’，现在又变作‘吃翁’了！”

玄同不以为然道：“什么‘爬翁’‘吃翁’，我是心里想什么就做什么，从不在乎别人怎么说怎么看。”

鲁迅连连点头说：“这才好呢！我就是喜欢中季兄这个脾性。”

玄同闻听喜上心来，站起举起杯敬酒：“伏园不是就要随豫才去西安讲学吗？来，我为二位饯行！”

鲁迅和伏园站起身，与玄同一起举杯共饮。

伏园又举杯道：“二位先生都是性情中人，所以才喝在一起，谈在一处了。来，饮酒！”

鲁迅和玄同也站起身，举杯畅饮。

第一章　秋　夜

西三条

秋天夜空的主角是那轮朗月，宛若圆圆的白玉盘，挂在奇怪而高的湛蓝的天上，静谧地将柔和的月光洒向田野、城市、树木和花草。月边的繁星是配角，鬼眨眼似的望着地上的万物微笑。

月光下的北京，秋夜是朗润的。偶尔吹过一阵清风，拂在人们脸上，痒滋滋、清凉凉的，像爱禽羽绒的抚弄。顺广和居向北，古城西北角的阜成门内有一条小胡同，往北行，再往西拐，就到了宫门口西三条。没有路灯，只有皎洁的月光，在月光下朝深处走，见一座院落的小门，门牌二十一号，新漆过的黑色门板，黄铜的门环，上方一条镶铜边的信报口。

进门迎面是白色的影墙，左拐有四扇绿色的平门，跨过这二道门，就进入一个小小的四合院，南房三间，北房三间，东西各一间小厢房。进门时的影墙就是东厢房的南壁。院内种着两株白丁香、两株紫丁香，看来是春天才种下的，不够壮大，翠绿的枝叶与银色的月光相辉映，却显得郁郁葱葱。

南房是会客室兼藏书室，西边一间备有供客人临时住宿的床铺。东厢房归女工住，西厢房是厨房。主人住北房，进到房里，中堂右侧放着方桌和洗脸架，是主人吃饭和洗脸的地方。再往里是接出的一间仅有八平方米的灰棚，活像“老虎尾巴”。进到里面，只见北墙上是两扇大玻璃窗，窗下是两条长凳、一副单人铺板搭成的简易床铺，床上铺着不过一指厚的褥子，西头放着条旧棉被，东头有一个白皮箱，箱上摆着各种书刊。

紧靠床铺的东壁下，是一张三屉桌，桌上一盏煤油灯：白色透明的灯罩，蓝色玻璃底座，中号高脚，灯上加一自制的纸罩，闪着昏黄的灯光。灯下书桌右上方，放着一块方砖砚，一边刻有“大同十一年作”字样，另两边刻有花纹。砖砚上下都嵌有紫檀木盖和托。然后是茶杯、烟缸、笔架、笔筒、闹钟和一幅河北正定烧制的观音瓷像。上方挂着两幅照片：一幅是鲁迅在日本仙台医学专门学校的老师藤野先生的，戴眼镜，脸部消瘦，留着八字胡；另一幅是俄国作家安特莱夫的，显得阴冷与深沉。桌前是一把磨得发光的藤椅。

西壁上挂着一副请教育部同事乔大壮书写的《离骚》诗句“望崦嵫而勿迫，恐鹈鴂之先鸣”对联，一幅水粉风景画和孙伏园弟弟孙福熙画的《山野掇石》封面画。壁下摆着两把椅子和两个茶几。一个茶几上放着石刺猬头。这刺猬头造型极为奇特，是坐在一个莲花上的，估计是一个佛像改制的，因为刺猬是不会坐莲花的。是用来压平石刻拓片的，另外还有几件修书工具。

南墙书架中格永远放着日用药品，有兜安氏霍乱吐泻药水，兜安氏止痛药水、十滴水等，都在永远不变的位置放着，下一格则放的是点心罐和一个福建漆的八角朝珠盒，是装蛋糕之类的。一个装花生用的洋铁筒。有客人的时候，主人常常从那里取出点心来请客，或者写文章到深夜肚子饿的时候取出点心当夜宵。屋里的东西非常整齐，什么东西都有一定的位置。主人工作台的中间抽屉内有一块假的银元永远放在一个小纸盒内，遇到假钱，一定把它撕成两片丢进火炉。纸字篓不扔果皮或花生之类，如果别人丢进去了，也会被重新取出来。

煤油灯光下，在广和居出现过的鲁迅先生——这里的主人，斜躺在铺板上，头靠住白皮箱，一边吸烟，一边沉思。他一身旧衣，裤子膝盖上有两个膏药般的补丁。小屋里充满了浓郁、微香的烟味儿。

鲁迅六月三十日与钱玄同、孙伏园在广和居聚宴后，七月七日就在孙伏园等十余人陪伴下去往西安。原本打算为写作长篇历史小说《杨贵妃》做准备，但火车、水上一路颠簸，极尽辛苦，好不容易到了西安，看到的却是灰土飞扬的街道，连天空都不像唐朝的天空，费尽心机幻想描绘出的计划被完全打破了，一个字也写不出。八月十二日夜半，结束为期三十六天的陕西之行抵京，回到刚建好不久的西三条“老虎尾巴”里，倒更加觉得这个自己精心设计、建造的小天地最为安好。而陕西的朋友们终归是热情好客、忠实朴厚的，就给“易俗社”和西北大学的朋友寄去了《呐喊》《中国小说史略》《桃色的云》等自己的著作以兹纪念，绝了创作《杨贵妃》之念。

“五四”文学革命的热情消退了，《新青年》的团体散掉了，有的高升，有的退隐，有的前进，他又经验了一回同一战阵中的伙伴的变化，自己落得一个“作家”的头衔，依然在“沙漠”中走来走去，不过已经逃不出在散漫的刊物上做文字，叫作随便谈谈。但总要与所谓“正人君子们”对阵，真有点儿“两间余一卒，荷戟独彷徨”的味道。晚上，几位爱好文学的青年来到“老虎尾巴”七嘴八舌谈过好一阵，走了。女佣王妈打扫了屋子，撮走一堆烟头，他就习惯地斜倚在床铺上，构思起文章。

该写些什么呢？耽误的时间太多了。他请乔大壮书写“望崦嵫而勿迫，恐鹈鴂之先鸣”，就是为了督促自己抓紧时日努力写作。

散漫的思绪中，耳畔不时传响着新文学运动以来越来越强烈的呼声：“诗的要素，决不在有韵无韵”，“诗趣满中”才能“所以为美”而“非仅赖其声调言辞”……波特莱尔、屠格涅夫、裴多菲和自己喜欢而且亲自翻译的尼采《察拉图斯忒拉的序言》、盲诗人爱罗先珂的童话诗《桃色的云》那充满诗美的佳辞丽句，特别是青年时代痴迷的日本作家夏目漱石那绮丽吊诡的《梦十夜》，不断从心中浮起。借着月光，从后窗看到后院两棵直挺的枣树，玻璃上丁丁地响，有许多飞虫乱撞……

鲁迅霍然站起，心想何不在散文诗这个新的领域一试手笔呢？几年前写过一组《自言自语》，以现在的境界看，技术上实在太简陋直白了，何不婉曲、含蓄，诗美更浓些呢？自己的苦闷，大半生做的苦梦，只能升华为诗才能得到些许慰藉。总题叫什么呢？十余年来总在梦中出现的荒原又在眼前浮动——在大荒原上不停歇地走着，走着，脚下是一望无际的野草……倏然间，一个词闪过脑际——野草。

“呵！就叫《野草》吧！太好啦！”心里不住念叨。

他激动不已，又点了一支烟，从床东头的白皮箱上的书刊中，拿出了始终放在身边案头的《察拉图斯忒拉的序言》，这是他亲自翻译的尼采的著作。曾经译过两次，第一次是用文言译的，第二次是用白话译的，刊登在一九二〇年九月一日《新潮》第二、第五号上。杂志都已经被他翻阅得很旧了，但理得却很平整。不时翻开读读，有些段落几能背诵：

> 察拉图斯忒拉三十岁的时候，他离了他的乡里和他乡里的湖，并且走到山间。他在那里受用他的精神和他的孤寂，十年没有倦。但他的心终于变了，——一天早晨，他和曙光一齐起，进到太阳面前对他这样说：
>
> “你这大星！倘你没有那个，那你所照的，你有什么幸福呵！”
>
> “十个年来你总到我的石窟，你的光和你的路，早会倦了，倘没有我，我的鹰和我的蛇。”
>
> ……
>
> ……他对圣者行一个礼并且说：“我有什么给你们呢！但不如我赶快走罢，趁我从你们只取了一个无有！”——于是他们作了别，一个老人和一个男子，笑着，像两个童子的笑。
>
> ……
>
> 我教你们超人！人是一件东西，该被超越的。你们为要超越他，可曾做过什么了？
>
> ……
>
> 你们已经走了从虫豸到人的路，在你们里面还有许多份是虫豸。你们做过猴子，到了现在，人还尤其猴子，无论比哪一个猴子。
>
> ……
>
> 喂！我示给你们末人。
>
> “什么是爱？什么是创造？什么是热情？什么是星？”——末人

这样问，眨着眼。

地也就小了，在这上面跳着末人，就是那做小了一切的。他的种族是跳蚤似的除灭不完，末人活得最长久。

……

这时到了晚上，市场藏在昏暗里，群众都散开，因为新奇和吃惊也自困倦了，察拉图斯忒拉去傍着死尸坐在地上而且沉在思想里：他这样的忘了时候。但终于到了夜，一阵寒风吹过这孤独者，于是察拉图斯忒拉站起身并且对他的心说：

“真的，察拉图斯忒拉做了一场好渔猎！他没有渔到人，却渔了一个死尸！

“无聊的是人的存在而且总还是无意义，一个小丑便能完结了他的运命。

“我要教给人以他们的存在的意义：这便是超人，是从人的黑云里出来的闪电。

“但我于他们还辽远，我的意思说不到他们的意思，我于人们还是一个中间物在傻子和死尸之间。”

……

“创造者寻求伙伴，不是死尸，也不是羊群和信徒。创造者寻求同创造者，是那，将新价目写上新表册的。”

……

“看哪！一只鹰在空中转着大圈，而且一条蛇挂在他这里，不像饵食，却是一个女友，因为伊牢牢的缠在他的额颈。”

……

“我在人间比在禽兽里更危险。察拉图斯忒拉走着危险的路。愿我的动物引导我！”

……

“倘使一旦我的聪明离开我：——唉，他总爱这事，飞去！——愿我的高傲也和我的愚昧一齐飞了罢！”——

——这样开始了察拉图斯忒拉的下去。

鲁迅又点了一支烟，深深吸了一口，缓步走过中堂，出房门来到院里，右拐，西墙夹道上有一小门，进门再右拐，就到了后园。东墙外的两株枣树笔直地矗立在眼前，园中间有一口小井，周围长着青杨、刺梅、碧桃、花椒和各种各样的野花野草。他似乎觉得那笔直的两株枣树，很像察拉图斯忒拉式的“超人”。他自己就要像察拉图斯忒拉下山一样，开始一种尼采式的新写作……

他仰望夜的天空，奇怪而高，觉得生平没有见过这样的天空。他仿佛要离开人间而去，使人们仰面不再看见。然而现在却非常之蓝，闪闪地䀹着几十个星星的眼，冷眼。他的口角上现出微笑，觉得那些星星似乎自以为大有深意，而将繁霜洒在园里的野花草上。

鲁迅望着夜空和花草，浮想联翩……

不知道那些花草真叫什么名字，人们叫它们什么名字。只看到有一种开过极细小的粉红花，现在还开着，但是更极细小了，它仿佛在冷的夜气中，瑟缩地做梦，梦见春的到来，梦见秋的到来，梦见瘦的诗人将眼泪擦在它最末的花瓣上，告诉它秋虽然来，冬虽然来，而此后接着还是春，蝴蝶乱飞，蜜蜂都唱起春词来了。它于是一笑，虽然颜色冻得红惨惨地，仍然瑟缩着。

枣树，它们简直落尽了叶子。先前，还有一两个孩子来打它们别人打剩的枣子，现在是一个也不剩了，连叶子也落尽了，它知道小粉红花的梦，秋后要有春；它也知道落叶的梦，春后还是秋。它简直落尽叶子，单剩干子，然而脱了当初满树是果实和叶子时候的弧形，欠伸得很舒服。但是，有几枝还低亚着，护定它从打枣的竿梢所得的皮伤，而最直最长的几枝，却已默默地铁似的直刺着奇怪而高的天空，使天空闪闪地鬼䀹眼；直刺着天空中圆满的月亮，使月亮窘得发白。

鬼䀹眼的天空越加非常之蓝，不安了，仿佛想离去人间，避开枣树，只将月亮剩下。然而月亮也暗暗地躲到东边去了。而一无所有的干子，却仍然默默地铁似的直刺着奇怪而高的天空，一意要制它的死命，不管它各式各样地䀹着许多蛊惑的眼睛。

鲁迅望着夜空和花草，浮想联翩……

哇的一声，夜游的恶鸟飞过了。

忽而听到夜半的笑声，吃吃地，似乎不愿意惊动睡着的人，然而四围的空气都应和着笑。夜半，没有别的人，即刻听出这声音就在自己嘴里，自己也即刻被这笑声所驱逐，回进自己的房。灯火的带子也即刻被旋高了。屋里亮了起来。

鲁迅掐掉烟，往桌前的藤椅上一坐，挺直腰板，铺开稿纸，拿过“金不换”毛笔，打开墨盒，舔了舔笔尖，在稿纸上写下《野草》之一：

秋 夜

在我的后园，可以看见墙外有两株树，一株是枣树，还有一株也是枣树。

……

写得有些疲倦，正想偷懒时，仰面在灯光中瞥见藤野先生黑瘦的面庞，似乎正要说出抑扬顿挫的话来，便使他增加勇气了，于是点上一支烟，继续写下去：

后窗的玻璃上丁丁地响，还有许多小飞虫乱撞。不多久，几个进来了，许是从窗纸的破孔进来的。他们一进来，又在玻璃的灯罩上撞得丁丁地响。一个从上面撞进去了，他于是遇到火，而且我以为这火是真的。两三个却休息在灯的纸罩上喘气。那罩是昨晚新换的罩，雪白的纸，折出波浪纹的叠痕，一角还画出一枝猩红色的栀子。

猩红的栀子开花时，枣树又要做小粉红花的梦，青葱地弯成弧形了……我又听到夜半的笑声；我赶紧砍断我的心绪，看那老在白纸罩上的小青虫，头大尾小，向日葵子似的，只有半粒小麦那么大，遍身的颜色苍翠得可爱，可怜。

我打一个呵欠，点起一支纸烟，喷出烟来，对着灯默默地敬奠这些苍翠精致的英雄们。

鲁迅斜倚在床铺上构思文章的时候，北房东间里，他的母亲——鲁瑞也斜躺在三面都有床栏的精致大木床上，在煤油灯下看旧小说，背后有一个三尺见方的靠背枕头。床是从绍兴老家带来的，枕套是砖塔胡同的小邻居俞芳和三妹合绣的，用彩色线在白布上绣了四个孩子，象征着鲁瑞有四个孩子。虽然针线不太好看，俞芳姐妹谦称太丑。作为太师母的鲁瑞却不嫌弃，欣然接受了，并且马上使用。她心知俞芳姐妹是在抚慰她失去丈夫又接着失去四子椿寿的伤痛，每看见挂在吃饭间饭桌前墙上的椿寿画像，她心里就像针刺一样痛。俞芳来时看到，总要跟她靠得紧紧的，轻轻抚摩她的腰背。多懂事的孩子啊！可惜很小就没有了姆娘。

鲁瑞是位很不平凡的人。老大樟寿最反对女人缠足，一看见女孩子一瘸一拐地在明堂里走来走去，就十分难过，总要对女孩们的父亲说："还要缠足吗？外面都提倡天足了！快把她们的足放了吧！"这些父亲听了这话，真好比碰到了瘟疫或毒蛇，总是回答："女人不缠足，还像什么女人呢？"或者说："女人总是缠足的，大脚女人有谁要？"鲁瑞却不这样想，一九〇三年正在日本留学的老大曾写信回来主张放足，她立即用热水和醋浸脚，用棉花把脚趾隔开。被邻居骂为"尼姑婆"，她也不去理会。周伯文听说后到处宣扬，说放大了脚，是要去嫁给外国鬼子。鲁瑞知道了也不找伯文评理，只是冷冷地说道："可不是么，这倒真是很难说的呀！"她没有正式读过书，可是靠自修达到能够看书的程度。她幼小的时候，她的兄弟读书，老师上课时，她站在旁边听课将近一年。以后，家里不准她听课了。她就自己找些书看，遇到不认识的字，就问别人。由于她好学，又有毅力，不但能看章回小说，还能看报。她记忆力很强，平时看过的书很多，举凡《三国志》《三国演义》《红楼梦》《水浒传》《官场现形记》《西游记》《镜花缘》等书，不知看过多少遍，常常讲给孩子们听，讲得有声有色。每当手边没有合适的书可看时，她就把这些书中的一部分拿出来再看一遍，用她自己的话说，叫作"炒冷饭头"。到北京后，鲁瑞每天看好几份报，很关心时事。她老人家看了报，还要提出问题和大家讨论。

一九二四年四月十六日张恨水开始在《世界晚报·夜光》副刊上连载章回小说《春明外史》，她就千方百计找来看，一期不落。

太师母对书籍很爱护，看完了，一部部整整齐齐地放在她的书箱里。记得她当时有四个小木箱装书，每到夏天，太师母就找人给她晒书、整理书。

鲁迅也根据母亲的爱好买来许多小说，并说："老太太看书，多偏于才子佳人一类的故事。她又过于动感情，其结局太悲惨的，她看了还会难过几天，有些缺少才子佳人的书，她又不高兴看。"《呐喊》出版后，章衣萍夫人吴曙天女士将《呐喊》给老太太看，而且在老太太面前，指明《故乡》一篇特别好，老太太马上戴上眼镜，去读《故乡》，《故乡》一读完，原书交还吴女士。还说："没啥好看，我们乡间，也有这样事情，这怎么也可以算小说呢？"说得在座的人都笑了。因为老太太不知就是她儿子写的。

虽然周老太太在读书的意见上，对于儿子似乎没有影响，但实际上，影响是大极了，鲁迅先生自己就讲过这样的话：

"因为老太太要看书，我不得不到处搜集小说，又因为老太太记性好，改头换面的东西，她一看，就讲出来，说什么书是相同的，使我晓得，许多书来源同改装。"

鲁迅的《中国小说史略》《小说旧闻钞》《唐宋传奇》，都是在这一影响下，而研究、而整理、而公诸社会的。

因为老太太对她儿子的爱护及影响，在鲁迅先生自己，对于母亲，亦是百依百从，虽然在思想上，母子是相离太远了。但先生对于家事，多半还是依了老太太的主张。

鲁瑞一边看书，一边想心事。最让她纳闷、烦心的是老大与老二兄弟失和。开始三兄弟住在一起很要好，大家很高兴，后来老三到上海商务印书馆工作，老大与老二兄弟俩仍旧很要好，两人同进同出，商量写文章，做学问……这样要好的兄弟却忽然不和，弄得不能在一幢房子里住下去，这真出乎意料。想来想去，也想不出个道理来。只记得，老大对二太太羽太信子当家是有意见的，因为她排场太大，用钱没有计划，常常弄得家里入不敷出，要向别人去借贷，是不好的。而且信子有一种病，如果一生气或过分激动，人就要昏过去，像突然死去一样，很吓人！在绍兴时，她一发病，大家都没办法，急得不得了。后来，她的弟弟重久来了，才知道她一向有这种病，这是歇斯底里病。发病时，不知道的人很着急，其实，过一会儿就会好的。家里的人这才放了心。

鲁瑞对俞芳姐妹说过："你们大先生和二先生的不和，完全是老二的过错，你们大先生没有亏待他们。现在他们住的八道湾的房子，是你们大先生亲自买进，亲自设计改建，是他亲自把我们一家老小接到北京来的，现在他倒反而没份住，老实说，我想起来都替他心酸……"

烦恼的是老大与老二的失和，心里歉疚的却是自己给老大张罗的婚事很失败。本来相中的是弟弟的大女儿琴姑，那是多么好的闺女！就因为属相犯冲，搁置了，琴姑因此死了。弟弟因女儿的死，对姐姐鲁瑞也有意见，对她气恼哄哄地说："难道周家的门槛那么高吗？我的女儿就进不了周家的门吗？"鲁瑞只能低头听着，半天说不出话。她对琴姑的死也极伤心，又无可奈何。后院玉田公公的儿媳，人称谦少奶奶的，也有幼子早夭，与失去椿寿的鲁瑞同病相怜，走得很近，无话不谈，鲁瑞跟她谈起大儿子年龄已到，尚未婚配。谦少奶奶回家跟她的婆婆、玉田公公的夫人"蓝太太"一说，引起了这位"蓝太太"的兴趣，因为她来自绍兴城丁家弄朱家，内孙侄女朱安，叫作"安姑娘"的，比樟寿大三岁，老大年龄还"待字闺中"，朱家正为此犯愁呢！立刻要媳妇谦少奶奶找鲁瑞说媒。这个谦少奶奶姓赵，能说会道，巧于言辞，周围人都视她为《红楼梦》中的王熙凤，把朱安说成了一朵花，终于把善良心软的鲁瑞说动了，与朱家订了亲。事后才告诉老大，老大不太愿意，一再拖延。后来得知朱安是缠脚的，目不识丁，从日本写信回来说，要娶朱安姑娘也行，但有两个条件：一是叫家里通知她放足；二要进学堂。朱安思想很古怪，不愿意放足，回答脚已放不大了，妇女读书不大好，进学堂更不愿意。倒是朱家以女儿年纪大了，托媒人来催，希望尽快办理婚事。因为他们听到外面有些不三不四的谣言，说豫才已娶了日本老婆，生了孩子。如果这门亲事成不了，女儿就肯定嫁不出去，老死在家了。鲁瑞实在被缠不过，只得托人打电报给老大，骗他说自己病了，叫他速归。一九〇六年七月上旬，天大热时，老大果然回来了，姆娘向他说明原因，他倒也不见怪，同意结婚。结婚那天，花轿进门，掀开轿帘，从轿里掉出来一只新娘的鞋子。因为她脚小，娘家替她穿了一双较大的绣花鞋，脚小鞋大，人又矮小，坐在轿里，“上不着天，下不着地”，鞋子就掉下来了。及至下轿，人们看到新人极为矮小，颇有发育不全的样子，像是患有侏儒症。人已过二十八岁，但显得比实际年龄还要老。当时有些老人说这是“不吉利”的，鲁瑞倒也不相信这些话，但愿这门亲事顺利。结婚时，老大虽没有与姆娘怎样大闹，表示反抗，但鲁瑞也看得出来，儿子那时，实不愿意伤了老人家的心，决定牺牲自己，暂受家庭的摆布。结婚后四天，刚好已从南京水师学堂毕业的老二周作人，被批准赴日本留学，老大就以不能在家耽误学业为理由，和二弟一起离家又东渡日本了。

一别三年，学满回来，在杭州教书。不知为什么，他们总是好不起来。两人既不吵嘴，也不打架，平时不多说话，但没有感情，两人各归各，不像夫妻。鲁瑞曾问过老大，她有什么不好？他只摇摇头说，和她谈不来。问他怎么谈不来？他说和她谈话没味道，有时还要自作聪明。他举了一个例子说，有一次，我告诉她，日本有一种东西很好吃，她说是的，她也吃过的。其实这种东西不但绍兴没有，就是全中国也没有，她怎么能吃到？这样，谈不下去了。谈话不是对手，没趣味，不如不谈。……就这样过了十几年，他们两人好像越来越疏远，精神上都很痛苦。看着他们这样，鲁瑞也很苦恼，内疚自己把老大的终身大事办坏了，所以老二、老三的婚事，就不管了。鲁瑞对主持老大的亲事很有些后悔，但是挽回或改变这个局面，她自己已经无能为力，只好听之任之，由其自然。

这时候，北房西间里，朱安正默默地坐在靠北墙的四尺竹床上吸水烟。这张床是搬进西三条不久，鲁迅亲自购买的，床上挂着一张白麻粗布的帐子，铺的是补花床单，放着一床紫色镶花边的被子，床后放一马桶，西墙边放着一个高五尺的大黑柜，是从绍兴老家带到北京的。柜的旁边放一个书格。全室家具和用具不多，却有着绍兴的乡土味儿。

朱安个子不高，身材瘦小，脸型狭长，脸色微黄，前额、颧骨均突出，看上去似带几分病容。眼睛大小适中，但不大有神，而且有些下陷，脸色很清癯，眼睛里永是流露着极感伤的神态，上穿咖啡色带白花的短夹袄，下穿青裤、白鞋、白袜，并扎腿，头上挽着小髻，也用白的头绳束着。脚缠得很小，步履缓慢不稳。她比鲁迅大三岁，此时只有四十多岁，可是穿着打扮比较老式，除夏天穿白夏布大襟短衣，下系黑色绸裙外，其他季节的衣服都是色泽较深较暗的，朴素整洁，却显得发育不全。从外形看，她是旧式妇女的典型模样。平日少言寡语，少有笑容。虽没有什么架子，但因摸不透她的脾气，生人不敢和她接近。纵然形象欠佳，她操持家务却是称职的，节俭持家，空下来就做做针线。她还能炒一手道地的绍兴家乡菜。朱安对鲁迅是很尊敬的，佩服他的才能，很明显地表现出“自愧不如”的严重的自卑感。两人的差距太大了，看上去她似乎没有信心缩小“差距”，她只想尽全力照顾好鲁迅和婆母的生活。

每当鲁迅有客人来，朱安总是以礼相待，泡茶、烧点心，都很尽心。但有时考虑不周，不够得体，落得吃力不讨好。例如，鲁迅初搬到砖塔胡同时，有一天他的学生常维钧来，那时天很热，扇着扇子还出汗，而朱安除泡了两杯热茶外，还送去两碗热气腾腾的藕粉当点心。客人接了点心，很尴尬，热上加热，怎么吃呢？鲁迅对常维均摇摇头，苦笑着说：既然拿来了，就吃吧，无非是再出一身汗而已。这件小事，给常维均留下很深的印象。

从年龄上，朱安比婆母鲁瑞小二十多岁，鲁瑞虽是一位六十多岁的老人，头上梳着发髻，但瘦高身材，腰不弯，背不驼，即使是放大脚，走起路来却很利落。性格开朗，为人和蔼可亲，平易近人；有文化，爱学习，天天看报，思想跟得上时代潮流。目光慈祥有神。上身穿着藏青色上衣，下系黑色绸裙。给人以整洁、健朗的印象。朱安不识字，似有自己已是中年，年纪也差不多了的想法，不想再学文化，思想保守，封建意识浓厚。因此，从思想上看，她比太师母衰老、落后，常给人以“未老先衰”的感觉。就拿剪发来说吧，她们婆媳两人，还是鲁瑞剪发在先，“现身说法”地告诉朱安剪发的好处，劝她也剪，她才剪去了发髻。每逢节假日，鲁瑞的屋里常常宾客满座，热热闹闹；而朱安的屋里却是冷冷清清，只是绍兴同乡许羡苏、砖塔胡同时的邻居俞芬姐妹偶尔去坐一会儿。她常独自坐着吸水烟，有时在厨房忙家务。

朱安晚上也和大家一样，到婆母房里坐坐，听鲁瑞和鲁迅，还有许羡苏、俞芬等姐妹们讲话，但她很少说话，有时婆母问到她，她才说几句。但她的话，远不如鲁瑞说得有趣。

鲁迅住在砖塔胡同时，遇到姆娘来，他们三人同桌吃饭，鲁瑞说说笑笑，一餐饭吃得热热闹闹。鲁瑞回八道湾去时，鲁迅和朱安两人同桌吃饭，桌上谈话就很少。朱安如果开口，无非是问菜的咸淡，口味是否合适，鲁迅或点头，或答应一声，这类"是非法"的谈话，一句就"过门"，没有下文。然后他们两人静静地各自吃饭。

鲁迅出门有时带了点心回来，先送给姆娘挑几块，再让朱安挑几块，朱安很斯文，总是拣小的、较差的两三块，很有"孔融让梨"的风度。然后鲁迅自己拿几块。鲁迅在日记上、书信上称她为"妇""内子""大太太""太太"。除供应朱安的全部生活费外，每月还给她零用钱十元。京寓家用钱每月一百元，全由朱安当家开支。鲁迅对朱安娘家朱宅是一直以礼相待的；他曾帮助朱安的弟弟朱可铭的儿子找工作，有时还寄钱资助朱宅。朱宅也常送些家乡土产给鲁迅。可见鲁迅承认朱安的家庭地位，在经济方面给予信任，提供她的物质生活，是尽了应尽的义务的。可就是没有感情，相互之间除些必要事外，鲁迅一年四季，除例话外，不大与朱安谈天。据他家老妈讲："大先生与太太每天只有三句话，早晨太太喊先生起来，先生答应一声'哼'，太太喊先生吃饭，先生又是'哼'，晚上先生睡觉迟，太太睡觉早，太太总要问：门关不关？这时节，先生才有一句简单话：'关'，或者'不关'。要不，是太太向先生要家用钱，先生才会讲着较多的话。如'要多少'？或者再顺便问一下，什么东西添不添买？但这种较长的话，一月之中，不过一两次。"当然，这是指鲁迅夫妻而言。鲁迅与老太太谈天，话比较长些，但也多半是关于老太太寻书问题。一谈到家庭事务，母子俩意见就相左，鲁迅便往往不开口了。因为鲁迅自己讲："在改良家庭方面，我是失败者。常常费了九牛二虎之力，稍微改变一点，一遇有什么意外或者不如意的事，她们马上抱怨了。抱怨之后，觉得还是她们老法子好，一下又恢复原状了。"

鲁迅也不愿意伤老母亲的心，对于家事，便不想过问了。本来就是旧式的先生的太太，一直守着老规矩，事事奉承老太太的意旨。

为了更少说话，鲁迅想出一个办法，把一只柳条箱的底和盖放在两处，箱底放在鲁迅的床下，里面放着换下来的要洗涤的衣裤，箱盖放在朱安屋门右手边，即桌式柜的左边，盖子翻过来，口朝上，里面放着大先生替换的干净衣裤；箱底、箱盖上面各盖着一块白布，外人是不易知道其中的奥秘的。这样，他们之间说话的内容就更加少了。在砖塔胡同九个多月的时间里，邻居俞芳姐妹甚至连大先生、大师母之间当面如何称呼都不知道，后来也未曾知道。大概是没有称呼吧，背后他们是随着别人的称呼称对方的，如大师母称大先生为大先生，大先生称大师母为大师母或大太太，有时称太太。白天“大先生”上班或在家做自己的工作，“大师母”则在厨房料理饭菜，有时在自己屋里做针线或休息，或吸水烟，晚上则各到各的屋里睡觉。他们之间的关系，如此而已。正如鲁迅对自己的朋友所说：“这是母亲送给我的一件礼物，我只能好好地供养她。爱情是我所不知道的。”

鲁瑞盼着抱孙子，说：“这个家里早应该有个小孩儿跑来跑去了。”朱安则对知近人讲：“老太太嫌我没有儿子，大先生终年不同我讲话，怎么会生儿子呢？”鲁迅的婚姻生活，可见一斑了。

但老实人有时在忍无可忍的情况下也会抗争一下。全家迁到北京后，一次逢鲁老太太寿诞，请些宾客来家宴。开席之前，朱安忽然穿戴整齐地走出来，向亲友下了一跪，说道：“我来周家已许多年，大先生不很理我，但我也不会离开周家，我活是周家的人，死是周家的鬼，后半生我就是侍奉我的婆母。”说完话，叩了头，退回房去。鲁迅说：“中国的旧式妇女也很厉害，从此所有的同情，都被她争取了去，大家都批评我不好。”从此，朱安在家中得到大家的同情。

但是在寒意的包围下，朱安活得仍然越来越瑟缩，也越来越明白了自己的处境。她知道已经没有希望使丈夫回心转意，只对他怀着一腔怨气，朱安用这样一个激烈的举动，争取到了大家的同情，也算是将了鲁迅一军。准备一辈子侍奉婆母，恐怕也是她所能退守的底线了。

她一边抽水烟，一边心里给自己打比方说：“我好比是一只蜗牛，从墙底一点一点往上爬，爬得虽慢，总有一天会爬到墙顶的。”

八道湾

秋夜的月光是公平的，人与兽、花与草、友与敌、爱与仇……都一律均匀洒落，绝对不会厚此薄彼，有所偏向。

从西三条往北再向东拐，就到了西直门内的公用库八道湾，入口比较狭窄，顺曲折延伸的小胡同往东走，进到里面显得宽阔了许多。就来到八道湾十一号。

这所房子是一九一九年八月间，鲁迅先生亲手买的，原房主姓罗。

当年在北京买所房子，也是件不容易的事，不但要有钱，而且还要花点儿辛苦。有时看了许多所，也不一定看准一所。而且还要先托熟朋友，辗转找“房牙子”。即便如此，到实地一看，也不一定就能马上拍板。在买定八道湾房屋之前，鲁迅曾到报子街、铁匠胡同、辟才胡同、蒋宅口、护国寺等处看过房，都不中意，由二月到七月，奔波了半年，才看中八道湾的房子。

一般买房看房子，先看中房子，然后再谈价钱，买卖双方直接谈的也有，但很少，除非是熟朋友、自己人。一般都通过中人，即“房牙子”来讲价钱。讲时，在买卖双方之间，不用嘴说，只用捅袖子的方式秘密进行。当时，大家都穿长袍子，袖子很长，遮着手，“房牙子”把手伸给买主，在袖筒中把拇指、中指、二拇指并在一起，伸给买主握着，说道：“人家要这个整。”又把中指和拇指绞起来给买主握着，说道：“这个零儿。”这就意味着整数是七，零头是五，或是十五百，或是七百五十等。同样买主还价，“只能出这个整，这个零。”也用这种方式进行。中人和卖主商量：“人家只能出这个整，这个零。”也是这样捅袖子。由二拇指算，伸一指是一，伸二指是二，直到四、五，前面已说，拇指与二拇指并是六，再并中指是七，拇指、二拇指分开是八，二拇指一勾为九。如果自己不会这一套，可由要好朋友帮助洽谈，八道湾房屋就是鲁迅托教育部徐吉轩先生帮助买的。自然价钱不会一次当面谈妥。这就要“房牙子”两头再奔波洽谈了。如果不当着买卖两方的面，就不必用捅袖子的秘密方式，只要口头讲就可以了。

价钱和条件谈妥，然后由买主在饭庄子订一桌席，买卖双方及中人和帮忙的朋友都来，立草约，交契纸，交价款，或全部、或一半。付中人佣金、房价百分之五，买主出三成，卖主出二成，所谓“成三破二”，全部佣金分十份，买卖双方再各扣一份，给家中佣人或亲友，谓之“门里一份，门外一份”。八道湾房价三千五百元，故佣金一百七十五元。

北京当年，买到一所大房子，成交后，立约过契，照例要在大小饭庄子中办理，而且照例是买家出钱请客。买八道湾的房子，鲁迅是在绍兴会馆附近常去的广和居请的客。过契过款，第一，先交房价二分之一，一千七百五十元大洋，再加一百七十五元中费，一共一千九百二十五元。如果连酒菜钱算上，鲁迅这天开支，将近两千元，这在当时已是一个不小的数字。付钞票还方便，要付现大洋，一般五十元一扎，要足足四十扎，其重是以每枚库平七钱二计算，要足足老秤九十斤，以鲁迅的力气，是拿不动的。当时自然也有人帮助拿钱。

置三四千价值的产业，在当年的北京，虽不算大，也不算小了。因而立约、过款、交契等，酒席也总得像个样子，馆子也总得在有点儿名气的饭庄子里。至于广和居，那是闻名中外的，虽然在一个偏僻的小胡同里，地方也不大，但却是百年老店，在清末连庆亲王、军机大臣张之洞都爱光顾这家馆子。在这点上，十几层楼的北京饭店恐怕也比不上它。买八道湾房屋，共过款三次，除第一次外，第二次付款四百元，收房九间，第三次付清，全部收房。这期间也免不了在广和居请过几次客。

八道湾房子原是西北城老北京人的老式房屋，原来连玻璃窗也没有，更不要说什么自来水、电话等设备了。八道湾房子买来后，还要到巡警分驻所及其他机关办税契，即交钱办房契过户手续，还要修理、裱糊、装玻璃窗、装自来水等，一总也花了几百元钱。所以八道湾十一号周宅房产的总价值当年约是四千银元之数。

进入八道湾十一号的方形门楼的黑漆大门，迎面一座影壁，左拐就是外院空地，长些野草，东边有一棵枣树。从过道门庭穿过，是狭长的前院，南边是一排称作“前罩房”的房屋，坐南朝北，每三间为一住室，西头三间未曾住人，只做存放杂物及旧书之类的堆房之用;当中三间，门面齐整，窗棂精致，房前有两株丁香。这里曾经是鲁迅的工作室，《阿Q正传》等著作就是在中间屋子里创作的。屋东侧是门道，东边的两间，是门房的住室。院内西边是一座木板隔墙，上有小门，进门是西房小屋一间，鲁迅的学生章川岛曾经在这里住过。前院北墙东侧有一棵细高的白杨树，墙当中有方门一座，安装四扇油漆木门。进门是中院，院内西南角有枣树一棵，别无大树，只种着丁香和盆栽花草之类。院内东屋三间，是厨房。西屋三间，鲁迅初时住过，因地势低凹，每当下雨，即多积水。鲁迅迁走后，周作人用此屋做书房，故名为“苦雨斋”。西屋北侧有一处小院，种些花草，别无用处。院侧有北房三间，西间曾是朱安的住室，中间堂屋是家人吃饭的地方，靠后有一个和“老虎尾巴”相当的木制的长炕，也有很大的玻璃窗，但比西三条的面积大得多。有时看见长炕上放有卧具，冬天的夜晚，鲁迅好像睡在木炕上。因为他的书房里只有一个白炉子，大概这样可以节省一个洋炉子，因而设计西三条二十一号的时候，也就有了个“老虎尾巴”的吧?

东间是鲁瑞的住室。这屋东侧和厨房之间有一入口，穿过即是后院，院西边有一棵大槐树，东边是一个约三尺见方的小水池，北边是一排九间房屋，坐北朝南，称“后罩房”，也分为三间一室，西头三间是周作人和日本太太羽太信子的住室，这里面左手一间，完全改装成日本式，外装“障子”，里面是“榻榻米”。“障子”就是纸糊的木制拉门。不过，这里的日式房屋，是中日合璧式改造的。

北方的老式房屋，靠山墙由窗前到后墙盘的炕，叫“顺山大炕”，即房间进深多少，这炕便有多长。周宅这间日本式房屋，大约有一丈二尺长，九尺阔，按日本计算方法，大约是六叠席吧。推开“障子”，上去就是六叠席的“榻榻米”的日式房间，所不同的，下了“榻榻米”，不是日式玄关，却是两间中国老式的大方砖地，还有半段木隔扇，靠墙都摆着大书架的书房。冬天外屋生了大洋炉子，这间北京式老屋中的日式房屋，也只不过是带有暖阁的一条顺山大炕而已，不但温暖，而且挡风。这便是当年周作人和羽太信子的一所住室。

中间是周建人和羽太芳子一家住的，布置没有周作人那么讲究，只是简易适居罢了。东头三间用为客室。

院的西边有一个通往西院的小门，经过西院，可达宽约三尺的房后夹道。这的确是个好去处，没有丝毫朱门大宅的气息，颇富野趣，远离市廛，庭院寂静，令人感觉神清气爽。鲁迅用出售绍兴老屋分得的钱买八道湾宅院之后，又花用近六百元修整并购置家具，于十一月二十一日，和周作人夫妇先迁入新居。十二月一日，鲁迅回绍兴搬家，十二月二十九日，接母亲、朱安和三弟周建人及其家属来京，全家都住进这里。鲁迅当时表示三兄弟永远在一起，永不分家，谁有钱，大家用，有粥吃粥，有饭吃饭。

此时，中院西三间，即“苦雨斋”里，端坐着周作人。他人到中年，戴着金丝眼镜，镜后的眼神，高雅而深邃，唇上留着仁字胡须，紧抿的嘴角显出沉稳和自信，但仍掩不住小时候随遇而安、悠悠然无所谓的脾性。

这里有电灯，而且很亮，映照出三面墙上整齐的书籍，桌上的文具也摆放得有条不紊，称得上窗明几净。

他完成了一天的工作，没有再看书，只是静谧地坐拥书城，倚在藤椅上，悠长地想着什么……

仿佛又坐在家乡绍兴的乌篷船上，以游山的态度，看看四周物色，随处可见的山，岸旁的乌桕，河边的红蓼和白苹，渔舍，各式各样的桥，困倦的时候遂在舱中拿出随笔来看，或者冲一碗清茶喝喝。

儿时的事情，一幕幕在眼前浮现。祖父的入狱，自己的陪读；父亲的病和死……如今想来还令人伤心，但都过得去，唯一过不去的是四弟椿寿的早逝，猛一想起就心里发冷。

周作人从小就喜欢四弟，觉得他长得四方大脸，身体结实，在四兄弟中才华最为出众，将来必成大器。但是六岁时忽感风寒，夜里病重了，睡不安宁，发烧很高，额角摸上去烫手，鼻子一张一合，呼吸困难。姆娘一夜没睡，长妈妈忍不住大哭起来，喊道：“四弟弗好哉！”一大早，已经被姆娘从杭州叫回家到三味书屋读书、当时还被称作“阿槐”的周作人就坐小划船，赶到小皋埠的大舅父家里，请他来给椿寿看病。因为两个舅父都懂医术，是医生。

大舅父来了，给四弟把了脉。

姆娘焦急地问："怎么样？"

大舅父出来，走到廊厦，对姆娘说："我已经无能为力了。"说着，低着头，很难过的样子，脚步沉重地一步一步走出黄门。

大舅父的话和离去，对姆娘是致命的打击，她的脸色一下子灰白，似乎站立不住，三弟扶住了她。她到小堂前坐下来，定了定神。

周作人至今清晰地记得大舅父沉重走出的背影和姆娘灰白的脸色……

祖母、大哥都在四弟的房里，长妈妈和宝姑也在。他们看到大舅父没有留下药方，知道四弟将不久于人世，都伤起心来。

不知道姆娘这一夜是怎么过的。她把别人都打发去睡觉，只有大哥陪伴着她。

早上起来，到姆娘房里，看见四弟躺在床上，姆娘坐在床沿，拉着他的手。

"姆娘！"四弟睁开眼睛，对姆娘说，"我呕倒不想呕，很难过呀！"

姆娘握紧了他的手回答："阿团，你难过，我知道，我是有力无处使呀！"

四弟在床上喘得很厉害，长妈妈抱起他来，让他伏在自己的膝上，抚摸他的背。

只听得四弟的呼吸急促，忽然，喉咙里似乎"咯"的一声，就透大气了。

"四阿官！……"长妈妈叫唤。

但四弟已经不会答应，断气了。

前不久，四弟还活活泼泼地跑跑跳跳，不料竟被这一场病，夺去了生命。真是可怜的人间！一个人的生命竟如此脆弱？

矿路学堂要开学，大哥要回南京去了。不久就要府试，多少人劝他，应了府试，榜上有名，再回南京不迟，本来姆娘很悲伤，多留几天也是人之常情，但对这番好意，大哥坚决不接受，还是回南京去了。周作人第一次感到兄长性格的奇异：愈是伤心的事，愈是深藏不露。像他与琴姑的事，知情的三弟私下多次说过，他却从未提及……

伯文叔代大哥写了一块碑，碑文是："亡弟荫轩处士之墓"，下署"兄樟寿立"。葬在南门外龟山，相去不远还有一座小坟，碑上写着"亡女端姑之墓"，是父亲为未满一岁即殇的妹妹题写的。龟山临河那边有一个废庙或废庵，除门口两间住了看守人以外，其余都改作殡屋，兴房也有一间，停放着祖母孙氏的灵柩，另一间和中慎房桂轩伯一起，停放着父亲的灵柩。全能的庆叔用砖砌成四弟的小坟，周作人和三弟紧紧搂在一起，在凛冽的寒风中看着庆叔把简陋的坟墓砌好。

姆娘对四弟日思夜想，几乎不吃饭不睡觉。长妈妈看不过去了，说："少奶奶，文王课的瞎子会招魂，灵验得很呢！还是请他来使你们母子再会面一次。"

姆娘本来是不迷信的，从不吃素念佛，也不信神弄鬼，这次不知怎的却给长妈妈说动了心，说："再让我看一眼也好。"

文王课的瞎子被人领进来了，进了姆娘的房里。作人和三弟很好奇，也想进去看。瞎子说，屋里不能有人，一有人，阳气太盛，就把阴魂冲散了。所以家里所有的人，都坐在桂花明堂里等着。

后来，瞎子开门出来，说："可以进去了。"

长妈妈酬谢了瞎子，三弟急急地问姆娘："看见四弟了吗？"

姆娘说，瞎子告诉她，坐在帐子里不要动，他念起咒，会把魂招来。姆娘就目不转睛地看着，听他念了半天，只见房门似乎亮了一亮，别的什么也没有。

长妈妈说："你为什么还叫我给他钱呢？"

姆娘说："他既来了，怎么能不给钱呢？"

父亲去世的第二年，她最心爱的小儿子又突然走了，她的心情可想而知！姆娘非常思念四弟，为了安慰姆娘，周作人请来了绍兴专门画像的叶雨香，来画四弟的像。

画师来后大声对作人说："我不知道你弟弟长得什么样子，我怎么画？"

作人只得指着自己说："那你就看着我画吧！"

所以这张像画出来后，人物的脸就有些像周作人。

周作人对四弟椿寿怀念不已，以至于一八九八年二月十八日陪侍祖父时开始的日记，连日来只有"忘录"二字。近二十天后，才勉力写了几首悼念诗词。

有一首七绝《冬夜有感》写道：

空庭寂寞伴青灯，倍觉凄其感不胜。
犹忆当年丹桂下，凭栏听唱一颗星。

为了安慰姆娘，他和三弟陪伴她到小皋埠大舅父家散心，重游了娱园。想起当年在几个姐姐住房偷吃点心，穿起表姊的雪青纺绸衫跳舞而至今没有出现什么破绽，他转而得意得很，但又想到自己曾经暗恋的平表姊后来嫁给车耕南，夫妻不和，有病拖着不医，甘愿死去，又不觉神伤。因为忙于读书，由三弟陪姆娘去了小舅父家安桥头，自己回家继续在三味书屋学习。

两年之后，又在辛丑日记中作《逍遥处士小传》对四弟椿寿赞道：

生而灵警，见生人不啼，甲午之春（时弟二岁），即能言语，性孝友奇杰。三四岁教之唐诗，上口成诵，能属对，皆出人意表。教又能搦管作字，奇劲非常。

想到这里，周作人不禁又心生疑问：自己对四弟的夭逝这么伤感，写了这样多的诗文寄予怀念，大哥为什么不仅没有为四弟写过一个字，而且很少谈起呢？

他想起兄弟怡怡时，大哥对自己的种种关怀，心中至今感激，但也刻骨铭心地记得他对两个弟弟的专横与粗暴。虽说父亲去世，长子为家长，诸弟宗之，奉之如父，但大哥长兄兼家长式的暴虐，却让人难以忍受。在日本伍舍时，二人同居一室。在大哥指挥下，自己跟他翻译俄国和东欧短篇小说，白天被逼在一间六席的房子里，气闷得很，不想做工作，大哥却老催促自己译书，自己只是沉默地消极对付。有一天大哥忽然愤激起来，挥起他的老拳，在自己头上打了几下，自己忍不住要还手，但由许寿裳赶来劝开了。后来虽然和好如初，但是大哥总是吩咐自己翻译、建人为他抄书之类，亦出自家长身份。周作人日益感到自己从性格、思想以及文风上，都与大哥越来越疏远，甚至迥然对立，无法融合。现在自己已然成熟，文章轻灵随意，超逸静谧，“二周”之文并肩盖世，完全可以不再蜷缩在大树荫下，受兄呵护。

又想起年少时在杭州陪侍狱中祖父，大哥临去南京前来看望，兄弟俩同往离清波门不远的城隍阁一游，所仰视的东侧两旁的抱柱悬清人名联：

上联：大好湖山正宜画阁留云琼台邀月

下联：无边风景还待雄文纪胜绝唱传神

横批：高耸而风

那时觉出的文章力量，此时实现了。自己的文章虽不是什么“雄文”，但“纪胜绝唱传神”是自信的，为什么不在文坛拉起一群气味相投的文人独树一帜呢？其实，自己倡导的小品，绝不比其他派别中人差分毫，说不定还比那些人的文章流传得更悠远。

正在这个时候，大家庭的矛盾纷扰不断加剧，鲁迅对负责理家的羽太信子不满，总规劝作人，教他用钱应该节省一点儿：我们不得不想想将来，对于经济，不能总是进一个花一个的。埋怨信子大手大脚，排场太大，用钱没有计划。每天的日用消费品都要去日本商店里买；大人小孩生病了，也要请日本大夫，很少用中国货。做了一桌子的菜，信子说不好吃，就把这好东西倒掉重做；被子、褥子稍微旧一点儿就要换新的，出门的时候，必须坐出租车。常常弄得家里入不敷出，要向别人去借贷，这是不好的。作人虽然点头称是，但觉得信子也不是个坏人，有时候给她干活儿的工人病了，她除了把人送到医院里，还要给工人一些钱，很善良的。不去管也管不了自己的夫人，日久天长，兄弟二人的矛盾越来越大。弟媳耳闻了鲁迅对她的不满，很是恼火，一九二三年七月三日，兄弟俩同到东安市场，又至东交民巷书店，买云冈石窟佛像写真十四枚，正定本佛像写真三枚。兄弟俩的和睦相处倒激怒了信子，十三日夜就在周作人耳边说尽鲁迅坏话，第二天周作人就与鲁迅闹翻，兄弟俩不能像往常一样一起吃饭了。信子还觉不够，十七日夜又指鲁迅“非礼”自己。而且这几天，羽太信子又要犯周作人最害怕的歇斯底里病了，赶忙请日本医生池上来诊。他和信子争吵过，信子一犯病装死他就屈服了。他说:“要天天创造新生活，则只好权其轻重，牺牲与长兄友好，换取家庭安静。”经过一夜思考，周作人的心情由震惊、愤怒转而平静，他要给这位多年来一直自恃兄长和家长的人,显示自己人格尊严的明确信息。经济问题尚可忍耐,“非礼”自己的内人，可不能容忍了，十八日，周作人几经斟酌，给鲁迅写了一封信，交到鲁迅手里——

鲁迅先生：我昨天才知道，——但过去的事不必再说了。我不是基督徒,却幸而尚能担受得起,也不想责谁,——大家都是可怜的人间。我以前的蔷薇的梦原来都是虚幻，现在所见的或者才是真的人生。我想订正我的思想，重新入新的生活。以后请不要再到后边院子里来，没有别的话。愿你安心，自重。七月十八日，作人。

鲁迅见信后，差人唤周作人来谈，周作人不来。家人越闹越僵，传出去就有外人开始说闲话了。后来，居然有人说鲁迅“非礼”自己的弟媳。鲁迅一气之下，八月二日，带着妻子朱安搬到了砖塔胡同六十一号居住。有人问起他为什么要搬出来时，鲁迅苦笑着说:“我是让家里的日本女人赶出来的！”

这倒出乎周作人夫妇的意料，周作人觉得自己在信中只是请他不要到后院来，并不是轰他搬走。鲁迅这一搬走，却使周作人夫妇的火气烧得旺了。鲁迅迁入西三条新居，并将母亲鲁瑞接去后，一九二四年六月十一日下午，他回到八道湾胡同十一号，取一些自己的东西出来。不料却引发了一场不小的“战争”，周作人夫妇居然要打他，于是三个人就打了起来。打完架后，鲁迅与周作人彻底绝交，此后，再也没回过八道湾十一号。

坐在书斋里的周作人，品了口苦茶，又悠悠然起来，好像什么事都没发生过。可是，小时候和大哥一起在小床上模仿演戏的镜头又在眼前浮现:两个人在床上来回行走,演出兄弟失散,一面沿路寻找着,一面叫着“大哥呀！”“贤弟呀！”后来渐渐叫得凄苦了，这才停止。兄弟俩不禁搂抱在一起……

周作人的眼睛禁不住湿润了，忽觉得妇人刮的“枕边风”也不能全信，倘若真的是信子说的那样，为什么自己这么多年毫无察觉呢？拿过桌案边的日记，翻到一九二三年七月十一日那一页，庆幸已在当年七月十七日把涉及自己与大哥矛盾的约十个字用剪刀剪去了。

大上海

秋夜的月光照着北京古城，也洒满了南方的大上海，映射进东横滨路景云里十号一间小屋中。

小屋陈设简单，只一张单人床，一张三屉桌，桌前摆着一把已经很旧的藤椅。椅上坐着一位瘦弱、矮小的中年人，唇上留着一绺短髭，穿一身灰布长衫，他就是鲁迅、周作人的三弟周建人。

建人显得很疲倦，在商务印书馆编译所辛苦校对了一整天，腰背发酸，两眼发花，晚饭后只想躺着，或静静地坐在藤椅上闭目养神，不想再看什么文字了。所以连灯也没开，只在从窗户缝里射进的月光下冥想。

四弟椿寿早夭后，大哥回南京了，二哥很悲痛，写了不少悼念四弟的诗词。自己也很感伤，但不善舞文弄墨，没有写什么，只觉得自己的童年随着四弟的去世而消逝了。为了安慰姆娘，和二哥一起陪着她来到小皋埠大舅父家，游了娱园。又一人陪姆娘来到小舅父家安桥头，见到了最想念的琴表姐，琴表姐一看到姆娘，就搂在一起痛哭起来，又紧紧拉着他的手不松开。他知道是在哭四弟，姑妈刚死了丈夫，接着又死了心爱的小儿子，怎么不令琴表姐替她伤心呢？看着琴表姐与姆娘的亲切劲儿，他朦胧地觉得琴表姐迟早会成为周家人的。但是，这一天还没来到，却传来了琴表姐去世的噩耗，小松寿几乎哭昏过去了。可是，他至今不明白:大哥为什么始终没提过琴表姐一个字，更没有为她写过一句话？大概是大哥的性格所致吧？松寿发觉，大哥似乎对人很冷淡，从不笑脸相迎，问寒问暖，他没有什么话可说就不说，想到什么事情说起来又滔滔不绝。他对有些事情似乎不关心，从不去道听途说，但他却在观察和思考。不过，大哥与朱安琴瑟不和，几乎是众人皆知的。“生意做勿着，一遭；老婆讨不着，一世。”大哥的不幸婚姻，造成他一世的苦闷，也促使他一心钻进学问和写作中，成为了不起的大作家。松寿亲耳听到小舅父气恼哄哄发脾气、姆娘低头不语，她要设法补偿。这时，小舅父的二女儿意姑已经结婚，三女儿也许配了曹娥陈家，只有四女儿招官还待字闺中，而且年龄与松寿相仿，因此虽然没有下聘礼，两家却默契了。但不幸的是招官不久因病去世，松寿还参加了她的葬礼。从此，松寿专心自学，大哥从日本给他寄来了英文的植物学方面的书籍，鼓励他刻苦学习。升叔教给他的一点儿英文也起了作用，靠不断地查字典，他逐步把书里的意思都看明白了，知道了生活中因为不懂科学出现了多少误会和荒唐的事。比如先前怀疑过鬼神的存在，但说不清楚，懂得生命的起源后，对鬼神的疑惑就不攻自破了。

学了科学知识，改变了松寿先前如在梦里的人生，头脑比较清醒了，学习也更加努力。一天，会稽县学堂有个姓钱的同学来找他，说僧教育会想办一个小学堂，但找不到合适的校长，老秀才不行，山阴、会稽县学堂的毕业生，又都升入府中学堂了，只有他没有去考，因此就来问问愿不愿意做这个工作。松寿不想在家里吃闲饭，只要有事情，总是愿意做的。于是他这个才从县学堂毕业、年龄刚过十七岁的人，便当上了塔子桥僧立小学堂校长了。创业是令人兴奋的，学校由开始的二三十人逐渐增加到四十多人，越办越兴旺。一个月以后，松寿拿到了八元薪水，他从来没有拿到过这么多钱，好像发了大财似的，高兴极了。晚上回到家里，尽量想装得若无其事，但还是笑容满面，合不拢嘴，对姆娘说："姆娘，今天我薪水发来哉！"

"多少？"姆娘问。

"八元。"说的时候，像富翁一样骄傲，拿出钱来，放在姆娘面前："姆娘，都给你，以后你不用再愁饭米了。"

那时米二三元一石，一石等于一百五十斤，完全可以养活全家人了。

谁知姆娘把他推开，说："阿松，家里俭省一点儿，饭米也还有。你没有读什么书，就出去做事了，我不想用你的钱，你自己买些书，自修自修吧！"

松寿知道这是姆娘心疼自己，她对家里的保姆长妈妈也善良至极。记得几年前，家里的生活是很艰难的。宝姑嫁人了，离开了周家。长妈妈已年老，做不了什么活。家里的开支节约到极点，每天掀开镬盖，饭架上只有腌鱼和咸菜。但母亲说，长妈妈是有功之臣，难为她把孩子都照看大，家里再穷，也要和她一起吃粥汤咸菜，不能辞退，要养长妈妈的老。长妈妈确也把周家当作自己家，她年轻守寡，过继一个侄儿为儿子，侄儿是做裁缝的，收入不错，可是她每次回家，总急急忙忙回到姆娘身边来，她已经习惯在这里生活，倒好像和周家是一家人了。不久，周家为安定情绪，雇船冒雨到大树港看戏。到大树港了，雨还是不停地下着，船舱里回拉上了明瓦窗，雨仍然渗进来，长妈妈在中舱窗边的小桌上移动什么东西，怕被雨淋湿，忽然她回头来对姆娘说："少奶奶，我头晕呢！"这时，松寿并没有觉得她有什么异常。姆娘坐在中舱一把椅子上，旁边还有一把椅子空着，对长妈妈说："到这里来靠靠吧！"长妈妈走到姆娘身旁的椅子边，坐在船舱里，头靠在椅子上。她靠了一会儿，对姆娘说："少奶奶，我勿对者[①]！"说话时，舌头都大了，吐字不清晰了。姆娘着急地对松寿说："快！快请王富叔来，请他雇条小船，送长妈妈回家。"松寿赶紧跑到船头，大喊"王富叔"。小船是有，但船与船挨得密密麻麻，没有办法行驶，周家工人王富叔就跳到女船上，走进舱里，抱住长妈妈，想把她躺好，但他扶了一下，就对姆娘说："少奶奶，不能动她了。"长妈妈就这样断了气，几乎没有什么痛苦。女客吓得都到男船里去了，大家已无心看戏，只等戏完了以后，船松动一些，好摇出去。长妈妈夫家姓余，过继的儿子名五九。家住东浦大门楼，与大树港相去不远。这一只四明瓦，就载着长妈妈的遗体，送到五九家里。照规矩死人是不能进家门的，五九忙搭起木棚，给她办了几天丧事。

接着，庆叔也不行了。他明显地衰老了，而且神情忧郁，好像有什么心事。松寿惊讶地问："庆叔，你怎么啦？"他说身体不大好，不如以前了。这是真的，一袋皮谷，过去，他轻飘飘拎起来，掮上就走了，现在，他自己放不上肩，要王富叔来帮他掮上，走几步路，就有点儿气喘。后来松寿知道他向姆娘告辞，说为运水离婚花了一笔钱。据说回家不多时，就后背生毒疮死去了。啊，那目光有神、多知多能的庆叔啊！

① 我勿对者：绍兴方言，意即"我不舒服"。

热爱的人一位位离去了，讨厌的人却继续讨厌着。伯文叔、仲翔叔和二哥参加院试。那年县考时，大哥和他们三人都榜上有名，院试时，大哥没回来，他们三人都兴冲冲地去参加了。出榜那天，下着雨，他们三人一大早去看榜，只有仲翔叔一人榜上有名，是第四十名，末名秀才。但这已经不容易了，因为有五百多人参加考试，何况这是最后一次以八股开科取士，所以仲翔叔的高兴是不必说，台门里别人也都为他欢喜。二哥还是悠悠然无所谓的样子，仿佛中与不中和他无关，伯文叔却发了一场大脾气。他没有地方出气，就拔院子里的小桂花树，哪知道桂花树虽小，根却很深，一时拔不起来。伯文叔更觉得失了面子，非要拔起来不可，先是站着拔，再是蹲着拔，后是向后卧倒，用尽吃奶的力气，终于把它连根拔起。谦叔劝慰他，何苦为这事生气呢？他说："我并不是为兄弟进学而生气，气的乃是我隔壁一号入了选。"他的意思是说，不是妒忌自己的兄弟，而只是差了一号没有入选，运气不好。大家听他这么说，都觉得好笑。

另一个讨厌的人周五十，运气更不好。壬寅年十一月十八日死了。他本来是鸦片鬼，人瘦得皮包骨头，一到夏天，赤着膊，肋骨一根根露在外面，数得清，也不知什么病，也许就是抽鸦片送的终。子传奶奶当然很伤心，大哭了一场。别的人倒觉得五十这么活着，与死了也没有什么两样，所以都没有什么。祖母听了，只是念了一声"阿弥陀佛"。二哥在南京，接到仲翔叔给他的信，知道五十已死，在日记中写道："闻之雀跃，喜而不寐，从此吾家可望安静，实周氏之大幸也。"回想起周五十生前见人三分笑，眼睛眨一眨，计策有一百，他总是笑嘻嘻地说："是咭，是咭。总会好起来的。没有钱愁它什么，到时候总自会来的。"松寿也觉得这样的人，活着不如死了。

想到这里，又想起祖母来了。松寿把第一次得到的薪水交给姆娘时，姆娘不要，却想了一想说："你如真有多余，隔把月，给你娘娘[①]一两元，她从小照管你们，也够辛苦，你如今挣钱了，给她一些零用，也是应该的。"

松寿一听姆娘的话有道理，马上就跑到祖母的房里，说："娘娘，我薪水

① 娘娘：绍兴方言，意即"奶奶"。

发来哉！喏！这两块钱，给你做零用，你买些欢喜的东西吃吃！”

松寿知道祖母喜欢吃些水果，也抽点旱烟，以前这些零用钱是她想办法养蚕自己赚的。

祖母看松寿拿出两块钱来，眼睛也润湿了，说：“阿松，你自己辛苦来的，你自己用吧！”

松寿说：“我还有，这是给你的。”

祖母走进姆娘的房里，说：“阿松会赚钱了，我怎么好用他的钱呢？”

姆娘说：“娘娘，你收着吧！这也是他的一点孝心。”

祖母就把钱收下了，自言自语：“没想到今天用着阿松的钱了，日子过得真快！”

以后，松寿就按照姆娘说的，隔一个月给祖母两元零用，一直到她去世。

松寿觉得祖母很可怜，一辈子没有得到祖父的恩爱，受尽了气和牵连。祖父从狱里回来后，对她仍然很冷淡。

原来，庚子年间八国联军进北京，慈禧和光绪逃了，大小官员也跟着藏的藏，逃的逃，刑部中的犯人也逃了出来，事平之后又投案自首，刑部就奏请慈禧统统给予免罪，于是周福清也就蒙老佛爷开恩获释了。但八年的监狱生活没有使他有丝毫改变，而且更加锋利尖刻，肆无忌惮，愤世嫉俗了。整天价“昏太后、呆皇帝”地自顾自痛骂。加之与潘大凤一别八年，此时相见，有如干柴燃火，房事未免过度，到底是年近七旬的人了，终于生了病，看样子好像感冒、发热，有点气急，人倒似乎还有精神，并不十分狼狈，请何廉臣来医时，把了脉，看过舌苔，想了一想，对祖父说：“老先生，我照直说了吧，想来你也是一个旷达的人，必不见怪。”

祖父说：“有话就说吧！”

“你这毛病，医药书中没有这样的方子留下来，随便开方也不好，我不开了，你可以准备后事了。”

松寿和在旁边的人听了很突然，因为祖父不像要死的样子，是不是医生弄错了呢？可是这医生好像很有把握，拿了一元四角的诊费，就走了。

姆娘说:“爷爷，还是请别的医生来看看吧！”

“不必了！”爷爷回答，似乎他对医生的话是很相信的，“何必多花冤枉钱呢？”

祖父吩咐松寿说:“阿松，你去把熊三公公请来，我有话对他讲。”

熊三公公来后，在他床前的方凳上坐下。祖父就开口了，说:“熊三弟，刚才医生来看过了，说我已不久了，我想和你商量后事。”

熊三公公说:“不会吧！何不请别的医生来看看？”

“我想，医生一般不肯这么说，他既这么直说，肯定是有把握。人总要死的，我年六十八，不算短寿，也可以了，如今家境不太好，办后事量力而为吧！总要为活人着想，丧事从简。”

熊三公公问:“寿衣做好了吗？”

“还没有。这寿衣也少做几件吧，不必做十三件了。”

“那么，做几件呢？”

“五件或七件。”

“介乎兄，五件太不像话，还是七件吧！”

“七件也好，熊三弟，族里的事，我已无能为力，只有请你多费心了。”

裁缝来了以后，就在廊厦的桌子上铺开做寿衣。

这几天，松寿没有去上学，陪着祖父。他眼看祖父早上起来，打开墨盆，松寿给他磨好墨，他就记日记，他的日记簿是红条的直行纸，线装的，很整齐。

写好日记，他就躺下了。松寿为即将发生的事情担心，心神不定，没有想到祖父写的是什么。在他生命的最后几天，他还有什么话要留下来呢?

这样过了好几天，松寿甚至认为祖父只要静心休养，也许会好起来。他身体强健，很少生病。

不料，有一天早上，他对松寿说:“阿松，我起不来了。”

松寿说:“爷爷，你应该休息，等身体好时再写吧！”

祖父点了点头。

吃过晚饭，姆娘对松寿说:“今天夜里，我们守着爷爷吧！”松寿答应了。

夜里，天气十分闷热，蚊子乱飞，潘庶祖母在天未黑时，用蚊烟熏过房间，放下门窗上的竹帘，所以房间里倒还没有蚊子，只是闷热。

祖父睡在一张铁梨木大床上，屋里点了油灯，潘庶祖母、姆娘和松寿在旁守候。祖母没有来，因为祖父始终与她不和。

祖父头朝北睡着，手里还拿了一把芭蕉扇，自己扇着，好像热得难受，所以睡了一歇，爬起来，头朝南睡下。这在大热天是常有的，有时身下的席子发烫，只好换个方向再睡。他也是这样，一会儿头朝北，一会儿头朝南。

姆娘问他："爷爷，你难过吗？"

祖父摇摇头，一句话也不讲自己有什么不舒服。

到后半夜，似乎稍稍凉快一些了，窗外有微风吹进来，祖父也不再爬来爬去，安静下来了。大家也都松一口气。

可是，大家发觉他的呼吸有点不对头，原来是气急的，现在呼吸慢了下去，只见他似乎安宁地睡熟了，只是呼吸越来越慢，最后停止了。

正当一家人忙乱的时候，二哥櫆寿从南京撞回家来了。本来祖父的丧事，应该他的次子周伯升管。但是伯升离开杭州父亲监狱以后，到南京水师学堂了，一时回不来。于是，本来落在松寿头上的事情，便全部落在櫆寿头上。二哥做了孝子，这样大的热天，要像大哥当年给父亲敬孝一样，穿了寿衣到河里买水，身上要披麻，头戴三梁冠，手拿哭丧棒，在众目睽睽之下，一点儿都不能偷懒。后来，周伯升回来了，这台戏就由他唱下去，一直到丧事结束。完事后伯升回南京去了，他读完最后一年，毕业后回到绍兴，教松寿英语，又研究植物学。半年后上军舰服役，还经常给松寿寄植物学方面的书籍。但终因从小母亲去世，缺乏母爱，自己事业也不顺利，一九一八年病逝，年仅三十七岁。

祖父虽说丧事从简，只是不开吊[①]而已，一切习俗总还是照旧的。入殓时，孝子去买水，梳头穿衣服，全副改成明朝装束，本来招文袋里要放他生前爱好的古玩玉器的，他这时也没有什么了，即使有一些，也都留给了潘庶祖母，记得只放了一些图章、信件之类的东西。

讣闻发出后，来了介千姑丈、大姑母等至亲，也免不了请了和尚道士念

① 开吊：开始吊丧之意。

经拜忏，但是很冷清。送葬的人也很少，只有介千姑丈父子。

祖父的死，只对一个人，变化是巨大的，那便是潘庶祖母。不服侍祖父，她便无事可做了。她到南方已经十二年，但有七年时间是在杭州度过的，现在家里什么也不必她操心了。本来可以读一点书作为消遣，但她又识字不多，顶多看看戏本，所以完全空了下来。日子一久，便深深地感到孤寂起来。这时她还只有三十七岁。祖父去世五年，她一直这样过着孤寂的生活，在家里没有什么事情可做。祖母对她也很难处置，如果祖父一死就让她嫁人，这在台门里还没有先例，所以只好含含糊糊过日子，有时她要出去玩玩，也由她去。终于有一天，住在台门门房里的阿和对周家人说，有一个绰号叫“瘫眼疤”的，晚上常进台门来，是到潘庶祖母那里去的。

周家人叫他不要瞎说，但他说，这是真的。

果然，过了一个时候，阿和又来说，“瘫眼疤”把潘庶祖母的箱子，半夜里一只一只拎出去了。这些本是祖父的遗物，是说好给她的。祖母也想不出什么妥当的办法来，没有问她这件事。

她一次出去没有回来。

将近一年之后，潘庶祖母又回来了，向祖母要了一纸证明，说是周家同意她走的。祖母通情达理，请廿八公公给她写了。潘庶祖母临走，又来到小堂前，走到祖父的像前，边哭边说：“老爷，我走了哇！谢您的恩典，我永不忘！老爷，我走了哇！”说完，跪下行了一个礼。

她擦着眼泪，缓慢地走出黄门，身影消失了。松寿望着她的背影，眼睛潮湿了，毕竟在一个家里生活了好些年啊！

春天，祖母生起病来，起初好像是感冒，她自己也说是受了寒，大家也想不到有别的，因为在绍兴，春天经常下雨，往往比冬天冷，常冻死小牛犊。上年纪的人要生病，是不奇怪的。

送妈妈在衙门里做事的阿任来看祖母，问：“老太太，身体还不见好吗？”

祖母说：“总是身热，不知道是什么缘故，别的难过倒也没有。”

送妈妈的阿侄说:“想必是岁数大了一点,身体虚了,将养一段,是会好的。”后来,他想了一想,又说:“我倒认识一个郎中,开的药方很灵验的,请他来看看,吃一帖药,包好。”

祖母同意了。

过了几天,郎中来了,松寿和姆娘陪郎中来到祖母的房里。给祖母把脉、看舌苔以后,他就开方了,说:“这是两帖药,吃了包好。”

家里的工人王鹤照去撮了药来,姆娘煎了给祖母吃下,才吃一帖,已退烧了,大家很高兴,说药真灵。可是,祖母开始出汗,松寿去摸摸她的手,还发凉。全家人觉得严重了。在离开祖母的时候,姆娘对松寿说:“阿松,日里你去教书,我看管娘娘,夜里你还是回家来陪夜吧!”

夜里,祖母对松寿说:“阿松,你白天辛苦,夜里又来陪我,我很落不起[①]。”

松寿说:“娘娘,我不辛苦,我只希望你身体早点好。”

祖母说:“恐怕不会好了。”她又说:“现在你们兄弟,都要做做吃吃,家里没有田产了。”

松寿说:“做做吃吃很好。我看那些靠祖产吃饭的,没有一个好下场。我愿意自己挣钱。”

祖母说:“那到底辛苦,只怕还要歇业,怎么办?”

松寿说:“我学本事!再说,我只要勤勤恳恳做,总会有事情。”

祖母说:“阿松,你知道吗?当年你爷爷没有去送信。”

松寿说:“我不知道。那么,信是谁送去的呢?”

祖母说:“你太娘死后,介千姑丈常来,来拜他丈母的七。你爷爷丁忧回来,他们姊夫郎舅在小堂前谈,我听得介千姑丈说,今年是恩科,要你爷爷想办法,你爷爷再三推却,我亲耳听他说:‘这件事动不得咯!’可是介千姑丈不肯歇[②],说不要紧的,都这样做的,他有办法,实在被他纠缠不过,你爷爷只得写了一张便条,我眼看他写好便条,介千姑就放进自己的大襟袋里,说:‘我

① 落不起:绍兴方言,即“对不起”。

② 歇:绍兴方言,即“罢休”。

自会派人去送，你不必操心了。’信里请托的是哪些人家的子弟，我都不知道，他差谁去送，就更不知道了。谁知后来竟会闯大祸呢！”

松寿说：“那么，衙门差役来捉人的时候，爷爷在哪里呢？”

祖母说：“四七让出来，住进大书房，你爷爷就躲在他那三间头里。”

松寿问：“他怎么去投案呢？”

祖母说：“我怕俞凤冈来骚扰，劝他投案自首，但没想到他会‘斩监候’，如果知道要杀头，我也不会劝他去了。”

松寿说：“爷爷怎么都承担了呢？”

“便条总是他亲笔写的，这就叫：‘一字入公门，九牛二虎之力拔不出。’他反正逃不脱了，何必蜻蜓咬尾巴——自吃自呢？他只有这么一个姊夫。”

“哦，原来是这样！”

当松寿还想问祖母什么的时候，看她已经十分疲乏，摸摸她的手，都是冷汗了。

姆娘不放心，差鹤照去请名医何廉臣。

何廉臣把脉、看舌苔后，问姆娘：“老太太吃过什么药？”

姆娘把药方递过来。

何廉臣看了看说：“如果不看到病人，单看到药方，那么，这药方开得再好也没有，应用的药，都用了，各种药的搭配也无可指责。只有一点，他把病人的年龄忘了，如果老太太不是六十九岁，而是四五十岁，那么，吃了这帖药，包好。他把麻黄的分量开得太重，老年人是抵挡不住的。”

他又说：“这样吧！我开一帖药，你们煎了给她吃下去，如果冷汗没有了，人不昏了，再来叫我。如果冷汗止不住，你们不必叫我了，准备后事吧！”

那几天夜里，松寿几乎没有合眼，听着窗外的春雨淅淅沥沥，不禁想起自己幼年时代，躺在桂花树下的小板桌上，听祖母讲故事。那样的岁月已经远去，祖母也将离开人间，和家人永别了。

姆娘也来陪夜，祖母的呼吸越来越弱，终于停止了。这是宣统二年农历四月初五，公历一九一〇年。

周五十死了以后，子传奶奶更加凶悍而严酷，儿媳被她虐待劳累而死，儿子凤歧在生活打击下堕落了，新台门出售以后，她搬进老台门，分文不给侄儿，凤桐也不敢向冷酷的婶母要一文钱、一间屋，落得沿街乞讨，终于倒毙在塔子桥下雪地里了。地保讨来一具薄棺材，收殓了抬到义冢埋掉拉倒。

周氏大家族死的死了，老的老了，穷的更穷了，更加破败了。

二哥跟大哥一样走了去南京上学的路，暑假都回家了。他们已叫树人和作人了，商量松寿的名字也应该改为有"人"字的。俩人叽里咕噜地咬文嚼字，背诵一些古文，最后说"侃"字好，什么"朝，与下大夫言，侃侃如也"[1]，"侃侃尚书公，投绂理泉石。"[2]"侃"字的意思是刚直、和乐、从容不迫，还是取名"侃人"吧！可是过了一天，大哥对松寿说，这"侃人"二字，读起来有点拗口，不如改为"建人"吧，于是松寿就叫周建人了。

后来二哥也去了日本，一九一一年九月结束在日本的留学生活，携妻羽太信子回绍兴，翌年五月信子分娩一男孩，需人照顾，五月二十三日羽太芳子由其兄羽太重久陪同，从东京来到绍兴。

十五岁的芳子，天真活泼，性情和顺，待人有礼貌，和信子不同，喜欢学绍兴话，到来不久，就能讲几句简单的绍兴话了，也能听懂周家人说话的大意，言语能够粗通，相处就很融洽，芳子逐渐成为信子与周家之间的桥梁，与二十四岁的周建人也产生了感情。大家认为亲上加亲，是好事。

周建人与芳子结婚后，一九一五年二月，他们的第一个男孩子出生，取名冲，不幸于一岁余夭折。这对芳子刺激很大，几乎患上了一种类似疯癫的病症。一九一七年十一月第二个女孩儿出生，取名鞠子，又名马理。一九一九年五月第三个男孩子降世，取名沛，又名丰二，家人取绰号"土步"即沙塘鳢。十二月，周建人一家随同全家，住进北京八道湾周宅。

周建人到京后没有工作，在北京大学旁听，间或写些生物学和民俗学方面的文字，在《新青年》等处发表，但稿酬甚微。这样生活了将近两年，周

① 见《论语·乡党》。

② 见袁桷《芳思亭》诗。

建人不甘于寄人篱下的生活，芳子的疯癫病也使他感到很没有面子。一次，老二、老三两家准备出门游玩，建人觉得自己当然也要跟着去，然而走到车子门口时，却见芳子冷着脸对他说:“你也想去吗？钱呢？”当着众人面埋怨丈夫没有挣钱的本领,并逐渐从冷言冷语发展到大吵大闹,使周建人受尽苦处。只得由鲁迅托蔡元培、周作人托胡适帮助，在上海商务印书馆编译所找到了一个校对工作，每月工资六十元。工作辛苦而收入很少。

周建人一九二一年九月离京时，芳子已怀孕。一九二二年二月芳子生下儿子丰三。周建人每月从微薄的工资里拿出几十元钱寄给芳子，但这点儿钱根本不够芳子花销，手头拮据的她非常羡慕阔绰的姐姐信子，越来越依赖姐姐了。周建人多次写信给芳子，有次甚至回北京亲自去说服芳子，要她带着孩子到上海和他共同生活，但芳子舍不得离开姐姐和亲属，舍不得八道湾富裕的生活，坚决不去上海。而这时，周建人和往日在绍兴的学生王蕴如，也产生了感情，有意同居。

“该怎么办呢？”周建人一边苦思，一边在心里问自己……

第二章　女师大

许广平

进入严冬，北京古城整个儿坠入冰窟窿里，屋檐上挂着晶莹莹的冰凌，街边、墙根的残雪冻成硬邦邦的冰块，树木光秃秃的枯枝在冷风中瑟缩，人们为讨生活又不能不上街，刺骨的寒风刮在脸上和只穿单薄破衣的人的身上，像刀子拉一样生疼。

从南城宣外的广和居往北，宣内有一条东西向的石驸马大街。街中路北，有一座中西合璧的灰色楼房。高耸的圆形楼顶是红色的，下面的窗框也是红色的，上围呈圆形，窗下门洞的上围同样是圆的，都与圆顶对称。这座楼因红顶红窗而被称为“红楼”，形状有些像西式教堂，但灰色的砖墙，门两边的圆柱，特别是门框两边的花卉砖雕，又显出老中国的特色。这就是当时的国立女子师范大学。

进校门是庭院，不大，却很雅致，矮矮的松墙上满是莹白的积雪，周围是灰砖的两层楼房，每层都有走廊。窗框和廊柱也是红色的。向西转，隐蔽处还有一圈两层楼房，是女学生的宿舍。由于宿舍里安着热水汀，所以即使在严寒的冬天，走进屋里，也顿有满室生春之感。楼下靠边的一间里，一位二十多岁的女生正坐在床上，伏在旁边的小桌上看报。

她就是许广平。

广平梳着齐耳短发，虽不漂亮，却很周正，厚厚的嘴唇显出广东姑娘独有的特色。南人北壮，站起身足有一米七〇，即使在北方女性中也算是高个儿，与南方普遍矮小的女人比，就更是高头大马了。她此时穿着浅色的棉袄，黑裤，白袜，尖口黑鞋，显得豪爽粗犷，大胆泼辣，有一股女丈夫气。她常自称从小时候就“好读飞檐走壁，朱家郭解，扶弱锄强等故事。遂更幻想学得剑术以除尽天下不平事”。从她沉静、刚毅的眼光看来，是确实的。

这天是一九二四年十二月七号，星期日，同室的小姐们都上街找朋友玩去了，只有广平一个人在宿舍里读报。今年春节前，她不幸染上猩红热，初恋时的男朋友李小辉多次探视，结果也染上了，一月七日骤然去世。给侥幸病愈的广平极大的刺伤，在小辉灵柩前呼天抢地，大哭一场，感到摧毁了一个处女纯洁的心，永远得不到苏转。但是回到学校后，却平白无故受到“不堪描写”的“毒矢”——流言的攻击。自此她烦于外出，只把自己沉在读书和写作中。此时津津有味细读的报纸，是新近出版的《语丝》，八开十版的小报，周一出刊，已经出到第三期了。她早听人说，号称“副刊大王”的孙伏园，因为《晨报》新总编辑从他主编的副刊上撤下了鲁迅的稿子愤而辞职，于是鲁迅等多位先生和孙伏园一起创刊了《语丝》。一向关心时事、爱读书报的广平，急切地向往读到这份新报，十一月六日星期天中午，偶尔外出，正好在东安门大街碰上矮矮胖胖、留着胡子的孙伏园先生和两位年轻人，一律身着西服，亲自抱着新印出的《语丝》，在真光电影院门前发售，大为感动，立即买了一份。原来在出版前两天的星期六，《语丝》已经印好了。于是孙伏园就带着乳毛还未褪尽的青年李小峰和章川岛，自跑印刷局，自去校对，自叠报纸，刚出来时又亲自跑到电影院前兜售。李小峰后来成为北新书局出版人，章川岛是鲁迅在北大教书时的学生，毕业后在校任职。他们既不像兜售《圣经》的救世军女教士那样沉静、安详，也没有一般卖报者连喊带跑那样的伶俐、活泼，只是不声不响地手上托着一大叠《语丝》，装着笑嘻嘻的脸，走近去请他或她买一份，头一声招呼当然是“喂！喂！”有人乍遇到这副神情，是要莫名其妙地吃一惊的。尤其是孙伏园，矮矮的身材，长得像日本人。兜

许广平梳着齐耳短发，虽不漂亮，却很周正，有一股女丈夫气。

售的成绩，三个人每次至多不过售去一二百份，几次以后就不去了。一则因为三个人大清早坐了人力车赶去，经济上得不偿失；二则因为倘若零售过多，就影响经常订阅的供给份数。第一期印的两千份，出乎意外地几天之内就卖完，而订阅者尤其是外埠的，仍不断地汇款来信订阅，结果第一期再版了七次，共印了一万五千份。

回校之后，广平急不可耐地浏览了一下发刊词和林语堂署名开明的《生活之艺术》，之后就被第三版下条鲁迅的《论雷峰塔的倒掉》吸引住了。她一直喜欢鲁迅的文章，小书箱里，盛着《呐喊》和登载鲁迅文章的报刊。这本《呐喊》是北京新潮社一九二三年八月初版的，红色封面，中间方框中是隶书的“呐喊”两字，下面是“鲁迅著”，听说是鲁迅自己设计的。广平极为珍爱，时不时翻出细读。现在读着这篇新刊出的杂文，觉得立意机智，气度悠然，文笔漂亮，回旋利落，比先生以前的杂文还要好！

广平默念着文中的话：

> 和尚本应该只管自己念经。白蛇自迷许仙，许仙自娶妖怪，和别人有什么相干呢？他偏要放下经卷，横来招是搬非，大约是怀着嫉妒罢，——那简直是一定的。

广平一口气读完全文，轻拍一下桌子，叹道：“最后以‘活该’收笔，真是痛快，解气！”

广平成了“《语丝》迷”，第二个周日中午，她又跑到真光电影院门前寻找《语丝》，不巧没碰上，只得朝着沙滩北大红楼新潮社《语丝》的发行地找去。这么远的路，本应雇辆车去，但车钱比报纸贵得多，哪里掏得起？只好劳驾两条腿吧！想起少年时，略能识字，就沉浸于民党所办的《平民报》中，因为渴慕新书，往往与小妹同走十余里至城外购取，以不得为憾，现在已是青年，有的是力气，只要看到《语丝》，不管多苦多累，都跟吃了蜜糖一样，心里甜蜜蜜的，何在乎跑这点儿路呢！新潮社的一位年轻人热情接待了她，卖给她新一期的《语丝》，并说不用每期跑这么远来买，可以订阅，邮局给送。广平毫不犹豫地订了半年的《语丝》。

第二期头版头条刊登的是鲁迅先生的《记“杨树达”君的袭来》，广平看了立时觉得这位“杨树达”君实在太可气了，怎么那样莽撞无礼呢？但心底里又对先生的住处感到好奇，恍然间心生一念：有机会也去闯一闯？……

手里捧着的，是十二月一号邮局送到学校收发室的《语丝》第三期，她还是先细读鲁迅的文章。

“呵，野草，一秋夜！”广平默念着：“在我的后园，可以看见墙外有两株树，一株是枣树，还有一株也是枣树。”发出疑问：“说两株枣树就行了，为什么绕圈子，一株……还有一株？”

但很快就被那“奇怪而高的天空”、“星星的冷眼”、“极细小的粉红花”、“瘦的诗人”、“默默地铁似的直刺”天空的“枣树”、“夜游的恶鸟”、“夜半的笑声”、“猩红色的栀子”、“颜色苍翠得可爱”的“向日葵子似的”“白纸罩上的小青虫”，紧紧抓住了，想与鲁迅先生一起“对着灯默默地敬奠这些苍翠精致的英雄们”。

这份报纸已经拿到六天了，广平不断地品味、咀嚼，不忍释手，更加向往先生的住处，而第九版上先生的《关于杨君袭来事件的辩正》，说明杨树达原来患有精神病，并非有人蓄意干扰，对原来自己的疑误自责，又使广平对先生的自省精神油然而生敬意，禁不住忆起初见先生时的情景：去年，自己上二年级时，鲁迅先生来校教小说史，上课的瞬间，人们震于他的声名，每个学生都怀着研究这新先生的一种好奇心。在钟声还没有收住余音，同学照往常积习还没就案坐定之际，突然，一个黑影子投进教室来了。首先惹人注意的便是他那大约有两寸长的头发，粗而且硬，笔挺的竖立着，真当得“怒发冲冠”的一个“冲”字。一向以为这句有点夸大，看到了这，也就恍然大悟了。黑色的暗绿夹袍，褪色的黑马褂，差不多打成一片。手腕上、衣身上的许多补丁，则炫着异样的新鲜色彩，好似特制的花纹。皮鞋的四周也满是补丁。人又鹘落，常从讲坛跳上跳下，因此两膝盖的大补丁，也掩盖不住了。一句话说完，一团的黑。那补丁呢，就是黑夜的星星，特别熠耀人眼。小姐们哗笑了！“怪物，有似出丧时那乞丐的头儿。”也许有人这么想。“囚首垢面而读诗书”，这是古人的一句成语，拿来转赠给鲁迅先生，是很恰当的。

广平正如一般顽童，边听讲边把这位满身补丁，不，满天星斗，一团漆黑，长发直竖的先生速写起来。

讲授功课，在迅速的进行。当那笑声还没有停止的一刹那，人们不知为什么全都肃然了。没有一个人逃课，也没有一个人在听讲之外拿出什么东西来偷偷做。钟声刚止，还来不及包围着请教，人不见了，那真是“神龙见首不见尾”。许久许久，同学醒过来了，那是初春的和风，新从冰冷的世间吹拂着人们，阴森森中感到一丝丝暖气。不约而同的大家吐一口气回转过来了。被一致爱护的鲁迅先生，在学生中找不出一句恶评。他也曾经有过一次辞职的事，大家一个也不缺地挤到教务处，包围他，使得他团团地转，满都是人的城墙，肉身做的堡垒。这城堡不是预备做来攻击他，正相反，是卫护他的铁壁铜墙。接受了这一批青年热诚的先生，终于重又执掌教务。

这时候，初见时那种“乞丐的头儿”的印象没有了。广平发现鲁迅先生其实很美，很有风度，简直是很可爱。就大着胆子问先生：“您住家在哪里？”

先生竟诡秘地一笑，说道：“哪里是家，是‘窝’。但这是一个秘密，不能奉告。”

广平假装生气地噘着嘴说：“哼，不愿意告诉。好，我一定会揭穿这个‘秘密’的。”

广平知道曾经是同学、已经毕业到华北大学附中任教的许羡苏，是写了不少小说的许钦文的妹妹，跟先生是同乡，很熟，就主动和她拉关系，终于从许羡苏嘴里得知了先生的“秘密”。

广平正痴痴地想着，忽然被几个女孩子的叫喊惊醒了……

刘和珍

同室和邻室的五位姑娘从街上回来了。为首的是活泼、调皮的陆晶清，小巧玲珑，不住地跳来跳去，眼睛一眨一眨地，不断想“坏”主意，讲逗话，惹“娄子”，她一步跳到广平身前，扮了个小鬼脸，逗道：“还在思念逝去的情人啊！连街也不上，躲在屋里闷想。”

广平听了不高兴，知道这淘气的“小鹿”是在说自己想念小辉，戳痛她内心的伤口，怒气冲冲站起身，举拳要打“小鹿”。“小鹿”赶忙藏到一位姑娘身后，呼道：“啊呀！广平要打我呢！和珍，你这个学生自治会主席可得保护我啊！”

被称作学生自治会主席的刘和珍，不嗔不怒，总是温和地微笑着，细声说：“小鹿，这是你不对了，怎么能对广平说这话呢？”

陆晶清也悟出自己说错了话，连忙向广平作揖，赔罪道：“啊呀！我说错了，大人不计小人过，我这里赔罪了！我是懵懂糊涂的阿Q还不行吗？”

广平转怒为笑道：“这个死丫头！”

于是和解，五位姑娘一块儿进来。同室的林卓凤也是广东姑娘，她可比许广平更像广东人，黑瘦矮小，不爱说话，但对人却很亲切，一把拉过刘和珍坐到自己床铺上。另一位梳短发的湖南妹子杨德群，簇拥着和珍，三人坐在一起。陆晶清扶着一位戴深度眼镜、总蹙着眉、显得很忧郁的姑娘，坐在靠里的床上。这位姑娘是山西才女石评梅，已经从女师大毕业，在附中当体育教员，正和小鹿一起编辑《京报副刊·妇女周刊》，常和鲁迅接触，也常到女师大来玩。她俩常“鲁迅先生、鲁迅先生”地不离嘴。

是的，自打鲁迅到学校讲课起，他的口语、名言、警句，常在同学谈话中引用，有时在和鲁迅先生讲话时也搬用他的语言。他笔下的人物，如七斤嫂、九斤老太、杨二嫂、闰土等，同学们选用作对几位同学的戏称。阿Q的大名，常用来自称或称呼别人。

和珍看见广平手里拿着《语丝》，微笑着，和蔼地问：“广平拿的是《语丝》吧？我也买了，很喜欢！”和珍虽然是英文系的，却很喜欢国文，爱读鲁迅的文章。

广平举起手中的《语丝》，兴奋地说：“是呵！尤其是鲁迅先生的文章，让人百读不厌，读了还想再读！”

石评梅站起身说：“第三期开始的《野草》第一篇《秋夜》，真是充满诗意！”

陆晶清不再逗乐，严肃地说：“据鲁迅先生说，《野草》要一篇一篇写下去，要写二十多篇呢！”

广平知道陆晶清、石评梅正在鲁迅先生指导下编报，她们说的消息会是确实的，羡慕地说：“你们能直接听鲁迅先生的指教，可真幸福！”盼望再读以后的《野草》，心里对自己说道：一定要篇篇细读。

林卓凤插嘴道：“我们如果也能面听鲁迅先生的教诲就好了。”

广平知道许羡苏之所以能够准确地告诉她“秘密”，是因为她有时住在鲁迅的宅院中，面听鲁迅先生的教诲，不禁心生羡慕。

和珍却说：“其实，我们能亲耳聆听鲁迅先生讲课、讲演就很不错了。”

石评梅神采奕奕地说：“去年这个时候，比今天还冷呢！那时学校刚演过《傀儡之家》，娜拉的出走成了同学们的话题。晚上，鲁迅先生在学校礼堂讲《娜拉走后怎样》，我不顾寒冷从附中跑来听。好些学校的学生也赶来听，把礼堂挤得满满的，走廊外面都站满了人。大家听讲的热情，冲破了寒气。讲完以后，许多人围着鲁迅先生问话，许久他才从人丛中挤出去，但是大家还是依依不舍。”

一直没讲话的杨德群应声道：“我还记得，鲁迅先生说：娜拉走出家庭以后，‘实在只有两条路，不是堕落，就是回来。’”

陆晶清抢着答：“我还是认为会到天桥唱大鼓！”

石评梅笑着说：“到东安市场卖冰糖葫芦！”

广平想起她的家乡广东正在打头“闹革命”，就说：“会到广东去参加革命！”

林卓凤默默地说：“我还是赞成《妇女杂志》的那篇文章，提倡‘独身主义’，一个人独自生活，不再结婚、嫁人、组织家庭！再不济，也能挣出自己的饭钱。”

刘和珍温和却坚定地说：“不改造这个社会，让妇女取得经济权，妇女是不可能自由的。走到哪儿也无能为力，难以生活！”

广平和其他几位姑娘都点头称是。

“砰”的一声，门被推开了，进来一个姑娘，带进一股寒气，是跟刘和珍很要好的教育系的张静淑。

她一进屋就搓着两手说："啊，屋里真暖和，外边真冷！"

广平起身关上门，禁不住想起前任校长许寿裳先生，感慨地说："这应该感谢许校长，许先生顾念各地远来的学生，多属南方人，经不起北方的天寒地冻，不惜借债替学生在宿舍里安热水汀，如今屋子里才会这么暖和。"

陆晶清应和着说："即此细微末节，也可见许先生办学的苦心孤诣，无所不至了。"又叹口气道："然而精诚所至，未必金石为开，而顽石点头，究竟有谁见过？忽然有一天，总务处的会计员不知因什么吵起来了。过了不久，学生里面也有在贴标语，反对许校长了。那时我刚到学校不久，没有详细了解那事的经过，总之许先生很快就洁身引退。马上展开许多宣传，说有一位杨荫榆其人的，刚回国不久，她从前曾在本校女子初级师范的时候当过舍监，以身作则，办事如何如何认真云云。而且又有补充，说女子有资格在专门以上学校当校长的实在不多，女人掌女校，在女权运动上应当拥护云云。在如此这般的鼓吹之下，杨荫榆走马上任了。"

广平嘴里叱了一声，朝窗外僻静处扫了一眼，鄙视地说："这位杨荫榆头戴白色绒花，身披黑缎斗篷，整天价急急忙忙，到处奔跑，学校公务，则交给她的两三亲信，代决代行。又制定种种清规戒律，学生必须住校，周末下午回家必须家长来接，学生一律穿草绿色布的衣裙制服，梳一把抓的高髻，白袜黑鞋，违者记过，记过三次开除。哼，你规定平日不许出校门，我偏要上街去买新书报。"

刘和珍一听见杨荫榆的名字就有气，一反向来的温和，愤怒地说："杨荫榆说什么学校犹如家庭，俨然以婆婆自居，对学生严加看管，看见一封信，就疑心是情书；听到一声笑，就以为是怀春；男人来访，便说是情夫；到公园去玩，则说是赴约。这学期有些学生因为战事返校晚了，她硬要跟她不好的三个国文系同学退学，跟她好的却不追究，把个女师大变成了她这个婆婆虐待儿媳妇的大本营！乌烟瘴气，鬼鬼祟祟，许多女教职员们都贼头鼠眼，怀着鬼胎般向学生探视、侦询，冀有所得，好去报功了。这成了什么样的世界！"

姑娘们一听，也都义愤填膺，恨不得把杨荫榆轰出学校。

杨荫榆

此时，杨荫榆恰恰正在离学生宿舍不远的校长办公室里。她黑黝黝的，双眼皮，眼睛炯炯有神，笑时两嘴角各有个细酒窝，牙也整齐，脸型不错，比中等身材略高些，虽然不是天足，穿上合适的鞋，也不像小脚娘。仔细看，会发现她是穿过耳朵的，不过耳垂上的针眼早已结死，人们从未见她戴过耳环。她不令人感到美，可是也不能算丑。她母亲一次当着她的面，拿着她的一张照片说："瞧她，鼻子向着天。"意即"鼻灶向天"。她气呼呼地说："就是你生出来的！"当时家里人传为笑谈。人们倒觉得她实在有理由和母亲生气，即使她是个丑女儿，母亲也不该对女儿这么说。

杨荫榆这时坐靠在高背沙发上苦苦地沉思默想，她百思不得其解的是：为什么自己一心一意要把学校办好，把女师大办成中国历来没有的出色女校，却越来越遭到这群女学生的反对？

是自己当真有什么过错吗？她静静地回顾自己的经历。

一八八四年她出生于江苏无锡的一个书香门第，是家里的第六个孩子，小名申官。父亲杨老圃为律师。比她大六岁的二哥杨荫杭，是中国著名的民主革命启蒙者、法学家。杨荫杭自日本回乡后办起了以培养近代师资和科技人才为宗旨的锡金公学。在兄长的影响下，杨荫榆和二姐一起得以入学，学习近代数理知识。这是最早有男女同学的补习学校，姐妹俩都不坐轿子，步行上学，令人称赞，而且开当地男女同校风气之先。

一九〇二年，她依靠二哥的帮助，进入景海女学堂学习两年。之后，转学到上海务本女中。

一九〇七年五月，她毕业了，赴江苏省参加官费留学考试合格后，七月启程去往日本，先入青山女子学院，后在东京女子高等师范学校理化博物科学习。

一九一三年，她从日本毕业归国，受聘于江苏省立第二女子师范学校，即苏州女师，担任教务主任，同时兼任生物解剖教师。

她在日本留学时，母亲只求门当户对，将她定亲给蒋家少爷。听二哥杨荫杭的形容，那位少爷是一个“低能儿”，老咧着嘴，露出一颗颗紫红的牙齿，嘴角流着哈喇子。二嫂在娘家时也听人说过那位蒋家的少爷，向婆母提出反对这门亲事，可是白挨了几句训斥，婆母看重的是蒋家的门户地位，并不是女儿的幸福。

杨荫榆从日本留学回来后，遵父母之命，与这位寓居在无锡的常州籍蒋姓人家的少爷成了亲。新婚之夜，她发现对方是个低能儿，和自己没有半点共同语言，为了自卫，撕破了新郎的脸，第二天一早就毅然返回家中。那位婆婆有名的厉害，先是让人抬轿子来接，遭拒，就派老妈子一同来接，杨荫榆只好硬给接走。可是有一次她死不肯再回去，结果婆婆亲自上门来接。杨荫榆对这个婆婆有几分惧怕，就躲在二嫂大床帐子后面。那位婆婆不客气，竟闯入二嫂的卧房，把杨荫榆揪出来。逼到这个地步，杨荫榆不再示弱，索性撕破了脸，声明怎么也不再回蒋家，从此就和夫家断绝了关系。那位傻爷是独子，有人骂杨荫榆为“灭门妇”，大概因为她不肯为蒋家生男育女吧？由于她的坚决态度，这桩封建包办婚姻终于告吹。而这时的杨荫榆，只有十八岁。后来在二哥资助下，在苏州景海女中学习时，一位亲戚家的小姐和她同学。那姑娘有点“着三不着两”，无锡土话称为“开盖”，略似上海人所谓“十三点”，北方人所谓“二百五”。她和蒋家是隔巷的街坊，可是不知道杨荫榆和蒋家的关系，只管对她议论蒋家的新娘子：“有什么好看呀！狠巴巴的，小脚鞋子拿来一剁两段。”杨荫榆在一旁听着，还很幽默，只笑着听她讲，既不点破，也不申辩。过了些时候，那姑娘回家弄清底里，就对杨荫榆骂自己：“开盖货！原来就是你呀！”杨荫榆到家跟家人讲的时候，细酒窝儿一隐一显，乐得不得了。

从此之后，她终生独居，再也没有结过婚。这桩荒唐的婚姻给了她很大的刺激，对她后来的人生产生了难以磨灭的影响。此后比一般女性更勇敢、自觉、超前，不屑做什么贤妻良母，对恋爱和婚姻全不以为然，一心投身社会，希望有所作为。

杨荫榆的日文是科班出身。日本是个多礼的国家，妇女在家庭生活和社交里的礼节更为繁重，杨荫榆则很内行，见到日本人就彼此频频的躬身行礼，像日本人一样规范。由于在日学习优异，获得奖章，回国后在苏州女师任教务主任，一九一四年又由教育部上调京城，出任北京女子师范舍监，工作谨严，深得师生拥护。她的小侄女，即有恩于自己的二哥的女儿，在附小上一年级。一次，小学生们正在饭堂，杨荫榆带了几位来宾进饭堂参观。顿时全饭堂肃然，大家都专心吃饭。小侄女背门而坐，饭碗前面掉了好些米粒儿。杨荫榆走过，附耳说了侄女一句，侄女赶紧把米粒儿捡在嘴里吃了。旁边的小同学看见舍监的侄女捡吃米粒儿，一个个都把桌上掉的米粒儿也捡来吃了。后来小侄女在家听见姑母和父亲形容这群小学生：背后看去都相像，一个白脖子，两橛小短辫儿。但一眼就看出了侄女，很喜欢。小侄女看到她讲的时候又笑出了细酒窝儿。

一九一八年杨荫榆赴美留学，离别时，有好些学生送行，哭得抽抽噎噎，她站在火车尽头一个小阳台似的地方，也只顾拭泪。火车鸣了两声汽笛，才慢慢走开。她到美国后，进入哥伦比亚大学学习，获教育学硕士学位。

一九二二年回国后，她一度在上海教书，不久又被教育部召至北京，担任女子师范学监。

一九二四年二月，她受教育部委任，接替许寿裳任北京高等女子师范大学的校长。同年，女高师改名为“国立女子师范大学”，杨荫榆成为中国近代教育史上第一位女大学校长。

作为大学校长的杨荫榆，强调秩序、学风，强调学校犹如家庭，需要一个稳定的局面。她曾在一篇文章中宣称：“窃念好教育为国民之母，本校则是国民之母之母。”所以被学生讽为“国民之母之母之婆”。她要求学生只管读书，不要参加和过问政治活动，把学生的爱国行为一律斥为“学风不正”，竭力阻挠。在校务方面，作为女强人，则免不了独断专行、处事不公的事情，难免激起公愤。

一九二四年秋季开学之际，由于南方发大水以及受江浙战争的影响，部分学生回校耽误了一两个月左右，没有按时报到。杨荫榆决定整顿校风。她在学生回来以后制定了一个校规，说凡是逾期返校的都要开除。但在处理具体学生时，却没有做到公正、公平，严厉处置了平时不听话的国文系三名学生，要求她们退学，而对于和自己关系较好的学生却放过不问。这一显失公平的做法引起了女校学生和教职工的严重不满，女师大驱杨风潮由此爆发。

杨荫榆坐靠在高背沙发上，身子不住地摇晃着，嘴里自言自语道："这究竟是因为什么呢？"

许寿裳

虽然洁身自退大半年了，许寿裳仍然在教育部任编审员，兼更名女师大的女高师教授，他一直念念不忘这所自己一心想办好的学校。他的寓所离教育部和女师大都不远，在绒线胡同附近的西单保安寺八号。此时，他正在书房中默默地考虑女师大的事情。

他脸稍长，戴着副金丝边眼镜，嘴唇宽厚，目光亲切，一看就知是位忠厚长者。他也在苦苦思索任女高师校长时，问题究竟出在哪里？

当时他不但延聘了许多东西洋留学的人来校教书，还多方邀请在北大任教的学者执教，经过调整的国文科教师阵容，除沈士远、沈尹默、沈兼士"三沈"和"二周"鲁迅、周作人外，还有钱玄同、马裕藻、朱希祖、林语堂、徐祖正、黎锦熙、郑奠等，可谓群星灿烂，引人注目，大为满足了学生们的求知欲。

然而那时办校，也并非容易的事。段祺瑞执政府，完全依赖日本的支持，连日常政府开支，也全靠借债度日。因之学校经费，在省无可省的情况下就赊欠，寅吃卯粮，在举债度日的情况下讨生活。虽则如此，他还是顾念各地远来的学生，其中南方人居多，经不起北方的天寒地冻，不惜借债替学生在宿舍里安热水汀，终于在冬寒之中，有满室生春之感，使常患感冒伤寒的学生，顿然减少。

然而忽然有一天，总务处的会计员不知因什么吵起来了。过了不久，学生里面也有在贴标语的了，他很快就洁身引退。

心情郁闷之时，挚友鲁迅在女师大讲完课后，下午来舍看望，极尽安慰，又批评他为人温和，与世无争，但老实有余机变不足。

时值二月，北京还很冷，鲁迅伸手进他那件灰色的爱国布棉袍的袋里去，要摸出哈德门牌的廉价烟来吸，许寿裳连忙递给他一支海军牌的好烟，说道：

“抽这个，到我这里还客气什么。”自己也点上一支。

鲁迅笑了笑，接过许寿裳的烟，点着深吸了一口，说道：“你为什么被排挤？因有人想走进女师大校长室坐上校长交椅。同时，‘官方’又正蓄谋策划夺取女师大校长这一职位，安排自己人。于是，前者投靠了后者，后者支持前者，相互勾结利用，主张‘女人治女校’的谬论便散布开了。企图出任女师大校长的女人不止杨荫榆，还有一名也是留美得了学位回国的云南人李硕。李硕先杨荫榆露面，支持她的是几个年老的云南籍‘京官’，出面为她活动的是教育部一名司长云南人李某。杨荫榆虽然后走一步，但她的靠山比李硕的硬，上有北洋军阀系统的官僚撑腰保镖，中有为她吹喇叭的一批‘论客’，下有以女附中为基础的颇有力量的内应，所以她站出来后，一路顺风，而李某却销声匿迹了。”又吸口烟接着说：“教职员工中都有与历届校长有关系的人。学生二百余人中，也是杂色，有每天由‘老妈子’伴着坐马车来回的‘名门闺秀’，有坐包车来回的‘现任官员的女公子’，有在学校里显得突出的毕业后‘保送’入大学的‘附中派’，有来自各省市考送的‘杂牌’。结果就造成‘驱许拥杨’的潮流了。光一心教学，不留心世事是不行的。”

挚友的诤言，说得许寿裳边吸烟，边频频点头，深感鲁迅“知人论世，总是比别人深刻一层”。送鲁迅出来时，在冷风中望着他的车影，久久不愿回转，禁不住想起和鲁迅结识、过从的往事……

许寿裳一八八三年生于绍兴城内水澄巷，比鲁迅小两岁。一九〇二年初秋，以浙江官费派往日本东京留学，初入弘文学院学习日语，鲁迅已经在那里。鲁迅所在的江南班，共有十余人，也正在学习日语，比许寿裳早到半年。许寿裳的班也有十余人，名为浙江班，两班的自修室和寝室毗邻，当初却极少往来。

留学生初到，大抵留着辫子，把它散盘在囟门上，以便戴帽。尤其是那些速成班有大辫子的人，盘在头顶，使得制帽的顶上高高耸起，形成一座富士山，口里说着怪声怪气的日本话。小孩们见了，呼作“锵锵波子”。许寿裳不耐烦盘发，和同班韩强士，两个人就在到东京的头一天，把烦恼丝剪掉了。那时江南班还没有一个人剪辫的。原因之一，或许是监督——官费生每省有监督一人，名为率领学生出国，其实在东京毫无事情，连言语也不通，习俗也不懂，真是官样文章。可笑的是江南班监督姚某，因为和一位姓钱的女子有奸私，被邹容等五个人闯入寓中，先批他的嘴巴，后用快剪刀截去他的辫子，挂在留学生会馆里示众，许寿裳也兴奋地跑去看过的。姚某便只得狼狈地偷偷地回国去了。鲁迅剪辫是江南班中的第一个，大约还在姚某偷偷回国之先，这天，他剪去之后，来到许寿裳的自修室，脸上微微现着喜悦的表情。许寿裳说：“啊，壁垒一新！”他便用手摸一下自己的头顶，相对一笑。此情此景，历久如新，从此俩人就成为相知，终生不渝。

那时的周树人，身材并不高，额头开阔，颧骨微高，双目澄清如水晶，其光炯炯而带着忧郁，一望而知为悲悯善感的人。两臂矫健，时时屏气曲举，自己用手抚摩着，脚步轻快而有力，一望而知为神经质的人。赤足时，常常盯住自己的脚背，自言脚背特别高，会不会是受着母亲小脚的遗传呢？

大家身在异国，刺激多端，有一天，他们谈到历史上中国人的生命太不值钱，尤其是做异族奴隶的时候，不禁相对凄然。从此以后，就更加接近，见面时每每谈中国民族性的缺点。又常常谈着三个相连的问题：一、怎样才是理想的人性？二、中国民族中最缺乏的是什么？三、它的病根何在？对于问题一，因为古今中外哲人所孜孜追求的，其说浩瀚，他们尽善而从，没有多谈。对于问题二的探索，当时他们觉得我们民族最缺乏的东西是诚和爱，换句话说，便是深中了诈伪和猜疑相贼的毛病。口号只管很好听，标语和宣言只管很好看，书本上只管说得冠冕堂皇，天花乱坠，但按其实际，却完全不是这回事。至于问题三的症结，当然要在历史上探究，因缘虽多，而两次奴于异族，被认为是最大最深的病根。做奴隶的人还有什么地方可以说诚说爱呢？唯一的救济方法是革命。他们两人聚谈每每忘了时刻。许寿裳从此就佩服周树人的理想之高超，着眼点之远大。

一九〇四年正是日俄战争前夕，各大帝国从四面八方侵入中国，国势危如累卵，旅顺已非常吃紧，而上海等地的人士，仍醉生梦死，无动于衷。因此树人在给上海友人的信中说：“申浦宴游，依然如昔，不独足下目击伤心，而弟等亦为之浩叹！”同学少年，忧国忧民，沉痛心情，溢于字里行间。

不久，鲁迅到仙台医学专科学校去了，曾经解剖过许多男女老幼的尸体。他告诉许寿裳：最初动手时，颇有不安之感，尤其对于年轻女子和婴孩幼孩的尸体，常起一种不忍破坏的情绪，非特别鼓起勇气，不敢下刀。他又说，胎儿在母体中如何巧妙，矿工的炭肺如何墨黑，两亲花柳病的贻害于小儿如何残酷。总之，他的学医，是出于一种尊重生命、爱护生命的宏愿，以便学成之后，能够博施于众。他不但对于人类的生命，这样尊重爱护，推而至于渺小的动物亦然。许寿裳感到：从这一点就可以看出鲁迅的伟大之心！他后来所以决心学医以及弃医而学文学，都是由此出发的。许寿裳爱读鲁迅的小说《兔和猫》，因为白兔这两条小生命失踪了，生物史上不着一点儿痕迹，推论开去，说到槐树下的鸽子毛呀，路上轧死的小狗呀，夏夜苍蝇吱吱的叫声呀，于是归结到造物实在将生命造得太滥，毁得太滥了。

二十世纪初年，严复译的《天演论》影响很大，鲁迅有好几篇能够背诵，许寿裳呢，也有几篇能背的，于是二人忽然把第一篇《察变》背诵起来了——

> 赫胥黎独处一室之中，在英伦之南，背山而面野，槛外诸境，历历如在几下。乃悬想二千年前，当罗马大将恺撒未到时，此间有何景物？计惟有天造草昧，人功未施，其藉征人境者，不过几处荒坟，散见坡陀起伏间，而灌木丛林，蒙茸山麓，未经删治如今者则无疑也。……

鲁迅到仙台以后，对严复却不大佩服了。有一次给许寿裳通信，还提及《天演论》，开个玩笑。大意是说仙台气候寒冷，每天入浴取暖。而仙台浴堂，男女之分，只隔着一道矮的木壁。信中有云："同学阳狂，或登高而窥裸女。"自注："昨夜读《天演论》，故有此神来之笔！"

严复首开风气，有筚路蓝缕之功。鲁迅时常称道他的"一名之立，旬月踟蹰，我罪我知，是存明哲"，给他一个轻松的绰号，叫作"不佞"。——鲁迅对人，多喜欢给予绰号，总是有趣的。后来，因不大佩服严复了，不再称"不佞"，而改称“载飞载鸣”。

许寿裳感到，鲁迅的观察锐敏而周到，仿佛快镜似的使外物不能遁形。因之，他的机智也特别丰富，文章上固然随处可见，谈吐上尤其层出不穷。这种谈锋，真可谓一针见血，使听者感到痛快，有一种涩而甘、辣而腴的味道。友人邵铭之听他的谈话，曾当面评为“毒奇”。鲁迅对这“毒奇”的二字评，也笑笑首肯。

鲁迅学医时期的轶事很多，像独自一人去访朱舜水遗迹等。还有一次到东京，从东京出发再往仙台，付了人力车资，买了火车票之后，囊中只剩银币两角和铜板两枚了。因为火车一夜就到，他的学费公使馆已经直寄学校留交了，他便大胆买了两角钱的香烟塞在衣袋里，粮草既足，扬长登车。不料车到某站，许多乘客一拥而上，车中已无座位，鲁迅看见一个老妇人上来，便照例起立让座。这位妇人因此感激，谢了又谢，从此开始攀谈，并且送给他一大包咸煎饼。他大嚼一通，便觉得有点口渴，到了一站，便唤买茶，但是立刻记起囊中的情形了，只好对卖茶人支吾一声而止。可是已经被老妇人听见，以为他是赶不及买，所以一到第二站，她急忙代为唤茶，鲁迅只好推说现在不要了。于是由她买了一壶送给他，他就毫不客气，一饮而尽。鲁迅做事，不论大小，总带一点儿不加瞻顾、勇往直前的意味。

许寿裳记忆最深的是与自己有关的，一九〇五年春，他在东京高师学校修完了预科，趁樱花假期，便和钱均夫二人同往箱根温泉，打算小住十天，做点译书的工作。路上偏遇大雨，瀑布高高地飞着，云被忽然裹住了，景色实在出奇。所以住下旅馆，就写了好几张明信片，寄给东京的友人何燮侯、许缄夫、陈公孟、鲁迅等——鲁迅在春假中，也来东京，和许寿裳同住，不过他学校的假期短，须早回仙台去，但看到许寿裳报告寓址和冒雨旅行的所见，就暂缓回仙台了。隔了一二日，收到友人的回片，或称我们的韵人韵事，或羡我们饱享眼福，许寿裳看了不以为意。后来，公孟忽然到了，鲁迅也跟着来了，他自然不以为奇。大家忻然围坐谈天，直到夜半。第二天结伴登山，游“芦之湖”，路上还有冰雪的残块，终于爬到山顶。这个湖是有名的囱口湖，真是天开图画，风景清丽绝了。一排的旅馆临湖建筑着，他们坐在阳台上，只见四山环抱这个大湖，正面形成一个缺口，恰好有“白扇倒悬东海天”的“富士山”远远地补满。各人入浴既了，坐对“富士”，喝啤酒，吃西餐，其中炸鱼的味道最鲜美，各人都吃了两份。兴尽下山，大家认为满意，不虚此行。

谁知道公孟之来，原是有“特务”的。因为有章某向同乡造谣，说许寿裳等是为的“藏娇”到箱根去的。同乡友人们不相信,公孟也不信,却自告奋勇，要得个真相。鲁迅也不信，说假使真的“藏娇”，还会自己来报告寓址吗？天下没有这样的傻瓜！果然，后来情形大白了，同乡友人们均鄙视这造谣的人。这件事隔了好久，鲁迅才对许寿裳说穿，他们相视大笑！

一九〇八年春，许寿裳结束了东京高师学校的课业，打算一面补习国文，仍旧就学于章先生之门，一面练习德文，准备往欧洲留学。为要选择一个较优的环境，居然在本乡西片町寻到一所华美的住宅。这原是日本绅士的家园，主人要迁居大院，才租给他的。规模宏大，房间新洁而美丽，庭园之广，花木之繁，尤为可爱，又因为建筑在坂上，居高临下，正和小石川区的大道平行，眺望也甚佳。许寿裳招了鲁迅及其弟起孟、钱均夫、朱谋宣共五人居住，高大的铁门旁边，电灯上署名曰“伍舍”。

西片町是有名的学者住宅区，几乎是家家博士，户户鸿儒。他们一家偏是五个学生同居。房屋和庭园却收拾得非常整洁，收房租的人看了也很满意。由西片町一拐弯出去，便是东京帝大的所在，赫赫的赤门，莘莘的方帽子群进群出。此一带的商店和电车,多半是为这些方帽子而设的。方帽子越是破旧，越见他的年级高，资格老，快要毕业了。

鲁迅从小爱好植物，幼年时喜欢看陈淏子的《花镜》等书，常常到那爱种花木的远房叔祖的家，赏玩稀见的植物，在弘文学院时代，已经买了三好学的《植物学》两厚册，其中着色的插图很多。所以他对于植物的培养有了相当的素养。伍舍的庭园既广，隙地又多，鲁迅和许寿裳便发动来种花草，尤其是朝颜即牵牛花，因为变种很多，花的色彩和形状，真是千奇百怪。每当晓风拂拂，晨露湛湛，朝颜笑口常开，作啪啪的声响，大有天国乐园去人不远之感。傍晚浇水，把已经开过的花蒂一一摘去，那么以后的花轮便会维持原样，不会减小。其余的秋花满地，蟋蟀初鸣，也增添了他们的乐趣！

鲁迅生平极少游玩。他在仙台时，曾和同学游过一次松岛，有许多张海上小岛的松林雪景照片给许寿裳看。在东京伍舍时，有一次许寿裳和鲁迅同游上野公园看樱花，还是因为到南江堂购书之便而去的。上野的樱花确是可观，成为一大片微微带红色的云彩。花下的茶肆，接席连茵，铺以红毡，用清茶和樱饼饷客。

许寿裳和鲁迅不但同居，而且每每同行，如同往章太炎先生处所听讲，同往读德文呀——那时俄文已经放弃不读了。又同访神田一带的旧书铺，顺路观赏樱花，同访银座的规模宏大的丸善书店呀。因为他们读书的趣味颇浓厚，所以购书的方面也颇广泛，只要囊中有钱，便不惜“孤注一掷”，每每弄得怀里空空而归，相对叹道：“又穷落了！”这些苦的经验，回忆起来，还是很有滋味的。

可惜好景不长，盛会难再，到冬时，荷池枯了，菊畦残败了，他们的伍舍也不能支持了——因为同住的朱、钱两人先退，许寿裳第二年春要去德国，所以只好退租。鲁迅就在西片町，觅得一所小小的赁屋，预备他们三个暂时同住，许寿裳走后，则周氏兄弟二人同住。

后来鲁迅、许寿裳都回国了，仍然过从甚密。一九一二年一月一日临时政府成立，定都南京，蔡孑民先生任教育总长。其时一切草创，规模未具，部中供给膳宿，每人仅月支三十元。许寿裳被蔡先生邀到南京帮忙，草拟各种规章，日不暇给，乘间向蔡先生推荐鲁迅。蔡说：“我久慕其名，不拟驰函延请，现在就托先生代函敦劝，早日来京。”许寿裳即连写两封信给鲁迅，说蔡先生殷勤延揽之意。鲁迅接信来京，他们又复聚首，谈及故乡革命的情形，多属滑稽而可笑。他们白天同桌办公，晚上则联床共话，暇时或同访图书馆，或同访清朝驻防旗营的废址，只看见一片焦土，在瓦砾堆中，有一二年老的满洲妇女，住在没有门窗的破屋里，蠕蠕而动，见了他们，其惊惧似小鼠，连说没有什么，没有什么。鲁迅向许寿裳讲述当年在路矿学堂读书，骑马过旗营时，老是受旗人的欺侮，言下犹有余恨。

临时政府迁都北京，四月中，许寿裳和鲁迅同返绍兴，五月初，同由绍兴启程北上，还有蔡谷清和许寿裳侄世璿同行。在上海登轮之前，鲁迅买了一部有正书局出版的《红楼梦》，以备船中翻阅。在分配舱位时，鲁迅忽发妙语说："我睡上铺，谷清是被乌龟背过了的，我不愿和他同房。"于是他和世瑢住一间，许寿裳和谷清住一间。至于"乌龟背过"，乃系引用谷清的自述，说从前在北京时，曾到八大胡同妓院吃花酒，打茶围，忽遇骤雨，院中积水，无法出门了，由妓院男子背负涉水而出。鲁迅偶然想起提出，也是一种机智，令人发笑。

到北京后，同住山会邑馆，其时已改为绍兴会馆。许寿裳兄长许铭伯先生原居在这里的嘉荫堂，现在许氏兄弟二人同住，世瑢住对面的绿竹舫，鲁迅住藤花馆。许寿裳兄长和鲁迅一见如故，谈话很投机，此后过从也很密。鲁迅看见许铭伯的书桌上放置着《越中先贤祠目序例》多册，便索取一册去，这是到京馆第一天的印象。后来鲁迅锐意穷搜而结成《会稽郡故书杂集》，民国三年用周作人的名刊行，即此就可以见得鲁迅的牺牲精神，而以名利让给其弟。

一九一四年以后，鲁迅开始看佛经，用功很猛，别人赶不上。他买了《瑜伽师地论》，见许寿裳后来也买了，劝他说道："我们两人买经不必重复。"许寿裳赞成，从此以后就实行，例如鲁迅买了《翻译名义集》，许寿裳便不买而买《阅藏知津》，少有重复的了。鲁迅对许寿裳说："释迦牟尼真是大哲，我平常对人生难以解决的问题，而他居然大部分早已明白启示了，真是大哲！"

一九一四年，鲁迅还捐资刻印了《百喻经》。《百喻经》的原名即《痴华鬘》，僧伽斯那的弟子求那毗地法师来中国传教时，将其翻译成中文，因收寓言故事九十八则，故起名为《百喻经》。鲁迅捐刻之前，没有单刻本，而是收编在浩瀚的藏经当中。《百喻经》是佛教为宣传自己的教义而作，许多寓言都是选自民间老百姓的口语故事，具有很强的文学性。"除去教诫，独留寓言。"可以当作一本文学作品来读，恐怕是鲁迅捐刻《百喻经》的缘由。

在这本书的最后一页印有这么几行字："会稽周树人施洋银六十元敬刻。此经连圈点计字二万一千零八十一个，印送功德书一百本。余赀六元刻地藏十轮经。民国三年秋九月金陵刻经处识。"

一九一八年，许寿裳在江西南昌，不幸有"炊臼之戚"，妻子去世了。鲁迅远道寄信来慰唁，大意是说嫂夫人初到南昌，便闻噩耗，世兄们固然不幸，但我以为儿童们倘有慈母，或是幸福，然若幼而失母，却也并非完全的不幸，他们也许倒成为更加勇猛，更无挂碍的人。其言极为理致，但是也只有鲁迅能够写这样措辞的唁信。

不久，许寿裳看到《新青年》第四期有一篇署名鲁迅的《狂人日记》。疑是周树人所作，写信询问。鲁迅回信说：

> 《狂人日记》实为拙作，又有白话诗署“唐俟”者，亦仆所为。前曾言中国根柢全在道教，此说近颇广行。以此读史，有多种问题可以迎刃而解。后以偶阅《通鉴》，乃悟中国人尚是食人民族，因成此篇。此种发见，关系亦甚大，而知者尚寥寥也。

许寿裳觉得鲁迅是利用了医学的知识写《狂人日记》，而归结到善恶是非的判断，“有了四千年吃人履历的我，当初虽然不知道，现在明白，难见真的人！”这不是对于规范科学素有修养，明白了真善美的价值判断，哪里能够到这地步呢？我们要知人论世，要驳倒别人而自立于不败之地，都非有这种修养不可。鲁迅有了这种修养，所以无论在谈话上或写作上，他都不肯形容过火，也不肯捏造新奇。处处以事实做根据，而又加以价值的判断，并不仅仅以文艺技巧见长而已。

以后，许寿裳和鲁迅比亲兄弟还亲，一九二三年周氏兄弟失和，鲁迅搬到砖塔胡同暂居，穷病夹击，许寿裳和齐寿山合出八百大洋，借给鲁迅买下西三条的房子，才算有了安身之所。此时，许寿裳失了校长职位，鲁迅特来好言抚慰，并讲了只有他才能说的诤言，怎不令许寿裳感念呢？

第三章　过　客

“野草”十株

秋去冬来，经历了严寒的冬季，北京的春天就要来了，但满城春意全被灰土搅坏了。刮起了干风，闹得满天满地都是灰土，迷得路人睁不开眼睛。

一九二五年三月二日夜里，送走了来访的客人，鲁迅回到他的“老虎尾巴”里构思《野草》。这里每天到夜里十至十二时才能客散。之后，如果没有什么亟待准备的工作，鲁迅就稍稍休息，看看书，二时左右就入睡两三个小时，衣裳不脱，甚至不盖被。就这样，像兵士伏在战壕休息一下一样，又像北京话的“打一个盹”，翻个身醒了，抽一支烟，起来泡杯清茶，有糖果点心呢，也许多少吃些，又写作了。《野草》，大部分是在这个时候产生出来的。他打腹稿的习惯是喜欢斜躺在自己的铺板上，常常看到他手上拿着纸烟，头靠住白箱的一边，独自沉思。写作的时候则一定笔直地坐在藤椅上。

他想着，去年秋天皓月当空时写作《秋夜》，十二月一日在《语丝》第三期刊出以来，至今已经写作、刊出了十篇了，自己随意觅得的“野草”终于有十株了。

他回忆着这十株心血浇灌的“野草”……

第一篇《秋夜》刊出后，就引起了轩然大波，有赞不绝口的，认为是对秋夜景色的奇幻峭拔的描写，寓意深邃；也有提出疑问的：为什么偏说“一株是枣树，还有一株也是枣树”，说两株枣树就行了，为什么绕圈子，一株……还有一株？

鲁迅只当这些毁誉臧否是耳旁风，你不赞成，我偏要这般写下去。

《秋夜》发表之后的九月二十四日夜里，他给一位年轻朋友写信，信中说道：

我自己总觉得我的灵魂里有毒气和鬼气，我极憎恶他，想除去他，而不能。我虽然竭力遮蔽着，总还恐怕传染给别人，我之所以对于和我往来较多的人有时不免觉到悲哀者以此。

信写完，叠好，装进信封，在“老虎尾巴”里踱步，煤油灯光和从大玻璃窗透射的月光，使自己在地上拖长一个黑影，怎么都摆不脱，他躺倒在床上，黑影没有了。恍恍然进入梦中，梦见影子在对自己说话，自己无言以对。黑影憧憧，慢慢地影子变成了自己，喃喃地说着什么。他忽然梦醒，陡然起身，坐到桌前，铺开稿纸，写下《野草》之二：

影的告别

又从睡醒时开头：

人睡到不知道时候的时候，就会有影来告别，说出那些话——

有我所不乐意的在天堂里，我不愿去；有我所不乐意的在地狱里，我不愿去；有我所不乐意的在你们将来的黄金世界里，我不愿去。

然而你就是我所不乐意的。

朋友，我不想跟随你了，我不愿住。

我不愿意！

呜乎呜乎，我不愿意，我不如彷徨于无地。

他写着影子对自己所说的话：

然而我终于彷徨于明暗之间，我不知道是黄昏还是黎明。我姑且举灰黑的手装作喝干一杯酒，我将在不知道时候的时候独自远行。

“独自远行”——是十余年时时在脑际浮现的念头，但远方究竟会是什么样呢？也可能全是黑暗。“惟黑暗和虚无才是实有”，自己又不能确定。自己的思想太黑暗了！千万不要传染给别人，尤其是年轻人。

写完这个“自画像”，意犹未尽，又想起了去年春天在剥落的高墙边走路时，于灰土中遇见的求乞者，在稿纸上写下《野草》之三：

求乞者

我顺着剥落的高墙走路，踏着松的灰土。另外有几个人，各自走路。微风起来，露在墙头的高树的枝条带着还未干枯的叶子在我头上摇动。

微风起来，四面都是灰土。

一个孩子向我求乞，也穿着夹衣，也不见得悲戚，而拦着磕头，追着哀呼。

我厌恶他的声调，态度。我憎恶他并不悲哀，近于儿戏；我烦厌他这追着哀呼。

我走路。另外有几个人各自走路。微风起来，四面都是灰土。

一个孩子向我求乞，也穿着夹衣，也不见得悲戚，但是哑的，摊开手，装着手势。

我就憎恶他这手势。而且，他或者并不哑，这不过是一种求乞的法子。

我不布施，我无布施心，我但居布施者之上，给与烦腻，疑心，憎恶。

我顺着倒败的泥墙走路，断砖叠在墙缺口，墙里面没有什么。微风起来，送秋寒穿透我的夹衣；四面都是灰土。

我想着我将用什么方法求乞：发声，用怎样声调？装哑，用怎样手势？……

另外有几个人各自走路。

我将得不到布施，得不到布施心；我将得到自居于布施之上者的烦腻，疑心，憎恶。

我将用无所为和沉默求乞……

我至少将得到虚无。

微风起来，四面都是灰土。另外有几个人各自走路。

灰土，灰土，……

………………

灰土……

是的。他不想布施于人，也不想接受任何人的布施，只想独自远行，不管前面是什么？

当然，生活中有的只是苦闷懊恼，日本人厨川白村的《苦闷的象征》不是说得很分明吗？“生命力受压抑而生的苦闷懊恼乃是文艺的根柢”，鲁迅又想翻译早就熟读的日文版《苦闷的象征》。但实在太累了，天发白时，他和衣睡去……

两天后，一九二四年九月二十六日，《苦闷的象征》终于开译了。

十二月八日，《影的告别》《求乞者》连同十月三日写、后来增加了最后一节的《我的失恋》，作为《野草》二—四，刊登在《语丝》第四期。

会稽乃报仇雪耻之乡。复仇的情结郁积在鲁迅心底，他念念不忘复仇，但复仇的对象不是作恶者，而是围观的看客。家乡看杀革命者头的一堆人，颈项都伸得那样长，仿佛许多鸭，被无形的手捏住了似的，向上提着。多么令人憎恶！北京的羊肉铺前常有几个人张着嘴看剥羊，仿佛颇愉快，人的牺牲能给予他们的益处，也不过如此。而况事后走不几步，他们连这一点愉快也就忘却了。群众——尤其是中国的——永远是戏剧的看客。牺牲上场，如果显得慷慨，他们就看了悲壮剧；如果显得觳觫，他们就看了滑稽剧。“对于这样的群众没有法，只好使他们无戏可看倒是疗救，正无需乎震骇一时的牺牲，不如深沉的韧性的战斗。”

子夜醒来，他伏桌拾来了《野草》之五：

复 仇

……

……他们俩裸着全身，捏着利刃，对立于广漠的旷野之上。

他们俩将要拥抱，将要杀戮……

路人们从四面奔来，密密层层地，如槐蚕爬上墙壁，如马蚁要扛鲞头。衣服都漂亮，手倒空的。然而从四面奔来，而且拚命地伸长颈子，要赏鉴这拥抱或杀戮。他们已经豫觉着事后的自己的舌上的汗或血的鲜味。

然而他们俩对立着，在广漠的旷野之上，裸着全身，捏着利刃，然而也不拥抱，也不杀戮，而且也不见有拥抱或杀戮之意。

他们俩这样地至于永久，圆活的身体，已将干枯，然而毫不见有拥抱或杀戮之意。

路人们于是乎无聊；觉得有无聊钻进他们的毛孔，觉得有无聊从他们自己的心中由毛孔钻出，爬满旷野，又钻进别人的毛孔中。他们于是觉得喉舌干燥，脖子也乏了；终至于面面相觑，慢慢走散；甚而至于居然觉得干枯到失了生趣。

于是只剩下广漠的旷野，而他们俩在其间裸着全身，捏着利刃，干枯地立着；以死人似的眼光，赏鉴这路人们的干枯，无血的大戮，而永远沉浸于生命的飞扬的极致的大欢喜中。

使看客们无戏可看，这真是对这群无聊客最好的报复。鲁迅痛快地微笑了，他很久没有这样痛快了，点了一支烟，深吸一口，吐出一股烟雾，意犹未尽，想起了《新约》里耶稣被杀的圣经故事，又提笔写下《野草》之六：

复仇（其二）

因为他自以为神之子，以色列的王，所以去钉十字架。

兵丁们给他穿上紫袍，戴上荆冠，庆贺他；又拿一根苇子打他的头，吐他，屈膝拜他；戏弄完了，就给他脱了紫袍，仍穿他自己的衣服。

看哪，他们打他的头，吐他，拜他……

他不肯喝那用没药调和的酒，要分明地玩味以色列人怎样对付他们的神之子，而且较永久地悲悯他们的前途，然而仇恨他们的现在。

四面都是敌意，可悲悯的，可咒诅的。

丁丁地响，钉尖从掌心穿透，他们要钉杀他们的神之子了，可悯的人们呵，使他痛得柔和。丁丁地响，钉尖从脚背穿透，钉碎了一块骨，痛楚也透到心髓中，然而他们自己钉杀着他们的神之子了，可咒诅的人们呵，这使他痛得舒服。

十字架竖起来了；他悬在虚空中。

他没有喝那用没药调和的酒，要分明地玩味以色列人怎样对付他们的神之子，而且较永久地悲悯他们的前途，然而仇恨他们的现在。

路人都辱骂他，祭司长和文士也戏弄他，和他同钉的两个强盗也讥诮他。

看哪，和他同钉的……

四面都是敌意，可悲悯的，可咒诅的。

他在手足的痛楚中，玩味着可悯的人们的钉杀神之子的悲哀和可咒诅的人们要钉杀神之子，而神之子就要被钉杀了的欢喜。突然间，碎骨的大痛楚透到心髓了，他即沉酣于大欢喜和大悲悯中。

他腹部波动了，悲悯和咒诅的痛楚的波。

遍地都黑暗了。

“以罗伊，以罗伊，拉马撒巴各大尼？！”（翻出来，就是：我的上帝，你为甚么离弃我？！）

上帝离弃了他，他终于还是一个"人之子"；然而以色列人连"人之子"都钉杀了。

钉杀了"人之子"的人们的身上，比钉杀了"神之子"的尤其血污，血腥。

是呵，"人之子"才是真实的，立在现实中的，比"神之子"更伟大。然而，被他为之献身的同类所杀，又是多么痛苦！杀他的同类，又是多么可恶、可悲！所以，他不肯喝那用没药调和的酒，要分明地玩味这些人怎样对付他们的"人之子"，而且较永久地悲悯他们的前途，然而仇恨他们的现在。因为钉杀了"人之子"的人们的身上，比钉杀了"神之子"的尤其血污，血腥。

这两篇《复仇》，刊于一九二四年十二月二十九日的《语丝》第七期。

旧去新来。一九二五年一月一日，元旦到了。是个响晴天，中午孙伏园邀请俞芬三姐妹、许钦文、许羡苏兄妹到华英饭店吃饭。

俞芬和她的两个妹妹俞芳、俞藻是失去母亲的三个孤女。妈妈去世时，俞芬二十岁，俞芳八岁，俞藻六岁。俞芬当时在北京女高师上学，提议由她带两个妹妹从爸爸工作的哈尔滨到北京来。爸爸不放心，就和中东铁路局的同事钮伯伯商议此事。钮伯伯是南方人，家眷却在北京，租住在砖塔胡同六十一号。院里一共七间房子，除钮伯母外，只有一个女儿，也是八九岁，此外还有一个保姆，住房是够宽裕的。于是钮伯伯乘回北京探亲之便，就把三姐妹带到北京，住到同院西屋里。约莫过了两年，钮伯伯在南方找到工作，全家搬回南方，把他家住的北屋三间，让给王剑秋先生租用。一九二三年春，王先生一家搬到青岛去了，三间北屋一直空着。这年夏天，鲁迅和周作人"兄弟失和"，鲁迅要搬出八道湾，正好许钦文的妹妹许羡苏和俞芬同学，就介绍鲁迅搬到这里住了。一直住了九个月，直到大先生次年五月购买了西三条的房屋，才从砖塔胡同搬走，但和她们三姐妹仍然非常要好。

二妹俞芳清楚地记得，鲁迅，她们称为大先生搬来之前，七月下旬的一个晚上，大姐把才十二岁的她和十岁的三妹叫到跟前，激动而严肃地说："大先生一家就要搬来了，他们是喜欢安静的，以后你们不能吵吵闹闹，只能斯斯文文。"她看两个妹妹一时没有答话，就威胁说："不听话，小心我的扫帚柄！"俞芳想，大先生的母亲——太师母到自己家来做过客，她是一位慈祥的老人，很喜欢小孩子。她老人家的大儿子怎么样呢？不知道。听大姐的口气，大概有些"凶"吧？俞芳打定主意，以后要"多加小心"，不可"轻举妄动"，免得自讨苦吃。

八月二日下午，大先生一家搬来了。俞芳记得大先生初搬来时，身穿白夏布长衫，留着短胡须，神情严肃，脸上没有一点笑容。当时俞芳真有点怕他。她和三妹走上前去，叫了一声"大先生"，并向他深深地鞠了一个躬，再向站在他旁边的大师母也鞠了一个躬，就跑到自己住的西屋里去了。但又很好奇，从窗户里偷偷往外看他们。此后一连几天，都不敢轻易接近。又过了几天，情况有了转变。她首先发现大先生很注意小孩子的行动。她在院子南面小土堆上种了一株"独叶芋艿"，过去从来没人注意过，而大先生搬来不久就问她："为什么你种的芋艿总是只有一片叶子的呢？"她说："新叶出来了，又嫩，又绿，老叶颜色太深，不好看，我就把老叶摘掉了。"大先生告诉俞芳，这样芋艿是种不好的，叫她以后不要把老叶摘掉了。这时在一旁的大姐已经熬不住，在骂妹妹"呆"了，可大先生却微笑着对她说：小孩子总有小孩子的想法和做法的，对他们的幼稚可笑的行动，要多讲道理，简单的指责和呵斥，并不解决问题。

大先生搬来不久，就送俞芳和俞藻各一套积木，平时也常买糖果、点心给她们吃。她们玩着有趣的玩具，吃着美味的糖果，逐渐觉得大先生非但不"凶"，而且是一位和蔼可亲的长辈。于是，她们把大姐过去的一番"教训"、可怕的"扫帚柄"等，一股脑儿都丢在脑后了。

大先生平时很忙，但每当她们请他帮忙，向他提出这样那样的要求时，他非但不拒绝，而且总是尽快认真地办好。记得那时太师母和大先生常把烟盒里的图片和锡纸反面的衬纸，分给她们玩。俞芳把这些衬纸钉成一个小本子，写了一篇童话，文字当然是很不通顺的，什么老虎啊、兔子啊等动物都搬上去，请大先生批改，他高兴地接过去了，而且第二天就改好了，俞芳用铅笔写，大先生用毛笔改。错别字改正了，文字通顺了。俞芳不会标点符号，大先生给加了标点。大概为了尽可能保留原意吧，所以改动不大，但通篇都看过。交给俞芳时，大先生还说了几句鼓励的话，俞芳听了真开心。

想到一会儿就会见到大先生，和他一起吃饭，俞芳拉着妹妹连跑带跳，高兴极了。

许钦文是绍兴人，一九二〇年到北京大学旁听。一九二三年经孙伏园介绍认识鲁迅，一九二四年鲁迅为他编选小说集《故乡》，成为鲁迅亲密的青年朋友。他的四妹许羡苏，是周建人在绍兴女子师范学校任教时的学生。一九二〇年考入北京女子高等师范学校，寄住在八道湾。一九二四年毕业后，由鲁迅介绍到私立华北大学附属中学任教。他们兄妹先到西三条，然后陪鲁迅一起来到饭店，胖胖的孙伏园已经安排好包间静候了。见鲁迅先生来了，连忙起身迎接，扶先生坐在上座，点上烟，沏好茶，寒暄一番。许钦文兄妹也依次坐下。

一看到孙伏园，鲁迅就想起他当时从《晨报副刊》辞职的情景。

一九二四年，在北京学界最占势力的报纸，即销路最广、影响最大的报纸，要算“研究系”所办的《晨报》了。因为自“五四”新文化运动开始后，《晨报》便添设了副刊，除报道时事新闻外，还刊载起学术性研究文字与文艺作品，执笔的，多为权威的学者及提倡新文化的教授，故北方——尤其北京——学术界，无论教授与学生，大半多看《晨报》，而主编《晨报副刊》的，就是号称“副刊大王”的孙伏园。他是鲁迅的学生，在编辑副刊时，便常常请求鲁迅先生写稿子，鲁迅驰名于国际文坛的作品《阿Q正传》，就是在《晨报副刊》连载的。

孙伏园时时请求先生代副刊写文章，所以先生在民国十三年十月里，写了一首讽刺当时盛行的“阿呀阿唷，我要死了！”的失恋诗。题为《我的失恋》，以“某生者”署名，寄给伏园了，伏园是认识先生的笔迹的，虽以“某生者”名字出现，他还是晓得是谁写的，便立刻发排于副刊。可是，一位留学生，名叫刘勉己，当时刚刚荣任《晨报》总编辑之职，在不满意于副刊的借口下，待伏园发过稿子走后，跑到排字房检查副刊的稿子了。恰巧就看见鲁迅先生以“某生者”笔名写的那篇《我的失恋》诗，于是他以“不成东西”为理由，不得伏园同意，就将那篇稿子抽掉了。于是孙伏园气愤地跑到鲁迅那里说：

“我辞职了。可恶！”

不久，《京报》主编邵飘萍先生，听说孙伏园离开《晨报》了，很想请孙伏园到《京报》创办一个副刊。鲁迅力成其事，荆有麟就同孙伏园一起赶到京报馆，与邵飘萍谈过办法、薪俸、稿费等条件，一九二四年十二月八日，《京报副刊》即在孙伏园主持下与读者见面了。由出版之日起，《京报》的读者，就开始增加。一天比一天多，最多的一天增加了两千份以上的订户，印刷所加工了，送报的加人了。邵飘萍一次对荆有麟讲：印刷工人和发行部人，竟发出怨言，说：“这样下去，怎么得了呢？”从中倒可以看出，《京报副刊》影响之大了。而产生影响的主要原因是广大青年要看鲁迅的文章，因而纷纷订阅《京报》。鲁迅先生也没有使青年人失望，自《京报副刊》发刊后，鲁迅先生对于时事及学术、社会、文艺各方面，都有文章发出。而最引起广泛注意并得到各种反响的，是青年必读书问题，翻译问题，女师大风潮事件，开封铁塔强奸事件等，都是鲁迅先生在《京报副刊》上发表锋利的短评后而引起注意的。当时在京副上，鲁迅先生除译荷兰的短篇，日本的短篇之外，还以《咬文嚼字》为题，以《忽然想到》为题，以《并非闲话》为题，发表过二十多篇文章，特别是《忽然想到》，竟写过十一次之多。对于中国的政治问题，考古问题，创作问题，社会改良问题……都表示过独到的见解。

因了有鲁迅的热心支持，再加上当时在文艺界很享盛名的周作人等也都常有文章发表，《京报副刊》便风靡北方，“纸贵洛阳”。孙伏园“副刊大王”的称号叫得更响了。

这使《晨报》颇受些打击，找孙伏园来说和，孙伏园得意地以胜利者的笑容拒绝了。这样，《晨报》只好请诗人徐志摩来接编。

徐志摩是孙伏园的朋友，所以他们俩，虽编着几乎可以说是敌对的报纸，但并没因此减却他们俩见面的机会。相反地，因为志摩也编着副刊，为了拉稿的关系，倒容易常常与伏园碰头。因此，他们俩便相互交换着意见，交换着批评，甚至交换着旁人对他们所编的副刊的好恶消息。

有一次，徐志摩写了他那有名的杂感式论文:《政治生活与王家三阿嫂》。当时正是徐志摩走向社会活动的时期，每月以茶点召集贤人淑女举办新月会议；在北大等校，又讲授着英国历史上的诗人——拜伦与济慈；而他表扬他的客厅的新诗——《石虎胡同七号》,也正引诱青年去争相拜访。但他却忽然转兴，发表起有关政治的论文,多事的孙伏园,把徐志摩的《政治生活与王家三阿嫂》,拿去给鲁迅先生看，而且在鲁迅看完后，还问了鲁迅的意见。过几天，徐志摩又与孙伏园相见了。徐志摩便问起他那篇文章,不知鲁迅先生的意见怎样?

孙伏园便直爽地答:“鲁迅先生说那篇文章写得真好！”

然而，正以诗人身份在文坛上争辉的徐志摩，感觉到鲁迅是在讽刺他了，立刻说:“他骂得我好苦啊！”

孙伏园立即解释说:“这次鲁迅先生可不是骂，是说真好！”

徐志摩摇摇头说:“不过，鲁迅没有去过苏俄，就大加赞扬。我去过，在莫斯科参观过列宁遗体，还写过《欧游漫录》，感觉却与他和胡适之先生都不同。我在《漫录》中说过: 苏俄人散布到中国来的那个主义:‘他们相信天堂是有的，可以实现的，但在现世界与那天堂的中间隔着一座海，一座血污海。人类泅得过这血海，才能登彼岸，他们决定先实现那血海。’我认为即便前面真有‘天堂’，也不是非泅过‘血海’的;倘若一定要泅，我宁愿不去‘天堂’，在现世界待着，只是尽力变革其弊端就是。”

孙伏园听了，一时悟不过来，但感到徐志摩不光是位诗人，还很有思想，很爱质疑与思考。鲁迅先生不是也并不相信什么“黄金世界”吗？多次说过“黄金世界里，也会有将叛徒处死刑”的……

孙伏园辞去《晨报副刊》职务还没有接编《京报副刊》的间隙，第一感觉到的，就是非弄个事情做做不可。第二是，常写文章的人，忽然没有合适的发表地方，也有些不舒服。因为当时的北京，杂志是意外地少,《努力评论》,是胡适之发表政论的机关杂志，刚出版的《现代评论》，又是有政府靠山的宣传机关。至于报章，虽然已经都有了副刊，但《顺天时报副刊》，是为日本而说话，邵飘萍的《京报副刊》，是专捧女戏子，《黄报副刊》，就是专登那“阿呀阿唷，我要死了！”的发源地。闹得当时原在《晨报副刊》上发表作品的人，简直没有插足的地方了，于是本来闲不住的伏园，在打听过报纸四开大的刊物，如印一千份，纸张印刷共总不过十元钱。于是便提议要自办刊物了，鲁迅自然答应愿意竭力“呐喊”。至于投稿者，倒全是他独力邀来的，记得是十六人，不过后来也并非都有投稿。于是印了广告，到各处张贴，分散，大约又一星期，一张小小的周刊便在北京——尤其是大学附近——出现了。这便是《语丝》。这名目的来源，是周作人等几个人聚集商议时，从顾颉刚携带的一本书《我们的七月》中，任意翻开，用指头点下去，那被点到的字，便是名称。是一次便得了《语丝》的名，还是点了好几次，而曾将不像名称的废去，就不得而知了。但即此已可知这刊物本无所谓一定的目标，统一的战线；那十六个投稿者，意见态度也各不相同。

那十六人是：孙伏园、周作人、鲁迅、李小峰、钱玄同、刘半农、章衣萍、章川岛、魏建功、许钦文、顾颉刚、王品青、林语堂、江绍原、俞平伯、张定璜。其中，写稿最多的，要算周作人与鲁迅了。

不大会儿，俞芬三姐妹来了，鲁迅对俞芳、俞藻逗笑道：“呵，‘野猪’‘野牛’来了！”然后亲切地拉过两个小姐妹，让她们坐在自己身边。

原来俞芳的生肖是猪，三妹的生肖是牛，鲁迅在砖塔胡同时就叫她们“野猪”“野牛”。鲁迅生肖是蛇，她们也没大没小地叫他“野蛇”。但这会儿有大姐在，她们可不敢叫了，只咧着嘴傻笑。

鲁迅却笑着说：“那时你俩不是叫我‘野蛇’吗？现在怎么不叫了？蛇全是野的，有不是野的吗？”一句话逗得大家都笑了。

俞芬瞪了两个妹妹一眼道：“没出息的孩子，怎么乱叫？能叫大先生‘野蛇’吗？”

鲁迅笑笑，冲俞芬说：“房东，别总训妹妹了！你不是一见柿子就没命地吃吗？”

原来鲁迅先生在沙滩红楼讲课时，有些职员和外校的学生也挤在一起听。那天俞芬也在座。鲁迅先生讲的是人间苦闷的来由：“譬如柿子，即使很会吃，吃了两个再吃第三个，总也不能五六七八个的吞下去，因为胃是有限的，这也是限于自然所不能免的苦闷啰！”

听鲁迅先生这样说了，俞芬当即俯下头去，而且两颊红起来了，一时大家莫名其妙，事后打听才知道她原是贪吃柿子的，常常吃坏肚子。所以鲁迅才这样说。

这时，俞芬也有点儿不好意思，打趣道：“今天我也没命地吃，非把大先生吃穷不可！”

鲁迅哈哈大笑道：“怎么吃也吃不穷我的，因为今天是伏园先生做东，我不掏一分钱。”又逗得大家笑起来。

孙伏园待大家笑够了，解释道：“有鲁迅等几位先生的努力支持，《语丝》的销路，一期比一期好起来，由一千五百份，而两千份，而三千份再后五千到八千，影响越来越大。每期都有鲁迅先生的文章，特别是连载的《野草》，观察深刻，文字简练，诗味很浓，可称是前所未有。《语丝》因而发皇起来，当然要报鲁迅先生的师恩了。”

原来《语丝》的销路增加起来之后，就不再来收取原定是撰稿者同时负担的印费了，因为收支已足相抵，后来还有了盈余。于是几个撰稿者便只好搿住了多眨眼而少开口的李小峰，加以“老板”荣名，勒令拿出盈余来，每月请一回客。这“将欲取之，必先与之”的方法果然奏效，从此东安市场中的茶居或饭铺的一房门外，有时便会看见挂着一块写着“语丝社”的木牌。倘一驻足，也许就可以听到钱玄同先生的又快又响的谈吐。但鲁迅那时因为“兄弟失和”，是避开有周作人在座的宴会的，所以从来没有参加过。孙伏园为了报恩，这次单独请鲁迅先生，鲁迅又推荐了许钦文兄妹和俞芬三姐妹。

俞芬听了说：“其实，我想吃也吃不了多少。我一向胸无大志，毕业后能凑合有口饭吃，两个妹妹饿不着，就满足了。”

许羡苏凑过话说：“可不是吗！凑合有口饭吃，有个地住，就不错啦，还求什么呀？”

鲁迅不禁摇了摇头。

吃完饭，大家又往中天看电影，晚上鲁迅才回到他的“老虎尾巴”。

他忽然感到无边的寂寞，五四时期青年们那股澎湃的热情又浮现在脑际。那时的热烈，更衬托出现在青年的消沉。即使“超人”有些渺茫，也不是人人都能当，但甘心做混日子的“末人”终归是不可取的。“寂寞新文苑，平安旧战场；两间余一卒，荷戟独彷徨。”他沉沉睡去，夜半醒来，忽有所悟，起身铺开稿纸，提笔写下《野草》之七：

希　望

我的心分外地寂寞。

…………

绝望之为虚妄，正与希望相同！

这篇《希望》，一九二五年一月十九日发表在《语丝》第十期。

内心的感受是刻骨铭心的，外界的自然风景又是激发诗情的。一九二四年十二月三十日北京下了一场大雪，鲁迅在这天日记里写道：“大风吹雪盈空际”，禁不住忆起少年时寄居在娱园时的那场难忘的南国的雪，与这北国的雪对比着，十九天之后，即一九二五年一月十八日，鲁迅写了《雪》，想象自己作为孤独的精魂，在无边的旷野上，凛冽的天宇下，闪闪地旋转升腾，永远如粉，如沙，决不粘连，看着雪人堆好之后的不断消逝，走向寂灭，向死而生……

《野草》之八《雪》发表在一九二五年一月二十六日《语丝》第十一期。

北京的冬季，地上还有积雪，灰黑色的秃树枝丫叉于晴朗的天空中，而远处有一二风筝浮动，孤独、寂寞中的鲁迅，忽然感到一种惊异和悲哀。

他想起故乡的风筝时节，春二月，那沙沙的风轮声和那淡墨色的蟹风筝或嫩蓝色的蜈蚣风筝，还有寂寞的瓦片风筝来了；想起自己呆看着空中出神的小兄弟来了，也想起当自己闯进小屋时，小兄弟惊惶地站起来，失了色瑟缩着的可怜表情和自己踩坏小兄弟苦心制作的蝴蝶风筝竹骨的傲然姿态，心中的惩罚终于到来了，他愧疚自己当时的家长式的专制作风，心也仿佛同时变了铅块，很重很重地堕下去了。

他苦想着补过的方法：送他风筝，赞成他放，劝他放，和他一同放。嚷着，跑着，笑着。——然而小兄弟其时已经和他一样，早已有了胡子了。他也知道还有一个补过的方法的:去讨他的宽恕，等他说，“我可是毫不怪你呵”。那么，自己的心一定就轻松了，这确是一个可行的方法。小兄弟一九一九年合家从绍兴迁居到北京八道湾时，见兄弟脸上和自己一样，都已添刻了许多“生”的辛苦的条纹，心情都很沉重。他们渐渐谈起儿时的旧事来，他便叙述到这一节，自说少年时代的糊涂。“我可是毫不怪你呵。”他想，兄弟要说了，自己也即刻便受了宽恕，心从此也宽松了罢。

“有过这样的事么？”兄弟惊异地笑着说，就像旁听着别人的故事一样。他什么也不记得了。

全然忘却，毫无怨恨，又有什么宽恕可言呢？无怨的恕，说谎罢了。

还能希求什么呢？自己的心只得沉重着。

鲁迅感慨久经逝去的儿时的回忆，而一并也带着无可把握的悲哀。他觉得倒不如躲到肃杀的严冬中去罢，——但是，四面又明明是严冬，正给他非常的寒威和冷气。

不管事情是否真如兄弟所说的:“有过这样的事么？”鲁迅还是深深感到自己心灵中深入骨髓的苍老与虚无以及沉重的愧疚与自责……

一九二五年一月二十四日，鲁迅写下了《野草》之九《风筝》，发表在一九二五年二月二日《语丝》周刊第十二期。

故乡的山水总时时在心中浮现，一九二五年一月二十八日，大年初五，夜里“打一个盹”醒来，鲁迅坐在椅子上在灯下看《初学记》。

灯火渐渐地缩小了，在预告石油已经不多；石油又不是老牌，早熏得灯罩很昏暗。鞭炮的繁响在四近，烟草的烟雾在身边：是昏沉的夜。

他闭了眼睛，向后一仰，靠在椅背上；捏着《初学记》的手搁在膝髁上。他在蒙眬中，看见一个好的故事。这故事很美丽，幽雅，有趣。许多美的人和美的事，错综起来像一天云锦，而且万颗奔星似的飞动着，同时又展开去，以至于无穷。

他仿佛记得曾坐小船经过山阴道：

两岸边的乌桕，新禾，野花，鸡，狗，丛树和枯树，茅屋，塔，伽蓝，农夫和村妇，村女，晒着的衣裳，和尚，蓑笠，天，云，竹，……都倒影在澄碧的小河中，随着每一打桨，各各夹带了闪烁的日光，并水里的萍藻游鱼，一同荡漾。诸影诸物，无不解散，而且摇动，扩大，互相融和；刚一融和，却又退缩，复近于原形。边缘都参差如夏云头，镶着日光，发出水银色焰。凡是我所经过的河，都是如此。

……水中的青天的底子，一切事物统在上面交错，织成一篇，永是生动，永是展开，我看不见这一篇的结束。

河边枯柳树下的几株瘦削的一丈红，该是村女种的罢。大红花和斑红花，都在水里面浮动，忽而碎散，拉长了，如缕缕的胭脂水，然而没有晕。茅屋，狗，塔，村女，云，……也都浮动着。大红花一朵朵全被拉长了，这时是泼剌奔迸的红锦带。带织入狗中，狗织入白云中，白云织入村女中……。在一瞬间，他们又将退缩了。但斑红花影也已碎散，伸长，就要织进塔，村女，狗，茅屋，云里去。

他所见的故事清晰起来了，美丽，幽雅，有趣，而且分明。青天上面，有无数美的人和美的事，他一一看见，一一知道。

他正要凝视他们时，骤然一惊，睁开眼，云锦也已皱蹙，凌乱，仿佛有谁掷一块大石下河水中，水波陡然起立，将整篇的影子撕成片片了。他无意识地赶忙捏住几乎坠地的《初学记》，眼前还剩着几点虹霓色的碎影。

他真爱这一篇好的故事，趁碎影还在，要追回他，完成他，留下他。他抛了书，欠身伸手去取笔，——何尝有一丝碎影，只见昏暗的灯光，他不在小船里了。

但他总记得见过这一篇好的故事，在昏沉的夜……

他自己也感觉到汉语言文字在他手中越来越精微、灵验、委婉曲折、富于色彩了，可以描写出所有想写的物形，抒发想表达的情思，从容地铺开稿纸，提笔写下《野草》之十《好的故事》。

这篇故事发表在一九二五年二月九日《语丝》第十三期上。

回忆着这十株“野草”，一条贯串的线索在鲁迅心中更加明朗了——“独自远行”、不愿去天堂，也不乐意去地狱，更不愿去有些人许愿的所谓“黄金世界”；“不想布施于人，也不想接受任何人的布施”，只是不断地反省着改正着自己，孤独地不停地走，“好的梦”破碎了，也不停歇，只将“生命力受压抑而生的苦闷懊恼”升华为文学……

忆往昔之一 (1903—1908)

鲁迅又吸了一支烟，就合衣上床，进入梦乡。往昔的岁月像电影一样在梦中一幕幕浮现……

一九〇二年三月二十四日，在日轮“大贞丸”号上，天空明净高远，蔚蓝的大海泛着粼粼波光向天边涌去。这时才二十一岁、第一次坐海船的周树人，伫立在船舷栏杆边，穿一身黑色制服，英姿勃发，极目远眺茫茫海天，心潮澎湃。海风吹拂着额前的黑发，他不知将去的异国日本是何等模样，但心里却默念着一句话：救中国！

上午，江南陆师学堂总办俞明震先生亲自把他和其他同学一共五人送上轮船。树人早就知道总办是一个新党，他坐在马车上的时候，大抵看着《时务报》。船开了，他们站在船舷上回望着，看见俞总办在岸边朝他们频频招手，直到身影消失在海雾中。树人和同学们的眼睛都湿润了，心知总办对他们的殷殷期盼——成为有用之材，拯救危亡中的中国！

树人发现身边还有两个人，朝着俞总办招手，还不断叫着“舅伯”。回转身一看,见是一高一矮两个人。高个儿的是陈衡恪,身材瘦削,虽然才二十七岁,已然是小有名气的画家、金石家和诗人。矮个儿的，是只有十三岁的六弟陈寅恪，体质单薄，清癯俊秀的面孔还带着几分稚气，但坚定执着的眼神和紧抿的嘴唇却显出不凡的气质。俞明震总办是陈氏兄弟的大舅舅。

树人和陈衡恪紧紧握手,又拍拍矮小的陈寅恪的肩膀,显得很喜欢的样子。到了日本弘文学院以后，他们同住一舍，始终保持着深厚的情谊。

在日本弘文学院时，树人又结交了绍兴同乡、终生挚友许寿裳。那时候，美国传教士史密斯、即已在中国生活了二十多年的明恩溥写的《中国人气质》，一八九四年由美国佛来明公司出版，两年之后，即一八九六年，日本的博文馆就出了涩江保的日译本。他们读到了这个版本，两人如获至宝，一边读一边热烈地讨论中国人的国民性问题，常常通宵达旦，忘了吃饭、睡觉。

一九〇三年二月十七日，浙江同乡会在东京成立，并创办月刊《浙江潮》，初由孙江东、蒋百里等主编，树人特别喜欢蒋百里撰写的《发刊词》：

忍将冷眼，睹亡国于生前，剩有雄魂，发大声于海上。

看着《浙江潮》那潮水翻腾的封面，树人不禁想起留日前看钱塘潮的壮阔场面——

钱塘江东边入海口处涌现了一条白色的水线，向西边滚来，越来越粗，越来越快，渐渐变成水墙，翻起巨浪，浪花泛着白沫，像要席卷一切。岸边的人们由观赏，变为惊呼，靠近的人，急速逃离，稍慢，就可能被大浪卷入江中……

树人感到复兴中华、救国强国的思潮也像钱塘潮一样，翻卷着，呼啸着，滚滚而来！

自第五期起,《浙江潮》由许寿裳主编，树人开始为之撰写文章。

《斯巴达之魂》。署名“自树”。这是从以希腊历史故事为题材的日文小说重译出来，加以改写的。写的是一位希腊女子因丈夫没有参加战斗、生还回家抽剑自尽的故事，激昂慷慨，震动人心，表现了树人当时爱国的尚武精神。前部分发表于《浙江潮》第五期，后半段载同刊第九期。这篇文章以斯巴达人誓死不屈的精神，来唤醒国人沉睡的灵魂，很令人振奋，颇有“被发大叫，抱书独行，无泪可挥，大风灭烛”的气概，前言中所书“世有不甘自下于巾帼之男子乎？必有掷笔而起者矣！”一段，公认为妙句而传诵一时。树人自己也崇拜这种尚武精神，心中存有“戛剑生”的气概，觉得只有具备这种精神才可能“救中国！”

《哀尘》。署名“庚辰”。这是从日文转译的法国雨果（当时译为嚣俄）的短篇小说，并作《〈哀尘〉译者附言》。原作是雨果《随见录》中题为“芳梯的来历”的一篇，内容是作者叙述他在一八四一年见到一个女子被迫害的遭遇。树人在译文后的“译者曰”中对小说主人公“转辗苦痛于社会之陷阱”的悲惨经历寄予深切同情，慨叹道:“嗟社会之陷阱兮！莽莽尘球，亚欧同慨，滔滔逝水,来日方长！”对他后来写作被迫害者的小说影响甚大。发表于《浙江潮》第五期。

树人是把普及科学作为他写作初期的重点之一的。当时译为古篱夫人的居里夫人，十九世纪末叶发现了放射性元素“镭”，当时称为“鉬”，他就写了《说鉬》，欣喜称颂“鉬”的发现是“辉新世纪之曙光，破旧学者之迷梦”。最后总结说:“自X线之研究，而得鉬线；由鉬线之研究，而生电子说。由是而关于物质之观念，倏一震动，生大变象。最人涅伏，吐故纳新，败果既落，新葩欲吐，虽曰古篱夫人之伟功，而终当脱冠以谢十九世末之X线发见者林达根氏。”为自然科学的新发现而欢呼！载《浙江潮》第八期，署名“自树”。

那时，中国的土地、矿藏不断遭到外国侵略者的占领和掠夺，树人又写了《中国地质略论》,论述了祖国地质分布、地质发育和地下矿藏，疾呼道:

吾广漠美丽最可爱之中国兮！而实世界之天府，文明之鼻祖也。

中国者，中国人之中国。可容外族之研究，不容外族之探捡；可容外族之赞叹，不容外族之觊觎者也。

此篇发表在《浙江潮》第八期，署名“索子”。呼唤国人“奋袂而起”，挽救垂危的祖国！一九〇六年又与友人顾琅扩充、合编为《中国矿产志》，由上海普及书局出版发行。

树人开始把科学与文学结合起来。十月，根据法国儒勒·凡尔纳的科学幻想小说《月界旅行》日译本编译的中文本，由中国教育普及社译印。由于以三十元出售，改用了别人的名字。十二月又译了儒勒·凡尔纳的《地底旅行》第一、二回，载《浙江潮》第十期，署名“索子”。

很多中国留学生，只为镀金回去做官，不安心读书，整天吃喝玩乐，不是在会馆里“咚咚咚地”学跳舞，就是关起门来炖牛肉吃。树人对他们的行为很反感，想道:“炖牛肉吃，在中国就可以，何必路远迢迢，跑到外国来呢？”他著译不断，勤奋刻苦，同学们称赞他真实沉着，严谨正派，思想敏锐，“斯诚越人也，有卧薪尝胆之遗风”。

为了“救中国！”，救治像父亲似的被误的中国病人，树人决心学医。一九〇三年底将从弘文学院毕业之际，鲁迅在赠给许寿裳照片的背面书写了一首诗：

灵台无计逃神矢，风雨如磐闇故园。
寄意寒星荃不察，我以我血荐轩辕。

一九〇四年九月十一日，树人的学籍列在日本仙台医学专门学校里了。

令树人永远难以忘怀的是藤野先生。

解剖学是两个教授分任的。最初是骨学。其时进来的是一个黑瘦的先生，八字须，戴着眼镜，挟着一叠大大小小的书。一将书放在讲台上，便用了缓慢而很有顿挫的声调，向学生介绍自己道：

“我就是叫作藤野严九郎的……”

后面有几个人笑起来了。他接着便讲述解剖学在日本发达的历史，那些大大小小的书，便是从最初到现今关于这一门学问的著作。起初有几本是线装的；还有翻刻中国译本的，他们的翻译和研究新的医学，并不比中国早。

那坐在后面发笑的是上学年不及格的留级学生，在校已经一年，掌故颇为熟悉的了。他们便给新生讲演每个教授的历史。这藤野先生，据说是穿衣服太模糊了，有时竟会忘记带领结；冬天是一件旧外套，寒颤颤的，有一回上火车去，致使管车的疑心他是扒手，叫车里的客人大家小心些。

他们的话大概是真的，树人就亲见他有一次上讲堂没有带领结。

过了一星期，大约是星期六，他使助手来叫树人了。到得研究室，见他坐在人骨和许多单独的头骨中间，——他其时正在研究着头骨，后来有一篇论文在本校的杂志上发表出来。

“我的讲义，你能抄下来么？”他问。

“可以抄一点。”

“拿来我看！”

树人交出所抄的讲义，他收下了，过二三天便还给树人，并且说，此后每一星期要送给他看一回。树人拿过来打开看时，很吃了一惊，同时也感到一种不安和感激。原来自己的讲义已经从头到末，都用红笔添改过了，不但增加了许多脱漏的地方，连文法的错误，也都一一订正。这样一直持续到教完了他所担任的功课：骨学、血管学、神经学。

有一回藤野先生将树人叫到他的研究室里去，翻出树人那讲义上的一个图来，是下臂的血管，指着，向树人和蔼地说道：

“你看，你将这条血管移了一点位置了。——自然，这样一移，的确比较的好看些，然而解剖图不是美术，实物是那么样的，我们没法改换它。现在我给你改好了，以后你要全照着黑板上那样的画。”

解剖实习了大概一星期，他又叫树人去了，很高兴地，仍用了极有抑扬的声调说道：

“我因为听说中国人是很敬重鬼的，所以很担心，怕你不肯解剖尸体。现在总算放心了，没有这回事。”

但他也偶有使树人很为难的时候。他听说中国的女人是裹脚的，但不知道详细，所以要问树人怎么裹法，足骨变成怎样的畸形，还叹息道："总要看一看才知道。究竟是怎么一回事呢？"

有一天，本级的学生会干事到树人寓里来了，要借他的讲义看。树人检出来交给他们，他们却只翻检了一通，并没有带走。但他们一走，邮差就送到一封很厚的信，拆开看时，第一句是：

"你改悔罢！"

这是《新约》上的句子罢，但经托尔斯泰新近引用过的。其时正值日俄战争，托老先生便写了一封给俄国和日本的皇帝的信，开首便是这一句。日本报纸上很斥责他的不逊，爱国青年也愤然，然而暗地里却早受了他的影响了。其次的话，大略是说上年解剖学试验的题目，是藤野先生讲义上做了记号，树人预先知道的，所以能有这样的成绩。末尾是匿名。树人这才回忆到前几天的一件事。因为要开同级会，干事便在黑板上写广告，末一句是"请全数到会勿漏为要"，而且在"漏"字旁边加了一个圈。树人当时虽然觉到圈得可笑，但是毫不介意，这回才悟出那字也在讥刺他了，犹言他得了教员漏泄出来的题目。

树人便将这事告知了藤野先生；有几个和树人熟识的同学也很不平，一同去诘责干事托词检查的无礼，并且要求他们将检查的结果，发表出来。终于这流言消灭了，干事却又竭力运动，要收回那一封匿名信去。结末是树人便将这托尔斯泰式的信退还了他们。

中国是弱国，所以中国人当然是低能儿，分数在六十分以上，便不是自己的能力了：也无怪他们疑惑。但树人接着便有参观杀戮中国人的命运了。第二年添教霉菌学，细菌的形状是全用电影来显示的，一段落已完而还没有到下课的时候，其时正当日俄战争的时候，关于战事的画片自然也就比较的多了。有一回，树人竟在画片上忽然会见久违的许多中国人了，一个绑在中间，许多站在左右，一样是强壮的体格，而显出麻木的神情。据解说，则绑着的是替俄国做了军事上的侦探，正要被日军砍下头颅来示众，而围着的便是来赏鉴这示众的盛举的人们。

“万岁！”周围的日本同学们都拍掌欢呼起来。

这种欢呼，是每看一片都有的，但在树人，这一声却特别听得刺耳。

树人想起冬天到松岛看海的情景。他喜欢大海，喜欢浪潮，从离别祖国前，去看钱塘潮，到赴日时，在“大贞丸”号轮船上第一次看到广阔无垠的大海，每一想起大潮、大海，心胸就像海洋一般宽阔无边，波涛汹涌。松岛的海，却与别处不同——从披满白雪的松林间看见蓝色的海水，平静无波，沉默无声，像一个思想者在宁静地思考着什么。水静思深，海越是沉静，思考越是深沉……

树人如大海一样地思索着，他开始觉得医学并非一件紧要事，凡是愚弱的国民，即使体格如何健全，如何茁壮，也只能做毫无意义的示众的材料和看客，病死多少是不必以为不幸的。所以第一要著，是改变他们的精神，而善于改变精神的是，树人那时以为当然要推文艺，于是想提倡文艺运动了。

到第二学年的终结，树人便去寻藤野先生，告诉他自己将不学医学，并且离开仙台。先生的脸色仿佛有些悲哀，似乎想说话，但竟没有说。

“我想去学生物学，先生教给我的学问，也还有用的。”其实树人并没有决意要学生物学，因为看得先生有些凄然，便说了一个慰安他的谎话。

“为医学而教的解剖学之类，怕于生物学也没有什么大帮助。”先生叹息说。

将走的前几天，先生叫树人到他家里去，交给树人一张照相，后面写着两个字：“惜别”，还说希望树人也将照片送他。但树人当时适值没有照相了；他便叮嘱树人将来照了寄给他，并且时时通信告诉他此后的状况。

在东京的留学生很有学法政理化以至警察工业的，但没有人治文学和美术；可是在冷淡的空气中，也幸而寻到几个同志了，此外又邀集了必须的几个人，商量之后，第一步当然是出杂志，名目是取“新的生命”的意思，因为他们那时大抵带些复古的倾向，所以只谓之《新生》。

《新生》的出版之期接近了，但最先就隐去了若干担当文字的人，接着又逃走了资本，结果只剩下不名一钱的三个人。创始时候既已背时，失败时候当然无可告语，而其后却连这三个人也都为各自的运命所驱策，不能在一处纵谈将来的好梦了，这就是他们的并未产生的《新生》的结局。

树人感到未尝经验的无聊，是自此以后的事。他当初是不知其所以然的；后来想，凡有一人的主张，得了赞和，是促其前进的，得了反对，是促其奋斗的，独有叫喊于生人中，而生人并无反应，既非赞同，也无反对，如置身毫无边际的荒原，无可措手的了，这是怎样的悲哀呵，他于是以他所感到者为寂寞。

这寂寞又一天一天地长大起来，如大毒蛇，缠住了他的灵魂了。

何以解忧？唯有读书。他彻夜地苦读，苦思，苦写，到了第二天早晨，房东来拿洋灯，整理炭盆，只见盆里插满了烟蒂，像是一个大马蜂窝……

他又来到酷爱的大海边，望着蔚蓝色的海涛，思潮起伏，忧愤深广，深邃地思索着人的历史，人的根性，人的价值……

正好江苏仪征留学生刘师培代河南籍留学生班主编的刊物《河南》月刊出版了，树人便把办《新生》时准备写的几篇文言论文陆续寄给他们——

《人之历史》。载一九〇七年《河南》月刊创刊号，署名令飞。此文以解释德国生物学家海克尔的《人类发生学》为主，系统地介绍了达尔文的生物进化学说及其发展的历史，对达尔文等在生物科学研究发展史上的成就以及敢于坚持真理的精神，予以高度评价。并以“自卑而高，日进无既”的历史进化观，阐明了科学研究的重要性，对“抱残守阙”顽固派进行了抨击。

《摩罗诗力说》。载一九〇八年《河南》月刊第二、三号，署名令飞。专门介绍了西欧十九世纪以英国拜伦为代表的积极浪漫主义诗人，猛烈鞭挞了中国的封建专制文化，批判“中国之治，理想在不撄”，倘若有人反抗就“为帝大禁”，其目的“在保位，使子孙王千万世，无有底止”。如有叛逆的天才出现，“必竭全力死之”，致使人民“宁蜷伏堕落而恶进取”。拜伦等“摩罗诗人”“立意在反抗，指归在动作，而为世所不甚愉悦”之作，“其力如巨涛，直薄旧社会之柱石。”最后大声疾呼：“今索诸中国，为精神界之战士者安在？”“其亦沉思而已夫，其亦惟沉思而已夫！”

《科学史教篇》。一九〇八年六月《河南》月刊第五号，署名令飞。此文介绍了欧洲自然科学从希腊罗马到十九世纪的发展历史，阐述了发展科学对推动社会前进的重要性，表达了追本溯源，发展科学，振兴祖国，推动社会不断前进的宗旨。

《文化偏至论》。此文最为重要，正式提出了“立人”思想。载一九〇八年《河南》月刊第七号，署名迅行。针对盲目崇外、吹嘘西方“物质文明”的“质化”偏颇和鼓吹“竞言武事”、“制造商估立宪国会之说”的“辁才小慧之徒”,提出“掊物质而张灵明,任个人而排众数。”主张“鹜外者渐转而趣内，渊思冥想之风作，自省抒情之意苏，去现实物质与自然之樊，以就其本有心灵之域;知精神现象实人类生活之极颠，非发挥其辉光，于人生为无当;而张大个人之人格，又人生之第一义也。”“内部之生活强，则人生之意义亦愈邃”，“取今复古，别立新宗，人生意义，致之深邃，则国人之自觉至，个性张，沙聚之邦，由是转为人国。人国既建，乃始雄厉无前，屹然独见于天下，更何有于肤浅凡庸之事物哉?”“根柢在人”，“首在立人，人立而后凡事举。”

《裴象飞诗论》。译自匈牙利籁息用英文写的《匈牙利文章史》一章的日译本，署名“令飞”，上半部分载一九〇八年八月五日《河南》月刊第七号，下半部分因《河南》月刊停刊未能刊出，原稿已佚。之所以译此诗论，是因为读了令人神旺。

《破恶声论》。载一九〇八年十二月《河南》月刊第八号，署名“迅行”。文中指出，必须“荡涤”打着科学文明幌子的“伪士”所制造的“恶声”，唤起人们心灵的光辉，来打破中国“缄口无言”的“寂寞”。本文没有写完，在举出的六种“恶声”中，只批判了“破迷信”“崇侵略”两种。但树人所主张的“人各有己，而群之大觉近矣”的个性解放思想，要求发扬“心声”和“内曜”的独立思考的见解，已经阐述得很鲜明了。

《过客》

回忆着往昔，酝酿近十年的构思逐渐成熟了。他想起一九二三年十二月到女师大讲《娜拉走后怎样》时，说过的一段话:欧洲有一个传说，耶稣去钉十字架时,休息在补鞋匠阿哈斯瓦尔的檐下,阿哈斯瓦尔不准他,于是被咒诅,使他永世不得休息,直到末日裁判的时候。阿哈斯瓦尔从此就歇不下,只是走,现在还在走。走是苦的，安息是乐的，他何以不安息呢?虽说背着咒诅，可是大约总该是觉得走比安息还适意，所以始终狂走的罢。鲁迅觉得自己不会做阿哈斯瓦尔那样的事，但是也总是走，从来歇不下。

一九二四年九月二十二日开译的《苦闷的象征》，十月十日就译完了，年底作为“未名丛刊”之一出版。封面设计出自陶元庆之手，毛边本。十二月三日陶元庆、许钦文来访，鲁迅看到陶元庆所作的封面稿样后，高兴地连声说：“很好，很好！”译完《苦闷的象征》之后不几天，鲁迅又接着译厨川白村的论文集《出了象牙之塔》，已经于一九二五年二月十八日译完。最后一章“十六　尚早论”中有这样的话：“不淹，即不会游泳。不试去冲撞墙壁，即不会发现出路。在暗中静思默坐，也许是安全第一罢，但这样子，岂不是即使经过多少年，也不能走到光明的世界去的么？不是彻底地误了的人，也不能彻底地悟。”“俗语说，穷则通，在动作和前进，生命力都不够者，固然不会走到穷的地步去，但因此也不会通。是用因袭和姑息来固结住，走着安全第一的路的，所以教人不可耐。”读着这些话，鲁迅更加感到不管前面的结果怎样，无论如何总须前进，总须走！只是在暗中静思默坐，唯求安全第一，只能被因袭和姑息来固结住。

他又读到日本作家伊东干夫的一首诗《我独自行走》，心中默默译道：

我的行走的路
险的呢，平的呢？
一天之后就完，
还是百年的未来才了呢，
我没有思想过。

暗也罢，
险也罢，
总归是非走不可的路呵。

我独自行走，

沉默着，橐橐地行走。

即使讨厌，
这也好罢。
即使破坏，
这也好罢。
哭着，
怒着，
狂着，
笑着。
都随意罢！

厌世呀，发狂呀，
自杀呀，无产阶级呀，
在我旁边行走着。

但是，我行走着，
现今也还在行走着。

由这首诗想到“影”曾向自己告别道：“我将在不知道时候的时候独自远行。”既不想布施于人，也不想接受任何人的布施，只想独自远行，不管前面是什么？只是不断地反省着改正着自己，孤独地不停地走，“好的梦”破碎了，也不停歇，鲁迅站起身，坐到藤椅上，铺开稿纸，写下《野草》之十一：

过 客

他仿佛看见自己走上了茫茫荒原，“约三四十岁，状态困顿倔强，眼光阴沉，黑须，乱发，黑色短衣裤皆破碎，赤足著破鞋，胁下挂一个口袋，支着等身的竹杖。”

噢，只是一个人独自行走还不成，要与人对话，说出自己的心声。设想遇到两个人罢！一个是老翁——约七十岁，白须发，黑长袍。另一个是女孩——约十岁，紫发，乌眼珠，白地黑方格长衫。

应该是什么场景呢？

荒原上，“东，是几株杂树和瓦砾；西，是荒凉破败的丛葬；其间有一条似路非路的痕迹。一间小土屋向这痕迹开着一扇门；门侧有一段枯树根。”

自己这位“过客”，是走向“坟”的，所以“西，是荒凉破败的丛葬”，再往西是落去的太阳。

过去在《故乡》结尾说过：“希望本是无所谓有，无所谓无的。这正如地上的路；其实地上本没有路，走的人多了，也便成了路。”现在面临的是不是路谁也不敢确定，因为走的人太少了，因而就写着“一条似路非路的痕迹”吧！

老翁和女孩准备回屋时，看见过客了——

（女孩正要将坐在树根上的老翁搀起。）

翁——孩子。喂，孩子！怎么不动了呢？

孩——（向东望着，）有谁走来了，看一看罢。

翁——不用看他。扶我进去罢。太阳要下去了。

孩——我，——看一看。

翁——唉，你这孩子！天天看见天，看见土，看见风，还不够好看么？什么也不比这些好看。你偏是要看谁。太阳下去时候出现的东西，不会给你什么好处的。……还是进去罢。

孩——可是，已经近来了。阿阿，是一个乞丐。

翁——乞丐？不见得罢。

（过客从东面的杂树间跄踉走出，暂时踌躕之后，慢慢地走近老翁去。）

客——老丈，你晚上好？

翁——阿，好！托福。你好？

客——老丈，我实在冒昧，我想在你那里讨一杯水喝。我走得渴极了。这地方又没有一个池塘，一个水洼。

翁——唔，可以可以。你请坐罢。（向女孩）孩子，你拿水来，杯子要洗干净。

（女孩默默地走进土屋去。）

老翁与过客，开始第一场对话。说什么呢？只能是人生本原的三个哲学问题：“你是谁？”“你从哪里来？”“要到哪里去？”

翁——客官，你请坐。你是怎么称呼的。

客——称呼？——我不知道。从我还能记得的时候起，我就只一个人。我不知道我本来叫什么。我一路走，有时人们也随便称呼我，各式各样地，我也记不清楚了，况且相同的称呼也没有听到过第二回。

翁——阿阿。那么，你是从那里来的呢？

客——（略略迟疑，）我不知道。从我还能记得的时候起，我就在这么走。

翁——对了。那么，我可以问你到那里去么？

客——自然可以。——但是，我不知道。从我还能记得的时候起，我就在这么走，要走到一个地方去，这地方就在前面。我单记得走了许多路，现在来到这里了。我接着就要走向那边去，（西指，）前面！

对这三个问题，过客只能回答“我不知道”，对这种“永恒的追问”，别说是过客，就是整个人类也永远没有完满的答案。

第二场对话又来临了——

（女孩小心地捧出一个木杯来，递去。）

客——（接杯，）多谢，姑娘。（将水两口喝尽，还杯，）多谢，姑娘。这真是少有的好意。我真不知道应该怎样感激！

翁——不要这么感激。这于你是没有好处的。

客——是的，这于我没有好处。可是我现在很恢复了些力气了。我就要前去。老丈，你大约是久住在这里的，你可知道前面是怎么一个所在么？

翁——前面？前面，是坟。

客——（诧异地，）坟？

孩——不，不，不的。那里有许多许多野百合，野蔷薇，我常常去玩，去看他们的。

客——（西顾，仿佛微笑，）不错。那些地方有许多许多野百合，野蔷薇，我也常常去玩过，去看过的。但是，那是坟。（向老翁，）老丈，走完了那坟地之后呢？

前面是什么？正在少年期的小女孩只看到“那里有许多许多野百合，野蔷薇”，是前程乐观的一面；老年期的翁，却只看到“坟”，是前程悲观的一面；而正在壮年的过客，看到的是“野百合，野蔷薇”和“坟”，既乐观，又悲观。接着是第三场对话，更是难于解答：“走完了那坟地之后呢？”

翁——走完之后？那我可不知道。我没有走过。

客——不知道？！

孩——我也不知道。

翁——我单知道南边；北边；东边，你的来路。那是我最熟悉的地方，也许倒是于你们最好的地方。你莫怪我多嘴，据我看来，你已经这么劳顿了，还不如回转去，因为你前去也料不定可能走完。

客——料不定可能走完？……（沉思，忽然惊起，）那不行！我只得走。回到那里去，就没一处没有名目，没一处没有地主，没一处没有驱逐和牢笼，没一处没有皮面的笑容，没一处没有眶外的眼泪。我憎恶他们，我不回转去！

翁——那也不然。你也会遇见心底的眼泪，为你的悲哀。

客——不。我不愿看见他们心底的眼泪，不要他们为我的悲哀！

翁——那么，你，（摇头，）你只得走了。

他不愿意回转，“不愿看见他们心底的眼泪，不要他们为我的悲哀”。他只能走！因为——

客——是的，我只得走了。况且还有声音常在前面催促我，叫唤我，使我息不下。可恨的是我的脚早经走破了，有许多伤，流了许多血。（举起一足给老人看。）因此，我的血不够了；我要喝些血。但血在那里呢？可是我也不愿意喝无论谁的血。我只得喝些水，来补充我的血。一路上总有水，我倒也并不感到什么不足。只是我的力气太稀薄了，血里面太多了水的缘故罢。今天连一个小水洼也遇不到，也就是少走了路的缘故罢。

翁——那也未必。太阳下去了，我想，还不如休息一会的好罢，像我似的。

客——但是，那前面的声音叫我走。

翁——我知道。

客——你知道？你知道那声音么？

翁——是的。他似乎曾经也叫过我。

客——那也就是现在叫我的声音么？

翁——那我可不知道。他也就是叫过几声，我不理他，他也就不叫了，我也就记不清楚了。

客——唉唉，不理他……。（沉思，忽然吃惊，倾听着，）不行！我还是走的好。我息不下。可恨我的脚早经走破了。（准备走路。）

这“前面的声音”来自哪里呢？有着不解佛缘的鲁迅，心底里牢记着一句话：“声发自心，朕归于我”他不会听信和服从任何来自外界的声音，无论是天神，还是旨意，更不是什么教条或者命令，他只可能自律，而不可能他律。

我还是走的好。我息不下。

“前面的声音”，只能来自他自己的内心。不停地走，是他自己的本能。老翁年轻时，可能也听到过叫他的声音，但这并不出于他自己的内心，所以“不理他，他也就不叫了”。过客“前面的声音”发自内心，因而他听到老翁说“不理他，他也就不叫了”，会感到吃惊，只能说“不行！我还是走的好。我息不下。可恨我的脚早经走破了”。

这样，就开始了关于布施的“第四场对话”——

孩——给你！（递给一片布，）裹上你的伤去。

客——多谢，（接取，）姑娘。这真是……。这真是极少有的好意。这能使我可以走更多的路。（就断砖坐下，要将布缠在踝上，）但是，不行！（竭力站起，）姑娘，还了你罢，还是裹不下。况且这太多的好意，我没法感激。

翁——你不要这么感激，这于你没有好处。

客——是的，这于我没有什么好处。但在我，这布施是最上的东西了。你看，我全身上可有这样的。

翁——你不要当真就是。

客——是的。但是我不能。我怕我会这样：倘使我得到了谁的布施，我就要像兀鹰看见死尸一样，在四近徘徊，祝愿她的灭亡，给我亲自看见；或者咒诅她以外的一切全都灭亡，连我自己，因为我就应该得到咒诅。但是我还没有这样的力量；即使有这力量，我也不愿意她有这样的境遇，因为她们大概总不愿意有这样的境遇。我想，这最稳当。（向女孩，）姑娘，你这布片太好，可是太小一点了，还了你罢。

孩——（惊惧，退后，）我不要了！你带走！

客——（似笑，）哦哦，……因为我拿过了？

孩——（点头，指口袋，）你装在那里，去玩玩。

客——（颓唐地退后，）但这背在身上，怎么走呢？……

翁——你息不下，也就背不动。——休息一会，就没有什么了。

客——对咧，休息……。（默想，但忽然惊醒，倾听。）不，我不能！

我还是走好。

翁——你总不愿意休息么？

客——我愿意休息。

翁——那么，你就休息一会罢。

客——但是，我不能……。

翁——你总还是觉得走好么？

客——是的。还是走好。

翁——那么，你也还是走好罢。

客——（将腰一伸，）好，我告别了。我很感谢你们。（向着女孩，）姑娘，这还你，请你收回去。

（女孩惊惧，敛手，要躲进土屋里去。）

翁——你带去罢。要是太重了，可以随时抛在坟地里面的。

孩——（走向前，）阿阿，那不行！

客——阿阿，那不行的。

翁——那么，你挂在野百合野蔷薇上就是了。

孩——（拍手，）哈哈！好！

客——哦哦……。

（极暂时中，沉默。）

翁——那么，再见了。祝你平安。（站起，向女孩，）孩子，扶我进去罢。你看，太阳早已下去了。（转身向门。）

客——多谢你们。祝你们平安。（徘徊，沉思，忽然吃惊，）然而我不能！我只得走。我还是走好罢……。（即刻昂了头，奋然向西走去。）

“明知前面是坟，却偏要走。”这就是过客最重要最根本的精神。并不真信佛的鲁迅，骨髓里却渗透着小乘教派的主张，要求在苦行修炼中自我解脱，在很大程度上保持了早期佛教的精神。他“以为坚苦的小乘教倒是佛教，待到饮酒食肉的阔人富翁，只要吃一餐素，便可以称为居士，算作信徒，虽然美其名曰大乘，流播也更广远，然而这教却因为容易信奉，因而变为浮滑，或者竟等于零了。”

鲁迅就是永远进击的行走的过客。他祝老翁和女孩平安，是一种回应，也表明即使所有的人都“平安”了，“阖了门”睡去了，过客也只能告别众人，独自远行，向野地踉跄地闯过去，夜色跟在他后面。“再没有别的影在黑暗里”，世界上只有他一个人在走，不停地走……

《过客》作为《野草》之十一，发表在一九二五年三月九日《语丝》周刊第十七期。

一个月之后，即一九二五年四月十一日，鲁迅在给文学青年赵其文的信中说：

> 《过客》的意思不过如来信所说那样，即是虽然明知前路是坟而偏要走，就是反抗绝望，因为我以为绝望而反抗者难，比因希望而战斗者更勇猛，更悲壮。但这种反抗，每容易蹉跌在“爱”——感激也在内——里，所以那过客得了小女孩的一片破布的布施也几乎不能前进了。

第四章　丁香花开了

一个“小学生”的来信

一九二五年三月二日，午夜，女师大小饭厅里，许广平独自一人，伏在饭桌上专心地写信。

虽然严冬过去了，春寒仍然料峭，尤其是夜里，寒气袭人，手有些发僵。广平将两手放在口边呵呵气，搓一搓，握起自来水钢笔，在红格信纸上写起来。

她平常都是自上午至下午三四时上课，下课后赶紧跑到哈德门之东做“人之患”，也就是当家庭教师，挣点零用钱，直至晚九时返校，再到小饭厅自习至午夜始睡。这种刻板的日常行动，她倒以为身心舒适。但这时她不像平日那样平静，心怦怦地急跳着，好似要从喉头窜出来。

是呵，怎么能不激动呢？想了好久，犹豫了好久，还和同乡同室的林卓凤商量过，得到她的支持，所以从哈德门返回时，她下定决心：一定要给讲授小说史课程快两年的鲁迅先生写信！

每星期三十多点钟的课，她总翘首盼望着这一点钟的小说史课。虽然在班上个子最高，却偏要坐到头一排，还每每忘形地刚决、直率地发言。

刚决，是她从小形成的性格。广平字漱园，幼名霞。出身于广州世代官宦的许氏家族，父亲许柄樗依照许氏家族的男性辈分排名，给她起名许崇蝻，取婻星星日长寿之意。一八九八年二月十二日出生时，哭声异常洪亮，但还没有哭出声时就先撒出尿，按照当时观念，新生儿出现这种情况是克父母，只有将孩子过继给别人才能解此难。因此，广平父母找到家族中一个穷伯伯，表示即使贴钱，也要把广平过继给他。但不知什么原因，最终没有实行，倒是她父亲在广平出生后不久，在一次酒宴上，喝得酩酊大醉，与人“碰杯为婚”，将广平许配给一家姓马的土财主。

广平八岁时，母亲宋氏虽为广东香山澳门商人的女儿，却看重女孩裹足之事，硬给广平缠脚。第一天因为裹得比较松，广平还勉强接受。第二天就起来反抗，父亲支持她，因为早夭的姐姐就是裹足而死的，他用力摔了一个茶碗，对广平母亲说：“再缠足，就是这样！”随即抱起广平，解开裹足布，把她抱到祖母处。此后，广平就在祖母家里生活，直到生了一场重病，母亲才把她抱回去，细心照料。这时，她方明白母亲之所以给她和姐姐缠足，是社会旧习压迫的无奈之举，担心“两脚龙舟般大，会落得人家笑话”。她开始理解母亲，越来越敬仰母亲的才智和人格了，因而自号景宋。

母亲虽然因习俗被迫让女儿缠足，但却主张女子识字。广平八岁时，就让她跟着男孩们去家族学馆学习。这引起家族的轰动，有的女眷对广平的母亲说：“女孩子和男孩子一起读书，会夺掉男人的聪明。”广平母亲回应道：“不要紧的，我在家里也和兄弟们一起读书，并没有夺去他们的聪明。”于是，广平得以每天与哥哥们一起读书。母亲还让哥哥们教广平自修，给予他们一个铜板的奖励。

在读书中，广平的父亲考虑到儿子的仕途，让他们学习官话，但说广平不必学，女孩子认识几个字，能写信就行了，不可能出远门、做官的。广平心生一计，当老师教她粤语的时候就跟着读：“玉不琢，不成器；人不学，不知礼……”一共八句，默记下来。老师停下来，她也停下，显得自己笨拙。老师只得以官话教，刚教一遍，广平随即很熟练地用官话将八句话背诵一遍，由此老师很感欣慰，哥哥们更是高兴。于是广平的聪明才智在家族里广为传诵，学得的官话给她后来北上求学带来很大方便。

十二三岁时，广平知道了父亲“碰杯为婚”的荒唐事，她表示坚决反抗。

马家来人,她就冲出去。马家给她包银,她连纸带银都扔到地上。父亲申斥她,她宁死不屈。后来广平逐渐明白只有独立工作,自立生活,才能不受别人摆布。所以学习更加勤奋,一心想早日自立于社会!

一九一一年,辛亥革命爆发,广平全家搬到澳门。这年,母亲去世,父亲一度带着二哥前往北京,广平由大哥许崇禧照顾。大哥曾在南京求学,鼓吹民族民主革命,经常向广平介绍报纸上的新知识。由此,她知道了孙中山、黄兴的革命事迹,知道了世界共和的趋势,自恨年幼不能投身革命。一九一五年,袁世凯窃国称帝。全国各地起而反袁护国。广平热血沸腾,认为这正是报效国家之时,私自给一位女革命家庄君写信,希望能加入反袁行列。无奈,不慎此事为家人获知,在家人的压力下,她无法前往,这被广平引为毕生憾事。大局平定后,广平全家仍迁回广州。在父亲所看的几份报纸中,她最感兴趣的是《平民报》和《妇女周刊》,常和妹妹一同跑出十几里到城外购买。她这时已经立志到外边求学,绝对不能在家闭守了。不满"婠"字带着"女"字偏旁,就向已经病重的父亲请求另取名字,父亲又给她取名为"广平",意为广东太平。而且广平的母亲姓宋,唐玄宗时候的宰相宋广平以刚正不阿著称于世,父亲认为许广平三字"无论国语广东话平仄都协调,易读,最好不过了"。于是,"许崇婠"就成了"许广平"了。

一九一七年,父亲重病身亡,马家一定要把广平娶回家。这时,二哥许崇欢从北京回家奔丧帮助她解除了婚约。广平得到天津姑母资助,又以优异成绩考取直隶省立第一女子师范学校预科,奋志苦读,第二年即考入直隶省立第一女子师范学校本科,并获得公费。其时二哥将家藏古画出售,分给广平二百元。这笔钱,就成了广平在天津读书四年的费用。从此,广平开始了在北方刻苦读书、投身革命的征途。

一九一九年,五四运动爆发,浪潮冲卷天津,天津女界爱国同志会成立,广平任会刊《醒世周刊》主编,行销北京、上海、山东等地,置身斗争前列。一九二一年,广平从直隶省立第一女子师范学校毕业,次年考入国立北京女子高等师范学校国文系。入学不久,就参与了学生自治会活动,成为总干事。一九二四年十一月,国文系预科学生三人因战事受阻晚到两个月,杨荫榆勒令她们退学。一九二五年一月十八日女师大学生会召开紧急会议，发起驱“羊”运动。二月一日又在中山公园开茶话会招待新闻记者，散发第二次驱杨宣言。二月九日，一面致函杨荫榆，促其离校；一面致函全体教职员，请求照常上课，提出组织临时校务维持会。而杨荫榆则以“‘留学’‘留堂’，毕业后留本校任职”等诱饵收买学生，一时间蝇营狗苟之徒趋之若鹜，驱“羊”运动也就消沉下来。广平感到无比的苦闷。

终于，她拿出少年时代给女革命家庄君写信的勇气，提笔给鲁迅先生写下第一封信[①]：

鲁迅先生：

现在执笔写信给你的：是一个受了你快要两年的教训，是每星期翘盼着希有的，每星期三十多点钟中一点钟小说史听讲的，是当你授课时，坐在头一排的座位，每每忘形地直率地凭其相同的刚决的言语，在听讲时好发言的一个小学生：他有许多怀疑和而愤懑不平的久蓄于中的话，这时许是按抑不住吧，所以向先生陈诉。

…………

……五四以后的青年是很可以悲观痛哭的了！在无可救药的赤火红红的气焰之下，先生！你是放下书包，洁身远引的时候，是可以“立地成佛”的！然而先生！你在仰首吸那卷一丝丝醉人的黄叶喷出一缕缕香雾迷漫时，先生！你也垂怜、注意、想及有在蛋盆中辗转待拔的么？……先生，他自信他自己是一个刚率的人，他也更相信先生比他更刚率十二万分的人，因为有这点点小同，他对于先生是尽量地质言的，是希望先生收录他作个无时、地界限的指南诱导的！先生！你可允许他？

苦闷之果是最难尝的，虽然食过苦果之后有一点回甘，然而苦的成分大量了，也容易抹煞甘的部分，在饮过苦茶之后，细细的吮吮嘴唇皮。虽然有些儿甘香，但总不能引起人好食苦茶——药——的兴

① 以下鲁迅与许广平的通信都依据《两地书真迹（原信）》，上海古籍出版社 1996 年 1 月版。

味，……先生！你能否不像章锡琛先生在“妇志”中答话的那样模糊，而给我一个真切的明白的引导。

现在的青年的确一日日的堕入九层地狱了！或者我也是其中之一，虽然每星期中一小时的领教，可以快心壮气，但是危险得很呀！先生！你有否打算过救人一命，胜造七级浮屠呢！先生！你虽然很果决的平时是；但我现在希望你把果决的心意缓和一点，能够拯救得一个灵魂就先拯救一个；先生呀！他是如何的“惶急待命之至”！敬候

撰安！

谨受教的一个小学生许广平。十一，三，十四年。

广平写完信，又默读了两遍，才悄悄回到宿舍。但总是睡不着，清晨绝早起来，把信递给刚醒来的林卓凤看。林君看后同意，广平拿着信到离学校最近的邮政所去。临封口时，又把信抽出来再读一遍，在最后加了一段小字：

他虽则被人视为学生二字上应加一“女”字，但是他之不敢以小姐自居，也如同先生之不以老爷、少爷自命。因为他实在不配居小姐的身分地位。请先生不要怀疑，一笑。

然后将信细心地装进信封，写上从许羡苏那里得到的地址，封好，贴上邮票，投进邮筒里去。

可能是上天的意旨，广平早晨发出的信，鲁迅下午就收到了。不过，孙伏园午后冒大风带来他弟弟孙福熙的散文集《山野掇拾》五本。这是新潮社于一九二五年二月作为《新潮社文艺丛书》之一出版的，书中记述作者在法国里昂的旅游生活，按时序分八十二节，并配有自绘水墨画四幅。鲁迅于一九二三年八月十二、十三日为之校阅全稿。次年一月八日预订该书

五册。孙伏园送来后，分送给许寿裳、俞芬、许羡苏、向培良等。晚上孙伏园又和《语丝》编辑章川岛、撰稿人章衣萍一起来访，他便把信放在一边，没有拆看。

孙伏园不客气地往板床上一坐，章川岛和章衣萍在“老虎尾巴”西墙的椅子上坐下，鲁迅先生就捧过下午刚送到手的《山野掇拾》，说道：“我看写得很好嘛！伏园请叮嘱你弟弟，以后多写一些！”

孙伏园感到这是鲁迅先生随时随地尽力鼓励青年，感到极大的鞭策，连说：“不敢颓唐，不敢颓唐。以后兄弟两人要更加奋勉，竭力工作！”

章川岛也说：“我们年轻人，就是跑跑腿，多做点儿事嘛！”

鲁迅微笑着，对这两人的干劲很是称赞。

章川岛，名廷谦，字矛尘，川岛是他的笔名。浙江上虞人。一九一九年由江西大学转入北京大学哲学系，次年八月鲁迅兼任北大国文系讲师，他旁听鲁迅讲授中国小说史。一九二二年毕业后留校任职，常给孙伏园主编的《晨报》副刊投稿。一九二三年八月十二日与孙伏园往访鲁迅，遂与鲁迅交往密切。一九二四年与鲁迅、孙伏园创办《语丝》，工作认真努力。鲁迅的《中国小说史略》上卷出版时，正赶上川岛处于热恋中，鲁迅用绍兴话称他正是“魂出着”的时代，就在送给他的书上，题了一首诗：

请你
从“情人的拥抱里”，
暂时汇出一只手来，
接收这干燥无味的
《中国小说史略》。
我所敬爱的
一撮毛哥哥呀！

鲁迅
二三，十二，十三。

一时间传为佳话。至于“一撮毛”，是因为川岛当时留的头发是后来的所谓“学生头”，鲁迅就给他起这么一个绰号。

这时，后园养着的三只鸡又争斗起来了。个头矮小的章衣萍对鲁迅说：“鸡们斗起来了。”

鲁迅答道：“这种争斗我也看得够了，由他去吧！”

章衣萍听鲁迅说“由他去罢！”不由得想起鲁迅《我的失恋》结尾点题的一句：“由她去罢！”；《影的告别》中多次反复的话语：“我不愿意”，就郑重地对鲁迅说：“看来‘由他去罢！’就是先生对无聊行为的一种愤慨与反抗。”又笑笑说：“我却不能这样，我不能瞧着鸡们的争斗，因为‘我不愿意！’”

鲁迅深吸了一口烟，吐出浓浓的烟雾，明白地告诉章衣萍：“我的哲学都包括在我的《野草》里面。”

章衣萍点了点头，沉思着，对《野草》更感兴趣了，不久把鲁迅的这句话，写在自己的文章《古庙杂谈（五）》中，发表在一九二五年三月三十一日的《京报副刊》上，后来又收入北新书局一九二九年六月版的《古庙集》。

鲁迅又对章衣萍说：“你夫人曙天女士怎么没来？一月份她跟你来，还写了我的一篇文章。”

这是指吴曙天女士的《访鲁迅先生——断片的回忆》，发表在一九二五年一月八日《京报副刊》上，记述了第一次见到鲁迅时的印象：

> 我的脑中开始想象我理想中的鲁迅先生了。我读过他的《呐喊》，而且读过不止一次。我想象中的鲁迅先生大约是很沉闷而勇猛的罢。我觉得《呐喊》的味是辣而苦的，然而我不知道为了什么爱读它。
>
> 房门开了，出来一个比门房孙老头儿更老的老年人，然而大约也不过五十岁左右罢，黄瘦的脸庞，短胡子，然而举止很有神，我知道这就是鲁迅先生。
>
> 我们走进鲁迅先生的卧房了。

这是一间并不宽大的卧房，房门的右边，摆了一个书架，然而书架上的书籍并不多。接着是一个桌子，这就是《呐喊》的作者的著书桌罢。桌的旁边接着摆了一只箱子，箱子上也杂乱地堆了些书籍。卧床是靠着房的后墙的，这是很简单的床罢，因为是用两只板凳和木板搭成的。

大家乱七八糟地谈了半天。我只深刻地记得鲁迅先生的话很多令人发笑的。然而鲁迅先生并不笑。可惜我不能将鲁迅先生的笑话写了出来。爱听笑话的人，最好亲自到鲁迅先生那里去听。

作者以一个女士的眼光和笔调，活灵活现地再现了朴实、可亲的鲁迅先生的音容笑貌，成为回忆鲁迅真实生活的第一篇文章。

章衣萍笑笑说："曙天很幼稚，没把先生写好。"

鲁迅答说："我看写得很活，我就是那样子，才四十出头，就像'五十岁左右罢，黄瘦的脸庞，短胡子……'"

章衣萍连忙说："哪里，哪里，曙天写过了。"

为打破尴尬，孙伏园插过话对鲁迅说："新一期《语丝》发您的《过客》，更引人注意，都觉得里面含有您的哲学。但究竟是什么哲学，都还没有'吃'透。"

鲁迅听了迟疑着，猛吸一口烟，像在深思着什么。

孙伏园看时候不早了，连忙说："先生休息吧！我们走了。"说着，拉着章衣萍走出北屋，鲁迅像往常一样，端着煤油灯，一直送他们到大门口，连连说"再见"，目送他们的身影消失在黑暗中，才回转身，回到"老虎尾巴"，把灯放好，拆开许广平的信来看。

一看开头，鲁迅眼前立时浮现出坐在头一排的那位高个头儿女学生，她每每忘形地直率、刚决地发言，早就引起他的注意了。印象中，这学生虽然并不漂亮，却很有些女侠客之风，无论到了哪里都会引人注目的。

再往下看，就产生了同感："五四以后的青年是很可以悲观痛哭的了！……"是啊，"五四"文学革命的热情消退之后，自己不是又经验了一回大寂寞吗？

只能是“两间余一卒，荷戟独彷徨”吗？

及至读到“苦闷之果是最难尝的……现在的青年的确一日日的堕入九层地狱了！……先生！你有否打算过救人一命，胜造七级浮屠呢！先生！你虽然很果决的平时是；但我现在希望你把果决的心意缓和一点，能够拯救得一个灵魂就先拯救一个；先生呀！他是如何的‘惶急待命之至’！”鲁迅也禁不住“惶急”起来，要马上“救人一命”，给这位“谨受教的一个小学生许广平”复信。

真的铺开信纸、提笔写信时，鲁迅心情又平静了。他点着一支烟，默默地吸着，沉思片刻，才悠然、从容地写起来：

广平兄：

今天收到来信，有些问题恐怕我答不出，姑且写下去看。

接着分析学风和政治状态、社会情形是相关的，“正如人身的血液一坏，体中的一部分决不能独保健康一样，教育界也不会在这样的民国里特别清高的。”

然后，就直言自己没有“指导青年的本领”，“也没有指南针，到现在还是乱闯，倘若闯入深坑，自己有自己负责，领着别人又怎么好呢，我之怕上讲台讲空话者就为此”。至于苦痛，只有睡熟之际，才能离开，“醒的时候要免去若干苦痛，中国的老法子是‘骄傲’与‘玩世不恭’，我自己觉得我就有这毛病，不大好。苦茶加‘糖’，其苦之量如故，只是聊胜于无‘糖’，但这糖就不容易找到，我不知道在哪里，只好交白卷了”。

最后以墨翟见“歧路”“恸哭而返”与阮籍遇“穷途”“大哭而回”为例，说明：“对于社会的战斗，我是并不挺身而出的，我不劝别人牺牲什么”，而主张“壕堑战”，“专与苦痛捣乱，将无赖手段当作胜利，硬唱凯歌，算是乐趣，这或者就是糖罢。但临末也还是归结到‘没有法子’，这真是没有法子！”

时间不长，一篇潇洒自如、幽默风趣的美文，就在红格信纸上书写完了。看上去像是件艺术品，鲁迅不无自得地欣赏着，倒在床上睡去。第二天装进信封，投进路边的信筒。

“兄”字的解释

鲁迅的回信，不像许广平的来信那样投递快捷，三天后才到达广平手中。

广平急切地撕开信封，打开信一看，首先被自己名字后面的“兄”字惊呆了！怎么会称“兄”？这是为什么？拿给林卓凤看，她也觉得很奇怪，建议广平回信问一问。

她难以回复，隔了前后三天，才能拿起笔陈述她要说的话：

当我打开信封，抽出那红线的白纸，打开笺面，第一行那三个字中，看见贱名之后紧贴一个“兄”字；的确！先生吾师，原谅我太愚小了！我值得而且敢配当“兄”吗？不！不、……绝无此勇气而且更无此斗胆当吾师先生的“兄”的，先生之意何居？弟子乌得而知也。不曰“同学”，不曰“弟”而曰“兄”，游戏欤？——游戏欤？此鲁迅先生之之所以为“鲁迅先生”吾师也欤！？

接着，广平开始谈教育对人的影响，言道：“她们在学校中，除了利害二字之外，其余是痛痒无关的，所以出死力争的，不是事之‘是非’而乃事之‘利害’……”又想起鲁迅曾经在课余闲谈时，说过他当过“土匪”的笑话，对开玩笑道：“无怪先生要当‘土匪’去了，也杀个干净，痛快痛快！”

其实，这不过是开场白罢了，广平真想说的还是鲁迅的最新作品《过客》。她三月九日从新到的第十七期《语丝》上看到这篇奇特的独幕剧体的散文诗后，就想在第一封信中谈体会，但还是集中说“一个小学生”的渴求，未能谈及，这次可要说说了：

“许多烟卷，不过是麻醉药”，这是一部苦闷史。上函的说话，多么沉痛呀！人生，《过客》的“客”虽则不是按着自己的指南针行去，但是，“那前面的声音叫我走”，他何尝乱闯呢。除外，“老翁”才不理那叫声。那客人虽则“脚早经破了”，仍“息不下”“还是走好”的，他“不愿意喝无论谁的血”，在“许多伤”“流了许多血”之后，他的心地是何等光明悱恻，“流血”仍且前进，“闯入深坑”，再急急的或缓缓的起来，有多大关系呢？请先生不必怕上讲台讲话吧！……

……客说过一句话：“老丈，你大约是久住在这里的，你可知道前面是怎么一个所在么？”虽然“老翁”告诉他是“坟”，“女孩”告诉他是“那里有许多野百合、野蔷薇”二者似乎并不是一样，在“客人”知道了未必有多大益处或者“客人”。到了那里并不见所谓“坟”“花”，而为“客人”眼睛中所呈现者为另一个物事，而“客人”也不妨而且也似乎值得一问。

广平提到“过客”所言：“然而我不能，我只得走。我还是走好罢……”不由得表示愿陪“过客”一起走，“遇着‘穷途’的时候比较‘歧途’似乎多一点，我也相信，遇着荆棘，正可以尝尝荆棘刺到我的足上是哪种风味，刺到腿、身、手、面……是甚么味，各种花草树木的钩刺……是甚么味，对于我的触觉是否起同样的反应？我尝遍之后，然后慢慢一根根的从身上拔下那些刺来，或者也无须把那些刺拔下来：就做我后天的装饰品。总之，在‘歧路’头坐下来以后，先生能先‘睡一觉……遇见老实人……不问路……遇见老虎……没有树……’俱是最高超，最须要的办法。何幸！先生不以‘孺子为不可教而教之！’当‘书绅’以记。”

广平写完这第二封信，不再给林卓凤看，悄悄发走。当夜，她梦见鲁迅先生在无边荒原的“穷途”上，带着伤，流着血，不顾一切地往前走……她在先生身边紧跟着，陪着他经受各种荆棘、钩刺扎进肉里的滋味，不仅不以为疼，还感到是一种无上荣光的装饰品……老虎来了，他们一同上树，等着，等着……

鲁迅三月十八日给广平回第二封信，首先对“兄”做了解释：

广平兄：

这回要先讲“兄”字的讲义了。这是我自己制定，沿用下来的例子，就是：旧日或近来所识的朋友，旧同学而至今还在来往的，直接听讲的学生，写信的时候我都称“兄”。其余较为生疏，较需客气的，就称先生，老爷，太太，少爷，小姐，大人……之类。总之我这“兄”字的意思，不过比直呼其名略胜一筹，并不如许叔重先生所说，真含有“老哥”的意义。但这些理由，只有我自己知道，则你一见而大惊力争，盖无足怪也。然而现已说明，则亦毫不为奇焉矣。

解释过许广平最纳闷的“兄”字,鲁迅就对当下的教育进行了尖锐的批评:

现在的所谓教育，世界上无论那一国，其实都不过是制造许多适应环境的机器的方法罢了。要适如其分，发展各各的个性，这时候还未到来，也料不定将来究竟可有这样的时候。我疑心将来的黄金世界里，也会有将叛徒处死刑，而大家尚以为是黄金世界的事，其大病根就在人们各各不同，不能像印版书似的每本一律。

然后，鲁迅又说:“中国大约太老了，社会里事无大小，都恶劣不堪，像一只黑色的染缸，无论加进什么新东西去，都变成漆黑。可是除了再想法子来改革之外，也再没有别的路。”并认为自己的“作品，太黑暗了，因为我常觉得‘黑暗与虚无’乃是‘实有’，却偏要向这些作绝望的抗战，所以很多着偏激的声音。”最后又以子路“结缨而死”为例，进一步说明了“壕堑战”的必要。

许广平三月二十日收到鲁迅的第二封信，当日就回了长信。说自己明白了“兄”字的意思。并第一次以“小鬼”自称,“在先生最有用最经济的时间中，夹入我一个小鬼在中捣乱”，“小子惭愧则个”。

师生二人从三月十一日到四月十日一个月间，竟通信十一封，谈得越来越亲密，广平决定要去先生的“秘密窝”里“探险”了。

花香弥漫的小院

一九二五年四月十二日，星期日，午后起了风沙，许广平与林卓凤一起雇了辆人力车，往阜成门内西三条去。

虽然到北京已经三年了，广平却很少逛北京城，坐人力车更是稀少。她好奇地沿街观看着这座千年古城，出宣内的石驸马大街向北拐弯，行不多远再朝西拐，就看见矗立的西单牌楼，过了牌楼往北拐，是热闹的街市，有老牌的店铺，也有临街卖布头的，吆喝声，叫卖声，选货的，只看不买的，熙熙攘攘，好不引人。

再往北，就是有名的西四了。作为地名的西四，其实是西四牌楼的简称。四座牌楼是地标性建筑，与东四牌楼隔皇城相望。四座牌楼的规格、工艺、材质、造型全都一样，东牌楼额题“行仁”，西牌楼额题“履义”，南、北牌楼额题均为“大市街”。那阵儿，西四牌楼和西四牌楼南、北大街叫“西大市街”，明代时也叫“西市”。

清末慈禧六十大寿时要到颐和园去，西四牌楼是必经地，军机大臣世铎便在东北角和西北角各建了座木质结构的二层转角楼，屯兵保安全。在南边有建于元代的“万松老人塔”，俗称砖塔。广平听人说，鲁迅先生从八道湾搬出来后就曾经住在这里的砖塔胡同。

从西四西拐，就是白塔寺。白塔四周，大小店铺鳞次栉比，吃的、穿的、用的、玩的、看的，睡觉的客店、洗澡的堂子，应有尽有。一九二四年底北京城区开通了有轨电车，起点站在西直门的1路有轨电车从西四牌楼经过。没几年，环行有轨电车开通，始末站都在东单牌楼，也从西四牌楼通过，交通更为便利。

往西是高耸的阜成门，因为是明、清两代自门头沟运煤进城的重要通道，故有“煤门”之称。据说因为“梅”与“煤”谐音，城门洞内由煤栈客商募捐刻梅花一束记之。每当北风呼号，漫天皆白，烘炉四周之人皆赞：“阜成梅花报暖春。”

离城门不远处，人力车朝北拐进胡同，行二三百米远，又往西拐进一条小胡同,标为宫门口西三条。过了几个门看见一座后面耸立着两棵枣树的院子，门牌是二十一号。人力车停下来，车夫说:“到了。”

广平先下车，抢着付了车钱。林卓凤跟着下来道:“说好，回去可要我付。”

俩人在门口犹豫了一阵，广平看着新漆过的黑色门板上有一对黄铜的门环，上方一条镶铜边的信报口。禁不住心怦怦地急跳，心想日夜盼见的尊敬的鲁迅先生就住在这儿吗?

鼓足了勇气，广平终于拍响了门环。

院里传来女佣的声音:“谁?”

广平答道:“找鲁迅先生。我们是他的学生。”

只听院里喊:“大先生，有学生找。”

听得是鲁迅先生的声音:“好。请进!”

一位干净、麻利的女佣过来开门，门刚开，就有一股清馨的花香扑鼻而来。进门左转，只见四株丁香花开满雅致的小院，碧桃绽蕾红里透白，花朵娇艳，榆叶梅的叶子像榆树叶，花像小梅花，淡红色的一朵朵在叶子中间，幽静淡雅。一派树木丛生、花卉竞放的繁荣茂盛景象。

鲁迅先生正微笑着站在北屋门口，迎接这两位不速之客的到来。

广平和林卓凤赶忙跑过去，向先生鞠躬。鲁迅先生领着她们进了屋，过了中堂，进到一间向外伸出的房屋，幽默地说:“这就是我的灰棚，‘绿林书屋’是也。”

书屋西墙边两把椅子上坐着两位青年，见有新客来访，连忙起身招呼。其中一位，广平记得在光华电影院买《语丝》时，曾见他和孙伏园先生一起叫卖过。鲁迅先生指着他说:“这位是《语丝》的出版人李小峰。”又指着另一位说:“这位是专写散文随笔的章衣萍先生。”

广平鞠了一躬说:“我是许广平。她叫林卓凤。我们都是鲁迅先生的学生。”

屋子很小，几乎坐不开，李小峰识趣，见是女客，自己又不相识，就拉着章衣萍说:“已经谈完了，我们向先生告辞了。”

鲁迅先生也不挽留，送他们到门口，转身回来，坐到桌边的藤椅上，点了一支烟，乐开花似的说："怎么不事先打个招呼，突然袭击？"

广平和林卓凤并肩坐在大玻璃窗下的床上，听出先生是嘴上责怪，心里高兴，就打趣道："就是要让先生来个冷不防！"

鲁迅先生笑笑说："我是不怕突然袭击的。因为过去也跟你们说过，我当过土匪呵！清末革命运动兴盛时期，我跟革命的土匪颇有往来，土匪就是大块吃肉的。"边说边用手比画着，"你要不全部吃下去，他们就会生气，认为你是在反对他。现在也是这样啊，'正人君子'们不是骂我是什么'学匪'吗？所以我干脆把这灰棚子叫作'绿林书屋'。"

鲁迅先生杂着笑谈说的这话，把广平和林卓凤都逗笑了。

这时，一位老太太从东边房子，经过中堂进到"绿林书屋"来了。她看去有六十开外，但头发并不很白，面孔是细致、白皙而圆圆的，戴着蓝眼镜，穿着蓝色夹袍，实在足够精神。

鲁迅先生见姆娘来了，赶忙站起身说："娘，女师大的两位学生来了！"

广平和林卓凤忙起身向太师母鞠躬。

鲁老太太和蔼地笑着说："呵，是两位姑娘，真喜兴！我养了四个儿子，只生了一个女儿，不到一岁，就生天花过世了。所以我最喜欢女孩儿了。"

鲁迅喷了一口烟，从旁打趣说："我的母亲如果年轻二三十年，也许要成为女英雄呢。"

鲁老太太也逗趣说："说不定要跟秋瑾姑娘似的，出去闹革命呢！如果那样，也要杀头，你们可就没娘啦！"

鲁迅自信地说："娘就是出去闹革命，也不会遭杀头的，"转身对广平和林卓凤说，"我娘是有心人，不会冒险赤膊上阵的。"

鲁老太太笑着点点头，看来同意儿子的观点。她对广平和林卓凤说："你们跟先生谈吧！我去我屋里看我的书。"转身走了。

说着，西边屋子里走出一位四十多岁、旧式妇女模样的瘦小女人，只在中堂往里看了看，就走出屋门到院子里厨房去了。鲁迅也没有搭理介绍，广平估摸可能是先生的内人，俩人关系很冷漠。透过大玻璃窗朝外瞭望，想起《秋夜》里所写的那两株枣树，就建议说："咱们到后园去看看吧！"

鲁迅立刻响应，领着她们穿过北屋西边的夹道来到后园，园中间有一口水井，墙外东南角有株枣树，西北角也有一株枣树，两株枣树笔直地挺立着，遥遥相对。园中栽满了碧桃、花椒、刺梅、榆叶梅和青杨，像个有点儿野味的小花园。

鲁迅向广平、林卓凤解释说："其实，墙外的枣树，不止两棵，而是四棵，但东边的一棵早死了，只剩三棵，最西边的一棵，被房子挡住，看不到，所以现在看到的就是两株——枣树。去年秋天，还有一两个孩子来打别人打剩的枣子，闹得一个也不剩了，只剩下打枣的竿子留在树皮上的伤痕。"说到这里，不禁怆然。

广平注意到先生的表情，感到他是在为枣树悲哀，为缓和气氛，默诵起《秋夜》的开头："'在我的后园，可以看见墙外有两株树，一株是枣树，还有一株也是枣树。'"问鲁迅先生道，"说两株枣树就行了，为什么绕圈子，一株……还有一株？"

鲁迅吸了口烟，沉思地说："这是为了语气的曲折委婉，沉郁顿挫。五四时的文章，都太直白了，我的文章也有这种不足。后来写多了，写了又注意朗诵默念，体味其节奏，才感到语气沉郁顿挫的必要。"

广平听了，明白了一些，点了点头。

从后园返回院内，鲁迅指着院里四株丁香树说："东边是白丁香、紫丁香两株，西边也是一样一株，但紫丁香在前，白丁香在后。是去年四月五日，房子修好，还没有搬进来，向专卖盆景、树苗的云松阁订购的，商家代送代种，我还参与了种植呢！看，现在已经花开满树了！紫丁香春季盛开时，硕大而淡紫艳丽的花布满全株，芳香四溢，观赏效果甚佳，但矮小、纤弱。白丁香为紫丁香的变种，枝条粗壮，叶片较小，花密而洁白、素雅而清香。"鲁迅说着，不无自豪、自得之意。

广平和林卓凤两位姑娘低下头闻着花香，赞不绝口。广平想起《秋夜》中的诗句，对鲁迅说道："'这些细小的粉红花，梦见瘦的诗人将眼泪擦在她最末的花瓣上……'我们都成了'瘦的诗人'了。"

鲁迅指着院里四株丁香树说，紫丁香在前，白丁香在后。

鲁迅听到别人喜欢他的作品，总是异常兴奋，笑笑，请她们再到屋里聊聊。但广平和林卓凤觉得是第一次来，又没有事先约好，是突然袭击，不便多待，就告辞了。

鲁迅一直送她们到大门口，一再叮咛路上小心……

第五章 大苦闷

“秘密窝”

送走广平之后，鲁迅的心总不能平静下来。绝顶聪明的他，明白这次“突然袭击”，主谋肯定是“小鬼”，林卓凤不过是拉来做陪衬的。林君沉默矜持，不大说话，“小鬼”却总是不断地煽情、挑逗。鲁迅很清楚，“小鬼”是喜欢他的，第二封信不就明确表示要陪着他这个“过客”踏向荆棘，尝尝荆棘刺到足上是哪种风味吗？甚至无须把那些刺拔下来：就做后天的装饰品吗？

不知怎么，鲁迅眼前总浮现“小鬼”的身影，想挥之而去，却越挥越是“赖”着不走。他也总想靠近她，但总是不敢，只能到丁香花边去闻那花的清香。一闻，广平就带着浑身的香气向他贴近了，他赶快躲开，又躲不开。越躲，越想靠近；越靠近，越强迫自己躲开。她是喜欢我的，但我配得上吗？俩人相配吗？年龄相差十七岁，个头儿我矮小，她高大，旁人看了会觉得怎样？尤其中间有“障碍”——母亲给的“礼物”。这么多年了！好，好不了；弃，弃不掉。可怎么办？就这样犹豫着，对抗着，矛盾着，搞得心神不宁，陷入从未尝受的大苦闷。

过了两天，四月十四日，始终没有收到广平的来信，鲁迅有些急了，夜里禁不住挺直地坐在桌前，给广平写信：

广平兄：

有许多话，那天本可以口头答复，但我这里从早到夜，总有几个各样的客在座，所以只讨论天气之好坏，风之大小。因为虽是平常话，但偶然听了一段，即容易莫明其妙，还不如仍旧写回信。

又写了一段学校里的常事，还是归结到"苦闷"上来，明明自己陷入大苦闷，却要以广平信中写过的苦闷作托词——

"无处不是苦闷，苦闷，(以下还有六个和……)"我觉得"小鬼"的"苦闷"的原因是在"性急"。在进取的国民中，性急是好的，但生在麻木如中国的地方，却容易吃亏，纵使如何牺牲，也无非毁灭自己，于国度没有影响。我记得先前在学校演说的时候也曾说过，要治这麻木状态的国度，只有一法，就是"韧"，也就是"锲而不舍"。逐渐做一点，总不肯休，不至于比"轻于一掷"无效的。但其间自然免不了"苦闷，苦闷，(以下还有六个并……)"还是只好便与这"苦闷……"反抗。这虽然近于劝人耐心做个奴隶，其实很不同，甘心乐意的奴隶是无望的，但如怀着不平，总可以逐渐做些有效的事。

实际上，话里有话：不要"性急"，要慢慢来，我们之间的事情也是这样的。然后，又谈了些什么是"女性文章"的道理，结束语是："我虽然忙，其实也不过'口头禅'，每日常有闲坐及讲空话的时候，写一个信面，尚非大难事也。"实质上，是害怕许广平因为担心耽误他的时间而停止写信，他是盼着她的来信的。

这回邮路怎么不像第一次通信那样快捷？直到四月十六日，广平还没有收到鲁迅的信。当晚，广平又在小饭厅里给先生写了信：

鲁迅师：

“秘密窝”居然探险过了，归来的印象，觉得在熄灭了的红血的灯光，而默坐在那间全部的一面满镶玻璃的室中时：偶然出神地听听雨声的滴答；看着月光的幽寂；在枣树发叶结果的时候，领略它展动叶声的沙沙，和打下来熟枣的勃[①]；再四时不绝的，个多个多！“咯咯戈戈戈”的鸡声，晨夕之间，或者负于在这小天地中徘徊俯仰，这其中定有一番趣味，其味如何？——在丝丝的浓烟卷中曲折的传入无穷的空际，升腾，分散，是消灭！？是存在！（小鬼向来不善推想和描写，都恕唐突！）

接着，又谈了《京报副刊》王铸君的一篇《鲁迅先生……》和《现代评论》前几期那篇《鲁迅先生》，觉得“还合口味，但总喜欢听那《人体生理》的那类在教室所讲的话……”

广平所说的《现代评论》的那篇《鲁迅先生》，是张定璜，也就是张凤举，所写的著名长文。一九二五年一月二十四、三十一日在《现代评论》一卷七、八期上连载。文章首先细致描绘了鲁迅出现前中国精神文化界的令人难耐的寂寞，文艺园地让人作呕的污秽，人们无所作为、怨天尤人的平庸、麻木与懒惰，然后进入鲁迅不甘寂寞的梦，述说以前读末代小说苏曼殊《双枰记》《绛纱记》和《焚剑记》时的感觉，最后在两下比较中得出了结论：

我若把《双枰记》和《狂人日记》摆在一块儿了，那是因为第一，我觉得前者是亲切而有味的一点小东西；第二，这样可以使我更加了解《呐喊》的地位。《双枰记》等载在《甲寅》上是1914年的事情，《新青年》发表《狂人日记》在1918年，中间不过四年的光阴，然而他们彼此相去多么远。两种的语言，两样的感情，两个不同的世界！在《双枰记》《绛纱记》和《焚剑记》里面我们保存着我们最后的作风，最后的文言小说，最后的才子佳人的幻影，最后的浪漫的情波，

① 此处原手稿真迹如此。

最后的中国人祖先传来的人生观。读了他们再读《狂人日记》时，我们就譬如从薄暗的古庙的灯明底下骤然间走到夏日炎光里来，我们由中世纪跨进了现代。

文章中对鲁迅的评价有这样一段名言：

我们知道他有三个特色，那也是老于手术富于经验的医生的特色，第一个，冷静，第二个，还是冷静，第三个，还是冷静。

文章指出鲁迅是一位有良心的诚实的艺术家，促使中国人猛醒，认识自己和自己所处的世界：

他把他自己的世界展开给我们，不粉饰，也不遮盖。那是他最熟识的世界，也是我们最生疏的世界，我们天天过活，自以为耳目聪明。其实多半是聋子兼瞎子，我们视而不见，听而不闻。且不说别的，我们先就不认识我们自己，待到逢见少数的人们，能够认识自己，能够辨认自己所住的世界，并且能够把那世界再现出来的人们，我们才对于从来漠不关心的事物从新感到小孩子的惊奇，我们才明白许多不值一计较的小东西都包含着可怕的复杂的意味，我们才想到人生，命运，死，以及一切的悲哀。

由此，文章给鲁迅做出了这样的定位：

单在这个意义上，鲁迅先生也是新文学的第一个开拓者。

事实是在一切意义上他是文学革命后我们所得了的第一个作家。是他在中国文学史上用实力给我们划了一个新时代，虽然他并没有高唱文学革命论。

张定璜是鲁迅的朋友，也是周作人的朋友，在两兄弟之间，他只是尽量调和，并没有任何挑拨，与办《现代评论》的徐志摩也保持着良好的关系。

偏偏在许广平、林卓凤“探险”八天之后，四月二十日，鲁迅又要给她们上课。这天，新的讲义还没有印出来。鲁迅正预备讲书时，喜欢玩闹的女孩子们就和先生闹起来了。课堂前排许广平、陆晶清几个人最爱捣乱。她们一起喊道：“周先生，天气真好啦！”先生不理。“周先生，树枝吐芽啦！”还是不理。“周先生，课堂空气没有外面好啦！”先生笑笑。“书听不下去啦！”“不要上课，要去参观。”先生沉吟了一会儿，问道：“你们是不是全体都去？”先生是想测验一下是否是少数人捣乱，结果全体起立，大家都笑了，喊道：“先生，一致通过。”先生想了想，在黑板上写出“历史博物馆”几个字，又告诉女孩子们在午门集合，各人分头去，在那里聚齐。许广平和陆晶清是带头人，所以毫不客气，一边一个，拉着先生坐骡车前往。

原来这个博物馆是教育部直辖的，不大能够走进去，那时先生在教育部当佥事，所以那面的管事人都很客气地招待她们参观各种陈列：有大鲸鱼的全副骨骼，各种标本和古时用的石刀石斧、泥人、泥室，有从外国飞到中国来的飞机，也保存在一间大房子里。有各种铜器，有一个还是鲁迅先生用周豫才名捐出的。其他平常看不到的东西真不少，胜过她们读多少书，因为有先生随处给她们很简明的讲解。然后，又游了中山公园。

回来的当晚，广平又给鲁迅写了一封信，说道：今日讲堂的举动，太不合于绅士的态度了！“然而大众的动机的确与‘逃学’和‘难为先生’不同，凭着小学生的天真、野蛮，和出轨是有一点，回想起来，大家总不免好笑，觉得除了鲁迅先生以外，别的先生，我们是绝对不干的。”

其实，鲁迅不但不生气，还感到从未有过的愉快！跟这群天真、活泼的女学生们一起游玩，的确开心！鲁迅收到广平第二封信，信中询问寄去的信收到没有，就于四月二十二日回复了一封长信，说两封信都收到了，并说：“张王两篇，也已看过，未免说得我太好些。我自己觉得并无如此‘冷静’，如此纯粹，即如‘小鬼’们之光降，在未得十六来信以前，我还没有悟出已被‘探险’而去，倘如张君所言，从第一至第三，全是‘冷静’，则该早经知道了。”

四月二十三日晚上客散后，鲁迅在日记上写道：

昙。晨有麟来。寄许广平信。复梓模信。午后得李遇安信，即复。下午有一学生送梨一筐。夜有麟来。复蕴儒、高歌、培良信。

写到“下午有一学生送梨一筐”时，鲁迅犹豫了一下：究竟是谁送的呢？会不会是“小鬼”呢？

鲁迅怎能冷静？何况是“三个”？他怎么也睡不着，考虑着与“小鬼”的未来……

倒在床上，蒙眬中似醒非醒，似梦非梦。又回忆起往昔……

忆往昔之二 (1906—1913)

一九〇六年夏天，母亲来了电报，说她病危，要树人速回故乡。

树人回国了，到家一瞧，房已修理好，家具全新，一切结婚的布置都已停当，只等他回来做新郎了。

在清末的中国，包办婚姻是天经地义，悔婚是很严重的事。鲁瑞把大儿子骗回国，实为无奈之举。其实，这一天是迟早的事，逃避终究不是办法，树人不忍拂逆自己最亲近的人——遭受丧夫亡子巨大打击的母亲，那么就只能牺牲掉个人的意志，默默地接受这命运。

结婚那晚，树人穿靴，穿袍，戴红缨帽子，一切都照办。跪拜非常听话，像木偶一样任人摆布。由和房朝叔周冠五[①]与诚房子传奶奶的儿子周明山二人扶上楼。一座陈旧的楼梯上，一级一级都铺着袋皮。楼上是两间低矮的房子，用木板隔开，新房就设在靠东首的一间，房内放置着一张红漆的木床和新媳妇的嫁妆。当时，树人一句话也没有讲，人们扶他也不推辞。见了新媳妇，他照样一声不响，脸上有些阴郁，很沉闷。

① 周冠五：鲁迅的和房堂叔，谱名凤纪，字官玉，后改冠五，笔名观鱼，小名朝，鲁迅称他朝叔。

担心着新夫妇的动静，一到夜深，鲁瑞亲自到新房隔壁去听。发现他俩很少谈话，儿子总爱看书，迟迟才睡。

第二天早晨人们看见树人不高兴，印花被的靛青把他的脸也染青了，看来是伏在被子上哭过。两三天以后，树人住到母亲的房间里了，晚上先看书，然后睡在母亲床边的一张床上。

照老例新婚夫妇是要去老台门拜祠堂的，但树人没有去。

他即便没有拜老台门，依照老例，新婚第二天也还是有许多繁琐的仪式：

首先是“送子”，天甫破晓，新娘盥洗完毕，吹手站在门外唱吉词，老嫚一面把一对木制的红衣绿裤的小人儿端进来，摆放在新娘床上，说：“官官来了。”一面向新娘道喜，讨赏封。

一起吃饭，自然也只是一个仪式而已。之后要“上庙”，新夫妇坐着轿，老嫚、吹手跟在轿后，先到当坊“土谷祠”参拜，照例还要再到宗祠去参拜祖先。

当天上午要“拜三朝”，在大厅里供两桌十碗头的羹饭，家中男女老少拜完后，新郎新娘并肩而拜。然后“行相见礼”，依次按辈分拜族中长辈，与平辈彼此行礼，最后接受小辈的拜礼。

新婚夫妇一般在第三天要“回门”，亦叫“转郎”，新夫妇往女家回门，在老嫚、吹手的簇拥下，坐轿来到女家，至大厅拜女家祖先，参拜岳父岳母等。之后，还要请新郎进入内房，坐在岳母身旁听她致照例的“八句头”，八句头说完后新夫妇才辞别上轿。

树人是作为朱家姑爷来回门，没有辫子，大家很好奇，人们赶去看热闹。

虽然树人像木偶似的走完了这一系列麻烦的仪式，可是新婚燕尔却做得很决绝，搬出新房，睡到了母亲的房中。

我们不知道新婚之夜究竟发生了什么，树人为什么会这么失望。对此，周建人的解释是：“结婚以后，我大哥发现新娘子既不识字，也没有放足，他以前写来的信，统统都是白写，新娘名叫朱安，是玉田叔祖母的内侄女，媒人又是谦婶，她们婆媳俩和我母亲都是极要好的，总认为媒妁之言靠不住，自己人总是靠得住的，既然答应这样一个极起码的要求，也一定会去做的，而且也不难做到的，谁知会全盘落空呢？”俗话说：“生意做勿着，一遭；老婆讨不着，一世。”大哥是要难受一世了。

周作人则说“新人极为矮小，颇有发育不全的样子”。从照片来看，朱安的身材确实偏于矮小，人又古板、衰老，不仅是树人，别的男人也不会喜欢她。我们可以想象到：那时树人会想起美丽、端秀的琴姑，甚至想起虽然死了依然不失秀美、白皙的年轻女子的尸体，或者在给许寿裳信中所说的“同学阳狂，或登高而窥裸女”的婀娜窈窕的日本裸女，樱花烂漫时节绯红的轻云下富有性感的日本艺伎，而眼前的所谓新娘竟然是这般老丑、木呆，哪里还能引起男人的半点儿性趣？但是这婚事是母亲安排的，他只能默默承受，丑到什么地步也只能由她去了。但是，难道自己只能与这种人相伴一生？这样的人生有何意思？绍兴夏天热得无法盖被，只能放在床头当垫枕，树人伏在印花被上哭了，被面的靛青把他的脸染青了。结婚后他很少向外人诉说自己的婚姻生活，仅对好友许寿裳说过这么一句沉痛的话：

“这是母亲给我的一件礼物，我只能好好地供养它，爱情是我所不知道的。”

婚后第四天，树人就携二弟周作人去了日本，离开了母亲强加给他的女人。没有人提到，朱安在这新婚的三四天里是怎么熬过来的。不知她是一动不动呆坐在新房里，等待新郎的拥抱和爱抚，自己却做不出一点儿吸引男性的风姿，只能像拒绝放足、进学堂一样，依旧如呆木头和僵尸般死坐着呢？还是一边垂泪，一边听那些过来人的现身说法，教她如何慢慢熬出头？也许，就是在那一刻，她想到自己就像一只蜗牛，只要慢慢爬，慢慢熬，总能等到周家少爷回心转意的那一天。

树人回到日本后，就把喷火似的青春活力，全部倾注在文艺运动上。因为他认为第一要著，是在改变中国人的精神，而善于改变精神的，他那时以为当然要推文艺，于是想提倡文艺运动了。

只是他自己的寂寞是不可不驱除的，因为这于他太痛苦。于是用了种种法，来麻醉自己的灵魂，使自己沉入国民中，回到古代去，后来也亲历或旁观过几样更寂寞更悲哀的事，都为他所不愿追怀，甘心使他们和自己的脑一同消灭在泥土里的，但他的麻醉法却也似乎已经奏了效，再没有青年时候的慷慨激昂的意思了。

他默默地深刻探讨“立人”思想。《文化偏至论》《摩罗诗力说》等论文就是在这种状态下写作的。应验了一条佛学的定则：越是压抑越是深邃。

当时，梁启超的《论小说与群治之关系》风行一时，小说对于改革社会作用之巨大，使树人深信不疑。他把精力倾注于小说，夏目漱石作俳谐小说《我是猫》有名，俟其印本一出即陆续买读，又热心读其每天在《朝日新闻》上所载的《虞美人草》，并从日文报刊上剪下日译的俄国小说，细心装订成一册：灰色硬纸皮封面，绿色书脊，三十六开，封面无题字，扉页有手书目录，日文，竖写，如二叶亭译的果戈理著《狂人日记》《外套》等都在里面。放在手边，不时翻读，烂熟于心。

鲁迅自然而然想到向中国介绍外国文学的重要，一九〇六年九月携二弟回日本后就着手编译《域外小说集》，以“别求新声于异邦”。多采自显克微支北欧和东欧弱小民族的文学作品，俄国安特莱夫、迦尔洵的作品也有，因为当时俄国人民也身受压迫。一九〇九年二月，第一册在东京出版，三十二开毛边本，共印一千本。封面用蓝色的罗纱纸精印，上端印着一幅德国式的长方形图案画，一个穿着希腊古装的妇女在弹着弦琴，背景是光芒四射的朝阳，一只鸟儿正向高空飞翔。封面题字是树人的老友陈师曾题写的五个篆字，自右至左横排。书的下端印着“第一册”。整个封面设计显得典雅大方。扉页的右上角印着两行字：《域外小说集》第一册，会稽周氏兄弟纂译。版权页上既没有写清末的年号，也没有注明公历，只写了“己酉二月十一日印成”，定价小银元三角整。发行人周树人；印刷者东京市神田区锦町三丁目一番地神田印刷所的长谷川辰二郎；总寄售处是上海英租界后马路乾记弄广昌隆绸庄，这是周氏兄弟朋友蒋抑卮所开的店铺。

第一册正文共一百〇七面，书前印有周树人写的《序言》。《序言》后面是关于编印这本小说集的略例，共五条，对选题，装订形式，人名地名译法，标点及注释都做了说明。其中对采用毛边本装订特别说明道：“装订均从新式，三面任其本然，不施切割；故虽翻阅数次，绝无污染。前后篇首尾，各不相衔。

他日能说视邦国古今之别，类聚成书。且纸之四周，皆极广博，故订定时亦不病隘陋。”

第二册于一九〇九年六月十一日在东京出版，与第一册出版相距不过四个月，封面、扉页及版权页与第一册相同，正文共一百十二面，共印了五百册。

寄售的地方，是上海和东京。半年过去了，先在就近的东京寄集处结了账。计第一册卖去了二十一本，第二册是二十本，以后就没有人买了，那第一册何以多卖一本呢？原来是许寿裳担心寄售处不遵定价，额外加价，就去买了一本实验，果然划一不二，就放了心，第二册就不试购了。由此看来，那二十位读者，是有书必看，没有一人中止的。至于上海，也不过卖出了二十册上下。原本打算待到卖回本钱，再印第三第四册，以至第 × 册，如此继续下去，积少成多，也可以不断介绍外国作家的著作了。但这时只好到第二册就停版了。已成的书，都堆在上海寄售处堆货的屋子里，过了四五年，这寄售处不幸失了火，书和纸板，都连同化成灰烬。这样，周氏兄弟梦幻似的无用的努力，在中国也就完全消灭了。

一九〇九年七月，树人结束日本的留学生活回国了，他本来想去德国，但失败了，因为母亲和将与羽太信子结婚的周作人希望得到他经济上的帮助，因此，由先期回国的许寿裳推荐，到杭州浙江两级师范学堂任教。

他先回到故乡绍兴，辫子成了大问题。刚到上海时，装了假辫子，过了一个多月，他想，如果在路上掉了下来或者被人拉下来，不是比原没有辫子更不好看吗？索性不装了，贤人说过，一个人做人要真实嘛！但这真实的代价真也不便宜，走出去时，在路上所受的待遇完全和先前两样了。他从前是只以为访友做客，才有这种待遇的，这时才明白路上也一样的，一路有待遇。最好的是呆看，但大抵是冷笑，恶骂。小则说是偷了人家的女人，因为那时捉住奸夫，总是首先剪去他辫子的，大则指为“里通外国”，就是所谓“汉奸”。他想，如果一个没有鼻子的人在街上走，也未必至于这般受苦。这使他不禁对清王朝的种种对亡国奴的“规矩”更加愤慨了。

回故乡后，唯一得到慰安的是将带回的日本水野栀子移栽在庭院中，那鲜灵灵盛开的栀子花，的确给人传递了清水般爽润的生气。

见过久别的母亲和三弟后，自然还要见母亲送他的礼物——朱安。新婚四天就走了，一晃又过了三年，她已经三十二岁了。看起来比实际年龄还要老些，但无论怎样对她，她对自己的丈夫总很殷勤，不断地给他收拾这，整理那，俨然像位主妇。树人只得住到她和母亲布置好的屋里，但到晚上，不得不在一起时，又引起树人的反感，僵直着像具死尸，甚至于连死尸也不如，在日本仙台解剖室所见的年轻女子的尸体，还那样秀洁、丰满，眼前的朱安却干瘪得如枯柴一般。怎么与这样的"女人"亲热呢？只得作罢。两天后就回杭州去了。

到杭州师范后，树人总算有了自己独住的一间屋子。许寿裳任教务长，一切都由他照顾好了。他吸卷烟，是有名的，又是同事中最能熬夜的一个。在杭州的时候，所吸的是强盗牌。他晚上总睡得很迟，强盗牌香烟，条头糕，这两件是他每夜必需的粮。服侍他的斋夫叫陈福，陈福对于他的任务，有一件就是每晚摇寝铃以前替他买好强盗牌香烟和条头糕。友好的教员每夜到他那里去闲谈，到摇寝铃的时候，总见陈福拿进强盗牌香烟和条头糕来。星期六的夜里备得更富足。

树人教生理卫生，曾有一次，答应了学生的要求，加讲生殖系统。这事在今日学校里似乎也成问题，何况在二十世纪初的前清时代。全校师生们都为之惊讶，他却坦然地去教了。他只对学生提出一个条件，就是他讲的时候，不许笑。那回教授的效果很好，别的班的学生，因为没有听到，纷纷向他讨要油印讲义。这份讲义名为《人生象教》，其附录为《生理实验术要略》，写得很简，而且还故意用着许多古语，用"也"字表示女阴，用"了"字表示男阴，在无文字学素养未曾亲听过讲的人看来，好比一部天书了。这是当时的一段珍闻。

但人心是险恶的。甚至于那些青年学生对苦心教育自己的老师，也心怀叵测。一次上化学课，做实验，正准备做氢气实验，树人突然发现忘了带火柴，便对学生们说："我去取火柴，你们别去碰这个杯子，一旦空气进去了，再点火就会爆炸的！"等他拿来火柴，一点火，爆炸了！他手上的鲜血溅满了雪白的西装硬袖和讲台上的点名簿。他担心学生受伤，可抬眼一看，原先坐在前两排的学生都早已移坐到后排去了。树人当时并没有表露内心的气愤，但此事对他刺激很大，不免增加了树人对人世的怀疑，促使他更坚定地进行改造国民精神的工作。

树人平时很严肃，不苟言笑，给人的印象是沉默不多言，冷峻少结交，但表达对官吏的憎恶，却很诙谐，常模拟官场“今天天气哈哈哈”的习气，惹人大笑不止。

但学堂偏偏来了位引他反感的人物。一九〇九年十二月，浙江两级师范学堂监督沈钧儒被选为浙江省咨议局副议长，因而辞去监督职务，由当时任浙江教育总会会长忠于清帝的夏震武接任。

夏震武刚到两级师范学堂，就通知教务长许寿裳在礼堂设立孔子牌位，要许陪同谒圣，许拒绝了，说开学时已经拜过孔子，恕不奉陪。夏很不高兴，许也如此。接着因为夏对于住堂的教员们，仅仅差送一张名片，并不亲自拜会，夏便用当时官场下属见上司的“庭参”礼节，要求教员们着礼服到礼堂和他见面，在就职时举行祭孔礼。教师们大部分是留日学生，对这套官场陋习早就反对，于是坚决拒绝。特别是树人着西装、留西发站在夏震武的对面，使他更加气急败坏，厉声辱骂树人和两级师范学堂。树人与他针锋相对，毫不退让，教师们大哗，一哄而散。很快又集会于会议厅，请夏出席，夏还摆臭架子，拒不见面。教员们群情激愤，一起与夏震武斗争，宣布停课，树人和许寿裳等二十五名教员向浙江提学使辞职，并搬出校舍。

这时，夏震武怒言：“谁反抗就辞了谁！”一面写信给浙江巡抚增韫，请求支持他的强硬手段；一方面又指使在校同乡师生，为他奔走，劝诱教员们复课，但没收到什么效果。他们就用梁山泊上的诨名编排坚持斗争的教员，称鲁迅为“拼命三郎”。这时有人劝夏震武辞职，却有五六个人从旁力阻，夏震武也硬着头皮说：“兄弟一定要坚持到底。”这句话便成了树人等教员常常模仿的笑料。最后夏震武采取提前放假的办法遣散学生，企图借此使教员们屈服，反而引起杭州各校教员的反对。这次风潮，坚持了两个星期，有逐渐扩大之势，浙江巡抚增韫眼看教师心齐力坚，复课无望，只好叫夏震武辞职。

杭州俗语，凡是遇到木头木脑不懂事情的人，都名之曰“木瓜”。树人因之给夏震武起绰号为“夏木瓜”。所以这场反对夏震武的斗争，经教员张宗祥提议,取名为“木瓜之役”。坚持斗争的二十五名教员欢欣鼓舞地开了一个“木瓜纪念会”，并在湖州会馆合影留念。

“木瓜之役”胜利后，由新任提学使袁嘉谷权代，请浙江高等学堂监督孙智敏兼任代理监督。袁提学使于一九一〇年一月九日往湖州会馆拜会各教员，将以前缴存的聘书照旧送还。学堂气氛活跃而向上，树人的精神更加健旺了。

他经常和讲授植物学的日本教员一起带领学生到孤山、葛岭、北高峰、钱塘门一带采集植物标本，随时注意教育学生要实事求是。一次，他与铃木珪寿带领学生去南高峰、北高峰一带采集植物标本。路上，学生看到一株开着黄花的植物，问:“它叫什么名称？”铃木答:“一枝黄花。”学生大笑，说:“这个花是黄色的，就叫一枝黄花？它的学名呢，也是这样？”不大相信铃木的回答。树人严肃地说:“要批评人家的错误，自己要真懂。你们可以去查查植物大词典，这个植物是属于菊科，汉名叫一枝黄花嘛！为什么不懂装懂，乱批评呢？”指出对别人不信任应有根据。

他还常和同科教员去吴山圣水间采集植物，把一年来采集的植物，回校后细心制作成标本。又和生物教员张柳如一起根据法国恩格勒的分类法严格进行植物的分类、定名工作。然后将标本记录手稿编成一册，封面上画有一只小蜜蜂，里面还存有一九〇九年八月制作的部分蓼科植物标本。

当时树人很提倡种树，别人都笑他傻，因为树要十年才长成，而教员不过是“当一天和尚撞一天钟”。但树人不以为然，后来跟友人提起这件事时说:“只要给我当一天和尚，钟我总要撞，而且用力撞，认真地撞。”他在给三弟周建人的信中指出，采集标本比较容易，对农业又有益处，要求建人学着做。

一九一〇年四月初五，树人的继祖母蒋氏病逝，须回绍兴奔丧。族长、近房、祖母母家的亲丁、闲人，聚集了一屋子，预计树人的到来，应该已是入殓的时候了。寿材寿衣早已做成，都无须筹划；他们的第一大问题是怎样对付这新派的孙子，因为逆料他关于一切丧葬仪式，是一定要改变新花样的。

聚议之后，大概商定了三大条件，要他必行。一是穿白，二是跪拜，三是请和尚道士做法事。总而言之：是全都照旧。

他们既经议妥，便约定在树人到家的那一天，一同聚在厅前，排成阵势，互相策应，并力作一回极严厉的谈判。人们都咽着唾沫，新奇地听候消息；他们知道树人是“吃洋教”的“新党”，向来就不讲什么道理，两面的争斗，大约总要开始的，或者还会酿成一种出人意外的奇观。

树人的到家是下午，一进门，向他祖母的灵前只是弯了一弯腰。族长们便立刻照预定计划进行，将他叫到大厅上，先说过一大篇冒头，然后引入本题，而且大家此唱彼和，七嘴八舌，使他得不到辩驳的机会。但终于话都说完了，沉默充满了全厅，人们全数悚然地紧看着他的嘴。只见树人神色也不动，简单地回答道：“都可以的。”

这又很出于人们的意外，大家心上的重担都放下了，但又似乎反加重，觉得太“异样”，倒很有些可虑似的。打听新闻的人们也很失望，口口相传道，“奇怪！他说‘都可以’哩！我们看去罢！”都可以就是照旧，本来是无足观了，但他们也还要看，黄昏之后，便欣欣然聚满了一堂前。

先送了一份香烛；待到走到他家，已见树人在给死者穿衣服了。原来他是一个短小瘦削的人，长方脸，蓬松的头发和浓黑的须眉占了一脸的小半，只见两眼在黑气里发光。那穿衣也穿得真好，井井有条，仿佛是一个大殓的专家，使旁观者不觉叹服。绍兴老例，当这些时候，无论如何，母家的亲丁是总要挑剔的；他却只是默默地，遇见怎么挑剔便怎么改，神色也不动。旁边一个花白头发的老太太，便发出羡慕感叹的声音。

其次是拜；其次是哭，凡女人们都念念有词。其次入棺；其次又是拜；又是哭，直到钉好了棺盖。沉静了一瞬间，大家忽而扰动了，很有惊异和不满的形势。人们也不由得突然觉到：树人就始终没有落过一滴泪，只坐在草荐上，两眼在黑气里闪闪地发光。

大殓便在这惊异和不满的空气里面完毕。大家都怏怏地，似乎想走散，但树人却还坐在草荐上沉思。忽然，他流下泪来了，接着就失声，立刻又变成长嚎，像一匹受伤的狼，当深夜在旷野中嗥叫，惨伤里夹杂着愤怒和悲哀。

这模样，是老例上所没有的，先前也未曾预防到，大家都手足无措了，迟疑了一会，就有几个人上前去劝止他，越去越多，终于挤成一大堆。但他却只是兀坐着号啕，铁塔似的动也不动。

大家又只得无趣地散开;他哭着，哭着，约有半点钟，这才突然停了下来，也不向吊客招呼，径自往家里走。接着就有前去窥探的人来报告：他走进他祖母的房里，躺在床上，而且，似乎就睡熟了。

隔了两日，便听到村人都遭了魔似的发议论，说树人要将所有的器具大半烧给他祖母，余下的便分赠生时侍奉、死时送终的女工，并且连房屋也要无期地借给她居住了。亲戚本家都说到舌敝唇焦，也终于阻挡不住。

恐怕大半也还是因为好奇心，友人经过他家的门口，顺便又去吊慰。他穿了毛边的白衣出见，神色也还是那样，冷冷的。友人很劝慰了一番，他却除了唯唯诺诺之外，只回答了一句话：

“多谢你的好意。”

奔完丧事，树人回到学校。学期结束后，浙江两级师范学堂改聘御史出身的旧派人士徐定超继任监督。树人对徐的作为看不惯，决定辞去教职，回绍兴府中学堂任教。当时两级师范的代理教务长杨莘耜，极力挽留，树人不肯，临走提醒杨莘耜说:“徐之为人，未必有胜于夏，你要留心。”果不出所料，不久杨莘耜不堪徐的排挤，也辞职了。

一九一〇年七月，树人回到古老的聚族而居的大家族——新台门周家。进了大门，穿过一个铺着石板的天井，就到了大厅，穿过大厅向后面走去，走过几个天井，就看到一排五间楼房。一八八一年九月二十五日，阴历八月初三日，树人就诞生在从西首数起的第二间楼下。从杭州回来后，这间屋子便做了他的书房兼寝室，隔壁一间做藏书室。不与朱安同房。

每次树人从学校回到家里，总先走到母亲的房间门口，亲切地喊声：“姆娘！”声音十分爽朗响亮。然后跨进房间门，坐在靠铜面盆旁的椅子上，和母亲讲时事讲新闻，鲁老太太蛮有兴致地听着。谈完了话，鲁老太太就说:“休息去吧，老大！”这样树人才到自己的房里去休息。

树人吃饭吃菜不讲究。饭烂饭燥，菜咸菜淡，好好歹歹都不讲，有啥吃啥。平常树人也不差拨，自小就在周家帮工的王鹤照，从来没听他喊过：“鹤照，做什么去，什么给我拿来！”有一次鹤照与建人在小堂前下象棋，鹤照输了，赌气管自走开。这时刚巧被树人看见，微笑说：“鹤照，棋输了，发脾气了！”鹤照听了大先生的话，想想发脾气也不对，棋输了，就应该再来嘛！

晚上，树人睡得很迟。一个人在房间里点盏煤油灯看书、改簿本、写文章，常常到晚上一二点钟才困觉。他爱吸翠鸟牌香烟，十支装的，三铜板一盒，盒面青绿色，像冬青叶子的颜色一个样，上面画有一只彩色的鸟。喝茶，则爱用龙井茶叶，泡得很浓，晚上总要喝几杯振振精神。早上七八点钟起床，在小堂前洗脸，有时在老太太房里洗，鹤照打洗脸水去，树人总说：“鹤照，随便些，我自来。”树人有时喝点绍兴老酒，但稍饮一些，就脸红。他还喜欢吃一种叫“马尔顿”的水果糖，四个角子一瓶，糖五颜六色，形状圆的，一瓶吃一个星期，这种糖只有教友会馆对面的一爿店里才买得到。

树人的衣裳是布做的，从未见他穿过绸。鞋子也是布底布面的，刚从日本回来的时候穿皮鞋，袜一般着黑色的，有时也着咖啡色的。绍兴尚黑，鲁迅像绍兴人一样喜欢黑色，衣服一律是黑色的。在这一点上，他的确根深蒂固地是位绍兴人。夜里看去，就是位黑夜里的黑衣人。

树人的房间是在前进靠西第二间，窗棂下放着一张四仙桌，一把圆的靠背转椅，椅的垫子是藤棚的。床朝东，床旁有一张灯台桌，对面有一张黑条桌，房间里还有一口书橱，一张八仙桌，八仙桌旁放着两把木头椅子。

一九一〇年八月，树人的二弟还在日本，每月要寄六十元钱给他，钱要到杭州拱宸桥日本邮局去汇。一天树人对鹤照说：“带你和建人同去杭州一趟，下次汇钱，你就可独自去汇了。”树人叫鹤照去讨一只二道明瓦的乌篷船，夜饭吃过，天已暗沉沉，他们就从门口的张马桥下船，毯子是自己带去的，晚上就睡在船舱里，船摇到萧山西兴才天亮。摆渡过了钱塘江，他们就去拱宸桥。在日本人开的店里吃茶、吃点心，点心是大虾面，大虾对剖开，树人问鹤照：“好不好吃？”鹤照说：“蛮好吃！”几个女店员拿热毛巾来给鹤照揩，鹤照脸孔血红，羞煞哉，动也不敢动。树人笑笑说：“鹤照只有介点本事，脸孔红红，像吹涨肺头介了。”树人还叫鹤照去理一理发，这家理发店也是日本人开的，理发员是女的，鹤照不好意思给她剃，正在犹豫，树人来了，说：“鹤照，怕什么羞呢，剃着好了！”当天下午树人陪鹤照去日本邮局寄了钱和信，从日本人的营业员手里接过信条就回来了。晚上，树人还约建人和鹤照一道去看电影，这是鹤照第一次看电影。

夏天，吃过晚饭乘风凉。树人常叫鹤照和鲁老太太讲故事、唱山歌、猜谜语、哼小曲。他对鹤照说：“鹤照，你有吗？讲一个听听。”鹤照问树人是做什么用的？他说：是记日记编越谚用的。鲁老太太爱出谜语，鹤照记得老太太出的谜语有这样几个。一个谜是“脚踏麻绳本姓路，别人看我日日吃饱饭，我实是一场欢喜一场空”。谜底是鸬鹚。另一个是：“两个姑娘，一个穿花衣裳，一个穿红衣裳，两个姑娘打相打，一脚跳纸墙搭泥墙，一个姑娘来领路，一朵鲜花满地红。”谜底是炮仗。还有眼镜也有一个谜：“奇里古，两个图，奇古怪，两根带，翘翘起，当马骑。”这些都是老太太给他们猜的。他们猜不着，就请老太太讲谜底。

有一天晚上在天井里乘风凉，树人要鹤照讲《龙虎斗》的“手执钢鞭将你打”是怎样唱的，做目连戏时，男吊死鬼怎样上七七四十九天吊，女吊死鬼怎样“奴奴本是良家女，呵呀，苦呀，天哪！——”叹吊。还有押牌宝，“青龙四百！”“咳——开——呀！”“天门啦——角回啦——！人和穿堂空在哪里啦——！”鹤照一边讲一边做给树人看，他静静地细听，记住了。

鹤照还陪树人、建人二兄弟游览过绍兴的一些著名古迹，采过标本，拓过碑帖。他记得一次是去会稽山下的大禹陵，树人、建人和他三个人同去的。他们出稽山门，沿筑在水中央的石塘板路走去，鹤照背了两只油漆过的马口铁筒，建人拿了把铜锸。他们到了大禹陵，游览了禹庙、窆石亭，就去会稽山上采标本，在山上看到一种叶子尖细、结红子，四五寸长的常绿树，鹤照就对树人说：“这是‘千年老勿大’。”树人记得当年给父亲找药时就问过这个，就说：“‘千年老勿大’呀，拔得去，拔得去！”他们在禹陵还掘了几株映山红花和牛郎花回来。

树人还叫鹤照陪他去过兰亭，这次也是树人、建人和鹤照三个人同去的。

他们乘一只乌篷中船，出偏门经鉴湖到娄宫就上岸，娄宫到兰亭十里旱路，树人骑一种叫“狸狗”的驴子，驴子要欺生，不会骑的坐上，它就故意靠边路走。吓吓你。树人会骑，骑得蛮稳，驴子也听话。树人骑的“狸狗”，项颈吊着一个铜铃，一路上啷啷啷响个不停。到了兰亭，“狸狗”停在桥外，他们就步行进去了。树人是头一次来，鹤照因为家就在兰渚山附近，小时候常常去，兰亭是比较熟悉的，树人就叫他领路走在前面，他们在流觞厅啃了茶，观看了晋朝大书法家王羲之亲笔写的、一笔到底、一气呵成的高大“鹅池”石碑。并游览了“右军祠”“墨池”“御碑亭”等胜迹。还去看了用乱石叠成的“流觞曲水”。相传一千多年前，王羲之就在这里写下了古今有名的《兰亭序》。树人对鹤照说：“入口处匾额上的‘兰亭’两个大字是乾隆皇帝写的。”

柯桥的七星岩，下坊桥的石佛寺，富盛的宋六陵，还有东湖、吼山，都去过，大半是为了拓碑帖、采标本去的。景色如画的石佛寺，有一块横碑，鹤照不知道怎样拓，树人就教他，先用连史纸铺上，再用墨轻轻刷一刷，就拓下来了。

在新台门里打短工的，有阿富、阿桂两兄弟。阿桂从前人蛮好、蛮老实的，树人从日本回来时，他早已住在塔子桥头的土谷祠里了，做小偷，还常与别人揪着辫子打架，衣服当掉去戏赌。阿桂常弄弄辫子胡说乱讲：“辫子甩一甩，人要死一万！”“辫子翘一翘，人要死多少。”有一天晚上，阿桂到新台门里偷东西，树人听见有人喊：“有贼！有贼！”就爬起来，推开窗门看看，这时阿桂正翻墙逃出，树人就指指说:“你阿桂，你阿桂！”看了阿桂这般光景，十分感慨。

树人回绍兴府中学堂任教时，正逢学生掀起学潮。绍兴府提学司派员来校查办组织风潮的校友会，命令交出校友会的印章，否则解散学堂。当学生们议论不决时，树人对学生们说：“要知道校友会的印子交出，就等于校友会解散，须慎重考虑。”表达了对学生的同情和谋略，这就是后来所说的树人回故乡后，“两遇于越”“经二大涛”中的第一次学潮。

这年九月，树人兼任绍兴府中学堂监学，业余仍然搜集古逸书，在给许寿裳的信中说：“此非求学，以代醇酒妇人也。”

秋天，树人又率领绍兴府中学堂学生，赴南京参观南洋劝业会。来到曾经读书的故地，他不禁想起一八九八年在南京读无须学费的江南水师学堂，一进仪凤门,便可以看见它那二十丈高的桅杆和不知多高的烟通。功课也简单，一星期中，几乎四整天是英文:“It is a cat.”“Is it a rat ?”一整天是读汉文:“君子曰，颍考叔可谓纯孝也已矣，爱其母，施及庄公。”一整天是做汉文:《知己知彼百战百胜论》《颍考叔论》《云从龙风从虎论》《咬得菜根则百事可做论》。

初进去当然只能做三班生，卧室里是一桌一凳一床，床板只有两块。头二班学生就不同了，二桌二凳或三凳一床，床板多至三块。不但上讲堂时挟着一堆厚而且大的洋书，气昂昂地走着，决非只有一本“泼赖妈”和四本《左传》的三班生所敢正视；便是空着手，也一定将肘弯撑开，像一只螃蟹，低一班的在后面总不能走出他之前。这一种螃蟹式的名公巨卿，现在发现在中国也颇普遍。

可爱的是桅杆。但并非如“东邻”的“支那通”所说,因为它“挺然翘然”，又是什么的象征。乃是因为它高，乌鸦喜鹊，都只能停在它的半途的木盘上。人如果爬到顶，便可以近看狮子山，远眺莫愁湖——但究竟是否真可以眺得那么远，现在可委实有点记不清楚了。而且不危险，下面张着网，即使跌下来，也不过如一条小鱼落在网子里；况且自从张网以后，听说也还没有人曾经跌下来。

原先还有一个池，给学生学游泳的，这里面却淹死了两个年幼的学生。树人进去时，早填平了，不但填平，上面还造了一所小小的关帝庙。庙旁是一座焚化字纸的砖炉，炉口上方横写着四个大字道:“敬惜字纸。”只可惜那两个淹死鬼失了池子，难讨替代，总在左近徘徊，虽然已有“伏魔大帝关圣帝君”镇压着。办学的人大概是好心肠的，所以每年七月十五，总请一群和尚到雨天操场来放焰口，一个红鼻而胖的大和尚戴上毗卢帽，捏诀，念咒:“回资啰，普弥耶吽！唵耶吽！唵！耶！吽！！！”

前辈同学被关圣帝君镇压了一整年，就只在这时候得到一点好处——虽然并不深知是怎样的好处。所以当这时，树人每每想:做学生总得自己小心些。

但总觉得水师学堂对他不大合适，于是不久又考矿路学堂去了，这回不是“It is a cat”，是 Der Mann，Das Weib，Das Kind。汉文仍旧是“颖考叔可谓纯孝也已矣”，但外加《小学集注》。论文题目也小有不同，譬如《工欲善其事必先利其器论》，是先前没有做过的。

此外还有所谓格致、地学、金石学……都非常新鲜。但是还得声明：后两项，就是现在之所谓地质学和矿物学，并非讲舆地和钟鼎碑版的。只是画铁轨横断面图却有些麻烦，平行线尤其讨厌。但第二年的总办是一个新党——俞明震，他坐在马车上的时候大抵看着《时务报》，考汉文也自己出题目，和教员出的很不同。有一次是《华盛顿论》，汉文教员反而惴惴地来问学生道：“华盛顿是什么东西呀？……”

看新书的风气便流行起来，树人也知道了中国有一部书叫《天演论》。星期日跑到城南去买了来，白纸石印的一厚本，价五百文整。翻开一看，是写得很好的字，开首便道：

> 赫胥黎独处一室之中，在英伦之南，背山而面野，槛外诸境，历历如在机下。乃悬想二千年前，当罗马大将恺撒未到时，此间有何景物？计惟有天造草昧……

哦，原来世界上竟还有一个赫胥黎坐在书房里那么想，而且想得那么新鲜？一口气读下去，“物竞”“天择”也出来了，苏格拉底、柏拉图也出来了，斯多葛也出来了。学堂里又设立了一个阅报处，《时务报》不待言，还有《译学汇编》，那书面上的张廉卿一流的四个字，就蓝得很可爱。

“你这孩子有点不对了，拿这篇文章去看去，抄下来去看去。”一位本家的老辈严肃地对树人说，而且递过一张报纸来。接来看时，“臣许应骙跪奏……”那文章现在是一句也不记得了，总之是参康有为变法的，也不记得可曾抄了没有。

树人仍然不觉得自己有什么“不对”，一有闲空，就照例地吃侉饼、花生米、辣椒，看《天演论》。

但他们也曾经有过一个很不平安的时期。那是一九〇〇年，听说学校就要裁撤了。这也无怪，这学堂的设立，原是因为两江总督，大约是刘坤一罢，听到青龙山的煤矿出息好，所以开手的。待到开学时，煤矿那面却已将原先的技师辞退，换了一个不甚了然的人了。理由是:一、先前的技师薪水太贵;二、他们觉得开煤矿并不难。于是不到一年，就连煤在哪里也不甚了然起来，终于是所得的煤，只能供烧那两架抽水机之用，就是抽了水掘煤，掘出煤来抽水，结一笔出入两清的账。既然开矿无利，矿路学堂自然也就无须乎开了，但是不知怎的，却又并不裁撤。到第三年他们下矿洞去看的时候，情形实在颇凄凉，抽水机当然还在转动，矿洞里积水却有半尺深，上面也点滴而下，几个矿工便在这里面鬼一般地工作着。

毕业，自然大家都盼望的，但一到毕业，却又有些爽然若失。爬了几次桅，不消说不配做半个水兵；听了几年讲，下了几回矿洞，就能掘出金、银、铜、铁、锡来么？实在连自己也茫无把握，没有做《工欲善其事必先利其器论》那么容易。爬上天空二十丈和钻下地面二十丈，结果还是一无所能，学问是“上穷碧落下黄泉，两处茫茫皆不见”了。所余的还只有一条路：到外国去。

那时学生和警察的制服相仿，而又都是吃的官饷的吧，每逢他们走到外面，路见不平干涉的时候，警察总是站在学生这一面的。所以他后来看见警察打学生，觉得是后退了。

那时树人最得意的是骑马，据说技术还不错，敢和旗人子弟竞赛。清朝旗人子弟以善于骑射自豪，对于汉人善骑马的不很满意。有一回就因竞赛而吃旗人暗算，他们把腿搁在马颈上，很快地奔过来，用马鞍来迅速刮别人的腿脚，有时甚至可以刮断的。树人几乎跌下马来。也有些小的有趣轶事，他们几个同学时常走到野外，看见路旁人家的一位“小家碧玉”，大约还相当标致吧，大家就徘徊不忍遽去，弄到人家的母亲出来质问，这才散去。但他们却并不屈服，仍然要去，而且邀着更多的同学去，走到她跟前了，大家一齐把头转到相反的一面，表示不屑看之意，那位母亲又不舒服了，叫他们不要转头，于是他们倒胜利了。树人也好奇心盛，会注意人们所忽略的，有一回至南京看到墙上贴有一个纸印类似广告的茶壶，接连地看到不止两次，他就沿着茶壶嘴的方向走，每逢到十字路口，茶壶就像示路碑似的安放在那里，照着这指示，愈走愈远，愈远愈荒僻，有些可怕，不敢再寻究竟了。过后细想，他以为一定是秘密组织者的符号，如果孟浪走到，是很危险的。

从南京回到绍兴去省亲，通常坐的“长江船”，做学生时的他，经济并不充裕，铺盖行李，照例是自己拿，绝对不肯花些小钱，叫脚夫代劳的。走到船舱里，一向的积习是有人先到，一件破衣，一条绳子，或一支担杆，各占一个床位。他一任那些强横者的恐吓，决不肯出钱来买床位。宁可守住行李，坐在行李上打盹儿，毫不理睬。等到船快开了，那些强横者赶他也不动，到最后，强横者没法子只好拿着绳、担和衣服，愤愤而去。任凭他从容地拣选最好的床位，打开铺盖，得意地休息，看来他后来所说天津青皮的“韧”的战略，是从做学生起就如此的。

这次，树人领着学生沿着杭州、嘉兴、苏州，最后抵达南京，游玩了一周左右，倒也少有的痛快！

一九一一年二月下旬，绍兴府学堂开学，树人继续担任监学，兼教植物学，陈子英当校长。当时绍兴政治环境十分险恶，因为清政府捕杀的革命党徐锡麟、秋瑾都是绍兴人，所以对当地具有革命思想的人非常注意，杀人很多。省提学司下了一道“限期蓄发”的命令，学校执行不坚决，对剪发的学生暗中保护，但又受到上面压力。树人慨叹“越中棘地不可居”，有意离绍北行。四月，南社中的宋紫佩等人到绍兴组织越社，树人积极参与。夏天，和陈子英都辞去学堂职务。但迫于经济压力，十月中下旬又回绍兴府中学堂任职。十月十日辛亥革命爆发，府中学堂原监督辞职，校务无人负责，学生推代表十人，坚请陈子英和树人回校主持工作。十一月五日，越社在开元寺召开百余人的群众大会，公推树人为主席。这时，传来谣言：残败的清兵将渡江骚扰，城内人心惶惶，树人便亲自组织学生武装上街，手拿一把钢刀说：“遇到万一，这把刀准能砍杀几下的。”这时，有一个学生问道：“万一有人阻拦，怎么办？”

树人回答：“你手上的指挥刀是做什么用的？！”

学生个个背着练操时用的毛瑟枪，拿着大刀，还敲鼓吹号，雄赳赳气昂昂地出发了。在树人率领下，一路经水澄桥、大善寺、县前街，绕城一周。

大家分发传单，张贴标语，呼喊口号，使浮动的人心安定下来了。

一九〇六年暑假，树人回国时，义房的周伯文叔发现树人装的是假辫子，准备去告官的。可是终于没去告，据说是他的兄弟仲翔吓了他一下："你去告官？这革命党的事是难说的呢！万一革命成功，你要倒霉。如果阿樟捉去杀头，灭起族来，说不定也有你一份。"这一吓，把伯文吓住了，树人才平安无事地离开了家乡。伯文平时最痛恨新党，却不料新党得了势。他以为新党一定要报复，绍兴一光复，他就要遭殃，心里慌极了，觉得还是走为上着，便走出台门，想逃到城外去，但不知怎的，两条腿却不听话，止不住索索地发抖。走到街上，越加觉得失了隐蔽，危险可怕，两腿也越抖得厉害，终于两腿软了下来，站不起来，先是蹲在地上，再是伏倒，最后为了逃命，只好爬了。恰巧遇着一个熟识的剃头司务，才把他扶起，并搀着他出了城。

台门外所有小店小铺，也在观望气候，探听消息，只有那个阿桂，在街上掉臂走着，兴奋地大声嚷道："我们的时候来了，到了明天，我们钱也有了，老婆也有了。"

"街楦"衡廷叔在街上探听消息，听阿桂这么说，小心翼翼地上前问道："像我这样，可以不要怕吧？"

阿桂说："你们总比我有。"

于是衡廷叔更恐慌了。

这时，曾经当过土匪的革命党人王金发率领敢死队最先攻入杭州，又要光复绍兴，树人甚高兴。十一月七日，与特地进城的留日同学范爱农一起上街，观看前一天光复的绍兴城，走了一通，满眼是白旗，宣布独立，然而貌虽如此，内骨子是依旧的，因为还是几个旧乡绅所组织的军政府。原绍兴知府程赞清被推举为绍兴军政府分府府长，参与杀害秋瑾的前清巡抚衙门的刑名师爷章介眉，也担任了治安队长，办理光复事宜。

终于迎来了早就认识的王金发的部队，一九一一年十一月九日，黄昏，十三只大船载着他的队伍，浩浩荡荡进了五云门。王金发的兵士都穿蓝色的军服，戴着蓝色的布帽，打裹腿，拿淡黄色的枪，都是崭新的。这一天晚上，整个绍兴城喜气洋洋，大街两边站满了密密麻麻的人，中间只留一条狭狭的路，让军队过去。这时大家都很兴奋，有的手里擎着贴有“欢迎”两字的纸灯笼，有的拿着小旗帜，还有人呼“革命胜利！”和“中国万岁！”的口号。进城头几天，王金发的军队的确号令严明，军纪很好。第三天，王金发就改组了绍兴军政分府，自任都督，实现绍兴合县光复，撤除章介眉等人的职务，继又采取免一年钱粮、粜平价米等政策，颁发安定民心的通告十则。并召开群众大会，说明自己来维持秩序，将来还要去北伐，表示遇事愿和大家商量。他接见了旧日的朋友树人。

之后，王金发任命树人为浙江山会初级师范学堂监督，请范爱农为监学，但仅拨给学校经费二百元。尽管经费少，树人坚毅地对学生说：“钱只有这么一些，但山会两县难道办个师范都办不好吗？一定要办下去。”树人办学的决心很大，非常认真。晚自修和熄灯时，总是亲自查看，见学生看到校长时都屏气息声，便说：“我又不是老虎，怕什么。只要大家遵守校规就是了。”他也常常为请假的教员代课，在代国文课时，曾出诱导学生独立思考的题目，如《杨子为我，墨子兼爱，何者孰是？》等，批改时多给以鼓励性的批语。他又多方引导青年学习，鼓励所接触的青年，学好一种外国语，专心一门科学，还指导学生读《名学浅说》等逻辑入门书。树人和师生的关系，一扫过去封建式的校风，深受师生的尊敬和爱戴。

但是绍兴军政分府和王金发却出现了变化，自绅士至于庶民，又用了祖传的捧法群起而捧之了。这个拜会，那个恭维，今天送衣料，明天送翅席，捧得他连自己也忘其所以，结果是逐渐变成老官僚一样，动手刮地皮。衙门里的人物也都上行下效，穿布衣来的，不上十天就换上皮袍子了，其实天气并不冷。后来很多大豪绅、大老板靠抬捧王金发，依旧做了官。新台门对面傅盛记米店的傅老板，送过二十担白米给都督府，因而受到过王金发的夸奖。当时很多戴小箬帽、卖金橘的王金发老乡——嵊县人，也丢掉扁担、箬帽，到都督府里当兵去了。王金发的手下这时也乱七八糟，嫖妓宿娼、敲诈勒索样样都来，因此遭到了大家的反对。

当时，树人任名誉总编辑的越社青年办的《越铎日报》要监督军政分府。树人撰写的《〈越铎〉出世辞》，声明办报宗旨在于“纾自由之言议，尽个人之天权，促共和之进行，尽政治之得失，发社会之蒙覆，振勇毅之精神”。于是《越铎日报》便开始骂军政府和那里面的人员，此后则骂都督，都督的亲戚、同乡、姨太太……这样骂了十多天，王金发便叫人送给报社五百元。树人不同意收，遭到报馆一些人的反对。又传说王金发要杀死树人。但树人照常独自外出行走，认为王金发“虽然绿林大学出身，而杀人却不很轻易”。他依然写信去要学校经费，又取了二百元。但王金发仿佛有些怒意，同时传令道：再来要，没有了！这使树人决定离开故乡。此时适值南京临时政府教育部成立，蔡元培为教育总长，在部里工作的许寿裳向蔡元培推荐树人，蔡元培说：“我久慕其名，正拟驰函延请，现在就托先生代函敦劝，早日来京。”许寿裳即连写两封信给树人，催他去南京教育部工作。范爱农也赞成，他头戴黑毡帽，身穿长袍子，脚着钉靴，打扮像个农夫，皮肤黑黝黝，喜欢喝酒、讲玩笑话，但这时却没心思玩笑，颇为凄凉地对树人说：“这里又是那样，住不得。你快去罢……”于是树人决计往南京就职。二月十三日，交卸山会师范学堂校长职。交出账目，余钱一角又两个铜板。由绍兴军政分府民事署学务科朱幼溪接受。二月十九日，发表辞职声明《周豫才告白》，载《越铎日报》。二月中旬，离绍兴到南京临时政府教育部担任部员。

王金发本意要为秋瑾先烈复仇，但后来却放了章介眉一马，章寿终正寝，他自己却在“二次革命”中被袁世凯派系的浙江督军朱瑞诱杀，年仅三十三岁。

树人到南京教育部后，不久又随部北迁，一九一二年五月五日，船靠天津。下午三时半，乘火车驰往北京，“途中弥望黄土，间有草木，无可观览”，这就是北方原野铭刻在他脑海中的最初印象。大约晚上七点时分，才到北京的前门火车站。暂时入住骡马市附近“长发客店”。当晚就去了绍兴会馆，拜会了许寿裳的兄长许铭伯，顺带熟悉一下未来的住处。

第二天，树人被安排住在会馆西北侧名为“藤花馆”的第二进院坐西朝东的一排屋子里，即坐骡车赴教育部报到。五月十一日，开始在教育部上班，被任命为社会教育司第一科科长，主管图书馆、博物馆、美术馆等事项。八月，又被任命为教育部佥事，同时还参加通俗教育研究会，担任小说股股主任。其实，这时的教育部完全是一个官僚机构，每天除签到之外基本无公可办，树人“枯坐终日，极无聊赖”。他便整天看书，不把时间浪费在闲谈上，同事们佩服他看书有恒心。反正这终归是一件挣钱养家的差事，每一拿到薪水，不管拖欠多少，树人第一件事，就是到邮局给绍兴的母亲和仍在日本读书的二弟周作人汇钱。

当时，北房中住着几位福建客人，始终喧闹得很，时常彻夜嘈杂，“至夜半犹大嗥如野犬”。树人忍不住大声怒斥，方稍有收敛，但隔不多时又吼起来，真是无可奈何。所幸入冬后他们搬走了，不仅使院里清静下来，而且把朝向较好的房间空出，树人和会馆的长班商量了一下，请工人稍加裱糊，自己迁了进去。这里阳光充足，又很背风，比原来的住处暖和不少。晚上燃起白泥炭炉，沏一杯热茶，伴着温红的炭火，在摇曳的油灯下闲读从琉璃厂买来的古书旧籍，抄写碑帖，仍然过着“古寺僧人”式的生活。

不幸的是，范爱农几次来信叙说境况凄然，失业无着，寄食友人家中的情况，七月十日落水身死。树人疑心他是自杀，异常悲痛，而这时同乡、知音蔡元培又被迫辞去了教育总长职务，在告别会上，树人作《哀范君三章》，最后一章是《哭范爱农》——

把酒论天下，先生小酒人。
大圜犹酩酊，微醉合沉沦。
此别成终古，从兹绝绪言。
故人云散尽，我亦等轻尘。

不幸中有幸的是，他一九一一年用文言作的小说《怀旧》，在一九一三年四月《小说月报》第四卷第一号上发表了，署名周逴。当时的主编恽铁樵对小说大为赞赏，做了十处随文评点和一篇《焦木附志》，认为“用笔之活可作金针度人”，“转弯处俱见笔力”，人物“写得活现真绘声绘影”，“状物入细”，“才解握管，便讲词章，卒致满纸饾饤，无有是处”的青年“极宜以此等文字药之”。这些文字是中国正式出版物对周树人作品的最早反响和评论，恽铁樵的确别具慧眼，固然他不可能想到这位周逴后来成为中国现代文坛的主将，然而他对这篇小说的评论却是异常中肯的。《怀旧》虽然是一篇文言小说，但是从情节结构到心理描写都是现代性的，在周树人的创作生涯和二十世纪中国文学史上都占有重要的位置。

即使如此，树人还是排解不了大苦闷，他和挚友许寿裳开始猛攻佛经。

他读的多是小乘佛经。以为坚苦的小乘教倒是佛教，待到饮酒食肉的阔人富翁，只要吃一餐素，便可以称为居士，算作信徒，虽然美其名曰大乘，流播也更广远，然而这教却因为容易信奉，因而变为浮滑，或者竟等于零了。这样的人们一多，佛教的精神反而会从浮滑，稀薄，以至于消亡。

人生本就是坚苦的。在坚苦中反倒得其无穷乐趣，就甘于这种坚苦吧！

所以，他对挚友许寿裳说："释迦牟尼真是大哲，我平常对人生难以解决的问题，而他居然大部分早已明白启示了，真是大哲！"

当时，袁世凯统治森严，满布侦探、特务，只见受了嫌疑而被捕的青年进去，却从不见他们活着走出来。北京文官大小一律受到注意，生恐他们反对或表示不满，因此人人设法逃避耳目，大约只要有一种嗜好，重的嫖赌蓄妾，轻则玩古董书画，也就多少可以放心，如蔡松坡之于小凤仙，就是有名的例子。树人洁身自好，别说去什么"八大胡同"，就是打麻将也不会，又买不起金石品，便限于纸片，收集些石刻拓本来看。就这样，也不能敷衍漫长的岁月，做不到每天买一张，于是动手来抄，在抄古碑、校古籍中熬煎着自己，也保护着自己。

这一时期的日记有着这样的记载——

一九一三年十月一日记："无日不处忧患中，可哀也。夜风。"

一九一六年七月十八日记："作札半夜，可闵！"

一九一七年一月二十二日记："旧历除夕也，夜独坐录碑，殊无换岁之感。"除夕之夜依旧"独坐录碑"，平日就不可思议了。足见当时树人是处于何等的孤独、寂寞中。

他就是在这种孤寂中，深思着中国的历史，也冷察着眼前的现实，思考着未见的将来，战胜着精神的大苦闷和性的大苦闷。

叩问嵇康

久久使他惊悚的仍是少时所读的南朝宋代刘义庆所撰的《世说新语·雅量》中的那节记事——

> 嵇中散临刑东市，神气不变。索琴弹之，奏《广陵散》。曲终，曰："袁孝尼尝请学此散，吾靳固不与，《广陵散》于今绝矣！"太学生三千人上书，请以为师，不许。文王亦寻悔焉。

这个嵇中散是何等人物？他为什么弹奏《广陵散》的绝响而弃世？他还有哪些诗文？树人有些像初读《红楼梦》那样，一直被嵇康吸引着。

梦中似乎还在与这魏晋时代的人物对话。

在这种大苦闷的环境中，少年时代就令他惊异的名字——嵇康，越来越吸引他了。

一定要找到《嵇康集》仔细读一读！

一九一三年九月二十三日下午，树人就急急忙忙赶往琉璃厂。

琉璃厂西起南北柳巷、东至延寿寺街，全长八百米。远在辽代，这里并不是城里，而是郊区，当时叫"海王村"。到了元朝，在这开设了官窑，烧制琉璃瓦。自明代建设内城时，因为修建宫殿，就扩大了官窑的规模，琉璃厂成为当时朝廷工部的五大工厂之一。到明嘉靖三十二年修建外城后，这里变为城区，琉璃厂便不宜于在城里烧窑，而迁至现在的门头沟区的琉璃渠村，但"琉璃厂"的名字还保留在这里。清乾隆年间，京城实行"满汉分城居住"。琉璃厂恰恰是在外城的西部，当时的汉族官员多数都住在附近，后来全国各地的会馆也都建在附近，官员、赶考的举子也常聚集于此逛书市，使明朝时红火的前门、灯市口和西城的城隍庙书市都逐渐转移到琉璃厂。各地的书商也纷纷在这里设摊、建室、出售大量藏书。繁华的市井，便利的条件，形成了“京都雅游之所”，使琉璃厂逐渐发展成为京城最大的书市，形成了人文荟萃的文化街市，与文化相关的笔墨纸砚，古玩书画等，也随之发展起来。

清末，在原琉璃厂厂址上修建了师范学堂，这就是现在的师大附中的前身。在原厂址往南修建了海王村公园，成为了琉璃厂集市的中心，也是后来厂甸最为热闹的地方之一。分成了东琉璃厂和西琉璃厂。

琉璃厂有许多著名老店，如槐荫山房、茹古斋、古艺斋、瑞成斋、萃文阁、一得阁、李福寿笔庄等，还有中国最大的古旧书店中国书店，以及西琉璃厂原有的三大书局——商务印书馆、中华书局、世界书局，而琉璃厂最著名的老店则是荣宝斋。

有人说：琉璃厂因荣宝斋等著名文化老店而享有盛名。这种说法有它的道理。荣宝斋的前身是“松竹斋”，光绪年间取“以文会友，荣名为宝”之意，更名为“荣宝斋”。著名书法家陆润庠题写了“荣宝斋”三个字。清末，文人墨客常聚此地，而民国年间老一辈书画家如于右任、张大千、吴昌硕、齐白石等也是这里的常客。

清末民初时，荣宝斋、大千画廊等琉璃厂老店纷纷争悬名家书画于窗前，引来人们驻足观赏，成为琉璃厂的一道风景。当时，也是数荣宝斋名画最多而最为热闹。荣宝斋最著名的又要数木版水印和复制品。荣宝斋的木版水印融刻版、印刷、折裁等技术为一体，使水印品的艺术更臻完善。

由于这块风水宝地是仕人、举子、文人墨客、文化商人、梨园艺人聚居的地方，使得这里有着层次最为丰富的人文资源：典故、故事、人际等人文景观。

当年琉璃厂是一条土路，街道两旁都是一家挨一家的低矮店铺。一两间门脸的书店里，一进门四壁都是书架，摆满了书籍，每本书都附有标签，上边写明书目和价目。里间屋的临窗都有一张榆木擦漆的八仙桌，桌两旁是太师椅，壁间悬挂着对联，对联内容都离不开书——“得好友来如对月，有奇书读胜看花”；“万事莫如为善乐，百花争比读书香”；“有关国家书常读，无益身心事莫为”；“养心莫善寡欲，至乐无如读书”……

琉璃厂除去书店，就是古玩铺，那时“古玩”叫“骨董”，就是古董，后来才叫古玩。“古玩”在文人口中称“文玩”，意思是文人雅玩之物，若从历史文化的角度来说也是可以的，因为要玩这些古玩意儿，不是一般人都玩得通的，必须具备些历史文化知识才行，其意义比“古玩”还广泛，因它包含新的，而不仅仅是古的。古玩铺都是为富人、有权势者预备的，一般穷读书人不敢问津。在《藤阴杂记》中有程晋芳移民，以诗寄袁枚，诗中有“势家歇马评珍玩，冷客摊前向故书”句，就说明古玩铺历来都是权势豪绅者光顾的地方，一般人只能在旧书摊里选些物美价廉的旧书而已。

当年琉璃厂文化街对联不少，影响周围环境。在琉璃厂东口，有一住家门前有联曰：“琉璃掩映春堆厂，杨梅横斜香满街”，该住户系在杨梅竹斜街西口处，故有此联，颇有趣味。

《都门杂咏》中有竹枝词唱咏：“新开厂甸值新春，玩好图书百货陈。裘马翩翩贵公子，往来都是读书人。”

乾隆时修《四库全书》，编修者常到琉璃厂阅读书籍，各地书贾也纷纷在这里设摊出售大量的藏书。便利的条件，使这里形成了人文荟萃的文化街。这个时期除书肆外，古玩书画及文化有关的行业，也随之发展起来。古旧书业是琉璃厂的主要产业，甚而琉璃厂就是因书而起，没有古旧书这一行，也就没有琉璃厂。

树人一九一二年五月五日到京，十二日就到琉璃厂游览，日记上记道：

> 星期休息……下午与季茀、诗荃、协和至琉璃厂，历观古书肆，购傅氏《纂［篹］喜庐丛书》一部七本，五元八角。

其后，二十五日又去，二十六日、三十日又去。初到北京，风尘仆仆，朋友往来也很忙，却在不到一个月之间，去了四次琉璃厂，可见厂肆与树人的关系。渐渐地，书店的老板、伙计跟树人就很熟了，即使不买书，也常来坐坐，喝杯茶。有什么难找的书，也托他们设法找到。

琉璃厂的古旧书店还有修整古书的技艺，能够整理古书，重新修订，换护页、书衣，配制书套，仿制抄本和缺页。一部破烂霉蛀的书，到高明师傅手里，重新拆开，轻轻地一张张地摊平，去掉霉迹，托上衬纸，补好蛀处，再一张张折拢，理齐，先用纸捻订好，压平，再配上旧纸护页，配上栗壳色或瓷青色旧纸的书衣，用珠子线，即丝线订好，贴上旧纸题签，配上蓝布、牙签书套。用这样水磨的细功夫，一部破烂的旧籍便成为面目一新的善本了。高明师傅做起这些工作来，真有得心应手、起死回生之妙。

树人常常委托书店重新装订旧书。一九一三年九月十四日日记记道：

上午本立堂书贾来持去破书九种，属其修治，预付工价银二元。

十月五日又记道：

往本立堂问所订书，大半成就。见《嵊县志》一部，附《郯录》，共十四册，以银二元买之，令换面叶重订。

十二月十九日再记道：

下午留黎厂本立堂书估来取去旧书八部，令其缮治也。

同月二十九日又记：

晚留黎厂本立堂旧书店伙计持前所托装订旧书来，共一百本，付工资五元一角五分。惟《急就篇》装订未善，令持归重理之。

长期目睹书店修书工艺，树人也逐步学会一些，自备修书工具，自己能修补的就不花钱找书店了。

对于古砖及拓本，鲁迅更是兴趣浓厚，有的在市场购买，有的系朋友馈赠。据日记载，一九一五年十月二十七日，陈师曾赠给他“后子孙吉”砖拓两枚；十一月六日，在琉璃厂买到“正光”砖拓一枚；十二月五日，在琉璃厂买到砖拓十六枚。一九一六年九月十九日，“陈师曾赠古专（通‘砖’。下同）拓片一束十八枚”。一九一七年三月二十五日，在琉璃厂买得砖拓二十一枚；十月五日，“季市（许寿裳）持来专拓片一枚，‘龙凤’二字，云是仲书先生所赠，审为东魏物，字刻而非印，以泉百二十元而得之也。”此价格相当昂贵，是鲁迅买古砖拓本中少有的大投入。一九一八年五月二十三日，在琉璃厂德古斋买到恒农墓砖拓片大小百枚，价二十四元；九月二十七日，在琉璃厂买砖拓二十枚，花费二元。一九一九年十月十七日，他在琉璃厂买到张俊妻墓砖三枚;十二月十四日，“买专一枚，上端及左侧有字，下端二字曰‘虞凯’，馀泐，泉五角。”然而，几天后卖主反悔了，十八日，“估人又取‘虞凯’专去，言不欲售，遂返之”；十二月三十一日，在琉璃厂得墓志砖四块。一九二〇年一月五日，鲁迅买了一块古砖，因怀疑是伪作，次日又调换另一款。一九二一年九月八日，在琉璃厂买砖拓片二十六枚。至于实物，也偶有所获。

与此同时，在绍兴的周作人仍在收购古砖及拓片，有的寄给鲁迅，如一九一五年七月二十八日鲁迅日记载:“晨得二弟信并‘河平’专、‘甘露’专文拓本各一枚”，九月六日，友人转来二弟的信“并‘马卫将作’专一块”，托人把砖和拓片从绍兴捎到北京，应该费事不小。一九一五年十一月二十一日鲁迅“得二弟信并‘永和’专拓本 一枚”，可能就是从阿桂手上买到的那块砖的拓片。又一九一八年七月十三日，“午得二弟所寄专拓片一包……粘专拓”，这应该是收到家乡来件后初步的整理或修复。鲁迅有时也把自己在北京得到的拓片寄给二弟，如一九一五年十月三十日寄周作人“后宜子孙”砖拓本两枚。

周氏兄弟本来想编一本《越中专录》，可惜兄弟失和，鲁迅不得已搬出八道湾十一号寓所。他离开时只带走一块砖，即大同十一年砖，其余皆为周作人据有。计划中的《越中专录》无法实现，鲁迅只好从自己所藏拓本中选出汉魏六朝出品一百七十件、隋朝两件、唐朝一件，编成《俟堂专文杂集》。

兴趣最为浓厚的还是嵇康的文集，但这次去找《嵇中散集》，却没有得手。在一九一三年九月二十三日日记中记道：

> 下午往留黎厂搜《嵇中散集》不得，遂以托本立堂。

没多久书终于找到了。他日记中连续记道：

一九一三年十月一日："午后往图书馆……借《嵇康集》一册。是明吴匏庵丛书堂写本。……写书时头眩手战，似神经又病矣，无日不处忧患中，可哀也。"

一九一三年十月十五日："夜以丛书堂本《嵇康集》校《全三国文》，摘出佳字，将于暇日写之。"

一九一三年十月十九日："夜续校《嵇康集》。"

一九一三年十月二十日："夜校《嵇康集》毕，作短跋系之。"

一九一三年十二月三十日："夜写《嵇康集》毕，计十卷，约四万字左右。"

这是树人第一次校《嵇康集》。试想：当初他刚刚拿到这部丛书堂本《嵇康集》，看到盼望已久的文字时，该是怎样地激动啊！他在空白宣纸上，工工整整地抄写着嵇康的文字，一笔不苟，全神贯注，完全将精神倾注在这魏晋文章上。抄书，已经成为他的嗜好，笔直地坐在桌前，心无旁骛地抄写古籍，眼看着象形的汉字奇妙地出现在宣纸上，排成散淡而齐整的行列，真有无穷的趣味。人生几何，何以解忧？曹孟德是"唯有杜康"，周树人则是唯有读书、抄书、拓古碑。他一九〇九年至一九一一年在杭州、绍兴任教时，抄了《古小说钩沉》等；一九一〇年至一九一四年间，抄了《岭表录异》《云谷杂记》等；一九一二年四月至一九一四年三月在教育部任职时，抄了《谢承后汉书》《谢沈后汉书》和《虞预晋书》等；一九一四年抄了《会稽郡故书杂集》《会稽先贤著述缉存》等；一九二〇年在北京大学讲授中国小说史时期，抄了《唐宋传奇集》等；而《嵇康集》的抄录、辑校次数最多，先后九次，一九一三年是第一次手抄。嵇康成为周树人一生的精神伴……

夜里，睡梦中，他遇见了嵇康：早孤，有奇才，远迈不群。身长七尺八寸，

夜里，睡梦中，他遇见了嵇康：早孤，有奇才，远迈不群。

美词气，有风仪，而土木形骸，不自藻饰，人以为龙章凤姿，天质自然。恬静寡欲，含垢匿瑕，宽简有大量。学不师受，博览无不该通，长好《老》《庄》。与魏宗室婚，拜中散大夫。常修养性服食之事，弹琴咏诗，自足于怀。以为神仙禀之自然，非积学所得，至于导养得理，则安期、彭祖之伦可及，乃著《养生论》。

得见这位同是会稽人，又同是早孤的奇人，树人如见神仙，躬身问道："先生著有《养生论》，爱护又善于涵养自己的生命，何又不能保护自己，落得被杀害的境地？"

嵇康从容不迫，顺然答道："夫称君子者，心不措乎是非，而行不违乎道者也。何以言之？夫气静神虚者，心不存于矜尚;体亮心达者，情不系于所欲。矜尚不存乎心，故能越名教而任自然；情不系于所欲，故能审贵贱而通物情。物情顺通，故大道无违;越名任心，故是非无措也。是故言君子则以无措为主，以通物为美;言小人则以匿情为非，以违道为阙。何者？匿情矜吝，小人之至恶;虚心无措，君子之笃行也。是以大道言'及吾无身，吾又何患'。无以生为贵者，是贤于贵生也。由斯而言，夫至人之用心，固不存有措矣。故曰'君子行道，忘其为身'，斯言是矣。君子之行贤也，不察于有度而后行也；任心无邪，不议于善而后正也;显情无措，不论于是而后为也。是故傲然忘贤，而贤与度会;忽然任心，而心与善遇；傥然无措，而事与是俱也。"

闻听此言，树人肃然起敬，言道："以先生之才情胸襟，世人难企，又何能交友？"

嵇康慨然应道："胸怀所寄，以高契难期，每思郢质。所与神交者惟陈留阮籍、河内山涛，豫其流者河内向秀、沛国刘伶、籍兄子咸、琅邪王戎，遂为竹林之游，世所谓'竹林七贤'也。戎自言与康居山阳二十年，未尝见其喜愠之色。"

树人更是仰之，从野史中知嵇中散一轶事：嵇康曾采药游山泽，遇到得志的时候，便忘记了返回。当时正好有砍柴的人遇上他，都称他为神人。游到汲郡的山里遇见了孙登。嵇康于是跟从他行动。孙登沉默不言，自己做自己的事。嵇康临别要走，孙登说："你性格刚烈而有才，难道能免祸吗！"嵇康又遇到了王烈，一起进到山里。王烈曾经得到像软糖一样的石髓。马上自已吃了一半，剩下一半给嵇康，石髓都凝结成石头了。王烈又在石室中看到一卷白色的书。马上叫嵇康去拿，可是书马上又不见了。王烈于是叹息道："叔夜志向与情趣都不平常，却总是不能遇上成仙的契机。这真是命运啊！"他的神智和心灵能感应到他向往的事情，所以总是遇到像这一类神秘的、遁世的事物。

树人仰之若神，对其行为更是疑惑不解，又问："你说河内山涛为你好友，乃'竹林七贤'之一，为何又与他绝交呢？"

嵇康不屑言道："此'山巨源'，虽为吾之友，'竹林七贤'之一，但'高平政变'后委身司马氏，任吏部选曹郎。景元二年，又高升为司马昭大将军从事中郎。他还想起了我，推荐我继任吏部选曹郎。官阶六品，级别不高，但是负责官员任用，权力极大。多少人打破头想争得这个'肥缺'，吾却视若粪土，曰：'闻足下迁，惕然不喜，恐足下羞人之独割，引尸祝以自助，手荐鸾刀,漫之膻腥'。'其意如此,既以解足下,并以为别',只能与之'绝交'矣！"

多少人打破头想争得这个"肥缺"，嵇康却视若粪土，更使树人仰视，又想起嵇康家境贫寒，曾经和向秀一起在大树下打铁来补贴家用。颍川钟会，是个出身高贵的公子。精明干练有才华，善辩论，于是去拜访嵇康。嵇康不以礼对待他，继续打铁不停下来。过了很久，钟会要离开了。嵇康对他说："你听到什么消息跑来的？又看到什么东西离开了？"钟会说："听到我所听到的东西所以来了，看到了我所看到的东西所以走了。"钟会因此怀恨。到嵇康下狱时，因为憾，恨，心中不满。对司马昭说："嵇康，是条盘踞着的龙，不能让他腾起。你不用担心天下不在你的掌握中，只有嵇康必须顾虑罢了。"趁机进谗："嵇康本来想要帮助毋丘俭谋反，全依靠山涛不让他这么做。以前齐国姜太公杀华士，鲁国孔丘杀少正卯。正因为他们扰乱破坏当时的秩序与教化，所以圣贤把他们铲除了。嵇康和吕安言论放荡，诽谤社会公德和国家政策，这是做帝王的不应宽容的，应当乘这个机会铲除掉他们，来使风俗醇正。"司马昭听信了钟会的话，就把那两人都杀了。嵇康即将在东市被处刑，三千个太学生请求让嵇康作他们的老师，上面没答应。嵇康瞭看了一下太阳的影子，要来了琴弹奏。说："以前袁准曾跟从我学习《广陵散》。我老是严守秘密不教他，《广陵散》从此断绝了啊！"当时嵇康年仅三十九岁。

树人不禁冒问:“《广陵散》到底是怎样的曲子啊?”

想不到嵇康滔滔不绝大说起来:“这是一首千古绝唱,是‘聂政刺韩相’之曲,其姐为披露弟弟的义举,哭尸于刑场,悲愤而死。按谱弹之,觉指下一片金革杀伐之声,惊心动魄,忘其琴曲,乃有深重寄托也!”

正说着,树人一觉醒来,龙章凤姿的嵇康不知去向,但此生却与自己永不相离。但又要汲取他的教训:善于保护自己,不去做无谓的牺牲。

《死火》

鲁迅从忆往昔中醒转来,回到现实中的“老虎尾巴”,但就在这个值得永远纪念的一九二五年四月二十三日夜里,他突又陷入梦中。

梦见自己在冰山间奔驰。

这是高大的冰山,上接冰天,天上冻云弥漫,片片如鱼鳞模样。山麓有冰树林,枝叶都如松杉。一切冰冷,一切青白。

但他忽然坠在冰谷中。

上下四旁无不冰冷,青白。而一切青白冰上,却有红影无数,纠结如珊瑚网。他俯看脚下,有火焰在。

曾经猛攻过的《法华经·譬喻品》中,这样写道:“三界无安,犹如火宅,众苦充满,甚可怖畏,常有生老病死忧患,如是等火,炽燃不息。”“三界”指的是欲界、色界、无色界,泛指世界。回忆往昔,深感自己有如火宅中的死火。有炎炎的形,但毫不摇动,全体冰结,像珊瑚枝;尖端还有凝固的黑烟,这才令人怀疑是从火宅中出来的,所以枯焦。这样,映在冰的四壁,而且互相反映,化为无量数影,使这冰谷,成红珊瑚色。

嗨!他也曾经是早熟多情的人,那样小就痴爱上琴表妹,本是一场多么好的姻缘!却被慈母误进的毒药扑灭了,可怜的琴姑也在孤独中含恨而死,这是多么悲苦啊!他简直不敢想象琴姑临死时的景况,但又时时难忘。每一想起,心里就流血,所以无论在言谈中还是在文章上,从来就没有提起过。只是深埋在心中,越是怀念越不能提;越是不提,越是悲苦。嗨,这又是怎样的悲苦！？然后就是慈母误送的“礼物”，怎可能与她产生爱情？十几年来，只好在抄古碑中度过余生。请好友陈师曾刻过一枚图章“俟堂”，就有“待死堂”的意味，当时革命党不断命令党人去实行暗杀，现在周围形势又那样险恶，说不定什么时候像徐锡麟、秋瑾那样死于刑场，或如眼下捕进去的青年一样一死了之，尽管听从命运的安排吧！可是挨到“不惑之年”，仍然活着。但人虽没死，心却早死了！那青春的烈火早已死灭了！呼唤“精神界之战士”之心，也近于破灭。莫非自己就是那“死火”？

忽然有一个人把自己这“死火”拾起来了，还高兴地说道：“哈哈！当我幼小的时候，本就爱看快舰激起的浪花，洪炉喷出的烈焰。不但爱看，还想看清。可惜他们都息息变幻，永无定形。虽然凝视又凝视，总不留下怎样一定的迹象。死的火焰，现在先得到了你了！”

他拾起死火，正要细看，那冷气已使他的指头焦灼；但是，他还熬着，将“死火”塞入衣袋中间。这时“死火”才发现拾起自己又搂在怀里的是一位女性，一位年轻的胸脯丰满富有弹性的姑娘。这一发现使冰谷四面，登时完全青白。“死火”和她思索着走出冰谷的法子。

在她温暖的胸怀里，“死火”的身上喷出一缕黑烟，上升如铁线蛇。冰谷四面，又登时满有红焰流动，如大火聚，将他俩包围。她低头一看，“死火”已经燃烧，烧穿了她的衣裳，流在冰地上了。

“唉，朋友！我用了我的温热，将你惊醒了。”她说。她连忙和“死火”招呼，问“死火”名姓。

“我原先被人遗弃在冰谷中，”“死火”答非所问地说，“遗弃我的早已灭亡，消尽了。我也被冰冻冻得要死。倘使你不给我温热，使我重行烧起，我不久就须灭亡。”

“你的醒来，使我欢喜。我正在想着走出冰谷的方法；我愿意携带你去，使你永不冰结，永得燃烧。”

“唉唉！那么，我将烧完！”

“你的烧完，使我惋惜。我便将你留下，仍在这里罢。”

“唉唉！那么，我将冻灭了！”

“那么，怎么办呢？”

“但你自己，又怎么办呢？”

“我说过了：我要出这冰谷……”

“那我就不如烧完！”

她忽而跃起，如红彗星，并“死火”都出冰谷口外。有大石车突然驰来，“死火”终于碾死在车轮底下，但“死火”还来得及看见那车就坠入冰谷中。

“哈哈！你们是再也遇不着死火了！”“死火”得意地笑着说，仿佛就愿意这样似的。

但想到：她会怎样呢？舍身相救的恩人？……

鲁迅又想到这势利的人世，这狗都不如的心中只知道分别铜和银、布和绸、官和民、主和奴……的所谓的“人”，而把自己拾起捧在怀中的她，却如此地不计利害，誓愿救“死火”出冰谷与自己这个“过客”同行。“合法也罢，不合法也罢，都不在乎。”但自己又生怕辱没了对手，一径逃走，直到逃出梦境，躺在自己的床上。稍歇口气，禁不住翻身起来，连写了《野草》之十二与十三：《死火》和《狗的驳诘》，两篇同时发在一九二五年五月四日的《语丝》第二十五期上，称她们为“姐妹篇”。

第六章　青年们

许钦文兄妹和俞芬姐妹

青年们成为解除鲁迅大苦闷的良药，只要青年们来了，他就感到高兴。

许钦文和许羡苏兄妹俩，是周家最亲近的青年人。许钦文是鲁迅一手培养的青年作家，又是绍兴同乡和学生，来往最无拘束。妹妹许羡苏是周建人在绍兴女子师范教书时候的学生，她一九二〇年，也就是五四运动的第二年，听说北京大学已经招收女生，并且在学的女生也可以住在学校附近的公寓里。就在这一年的秋天来到北京，投考之前，原来也想在公寓里住一段时间，不料公寓不收未入学的女生。她没有住处，就找到周建人。建人听了她的请求之后，进去和二太太羽太信子商量，决定她可以住在他们家里。许羡苏就在当天下午搬到八道湾十一号第三进东边尽头的一间内客房里。靠西是建人一家，再靠西是周作人一家。老太太和朱氏住在第二进的三间北屋，位置和后来西三条的相当，即老太太住靠东一间，朱安住靠西一间，中间是吃饭和洗脸的地方，靠后也有一个和“老虎尾巴”相当的木制的长炕，也有很大的玻璃窗，但比西三条的面积大得多。

老太太，许羡苏她们称她为太师母，初来北京，听不懂八道湾的门房兼采买齐坤的话，吃不惯厨师王师傅做的北方菜。她自己在绍兴时用惯了的工人王鹤照，因为妻子的丧事没有一同出来，后来到了北京也因为方言关系不便于买东西，或者干别的活路。而且这时候太师母已经不再当家，当时的家长是鲁迅先生，内当家是二太太，即周作人的妻子羽太信子。许羡苏考入北京女子高等师范学校之后，虽然住校，离开了八道湾，但是星期天或别的假期也常常去看太师母。不久发现在女高师附中上学的俞芬也是绍兴人，还是建人在绍兴女子师范教书时候的学生。能说流利的北方话，也能说道地的绍兴话，并且善于买东西，炒好吃的绍兴菜。虽然因为死了母亲带着两个幼小的妹妹寄住在砖塔胡同六十一号，但她天真活泼，是一个喜欢交际的超龄的中学生。所以许羡苏就时常同她一道去看太师母。她们每一两星期往八道湾去看望太师母一次，经常是完成了“任务”，又带回来新的“任务”。人称“活脚船”。

一九二三年八月，鲁迅与二弟失和，搬离八道湾，就是许羡苏托俞芬找的房。其实，在鲁迅搬进砖塔胡同之前，太师母就到俞芬家做过客。那是一九二二年初夏的一个星期天，俞芳十一岁，妹妹俞藻才九岁。她们常听大姐和她在绍兴读书时的老同学许羡苏谈到太师母，知道太师母从绍兴搬到北京，话听不懂，生活不习惯，每遇到绍兴人，听到乡音，就非常高兴。

太师母是贵客临门，记得当时俞芳又激动、又兴奋。那天一清早起来，就主动地帮着大姐姐们做准备工作。十点钟左右，太师母到了。她是一位六十多岁的老人，头上梳着发髻，瘦高身材，腰不弯，背不驼，虽是放大脚，走起路来却很利落。目光慈祥有神。上身穿着藏青色上衣，下系黑色绸裙。给人以整洁、健朗的印象。那天俞芬很忙，又做点心、又烧菜。许羡苏负责招待，连忙迎接、让座。俞芳和三妹有些怕生，很拘束，站在一边，有点手足无措的样子。谁知太师母一看到她们，和蔼又怜惜地问：是老二、老三吧？拉她们到自己身边，就和她们谈开了，问她们几岁了，在什么学校读书，她老人家已经知道她们是没有母亲的孩子，就问想不想爸爸，等等。她们一一做了回答。她老人家给俞芳姐妹的印象是：喜欢孩子，同情孩子，是一位慈祥可亲的老人。特别是在吃饭的时候，太师母非常照顾俞芳和三妹，经常提醒大姐姐们给她们搛菜。这一天，她们过得很愉快。这之后，太师母还来过两次，每次都受到俞芳和三妹发自内心的欢迎。当然，也受到大姐姐们的热情款待。

一九二三年八月二日至一九二四年五月二十五日这一段时期，大先生携朱安从八道湾搬到砖塔胡同六十一号暂住，和她们住在同一个院子里。这期间，太师母以住在八道湾为主，有时来砖塔胡同住。每当太师母到砖塔胡同时，她们真开心呵！她老人家很理解孩子们的心情，当她知道她们没有什么玩具时，就送给她们皮球、毽子、气球等，另外，还把香烟盒里的图片收集起来，分给她们。这些都是她们当时最喜欢的玩具。她老人家还常讲故事给她们听，有时也讲讲绍兴的风俗习惯。特别是吃过晚饭，大先生到太师母屋里谈天，她们也挤进太师母屋里，听他们谈时事、讲故事、说笑话……那热烈、欢乐的气氛至今还萦绕心头。

一九二四年五月二十五日，鲁迅先生家搬到西三条新屋。大姐事前也在别处租到两间房子，并和大先生商量好，和他们同日搬离砖塔胡同六十一号。

搬到新的地方，俞芳和三妹经常想念大先生一家，也很想去看看他们的新屋，大姐总是以他们要收拾东西，不要去打扰他们为由，不肯带她们去。大概是搬家两个星期后的一个星期天，同是绍兴同乡又是女师大同班同学的许羡苏、王顺亲两位姐姐来了，大姐才和她们带着她和三妹到大先生的新屋去。她们走到门口，只见墙和门都粉刷、油漆一新。走进大门，首先使俞芳感到新奇的是门洞里摆着的一辆人力车。起先，俞芳以为是大先生新买的，后来才知道是一位接送大先生的人力车工人向车行租来的。因为考虑到这位人力车工人的家不在城里，住在外面开销大，又不方便，所以大先生就让他住在家里。

她们一行五人，刚走进院子，太师母、大先生和大师母，都迎了出来，大概是她们第一次到新屋去的缘故吧，那天他们一家人都把她们当成客人，盛情招待。大先生亲自陪着她们参观新屋和院子。

以后，每逢星期日，许钦文和许羡苏以及俞芬姐妹，就常去那里做客，看望太师母、大先生、大师母，像走亲戚一样。

鲁迅一见俞芳、俞藻，又逗笑道："呵，'野猪''野牛'来了！"亲切地拉过两个小姐妹，让她们坐在自己身边，问道："你们还记得'剪刀阵'和'壶瓶骂’吗？”

俞芳听了，有点不好意思。原来在砖塔胡同时，有一次大先生给她们讲绍兴女人吵架时常提到的“剪刀阵”和“壶瓶骂”，他连说带比画，引得她们笑弯了腰。他说：绍兴女人吵架，有一种架势是摆“剪刀阵”。“什么是摆剪刀阵呀？是不是每个人拿着剪刀打架？”俞芳连忙问。“不是的，”大先生答道，“你们看我。”大先生说着起身做了两脚分开，两手叉腰的姿势，还微笑着叫俞芳照他样子做。俞芳做了，他收起姿势，指着俞芳问大家：“你们看这样子像不像一把剪刀口朝下的剪刀？”大家都笑了。俞芳当时似乎觉得有些“上当”，怪不好意思地慌忙放下双手。大先生对俞芳说：“做做样子有什么关系？因为你比她们瘦，做起来更像一把‘剪刀’。”他这几句话又引得她们大笑，连俞芳也忍不住笑了。大先生接着说：相骂的双方都摆着这种“剪刀”架势，互相抓住对方的缺点骂，然后又转过身拍屁股，骂得响、拍得快的得胜。大先生又说：摆剪刀阵的，中年妇女居多，她们精力旺盛，阅历多，相骂的内容丰富；年轻人阅历不够，老年人经历虽多，但精力不足，气头也没有中年人急。大先生还进一步分析“剪刀阵”的姿势说：两手叉腰是为了壮气，两腿分开，重心低，站得稳。他接着说绍兴妇女动手打架的并不多，相骂、转过身拍屁股的确是常见的；大概妇女平时在家里积在心里的怨气，要在相骂中发散发散吧。这时，大先生问太师母是不是这样，老人家微笑着点头，表示同意。

那么“壶瓶骂”又是怎样呢？这次大先生自己示范了。只见他左手叉腰，右臂向右前上方伸直，并用食指指向对方做骂人状。他问大家：这样子像什么？像不像一把茶壶？大家懂了，那叉腰的左手表示壶柄，伸直的右手便是壶嘴了。大先生的“壶瓶”姿势又引得她们笑得前仰后合。

那时俞芳和三妹喜欢用彩色油光纸做“小人”玩，可是不会画人头，就请大先生画。对于这些小事，他也是一口答应，而且要俞芳提出具体要求，如头型大、小及男、女、老、少等。他有时即刻画，“立等可取”；有时晚上画，第二天给俞芳。他画得又认真，又好。由于他既不拒绝，画得又好，于是俞芳就经常去麻烦他了。

那时，俞芳在笃志小学读书。有一次，她们班地理常识课老师，要部分学生请家长把各省的省会、主要出产、气候，等等，用毛笔填写在卡片上。俞芳和三妹分配到长江流域各省的卡片，她们就请大先生写。他不但供应俞芳卡片纸，而且用正楷书写。俞芳拿到卡片时，非常高兴，第二天，到学校马上交给老师。老师认为她的这套卡片写得特别好，在班级上表扬了她。回家时，俞芳向大先生说了，他微笑着说："我写的卡片受到你们老师称赞了吗？真是不胜荣幸之至。"这套卡片后来在学校展览会展出过，留在学校了。大先生知道这事后，又幽默地说："不胜荣幸之至"。

大先生还特别爱讲笑话。有一次，他讲了一则笑话：有一家人家，只有三个人：爸爸、妈妈和一个十来岁的孩子。一天，爸爸妈妈出去了，家里只留孩子看家。孩子正感到寂寞无聊，忽然听到敲门声，开门一看，是个陌生人，来找爸爸妈妈的。他问孩子："令尊、令堂在家吗？"孩子不懂令尊、令堂是什么意思，瞪着眼睛发呆，想了半天，才说：我吃过许多"糖"，可没有吃过"令糖"。来人笑笑走了。爸爸妈妈回来后，孩子告诉了他们。不料他爸爸不听则已，越听越气，拍桌大骂："令尊就是我，令堂就是你娘，呆虫！"孩子被骂得糊里糊涂，又看到爸爸生这样大的气，虽然不懂，也不敢问，这几句话却记住了。过了几天，爸爸妈妈又出去了，还是留下孩子看家。凑巧，上次来过的陌生人又来了，问道："令尊、令堂呢？"孩子马上回答："令尊就是我，令堂就是你娘，呆虫！"逗得俞芳和三妹笑得肚子痛。

过后，许钦文独自留在"老虎尾巴"，许羡苏和俞芬、俞藻到东边屋子和太师母聊天，俞芳到西边屋子里看大师母朱安。她总觉得大师母人很善良，挺可怜的。记得有一次在砖塔胡同，一天俞芳和大姐闹僵了，大姐压不服她，居然不让她进屋睡觉。夜深了，大师母走过来调解，劝大姐先让她睡觉，大姐就是不转弯，俞芳也不让步，最后还是大师母想出办法，叫俞芳那晚和她一起睡。到她床上，俞芳满腹委屈，哭了，大师母劝她说：明天还要上学，不要哭了；又提醒俞芳，大先生还在写文章，不要吵他。俞芳当时也真感到有些累，不久睡着了，第二天按时上学去。这件事过了一夜，大家似乎都已忘记，可俞芳一直记着，待太师母过来时，俞芳告诉她老人家。太师母说这是大先生叫大师母出面来劝解的，最后又深情地说：你大姐虽比你大十几岁，但也还年轻，有孩子气，但她毕竟是你的姐姐，不是妈妈，你也不要多怪她。俞芳听了，是多么感激太师母和大先生、大师母啊！

俞芳还记得有好几次大师母叫她和三妹不要吵大先生，有时甚至是恳求她们：大先生回来时，你们不要吵他，让他安安静静写文章。俞芳想：大师母是关怀大先生的。

大师母对大先生是很尊敬的。她佩服他的才能，很明显地表现出“自愧不如”的严重自卑感。两人的差距太大了，看上去她似乎也不想努力缩小“差距”，她只想尽全力照顾好大先生和太师母的生活。但看起来，她对大先生是有感情的。大先生在砖塔胡同时，曾教俞芳和三妹做体操，她们常常练习。有几次大先生不在家，大师母也和她们学着做，当时俞芳不懂得她这么大年纪的人，为什么对小孩子做的体操会发生兴趣？说实话，俞芳当时心里有些好笑，心想她年纪老了，腰、腿都不灵活，再加上小脚，弯不下，跳不起，何苦来呢！后来才悟出，这是大师母对大先生的尊敬和爱慕的一种表现。她认为大先生说的做的都是正确的，她在暗暗努力跟上大先生的步伐。

东边屋子里，太师母跟许羡苏她们讲起了古书。她记忆力很强，平时看过的书很多，举凡《三国志》《三国演义》《红楼梦》《水浒传》《官场现形记》《西游记》《镜花缘》等书，她不知看过多少遍。随时拈起一本就津津有味地讲起来，许羡苏她们一边听，一边笑。

“老虎尾巴”里，许钦文见没有外人了，悄悄拿出一本书给鲁迅先生。鲁迅接过一看，见是《短篇小说三篇》，书面无装饰，仅有五十余页，由《晨报》代印，显系作者自费印行。书的扉页上说明：“一九二五年四月出版——有版权。卖洋两角。函购处——北京宣外南半截胡同四号许钦文。”此处正是许钦文所居的绍兴会馆。鲁迅一边翻看，一边说：“不断写作，又能舍本自印出来，就是好的开始。我看看以后能否加几篇正式出版一本厚实些的。”

许钦文高兴地说：“那当然好，全靠先生提携。”又悄声对鲁迅先生说：“还有几本，我晚上带来，请先生代送他人。”

鲁迅点头答应，把书小心地放进自己的书箱。

开始做午饭了，大师母亲手炒菜，许羡苏和俞芬帮着潘妈做下手。许钦文插不上，只得继续思考他喜欢的文学问题：在《呐喊》和《彷徨》上，鲁迅先生常常凭着主观的感觉把静物描写得很生动。譬如在《明天》里的“纺车静静的‘立’在地上”；和《示众》里，“二三十个馒头包子，毫无热气，冷冷的‘坐’着。”平常我们总都当作被动的“摆”在那里，他却作为自动的存在。又如他描写人走得快，往往不用“跑”字，却用“飞”字来形容。在“老虎尾巴”的时候，鲁迅先生的谈话中，也时常出现这种字眼。当初觉得有点异样。可是这一天，对于用“飞”不用“跑”这一点，他忽然悟着了，觉得的确要这样才形容得恰当。当时他正在“老虎尾巴”里坐着，接连噗噗的响了阵脚步声以后，一个影子，宛然是只白蝴蝶，因为全身素装，从太师母的房间里闪出，直向院子飘去，实在是一个飞的感觉。——这个白蝴蝶般的本体，就是他家密司——许羡苏。许羡苏个儿矮小，但却有江南少女的秀气，人安分守己，周家把她当作完全信赖的自家人，她自己除了哥哥，没有其他亲人。过去父母给她与一个不相识的男人订了亲，“五四”新思潮到来，哥哥就帮她退掉了，之后没有交过男朋友，她将周家事看作自己应尽义务的分内事，忠实地帮周家做事，但又丝毫不过界。

客散尽以后，鲁迅才喜滋滋地拆看早晨收到的许广平来信，原来是二十五日写的：

鲁迅师：

先后的收到信和《莽原》，使我在寂寞的空气里，不知不觉地发生微笑。此外有《猛进》《孤军》《语丝》《现代评论》等周刊，接连地源源而来。居然关心大局的人多起来了！小鬼每周中得着这些师资，多么快活呀！

接着对《莽原》的命名和设计提出自己的看法，谈了些期刊内容等琐事，还是回到“秘密窝”上来：

那“秘密窝”的屋顶大体是平平的，暗黑色的。这是和保存国粹一样，带有旧式的建筑法。在画学中的美的研究，天——屋顶——是浅色的，地是深色的。如此才是适合。否则天地混乱，呈不安的现象。在“秘密窝”中，也可以说呈神秘的苦闷的象征，靠南虽然有门口，因为隔了一个过道的房子，所以表现暗的色彩，左右也不十分光亮。惟有前面——北——一大片玻璃，这似什么呢？光的部分就似喇叭口，其余那上下左右和后面，就是喇叭管。后面——南——有点光线。喇叭的小口——发音机处——那面横断之亦有光线。从前后沟通之，这是什么解释呢？我摆起八卦阵，薰沐斋戒的占算一下吧！……

俏皮一段后，又回到最得意的“逼去故宫”：

午门之游，归来总夹杂得胜的微笑，在洋车中直至学校，以至良久，更回思及在下楼和内操场时的泼皮，真是得意极了！人们总是求自我的满足的，何尝计及被困者的窘状。其实被困者那天心理测验也尽施行够了！命大家起立，以占是否多数再下楼迟延，以察是否诚意，然而终竟被“煽动”了！在最新的分数计算，全对就满分，一半对一半，错就抵消了，一分也没有。如果（终被煽动了）全失败了，自不待言是等于0，“六十分”？太宽了吧！那天何尝“被逼”而“失败”，其实“摇身一变”的法术还未凑上乘，否则变成女先生，就不妨“带队”！其实我的话是岂有此理，男先生“带队”有甚么出奇——或者变成女……就不妨冲锋突围而出，可是终于“被逼”。这是界限分得太清的原故吧？！是世俗积留之不易打除吧？！

又说了番陆晶清的文章之类才结束了，后署——

小鬼许广平

四月廿五晚

夜里，鲁迅在一九二五年四月二十七日日记上写道：

晴。晨得许广平信。得向培良信并稿。下午得李遇安信，知前日之梨，其所赠也，在定县名黄香果云。晚钦文来并赠小说集十本。夜目寒、静农来，即以钦文小说各一本赠之。

确知梨为李遇安所送，鲁迅心里踏实了一些，但“小鬼”的面影还总在他眼前晃动。他感到：无论许羡苏和俞芬姐妹对他怎样敬重，自己对她们又怎样信任，之间的感情都是与许广平不一样的。看着许广平的信，鲁迅心里总是乐滋滋的。第二天一早又细读了一遍，就回了信，也打趣道：

……前回的不肯听讲而逼上午门，也就应该记大过若干次。而我的六十分，则必有无疑。因为这并非“界限分得太清”之故，我无论对于什么学生，都不用“冲锋突围而出”之法也。况且，窃闻小姐之类，大抵容易“潸然泪下”，倘我挥拳打出，诸君在后面哭而送之，则这一篇文章的分数，岂非当在0分以下？现在不然，可以定为六十分者，还是自己客气的。

自此，俩人的信不再师生般“客气”，而是越来越“调皮”了。

《莽原》

广平收到的《莽原》，是鲁迅主编的新周刊。

《语丝》发刊，日益畅销。孙伏园在《晨报》辞职的事，被《京报》主编邵飘萍晓得了。便聘了伏园去，为他编副刊。当时的《京报》，以消息灵通见长。故在政界上很有势力，但因编辑方法呆板，又少学术空气，所以在青年界，没有引起注意，可是伏园一进去，情景便大不同了。当时报纸的销路增加，连邵飘萍本人，都为之吃惊，他看出了文化的力量。便约人在七种附刊之外，再编一种周刊，一星期周而复始，这办法，在上海《民国日报》实行过，但在北方，还系创举。——《京报》当时共出了文学、妇女、图画、戏剧、民众文艺，等等。俟后，因思想关系，进步人士都很反对专捧女戏子的戏剧周刊，邵飘萍很痛快地将戏剧周刊停刊，要荆有麟约鲁迅先生办新的周刊，鲁迅很赞成，当时说："我们还应该扩大起来。你看，《现代评论》有多猖狂，现在固然有《语丝》，但《语丝》态度还太暗。不能满足青年人要求，稿子是岂明他们看的，我又不大管，徐旭生先生的《猛进》，倒很好，单枪匹马在战斗，我们为他作声援罢，你去同飘萍商议条件，我就写信约人写文章。"

第二天晚上，便聚集在鲁迅先生家里吃晚饭，当时到场的有：荆有麟、许钦文、章衣萍、高长虹、向培良、韦素园，等等。

荆有麟，山西猗氏人，二十二岁，一九二四年在北京世界语专门学校，听鲁迅先生讲《苦闷的象征》。有一天，他为劳动文艺研究会所出版的《火球周刊》写了一篇文章，自己不大有胆子敢于拿出去，便怀着虚心，初次拜访鲁迅先生的寓所了，先生在听了他的来意后，不特接受了代为修改文章的请求，还鼓励着："要多看书，多写作，慢慢就会进步的。"

由此，他无论写作或翻译，每篇都送给鲁迅先生过目，有时一个形容词不知道应该怎样表达，或者某一个字不知道该怎样写法，便将它空起来，先生在看时，总是代为填进去。从此，凡他在北京时，为各杂志报章所写的一切东西，都经过鲁迅的过目与修正。事实上，浪费先生的精力，又还不止于此，《民众文艺周刊》由他负责编辑时，连外面投来的稿件，一律都送给鲁迅去校阅。

这样，从一九二四年到一九二六年，整整两年时光中，他常常——几乎是每天，出入于鲁迅之门，不特听多了先生的谈论与意见，也熟知了先生的日常生活同家庭情形，直到鲁迅离开北京为止。

高长虹，山西盂县人。二十七岁，穿着布长衫，矮个子，戴副眼镜，眼睛总向上看，充满诗人气质，又狂傲不羁。他本名高仰愈，长虹是他的笔名。一九一四年考入山西省立第一中学，后来退学自修。一九二四年九月，创办《狂飙》月刊，从此文名远播，引起鲁迅的注意。一九二四年十二月十日，高长虹初次晤见鲁迅，给鲁迅留下深刻印象。一九二五年三月，《狂飙》停刊，四月，鲁迅就要创办新的文学刊物《莽原》，所以他很是热心。这时，鲁迅对他印象很好，在给许广平的信中说他是“今年新认识的，意见也有一部分和我相合，而似是安那其主义者。他很能写文章，但大约受了尼采的作品的影响之故罢，常有太晦涩难解处”。

向培良，湖南黔阳县人，只有二十二岁。当时在《女师大周刊》上曾使用过静芳、静、青方、白蚁等笔名。一九二三年至一九二五年，先后在北京私立中国大学、北京世界语专门学校学习，主攻戏剧。与高长虹一起办《狂飙》，是非常好的朋友。因而他也像高长虹似的有一股傲气，也有一种不惜力气的锐气。鲁迅在给许广平信中称赞他的“识力”比别人“坚实得多”。

韦素园，安徽霍邱县人，二十几岁，专攻俄国文学翻译。他不像一般年轻人似的爱嬉笑，总是沉默的时候居多，穿着黑色的背心，身体微微地弯曲，在别人谈笑时，他总爱咬着指甲，静坐在一角向上凝视。然而在他沉着开口说话时，大家注意力都集中在他身上，听他用缓慢但却洪亮的声音，说出考虑过的意见。这常常是热烈争论的终结。

荆有麟报告了同邵飘萍接洽的经过，几个人都赞成办周刊。当时便想到刊物的名称。最后还是向培良，在字典上翻出“莽原”二字，报头是荆有麟找一个八岁小孩写的,鲁迅先生也很高兴那种虽然幼稚却很天真的笔迹。于是，这一个星期五,一九二五年四月十七日,《莽原》就在北京初刊了，除随《京报》附送外，另外，还由《京报》赠印三千份，作为写文章人的报酬，这被赠送的三千份，是交由北新书局李小峰发卖的。当时《莽原》的经常撰稿人有:鲁迅、尚钺、高长虹、向培良、韦丛芜、韦素园、台静农、李霁野、姜华、金仲芸、黄鹏基，等等。

谈定《莽原》周刊的事后，高长虹还在兴头上，不禁大谈其诗，还给大家朗诵了一首自己新写的诗。韦素园感到时候不早了，该让鲁迅先生休息或工作了，就示意同仁们辞别。鲁迅照例举着煤油灯送他们出大门口。

走在坑洼不平的土路上，荆有麟讲要多注意鲁迅先生的身体，不要过多浪费他的时间，并说了两件颟顸青年做的糊涂事：

一是北大旁听生冯省三，有一天跑到鲁迅先生家里，向鲁迅先生床铺上一坐，将两脚跷起，说："喂，你门口有修鞋的，把我这双破鞋，拿去修修。"

鲁迅先生毫不迟疑，将冯省三的破鞋，拿去修好后，他还为他套到脚上。可是，冯省三连谢都没有说一句，悻悻地走掉了。

鲁迅先生，在每提到这件事时，总是说："山东人真是直爽哇！"

其次，是一个中国大学旁听生钟青航。

在一个夏天的夜晚十二时以后，鲁迅刚刚开始写东西，"砰砰砰"，有人打门了。鲁迅放下笔，跑出去一看，来者是一个面善的青年，穿着长到拖地的睡衣。对鲁迅先生说：

"我睡不着觉，特地跑来同先生谈谈。"

"好，请进来！"鲁迅开了门，将青年人让到书房里。

青年人开始滔滔不绝讲述了，但出乎意料之外的，来者并没有失眠的痛苦，也没有失恋的悲哀。青年人是高兴了，叫了一辆汽车，在北京城兜了一圈，付不出十五元车钱，却打了开车的一个耳光，于是被关进警察厅两星期。吃着黑面馍馍，受着蚊子臭虫围攻，虽然只有两星期，人却是可怕地变瘦了。同鲁迅一直谈到天亮，鲁迅先生所要写的文章，只能以后再说了。因为天亮了，他还须去上课。但鲁迅先生对此事，并不懊悔，他总好说，四川青年真勇敢，因为那位钟青航正是四川人氏。

荆有麟讲完这两个故事，感慨地说："从中看出鲁迅先生对青年实在是太好了，简直有些过分了，我们万不要像那两个人一样，要尽少打扰他。"

韦素园点头称是，补充道："鲁迅先生最勤于写作，也最鼓励人写作。他会不惮烦的几天几夜的在替一位不认识的青年，或一位不深交的朋友，改削创作，校正译稿。其仔细和小心远过于一位私塾的教师，但却不一定有好报。一位不相识的青年寄一篇稿子来请求他改，他仔仔细细的改了寄回去。那青年却写信来骂他一顿，说被改涂得太多了。第二次又寄一篇稿子来，他又替他改了寄回去。这一次的回信，却责备他改得太少。"

"现在做事真难极了！"荆有麟慨叹地说道，"对于人的不易对付和做事之难，他这几年来时时的深切地感到。但他并不灰心，仍然在做着吃力不讨好的改削创作、校正译稿的事，挣扎着病躯，深夜里，仔仔细细地为不相识的青年或不深交的朋友在工作。”

高长虹、向培良听了，倒无所谓，只是“哼”了一声。

当时中山先生北上病逝，刺激着青年。广大的青年群，活跃了。这时，有些人肆意攻击中山先生的缺点，极尽讥笑糟蹋之能事。三月二十四日，鲁迅在《京报》附刊《民众文艺周刊》发表了《战士和苍蝇》一文：

……他就和我们一样，不是神道，不是妖怪，不是异兽。他仍然是人，不过如此。但也惟其如此，所以他是伟大的人。

战士战死了的时候，苍蝇们所首先发见的是他的缺点和伤痕，嘬着，营营地叫着，以为得意，以为比死了的战士更英雄。但是战士已经战死了，不再来挥去他们。于是乎苍蝇们即更其营营地叫，自以为倒是不朽的声音，因为它们的完全，远在战士之上。

的确的，谁也没有发见过苍蝇们的缺点和创伤。

然而，有缺点的战士终竟是战士，完美的苍蝇也终竟不过是苍蝇。

去罢，苍蝇们！虽然生着翅子，还能营营，总不会超过战士的。你们这些虫豸们！

鲁迅像钢刀一样锋利的文字，解了大家的气，大家感到无比痛快，更加喜欢鲁迅的文章了。无论走到哪里总是三三五五的，在讨论什么，争辩什么。而所争辩讨论的，多与鲁迅先生有关。一九二五年一月，《京报》征求青年必读书问题时，鲁迅“多读外国书，少读中国书”的主张，又引起广泛的论争。他新近主编的《莽原》周刊一出世，就引起广泛的注意。

沙滩“红楼”

从西三条往东走，过了故宫、景山，就到了一条路。路牌上写着“汉花园”，人们却叫作沙滩。沿街尽是小吃棚摊，很简陋，仅一张破桌，两条长凳，破棚遮着，卖些粗食。路北边有座大楼，因为是红色的，所以称作“沙滩红楼”。这就是有名的北京大学一院。

鲁迅先生上课，到得特别早；离开却很迟。常挟书包，至大红楼前，列席棚中，吃便饭。玉蔟窝头，荞面条子，与人力车夫，卖报童叟，共坐一桌，欣然大餐。有时与学生相遇，便点头微笑，暗示来此一试？味至美也。

那时，在北京各大学，先生所教的，是他有特殊研究的《中国小说史略》，及先生所译的日本厨川白村的《苦闷的象征》，先生当时所用的讲义稿，是给印刷所，依照了所拟的版本样，用中国出产的水廉纸，正面有亮光，背面粗糙，单面印起来。先生在上讲堂之前，交由学校教务处散发。可是先生的讲义数目，是依照学校选科人数散发的。而听讲者，无论在哪一个学校，都有非选科的学生自动来听讲。甚至在北大，每次遇到先生讲课时，连校外人都有许多去听讲。讲义不够是小事，校外人常常将课堂坐满，而选先生课的学生，反无座位可坐，亦是常有的事。而学校其他学院或其他学系的学生，有时来了找不到座位，找不到站位，坐在窗台上，又是常有的事。先生对于青年的感召，可见一斑了。

上课之前，教室里一片喧闹。当鲁迅先生仰着冷静的苍白的面孔，走进北大的教室时，立刻安静得只剩了呼吸的声音。他站在讲桌旁，用着锐利的目光望了一下听众，就开始了“中国小说史”那一课题。

教室里两人一排的座位上总是挤坐着四五个人，连门边、走道都站满了校内的和校外的正式的和非正式的学生。

鲁迅的身材并不高大，常穿着一件黑色的短短的旧长袍，不常修理的头发下，露出方正的前额和长厚的耳朵。两条粗浓方长的眉毛平躺在高出的眉棱骨上，眼窝是下陷着的，眼角微朝下垂着，并不高大的鼻子，给两边深刻的皱纹映衬着，显得挺高大的，上唇上浓密的短须掩着他并不宽阔的上唇，看不出来有什么奇特，既不威严，也似乎不慈和。说起话来，虽不及老牌北京人讲话清朗、干脆，但简单、明了、确切、清楚，虽然是一口绍兴音，后音略带一点江浙味道，但是大家都能听懂：声音是平缓的，既不抑扬顿挫，也无慷慨激昂的音调，吐字又很真切，就像他写的文章一样，一字不多，一字不少，恰到好处。

常常杂以一句讽刺的或是幽默的话，听课的人都笑了，但他自己一般是不笑的。

他那拿着粉笔和讲义的两手，从未用姿势帮着他的语言，他的脸上也老是那样的冷静，薄薄的嘴唇完全是凝定着的。

上课时，青年们将眼睛死盯住先生，先是一阵微笑，接着先生便念出讲义上的页数，马上开始讲起来，滔滔如瀑布，但不是在讲台上旁若无人、口若悬河滔滔不绝自说自话，也不是用记录速度念讲义，更不走人云亦云的路子，而是根据自己的研究，用自己的语言介绍古代作家，剖析作品内容及艺术分析，使学生们感到“新鲜”，同时获得新的知识。

鲁迅先生的讲课很有幽默感，如果一天到晚，板起面孔，无论对于什么人先拿出教训的态度，或者仁义道德的讲空话一堆，大抵听的人也会头痛的。而鲁迅先生就刚刚取了相反的态度，不论讲什么，他总能将那奇异的特点，用常人所不大应用的语句，形容出来，听的人便会起一种兴味感。

对于每一个问题的起源、经过，先生都能谈出个人特殊的意见。先生又善用幽默的语调，讲不到二十分钟，总会听见一次哄笑，先生有时笑，有时并不笑，仍在继续往下讲。一次，在北大讲《苦闷的象征》时，书中举了一个阿那托尔法郎所作的《泰倚思》的例子，先生便将泰倚思的故事人物先叙述出来，然后给以公正的批判，而后再回到讲义上说明举例的原因。先生授课，两小时排在一起，连讲两个钟头，中间不下堂，时间虽然长些，而听的人，却像入了魔一般。随着先生的语句和思想，走向另一个境界中了。要不是先生为疏散听者的脑筋，突然讲出幽默话来，使大家哄然一笑，恐怕听的人，会忘记了自己是在课堂上的，而先生在中国历史人物中，特别佩服曹操，这是在讲授的时候，以幽默的口吻送出的。他默然而有趣地说道：“我们讲到曹操，很容易就联想起《三国志演义》，更而想起戏台上那一位花面的奸臣，但这不是观察曹操的真正方法。现在我们再看历史，在历史上的记载和论断有时也是极靠不住的，不能相信的地方很多，因为通常我们晓得，某朝的年代长一点，其中必定好人多；某朝的年代短一点，其中差不多没有好人。为什么呢？因为年代长了，做史的是本朝人，当然恭维本朝的人物，年代短了，做史的是别朝人，便很自由地贬斥其异朝的人物，所以在秦朝，差不多在史的记载上半个好人也没有。曹操在史上年代也是颇短的，自然也逃不了被后一朝人说坏话的公例。其实，曹操是一个很有本事的人，至少是一个英雄，我虽不是曹操一党，但无论如何，总是非常佩服他。”

在讲《儒林外史》时，教学生理解究竟什么才是讽刺。说吴敬梓的行文“戚而能谐，婉而多讽。”以马二先生游西湖和范进吃大虾圆子为例，讲得有声有色。马二先生身边没有多少钱，吃了十六文钱的一碗面不饱，再买两文钱的处片嚼嚼倒有味。寒酸得很，却要游西湖。他在西湖边上闯来闯去，没有一定的目的，也看不出什么来。后来闯进净慈寺。他的身子很长，戴着一顶高方巾，一幅乌黑的脸，腆着个肚子，穿着一双厚底破靴，横着身子乱跑，只管在人窝子里撞。女人也不看他，他也不看女人。鲁迅先生做着手势讲，突然哄堂大笑。范进死了母亲，丁忧，不去会试，在汤知县家里不肯用镶银的杯子和筷子，连象牙筷子也不用。可是见到燕窝碗里有虾圆子，就用竹筷拣了一个大的送到嘴里。鲁迅先生做了个手势，又是一阵哄堂大笑，可是鲁迅先生自己一点也不笑。他半仰着脸，微翘着胡子，严肃地站在讲台上等候笑声停止以后再讲课。

同学们在笑声中悟出了很深的道理。

在深入浅出地讲解教材时，联系实际，提出问题并引导学生思考、分析问题。每听鲁迅先生讲一次课后，学生们都要议论、咀嚼多时。班上同学大多数爱读、勤读鲁迅先生的著作，特别是经常看到鲁迅先生在报刊上发表的杂文。有些同学熟记了鲁迅先生的口语、名言、警句，常在讲话中引用，有时在和鲁迅先生讲话时也搬用他的语言。

鲁迅先生又是博学而多能的。他受过军事训练，学过采矿同医药，研究的是文学与艺术。他做过学校校长及教职员，当过长久的政府官吏。因有此种经验与实生活，所以无论他讲什么，不管是引证或比喻，那材料便格外丰富而生动了。

因而鲁迅先生在北大等校的教课，获得了空前的成功。

当时，钱玄同也在北大授课。他不但与鲁迅同事，还是同乡，留日时期又一同受业于章太炎先生帐下。他们两人好互开玩笑。一次，在北大教员休息室里，钱玄同对鲁迅说：我的儿子那样小，居然也会玩滑头闹恋爱。鲁迅就开玩笑地说：这叫有其父必有其子啊！而钱玄同马上就向当时还不曾生儿子的鲁迅反驳，说：有的人是将这套把戏永远保持着，留给自己用，连后都不想传呢。当时两人好开玩笑，可见一斑。所以一九二三年，即民国十二年，《呐喊》要付印时，鲁迅在《自序》里便把金心异①三个字拉出来了。不过，这一回，鲁迅却没有开玩笑的意思，因为他当时想不起用什么名字好代替，而既是小说，又不便用真名，便把这仨字写上了。鲁迅这样说。

鲁迅先生上课时，总把铅笔恒置右耳上，备把更正讲义中之错字。有时畅谈，一小时不动讲义，其笔仍置耳上亦不动。下课后先生至棚中吃饭，有的学生蹒跚随行，至御河桥上，北望五龙亭，挟书伫立。只见鲁迅先生口衔纸烟，囚发蓝衫，坐人力车过此，微笑点头，视之，其笔仍在耳上也。学生们不禁笑起来，但又不能出声，只得缩紧了腹部，颇为难受。

忆往昔之三 (1914—1922)

鲁迅先生并不把讲课当作劳役，他很爱去上课。因为这样可以与青年接触，感受到青年心中潜藏着的热流，觉得青年们和自己都会像五四时期那样，重又焕发出青春的热情。这又使他回忆起自己的往昔——

树人确实由衷地喜欢那些致力于坚实学问的青年。一九一四年十一月，多年汇录的《会稽郡故书杂集》刻成，订成三册。周作人新翻译的《炭画》，又由至交陈师曾题写书名。一九一五年春天，曾在赴日本的海船上遇到的陈师曾六弟陈寅恪，一度担任过经界局局长蔡锷的秘书，到北京来了。鲁迅见他已经从十三岁的孩子，成长为沉毅博学的青年学者，非常高兴！和他来往

① 金心异：指钱玄同。

频繁。

清明节后的一天，到蔡将军府看他，见陈寅恪正埋首在案前一摞卷宗中，鲁迅和他打招呼，他竟没有反应。鲁迅把特地赠给他的《域外小说集》第一、第二集，和周作人新翻译的《炭画》各一册，往他案前一放，他才回过神来。原来是陈寅恪读书太专心了，没有听见鲁迅的招呼，连忙找茶杯给鲁迅沏茶。然而，每一只茶杯都积满了茶垢，只好让门房端来两盏热茶。两人喝着茶，聊起天。

鲁迅说："刚出版几册书，送来请贤弟指正。《炭画》的书名还是令兄题写的。"

陈寅恪恭敬地拿过书翻着，说："记得留学日本时，你就尽找外国小说看，翻译的功底从那时就打下了。"

鲁迅笑笑说："我是官费生，听课只是应付。你们兄弟是自费生，所以读自己爱读的书。我记得你们兄弟都是读书不要命，过目不忘，天资聪颖。"

陈寅恪谦虚一番，连说："哪里，哪里！家兄是非常敬佩先生的，常跟我说起。"

这次谈话虽时间不长，鲁迅却很重视，在一九一五年四月六日日记中做了记载。后来陈寅恪很快又出国留学，一九二六年学成回国，始终是一位学院派的教授，虽然与鲁迅往来不多，互相也没有文字评价，但从精神之独立、思想之自由上看，他们颇有相通之处。

一九一六年六月六日，袁世凯称帝失败，忧惧而死，政治气氛有所松动。头一年，即一九一五年九月十五日，陈独秀主编的《青年杂志》在上海创刊，次年新任总统黎元洪任命蔡元培为北京大学校长，蔡元培邀请陈独秀来校任教，并把更名为《新青年》的《青年杂志》带到学校，开始了五四运动的前奏。一九一六年五月六日，为避免喧闹，鲁迅移入"补树书屋"。

这里有三间屋，相传往昔曾在院子里的槐树上缢死过一个女人的，现在槐树已经高不可攀了，而这屋还没有人住；许多年，树人便寓在这屋里抄古碑。客中少有人来，古碑中也遇不到什么问题和主义，而他感到自己的生命却暗暗地消去了，这也就是他唯一的愿望。夏夜，蚊子多了，便摇着蒲扇坐在槐树下，从密叶缝里看那一点一点的青天，晚出的槐蚕又每每冰冷地落在头颈上。

补树书屋的生活实在无聊，只有抄古碑。而在写碑中，树人不但从中了解了历史，而且借碑文涵养自己的阳刚、古朴、雄健、厚重之气。他并不过于刻意描摹其圭角突兀之形，而是融合多家，饶有碑意而又不泥于某碑面目。从而形成了自己独具的古朴、厚重、拙讷的书法风格，也熔铸了简劲、刚烈、质朴的为人与为文格调。

除抄古碑外，树人还养壁虎。壁虎有毒，俗称五毒之一。树人却说："壁虎确无毒，有毒是人们冤枉它的。"将壁虎养在一个小盒里，天天拿东西去喂。

树人自小热爱美术，所以有时也应人之请做些设计。一九一一年的窄领制服，就是他自己设计的。一九一七年八月七日，他应新任北京大学校长蔡元培先生之邀，为北京大学设计了校徽。这是"北大"两个篆字的巧妙组合，上部的"北"字是背对侧立的两个人像，下部的"大"字是一个正面站立的人像，有如一人背负二人，构成了"三人成众"的意象，予以"北大人肩负重任"的寓意。

一九一八年初，偶或来谈的是留日的老朋友钱玄同，将手提的大皮夹放在破桌上，脱下长衫，对面坐下了，因为怕狗，似乎心房还在怦怦地跳动。

"你抄了这些有什么用？"有一夜，他翻着树人那古碑的抄本，发了研究的质问了。

"没有什么用。"

"那么，你抄他是什么意思呢？"

"没有什么意思。"

"我想，你可以做点文章……"

树人懂得他的意思了，他们正办《新青年》，然而那时仿佛不特没有人来赞同，并且也还没有人来反对，树人想，他们许是感到寂寞了，但是说：

"假如一间铁屋子，是绝无窗户而万难破毁的，里面有许多熟睡的人们，不久都要闷死了，然而是从昏睡入死灭，并不感到就死的悲哀。现在你大嚷

假如一间铁屋子，是绝无窗户而万难破毁的。

起来，惊起了较为清醒的几个人，使这不幸的少数者来受无可挽救的临终的苦楚，你倒以为对得起他们么？”

“然而几个人既然起来，你不能说决没有毁坏这铁屋的希望。”

是的，树人虽然自有他的确信，然而说到希望，却是不能抹杀的，因为希望是在于将来，决不能以自己之必无的证明，来折服了他之所谓可有，于是树人终于答应他也做文章了。

树人又拿出了那本剪报。果戈理的《狂人日记》不知看过多少回了，但他感到自己比果戈理忧愤深广，特别是对“家族制度和礼教的弊害”更是感受深切，曾经接待过的犯迫害狂的姨表弟阮久荪使他对于狂人有所了解，便写了一篇同题的《狂人日记》，署名鲁迅，发表在一九一八年四月《新青年》第五期上。借狂人之口说道：“翻开历史一查，这历史没有年代，歪歪斜斜的每叶上都写着‘仁义道德’几个字。我横竖睡不着，仔细看了半夜，才从字缝里看出字来,满本都写着两个字是‘吃人’！”其中最引人注意的是“吃人”二字。这实质是鲁迅猛攻佛经形成的潜意识发挥了作用，促他来了一声“狮子吼”：对在“铁屋子”里将要闷死却浑然不觉的人们，猛击一掌，敦促他们觉悟，猛醒！不再当奴隶，而做“真的人”。从此，鲁迅这个名字就出现在中国文坛上了。之所以起这个笔名，一是母亲姓鲁；二是周鲁是同姓之国；三是“迅”同“卂”，乃是鹰隼的意思。树人以之为笔名的还有旅隼、敖隼、翁隼等，绍兴方言中“鲁迅”与“旅隼”是谐音的。枭是鹰的另类,又叫猫头鹰,也是“隼”的意思。他还自名为“枭”,把自己的言论称为“枭声”。所以“鲁迅”中的“迅”，正是取鹰隼怪枭之惊世愚鲁而疾飞迅捷之意。

八个月之后，在一九一九年二月一日出版的《新潮》一卷二号上，出现了一篇署名记者的《书报介绍》，向广大读者推荐《新青年》杂志，文中首次对《狂人日记》做出了反响：

> 就文章而论，唐俟君的《狂人日记》用写实笔法，达寄托的(Symboism)旨趣，诚然是中国第一篇好小说。

这就是五四时期的中国精神文化界对鲁迅作品的第一次评论，应该看作是鲁迅研究的发轫点。鲁迅的出世本身就是一种精神文化现象，鲁迅研究也必然是作为一种精神文化现象适应时代潮流而兴起的，从一开始就不同于一般性的纯学术研究。

唐俟，是鲁迅发表《随感录》时用的笔名。写这篇《书报介绍》的记者是傅斯年，和鲁迅有通信来往，因为《随感录》发表在《狂人日记》之前，所以称鲁迅为唐俟君。

一九一九年四月，傅斯年又以孟真为笔名在《新潮》一卷四号上发表了《一段疯话》，更详尽地抒发了读《狂人日记》之后的感想：

> 鲁迅先生所作《狂人日记》的狂人，对于人世的见解，真个透彻极了；但是世人总不能不说他是狂人。……文化的进步，都由于有若干狂人，不问能不能，不管大家愿不愿，一个人去辟不经人迹的路。最初大家笑他，厌他，恨他，一会儿便要惊怪他，佩服他，终结还是爱他，像神明一般的待他。所以我敢决然断定，疯子是乌托邦的发明家，未来社会的制造者。

这段话可以说是对《狂人日记》思想内涵的最早理解，应该说是深刻的。

这一号的《新潮》上，在“对于《新潮》一部分的意见”一栏中，还刊登了鲁迅和傅斯年关于《狂人日记》的通信。鲁迅在信中说：“《狂人日记》很幼稚，而且太逼促，照艺术上说，是不应该的。”

从此以后，鲁迅便一发而不可收，不断写些小说模样的文章，又做各种杂论。一九一九年四月，以夏瑜隐喻清末被杀的女革命党人、同乡秋瑾，写了《药》，发表在《新青年》第六卷第五号上；十月，又根据生活中看到的连四嫂子那类新寡而又丧子的妇女形象，写成了《明天》，发表在《新潮》月刊第二卷第一号上；以“表现的深切和格式的特别”以及“安特莱夫式的阴冷”，颇激动了一部分青年读者的心。

同时又在《新青年》第六卷第六号发表了署名唐俟的杂论《我们现在怎

样做父亲》，一再强调：

> 中国觉醒的人，为想随顺长者解放幼者，便须一面清结旧账，一面开辟新路。就是开首所说的“自己背着因袭的重担，肩住了黑暗的闸门，放他们到宽阔光明的地方去；此后幸福的度日，合理的做人。”这是一件极伟大的要紧的事，也是一件极困苦艰难的事。

他始终念念不忘青年时代提出的“立人”思想，渴望见到“真的人”，使此后的年轻人能够“幸福的度日，合理的做人”。

在他自己，本以为现在已经并非一个切迫而不能已于言的人了，但或者也还未能忘怀于当日自己的寂寞的悲哀吧，所以有时候仍不免呐喊几声，聊以慰藉那在寂寞里奔驰的猛士，使他不惮于前驱。至于自己的喊声是勇猛或是悲哀，是可憎或是可笑，那倒是不暇顾及的；但既然是呐喊，则当然须听将令的了，因为当时《新青年》的主编陈独秀对他创作的小说非常赞扬，鼓励他多写。而此时的陈独秀对革命的前景充满了乐观情绪，所以他往往不恤用了曲笔，在《药》的瑜儿的坟上凭空添上一个花环，在《明天》里也不叙单四嫂子竟没有做到看见儿子的梦，因为那时的主将是不主张消极的。至于自己，却也并不愿将自以为苦的寂寞，再来传染给也如他那年轻时候似的正做着好梦的青年。

鲁迅悬揣人间暂时还有读者，则究竟也仍然是高兴的。

这样，鲁迅在文坛名望越来越高。同事刘半农先生赠给鲁迅先生一副联语：“托尼学说，魏晋文章。”当时的朋友都认为这副联语很恰当，鲁迅先生自己也不加反对。

所谓“托尼学说”，“托”是指托尔斯泰，“尼”是指尼采。这两个人都是十九世纪思想界的巨星，著作都极丰富，对于社会的影响都深而且大。鲁迅先生的思想之博大精微，自然与他们相比也很恰当。鲁迅先生在学生时代，很受托、尼二家学说的影响。

鲁迅先生研究汉魏六朝思想文艺最有心得，而且他凭借的材料都是以前一般学人不甚注意的，例如小说、碑文、器铭，等等。尤其对于碑文，他所手抄的可以说是南北朝现存碑文的全部，比任何一家搜集的都丰富。而且工作态度最为精审，《寰宇访碑录》和《续录》所收的原拓本他都一一校勘过，改正许多差讹以外，还增出不少的材料。因此在他的写作上，特别受魏晋文章的影响。

托尼二家的学说，一般的说法，是正相反的。尼采的超人论，推到极端，再加以有意无意地误解，在德国，便成了第一次世界大战前的裴伦哈特的好战论和后来纳粹主义的侵略论。鲁迅先生却特别欢喜他的文章，例如查拉图斯特拉语录，说是文字的刚劲，读起来有金石声，而汲取他的学说的精髓，则在鼓励人类的生活、思想、文化，日渐向上，不长久停顿在琐屑的、卑鄙的、只注意于物质的生活之中。

至于托尔斯泰的大爱主义，那是导源于基督教的精神，与后来思想上的平民主义，民族自决主义，国际平等主义，都有精神上的联系。直到第二次世界大战时的反侵略阵线，例如对于欧洲被侵略的各小国，虽然军事势力已在国内被侵略国家所摧毁，但是作家们还全力支持反侵略的微薄势力，这与托尔斯泰的大爱主义有密切的关系。

托尼学说的内容有很大的不同，鲁迅先生却同受其影响，是因为鲁迅先生确不像一个哲学家那样，也不像一个领导者那样，为别人了解与服从起见，一定要将学说组成一个系统，有意地避免种种的矛盾，不使有一点罅隙，他只是一个作家，学者，乃至思想家或批评家。

小说积久了就有了十余篇，为敷衍朋友们的嘱托，鲁迅将他的短篇小说结集起来，由新潮社于一九二三年八月付印了，又因为上面所说“铁屋子里的呐喊”的缘由，称之为《呐喊》。鲁迅自己为《呐喊》设计了大红的封面。

其实，鲁迅对《呐喊》中的小说，最喜欢的是《孔乙己》。“咸亨酒店”却是一个店的真号，就在东昌坊，鲁迅故里的斜对门，不久倒闭了。最火旺的是西口的谢德兴酒店，《孔乙己》中的主角孔乙己，实有其人，此人姓孟，常在咸亨酒店喝酒，人们都叫他“孟夫子”，其行径与《孔乙己》中所描写的差不多。

《孔乙己》的主要用意，是在描写一般社会对苦人的凉薄。

对于苦人是同情，对于社会是不满，鲁迅本蕴蓄着极丰富的情感。不满，往往刻画得易近于谴责；同情，又往往描写得易流于推崇。《呐喊》中有一篇《药》，其中的夏瑜影射秋瑾。也是一面描写社会，一面描写个人；读完以后，觉得社会所犯的是弥天大罪，个人所得的却是无限同情。而这篇《药》和《狂人日记》等篇，用绍兴话说有些“气急虺隤”，意思是“从容不迫”的反面。

而篇幅最长、影响最大的，自然是《阿Q正传》。鲁迅清楚地记得，当时孙伏园正在晨报馆编副刊。不知是谁的主意，忽然要添一栏称为“开心话”，每周一次。他就来要鲁迅写一点东西。

阿Q的影像，在鲁迅心目中似乎确已有了好几年，阿桂就是最主要的一个。但鲁迅一向毫无写他出来的意思。经这一提，忽然想起来了，晚上便写了一点，就是第一章：序。因为要切“开心话”这栏目，就胡乱加上些不必有的滑稽，其实在全篇里也是不相称的。署名是“巴人”，取“下里巴人”，并不高雅的意思。谁料这署名又闯了祸了，鲁迅在《现代评论》上看见涵庐（即高一涵）的《闲话》才知道的。那大略是——

> ……我记得当《阿Q正传》一段一段陆续发表的时候，有许多人都栗栗危惧，恐怕以后要骂到他的头上。并且有一位朋友，当我面说，昨日《阿Q正传》上某一段仿佛就是骂他自己。因此便猜疑《阿Q正传》是某人作的，何以呢？因为只有某人知道他这一段私事。……从此疑神疑鬼，凡是《阿Q正传》中所骂的，都以为就是他的阴私；凡是与登载《阿Q正传》的报纸有关系的投稿人，都不免做了他所认为《阿Q正传》的作者的嫌疑犯了！等到他打听出来《阿Q正传》的作者名姓的时候，他才知道他和作者素不相识，因此，才恍然自悟，又逢人声明说不是骂他。

鲁迅说自己对于这位“某人”先生很抱歉，竟因他而做了许多天嫌疑犯。可惜不知是谁，“巴人”两字很容易疑心到四川人身上去，或者是四川人罢。

阿 Q 的影像，在鲁迅心目中似乎确已有了好几年。

直到这一篇收在《呐喊》里，也还有人问鲁迅：你实在是在骂谁和谁呢？鲁迅只能悲愤，自恨不能使人看得自己不至于如此下劣。

其实，鲁迅的取材，“多采自病态社会的不幸的人们中，意思是在揭出病苦，引起疗救的注意。”所写的事迹，大抵有一点见过或听到过的缘由，但决不全用这事实，只是采取一端，加以改造，或生发开去，到足以几乎完全发表他的意思为止。人物的模特儿也一样，没有专用过一个人，往往嘴在浙江，脸在北京，衣服在山西，是一个拼凑起来的角色。有人说，鲁迅的那一篇是骂谁，某一篇又是骂谁，那是完全胡说的。《阿Q正传》的主要模特是阿桂，但周桐生向老妈子跪下求爱等好多人的事端都写进去了，还加进了自己的许多想象和虚构。他只是想画出沉默的国民的魂灵，给中国人塑造一面镜子，从中照出自己的弱点，以便改正。

潜移默化中，夏目漱石、森鸥外嘲讽中轻妙的笔致和熟读并捐资刻印的《百喻经》，给鲁迅以艺术的助力，用一个个自创的寓言式的小故事将阿Q“精神上的胜利法”刻画得惟妙惟肖。

第一章登出之后，便“苦”字临头了，每七天必须做一篇。鲁迅那时还住在八道湾，虽然并不忙，然而正在做流民，冬天的夜晚睡在也称作“老虎尾巴”的长炕上，这屋子只有一个后窗，连好好写字的地方也没有，哪里能够静坐一会，想一下。孙伏园虽然还没有现在这样胖，但已经笑嘻嘻，善于催稿了。每星期来一回，一有机会，就是：“先生，《阿Q正传》……明天要付排了。”于是只得做，心里想着：“俗语说：‘讨饭怕狗咬，秀才怕岁考。’我既非秀才，又要周考真是为难……”然而终于又一章。但是，似乎渐渐认真起来了；伏园也觉得不很“开心”，所以从第二章起，便移在“新文艺”栏里。

这样地一周一周挨下去，于是乎就不免发生阿Q可要做革命党的问题了。据鲁迅的意思，中国倘不革命，阿Q便不做，既然革命，就会做的。自己的阿Q的运命，也只能如此，人格也恐怕并不是两个。民国元年已经过去，无可追踪了，但此后倘再有改革，鲁迅相信还会有阿Q似的革命党出现。他也很愿意如人们所说，他只写出了现在以前的或一时期的，但他还恐怕他所看见的并非现代的前身，而是其后，或者竟是二三十年之后。其实这也不算辱没了革命党，阿Q究竟已经用竹筷盘上他的辫子了。

《阿Q正传》大约做了两个月，做得很苦，写到阿Q被抓进监狱时，鲁迅没有监狱生活，为了写得真实些，甚至想到街上打巡警，好被抓进监狱体验一下。鲁迅实在很想收束了，但似乎孙伏园不赞成，或者是疑心倘一收束，他会来抗议，所以将“大团圆”藏在心里，而阿Q却已经渐渐向死路上走。到最末的一章，孙伏园倘在，也许会压下，而要求放阿Q多活几星期的吧。但是“会逢其适”，他回家乡了，代庖的是何作霖君，于阿Q素无爱憎，鲁迅便将“大团圆”送去，他便登出来。待到孙伏园回京，阿Q已经枪毙了一个多月了。纵令孙伏园怎样善于催稿，如何笑嘻嘻，也无法再说“先生，《阿Q正传》……”从此鲁迅总算收束了一件事，可以另干别的去了。

第七章　端午节

“害马”

女师大的风潮越来越激烈了。杨荫榆被教育部正式委任为国立北京女子师范大学校长之后，初进“红楼”，便忙于与她带进学校的人在西院校长室开会密谋排除异己、安排私人秉承她的后台意旨“整顿学校”，四处奔走。她有时也坐在舍务处和那两个面无表情、专门想方设法和学生为难的舍监密谈。当时，到女师大探访学生的人，须在传达处填写一张项目颇多的“会客单”。杨荫榆每天都翻阅当天的“会客单”。女师大学生会公用电话设在舍务处，她抓住一切机会，千方百计监听同学们与校外人通电话。还安排了几个不称职的人负责掌管校务。为了安排私人，开了莫名其妙的课程。例如在陆晶清所在班就增开了一门“演说辩论”课，教课的是一个与杨荫榆同时由美国回来的人，很像好莱坞影星罗克。此人的发型是罗克式，戴一副罗克式的宽边大眼镜，表情和举动也模仿罗克。讲课内容是盛赞美国这样好、那样好及传播一些低级趣味的美国新闻。学生们三番五次向教务处表示反对开这门课，竟然无效，后来只好采取在课堂上直接对付的办法，把他轰下讲台。

女师大原有的一套束缚学生的清规戒律，杨荫榆认为还不够，她又增添了几条“不许……”和“要严格遵守……”最令人反感的是她印发给学生填写的那张“调查表”，简直是一份极恶劣、极侮辱人的审讯记录。学生们拒绝填交那张表，有人甚至愤怒地把它撕碎。

这样，许多教师鄙视她不学无术、来路不正，联名辞职反对她长校。其中也有鲁迅先生，经过同学们的恳求后，才恢复教课。在一九二四年秋季开学前，鲁迅先生又于八月十三日“寄还女师大聘书”。后来又是经同学们一再到西三条二十一号苦苦恳求，最后还使用了鲁迅先生说的“你们的武器——眼泪，感动了他”，只好收下再送去的聘书，自十月十三日起，又每周到校讲课一次。

许广平和同学们多是历经千辛万苦，经过家庭多少斗争才获准升学的一群人，怎么能够忍受杨荫榆婆婆式的管教？在她们的印象中，这位校长，就只是扎着白头绳带子的人，穿着黑花缎的旗袍和斗篷，像一个阴影，移来移去。如果有人真个去请教时，据说又有事出去了。否则，如卧室在校舍的幽静的一角，学生们除了去开储藏室的门，是不会听到紧邻她的房间的嘁嘁喳喳，低声媚笑的。原来这里集合了一群拥护女人长校，而又以她做轮轴，争相献媚讨好的无耻的一群。为了那娇声戏谑、那酒气熏腾的散播，怕惹是非或稍重自爱的都不大愿意到储藏室去领东西，有时就必定等到两三个人一起才敢走去。这是魔窟，是虐待儿媳妇的参谋大本营！乌烟瘴气，鬼鬼祟祟，许多女教职员们都贼眉鼠眼，怀着鬼胎般向学生探视、侦询，冀有所得，好去报功。这成了什么样的世界！正本清源，为了女学前途，非扫去这些渣滓不可的感觉弥漫在全校学生的心中。

杨荫榆的胆量并不大，白天看不到踪影，夜里会偷偷地回来，许多公务仍然像没有她主持的样子。

杨荫榆的行动，引起同学公愤，女师大的“驱羊”运动已直线上升、扩大，学生自治会召开大会通过了反对杨荫榆继续长校的决议，随即采取行动，一方面到教育部陈述杨荫榆长校以来的专横劣迹，请求撤她的职。同时，举行记者招待会，揭发杨荫榆长校前后的种种见不得人的行为和不称职的事例，争取社会的公正舆论与正义支持。杨荫榆及其爪牙们虽然设法予以护卫，但“大势已去”，连她身边的一个亲信都哀鸣“看样子是干不下去了！”

但一九二四年五月初，司法总长章士钊兼任教育总长，大嚷要整顿学风，颁布了防止学生借故捣乱的“训令”。这让杨荫榆吃了定心丸，得到鼓舞。

这时，又有一事最引起学生们的反感：孙中山先生在北京逝世的消息一经传出，立刻举城哀悼，学生们哭倒在课室的真不少，自动走到东城协和医校处吊唁，路为之塞。后来决定在中央公园公祭的时候，各校学生一致排队到东城接灵，自然女师大也不能例外，于是由学生会代表，向学校全体请假，这已是万不得已的办法了。照理，学校教职员由校长率领，去给为中国争取解放实行革命数十年的伟杰、为民族尽忠至死者致敬，并不是过分之举，现在既然学校负责人没有表示，学生自动参加，也没有什么话好说。然而出乎意外，杨荫榆居然当面对学生会代表说：“孙中山是实行共产公妻的，你们学了他没有好处，不准去！”学生们不顾一切，不管学校的不准请假，怀着愤怒悲怆的心情，宁可回来被革除也要出发，慷慨就义式地踏着坚定的步伐，整队而去了。这样，杨荫榆在每个有正义感的学生们心目中引起了极大的公愤。

一九二五年五月七日，是军阀政府与日本签订二十一条的“国耻日”。这天，杨荫榆布置了一个讲演会，请校内外人士演讲，借此以校长资格出面。对于纪念国耻，学生会的人一定出席的，但却不愿意杨荫榆的阴谋得逞。闻讯即派代表到总务主任处请主任出席，不要让已被反对当校长的杨荫榆出来使学生难堪。这意见不被接受，杨荫榆就摆下了天罗地网，要以“国耻日”不守秩序而惩罚学生。当时学生会议决，一面招待演讲者登台，一面婉言请她不要走入会场，使学生们以不信任了的面目听受训导。执行这一个决议的是几个学生会的职员，除许广平之外，还有刘和珍、郑德音、张平江、姜伯谛和蒲振声，教育或文科的预科同学共六人。

五月七日早上，大礼堂的内外都布满了学生，杨荫榆和几位演讲者一同走来，挺胸扬眉地神气起来。她企图在讲演会上亮相一番，恢复她在学校的地位。有些人迎上去同杨说话，还有些同学很有礼貌地请演讲者入内讲演。杨一面答话，一面就走进会场，但被学生们识破了，学生自治会会长刘和珍、总干事许广平出面，拦阻杨荫榆进入。但是，杨荫榆不顾一切冲上主席台。整个礼堂顿时哗然、骚动，嘘嘘之声震耳欲聋。几乎全场要求杨荫榆退席。

杨荫榆落得个自取其辱，被轰下台，讲演者亦草草退场。一位既是教育部官员又是教育系教员的人，竟然当场说“国耻日”应当纪念而不应当扰乱。学生自治会看情形很不好，估计可能有几个人会被开除。晚上，派许广平和刘和珍作为代表到杨荫榆家里，劝她从长计议，好自为之。但当场就领教了这位校长的赫赫震怒，要领头的学生切实认错，她才可以转圜，余下的只有被开除这一条路可行。许广平表示，这是全体同学当场的表示，不是我们几个人私下可以认错的。她自小养成的侠客犟劲被激起了，以手加颈，表示头可断、错不可认。在场的一位先生婉斥杨荫榆，对许广平、刘和珍好言理喻，送她们出来。第二天大清早，还没有吃早点，有人走过公布处，看到挂着的小黑板上有了一张文告，用胡桃大的字，颁布告示：宣布开除张平江、蒲振声、郑德音、刘和珍、许广平、姜伯谛六个学生自治会职员，用来报复全体同学的嘘嘘。其辞为——

本校布告

本校为全国策源之地，学风纯谨，最属要端。近数月来，查有学生蒲振声、张平江，郑德音、刘和珍、许广平、姜伯谛不守本分，违背校规，甚且鼓动风潮，妨碍公众学业。曾经屡次宽容，予以自新之路，讵意前日礼堂开会，来宾讲演之时，复敢群集守门，拦阻校长到会，并在会场哗噪，扰乱秩序，侮辱师长。如此怙恶不悛，目无规纪，不独自玷性行，实乃败坏学风。兹经提交评议会公同议决，将该生蒲振声、张平江、郑德音、刘和珍、许广平、姜伯谛等开除学籍，即令出校，以免害群。为此布告，仰该生等知照毋违。切切此布。

中华民国十四年五月九日

一时间，全校大哗，像捅了马蜂窝，到处听到不平的悲鸣，许多比较沉静的同学都被这非法手段激恼了，不少同学气愤得哭起来。立刻在操场集合，当场议决对待杨荫榆的示威，同学们的对策是：(一)把那块贴布告的牌子取下来扔了，被“开除”的六个人照常上课。(二)在召开一次全体紧急会后，在校门口贴出一张给杨荫榆的警告，警告她已被否认为本校校长，不许她擅自入校。(三)致函杨荫榆御用的评议会，表示要将驱杨运动进行到底。(四)发表《为反对杨荫榆开除六同学呼吁本校先生予以声援书》。并分头访谒各系主任及一些教员，恳求他们明辨是非，同情学生，出面维持校务。并派许广平依照公众命令执行，她和同学们一起把开除布告取下来丢在教室讲台里的地板内，使杨荫榆四处搜索无着。当天，学生自治会召开紧急会议，颁发致评议会诸先生公开信，宣布开除六学生的牌示“自归无效”。

五月十一日，女师大学生在操场举行全体大会，决议驱逐杨荫榆出校。全体决定，排队走向校西办公处，当场由代表宣言：“校长早已被学生会反对辞职出走了，没有再开除学生的权力！全体学生是拥护我们的代表的，许广平是我们的总干事，要她亲手拿封条去封校长的办公室！”广平遵照同学们的公意，封锁了杨荫榆的办公室、寝室、秘书办公室。学生会还派人轮流封锁校门，严禁杨荫榆入校，并在校门口张贴了一张布告：

> 杨荫榆先生注意！同人等早已否认先生为校长，请以人格为重，幸勿擅入校门。
>
> 学生自治会启五月十一日

但是，许广平在被公布开除之后，又感到了人间的世态炎凉，有些同学开始疏远她，连同一宿舍里的女生们都结群避开她。过了几天，五月二十七日，早上第一节课是沈兼士先生的形义学课，照例是点名的，沈兼士却没有点她的名字，许广平下课后，特意去看点名册，才发现自己的名字被墨水涂掉了。

这一天，广平感到全校都处在紧张情绪中，关系好的同学知道后安慰她，但也有个别人暗暗嘲笑她：好出风头，总没有好结果的。

还是同乡林卓凤最为关心，问许广平，应该怎样善后？广平说：“被开除了几个不要紧，要紧的是请出几位说人话的先生来，勿要让这批狐鼠盘踞作恶。其实，有正义感的先生们这时应该出来说几句公道话了。”林君颇以为然。于是她和别的同学分头去谒见各级主任和教员，而鲁迅先生就是由她去申诉要求出来主持正义的。

鲁迅先生首先做出反应，亲自拟写了《关于北京女子师范大学风潮的宣言》，与马裕藻、沈尹默、李泰芬、钱玄同、沈兼士、周作人等联名发表在五月二十七日《京报》上。为无辜学生辩诬，指责杨荫榆的做法，声言“公论尚在人间，曲直早经显现，偏私谬戾之举，究非空言曲说所能掩盖也”。鲁迅等先生对学生的公开支持和声援，要冒很大风险，也使许广平等学生对这些“站出来说话的人”更加尊敬，倍感温暖。

所谓“开除”的风波暂时过去了，许广平因此得了一个“害马”的绰号。五月底的一天，许广平特地到西三条向先生表示感谢。

一进“老虎尾巴”，鲁迅就幽默地说：“‘害马’来了。”

太师母听见，过来招呼了一下，问道：“怎么是‘害马’？”

鲁迅笑笑说：“学校布告上说她和另外学生自治会的同学，一共六人‘害群’，可不就是‘害群之马’么？所以简称‘害马’。”

太师母笑起来，就转身回去，到东边自己屋里了，还在不住地笑。

“害马”是一个人独自来的。她再次感激先生站出来说话，才使开除一事落空了，她得以照常上学。说着说着，竟哭了起来。

鲁迅先生开玩笑道：“看，鼻涕眼泪‘四条胡同’又来了！”

广平不禁破涕为笑，撒娇地“骂”道：“你这位先生，人家差点儿被开除，你还笑！”

鲁迅赶快宽慰道：“别哭了！这不是没事了吗？”

广平笑着告辞，她在先生那里得到了最大的安慰。鲁迅要留她吃饭，她推辞了，快步向大门走去。鲁迅追到门口，朝她挥手告别。忽然间，两人都感到有了别样的感情。

杨荫榆从石驸马大街失踪到她出现于新平路“女师大校长临时办公处”后，女师大学生曾两次呈请教育部撤杨荫榆的职，另委任校长主持校务，呈文都是鲁迅先生代拟的。杨荫榆因而再次“失踪”。

地狱里的梦

几天来，“害马”的影子总在鲁迅眼前转，怎么也离不开。六月十六日晚，他写了篇较长的杂文《杂忆》，最后写道：

……我根据上述的理由，更进一步而希望于点火的青年的，是对于群众，在引起他们的公愤之余，还须设法注入深沉的勇气，当鼓舞他们的感情的时候，还须竭力启发明白的理性；而且还得偏重于勇气和理性，从此继续地训练许多年。这声音，自然断乎不及大叫宣战杀贼的大而闳，但我以为却是更紧要而更艰难伟大的工作。

否则，历史指示过我们，遭殃的不是什么敌手而是自己的同胞和子孙。那结果，是反为敌人先驱，而敌人就做了这一国的所谓强者的胜利者，同时也就做了弱者的恩人。因为自己先已互相残杀过了，所蕴蓄的怨愤都已消除，天下也就成为太平的盛世。

总之，我以为国民倘没有智，没有勇，而单靠一种所谓“气”，实在是非常危险的。现在，应该更进而着手于较为坚实的工作了。

结束了这篇杂文，不禁又想起四月二十四日为《莽原》第一期写的《杂语》开头的话：

称为神的和称为魔的战斗了，并非争夺天国，而在要得地狱的统治权。所以无论谁胜，地狱至今也还是照样的地狱。

有些疲倦，倒在床上睡去。昏昏沉沉进入梦乡——

我梦见自己躺在床上，在荒寒的野外，地狱的旁边。一切鬼魂们的叫唤无不低微，然有秩序，与火焰的怒吼，油的沸腾，钢叉的震颤相和鸣，造成醉心的大乐，布告三界：地下太平。

有一伟大的男子站在我面前，美丽，慈悲，遍身有大光辉，然而我知道他是魔鬼。

“一切都已完结，一切都已完结！可怜的鬼魂们将那好的地狱失掉了！”他悲愤地说，于是坐下，讲给我一个他所知道的故事——

“天地作蜂蜜色的时候，就是魔鬼战胜天神，掌握了主宰一切的大威权的时候。他收得天国，收得人间，也收得地狱。他于是亲临地狱，坐在中央，遍身发大光辉，照见一切鬼众。

“地狱原已废弛得很久了：剑树消却光芒；沸油的边际早不腾涌；大火聚有时不过冒些青烟，远处还萌生曼陀罗花，花极细小，惨白可怜。——那是不足为奇的，因为地上曾经大被焚烧，自然失了他的肥沃。

“鬼魂们在冷油温火里醒来，从魔鬼的光辉中看见地狱小花，惨白可怜，被大蛊惑，倏忽间记起人世，默想至不知几多年，遂同时向着人间，发一声反狱的绝叫。

“人类便应声而起，仗义执言，与魔鬼战斗。战声遍满三界，远过雷霆。终于运大谋略，布大网罗，使魔鬼并且不得不从地狱出走。最后的胜利，是地狱门上也竖了人类的旌旗！

“当鬼魂们一齐欢呼时，人类的整饬地狱使者已临地狱，坐在中央，用了人类的威严，叱咤一切鬼众。

“当鬼魂们又发一声反狱的绝叫时，即已成为人类的叛徒，得到永劫沉沦的罚，迁入剑树林的中央。

“人类于是完全掌握了主宰地狱的大威权，那威棱且在魔鬼以上。人类于是整顿废弛，先给牛首阿旁以最高的俸草；而且，添薪加火，磨砺刀山，使地狱全体改观，一洗先前颓废的气象。

“曼陀罗花立即焦枯了。油一样沸；刀一样铦；火一样热；鬼众一样呻吟，一样宛转，至于都不暇记起失掉的好地狱。

“这是人类的成功，是鬼魂的不幸……

“朋友，你在猜疑我了。是的，你是人！我且去寻野兽和恶鬼……"

霍然间，梦醒了，翻身起来，拧高了煤油灯灯芯，铺开稿纸，掭掭"金不换"，写下《野草》之十四：

失掉的好地狱

写完，又想起了四月二十九日作的《灯下漫笔》中概括中国历史的话：

一，想做奴隶而不得的时代；
二，暂时做稳了奴隶的时代。

这一种循环，也就是"先儒"之所谓"一治一乱"；那些作乱人物，从后日的"臣民"看来，是给"主子"清道辟路的，所以说："为圣天子驱除云尔。"

现在入了那一时代，我也不了然。但看国学家的崇奉国粹，文学家的赞叹固有文明，道学家的热心复古，可见于现状都已不满了。然而我们究竟正向着那一条路走呢？

而创造这中国历史上未曾有过的第三样时代，则是现在的青年的使命！

"第三样时代"，不应再是神和魔争夺地狱统治权的时代。因为如果那样，无论谁胜，地狱也还是照样的地狱，不会根本改变的。可是，既没有奴隶也没有奴隶主的"第三样时代"，应该怎样创造呢？连自己也说不清。

是啊，现在自己不就正处在"冰谷"——不幸婚姻的"地狱"中？"害马"将自己这团"死火"暖活了，但是能够冲出这"冰谷"吗？一旦传出去，会带来无数的麻烦和指责，可能还不如"死"在这"失掉的好地狱"里面为是。但是，"小鬼""害马"又是多么真诚、可爱啊！拒绝得了吗？

第二天，鲁迅起得很迟，脸色也很不好，仿佛是还待在地狱中。

上午，章衣萍来访。大谈刚刚发生的五卅惨案，说如何抗议，如何辩诬，辩解自己并非“赤化”，并非“暴徒”，大叫伪文明的破产等。鲁迅听了，摇了摇头，感慨万分地说道:“但英国人究竟有真的文明人存在。英国人的品性，我们可学的地方还多着。我们的辩诬，不过想得点轻微的补偿。其实，最重要的是反省自己的短处，他国的好石，大可以借此来磨练。试练自己，以求生存，不要偏注于表面的宣传。”

停了会儿，鲁迅深深吸了口烟，沉重地叹道:“我不是说:我的哲学都在《野草》里吗?不断地反省自己，解剖自己，剖露出自己的血肉，就是我的哲学。当然，反省自己，解剖自己，会是非常痛苦的!但一定要这样做，否则，无论是自己，还是国家、民族，都是很难长进的。”

章衣萍听着，似懂非懂，待了会儿就告辞了。

晚上，鲁迅还是思考着上午与章衣萍所说的话，痛感国民的不自省，永远干着这些不争气的事，青年时代的“立人”思想仍然在脑海中翻腾。国民性如何才能得到些许改造呢?他扪心自问。又感到自己苦于背了古老的鬼魂，摆脱不开，时常感到一种使人气闷的沉重。就是思想上，也何尝不中些庄周韩非的毒，时而很随便，时而很峻急。一切事物，在转变中，是总有多少中间物的。动植物之间，无脊椎和脊椎动物之间，都有中间物;或者简直可以说，在进化的链子上，一切都是中间物。所有人的终点，就是:坟。逝去，逝去，一切一切，和光阴一同早逝去，在逝去，要逝去了。自己的确时时解剖别人，然而更多的是更无情面地解剖自己。索性全露出自己的血肉来，末路怎样全不去管。自己有时也想就此驱除旁人……

他昏昏睡去，梦见自己在荒野的孤坟前，正和墓碣对立，读着上面的刻辞。那墓碣似是沙石所制，剥落很多，又有苔藓丛生，仅存有限的文句——

> ……于浩歌狂热之际中寒；于天上看见深渊。于一切眼中看见无所有；于无所希望中得救。……

……有一游魂，化为长蛇，口有毒牙。不以啮人，自啮其身，终以殒颠。……

……离开！……

他绕到碣后，才见孤坟，上无草木，且已颓坏。即从大阙口中，窥见死尸，胸腹俱破，中无心肝。而脸上却绝不显哀乐之状，但蒙蒙如烟然。

他在疑惧中不及回身，然而已看见墓碣阴面的残存的文句——

……抉心自食，欲知本味。创痛酷烈，本味何能知？……

……痛定之后，徐徐食之。然其心已陈旧，本味又何由知？……

……答我。否则，离开！……

他就要离开。而死尸已在坟中坐起，口唇不动，然而说——

“待我成尘时，你将见我的微笑！”

他疾走，不敢反顾，生怕看见死尸的追随。

鲁迅猛然间醒了，起身执笔，在稿纸上写下《野草》之十五：

墓碣文

写完之后，他长舒了一口气，点上烟，深深地用力吸了一口，吐出浓浓的烟雾，又细看了两遍——

“于浩歌狂热之际中寒；于天上看见深渊。于一切眼中看见无所有；于无所希望中得救。”嗯，五四文学革命的狂热冷了下来，我在冷冽的“中寒”和“冰谷”中病了；我在被人描绘得天堂一样的所谓“黄金世界”中，看到了人间地狱般的深渊；我在似乎存在于别人眼里的一切事物中，看到了“无所有”的虚无。与其让我未熟的果实偏偏毒死了偏爱我的果实的人，倒不如是一“无所有”。倘若我的病最终无法救治，那还不如像“死火”一样“烧完”，从而在超脱中“得救”。

“有一游魂，化为长蛇，口有毒牙。不以啮人，自啮其身，终以殒颠。……离开！……”嗯，我身上“毒气和鬼气”就像“游魂”，不咬别人，专咬我自己，以致使我死去。如果知道我竟是这样的，于是嫌弃，就索性“离开”我吧！

“我绕到碣后，才见孤坟，上无草木，且已颓坏。即从大阙口中，窥见死尸，胸腹俱破，中无心肝。而脸上却绝不显哀乐之状，但蒙蒙如烟然。”嗯，有些曾经提倡“新文化”的人，反过来嘲骂“新文化”了，只希图多留几天“僵尸”。而这“死尸”，“胸腹俱破，中无心肝”。因为这“心肝”，已经被我“抉心自食”了。哪里还会有呢？

但是，这又何其痛苦啊？！抉心自食，欲知本味。其创痛极为酷烈，怎能尝出本味？痛定之后，徐徐食之。然而那心已经陈旧，本味又怎能知道？

回答我。否则，离开！……

梦中被他要求回答的人即将离开，自己也要离去。而死尸已在坟中坐起，口唇不动，然而说——

“待我成尘时，你将见我的微笑！”

噢，旧文化的“僵尸”是难以消亡“成尘”的。即使“成尘”了，所谓“新文化”还会遇到新的问题和矛盾，只能让旧的看新的笑话，因而不禁微笑。

他疾走，不敢反顾，生怕看见死尸的追随。他本来附有“僵尸”的阴魂，想摆脱也难，如果追上，可怎么办？

看过两遍后，鲁迅自己也感到阴森、恐怖。自己怎么会写出这样的文字？但却是真实的，比自己别的文字更露出血肉。确实是这样的，那“毒气和鬼气”的旧文化的“僵尸”本来就是极其可怕的！而可能这就是真实的自己。倘若看到自己的真实，原来爱自己的人还会继续她的爱吗？

他马上想到了许广平。她知道自己先生的真实吗？如果知道了，会离开吗？

到那时还不唾弃自己的，即使是枭蛇鬼怪，也是自己的朋友，这才真是自己的朋友。倘使连这个也没有，则就是自己一个人也行。

但心中还是依恋着这可爱又大胆的姑娘，盼着见到她，希望她读到自己的这两篇新作。

于是,《失掉的好地狱》和《墓碣文》作为《野草》之十四、十五,一同发表在一九二五年六月二十二日出版的《语丝》第三十二期上。

“酒戏”

一九二五年六月二十五日，中国传统的端午节到了。

鲁迅很想借这个机会,见见广平,尤其是四月份收到她一文稿,竟不署名,让他“捏造”一个。回信批评她“油滑”后,又来信说用“西瓜皮”或“小鬼”,很可爱，但又不好惹。“西瓜皮”是她们同学间互相起的诨名，恐怕暗指的是:吃完了西瓜，就扔掉西瓜皮，没准会让她把你滑倒呢？倒真有点儿“滑稽之趣”，鲁迅打算这天中午请她到家里来吃饭。许羡苏是常客，少不了的；俞芬三姐妹是砖塔胡同的“二房东”，老朋友了，当然也应该请。女师大只请许广平一人，显然不妥，上次一起来的林卓凤有些拘谨，不好再来。忽然想起一位绍兴同乡、又和许广平一个班的王顺亲来，不觉暗暗叫好：让她跟广平一起来，既顺理，又使广平不孤单，而且母亲一月二十五日就邀请过她和许羡苏、俞芬三姐妹午餐，也是母亲的同乡、熟人，真是太好了！于是周日许羡苏和俞芬三姐妹来玩时，就告诉她们，星期四,二十五日是农历端午节,请她们来吃午饭，并让许羡苏通知许广平、王顺亲也来。

端午节这天上午，天气晴好，刚过夏至，不冷不热，小风和煦。许羡苏为了帮忙，前一天晚上住在了南屋，第二天一早俞芬三姐妹就来了，于是半开了大门，好让许广平、王顺亲不用敲门，直接进来。果然如此，她们一步就踏进了小院。羡苏一见到广平和顺亲，马上跑过去，三个姑娘搂抱在一起。这时，鲁迅正在“老虎尾巴”殷候，一听到声音，立即出来迎接。他看见广平特意打扮得比平时漂亮，身着绣花衫，肩披绿纱巾，与院里绿盈盈的丁香树叶相衬托，再有五月二十三日云松阁送来的两盆鲜红如火的月季花摆在北屋门口陪衬，显得格外亮眼。禁不住赞道:“好，比平常好看多了！”

俞芬立刻反驳道:“那先生的意思是广平平常不好看。”

鲁迅意识到自己让姑娘们抓住了话柄，忙解释道:“我是说更好看了。几位姑娘都好看！”

俞芬知道大先生是最会以理宽人的。她过去常向大先生诉说，自己的父亲如何如何不好，娶了后母，不按时寄钱来。她希望大先生帮助她想办法，向父亲施加点压力。大先生想了想说，依我看，你父亲还算好的。至于娶后母，这是他的自由，你们要体谅。现在父母不能干涉子女的婚姻，子女当然也不应干涉父亲的婚姻。至于寄钱养子女，那要看他的经济状况，有些人，家里没有积蓄，把子女养到一定的年龄，就让他们独立谋生，这是完全可以的，何况他现在还一直寄钱来呢，俞芬听了，无话可说，以后就不再说这些话了。只好说："大先生真会讲话。谁都不得罪！”

号称“害马”的许广平抢上来说："鲁迅先生可不是谁都不得罪，他的笔可厉害了，把那些‘正人君子’们骂得还不了嘴！”

许羡苏最喜欢月季花，又走到花边闻那沁心的清香，向鲁迅询问月季花的知识。

俞芬、王顺亲都是周建人在绍兴时的学生，和鲁迅又是同乡，想借机闹一闹，就趁鲁迅与许羡苏说话之机，把许广平拉到一边，小声串通，说这次一定想法把先生灌醉。广平也悄悄答应，只说别让先生喝得太多了。

俞芳不吭声，只看着几位姐姐嘀咕。许广平在她眼里是这样的：人高高的，比姐姐她们都高。人很大方，眼睛挺有神，也比较大。好像她们说，眉目之间好像很粗，很有点聪明的样子。俞芳想起，那时她们在砖塔胡同一起住的时候，在太师母房里，最感兴趣的一项事是敲大先生的“竹杠”。事情总是大姐带头，她和三妹帮腔。虽然她们事前并没有约定过，但每次大姐一提出，她和三妹是一定响应——孩子们嘛，哪有不喜欢吃东西的呢？那时北京冬天的晚上，在刺骨的西北风中，常夹着卖萝卜的叫卖声。这是穷苦人谋生的一种办法。他们冒着寒风，走街串巷，做点薄利生意。一个大萝卜只卖一两个铜板，空的辣的还要调换。你向他调，他又向谁去调呢？简直是赔本生意。

萝卜是去煤气的。北京冬天很冷，家家屋里都烧炉子取暖，门窗又关得严严实实，屋里有煤气是难免的。卖萝卜的小贩一声吆喝“萝卜赛梨哟——辣了换”。大姐就带头敲大先生的“竹杠”，要大先生请客。遇到这种情况，十有八九，他是同意的。为什么他不拒绝呢？原因之一是他的好心肠，他看着孩子们“垂涎三尺”的顽皮的样子，就同意了。另一个原因是他身后还有心肠更好的太师母在，如果遇到大先生没答应，多坚持些时候，太师母就会出来打“圆场”。老人家笑笑说：这次让我来请客吧！指着俞芳说：“老二去叫潘妈买几个萝卜来，给大家解解煤气。”太师母这几句话一说，全屋里顿时活跃起来，忙乱一阵，大家都吃到美味的萝卜，真开心啊！话说回来，大先生每次请客，连女工在内，全都请到。她们吃着“赛梨”的萝卜，滋味那个美啊，甭提了。

当时，北京晚上，还有一种挑担卖桂花元宵的，这种东西比较贵，她们不但没吃过，连想也没想过。有一次，大姐异想天开，竟向大先生敲“竹杠”，要他请她们吃桂花元宵。俞芳和三妹当然同意，你一言，我一语，大先生，桂花元宵多甜哪，可香呢，热腾腾的，多好吃啊，吃一碗文章多写出些，吃一碗睡觉都睡得香些……大先生看她们垂涎欲滴的样子，又同意了。太师母、大先生、大师母、大姐、俞芳和三妹、潘妈、大先生家的女工王妈、俞芳家的女工齐妈，每人一碗，共九碗。她们吃到又香又甜的桂花元宵，觉得格外有味道。第二天晚上，卖桂花元宵的又来了，在门口吆喝了好几声“桂花——元宵”。大姐大笑着说：唉！昨晚买了九碗，今天卖元宵的不肯走了。……大先生回答说：唉！昨晚买了九碗，我今天早上出门，他早已走掉了。大先生这话逗得大家都笑了。太师母说：这些小贩的生意，一定不大好的，晚上吃元宵的人总不会太多的吧。大先生说：他们的生意是不会太好，这些夜点心主要供应吃鸦片烟的，如斜对面住的溥仪本家“王府”，好吃懒做惯了，他们晚上睡不着觉，肚子饿了，想吃夜点心。另外，一些赌博的人，夜里赌饿了，也要吃夜点心，一般人家是不会天天买夜点心的。大先生就这样巧妙地对付了大姐想再次敲竹杠的“苗头”。

此外，大先生也常给她们讲些医学知识。有一次，他讲人的血管，他伸出左手示范，把衣袖卷到上臂，用右手捏紧左臂，眼看着他下臂和左手的筋粗起来了。俞芬、俞芳和三妹也学着他的样子做，大先生看了说：还是老二手臂的筋明显粗起来。俞芳听了很高兴。为什么呢？因为她的筋也像大先生的一样，会粗起来的。于是，有一段时期她没事时常捏着左臂，看静脉血管逐渐变粗。直到后来，每遇到验血要抽血，或注射静脉针时，她手臂上的血管，医生总是很容易找到的。

这时，太师母也出来了，把大家迎进北屋中堂，然后说不陪年轻人吃饭，回自己屋去了。中堂一张圆桌周围摆着七把椅子，鲁迅安排大家坐好，示意许广平坐在他右边，王顺亲坐在他左边，许羡苏和俞芬姐妹依次坐下。

朱安先是在她屋里抽水烟，到炒菜时出来跟诸位点点头，到厨房掌勺去了。她炒得一手上好的绍兴菜，女佣只能打下手，主角还得她担当。

上菜了，第一道是葱焖鲫鱼，鲜香入味，骨酥肉嫩。第二道是糟熘虾仁，洁白、鲜嫩，糟香诱人。第三道是清汤越鸡，皮薄肉嫩，骨松汤鲜。陆陆续续上了七八道，大家都叫不出名来了。最后又上一肴，用白薯蓣切片，鸡蛋和面粉涂之加油炸熟，女佣王妈告知：这是大师母特地为大先生做的，是他生平嗜好，因称鲁迅饼云。

鲁迅请大家下箸，许广平跟王顺亲、俞芬敬鲁迅先生酒。敬酒以后，说葡萄酒太轻了，就变成黄酒了。说黄酒又太轻了，有没有胆量吃白酒。鲁迅先生说，吃白酒就吃白酒。于是王顺亲斟满一杯奉上，鲁迅一饮而尽。许广平和俞芬也各满一杯敬上，鲁迅只好都喝下。不知不觉喝得有些头重脚轻，醉眼蒙眬，就坐在椅子上吸烟，不知哪位姐姐说，喝酒后是不好吸烟的。俞芳和俞藻忙上前去抢他手上的香烟，鲁迅先生把烟藏在身后，她们没有抢到，姐姐们都笑了。于是鲁迅就回到“老虎尾巴”半躺在床上，但又觉得在众小姐面前未免有点失礼，重又坐起，依然跟她们随意谈笑。

俞芬打趣说：“你们快看，大先生要醉了！”

鲁迅辩解道：“嘿！喝酒我是不怕的。”

俞芬笑道：“听，这就是一句醉话！喝醉的人，总是偏说自己不醉。”

俞芳帮着姐姐说话：“我们听太师母说，大先生醉过好多次呢！”

许广平也帮着二俞向鲁迅“进攻”，说道：“是呀！要是不醉，何至于居然睡倒，重又坐起呢？”

淘气的俞芬又起哄说：“太师母说，大先生醉过许多次不说，还吐过好些次呢！”

鲁迅在几位姑娘“围攻”下，只有招架之力，没有还手之功，说道：“真醉的人，说不清故事，我却能把经过的事情说得清清楚楚，不信，你们听着。”

他说：早上坐着人力车去教育部上班，路上遇到北大的某教授，他坐着人力车迎面过来。平时这位教授和鲁迅只是“点头之交”，那天这位教授却意外地热情，叫自己的车停下，同时招呼鲁迅的车也停下，好像见到了老朋友，有什么重要的事情要谈似的。鲁迅只得莫名其妙地停了车。这位教授下车后慌忙走向鲁迅，并从衣袋里取出一包东西，交给他，一面连连向鲁迅道歉，说：“昨晚我带的钱太少，付不出现钱，真对不起你，请你点一点，数目对不对？”鲁迅连忙把钱还给他，同时说：“教授你弄错了？”这位教授误以为数目不对，忙问：“少了多少？”鲁迅还是这句话：“教授，你弄错了，你没有欠我钱。”这位教授认为鲁迅客气，不肯收钱，就略带责备又自责的口气说：“周先生，你这样不好，我们打牌前，就说清楚的，是‘真刀真枪’的，只怪我自己带的钱少了些，我事前也没想到昨天赌运这样不好，以致欠了债。……你不要过意不去，过两天我们还可以再来过的。……”鲁迅这才明白这包钱原来是这位教授欠下别人的赌账，看来他一夜没睡，糊里糊涂，竟记错了债主。鲁迅耐心地告诉这位教授说，自己从来不打牌，对这玩意儿没兴趣，因此无从做“赌账”的“债主”。教授听了这番话，敲敲自己的脑袋，醒悟过来了。他承认自己记错了，连连向大先生道歉、告别。大先生讲完了这个“故事”，逗得大家都笑了。俞芳在砖塔胡同时就听鲁迅说过这个故事，连问：“是真事吗？”鲁迅说：“当然是真的。”最后又说：这种教授，打牌熬夜，弄得神志不清，连赌账都还错了人，真是在“发昏”。

鲁迅对当时的有些学者、教授，不学无术，不求上进，误人子弟，浑浑噩噩混日子的现象，是十分不满的，以前也跟多人说起过。

俞芬马上说：“大先生还能讲故事，说明他的确有酒量，来，再满一杯。”说着，给鲁迅敬上一杯白的。

鲁迅一饮而尽，兴致更高了，又讲了一个绍兴读书人的故事：“从前绍兴有个读书人，评论文章的好坏时说：'天下文章，算我浙江，浙江文章，算我绍兴，绍兴文章，算我家兄，家兄的文章，还要我批改批改呢！'”鲁迅说到这里，把话一顿，两眼看着大家，广平抢着说："那末是他自己的文章最好啦！”鲁迅笑笑说："是啊，他的文章最好。”

许广平听了，哈哈大笑起来。她用乡间的话说是“生野不羁”的：生，就是有些食人生番的意思，跟谁都不生，跟谁都可以见面熟；至于野，当然是野姑娘的意思了，风风火火闯九州；至于不羁，就是没有什么约束，不知道啥是规矩。她不但会喝酒，而且酒量相当好，性格开朗，能说善辩，行动举止活泼伶俐，与许羡苏的文静，王顺亲的老成相比，大不一样。宴会开始，许广平就说要敬酒，她邀王顺亲一起向鲁迅先生敬酒，王顺亲一向不会喝酒，只干了那一杯以表敬意，许广平和鲁迅却都干了杯。之后，许广平就单独敬酒，进攻目标当然是鲁迅先生。俞芬，自己虽不会喝酒，却很喜欢跟着起哄，主动为他们斟酒助兴。后来不知怎么一来，敬酒演变成比赛酒量，鲁迅先生的酒量本不很大，他一向喝的是绍兴酒，而且是一小口一小口慢慢地喝的；这次改喝白酒，而且是一口气喝干一杯，看来有点招架不住许广平的凌厉攻势，但他决不示弱，大有奉陪到底的气概。太师母走出屋，看着很为难，连连说：慢慢喝，慢慢喝，多吃点菜，菜凉了就不好吃。俞芳一边吃，一边看，觉得很热闹，很有趣。散席后，王顺亲悄悄说：鲁迅先生真的有些醉了。

鲁迅的确有一点醉，他站起来轻击了俞芬、俞芳的手背，按了一下许广平的头。

在旁边一直不说话的许羡苏不高兴了，说："你们闹得过分了，太师母说过大先生是不能多喝酒的。”一气之下，离席而走。

在一边没怎么说话的俞芳倒觉得没有什么。在砖塔胡同时，一次，鲁迅和她们开玩笑。鲁迅伸出右手，捏着拳头，放在桌上，叫她们用拳头打，并说他不怕痛。鲁迅的手很瘦，捏着拳头，骨头都很明显。三妹第一个打，恰好打在先生拳头的骨头上，没把先生打痛，自己的手倒震痛了，大姐也一样，打痛了自己的手。鲁迅笑着说：你们打人，挨打的人没有痛，打人的人倒痛了。这次是鲁迅笑弯了腰，连连说："'肠肚'啊，'肠肚'！”绍兴话是“活该”的意思，还有讥笑对方“偷鸡不成，蚀了一把米”之类的意味吧。俞芳觉得鲁迅先生真是太有趣了，别人打疼了手，他要笑，可是冬天房里烧的煤，大块的需要敲成小块才能用，鲁迅就亲自用大榔头去敲煤。有一次他敲破了手，鲜血淋漓，也满不在乎，照样敲打，直到敲完为止。

还是许广平聪明，一看许羡苏生气走了，感到不妙，打趣地叫道：“咱们赶快逃吧，要不先生会拿东西打人的！”临走，又开玩笑道：“我倒不怕‘殃及池鱼’，可打痛了俞家小妹妹怎么好呢？我们要到白塔寺赶庙会去了。”

鲁迅见许广平脸颊绯红，又笑道：“游白塔寺？恐怕你倒要在路上呕吐呢？还说我醉，我看是你们小姐醉了！醉了！哈哈！”

许广平、王顺亲和俞芬三姐妹到东屋跟太师母打了个招呼，就“逃走”了。

其实，鲁迅的确喝高了点儿，说完就回“老虎尾巴”，倒头大睡。

朱安在厨房早让专门服侍太师母的女佣潘妈，把分成小份的菜送到东屋请婆母吃。自己只在厨房略尝了些，就默默回自己屋里去，把门关得死死的……

女佣王妈悄悄收拾碗筷杯盘，擦洗桌椅，原本一团哄笑的中堂，静了下来，掉根针都听得见响声……

忆往昔之四 (1922)

鲁迅在“老虎尾巴”的木板床上呼呼大睡，又梦见自己的往昔……

一九二二年二月二十四日，还是“兄弟怡怡”时，一个外国人出现在八道湾。周氏兄弟热情地把他安排在东屋，那是周作人一家所住的后院的东边。这人是经蔡元培特聘，到北京大学教授世界语的。

梦里还依稀记得，坐在自己身边的这个外国人：胡乱卷着头发，微露笑容，因目盲而认真谛听着四周动静，衣着故乡乌克兰的刺绣小衫，手端着六弦琴。他就是对人世充满着爱意的盲诗人——爱罗先珂。此前鲁迅刚编完《爱罗先珂童话集》，这是用日文写的，很是优婉。鲁迅觉得那是诗人的童话集，含有美的感情与纯朴的心灵。作者所要叫彻人间的是无所不爱，然而不得所爱的悲哀，而所展开的是他的童心的，美的，然而有真实性的梦，表现了“俄国式的大旷野的精神”。

他是乌克兰人，出身于农人家庭，幼时因患麻疹而失明，后在莫斯科盲童学校读书，在那里他的童真受到粗暴的对待。后来，凭借自己的勤奋和音乐天赋，靠弹唱积攒了一些钱，在国际世界语协会协助下，赴伦敦皇家盲人师范学校学习。一九一四年，前往日本，后被逐出，流浪于泰国、缅甸、印度。一九一九年，又被英国殖民当局视为“革命党”和“德国间谍”，先是被拘禁，后被驱逐，他只好又辗转去了日本，但又于一九二三年因“宣传危险思想”罪再被日本政府所驱逐。当时他想回国去盲校当音乐教师，可从海参崴抵赤塔时，却被拒绝入境，只好转往了中国，受到了上海世界语协会的热情帮助，遇到了一批知音。

出自对一位弱势者的同情，尤其是对一位蒙获“思想罪”迫害的异国人的深切同情和奥援，鲁迅还译了爱罗先珂的剧本《桃色的云》，这不仅出于对盲诗人及其瑰丽色彩的童话和“奇花瑶草”般的剧本的喜爱，而且是传播被虐待者的苦痛的呼声并借以激发国人对于强权者的憎恶和愤怒。鲁迅在译书时，用自己灰色的体验，重染了爱罗先珂的感伤，《野草》《彷徨》里就有着爱罗先珂式伤感调子。

鲁迅和爱罗先珂常常用日语谈到半夜，一次，爱罗先珂向他诉苦说：“寂寞呀，寂寞呀，在沙漠上似的寂寞呀！”

这应该是真实的，但在鲁迅却未曾感得；住得久了，“入芝兰之室，久而不闻其香”，只以为很是嚷嚷罢了。然而鲁迅之所谓嚷嚷，或者也就是他之所谓寂寞罢。

鲁迅觉得在北京仿佛没有春和秋。老于北京的人说，地气北转了，这里在先是没有这么和暖。只是总以为没有春和秋;冬末和夏初衔接起来，夏才去，冬又开始了。

这一日正是冬末夏初的时候，爱罗先珂独自靠在自己的卧榻上，很高的眉棱在金黄色的长发之间微蹙了，是在想他旧游之地的缅甸，缅甸的夏夜。“这样的夜间，”他说，“在缅甸遍地是音乐。房里，草间，树上，都有昆虫吟叫，各种声音，成为合奏，很神奇。其间时时夹着蛇鸣：‘嘶嘶！’可是也与虫声相和谐……”他沉思了，似乎想要追想起那时的情景来。

鲁迅开不得口。这样奇妙的音乐，在北京确乎未曾听到过，所以即使如何爱国，也辩护不得，因为他虽然目无所见，耳朵是没有聋的。

“北京却连蛙鸣也没有……”他又叹息说。

“蛙鸣是有的！”这叹息，却使鲁迅勇猛起来了，于是抗议说，“到夏天，大雨之后，你便能听到许多虾蟆叫，那是都在沟里面的，因为北京到处都有沟。”

“哦……”

过了几天，鲁迅的话居然证实了，因为爱罗先珂君已经买到了十几个蝌蚪。他买来便放在他窗外的院子中央的小池里。那池的长有三尺，宽有二尺，是周作人所掘的种荷花的荷池。从这荷池里，虽然从来没有见过养出半朵荷花来，然而养虾蟆却实在是一个极合适的处所。蝌蚪成群结队的在水里面游泳；爱罗先珂君也常常踱来访它们。有时候，孩子告诉他说，“爱罗先珂先生，它们生了脚了。”他便高兴地微笑道，“哦！”

然而养成池沼的音乐家却只是爱罗先珂君的一件事。他是向来主张自食其力的，常说女人可以畜牧，男人就应该种田。所以遇到很熟的友人，他便要劝诱他就在院子里种白菜；也屡次对周作人夫人劝告，劝她养蜂，养鸡，养猪，养牛，养骆驼。后来周作人家果然有了许多小鸡，满院飞跑，啄完了铺地锦的嫩叶，大约也许就是这劝告的结果了。

从此卖小鸡的乡下人也时常来，来一回便买几只，因为小鸡是容易积食，发痧，很难得长寿的；而且有一只还成了爱罗先珂君在北京所作唯一的小说《小鸡的悲剧》里的主人公。有一天的上午，那乡下人竟意外地带了小鸭来了，咻咻地叫着；但是周作人夫人说不要。爱罗先珂君也跑出来，乡下人就放一只小鸭在他两手里，小鸭便在他两手里咻咻地叫。他以为这也很可爱，于是又不能不买了，一共买了四只，每只八十文。

小鸭也诚然很可爱，遍身松花黄，放在地上，便蹒跚地走，互相招呼，总是在一处。大家都说好，明天去买泥鳅来喂它们吧。爱罗先珂君说，“这钱也可以归我出的。”

他于是教书去了;大家也走散。不一会，周作人夫人拿冷饭来喂它们时，在远处已听得泼水的声音，跑到一看，原来那四个小鸭都在荷池里洗澡了，而且还翻筋斗，吃东西呢。等到拦它们上了岸，全池已经是浑水，过了半天，澄清了，只见泥里露出几条细藕来；而且再也寻不出一个已经生了脚的蝌蚪了。

“爱罗先珂先生，没有了，虾蟆的儿子。”傍晚时候，孩子们一见他回来，最小的一个便赶紧说。

“唔，虾蟆？”

周作人夫人也出来了，报告了小鸭吃完蝌蚪的故事。

“唉，唉！……”他说。

待到小鸭褪了黄毛，爱罗先珂君却忽而渴念着他的“俄罗斯母亲”了，便匆匆地向赤塔去。

待到四处蛙鸣的时候，小鸭也已经长成，两个白的，两个花的，而且不复咻咻地叫，都是“鸭鸭”地叫了。荷花池也早已容不下它们盘桓了，幸而周作人的住家的地势是很低的，夏雨一降，院子里满积了水，它们便欣欣然，游水，钻水，拍翅子，“鸭鸭”地叫。

现在又从夏末交了冬初，而爱罗先珂君还是绝无消息，不知道究竟在哪里了。

只有四个鸭，却还在沙漠上“鸭鸭”地叫。

鲁迅把这件事写成了《鸭的喜剧》，发表在一九二二年十二月上海《妇女杂志》第八卷第十二号。

鲁迅还翻译了爱罗先珂的《春夜的梦》，在附记中说：“作者曾有危险思想之称，而看完这一篇，却令人觉得他实在只有非常平和而且宽大，近于调和的思想。但人类还很胡涂，他们怕如此。其实倘使如此，却还是人们的幸福，可怕的是在只得到危险思想以外的收场。”

是啊，鲁迅之所以与爱罗先珂如此一见如故，就在于他们有相通的思想，有对人类和宇宙间一切生命的大爱，希望大家“幸福的度日，合理的做人”。

从这种爱出发，鲁迅又写了《兔和猫》，说的是两只可爱的小兔被大黑猫吃掉的故事。最后鲁迅感叹道：

> 自此之后，我总觉得凄凉。夜半在灯下坐着想，那两条小性命，竟是人不知鬼不觉的早在不知什么时候丧失了，生物史上不着一些痕迹，并S也不叫一声。我于是记起旧事来，先前我住在会馆里，清早起身，只见大槐树下一片散乱的鸽子毛，这明明是膏于鹰吻的了，上午长班出来一打扫，便什么都不见，谁知道曾有一个生命断送在这里呢？我又曾路过西四牌楼，看见一匹小狗被马车轧得快死，待回来时，什么也不见了，搬掉了罢，过往行人憧憧的走着，谁知道曾有一个生命断送在这里呢？夏夜，窗外面，常听到苍蝇的悠长的吱吱的叫声，这一定是给蝇虎咬住了，然而我向来无所容心于其间，而别人并且不听到……
>
> 假使造物也可以责备，那么，我以为他实在将生命造得太滥，毁得太滥了。

连蝌蚪、小兔、小狗、鸽子这样的小生命，鲁迅都发自心底的疼爱，何况人呢？

一九二二年的一个久雪初晴的一天，北京天气很冷，鲁迅为教育部办完事后坐车回寓，穿着厚外套，戴着手套的双手插在衣袋里。那车夫穿得却很单薄，风寒路滑，他忽然以“迅雷不及掩耳之手段”，自己跌倒了，并将鲁迅从车上摔出。鲁迅手在袋里，来不及抵按，结果便自然只好和地母接吻，以两颗门牙为牺牲了。

车夫急忙爬起来，搀扶鲁迅，非常愧疚。鲁迅不仅不责备他，还连问他摔伤没有，令车夫感激万分，车夫的腿受了伤。鲁迅的门牙撞掉，满口是血，到家时，大家的惊慌是不用说的，而他反而含笑地说：“世道真是变了，靠腿吃饭的，跌伤了腿，靠嘴吃饭的，撞坏了嘴。”弄得人哭也不是，笑也不是。一个冷酷的人，能够忘了自己的痛苦，反去安慰别人、鼓励别人吗？

东安市场的小宴

当然，鲁迅对俄国人也不全像对爱罗先珂那样相信。一九二四年冬天，北平世界语专门学校，从哈尔滨请来一位俄国教授，名谢利谢夫，这人好像是白俄，思想糊涂得很，但他的世界语，却是透熟，无论讲话，写文，都很流利。

他到北平后不久，也慢慢探听中国的作家。当时别人灌输他脑子最深的，是鲁迅。因此，他时时想会见鲁迅。

这意思，他通知了学校教务处陈空三先生，陈空三就同荆有麟商议，要荆有麟带谢利谢夫去会见鲁迅。

有一天，荆有麟同鲁迅先生谈起，鲁迅先生说：

“好的。不过不一定请他到家里来，随便在什么地方谈谈都可以。”

这意思，是不愿意有人带那俄国人登门拜访。荆有麟当时说：

“那么，到东安市场去，我请你和谢利谢夫吃晚饭。”

“今天么？”鲁迅先生考虑他自己的时间。

“就今天罢，你从家里直接去，我到学校去约他。谁先到谁等着。”荆有麟便拿起大衣，帽子，预备先动身，恰巧，孙伏园、章衣萍来访鲁迅先生了。此时，鲁迅先生手里正拿起围巾，先进来的衣萍说：

“怎么？你们出去么？”

鲁迅先生笑了，又放下围巾，他说：

“有麟要请客，难得的机会，一块儿去东安市场罢。”

伏园“啊”了一声，又幽默起来：

“要作陪客，也未尝不可以，我们俩是预备找地方吃饭呢。”

说得大家都笑了，荆有麟便要三位一块儿走，他跑学校去约谢利谢夫。

谢利谢夫意外了，他认定，要拜访一位名人，最好先期约定，然后再照了时间去赴约，比较客气些。荆有麟晓得，他的白俄脾气又发了。便告诉他：这就是同鲁迅先生约好的时间，所以要马上就去，在他明白了马上非去不可之后，便手忙脚乱起来。要洗脸，要擦皮鞋，要换衣服，要给头上打油。然而，无论怎么弄，总是不满意。荆有麟催的次数太多了，他才随他下楼，早已雇好的街车，将他们一直送到目的地。

鲁迅，伏园，衣萍，早已坐好在约定的饭馆里，荆有麟进门后，给谢利谢夫一一介绍过。即刻说明，他的世界语还没学好，不能任翻译。但当场又没有人懂得俄语，这是大家都知道的，于是鲁迅先生吃惊了。

“是客气？还是真的？我们谁也不懂俄文。”眼睛一直瞪着荆有麟。

荆有麟说：“我只能听得懂，却讲不出。”

伏园笑起来了，问荆有麟谢利谢夫能不能讲英文，如果能讲英文，就要衣萍做翻译，章衣萍虽然摇着头，荆有麟还是问谢利谢夫能不能讲英文。

谢利谢夫也不懂英文。

他说，他能讲德国话，日文也能对付，荆有麟才高兴了，因为荆有麟晓得，鲁迅先生能讲日本话，德文也可以对付，于是将这意思向鲁迅先生与谢利谢夫说穿，要他们直接谈话。

鲁迅与谢利谢夫开始谈话了。谢利谢夫开口的是德语，他以为鲁迅能懂德国话。鲁迅讲出的，却是日语，他以为谢利谢夫能懂日本话，两人都选取了自己的熟悉语言应用。无法顾到对方对另一种语言、听觉的能力，这会谈，是干干脆脆失败了，谢利谢夫噘着嘴，摸起他的长胡子。鲁迅先生皱起眉头，拼命在抽烟。本来说不好世界语的荆有麟，不能不用世界语再维持场面。

吃饭间，谢利谢夫不问鲁迅先生对于俄国革命的意见，对于高尔基和托尔斯泰的意见，他一心一意地选取着他最可口的菜，只顾吃。鲁迅先生也再不讲日语了，他应了伏园指斥侍者将手指甲放进汤盘里的事，讲起卫生论来，他说：

“在中国饭馆吃东西，你无法讲求清洁的。除非不要吃。我有一次，也是在东安市场吃饭，好像是与马先生罢，发现菜盘里一个苍蝇，便把茶房喊来，问他：‘那是什么东西？怎么可以给人吃？’不料茶房将苍蝇用手指夹起，在他自己眼前一晃，一下放进嘴里去，还说：‘不是苍蝇，不是苍蝇，’笑嘻嘻走出去了。你说，你嫌不卫生，他先吃苍蝇给你看，你说，菜里不应当有苍蝇，他说没有，反正苍蝇已经吃进他肚里，你再找不出证据。……”

说得大家全笑了，谢利谢夫放下筷子，问荆有麟是怎么一回事，荆有麟略将大意告诉了他，也不知道是荆有麟词不达意，还是他听误会了。竟放下筷子，再不拿起来。鲁迅先生晓得，荆有麟的传语出了毛病，要有麟再告诉他，菜有苍蝇，同茶房吃苍蝇，都是过去的笑话，并不是现在的事情。请他安心吃下去。可是，无效。虽经荆有麟解释，谢利谢夫再不动筷子了。

饭后，他们就在原地方，吃茶，谈天，伏园又从隔屋里拉来当时正在北大读书的王捷三。谈话更加热闹了。忽然谢利谢夫悄悄告诉荆有麟他要出去，出去做什么？有一专名词，荆有麟听不懂。

荆有麟要他对鲁迅讲，他便用德语对鲁迅说，然而鲁迅听不懂，用日语反问他，谢利谢夫又答复不出日语来。

最后，他脸红了，长胡子一束一束抖动着，他索性弯着腰，撅起屁股，两只手在屁股上做了一个姿势，大家恍然了，立刻喊茶房，带他出去“大便”。

他一出去，房内立刻爆发出哄笑。鲁迅先生怨荆有麟了：

“你真捣乱，自己世界语弄不好，就乱作翻译，闹得大家受窘。”

荆有麟立刻反驳：“我一进来，就声明：我不能翻译呀。”

“那你弄一个语言不懂的外国人来，什么意思呢？”鲁迅先生严肃起来。

“他要认识你，你也承允，所以就带他来了。我只负介绍责任。”

“介绍他不讲话么？你真捣乱得可以。该好好罚一下。”

伏园、衣萍也赞成鲁迅先生的提议。主张罚荆有麟一下，荆有麟说：“罢了，下次再请你们吃饭，另外带一个朵落贝夫来。”因为荆有麟想起，世界语专门学校，又向哈尔滨请了一位教世界语的俄国人，不过当时还未到北平。

鲁迅先生笑了，大家都笑了。鲁迅先生还附加着说：“还要再捣乱一次么？”

笑声中，谢利谢夫又进来了。大家再没谈下去的意思。于是一齐离开了东安市场。

事后，鲁迅先生告诉荆有麟，谢利谢夫是什么也不懂得的。思想恐怕还有点“可恶”。荆有麟于是才开始向陈空三等人，打听谢利谢夫的来历。据说，他是俄国革命后，逃出来的白俄，还是俄国的旧教授。当时介绍他来学校教书的人，信上还写着：

“为了世界语的传播，就介绍他来吧。他的世界语是相当流利的。不过不要让他担任其他功课。他的思想与行动，可不很高明。”

果然,不到半年工夫,他就厌烦了他的工作,辞别了学校,另做黄金梦去了。鲁迅先生观察的深刻，竟有如此之敏锐。——虽然他与谢利谢夫只讲过那么几句不很能互相明了的话。

第八章 “训词”·“嫩弟”·“小刺猬”

“训词”

端午节“酒戏”后第三天，鲁迅收到了许广平前一天写的道歉信。信中说许羡苏事后对她讲：“这样灌酒会酒精中毒的，而且先生可喝多少酒，太师母订有戒条。”许广平听后大惊，“诚惶诚恐的赔罪不已”，并附一首小诗。鲁迅看了信，禁不住笑了，“小鬼”敬酒时的顽皮相又浮现在眼前，晚上铺开信纸，掭了掭“金不换”，使用他嬉笑怒骂的杂文笔法给他心爱的姑娘写了篇妙文——

训词：

你们这些小姐们，只能逃回自己的窠里之后，这才想出方法来夸口；其实则胆小如芝麻（而且还是很小的芝麻），本领只在一齐逃走。为掩饰逃走起见，则云“想拿东西打人”，辄以“想”字妥加罗织，大发挥其杨家的勃豀式手段。呜呼，“老师”之“前途”，而今而后，岂不“棘矣”也哉！

不吐而且游白塔寺，我虽然并未目睹，也不敢决其必无。但这日二时以后，我又喝烧酒六杯，蒲桃酒五碗，游白塔寺四趟，可惜你们都已逃散，没有看见了。若夫“居然睡倒，重又坐起”，则足见不屈之精神，尤足为万世师表。总之：我的言行，毫无错处，殊不亚于杨荫榆姐姐也。

又总之：端午这一天，我并没有醉，也未尝“想”打人；至于“哭泣”，乃是小姐们的专门学问，更与我不相干。特此训谕知之！

此后大抵近于讲义了。且夫天下之人，其实真发酒疯者，有几何哉，十之九是装出来的。但使人敢于装，或者也是酒的力量罢。然而世人之装醉发疯，大半又由于倚赖性，因为一切过失，可以归罪于醉，自己不负责任，所以虽醒而装起来。但我之计划，则仅在以拳挚“某籍”小姐两名之拳骨而止，因为该两小姐们近来倚仗“太师母”之势力，日见跋扈，竟有欺侮“老师”之行为，倘不令其喊痛，殊不足以保架子而维教育也。然而“殃及鱼池”，竟使头罩绿纱及自称“不怕”之人们，亦一同逃出，如脱大难者然，宜不为我所笑？虽“再游白塔寺”，亦何能掩其“心上有杞天之虑”的狼狈情状哉。

今年中秋这一天，不知白塔寺可有庙会，如有，我仍当请客，但无则作罢，因为恐怕来客逃出之后，无处可游，扫却雅兴，令我抱歉之至。

“……者”是什么？

“老师”

六月二十八日

这份“训词”，怒里含笑，嗔内藏喜，真乃一绝。鲁迅自读一遍，也不禁笑出声来，意犹未尽，又对广平附来的诗发了一番议论：

那一首诗，意气也未尝不盛，但此种猛烈的攻击，只宜用散文，如“杂感”之类，而造语还须曲折，否，即容易引起反感。诗歌较有永久性，所以不甚合于做这样题目。

沪案以后，周刊上常有极锋利肃杀的诗，其实是没有意思的，情随事迁，即味如嚼蜡。我以为感情正烈的时候，不宜做诗，否则锋芒大露，能将“诗美”杀掉。这首诗有此病。

我自己是不会做诗的，只是意见如此。编辑者对于投稿，照例不加批评，现遵来信所嘱，妄说几句，但如投稿者并未要知道我的意见，仍希不必告知。

迅六月二十八日

看来，许广平道歉信中所附的诗并非她自己所作，而是代人投稿的。鲁迅以“诗美”的眼光将其否了。

第二天，信发走之后，又收到许广平二十八日信，还是“诚惶诚恐的赔罪不已”，鲁迅觉得“必须写几句回答”，说“小鬼”之所以这样，也许听了“某籍”小姐、即许羡苏的什么谣言，于是“辟谣之举，是不可以已的。第一，酒精中毒是能有的，但我并不中毒。即使中毒，也是自己的行为，与别人无干。”“第二，我并不受布何种‘戒条’，我的母亲也并不禁止我喝酒。”“所以，此后不准再来道歉，否则，我‘学笈重洋，教鞭十载’，要发宣言以传小姐们胆怯之罪状了。看你们还敢逞能么？”

称呼回到过去的“广平兄”，自署却是“迅”。而话中则充满了对许广平的怜惜与疼爱。

两天后，收到了许广平的回信。称呼是“鲁迅师”，告知“训词”和“回话”都接到了。下面却开起了玩笑：

老爷倒想“自夸”酒量，岂知却临阵败北，何必再“逞能”呢！？这点酒量都失败，还说“喝酒我是不怕的”，羞不羞？我以为今后当摒诸酒门之外，因为无论如何辩护，那天总不能不说七八分的酒醉，其“不屈之精神”的表现，无非预留地步，免得又在小鬼前作第三……次失败耳，哈哈，其谁欺，欺天乎。

一个“羞不羞？”打情骂俏之态尽显。信中还称鲁迅为“撒谎专家”，自诩“灌醉了一位教育部的大老爷”，自己则和两位同伴“都到寺内逛去而且买些咸脆崩豆一边走一边食，出了寺门”，颇为潇洒。“小鬼许广平”已经主动跨过了师生的界限！

鲁迅这次回复时没有再用训词语气，而转为尊称“广平仁兄大人阁下敬启者”，告诉她“前蒙投赠之大作，就要登出来，而我或将被作者暗暗咒骂。因为我连题目也已改换”。还玩笑道:“贵骂,勿露‘勃豀’,暂羁‘害马’之才,仍复源源投稿，以光敝报，不胜徼幸之至！”

“嫩弟”

鲁迅接到广平七月十三日写的回信后，一看称呼就惊笑了。原来是：

嫩弟手足：报读七、九日来札，且喜且慰，缘愚兄忝识之无，究疏大义，谬蒙齿录，惭感莫名前者数呈贱作，原非好意，盖目下人心趋古，好名之士，层出不穷。愚兄风头有心而出发无术，倘无援引，不克益彰，若不“改换”，当遗笑柄。我……

嫩弟手足情深恐遭牵累，引己饥之怀，行举斧之便。如当九泉，定思粉骨之报，幸生人世，且致嘉奖之词，至如“专擅”云云。只准限于文稿，其他事项，自有愚兄主张一切毋得滥为妄作。否则“家规”犹在，绝不宽容也。

嫩弟近来似因娇纵过甚，咄咄逼人，大有不恭之状以对愚兄者，须知“暂羁”“勿露”……之口吻殊非下之对上所宜出诸者,姑念初次,且属年嫩，以后一日三秋则长成甚速，决不许故态复萌也，戒之念之。

又文虽做得稍久，而忽地一心以为有鸿鹄将至，或以事牵，竟致潦草，此乃兄事烦心乱无足为奇者。好在嫩弟精力充足，自可时进针贬，愚兄无不乐从也，手动数行即询。

英国的香烟可好？

愚兄手即七、十三

信后附有文稿《罗素的话》。

竟然称比自己年长十七岁、负有盛名的先生为“嫩弟”，称自己为“愚兄”，这个玩笑开得可不小！然而，又多么富有才气和幽默感！玩笑当中含着炽热的爱，愿以“粉骨之报”！爱得多么坚定！多么不惜牺牲一切！

鲁迅被深深地感动了。他感到温暖，感到不再孤单。

他也再开玩笑，当日寄出一方剪裁的一九二五年七月十二日京报，右方题道：

京报的话　鲁迅

在报后括弧里写上“未完”，并书一短信：

“愚兄”呀！我还没有将我的模范文教给你，你居然先已发明了么？你不能暂停“害群”的事业，自己做一点么？你竟如此偷懒么？你一定要我用“教鞭”么？？！　　七、十三

许广平七月十五日收到后，立即回复了一封长信。

嫩棣棣：

你的信太令我发笑了，今天是星期三——七、十五——而你的信封上就大书特书的“七、十六”。小孩子盼日子短的，好快快地过完节，又过年，这一天的差误，想是扯错了月份牌罢，好在是寄信给愚兄，若是和外国交涉，那可得小心些，这是为兄的应该警告的。还有，石驸马大街在宣内，而写作宣外，尤其该打。

鲁迅看完这封信后，愈加跟“小鬼”调笑，竟诙谐地来了幅自画像：

第一章“嫩棣棣”之特征。

1. 头发不会短至二寸以下，或梳得很光，或炮得蓬蓬松松。

2. 有雪花膏在于面上。

3. 穿莫名其妙之材料（只有她们和店铺和裁缝知道那些麻烦的名目）之衣；或则有绣花衫一件在箱子里，但于端午偶一用之。

4. 嚷；哭……（未完）

许广平也给鲁迅画了一幅像：

“嫩弟弟之特征”：

想做名流，或（初到女校做讲师）测验心理时，头发就故意长得蓬蓬松松长乱些。

（冬秋春）有红色绒袜子穿在足上。

专做洋货的消耗品，如洋点心、洋烟、洋书……（未完）或有蟒袍洋服多件在箱子里，但于端午……则绝不敢穿。

总在小鬼前失败，失败则强词夺理以盖羞，“嚷，哭”其小者，而“穷凶极恶”则司空见惯之事。

好食辣椒，点心，糖、烟、酒——程度不及格……

一声声叫娘，犹有童心。

外凶恶而内仁厚的一个怒目金刚，慈悲大士。

信中的揶揄玩笑、调侃亲昵显现他们的关系已经绝不一般了。

“小刺猬”

自此，广平到西三条的次数更勤了。有时陆晶清、张静淑等也一起来，甚至不请自来。一九二四年十二月十九日，北京有了有轨电车。当时的《晨报》上报道说：“北京电车业于前日开行，此次仅系西大干线先行通车，由正阳门直达西直门。东北两干线之通车期现尚有待……第一日并不售票，该公司事前曾发出优待券，所有第一日之乘客，均系持有优待券者。昨日始行售票营业，各站之乘客异常拥挤……昨日正阳门内至西直门大街，沿途极为热闹，每至一站，即有多数之男女，挨车轨观看。”有轨电车人们俗称其为“当当车”，因为它一面行走一边发出“当当”的声音。这声音来自司机脚下的铃铛，司机一边驾驶车辆一边不断踩动脚下的铃铛，以提醒马路上的车辆和行人注意安全，于是留下一路“当当”声。有轨电车的售票员每个人都有一枚哨，那哨不同于体育老师和裁判员吹的那种哨，它是长圆形的，有些像钢笔帽，吹起来发出“嗡……嗡……”的声音。当关好车门可以开车的时候，售票员便吹响哨子，向司机发出可以行车的信号。有轨电车开始运行时，它的票价高于乘人力车的票价，当时报纸上写道：“车价比人力车还贵，市民将群起反对。”所以许广平她们还是坐人力车前往，鲁迅对她们的到来非常欢迎，态度格外亲切，就像对自己的家人一样，还常爱跟“小鬼”“愚兄”和她的同伴吹吹牛。

鲁迅有两把短刀，一把短些，两边有刃，作短剑形，装黄漆的木头短柄，有黄漆木套，是在日本留学未久，因为觉得样子有趣买来的。曾经送给三弟玩，一直放在三弟那里，直到迁居北京后又放在他那里了。一把长些，作刀形，式子很旧，两面平的，没有血槽。装一个白木头的柄与套。套两半合拢，用白皮纸条卷转黏住，是一点也不坚固的。鲁迅说：这一把刀是日本一个老武士送给他的。他怎么与那老武士认识，没有人问他。听他所讲的情形猜想起来也许是他的房东或者近邻，所以常会遇见。老武士告诉他：那刀曾经杀过人的。刀面除却略有锈斑之外，别的地方很光滑而亮。但钢质让看见的人疑心并不怎样好，因为三弟把它戳在板壁上，拔下来时仿佛刀头有点歪了。不过杀人还是可以的，因为人的皮肉没有那么硬。

那个送刀给鲁迅的老武士还讲些故事给他听，其中有日本人戳美国教士的故事。老武士说日本维新以前，有一回杀了三四个美国教士，的确弄死得很惨，但不愿发表。不久美国就起兵问罪，兵船开进东京湾。日本无法抵抗，就叫闯事的人对美国谢罪。于是迎接美国军官上陆，坐在一边，闯事的人都跪在下面，一一切腹。其中一个，切到中途，肠子流出来了，切腹者便拿住流出来的肠，拔出刀，将外露的一段割下，向美国军官投去，然后再用刀将自己切死。但到第七个切死后，美国军官不忍再看下去，便止住他们，不必再切。事情就此结束了。

老武士又说：闯的乱子是这样结束了，但日本认为是件耻辱，许多人遂觉得自谋自强，决不可缓。这是给日本维新的一个很大的刺激！

说着，鲁迅从褥子底下拿出了刀子，比画了一下，说：“可厉害了！这东西杀过人呢！”又在许广平、陆晶清、张静淑面前显示了一下，才藏回去。

广平知道了刀子就藏在鲁迅褥子底下，一次，就跑来缴械，从褥子下面取出了刀。

鲁迅急忙来夺，广平将刀藏在身后，说：“没收了，不能再给你！”

鲁迅笑道：“傻孩子，你以为我会用这刀自杀呀？才不会呢！我要多活几年，让那些‘正人君子’多不舒服些日子！”

广平嗔怒道：“那也不行，存在我这里，不许你再动。”

鲁迅过去要抢，广平躲来躲去，还是年轻人身子灵活，鲁迅总也抢不到。只好哀求道：“还我吧，存这刀子，是为了防身的。我保证绝对不会自杀行吗？”

广平嗔笑道：“那要写保证书。”

鲁迅假装怒道：“天下哪里有这样的规矩，先生给学生写保证书？”

广平不相让，也怒道：“在我这里，就有这规矩，必须写！先生忘了‘家规犹在’吗？！”

当时，荆有麟也在场，看着他们相讥骂，相打闹，觉得正是在这种打情骂俏中种下了他们爱情的根。赶忙圆场道：“算了，算了。我替鲁迅先生保证：他绝对不会自杀的！”

这样，广平才把刀子又放回褥子底下。

多数时间，在鲁迅家中，许广平是为鲁迅抄书稿，她抄写的速度很快，有一天，抄《古小说旧闻钞》，她一天连续抄了一万多字。鲁迅见了，不住地称赞，感谢。

七月的北京，常常下雨，气候很湿润，小昆虫、小动物出来活动了。西三条小院里，丁香花虽然早谢了，月季花和别的野花、野草却开得正盛。广平抄累了，就跑后园欣赏花草，散步嬉闹。一天，意外地在园子里捉到两只小刺猬，太师母珍重爱护地养起来了。广平和同学们去了，也拿出来玩，两只手一去碰它，缩作一团了，大大的毛栗子，那么圆圆滚滚的可爱相。走起来，那么细手细脚的，大家都喜欢逗这小动物。可是不知怎么它们逃脱了，无论怎样也找不着。偶然看见一个小小的洞，人们说："一定是逃到这里了，因为它喜欢钻洞。"

鲁迅叹道："可能像养过的小兔一样钻到洞里了，千万别让大黑猫吃了。幸好这里没有猫。"

广平说："猫全让先生打没了。大家都知道，鲁迅先生是仇猫的。"

鲁迅说："就是有猫，也吃不了小刺猬。它会竖起刺儿，扎猫的。"

广平说："是呵，小动物跟人一样，就是要有刺儿，才能不受欺负。"

鲁迅笑道："'害马'身上就满是刺儿。"

广平嗔道："有刺儿，先生还动不动要施教鞭呢！如果没刺儿，那还不让先生的教鞭打烂了。"

鲁迅笑了笑，没有言语。

有一天，落雨了，广平撑着伞到了鲁迅先生寓所。后来收到鲁迅的一封信，里面附了一张图：一只小刺猬拿着伞走，真神气。比他手写的"无常"还要美……

第九章　颓败线的颤动

难忘的日记

许广平这位带有野性和才气的姑娘，大胆闯入鲁迅的生活，使鲁迅感到快乐而幸福，但阴影还是难以从他心底消除。一九二五年六月二十九日，他收到许广平信并稿，立即复信。刚完毕，高长虹就来了，交荆有麟信和一本纪念册。鲁迅觉得他大约受了尼采作品的影响之故罢，常有太晦涩难解处，似是安那其主义，即无政府主义者，头总仰得很高，睥睨一切的架势，但很能做文章，有一种锐气。在这沉闷时期，很需要这种让人震醒的文字，他为《莽原》奔走最力。不管怎样，对新文学工作有益，但有了成就之后就很难说了。

夜里下了雨，在雨声中，鲁迅准备写日记。顺手拿起去年，即一九二四年的日记册随意翻阅，忽然看到自己去年六月十一日的记事：

> 十一日晴，风。晨得杨(陈)翔鹤君信。上午寄郑振铎信。寄阮和森信。往山本医院为母亲取药。寄伏园校稿。下午往八道湾宅取书及什器，比进西厢，启孟及其妻突出骂詈殴打，又以电话招重久及张凤举、徐耀辰来，其妻向之述我罪状，多秽语，凡捏造未圆处，则启

孟救正之，然终取书、器而出。夜得姚梦生信并小说稿一篇。

鲁迅的日记一般只记要事，非常精短，唯独这篇较长，叙述了到八道湾取书、器遭到周作人夫妇打骂的经过。这是少有的。

整整一年了，始终难忘：他刚一到，羽太信子就打电话唤救兵，欲假借外力以抗拒，周作人则用一本书远远地掷入，鲁迅置之不理，专心检书。一忽儿外宾来了，正欲开口说话，鲁迅从容辞却，说这是家里的事，无烦外宾费心。到者也无话可说，只好退出。这时，周作人竟拿起尺高的铜香炉，朝鲁迅头上打去，幸亏别人接住，抢开，才不致打中。取回书籍的翌日，鲁迅说给许寿裳听。许问他："你的书全部都已取出了吗？"他答道："未必。"许问他："我所赠的《越缦堂日记》拿出来了吗？"他答道："不，被没收了。"

骨肉手足竟然反目到如此境地，令鲁迅难以想象。

家中失怙，长兄为父。他把弟弟当作自己的亲子，处处呵护，一心希望他们成材，像母亲叮嘱的那样："穷出山！"为周家争气。虽说用心过切，有时态度粗暴，也全是一片好意。启孟与羽太信子结婚后，需要经济上的帮助，他毅然提前回国工作，每月渡江给他们寄去六十元钱。要知道那几乎是自己薪金的一半！开始带着王鹤照去，熟悉后由鹤照一人去。到京后，先是设法安排后来回国的启孟到补树书屋读书、工作。然后又用卖出绍兴老屋的钱，几经周折购买、修葺了八道湾的房子，让启孟一家先住进里面最好的屋子，自己住外面。启孟有病，自己又屡屡焦急，到西山碧云寺赁屋装修，不远迢迢多次前去看望；特别是那次他患了急病，误诊猩红热，鲁迅心焚如火，结果知是出疹子，才放下心来。那时，鲁迅的工资收入，全行交给羽太信子，连周作人的，不下六百元，而每月总是不够用，要四处向朋友借钱，有时借到手连忙回家。又看到汽车从家里开出，鲁迅想："我用黄包车运来，怎敌得过用汽车带走呢？"原来家内人大小轻重的生病，都常常请医生到家里来，还不管是否急需，往日本商店买东西，食的，用的，玩的，从腌萝卜到玩具，一买就一大批，钱很快就花光了，只得借债度日。鲁迅向周作人提出过意见，周作人也说过羽太信子，但羽太一犯病，周作人就退缩了。甚至于好心好意给周作人的小孩买些糖果，羽太信子竟然不让他们接受而抛弃掉，还不准孩子们到鲁迅这里玩，叫作“给他冷清冷清，冷清得他要死！”因为鲁迅家里是没有孩子的。周作人为了家里安宁，可以一心一意读书、写作，把大哥牺牲也在所不惜。原来兄弟怡怡、亲如手足，现在却这般仇恨！

由此又想起许多文学青年需要自己时则尽加利用，不需要时就弃置一边，甚至痛加攻击。自己一点点以血饲人，结果却是不得好报……

人，为什么是这样的呢？

难道都是如此忘恩负义、恩将仇报、以怨报德？不。像对母亲、祖母、长妈妈……自己就只能牺牲自己，而不能给她们一点儿伤害。对自己的老师老寿先生、藤野先生、章太炎先生……自己也永远怀着尊敬和感激！

知恩报德——当是做人的道德底线，突破了这个底线，即非人也！

而先驱者的命运往往是这样的。想起以前写的《复仇》(其二)：“兵丁们给他穿上紫袍，戴上荆冠，庆贺他；又拿一根苇子打他的头，吐他，屈膝拜他；戏弄完了，就给他脱了紫袍，仍穿他自己的衣服。看哪，他们打他的头，吐他，拜他……”“四面都是敌意，可悲悯的，可咒诅的。”“路人都辱骂他，祭司长和文士也戏弄他，和他同钉的两个强盗也讥诮他。”“遍地都黑暗了。”“钉杀了‘人之子’的人们的身上，比钉杀了‘神之子’的尤其血污，血腥。”

鲁迅超出了自己的恩怨得失，想到整个人类，做人的最起码道德底线。“改造国民性”，应当从这个底线做起。人，才能算一个起码的人！

他昏昏沉沉睡着，“梦见自己在做梦”，夜半，雨声淅沥，想到最为惨苦的莫过于年轻时用自己的身体养育了儿女、晚年却遭遗弃的妇女了，在梦中成熟了一个故事。爬起身来，点亮油灯，坐在桌前，掭掭“金不换”，在稿纸上写着……

颓败线的颤动

我梦见自己在做梦。自身不知所在，眼前却有一间在深夜中紧闭的小屋的内部，但也看见屋上瓦松的茂密的森林。

板桌上的灯罩是新拭的，照得屋子里分外明亮。在光明中，在破榻上，在初不相识的披毛的强悍的肉块底下，有瘦弱渺小的身躯，为饥饿，苦痛，惊异，羞辱，欢欣而颤动。弛缓，然而尚且丰腴的皮肤光润了；青白的两颊泛出轻红，如铅上涂了胭脂水。

灯火也因惊惧而缩小了，东方已经发白。

然而空中还弥漫地摇动着饥饿，苦痛，惊异，羞辱，欢欣的波涛……。

“妈！”约略两岁的女孩被门的开阖声惊醒，在草席围着的屋角的地上叫起来了。

“还早哩，再睡一会罢！”她惊惶地说。

“妈！我饿，肚子痛。我们今天能有什么吃的？”

“我们今天有吃的了。等一会有卖烧饼的来，妈就买给你。”她欣慰地更加紧捏着掌中的小银片，低微的声音悲凉地发抖，走近屋角去一看她的女儿，移开草席，抱起来放在破榻上。

“还早哩，再睡一会罢。”她说着，同时抬起眼睛，无可告诉地一看破旧的屋顶以上的天空。

空中突然另起了一个很大的波涛，和先前的相撞击，回旋而成旋涡，将一切并我尽行淹没，口鼻都不能呼吸。

我呻吟着醒来，窗外满是如银的月色，离天明还很辽远似的。

我自身不知所在，眼前却有一间在深夜中紧闭的小屋的内部，我自己知道是在续着残梦。可是梦的年代隔了许多年了。屋的内外已经这样整齐；里面是青年的夫妻，一群小孩子，都怨恨鄙夷地对着一个垂老的女人。

“我们没有脸见人，就只因为你，”男人气忿地说。“你还以为养大了她，其实正是害苦了她，倒不如小时候饿死的好！”

“使我委屈一世的就是你！”女的说。

“还要带累了我！”男的说。

我们没有脸见人，就只因为你。

“还要带累他们哩！”女的说，指着孩子们。

最小的一个正玩着一片干芦叶，这时便向空中一挥，仿佛一柄钢刀，大声说道：

“杀！”

那垂老的女人口角正在痉挛，登时一怔，接着便都平静，不多时候，她冷静地，骨立的石像似的站起来了。她开开板门，迈步在深夜中走出，遗弃了背后一切的冷骂和毒笑。

她在深夜中尽走，一直走到无边的荒野；四面都是荒野，头上只有高天，并无一个虫鸟飞过。她赤身露体地，石像似的站在荒野的中央，于一刹那间照见过往的一切：饥饿，苦痛，惊异，羞辱，欢欣，于是发抖；害苦，委屈，带累，于是痉挛；杀，于是平静。……又于一刹那间将一切并合：眷念与决绝，爱抚与复仇，养育与歼除，祝福与咒诅……。她于是举两手尽量向天，口唇间漏出人与兽的，非人间所有，所以无词的言语。

当她说出无词的言语时，她那伟大如石像，然而已经荒废的，颓败的身躯的全面都颤动了。这颤动点点如鱼鳞，每一鳞都起伏如沸水在烈火上；空中也即刻一同振颤，仿佛暴风雨中的荒海的波涛。

她于是抬起眼睛向着天空，并无词的言语也沉默尽绝，惟有颤动，辐射若太阳光，使空中的波涛立刻回旋，如遭飓风，汹涌奔腾于无边的荒野。

我梦魇了，自己却知道是因为将手搁在胸脯上了的缘故；我梦中还用尽平生之力，要将这十分沉重的手移开。

一九二五年六月二十九日。

这篇《颓败线的颤动》，作为《野草》之十六，发表在一九二五年七月十三日《语丝》周刊第三十五期上。

忆往昔之五（1923—1924）

往昔的种种人与事，又浮现在眼前——

至今一想起仍然浑身的神经都会颤动。这是怎样的亏损和冤诬？自己倾全力购买、设计、修整的八道湾大院子拱手让人了。本想兄弟三人永远不分家，永远在一起，结果一九二一年三弟周建人就被迫到上海商务印书馆供职，三年之后自己又被逼迁出，到砖塔胡同破旧的小屋里暂居，还背上一个对弟媳妇非礼的污名。这是何等巨大的损失和污辱？！

决定迁居砖塔胡同的时候，鲁迅征求过朱安的意见："你是否仍住在八道湾，或者你回绍兴娘家去，我每月给你寄钱去。"朱安回答说："八道湾我不能住，因为你搬出去，娘娘迟早也要跟你去的，我独个人跟着叔婶侄辈过，算什么呢？绍兴我也不想去。你搬到砖塔胡同，横竖总要人替你烧饭、缝补、洗衣、扫地的，这些事我可以做，我想和你一起搬出去。"这样，鲁迅就先把汉唐石刻等拓片装成十二箱存到教育部储藏室里，于一九二三年八月二日携朱安一同搬进砖塔胡同六十一号三间北屋里去了。

中间一屋，约莫十四平方米，是鲁迅的会客室兼餐室与卧室，夜间还是他的工作室。室内有木板床、八仙桌、洗脸架、书箱等等，屋子小，用具多，不免有些拥挤，但由于摆设得体，井井有条，整然有序，显出主人的爱好整洁与艰苦朴素。那张八仙桌，虽已半旧，但用得仔细，还很牢固，并不陈旧。它既是饭桌，又是鲁迅夜间写作用的书桌，他常常在这张书桌上工作到深夜一两点钟，甚至通宵达旦。一杯浓茶，一盏油灯，吸着香烟，静静地写作着。

西边的屋子，是朱安的卧室，鲁迅一直使用的三屉桌放在窗下，桌上文房四宝俱全，大笔筒里插着两根大孔雀翎，据说是从日本带来的。鲁迅白天在这里写作，因为这里光线好，安静。

中屋和西屋各处堆满了线装书，鲁迅正在撰写《中国小说史略》，需要众多的参考书。

朱安白天常在厨房张罗菜饭等事，轻易不进屋打扰他。要说打扰，倒是俞芳和三妹，当时她们是不懂事的孩子，常请鲁迅画人头，做玩具，请他批改不通顺的作文，为了这些不相干的琐事，不知耗费了鲁迅多少宝贵的精力。而鲁迅总是和蔼地接受她们的请求，尽快完成她们交给自己的“任务”。

东边的屋子，是太师母的卧室。太师母一般仍然住在八道湾，每隔两三天到砖塔胡同来一次，天色晚了，就住在这里，不回去了。

离开自己一手买进、改造的八道湾宽敞的住宅，搬进狭窄又破旧的砖塔胡同，鲁迅的心情当然是凄苦的。但他从不把自己的苦恼向外人倾吐，只是深深地埋在心底。“细嚼黄连不皱眉”，真是苦上加苦！更使他不停地工作，整天价忙这忙那，以便忘记种种痛苦。过分的辛劳和苦痛终于把他折磨病了，据医生诊断是肋膜炎，起不了床，吃不下饭，只能吃粥。朱安每次烧粥前，先把米弄碎，烧成容易消化的粥糊，并托俞芬到稻香村等有名的食品商店去买糟鸡、熟火腿、肉松等鲁迅平时喜欢吃的菜，给鲁迅下粥，使之开胃。她自己却不吃这些好菜。朱安对鲁迅生活上照顾得无微不至。

朱安终于打动了鲁迅,病好些,精力恢复了。朱安特具一肴,用白薯蓣切片，鸡蛋和面粉涂之加油炸熟，鲁迅觉得很好吃，对朱安很感激。他感到实在应该尽尽丈夫的责任了，晚上叫朱安不要走，合睡一张床。朱安受宠若惊，愿意接受丈夫晚到的爱抚，但是婚前就要求她放的足，至今仍然缠着长长的裹脚布。朱安坐在鲁迅床边解她的脚布，一股难闻的气味儿立时闹得鲁迅一点儿兴致也没有了，只好推说身体又不好受，以后再说吧！朱安惊呆了，不知所从，慢慢又缠上脚布，默默地走了出去。自此，俩人连这种亲近也不再有了。鲁迅想起这情形就恶心，跟关系亲密的荆有麟说过：“Wife，多年中，也仅仅一两次。”就是这一两次，还是以不悦告终。

所以早在一九一九年，鲁迅曾经收到一个不相识的少年寄来的一首新诗，题为《爱情》，诗中叹道：“我是一个可怜的中国人，爱情！我不知道你是什么……我生十九，父母给我讨老婆，可是这婚姻，是全凭别人主张，别人撮合……仿佛两个牲口，听着主人的命令，‘咄，你们好好的住在一块儿罢！’……”鲁迅看了以后，在一九一九年一月十五日《新青年》第六卷第一号上发表了署名唐俟的《随感录四十》中写道：“这是血的蒸气，醒过来的人的真声音。”又说：“但在女性一方面，本来也没有罪，现在是做了旧习惯的牺牲。我们既然自觉着人类的道德，良心上不肯犯他们少的老的的罪，又不能责备异性，也只好陪着做一世牺牲，完结了四千年的旧账。”他只能为了母亲，跟朱安做着名义上的夫妻，“陪着做一世牺牲”。

即便这样，鲁迅对朱安和她娘家朱宅一直以礼相待；他曾帮助朱安弟弟朱可铭的儿子找工作，有时还寄钱资助朱宅。朱宅也常送些家乡土产给鲁迅。可见鲁迅承认朱安的家庭地位，在经济方面给予信任，提供她的物质生活，尽了应尽的义务。可就是没有感情，更不可能产生性爱。

每逢佳节倍思亲。过去的春节，都是一大家人其乐融融地过，一九二四年的旧历年底，鲁迅在砖塔胡同却很是孤单、凄清。只和母亲、朱安以及许钦文、许羡苏、俞芬三姐妹过了个简单的除夕，以后就少有人来了。八道湾周作人那里却异常热闹，他把鲁迅住过的中院西屋辟为“苦雨斋”，把门徒们请来，说诗谈文，饮酒品茶，灯火通明地欢腾到半夜。信息传来，鲁迅不免凄凉。越是凄凉，越是怀想嵇康，酒后梦中又与嵇中散相遇了。

再问嵇康

嵇中散飘然而至了。鲁迅立即施礼，请坐。

嵇中散坐下言道：“先生又有何难？”

鲁迅忙道：“于中散面前，哪里敢称先生？！便是弟子也妄称也。”

嵇中散笑曰：“那便说弟子有何难也？”

鲁迅苦笑道：“读中散先生赠兄秀才入军十八诗，有几首深有同感。”

嵇中散问：“哪几首？”

鲁迅吟道：“鸳鸯于飞。肃肃其羽。朝游高原。夕宿兰渚。嗈嗈和鸣。顾眄俦侣。俛仰慷慨。优游容与。”停顿一下，又吟：“鸳鸯于飞。啸侣命俦。朝游高原。夕宿中洲。交颈振翼。容与清流。咀嚼兰蕙。俛仰优游。”顿挫后再吟：“我友焉之。隔兹山梁。谁谓河广。一苇可航。徒恨永离。逝彼路长。瞻仰弗及。徙倚彷徨。”又长吟道：“特别是第三首：泳彼长川。言息其浒。陟彼高冈。言刈其楚。嗟我征迈。独行踽踽。仰彼凯风。涕泣如雨。”说着，不禁痛哭流涕。

嵇中散沉默一会儿，说：“弟子与诸弟不是也很亲密吗？”

鲁迅答道：“是呵，曾经‘兄弟怡怡’。”便吟诵起年轻时写于庚子年，即一九〇〇年三月的《别诸弟》三首：

谋生无奈日奔驰，有弟偏教各别离。
最是令人凄绝处，孤檠长夜雨来时。

还家未久又离家，日暮新愁分外加。
夹道万株杨柳树，望中都化断肠花。

从来一别又经年，万里长风送客船。
我有一言应记取：文章得失不由天。

第二年，即辛丑年，一九〇一年四月，又叠《别诸弟》元韵作了三首忆念诸弟的诗，吟诵起来：

梦魂常向故乡驰，始信人间苦别离。
夜半倚床忆诸弟，残灯如豆月明时。

日暮舟停老圃家，棘篱绕屋树交加。
怅然回忆家乡乐，抱瓮何时共养花？

春风容易送韶年，一棹烟波夜驶船。
何事脊令偏傲我，时随帆顶过长天。

吟毕叹道：“仲弟次予去春留别元韵三章，即以送别，并索和。予每把笔，辄黯然而止。越十余日，客窗偶暇；潦草成句，即邮寄之。嗟乎！登楼陨涕，英雄未必忘家；执手消魂，兄弟竟居异地！深秋明月，照游子而更明；寒夜怨笳，遇羁人而增怨。此情此景，盖未有不悄然以悲者矣。”

嵇中散听后言道：“写得很好！比我的还感人！真是‘兄弟怡怡’。”

鲁迅啼道：“那是过去的。现在已经‘兄弟失和’，有如仇敌，我从自己一手建立的大家庭里搬出来，暂居这破旧的小屋。”

嵇中散向四围扫了一眼，也觉甚为陋旧，面有同情之意。沉静一会儿，言道：“嗨！人生祸福难避，你知道我的《幽愤诗》吧？”

鲁迅答道：“当然熟知。”就势背诵起来：

嗟余薄祜，少遭不造。哀茕靡识，越在襁褓。母兄鞠育，有慈无威。恃忧肆姐，不训不师。爰及冠带，凭宠自放。抗心希古，任其所尚。托好老庄，贱物贵身。志在守朴，养素全真。曰余不敏，好善暗人。子玉之败，屡增惟尘。大人含弘，藏垢怀耻。民之多僻，政不由己。惟此褊心，显明臧否。感悟思愆，怛若创痏。欲寡其过，谤议沸腾。性不伤物，频致怨憎。昔惭柳惠，今愧孙登。内负宿心，外恧良朋。仰慕严郑，乐道闲居。与世无营，神气晏如。咨予不淑，婴累多虞。匪降自天，寔由顽疏。理弊患结，卒致囹圄。对答鄙讯，絷此幽阻。实耻讼冤，时不我与。虽曰义直，神辱志沮。澡身沧浪，岂云能补。嗈嗈鸣雁，奋翼北游。顺时而动，得意忘忧。嗟我愤叹，曾莫能俦。事与愿违，遘兹淹留。穷达有命，亦又何求。古人有言，善莫近名。奉时恭默，咎悔不生。万石周慎，安亲保荣。世务纷纭，祇搅予情。安乐必诫，乃终利贞。煌煌灵芝，一年三秀。予独何为，有志不就。惩难思复，心焉内疚。庶勖将来，无馨无臭。采薇山阿，散发岩岫。永啸长吟，颐性养寿。

鲁迅诵毕，不觉泪流满面。

嵇中散也不禁流泪，哀道：“弟子有这般好记性，简直倒背如流。”

鲁迅说："这是小时在私塾练就的，何况崇拜先生，先生文集已校七遍，时在心中默诵。吾亦忧愤深广，时念古代先贤之忧愤，所以对中散大人此诗记忆犹深。"

嵇中散十分感动，说道："多谢弟子！这首诗因吕安事被冤陷囹圄忧愤不平所作，抒写生平忧郁和对时世的愤慨。我最后被司马氏杀于东市。先生即使愤懑，也强于我吧！多保重！多努力！"说完，飘然而去，不知所向。

自此，嵇康更加成为鲁迅的精神知己，一九二四年五月搬到西三条后，六月就开始八校《嵇康集》。有日记为证：

一九二四年五月三十一日："往商务印书馆买《新语》、《新书》、《嵇中散集》、《谢宣城诗集》、《元次山集》各一部。"

一九二四年六月一日："夜校《嵇康集》一卷。"

一九二四年六月三日："夜校《嵇康集》一卷。"

一九二四年六月六日："终日校《嵇康集》。"

一九二四年六月七日："校《嵇康集》至第九卷之半。"

一九二四年六月八日："夜校《嵇康集》了。"

一九二四年六月十日："夜撰校正《嵇康集》序。"

十一天时间，倾如此巨大精力与心血校正《嵇康集》，实乃世上少有。从一九一三年到一九二四年，鲁迅校勘《嵇康集》已历整整十年，历经八校。嵇中散真正成为鲁迅心中的至交。

士穷而后文工

一九二三年八月搬至砖塔胡同陋室，大病一场，陷于"绝境"。然而越是艰难越是要写作，大年初三，即二月七日，鲁迅着笔写作酝酿已久的《祝福》。

少年时所见和房女佣阿祥嫂的悲惨遭遇，坟邻的儿子被马熊吃掉的故事，等等，都在眼前浮现了。连成一片，逐渐升华，形成虚拟又实际的形象世界……

“士穷而后文工”。跌入病苦交加的境地，尤其是躺在床上起不来，只能静思的时候,鲁迅对文字的感觉倒更灵敏了。深省自《狂人日记》以来的作品，尤其《自言自语》《随感录》等篇的语言过于直白，应该有一种杜甫那般沉郁顿挫、内含情韵、曲折婉致的文字更好。要写的文字，常常在心中默念，有时诵读出来，以检验语调节奏。夜里似乎听见他在与人说话，其实是鲁迅在诵念自己的文章。

> 旧历的年底毕竟最像年底，村镇上不必说，就在天空中也显出将到新年的气象来。灰白色的沉重的晚云中间时时发出闪光，接着一声钝响，是送灶的爆竹；近处燃放的可就更强烈了，震耳的大音还没有息，空气里已经散满了幽微的火药香。

笔调是行文的格调，文学作品的语言艺术最重要的是笔调，也可以称之为语气系统，决定了整篇作品的基调和品位。这个“毕竟”二字最是有味，加重了笔调的婉转，又使人预感到了小说的悲剧气氛与“我”的无奈。嗯，经过回还往复的含咏，鲁迅首肯了这个开头。

“村镇上不必说，就在天空中也显出将到新年的气象来。”又是一种婉曲的笔调，那种“咸酸之外”的味道，标志着鲁迅的语言文字之功力又进入了更高的境界。

“灰白色的沉重的晚云中间时时发出闪光，接着一声钝响，是送灶的爆竹;近处燃放的可就更强烈了，震耳的大音还没有息，空气里已经散满了幽微的火药香。”“晚云”而“沉重”，“闪光”又“钝响”；然后由“远”而“近”，从天空到近处，由色彩、声响到气味的浓幽，形色音味俱全，将读者带入了历史的现场。人们进入了祥林嫂那曲折、悲惨的故事世界。

《祝福》的文笔较前更加婉转有致了，而且深入到了人究竟有没有魂灵的根本哲学问题。

《祝福》发表于一九二四年三月二十五日上海《东方杂志》半月刊第

二十一卷第六号。从此，祥林嫂的悲剧形象活在人们的心中，她“我真傻”的话几乎成了人们口头的“成语”，隐喻一个人神经受到严重刺激后的絮叨。

二月十六日，正月十二，正赶上星期六，他又着笔写了《在酒楼上》。小说中的主人公吕纬甫很有些自己的影子。虽然春节已过去十二天，但北京的冬天还没有消尽，枯枝棱瘦，风景凄清，懒散和怀旧的心绪联结起来，回忆起故乡的酒楼。鲁迅在西边屋子写字台上，又开始了到砖塔胡同后的第二篇小说《在酒楼上》。自一九一九年购买了八道湾的房屋，携全家到北京以来，还不曾到南方去过，不禁使他怀念起江南的冬景：“几株老梅竟斗雪开着满树的繁花，仿佛毫不以深冬为意；倒塌的亭子边还有一株山茶树，从暗绿的密叶里显出十几朵红花来，赫赫的在雪中明得如火，愤怒而且傲慢，如蔑视游人的甘心于远行。我这时又忽地想到这里积雪的滋润，著物不去，晶莹有光，不比朔雪的粉一般干，大风一吹，便飞得满空如烟雾。……”

鲁迅的作品很少有风景描写，这一段老梅斗雪的景致很是突兀。

他想象自己要了一斤绍酒，十个油豆腐，在“空空如也”的楼上独酌独饮。来酒客了，分明是他的旧同窗，也是做教员时代的旧同事，当年敏捷精悍、现在却变得格外迂缓的吕纬甫。俩人曾经同到城隍庙里去拔掉神像的胡子，连日议论些改革中国的方法以至于打起来，但现在却是颓唐，又浓又黑的眉毛底下的眼睛也失了神采，但当他缓缓四顾的时候，却对废园忽地闪出他在学生时代常常看见的射人的光来。

他们又要了酒菜，吕纬甫聊起了自己的经历。他本是奉母亲之命，给三岁就死去的小弟弟迁坟，但真去迁时才发现早已踪影全无，只得仍然铺好被褥，用棉花裹了些他先前身体所在的地方的泥土，包起来，装在新棺材里，运到父亲埋着的坟地上，在他坟旁埋掉了。这样总算完结了一件事，足够去骗骗母亲，使她安心些。这里分明闪现着鲁迅四弟椿寿的行迹和坟影。

又奉母亲之命，给邻居长富的女儿阿顺，送红的剪绒花，哪知她已死了。记得当时新台门西邻确实有过一个叫阿有的正经劳动者，他有一个女儿，父女勤劳节俭，生活还过得去。只是阿有的弟弟阿桂不争气，常来借钱。一次阿桂来时，只女儿一人在家，把他顶了去。阿桂报复地说：“你不要骄气，你的男人比我还不如呢！”自此女儿忧郁成疾，得了伤寒，又不小心吃了石花，不久死了。出丧时，人们看见了她的未婚夫，原来是个小店伙，人很老实。由阿有女儿的死，鲁迅不禁想起了琴表妹，描写她的眼睛时写道：独有眼睛非常大，睫毛也很长，眼白又青得如夜的晴天，而且是北方的无风的晴天……

吕纬甫一手擎着烟卷，一只手扶着酒杯，似笑非笑地说。“我在少年时，看见蜂子或蝇子停在一个地方，给什么来一吓，即刻飞去了，但是飞了一个小圈子，便又回来停在原地点，便以为这实在很可笑，也可怜。可不料现在我自己也飞回来了，不过绕了一点小圈子。又不料你也回来了。你不能飞得更远些么？”

一个曾经英气勃勃的上进少年，后来变得这般死气沉沉，随随便便，敷敷衍衍，难道人世就是这样的么？不行！自己只能是明明感到绝望，却要反抗绝望。

小说写完了，刊载在一九二四年五月十日《小说月报》第十五卷第五号。鲁迅好像舒了一口气，了却了一件心事。

环境越苦闷，创作的兴头越激荡，两天之后，即二月十八日，鲁迅又写了《幸福的家庭——拟许钦文》。

许羡苏的哥哥许钦文是鲁迅在砖塔胡同时期唯一亲近的学生和文学青年。他的忠厚、老实、刻苦勤学的品德，使鲁迅把他视为自己最为信赖的年轻人。记得一九二〇年冬，在《晨报副刊》上看到两篇署名“钦文”的文章，就问主编孙伏园：“钦文是谁？”孙伏园答：“就是许小姐的哥哥。”搬到砖塔胡同以后，孙伏园带着一个衣着破旧的瘦小青年来了，说这就是许钦文。自此不断来往，在报纸上一看到钦文的文章就很注意，常常通过孙伏园或者直接对许钦文说哪里写得不对，应该怎样修改；哪里写得还可以，不过欠深刻。无论是思想、立意，还是语法、措辞，都一一指出。许钦文不像有些文学青年，只听好话，不听批评，而是非常谦虚，仔细倾听，一一改正。鲁迅对他印象很好。一九二三年五六月间《晨报副刊》进行过“爱情定则”的讨论；《妇女杂志》有关于理想配偶的征文，第九卷第十一号又出版了“配偶选择号”。鲁迅在《晨报副刊》上看见许钦文的应征小说《理想的伴侣》的时候，就忽而想到《幸福的家庭》的大意，且以为倘用了他的笔法来写，倒是很合适的；然而也不过单是这样想，没有动笔。到了《祝福》写毕十天之后的二月十八日，又忽而想起来，正适值没有别的事，于是就写下来了。

鲁迅写道：许钦文感到“须得捞几文稿费维持生活了；投稿的地方，先定为幸福月报社，因为润笔似乎比较的丰。但作品就须有范围，否则，恐怕要不收的。范围就范围……现在的青年的脑里的大问题是？……大概很不少，或者有许多是恋爱，婚姻，家庭之类罢。……是的，他们确有许多人烦闷着，正在讨论这些事。那么，就来做家庭。然而怎么做呢？……否则，恐怕要不收的，何必说些背时的话，然而……。他跳下卧床之后，四五步就走到书桌面前，坐下去，抽出一张绿格纸，毫不迟疑，但又自暴自弃似的写下一行题目道：《幸福的家庭》。”

这幸福的家庭应该安排在什么地方呢？他想：“北京？不行，死气沉沉，连空气也是死的。假如在这家庭的周围筑一道高墙，难道空气也就隔断了么？简直不行！江苏浙江天天防要开仗；福建更无须说。四川，广东？都正在打。山东河南之类？——阿阿，要绑票的，倘使绑去一个，那就成为不幸的家庭了。上海天津的租界上房租贵……假如在外国，笑话。云南贵州不知道怎样，但交通也太不便……。”他想来想去，想不出好地方，便要假定为A了，但又想，“现有不少的人是反对用西洋字母来代人地名的，说是要减少读者的兴味。我这回的投稿，似乎也不如不用，安全些。那么，在那里好呢？——湖南也打仗；大连仍然房租贵；察哈尔，吉林，黑龙江罢，——听说有马贼，也不行！……”他想来想去，想不出好地方，于是终于决心，假定这“幸福的家庭”所在的地方叫作A。

随意一笔，就将全国各地的形势勾勒出来了。说明当时的中国，无论哪里都难以幸福的。

“主人和主妇，自由结婚的。他们订有四十多条条约，非常详细，所以非常平等，十分自由。而且受过高等教育，优美高尚……。东洋留学生已经不通行，——那么，假定为西洋留学生罢。主人始终穿洋服，硬领始终雪白；主妇是前头的头发始终烫得蓬蓬松松像一个麻雀窠，牙齿是始终雪白地露着，但衣服却是中国装……”

刚刚设想得异常美好，买二十五斤劈柴的吵嚷声就传来，他吃惊地回过头去看，靠左肩，便立着他自己家里的主妇，“两只阴凄凄的眼睛恰恰钉住他的脸”。

原来她正为二十五斤劈柴是给两吊六还是两吊五，与卖劈柴的争执不下。

接着构思，为桌中央的菜“龙虎斗”是蛇和猫还是蛙和鳝鱼？反复斟酌。回过头时，就在他背后的书架的旁边，已经出现了一座白菜堆，下层三株，中层两株，顶上一株，向他叠成一个很大的A字。

“啪”的一声，主妇的手掌打在三岁女儿的头上。“阿阿，好好，莫哭莫哭，”他把妻子发抖的叫骂放在脑后，抱孩子进房，摩着她的头，说，“我的好孩子。”于是放下她，拖开椅子，坐下去，使她站在两膝的中间，擎起手来道，“莫哭了呵，好孩子。爹爹做‘猫洗脸’给你看。”他同时伸长颈子，伸出舌头，远远地对着手掌舔了两舔，就用这手掌向了自己的脸上画圆圈。

于是《幸福的家庭》写不下去了，一座六株的白菜堆，屹然地向他叠成一个很大的A字。

最根本的是经济和生存。离开这个基础，家庭幸福不了，创作也进行不下去——这就是鲁迅在这篇小说中贯彻的他一贯的思想。

第二天，许钦文来了，鲁迅把刚写好的《幸福的家庭》原稿，交给他看。说是早就拟了腹稿，忙于杂务，迟迟未写。“现在总算已经写出来了。”他微笑着说，很高兴。许钦文认真阅读以后，先在西边房间观察了一下，再到中间吃饭间去看了些时候，才明白鲁迅写实的功力，原来《幸福的家庭》所写的环境跟鲁迅住处很相像。表示看后很感激，完全赞成，于是鲁迅晚上又加增删，加上了“拟许钦文”的副题，结尾又加了附记。发表于一九二四年三月一日上海《妇女杂志》月刊第十卷第三号。

过了个把月，已仲春时节，北京的天气却还不见得怎样暖和。许钦文仍然穿着破棉袍，罩着破旧的竹布长衫，匆匆忙忙走到沙滩“红楼”去听每周一次鲁迅先生的课。跨上大楼扶梯，远远听到从一院最大而挤满人的教室里传来谈话声，比往常高些。鲁迅先生的课，不但文科的学生要听，理科的学生也要听；不但在校的学生要听，已经毕业的也要回校来听。因为鲁迅先生常常结合时事讲，是不会听厌的。许钦文一进教室，刚在靠西面的一边坐下，突然听到有人说："许钦文大概已经长了胡子。"又有人说："许钦文的年纪总是不小了。"原来鲁迅的《幸福的家庭》在《妇女杂志》上发表后，从上海运到北京，在东安市场等处出售，许多听讲的人都已看过。许钦文在这满教室的人中只熟悉少数几个，坐在附近的都不相识，一时不知道怎样才好，窘得很，俯着头不敢作声。幸而不久鲁迅先生走进教室，谈话声戛然而止，他才松了一口气。后来看到《妇女杂志》，才知鲁迅先生加上了"拟许钦文"的副题和短短的附记，产生了很大影响。许钦文觉得这是对自己的鼓励和鞭策。

鲁迅闲空时，每每爱在胡同里散步，一边悠闲地吸着烟，一边散淡地观察着周围景物、人事。

他出门张望，见胡同东口有一座八角七重檐的青灰色砖塔，据说这座塔是元代名臣耶律楚材的老师，金元之际的高僧万松老人的葬骨塔。胡同因此得名。元、明、清三代，作为戏曲活动的中心，曾是北京城最热闹的地方之一。一九〇〇年，八国联军入侵北京，这里的戏班、乐户纷纷逃回家乡，从此砖塔胡同渐渐变成了居民区，归于宁静。街门口站着或坐着闲眺的居民，擦肩而过的路人急匆匆地走着，时而有了什么事情，一帮闲人就聚拢一圈围观。

一次，鲁迅看到一圈人正围观两个女乞丐，一老一少。驻步察看，才知这是奶奶和孙女在讨饭。一旦好心人给了一点儿吃的，孙女立即献到奶奶面前，让奶奶吃，情愿自己饿着。好心人不禁称之为"孝女"，再送些吃的来。

有好心人，也有痞子、流氓。两个光棍儿竟肆无忌惮地说："阿发，你不要看得这货色脏。你只要去买两块肥皂来，咯支咯支遍身洗一洗，好得很哩！"

一位圆圆胖胖的道学先生，手里拿着一块葵绿色纸包的肥皂，呆看了老半天，一会儿朝少女乞丐溜几眼，一会儿又侧耳倾听光棍儿的淫话，两眼色迷迷的。

鲁迅蔑视地瞥了道学先生一眼。他向来最憎恶终日大骂新文化、道貌岸然却灵魂肮脏的"假道学"，忽生灵感，三月二十二日又写成了入住砖塔胡同后的第四篇小说《肥皂》，在一九二四年三月二十七、二十八日《晨报副刊》上连载。

鲁迅在胡同里还注意到一对年轻的情侣搬到一户人家去了，开始恩恩爱爱。不久就渐疏远，后来女的走了，不知到哪里去了。男的也穷困潦倒，过不下去的样子。身后跟随着一只瘦弱的满身灰土的小狗……

鲁迅看着这情景，忽然灵感一闪，想起一篇小说，结构、层次，都想好了，单等有机会写出来。

在砖塔胡同的九个月是艰苦、凄凉的，也是收获丰盛的。鲁迅写了四篇小说，一九二三年十二月十一日，《中国小说史略》上卷由北京大学新潮社出版，一九二四年上半年完成下卷，并交给了出版社，一九二四年六月出版。

鲁迅迁居砖塔胡同后，周作人虽有男女仆人，但仍然叫鲁老太太自炊而食，老太太不能安住，加之对大儿子的思念，经常白天来砖塔胡同，晚上回八道湾，或者在砖塔胡同住上一两天。鲁迅深深体谅老人的处境和心愿，为了使母亲能跟自己同住，想方设法另找房子。

一九二三年十月二十日，鲁迅几经周折，终于议定购买阜成门内宫门口西三条二十一号旧房宅一所，议价八百，付定金十元，至翌年一月二日，交余款三百元，始接受买屋。因之，鲁迅向好友许寿裳、齐如山各借款四百元。

西三条原为一所旧独院，有陈年老屋六间，依照鲁迅亲自设计的方案进行了整修，焕然一新。鲁迅于一九二四年五月二十五日搬入，离开了砖塔胡同。

第十章　七月的晚风

“立论”

北京的七月，进入夏季，白天有时很热，傍晚却常常吹来一股清风，使人立感凉爽。晚上的西三条“老虎尾巴”往往坐满了各方汇聚来的仰慕鲁迅的文学青年。

一九二五年七月六日，许广平、许羡苏、王顺亲三人一同来了，算是了结了端午节那场“酒戏”。荆有麟也正好在，都是熟人，荆有麟并无走意，鲁迅也不让他回避，于是一块儿聊起了大天。

鲁迅忽然灵起，跟他们讲起一个故事：

我……在小学校的讲堂上预备作文，向老师请教立论的方法。

“难！”老师从眼镜圈外斜射出眼光来，看着我，说。“我告诉你一件事——

“一家人家生了一个男孩，合家高兴透顶了。满月的时候，抱出来给客人看，——大概自然是想得一点好兆头。

“一个说：‘这孩子将来要发财的。’他于是得到一番感谢。

“一个说：‘这孩子将来要做官的。’他于是收回几句恭维。

“一个说：‘这孩子将来是要死的。’他于是得到一顿大家合力的痛打。

“说要死的必然，说富贵的许谎。但说谎的得好报，说必然的遭打。你……”

“我愿意既不谎人，也不遭打。那么，老师，我得怎么说呢？”

“‘那么，你得说：‘啊呀！这孩子呵！您瞧！多么……。阿唷！哈哈！Hehe！he，hehehehe！’”

一时间，逗得三位姑娘都捧腹大笑起来。

荆有麟听了，解释道：“一九二四年暑假，陕西督军刘镇华氏，代表西北大学向北平各大学校教授及各报记者，请求前往西北大学讲演。当时鲁迅先生便是被聘请的一位。鲁迅先生因从来没有去过西北。很想借此机会，去看一看。当时同去的，《京报》代表是该报记者王小隐，孙伏园是代表《晨报》去的。据鲁迅先生回来时形容，王小隐那次穿的是双梁鞋——即鞋面前头有两条鼻梁。当时北京官场中人及遗老多穿此种鞋。——一见人面，总是先握手，然后便是哈哈哈。无论你讲的是好或坏，美或丑，是或非，王君是决不表示赞成或否定的。总是哈哈大笑混过去。鲁迅先生当时说：‘我想不到，世界上竟有以哈哈论过生活的人。他的哈哈是赞成，又是否定。很不赞成，也似不否定。让同他讲话的人，如在无人之境。’”

鲁迅先生补充：“这种天气哈哈论，我一从长安回来就想写。”

荆有麟解释说：“先生的《说胡须》，开头是这样：‘今年夏天游了一回长安，一个多月之后，胡里胡涂的回来了。知道的朋友便问我：“你以为那边怎样？”我这才栗然地回想长安，记得看见很多的白杨，很大的石榴树，道中喝了不少的黄河水。然而这些又有什么可谈呢？’底下，先生写他在长安所见的奇闻奇谈。先生且感慨，无论你讲真话或者说别的什么，旁人总以为是哈哈哈的笑话，先生于是接着说：‘凡对于以真话为笑话的，以笑话为真话的，以笑话为笑话的，只有一个方法：就是不说话。于是我从此不说话。然而，倘使在现在，我大约还要说：“嗡，嗡……今天天气多么好呀？……”因为我实在比先前似乎油滑得多了。’这里也可以看出，今天天气哈哈哈，是在游长安时才在先生的思想中具体化的。因为王小隐君代表了这个典型，在鲁迅面前活现了。”

三个姑娘听着先生的解释和荆有麟的解说，好像明白了一些。许广平说道：“其实，生活中不就是这样吗？说真话的要倒霉！只能 hehe 地混世，才能不惹事，世事也就永远黑暗下去。”

鲁迅先生听了，很赞赏许广平的领悟力，说道：“人人都有一双眼，除了盲人，都可以看到世上发生的事情。但多数人是靠‘瞒和骗’活着，我们应该睁开眼来看！”

大家都表示赞同，可都觉得说真话是很难的。

时候不早了，三个姑娘告辞。鲁迅吩咐荆有麟送行。端着煤油灯走到门口，一再叮嘱荆有麟说：“送到街上，给她们叫两辆洋车。”并往荆有麟手里塞了几角钱。

八日夜里醒来，鲁迅起身写了《立论》，作为《野草》之十七，与《颓败线的颤动》同时发在一九二五年七月十三日《语丝》第三十五期上。

九天以后，鲁迅又在杂文《论睁了眼看》中写道：

> 中国人的不敢正视各方面，用瞒和骗，造出奇妙的逃路来，而自以为正路。在这路上，就证明着国民性的怯弱，懒惰，而又巧滑。一天一天的满足着，即一天一天的堕落着，但却又觉得日见其光荣。在事实上，亡国一次，即添加几个殉难的忠臣，后来每不想光复旧物，而只去赞美那几个忠臣；遭劫一次，即造成一群不辱的烈女，事过之后，也每每不思惩凶，自卫，却只顾歌咏那一群烈女。仿佛亡国遭劫的事，反而给中国人发挥“两间正气”的机会，增高价值，即在此一举，应该一任其至，不足忧悲似的。自然，此上也无可为，因为我们已经借死人获得最上的光荣了。沪汉烈士的追悼会中，活的人们在一块很可景仰的高大的木主下互相打骂，也就是和我们的先辈走着同一的路。
>
> 文艺是国民精神所发的火光，同时也是引导国民精神的前途的灯

火。这是互为因果的，正如麻油从芝麻榨出，但以浸芝麻，就使它更油。倘以油为上，就不必说；否则，当参入别的东西，或水或硷去。中国人向来因为不敢正视人生，只好瞒和骗，由此也生出瞒和骗的文艺来，由这文艺，更令中国人更深地陷入瞒和骗的大泽中，甚而至于已经自己不觉得。世界日日改变，我们的作家取下假面，真诚地，深入地，大胆地看取人生并且写出他的血和肉来的时候早到了；早就应该有一片崭新的文场，早就应该有几个凶猛的闯将！

此文发表于一九二五年八月三日《语丝》周刊第三十八期头条。

尚钺

一九二五年七月的一天晚上，尚钺来看望鲁迅先生。他是通过高长虹认识鲁迅的，但后来与鲁迅很熟，就常一个人来访。

尚钺，河南罗山人。他知道鲁迅先生是远在八九年前的事。那时他是一个中学生，一个孩子，最初读到鲁迅的文章是在《新青年》上。当然那时候他是不了解鲁迅的文章的。他是如孩子吸收一切知识一样在《新青年》上读着所有作者的文章。就在这种吸收知识的热情中，有一个倾向渐渐朦胧地建立起来，这就是反封建，尤其是反对封建制度的重要工具——旧文化，更正确一点说，是反旧文字。在《新青年》的许多作者中最使他能在浑然的头脑中构成明确概念的便是鲁迅。这不只是因为他偏爱文学，同时也是由于鲁迅文字的具体性、单纯性、明确性和平凡性，最能打入他生活的核心。譬如在《狂人日记》中，鲁迅提出“救救孩子”。那时他虽然还不十分了解《狂人日记》，但“救救孩子！”这句口号，的确在他头脑中引发了许多问题。最主要的是为什么要救救孩子及如何救自己。最初，他曾反对过白话文，因意识到如果废除了文言文，自己学的一手好诗词便无处卖弄，私塾先生的各种夸奖即成胡说，中学教师的鼓励和赞扬也成了白费。但鲁迅却向他提出“救救孩子”，把“海乙那”式的学究的原形剥给他看，才使他由好奇追索鲁迅文章的内容而进入另一境界，吸收《新青年》上一切的知识，渐渐走上救自己的道路。

一九二二年尚钺考入北京大学，满以为立刻可以受到鲁迅的教育了。但开学时，他们的课程表上竟没有鲁迅的名字，询问老同学，才知道他没有预科的课程。于是尚钺只得到第一院本科国文系的课程表上去查。查是查着了，但鲁迅上课的时间正与他们的文法课冲突，于是他不得不牺牲两点钟必修的文法课程,跑去听鲁迅的讲授。因为他自计没有修完大学六年学级的富裕基础，必要的课程就不得不提前了。而第一次上课，是一个晴朗的秋日，由于他性急，没有仔细看学校中所有的布告和规则，吃罢午饭就跑到教室中去。但教室并不如他所想象的有大满之患的情形,而且相反,一直等到上课钟响后很久,还没有一个人来,更无须说鲁迅先生了。后来才知道本科开课比预科迟一礼拜。

一个礼拜后，星期五下午，是尚钺第一次看见先生的时刻。他依旧未打预备钟就到了教室。但他来的虽然早，教室中已无空虚的座位了。于是他只得挤到最后一排的座位上，等着他幻想了多年的鲁迅先生。

预备钟，上课钟都响过了，先生还未来。教室的人虽多，但秩序很好，好像每一个人都彼此不相认识似地沉默着。有的在看书，有的在准备笔记本，但大多数都如他一样痴呆地看着黑板上的裂纹，约有五分钟的工夫，一群青年拥拥挤挤地走进教室来。在青年中间夹着一个身材并不高，穿着一件大概还是民国初年时代的“时新”小袖长衫的中年先生。他的头发很长，脸上刻着很深的认真和艰苦的皱纹。他离开这些青年走到讲台上，两只虽不发光却似乎在追究什么的微微陷入的眼睛，默默地缓缓扫视着渐渐静下来的学生群众，这是一个道地中国的平凡而正直的严肃先生，既无名流学者自炫崇高的气息，也无教授绅士自我肥胖的风度。这典型，他们不仅只在《呐喊》这本著作中到处可以看见，即在中国各地似乎也处处都有着他的影子。

三年中，鲁迅虽然对尚钺已经很熟识了。但他还没有一次直接去找鲁迅谈一谈他脑中所积存的许多问题。这一是怕先生忙，二是有点惧怯传言鲁迅的脾气不好，不敢去麻烦鲁迅，只在教室中等着鲁迅讲授完毕的机会。但鲁迅每次下课时，许多同学都挤着跟他到休息室去发问，甚至一连几个礼拜，尚钺都没有挤到鲁迅面前。鲁迅虽然经常上课前半小时就坐在休息室中，但他一来，许多早已在等候他的青年，便立刻把他包围起来。于是鲁迅便打开手巾包将许多请校阅、批评及指正的稿件拿出来，一面仔细地讲解着、散发着，一面又接收着新的。一直到上课钟响时，他才拿起手巾包，夹在这些青年之间走上讲堂。在课程进行中，他似乎不愿意牺牲十分钟的时间，总是把两小时连堂上。其实就是他不连堂上，大学中的十分钟的休息时间也不是为他预备的，被学生包围起来，比上课还忙碌。第二小时下课钟响时，鲁迅似乎都觉着还未将问题交代清楚，而加速地讲说着迟迟不肯下堂，有时甚至等着第三小时的教授来拉开门，立在门外等待，微笑着催促他。而其他许多的教授呢？固然也有些对学生负责的，但大部分都是上课钟响后一刻钟才匆匆忙忙地赶来，而下课钟还有二十分钟就在看表了。

在鲁迅讲授的场合，最不幸的人物要算教育部不时派来查学的督学了。这些人尽管把查堂的规则背得十分熟，并是奉有命令，不得不然；他们的到来对于学生和讲师——鲁迅先生没有丝毫妨害；他们在未进教室之前，还仔细研究过参观条例，在进课堂时又是贼一般窃窃地把门推开，打怕了的狗一般蹑手蹑脚地溜进来，但是他们一进来立刻就使学生们感觉到，一种官僚的庸俗面孔击破了沉寂的学校的凝静空气。于是“嗤——”的驱逐声，便立刻在教室中四面八方腾起。这场合，先生总是平静地沉默下来，一面轻轻地把书本放在桌上，一面在不满方丈的讲台上来回地散步，等待学术空气的澄清。“嗤”的声音把督学一送出教室时，他又立刻继续讲授起来，宛若教室中不曾有过任何事件发生。只有一次尚钺听见先生在继续讲授之前，这样幽默地微笑着说：“我恐怕搅扰他检查，所以才停下，他却不检查便回去做报告了。”

早年故去的母亲所遗留给尚钺的一份重要遗产——气管炎，因北京冬季寒冷而爆发了。这病，使他在床上躺了十天还未痊愈。穷剥夺了他到医院去治疗的机会，同时也延长了他的苦痛。旬日间，由于他生性焦躁，使他气管炎刚好，又陷入严重的神经衰弱病症中。到他能走到街上去的时候，《莽原》已经又出了两期了。又隔了些日子，他才带着在病中写的几篇稿子，跑到鲁迅家中去。

鲁迅早已从朋友们那里知道了尚钺得病的消息，因此尚钺一进门，鲁迅马上就仔细问他病的症状，以及现在的情形。尚钺很疲弱地告诉了鲁迅。鲁迅如医院的老医生一样，静静地听了他的叙述后，安慰尚钺说:“研究文学的人，最易患神经衰弱，以后你不要深夜读书写稿子，也许会好起来。现在病刚好，需要有充分的休息。我这里有一个医治神经衰弱的药方，是曾经试验有效的。你去买来吃着试试看。”说着，鲁迅便开了一个药方给尚钺，要他到药房去买。

“先生还能临床？”尚钺接过药方笑着问。

“我原来是半途丢下医学的”，鲁迅微笑着说，这引起尚钺的好奇心，追问鲁迅这段过去的故事。于是鲁迅便告诉尚钺：他原来到日本去学海军，因为立志不杀人,所以才弃海军而学医。后来因受西欧革命和人道主义思潮的影响，思想起了变迁，又放弃只能救个人和病人的医学而改学文学，想传播人道主义以救大多数思想有病的人。

这一段故事，尚钺记得鲁迅曾在《语丝》上发表过，但据尚钺所知，《语丝》上所写的，还不及此时跟他所叙述的详细和有趣。在每一变迁上都有有趣的故事促成他,都有热诚的人物在热情而精细地指导鲁迅。譬如他学医学时，曾有一位日本人道主义的教师，如何热诚地教导他，想由他把科学的医学传达到中国来的故事,是先生曾经发表过的。可惜由于尚钺神经衰弱症逐渐加剧，使他把这些人物和故事，几乎都忘记了，不能做有系统的叙述。

尚钺起身走的时候，大概是由于他问鲁迅药的价钱，鲁迅立刻觉出他的穷困,从抽斗中取出三块钱给他,慎重地叮咛着:“你刚好不能多跑路，坐车去，有三块钱大概差不多了。”

这是尚钺第一次接受先生友谊的援助，他的心立刻被惊喜和羞赧的感情压榨得不安地震颤起来。鲁迅担负了他创作的指导责任，还在物质上给他以必要的补助，觉得鲁迅不仅在精神上思想上医治着自己，而且也在物质上扶持着自己。但鲁迅的收入，他知道这时并不丰裕。鲁迅在大学中，对青年负着比任何教授更重大的责任，但他所拿的只是一个讲师的薪金。

于是他更加努力创作，这次来是给《莽原》送一篇新写的小说的。

鲁迅一看他带稿子来了，分外高兴，接过用食指弹着说：“太好了，你创作态度严肃，取材广泛，比你过去写的那篇《黎明》进步多了！”

坐下之后，鲁迅让他自己从烟筒里拿烟，自己点着抽，然后深吸了一口烟，说："现在《莽原》来稿很多，看不过来，但好的很少。无论创作是长篇或短篇，哪怕三言两语的短文，第一个问题当然是思想，而能使思想充分表达的便是'忍耐'。只有忍耐，才能对问题和材料有周详的思考和观察，因技术是需要忍耐才能练习纯熟的，认识是需要忍耐才能锻炼敏锐的；只有忍耐，观察才能由皮肤更深地挖到血肉里边去，也只有忍耐才能使浮在意识中的字句，恰到好处地适宜运用在人物的动作上，在背景和感情的表现上，没有作者深切忍耐的观察，人物自身便会现出二重或多重人格的分裂现象。作者如果缺少了深切忍耐的功夫，不是人物逃出了作者所要把握的范围，便是许多人物因作者的复杂经验而互相对立起来，比辜鸿铭到北大来讲皇恩更使人觉着不调和，这就是各个人物因处置的不得当，各人都在干自己的事，说自己的话，与全场无关。这样，一篇作品的全景便因一句或一字，而使人感着灭裂，文字虽是小的缺点，但却有大作用。"

这时，尚钺感到心中有一种崭新的热腾腾的光明和希望，顿然明朗地展开，这希望是一个自来不曾感受过恳挚热爱而为苦闷和孤独锁闭的青年，突然自一位他所敬爱的前一辈先生的充满着期望与体贴的热爱中，得到自信的启示所共同有的感觉吧。这刹那他的心最平静，平静得如无风的春水一般，除了宁静的笑颜以外，再没有其他了。他所经历的身世，都如游丝一般重新在脑中浮起：零落破败的家庭，一向活动的范围和朋友，受教育的经过，以及时时对自己的期许，这刹那都换了一种颜色，如忧郁的霞笼罩着的山峰一般，走进了一里比一里清朗的光明自信的希望中了。

正在沉思中，忽然进来几个人，原来是高长虹、向培良带着一对年轻夫妇来了。他们是常客，所以不用交名片，女佣就放进来了。

一进屋，高长虹就指着年轻夫妇，向鲁迅介绍道："这是章恩钰先生，批评家。那是他新婚的太太。"

鲁迅站起施礼，尚钺从椅子上让开，坐到板床上。

章恩钰毫不客气地朝鲁迅点点头，恭敬地请自己的夫人坐在西墙边尚钺空起的椅子上，自己螃蟹一般懒散而骄傲地堆在另一张椅子上，伸手就从烟筒里掏出一支烟，点着吸起来。

高长虹、向培良往尚钺两旁一坐，也皱着眉头吸烟。“老虎尾巴”顿时挤得满满的。

几个朋友集在鲁迅的小书斋中，谈起《莽原》外来稿件的问题。鲁迅说外来的稿件并不少，但大多都是“言中无物”之类，只要“言中有物”，即使文字技巧差一点，《莽原》也是非常欢迎的。因为《莽原》本身并不是一种什么“纯文艺”或据有什么崇高水准的刊物。但有一点似乎是大家一致的感觉：“脂粉骷髅”式的散文或小说和“祖母教训”式的大小诗，即使文字技巧上很优美，作者的名望也很大，《莽原》为着自身不愿做隔靴搔痒的无病呻吟，保持它的粗糙泼辣的青年态度，也不得不向作者表示歉意，退稿。

因此，鲁迅提出一位当时发表文字很多的作家来。这位作家第一次投稿当然是用原名，看罢之后，鲁迅说“不必借重”，退回了。不久变了名字，又投来一篇，鲁迅说还是那位作家的，但为着这位作家的热心，不得不多看几遍来稿。而结果还是“《莽原》无须有这种光荣”，又退了。迟些时，这位作家的稿子又来了，可是这次不光是变了名字，而且连稿子也请人另外抄过。于是这稿子便成了“编辑”的苦痛了。当时长虹说：“他何必一定要到这里来当‘文学家’呢？”

于是大家便把这位作家搁在一边，由文学家的问题乱扯开了。从托尔斯泰直到鲁迅最近在《语丝》第二十六期发表的小说《高老夫子》里的“高尔础”，以及林纾做的许多西洋名家著作，的确，文学史和文学外史或野史中的花头真不少。尚钺向先生提出这样一个问题：

“文学史上许多文学家为什么大多要前一辈的老文学家来提拔？好像拔萝卜一样，即使拔起来许多须根都被拔断了，就让被拔出头也很痛苦呵。”

鲁迅笑着回答：“所以拔，还是因为他有块茎，如果没有这点块茎”，鲁迅说着用手向上一提表演着，“像那位作家一样，提起来只是像所有的草一样的一点细根，谁又肯费这个气力？”

向培良又问鲁迅：“像林纾有那样的文学技术，为什么不创作几本中国名作，而偏偏去做西洋名作呢？”

鲁迅很幽默地笑着说：“如果没有一个‘西洋通’做助手，给他设计取材，恐怕林先生做的西洋名著也很难出版，那么，这些名著的作者是谁，还得有‘考古癖’的人去研究一下。”

逗得大家捧腹大笑。

这时，许钦文来了，见人已坐满，就从中堂吃饭间移拢一个凳子坐在“老虎尾巴”的门口，不作声。只听得里面笑声高于谈话，嘻嘻哈哈，不像平时那样严肃。

鲁迅站起身，介绍说：“这就是青年作家许钦文先生。”

那位章恩钰听了猛地站起，蔑视地说：“就是你在《幸福的家庭》里拟的许钦文？”

鲁迅点点头说：“是的。”

章恩钰立即大声说道：“这个许钦文也值得拟？我就是不写，如写出来，比他强多了！”

许钦文老实厚道，一听这样说自己，马上低下头，不敢吭声。待抬起头看时，见鲁迅先生坐的那藤椅空了，瞥见鲁迅在他母亲房里的藤椅上躺着，用绍兴话对母亲说：“他们同我开玩笑！”

不久，鲁迅的母亲走出房门，来到许钦文身边，向里面说：“老大喝了点酒，醉了，时候也不早了，大家回去罢，明天再来。”

于是里面的人有的伸伸舌头，有的眨眨眼，轻手轻脚地走出“老虎尾巴”，散开了。

许钦文也怏怏地离开，回到绍兴会馆，郁闷了一夜。想起那个姓章的话就气愤不已：你不写，如果写，比我强多了！那么你为什么不写呢？高长虹、向培良的确有些高傲，但人家还是很能写的。你呢，一个字没见，却号称“批评家”，批评了这个，又批评那个，却从来见不到你自己的作品。第一次到鲁迅先生家里就这般狂言，可见不是走正路的。

第二天上午，四妹许羡苏突然来到会馆，没有坐下，轻声告诉许钦文：“大先生叫我来同你说，昨天晚上他的生气，不是为着你，不要误会。”说了就匆匆走了，显得很忙。可能她到西三条去，鲁迅先生叫她特地来做解释，也可能鲁迅先生是托了别人叫她来说的。

许钦文明白了，鲁迅先生是对那个叫章恩钰的生气，他从来看不起嬉皮笑脸、浮而不实的青年。对有些笨、但不断努力的老实人，总是关怀帮助的。想起鲁迅先生多年的爱护，许钦文眼睛湿润了，不觉间流下泪来。

《死后》

鲁迅确实是对那个章恩钰反感至极，以后再不许他来了。由此，不禁想到自己死了以后，这类人会怎样对待。

七月十二日夜里，他昏昏沉沉做了一个梦，“梦见自己死在道路上”。

恐怖的利镞忽然穿透他的心了。过去曾经玩笑地设想：假使一个人的死亡，只是运动神经的废灭，而知觉还在，那就比全死了更可怕。

陆陆续续地是脚步声，都到近旁就停下，还有更多的低语声——引出了第一层——看客们的议论：

“死了？……”——对躺在地上的人，是死是活，略带关心，但无动于衷，麻木不仁。

“嗡。——这……”——确认人已经死了，但见此状不置可否。

“哼！……”——只是一种哼然，略带蔑视。

“啧。……唉！……”——知道地上的人是死者，但毫无同情，叹息而已。

死者十分高兴，因为始终没有听到一个熟识的声音。否则，或者害得他们伤心；或则要使他们快意；或则要使他们加添些饭后闲谈的材料，多破费宝贵的工夫。现在熟悉的人，谁也看不见，就是谁也不受影响。——这样，既不使亲者痛，也不让仇者快了！

进入第二层——虫蚁的打扰，使死者从“懊恼”“烦厌”到“愤怒得几乎昏厥过去。”但一点也不能动，已经没有除去虫豸的能力了。

表现了鲁迅一向对苍蝇、蚊子的厌恶！

第三层是“入殓”。死者听到装殓的人埋怨：“怎么要死在这里？……”死者愤慨至极——先前以为人在地上虽没有任意生存的权利，却总有任意死掉的权利的。现在才知道并不然，也很难适合人们的公意。可惜自己久没了纸笔；即有也不能写，而且即使写了也没有地方发表了。只好就这样地抛开。

第四层是“入棺”。“六面碰壁，外加钉子。真是完全失败，呜呼哀哉了！……”使死者像生前一样“忧愤深广”——“看客”、“正人君子”、当权者的“国民性”都须“改造”，但都无效。

第五层是在不舒服的棺材里躺着，还被当作盈利的对象——勃古斋旧书铺的跑外的小伙计，问他买不买明版《公羊传》？

最后，作者对自己一生的爱与恨、友与仇做了一次汇集和总结：“有一种力将我的心的平安冲破；同时，许多梦也都做在眼前了。几个朋友祝我安乐，几个仇敌祝我灭亡。我却总是既不安乐，也不灭亡地不上不下地生活下来，都不能副任何一面的期望。现在又影一般死掉了，连仇敌也不使知道，不肯赠给他们一点惠而不费的欢欣。……

我觉得在快意中要哭出来。”

结尾只看见眼前仿佛有火花一闪，作者于是坐了起来，醒了。

这火花，可能是斗争中迸发出的，也可能是爱他的人以爱情激励他醒来继续生活和战斗……

子夜起身，在稿纸上写下《野草》之十八《死后》。

这篇《死后》发表在一九二五年七月二十日《语丝》第三十六期上。

许广平看到了，为先生“眼前仿佛有火花一闪”“于是坐了起来”而感到欣慰。

第十一章　酷暑八月

酷　暑

一入八月，北京就陷进酷暑的蒸热中。七月，有时晚上还吹来股凉风，八月就连夜晚也难熬了，许多人干脆睡在外面树荫下的竹床上，还要不断地挥动芭蕉扇。扇子一停，就浑身冒汗。

女师大学潮也像天气一样，越来越酷热了。五月十二日，章士钊请辞所兼教育总长职务，于十八日携眷出京。段祺瑞一再挽留也暂无效应。七月十八日，章士钊在北京重办他一九一四年在日本创刊的《甲寅》杂志，并将月刊改为周刊。二十八日，段祺瑞政府复他的教育总长职。因为《甲寅》封面上画有老虎，章士钊因而获“老虎总长”荣称。杨荫榆觉得又有了后台，开始策划镇压“女师大风潮”。二十九日，突然贴出布告，借口修理校舍，迫令学生全行搬出校外。三十日夜，乘在校学生熟睡之际，派人潜入校内，张贴布告，解散女师大学生自治会。三十一日，又假借女师大名义致函京师警察厅，提出：“此次因解决风潮，改组各班学生，诚恐某校男生来校援助，恳请准于八月一日照派保安警察三四十名来校，借资保护。”果然，八月一日清晨七时许，杨荫榆带武装军警百余人包围女师大，把守要道，割断电线，紧锁校门。继而亲率打手及私党二十余人入校，贴出布告，解散“驱杨运动”

最坚定的四个班：大学预科甲、乙两部，国文系三年级和教育预科一年级，并以武力严饬住校学生三十余人即刻离校。刘和珍、郑德音、许广平等识破杨荫榆以改组学校为名镇压学潮的阴谋，并与之坚决斗争。于是学生遭警察殴打驱赶，十余人受伤。并被断绝交通、水电、饮食。晚上，只能借烛光照明，饿着肚子与各界慰问者和亲人，隔着大门相对饮泣。然而，所谓“正人君子”们却说杨荫榆是为了“以免男女学生混杂”。学生们气愤至极，许广平带领同学们奋起自卫，毁锁开门，使亲友们得以重逢。当晚，鲁迅和几位有声望的教职员来校值夜，保护学生，堵住了“男女学生混杂”谣言。八月五日下午，女师大学生自治会召开全体大会，刘和珍任主席，总干事许广平报告了“八一惨案”的经过，言时声泪俱下，群情为之激昂。当场议决敦请本校教职员及社会关心教育人士，与同学共同组织校务维持会，进行各项校务。

八月二日，北大、燕大等五十余校代表开会，声援女师大。同日，由法大发起成立各校援助女师大临时委员会。三日，北大、法大等二十三校学生会联名呈文执政府，请撤杨荫榆。执政府反其道而行之，十七日决定女师大改组为国立北京女子大学，章士钊亲任女大筹备处处长。二十日，教育部专门教育司司长刘百钊秉承章士钊旨意，率领百余名军警、流氓、三河县的老妈子，武装占领女师大。学生们像货物一样被拖走，“男女武装”每十数人挟一人，拳脚交加，像罪犯一样毒打，强拖出校，捆塞进十余辆汽车，拉至报子街女师大附设的补习学校禁闭，造成多人受伤。据当时一位路过女师大的目击者说：“时该校东旁参政胡同，已断绝交通。胡同内各家之屋顶墙端，均有男女站立俯视”；“一汽车驰出，上有女生四人，已衣破发乱，号泣叫跃，其左右前后，则有穿灰布大褂者六七人，意即警厅之侦缉队，或教部茶役，握其两臂并戟指笑骂，顾路人而乐”；后又见“被拖来之女生二人，衣破发乱，不忍近视”；“且闻各生校中什物有被流氓女丐劫掠，遗失银钱者”；“目睹流氓七八人挟持披发破衣号哭呼救之少年女子三四人，揶揄笑骂，乘汽车疾驰而过，岗警坐视不问，路人莫敢谁何。”

连一些三河县的老妈子都看不过去，忙去搀扶受伤学生。一个年轻点儿的老妈子悄悄把刘和珍等带入街头角落，刘和珍感谢地问她叫什么？她说叫小芬，因为家里太穷，母亲有病，只得到北京当老妈子。但是不仅挣不到钱，男主人还要强暴她，只好逃了出来。因为有人许愿到女师大去，每人给一块钱，才跟着来了，哪知是来赶打学生！刘和珍很同情她，和她一起去找自已的男朋友，吃过饭后，又介绍她到一位信任的女老师家帮助看孩子。总算有了着落。

许广平则立即偷跑到北京学生联合会告急，向各界呼吁。当局在被囚禁学生中查点人数时，发现许广平失踪。这一消息在报上披露后，鲁迅异常焦急，极力托人打听下落。

原来刘百昭打算将许广平等六名学生领袖押回原籍，所以也四处搜捕。要活演“林冲押配沧州”一幕！如果真个实现，乡亲和家长们，还以为她们犯了什么滔天罪行呢！后果不堪设想！许广平到处躲藏，倍感世态炎凉，平日过从很密的亲友、同学，都怕惹事，拒绝接待。这时候，走投无路，只得跑到鲁迅家，拍响熟悉的门环。鲁迅亲自开门，一看是她，转急为喜，当即说：“来我这里，不怕！”

许广平一见先生不禁痛哭流涕。

鲁迅笑道：“怎么？‘四条胡同’又流下来了。到了这里，跟到家一样，什么都不用怕！”

于是，让广平和暑假住在这里的老同学许羡苏一起住在南房西边的屋子里。屋里靠西窗放着一张木板床，南墙边摆着箱子。

温　暖

广平这时倍感先生的温暖。鲁迅知道广平又渴又累，立刻让王妈给她做面汤，又给潘妈一元钱，到街上买洗漱用品和内衣、内裤。

广平喝了面汤，许羡苏已给她打来了一桶水，好好洗漱一遍，换上潘妈买来的新内衣内裤，情绪立刻安稳了。到鲁迅那里致谢，鲁迅说不用谢，赶紧休息，于是她和许羡苏合床而眠。

翌日绝早起来，广平轻轻打扫院落，生怕吵醒夜里写作的鲁迅先生，又找水桶到井边打水。许羡苏也已起来，连忙制止她说：“后院的井是修房时挖的，不能喝。只是夏天老太太喝牛奶的时候，潘妈就把牛奶放在一个小柳斗内挂在井中当冰箱。喝水，须等卖水车来才买，自有王妈管。我们不用操心。"

说着，领广平回南屋，给她讲中堂的书箱："这八只书箱是一九一九年大先生从绍兴搬出来的。大先生的农民朋友除闰土之外，还有一个农民兼木匠叫作'和尚'的老工人，也就是当他还穿红棉袄时代给他做过大关刀的那位老木匠。大先生每次返乡都要和这位老木匠商量设计做家具，那八只书箱也是'和尚'师父给他做的。搬家那一次，'和尚'师父以竹子劈成篾条，仿络酒坛的方法，把书箱编在络内运到北京来。每只箱子左角上还刻有编号，按顺序摆放，好找。"

又转入东边屋子，见是会客室。一张桌子两边摆放着两把椅子。

东北角的木几上，摆放着两块古砖，成为客厅中亮丽的装饰。许羡苏指着古砖介绍说："这块是先生自己收藏的'翟煞鬼墓记石'，这块是去年九月十日通过齐寿山先生购买的'君子馆砖'。"

"翟煞鬼墓记石"高两寸，底长一寸多，厚近一寸，呈暗褐色，仅正面雕刻一个像龛和一些文字，其余各面都未加工。像龛中雕有一个头戴小帽、五官清晰、盘腿抄手的女孩坐像。像龛下还刻有文字："天保七季八月八日亡女翟煞鬼记。"

从文物的类别来说，这是一块墓记石，其作用与石刻墓志类似，都是放在墓室中标明死者身份、死亡时间的。墓记石和墓记砖通常都比较简陋，多使用在下层社会。从这件古玩的质地、雕刻的文字和图像可以知道，这是一个下层社会的翟姓父母为亡女翟煞鬼所刻的墓记石，时间在北齐天保七年，即公元五五六年。虽然这件"翟煞鬼墓记石"在工艺上比较粗糙，却是在晚清时出土的年代比较久远的墓记石，因此也被当时一些著名的收藏家视为宝物。

鲁迅是在一九一八年四月十四日买到这件古玩的，他在当天的日记中记载："午后往留黎厂，以重出拓片就德古斋易他本，作券廿，先取残画象一枚，作券四元。又买北齐翟煞鬼墓记石一方，券廿，云是福山王氏旧物，后归浭阳端氏，今复散出也。"

广平特别喜欢那个头戴小帽、五官清晰、盘腿抄手的女孩坐像，仔细观赏了一番。

广平又欣赏了一下那块“君子馆砖”，见这是灰色的扁方砖，高半尺多，宽近一尺，厚约两寸。正面刻有“君子”二字，阙角但不损字，煞是古色古香。

一会儿，王妈来喊：“姑娘，吃早饭了。”

许广平和许羡苏赶快出来，见鲁迅先生和太师母站在北房门口，笑着迎接她们。

鲁迅笑着问：“昨夜睡得可好？”

许羡苏答：“可好了。广平看来是太累了，一上床就睡着了。”

广平有点儿不好意思。

进了中堂，桌椅饭菜已经摆好，是稀饭和绍兴式酱过心的蚌蟹蛋，泡得适时的麻哈，还有很多干菜。

朱安一边擦手，一边从厨房出来进到中堂，朝许广平点点头，广平也向她点头，五个人一起坐下吃早饭。

饭后，太师母和朱安各回各屋，许羡苏、许广平随鲁迅进了“老虎尾巴”。

这时，许广平才注意到桌上摆着正在抄的稿子，先生好像夜里并没有怎么睡觉，忙着抄书稿，就说：“我正好没事，稿子交给我抄好了。”

鲁迅也不客气，把稿子交给她，是《小说旧闻钞》，需要再抄一遍。广平为让先生休息，就拿着稿子和许羡苏一起到南房去了，在中堂的方桌上抄稿。许羡苏进西屋织毛衣。

抄累了，广平到西屋跟许羡苏聊天，才知道鲁迅先生因为参加了女师大的校务维持会，被章士钊免去了教育部佥事职务，现在正在打官司。

许羡苏说：“是十四日免的，第二天尚钺来看大先生，我正好坐在太师母屋门口，听见他们的说话——

尚钺走进小书斋时，大先生正在草拟起诉书。他见尚钺进来，便放下笔转身和他笑着说：‘老虎没有办法：下了冷口。’

‘我已知道了，先生打算怎么办？’尚钺想着他的生活，这样问他。

‘这是意料中事，不过为着揭穿老虎的假面目，我要起诉。’大先生坦然地笑着。

‘找哪个律师呢？’尚钺问，随手在烟筒中拿起一支烟。

‘律师只能为富人争财产；为思想界争真理，还得我们自己动手。’大先生也拿起一支烟，顺手燃着，把火柴递与尚钺。

尚钺燃着烟，抽的时候觉得与他平常的烟味两样，再看时，这不是鲁迅平时所惯抽的哈德门十支装香烟，而是比较昂贵的海军牌。‘丢了官应该抽坏烟了，为什么还买这贵烟？’‘正是因为丢了官，所以才买这贵烟，’大先生也看看手中的烟，笑着说，‘官总是要丢的，丢了官多抽几支好烟，也是集中精力来战斗的好方法。’

之后，大先生便谈到这次‘丢官’的内幕。他把不知谁为他抄来的章教育总长撤他职务的命令给尚钺看，同时说，‘这事已经酝酿很久了，我不理他，看他还有什么花头。这是他不得不破着脸皮来的一着。’”

许广平听了，说道：“用威胁，利诱和调停对付先生，这不光只是‘总长的愚蠢’，也表示出‘总长的可怜相’。”

许羡苏接着说：“先生在尚钺的零碎语言之后，笑着很幽默地轻轻加上个：‘所以’。大先生的起诉也很幽默，现在正办呢，听说大先生小时候的老师寿洙邻小寿先生正在为此事忙碌。”

广平知道鲁迅先生被免职打官司的困难时节，还接待自己住在家里，感动得热泪盈眶，赶紧回到中堂，加快抄稿。但一边抄，一边忍不住想：先生是够不幸了！看来他跟朱安完全是名义上的夫妻，形同陌路，极少说话，更别说过夫妻生活了。先生其实是过着“古寺僧人”式的单身生活，自己这么艰苦，却还总为别人着想。住在西三条胡同二十一号的人，晚上除鲁迅先生睡得很迟以外，其余的人都是很早就睡下的。有信或电报送来，都由鲁迅先生亲自去开门，亲自接收。有时听到他和邮递员谈话。有一次吃饭的时候，广平忽然问鲁迅和邮递员谈些什么，他说他只是利用在他进来盖章签名的时间，请邮递员抽支烟，歇一会儿，尤其是冬天下雪时，进来暖和一会儿，免些寒冷。

广平还听俞芳说过：有许多人，虽然他们自己手无缚鸡之力，但对体力劳动者，却十分轻视。有些人，尽管吃喝玩乐可以挥金如土，但是坐车付钱，却锱铢必较，十分苛刻，经常为了少付一两个铜板和人力车工人争执不休，甚至蛮不讲理，大要态度。

鲁迅先生则相反，他乘坐人力车回家，付了足够的车费之外，还和蔼地表示谢意。所以每次拉他回来的人力车工人，总是愉快地离去。

鲁迅先生住在北京西三条时，出门常乘住在西面一座破庙里二秃子的车。每次回来，鲁迅先生给他的车费总是较多的。鲁迅先生常说，人家是要养家活口的。又说，一个人平时用钱不可浪费，能节省的地方，应该尽量节省，但克扣劳力钱是极不应该的。

记得有一次，那是天寒地冻的冬天，鲁迅先生早上乘车出去，由于路上结了冰，很滑，二秃子一不小心，跌了一跤。他跌伤了，鲁迅先生也受了伤。二秃子连忙挣扎着起来，忍着伤痛，赶紧过来搀扶鲁迅先生，问伤了哪里，要不要紧？并且怪自已太不小心，一个劲儿说对不起；还忍着痛一直把鲁迅先生送回了家，连连道歉而去。鲁迅先生每次追述当时情景，心情总是很激动的，他说，二秃子那种负责态度真是少有的。事后二秃子一连好几天没有来，鲁迅先生很记挂他，就问起二秃子的伤好了没有？怎么不来了呢？照顾太师母的女工潘妈说，二秃子年轻，身体好，伤早已好了；可是那天他拉车跌了一跤使您受了伤，又受了惊，心里很过意不去，不好意思来啦。鲁迅先生说：那天跌跤，是地上结了冰，路滑的缘故，这不能怪二秃子，况且他的伤势远比我重，出事后，还亲自把我送到家里，我感激他还来不及呢！于是要潘妈去叫他来。二秃子真是高兴啊。

还有一次，鲁迅先生曾经给他们讲过这样一个故事：那时，他到北京不久，住在绍兴会馆，每天到教育部上班，晚上回绍兴会馆。

事情发生在十二月里的一天，寒冬腊月，又逢下雪，下班的时候，雪下得更大了，鲁迅先生乘坐人力车回绍兴会馆去，一路上呼啸着的大风，夹着鹅毛大雪，扑头盖脸地袭来。好冷啊，这时鲁迅先生身上穿着棉袍，还感到寒气难挡。可是，忽然发现拉着他在寒风大雪中挣扎前进的那位人力车工人，却衣着单薄，特别是下身只穿着单裤。这样寒冷的天气，单裤怎么能够挡得住呢？到了会馆，鲁迅先生很同情地问过这位人力车工人，这么冷的天气，你为什么不穿棉裤呢？人力车工人回答说：先生，生活艰难啊，吃都顾不上，哪有钱买棉裤呢？鲁迅先生理解他的艰难，付了车费外，又特地送给这位人力车工人一元钱，再三叮嘱他，买条棉裤穿：并且告诉他，这样下去，腿关节要冻坏的。第二天，积雪未化，寒气逼人，气温更低了。鲁迅先生下班后，就到教育部门口注意观察，出乎意料之外，他发现站在门口寻生意的人力车工人，几乎都是穿着单裤的。鲁迅先生感慨地说，这是严重的社会问题，不从根本上解决，单靠个人的同情和帮助是不行的。

鲁迅先生还怀着对人力车工人十分崇敬的心情讲了一个故事。有一天，鲁迅先生坐人力车从教育部回绍兴会馆，不慎把钱夹落在车上。当时，鲁迅先生和人力车工人都没有发觉。下车后，鲁迅先生走进会馆，这位人力车工人在车上发现了钱夹，认定是鲁迅先生丢的，就急急忙忙跑进会馆把钱夹送还给鲁迅先生，并一再要鲁迅先生当面点一点，有没有少东西。鲁迅先生非常感激，因为这里面除钱之外，还有一些重要文稿。鲁迅先生就拿出一元钱酬谢他。起先他不肯收，再三推却，最后鲁迅先生好容易说服了他，他才收下，称谢而去。鲁迅先生意味深长地说，他需要钱，但拾金不昧，这是何等可贵的品德！确实，这样的心地、品德，不是有限的钱酬谢得了的。停了一下，鲁迅先生若有所思地说，这个钱夹如果被慈禧太后拾到，恐怕早就落到她的腰包里去了。当年，她以建设中国海军，买军舰、筹军费为名，大肆搜刮民脂民膏。竟把搜刮来的一笔海军经费，建造了一个供自己享乐的颐和园。国家安危，民族存亡，早已被她置之度外，真是无耻之尤，可恶之极！西太后和这位人力车工人相比，真是天差地别。一个是堂堂“太后”，一个是普通人力车工人。天下的事，就这样怪，这样不公平。这样的社会，有什么话可说呢！

鲁迅先生对劳动人民的深厚感情，与他母亲从小对他的熏陶是分不开的。太师母生长在农村，她老人家对劳动人民，特别是农民，有着纯朴的真挚的感情，没有看不起劳动人民的坏思想、坏习惯，这深深地影响着幼年的鲁迅。此外，鲁迅先生从自己的切身经历中更是深深体验到，许多“上层分子”的虚伪奸刁，是那么令人齿冷，而品德淳朴、为人正直的工农，却是那样的感人至深，是最可信赖的朋友。太师母经常说：你们的大先生从小就不像有些读书人那样，对劳苦大众摆架子。真的，鲁迅先生何尝只是不摆架子，平时每当谈到劳动人民的疾苦，总是感同身受，流露出无限同情，对他们的可贵品德，则是钦佩称羡，由衷地赞扬，对社会的罪恶始终燃烧着烈火般的憎恨。所以，他写出《一件小事》，绝不是偶然的。

广平感到鲁迅先生对人的心肠真是太好了，恨不能立刻进到“老虎尾巴”去，给先生一些温暖和安慰。但有许羡苏在身边，自己又不好妄为。鲁迅对两位姑娘很礼貌，她们住进南房后，就不去这屋了。有事，只在院里喊一声，或者许广平把抄好的稿子送到“老虎尾巴”，再领新任务回南房抄写。

鲁迅先生的习惯，每天晚饭后到母亲房间里休息闲谈一阵，老太太房间里陈列着的那把大的藤躺椅，是他每天晚上必坐的地方，晚饭后他就自己拿着茶碗和烟卷在藤椅上坐下或者躺着。老太太那时候已快到七十岁，总是躺在床上看小说或报纸，朱安则坐在靠老太太床边的一个单人藤椅上抽水烟，许羡苏坐在靠老太太床的另一端的一个小凳上打毛线，许广平也参加进来，紧靠许羡苏坐在一个小板凳上听这一家人说话。谈话的内容很丰富，各方面的都有，国家大事，过去的朋友，绍兴新台门中的人物，也常常谈到有关鲁迅文章中一些典型人物，如阿Q、顺姑等具体人物。老太太每天看好几份报，很关心时事。她老人家看了报，还要提出问题和大家讨论。当时张作霖、冯玉祥、吴佩孚等军阀混战，老太太常叫大先生讲他们之间的关系，也发表自己的看法：张作霖怎样，冯玉祥怎样，吴佩孚怎样，是非公允，爱憎分明。还一再斥责章士钊和杨荫榆，说他们不应该这样对待学生，尤其是女学生，更不应该。

日子就这样平静地过去，广平心里踏实了。

一天，有几个警察来西三条询问，被鲁迅先生顶了回去。

未名社

一个晚上，李霁野、韦素园、韦丛芜、台静农、曹靖华五人来看望鲁迅先生。

这五个人中，除曹靖华是河南省卢氏县五里川镇河南村人之外，其余四人都是安徽霍邱县人。李霁野最熟。他清楚地记得一九二四年冬天的一个下午，被一位熟朋友领着，静静地走到北京西城偏僻的一角，到鲁迅的住处。一叩门，便被让进去，因为来访是事先约定的。不大的四合院种着几棵小小的树，一点声音没有，静寂得有如古寺。上边居中的一间房分成两段，走进靠里的一间小屋。一位留着短短的胡须，上身穿着灰色毛线衣，裤脚扎着腿带的先生，从书桌跟前站起来。不用介绍，从额角和那炯炯有光的眼神，便知道是所景仰的鲁迅先生了。

以后，李霁野就常去看望鲁迅先生。他看到鲁迅除教书，做教育部的事，并不断的译作外，还忙些校阅印稿的琐细事，非常辛苦。先生的译著印行时，总亲自校阅，也有些小经验，喜欢向青年们述说，例如莫使一行的顶上一格有无所属的标点符号，便是其中之一。经他说过后，看别家印的书籍上有这样缺点时，便觉得非常不顺眼。经李霁野校过两次的印稿，鲁迅往往发现还有错误，有些不服气，李霁野总想在鲁迅所校的印稿中找出偶一疏忽的地方来，但成功的时候却绝少。谈起来，鲁迅故意自傲地笑着说："你看，年岁和经验倒是有些用处的了！"

有一次李霁野去访他时，见他神色很不好，问起来，他并不介意的答道："昨夜校长虹的稿子，吐了血。"李霁野的心立刻沉下去，几乎流了泪。以后再也没有提起过，但那片刻所留的悲伤印象，哪里能磨灭？先生的贵重生命，竟这样毁灭了一部分！

鲁迅爱护青年人，为他们卖别人所不肯出的苦力，因而损害自己的身体。在这样崇高的人格前面，李霁野觉得青年们是只有俯首的。

他们所进的那间叫"老虎尾巴"的小屋真可以说是"斗室"。后墙上全是玻璃窗，外面是一个小小的院落，有几棵稀疏的小树，窗下是一张木板床，虽然不宽，却几乎占去了屋里四分之一的地方，李霁野、韦素园、韦丛芜被让坐在这张床上。台静农、曹靖华被让坐在西墙茶几两旁的木椅上，东墙是鲁迅的书桌，先生就转过桌前的藤椅，冲着大家，在书桌跟前坐下来。

台静农，安徽霍邱人，戴着副眼镜，品貌端正，忠厚老实，为人极好。他第一篇小说《懊悔》就是交给鲁迅先生审阅，在《语丝》发表的。同时，他还擅长书法，功底甚深。

曹靖华，河南省卢氏县人，专门从事俄国文学翻译，踏实诚恳。

陈源形容鲁迅骂起人来好像跳到半天空，骂得人体无完肤还不肯罢休，俨然是一个盛气凌人的恶汉。但李霁野和朋友们见鲁迅的时候，每每无意间拿这个教授笔下的“艺术形象”和先生本人加以对照，不禁哑然失笑。他们始终觉得，在鲁迅先生的风度中，谦逊是一个很大的特色。这种谦逊并不是从教养得来的礼貌，而是闪耀着人格光辉的天真和纯朴。打个比喻来说，它好像是一块天然的璞，而不是经过琢磨的玉。

这屋里的一切和先生的衣服被褥都有一种乡里的朴实味，谈话又毫无虚套的立刻开始，大家心里很泰然，觉得对谈的是一个诚诚恳恳的人，绝不是有一点架子的作家。从鲁迅的脸上可以看出他所经历的人生经验是何等深刻，他谈话时的两眼显然表示着他观察是何等周密和锐敏。听到不以为然的事情时，他的眉头一皱，从这你也不难看出他感到怎样的悲愤。笑话是常有的，但却不是令人笑笑开心的笑话，那里面总隐藏着严肃和讽刺。他的谈锋和笔锋一样，随时有一针见血的地方，使听者觉得这是痛快不过的谈吐。

曹靖华插话道：“春天我向苏联人王希礼推荐了您的《阿Q正传》，王希礼读后赞不绝口：‘了不起！了不起！鲁迅先生，我看是世界上的第一流作家呀！’您应他邀请写的《俄文译本〈阿Q正传〉序》和照片，我已经转给他。他说尽快出版。”

台静农赞成说：“是的。仅就《阿Q正传》来说，先生就不愧为世界第一流的作家！”

鲁迅忙说：“什么世界第一流的作家？我如果算进去，不就太多了！但把作品传到国外去，终归是好事，我不反对。”说着，拿出一本英文打字稿说：“这是广东梁社乾寄来的他翻译的英译本《阿Q正传》，准备在上海商务印书馆出版。”

李霁野接过来翻着，又交给韦素园等轮流传阅。

台静农翻着誊印本说：“先生是过谦了。依我看，鲁迅先生完全有资格进入世界第一流作家行列。”

鲁迅先生吸着烟说:“不要管是什么一流、二流，甚至三流，只是埋头写作，拿出好作品就是了！”

鲁迅还是不断吸烟，小屋里早就充满了浓馥的烟味。他看出来客中有的是怕烟的，便笑着说道，这不免太受委屈，随即就要去开窗子。李霁野说不怕的。鲁迅说：“既不怕，那就无妨再坐一时了。我正要跟你们谈成立一个文学社团的事。”

大家都很感兴趣，李霁野问道：“什么社团？”

鲁迅说:“我正为北京北新书局编辑专收译文的《未名丛刊》，想以‘未名’为社名，丛刊改归该社发行。以后还可以编辑出版《未名新集》，专收社员创作。”

一呼“五”应，李霁野、韦素园、韦丛芜、台静农、曹靖华五人齐声赞成。

韦丛芜问道：“‘未名’，就是没有名目吧？”

鲁迅解释道：“并非‘没有名目’的意思，是‘还没有名目’的意思，恰如孩子的‘还未成丁’似的。我现在正给北新书局编印两种小书，一种是《乌合丛书》，另一种就是《未名丛刊》，专收翻译，但是读者不喜欢翻译书，特别受冷落。恰巧，素园他们愿意介绍外国文学到中国来，便和李小峰商量，将《未名丛刊》移出，由几个同人自办。小峰一口答应，这一种丛书便和北新书局脱离，稿子是我们自己的，另筹一笔印费，就算开始。”

大家听了都表示赞同，估计出版四期半月刊和一本书籍的资本，大约需要六百元。鲁迅当时就承诺三百五十元，其余由他们五人各筹五十元。于是，中国现代文学史上的著名文学社团——未名社就成立了。

大家感到和鲁迅谈天是一种愉快的经验，听着他幽默而警辟的话语，看着他的机智而自然的活动，比读文章更多一种亲切感。这以后，未名社的朋友总隔几天去访他一次。后来负责事务工作的荆有麟，几乎天天都去鲁迅家里。先生是健谈的，往往一谈几点钟毫无倦容，青年们也不到深夜不愿走。有时知道他的写作都在夜晚，稍谈些时便勉强要告辞，但鲁迅说他唯一的休息和消遣便是谈谈天，你们若有闲暇，在他是并无妨碍的。青年们自然乐于再坐下去。先生是爱吃糖食和小花生的，也常常用这些来款客；每回要随吃随添多次，鲁迅的谈兴还正浓，李霁野料想两种所存不多，便笑着说，吃完就走。

鲁迅说，好的，便随手拿出一个没有打开的大糖盒。这以后，一回打开盛花生的铁盒时，里面适逢空无所有，他笑着说，这次只好权演一回空城计了。

鲁迅最爱谈的是他作小说的经验。他说偶然有一点想头时，便先零碎地记下来，遇到或想到可写的人物特性时，也是如此。这样零碎的记录在心里慢慢融化，觉得人物有了生命，这才将片段拼凑成整篇的东西。全篇写就以后，才细看哪些地方要增删。最后还注意到字句自然的韵调，有读起来觉得不合适的字眼，再加以更换。他又说，他的文章里找不出两样东西，一是恋爱，一是自然，在要用一点自然的时候，他不喜欢大段的描写，总是拖出月亮来用一用罢了。

关于骂人，鲁迅说一见到虚伪，卑污，和其他令人作呕的世态时，心里的悲愤便觉得非吐不快。有些个人或代表一种世态，骂他并不出于私怨，只是借此批一批社会的嘴巴罢了；社会是冥顽的，先生常叹息着说。在这样的谈话中，青年们亲切地觉得有一颗炽热的心在跳动。

每次谈话以后，青年们都觉得有一种爽快之感，仿佛给清晨的凉风吹拂了一样。深夜走出鲁迅先生的住处时，那偏僻的小巷早就没有人声人影了，他总望青年们走远了才进去。

郁达夫

除了青年人，同辈的朋友也有常来的。譬如郁达夫，就是鲁迅家的常客。郁达夫一八九六年生于浙江富阳，比鲁迅小十五岁，应该算是下一辈的人，但是他早在一九二一年十月，就出版了第一部白话短篇小说集《沉沦》。由此声名显赫，虽然属于创造社，却平易近人，脸上没有那种“创造气”，所以与鲁迅一见如故，成为无话不谈的至交。

但是他与鲁迅的生活作风却大不一样。鲁迅生活严谨，终年终月终日过着“苦行僧”式的生活；郁达夫虽然额窄面糙，身材矮小，绝无美男子的那种帅气，却凭着洋溢的才华与炽热的情感，从小就将恋爱的激情，融化在他的血液之中，无时不飞扬着由恋爱所激发的才情，然后表现到文学创作之中，写就了一章章不朽的名篇；而其恋爱经历也如同他的文学名篇一样，焕发着迷人的光彩，怅惘也罢、迷离也罢、悲歌也罢，一并都成了传世的名作。郁达夫在富阳高等小学堂读书期间，与比邻的“赵家少女”，有过一段“水样的春愁”的初恋之情，大约在同一时期，他还与倩儿等两位姑娘有过类似的恋情。一九一四至一九二〇年留学日本时，又与后藤隆子、田梅野、玉儿等产生过恋情。后藤隆子被郁达夫昵称为“隆儿”，是郁达夫下宿处附近的“小家女”。田梅野是名古屋旅馆的侍者，玉儿也是侍女。一九一九年入东京帝国大学经济学部期间，还多次嫖妓，不但不加隐瞒，竟直接写进文学作品中，《沉沦》就因此而成为名作。一九一七年，郁达夫从日本回国省亲时，也是在父母之命、媒妁之言下，奉母命与同乡富阳宵井女子孙荃订婚。虽和鲁迅一样，是包办婚姻，但孙荃却比朱安漂亮多了，和郁达夫共生育四个子女。但一九二一至一九二七年，郁达夫又在安庆与妓女海棠有过荒唐的婚外恋情。

不过，郁达夫虽然如此风流，人却老实忠厚，心怀坦荡，富有人情味，文坛对他的种种韵事只当作笑谈，并无非议，有些年轻人甚至还非常羡慕他的艳遇，不时流传郁达夫的一些趣事——

有一次，郁达夫请一位在军界做事的朋友到饭馆吃饭。饭毕，饭馆侍者到他们饭桌边收费，他就从鞋垫底下抽出几张钞票交给他。他的朋友很诧异地问：“郁兄，你怎么把钱藏在鞋子里呀？”

郁达夫笑笑，说：“这东西过去一直压迫我，现在我也要压迫它！”

又有一次，郁达夫应邀演讲文艺创作，他上台在黑板上写了“快短命”三个大字。台下的听众都觉得很奇怪，他接着说：“本人今天要讲的题目是《文艺创作的基本概念》，黑板上的三个字就是要诀。‘快’就是痛快；‘短’就是精简扼要；‘命’就是不离命题。演讲和作文一样，也不可以说得天花乱坠，离题太远，完了。”

郁达夫从在黑板上写那三个字到说完话的时间，总共用了不到两分钟，正合乎他所说的三原则——“快短命”。

郁达夫和鲁迅第一次的相见，是在一九二三年冬天，砖塔儿胡同一间坐南朝北的小四合房子里。那一天天气很阴沉，郁达夫入北京大学教书，下午的三四点钟去看鲁迅，也不知是为了什么事情。鲁迅住的那一间房子，郁达夫却记得很清楚，是在那两座砖塔的东北面，正当胡同正中的地方，一个三四丈宽的小院子，院子里长着三四株枣树。大门朝北，而住屋——三间上房——却朝正南，是杭州人所说的倒骑龙式的房子。那时候，鲁迅还在教育部里当佥事，同时也在北京大学里讲小说史略。他们谈了些北大的教员中间的闲话和学生的习气之类。郁达夫记得鲁迅的脸色很青，胡子是那时候已经有了；衣服穿得很单薄，而身材又矮小，所以看起来像是一个和他的年龄不大相称的样子。他的绍兴口音，比一般绍兴人所发的柔和，笑声非常之清脆，而笑时眼角上的几条小皱纹，却很是可爱。房间里的陈设，简单得很，散置在桌上、书橱上的书籍，也并不多，但却十分的整洁。桌上没有洋墨水和钢笔，只有一方砚瓦，上面盖着一个红木的盖子。笔筒是没有的，水池却像一个小古董，大约是从头发胡同的小市上买来的。

鲁迅的烟瘾，一向是很大的，郁达夫知道他吸的是哈德门牌的拾支装包。他探手进他那件灰布棉袍的袋里去摸出一支来给郁达夫，又摸出一支给自己，同时拿火柴点着，深深地吸。他似乎不喜欢将烟包先拿出来，然后再从烟包里抽出一支，再将烟包塞回袋里去。他这脾气，一直没有改过，不晓得是为了怕麻烦呢？抑或为了怕人家看见他吸的烟是什么牌？

鲁迅送郁达夫出门的时候，天色已经晚了，北风吹得很大，门口临别的时候，他说了一句笑话："你看我像不像猫头鹰？"

郁达夫一时没听清楚，反问："像什么？"

鲁迅重复道："猫头鹰。"

郁达夫恍然明白了。在大庭广众中，鲁迅有时会凝然冷坐，不言不笑，衣冠又一向不甚修饰，毛发蓬蓬然，喜欢在夜里工作，文章中不断地发出恶声。鹰的另类是枭，又叫猫头鹰，有人替他起了个绰号叫猫头鹰。他不但不恼怒，而且以猫头鹰自居。在杭州师范教书时手订的一个小本子上，自己手绘了一只猫头鹰作为装饰。猫头鹰和壁虎，鲁迅对于它们都不讨厌，实际上，毋宁说，还有点喜欢。

就点头笑道："像。"

鲁迅听了大笑起来。

郁达夫一个人在走回寓舍的路上，想起鲁迅在绍兴会馆补树书屋住的时候养过壁虎，用弹弓打在外面随地小便的人，再回忆起那句自称猫头鹰的话，觉得真的鲁迅还是蛮有趣的，“噗嗤”一声笑了出来。以后郁达夫离开了北京，到武昌师范大学文科教书去了，一九二五年暑假回北京，去西三条看鲁迅的时候，鲁迅正在做控告章士钊的状子，正是女师大学生跟校长杨荫榆闹得最厉害的期间。鲁迅不是像过去那样从衣袋里摸出一支烟给郁达夫，又摸出一支给自己，而是从桌上一只很漂亮的烟筒里抽出两支海军牌贵烟，两人各分一支，点着吸起来，然后就向郁达夫叙述和章士钊斗争的经过，仍旧不改他的幽默态度说：“人家说我在打落水狗，但我却以为在打枪伤老虎，在扮演周处或武松。”这句话逗得郁达夫高声笑了起来，说道：“你被免了职，却买贵烟抽，就是为打老虎庆贺吧？”

鲁迅哈哈大笑道：“知我者莫达夫也！”

两人的大笑声震得“老虎尾巴”的玻璃窗都晃动了。

鲁迅的书桌上，有一个用“大同十一年砖”制成的砚台。这个用古砖制成的砚台，上、下方分别嵌有紫檀木的盖和托，砖的一侧刻有文字“大同十一年作”，另两侧分别刻有花纹。“大同十一年”是指南朝梁武帝大同十一年，即公元五四五年。

鲁迅指着古砖砚台说：“这是我的学生商契衡，送来的。他知道我喜欢收集古砖，所以就把从故乡得来的这个古砖制成的砚台送给我，我也因此判断这个古砖出土于浙江嵊县。因为商契衡是嵊县人。”

鲁迅又拿过一九二四年九月二十一日夜写下的《〈俟堂专文杂集〉题记》给郁达夫看：

> 曩尝欲著《越中专录》，颇锐意蒐集乡邦专甓及拓本，而资力薄劣，俱不易致。以十余年之勤，所得仅古专二十余及杍本少许而已。迁徙以后，忽遭寇劫，孑身逭遁，止携大同十一年者一枚出，余悉委盗窟中。日月除矣，意兴亦尽，纂述之事，渺焉何期？聊集燹余，以

为永念哉！甲子八月廿三日，宴之敖者手记。

郁达夫绝顶聪明，又精通古文，一看就明白是指鲁迅与周作人失和的事，鲁迅搬到新买的西三条新居之后，于一九二四年六月十一日返回八道湾的家中，准备取出个人的一些图书和物品，不料却遭到周作人夫妇的谩骂和殴打。但鲁迅还是带出了少量图书和物品，其中就包括这个“大同十一年砖”砚。

郁达夫明白鲁迅在这篇“题记”中使用了隐语来写他在返回八道湾家中搬个人物品时的遭遇：“俟堂”是鲁迅自取的别号；“寇劫”是指周作人夫妇的谩骂和殴打；“盗窟”是指八道湾的周作人的家；“宴之敖者”是鲁迅的笔名，但为什么起这么个笔名呢？郁达夫一时弄不懂，问道：“这个‘宴之敖者’是何意？”

鲁迅笑道：“就是指被家中的日本女人逐出的人。宴从宀，即‘家’，又从日，从女；敖从出，从放。我是被家里的日本女人逐出的。”说着就哈哈大笑，笑得原本有些愤慨的郁达夫也跟着笑起来，觉得这个鲁迅真够好玩的。

郁达夫从这篇“题记”中，深感鲁迅对周作人夫妇的愤怒和对遗留在八道湾周作人家中的二十多块古砖的痛惜，但又觉得鲁迅是看破一切的，他是从绝望和气愤中发出了笑声。遭受了这么大的损失和屈辱，就自起这么个“冷幽默”式的笔名就由它去了！但这是人家兄弟间的内部事，外人不便插嘴，他和周作人夫妇关系也很好，只是“唉”地深叹了一口气，为文坛双星——“周氏兄弟”失和而惋惜。岔开话说：“何必这么苦自己呢？过去的都过去了。应该寻点儿快乐，活得痛快些！”

郁达夫知道鲁迅琴瑟不和，听孙伏园说：冬天先生不穿棉裤，是为了抑制性欲。还对人这样说过：

“一天我听老太太说，鲁迅先生的裤子还是二十年前留学时的，已经补过多少回，她实在看不过去了，所以叫周太太做了一条棉裤，等鲁迅先生上衙门的时候，偷偷地放在他的床上，希望他不留神能换上，万不料被他扔出来了。老太太认为我的话有时还能邀老师的信任，所以让我劝劝他。但是鲁迅先生给我的答话却是不平庸的：‘一个独身的生活，决不能常往安逸方面着想的。

岂但我不穿棉裤而已，你看我的棉被，也是多少年没有换的老棉花，我不愿意换。你再看我的铺板，我从来不愿意换藤绷或棕绷，我也从来不愿换厚褥子。生活太安逸了，工作就被生活所累了。'"

郁达夫朝四围看看，觉得这是的确的，鲁迅的房中总只有床铺，网篮，衣箱，书案，这几样东西。万一什么时候要出走，他只要把铺盖一卷，网篮或衣服任取一样，就是登程的旅客了。他永远在奋斗的途中，从来不梦想什么较为安逸的生活。他虽处在家庭中，过的生活却完全是一个独身者。

郁达夫虽然自己风流倜傥，爱好女色，却非常佩服鲁迅这种艰苦、清纯的精神，但还是不好说什么，又"唉"地深叹了一口气。

《答KS君》

正当鲁迅被教育部免去佥事职，与章士钊、陈源论战犹酣的时候，胡适给鲁迅、周作人和陈源各去一封信，劝他们"带住"，休战，一致对付反对白话、主张文言的《甲寅》周刊。鲁迅则不同意，给胡适去了一封信，发表在一九二五年八月二十八日《莽原》周刊第十九期上。因为与胡适尚有情面，不愿直点其名，胡适的汉语拼音简写为HS，K与H相近，又可隐去"胡"姓，就称之为KS，题为《答KS君》。

信中写道："章士钊将我免职，我倒并没有你似的觉得诧异，他那对于学校的手段，我也并没有你似的觉得诧异，因为我本就没有预期章士钊能做出比现在更好的事情来。"并不同意胡适所说鲁迅的注意力应该集中在与《甲寅》周刊的"文白之争"，因为"文言白话之争，我以为也该是争的终结，而非争的开头，因为《甲寅》不足称为敌手，也无所谓战斗。倘要开头，他们还得有一个更通古学，更长古文的人，才能胜对垒之任，单是现在似的每周印一回公牍和游谈的堆积，纸张虽白，圈点虽多，是毫无用处的。"

信中还讲了一段著名的格言——

丑态，我说，倒还没有什么丢人，丑态而蒙着公正的皮，这才催人呕吐。但终于使我觉得有趣的是蒙着公正的皮的丑态，又自己开出帐来发表了。仿佛世界上还有光明，所以即便费尽心机，结果仍然是一个瞒不住。

一九二六年二月七日在《京报副刊》发表的《我还不能“带住”》一文，进一步阐明了这一观点：

我自己也知道，在中国，我的笔要算较为尖刻的，说话有时也不留情面。但我又知道人们怎样地用了公理正义的美名，正人君子的徽号，温良敦厚的假脸，流言公论的武器，吞吐曲折的文字，行私利己，使无刀无笔的弱者不得喘息。倘使我没有这笔，也就是被欺侮到赴诉无门的一个；我觉悟了，所以要常用，尤其是用于使麒麟皮下露出马脚。

第十二章　秋天的果实

宗帽胡同

秋天，是北京最好的时令。冬天寒冷，夏天酷热，春天被风沙销毁了，只有秋天，酷暑已尽，凉风吹来，地上秋虫鸣唱，树上果实累累，天上澄蓝如水，是最令人爽快的收获季节。

一九二五年八月三十日上午，鲁迅赴女师大参加校务维持会，开会结果异常圆满。经校务维持会四处奔走和社会各界援助，所募经费已足敷半年之用，校舍由鲁迅亲自找到，在西城区南小街宗帽胡同十四号。

这是二进院子，前一幢房子有教室、办公室、小礼堂、饭堂，教室后一排房也住了少数学生；另一幢是学生宿舍。于是许广平搬出西三条，在后边学生宿舍的边上一间与刘和珍同住，房间地下有一隐蔽的通道口。许羡苏也回女师大图书馆宿舍了。

学校用的全部校具从课桌椅、黑板到宿舍的卧床，都是由中法大学、俄文专科学校支援借给的。新旧学生近八十人，分为五班：新预科一年级、旧预科二年级、本科一、二、三年级，听课有分班听的，也有合班听的。学校里外事都经校务维持会会议决定。教务、总务、舍务等部门工作，由校务维持委员中的许寿裳、马裕藻等几位先生兼任。

确是出乎章士钊、杨荫榆意外，在石驸马大街的女师大被侵占一个月后，暂时偏安宗帽胡同的女师大却招考录取了四十名新生，还由鲁迅出面，聘请了二十多位义务授课的名教授，国文科教师阵容引人注意，除“三沈”，即沈士远、沈尹默、沈兼士，“二周”，即周树人、周作人外，还有钱玄同、马裕藻、林语堂、郑奠、罗静轩等。学校呈现了新气象。

一九二五年九月二十二日正式开学了。这一“奇闻”是由女师大的校务维持会和同学共同艰苦努力，以及各方面予以的精神上、物质上的大力支援创造出来的。

宗帽胡同那段师生共同支撑的教学生活，给大家留下了深刻难忘的印象。三个月中，教师没有一位请过假，学生没有一人缺过课。同学们一直称赞那时候老师们的讲课特别精彩，传授的知识特别多。学生的学习也是非常的认真踏实。但她们也不是两耳不闻窗外事地死读书。还得继续做斗争，向法院控告了章士钊和刘百昭，这两人也向法院控告了学生会的几个骨干。法院每两周开庭一次，两名被告是聘请了大律师代表出庭，学生会的人都是亲自出马。她们曾开过“特训班”，请了热心的法学专家讲课，学习一些有关“打官司”的知识。此外,还为了应付来自“正人君子”和无耻“论客”的不断袭击，为复校做准备工作而四处奔走呼号。

鲁迅先生是在无课无会的日子也常到学校去，有时甚至上午到过了，下午又来了。他自解是:“顺便来看看”。那期间，他为女师大操劳肺病复发了，一直发热，多次去医院医治。但他从来不提自己的病，还要求自己的授课量增加一倍。他不仅关心校务，还关心学生们的生活。入冬后不久，有天下午，凛冽北风中，他突然风尘仆仆、很紧张地走进学校，学生们被吓愣了，忙跑近前去问究竟，他反问:“装炉子的事怎么样？看样子落雪了。”当他得知已与有关方面联系过，有了结果，火炉即日来装，煤也有了着落后，紧张的脸上露出了一丝微笑，转身走了。

一天，适逢女师大校庆日，这些被扫地出门的师生同样不肯示弱地聚集一堂庆祝，不擅文艺的鲁迅被大家强迫表演节目。无奈之下，鲁迅忽发奇想，号称表演单人舞。当时四十多岁的鲁迅抱着一条腿，在场内毫无节奏地乱蹦，全然不拘泥于老师或长辈的形象。全场哄然大笑之下，鲁迅蹦得越发起劲，全体师生足足笑了半个小时。

鲁迅常来学校，学生们也常去离得不远的西三条鲁迅家。在北京时，他自己没有孩子，到店里看见有些玩具很好，欢喜了，买下来。书柜的抽斗里，偶然一抽开来，真有意思，小小的瓷水桶，瓷蟾蜍等一大批。有的是放牙签的，有的是装清水写字用的，学生们哪里肯放过；一，二，三，抢。大家不客气地动手了，五六个人竞赛，许广平最善抢，因为她最熟悉，知道好东西在哪里，结果抢到了一半。陆晶清最调皮，下手快，得到一些。张静淑等得不到，几乎哭起来了。“太难为情，分她些罢！”有人在劝了。

广平舍不得拿出自己抢得的果实。

鲁迅说话了：“给静淑些吧！”

广平不愿意，辩解道：“大家都在闹，谁抢到就归谁。”

鲁迅正色道：“别人可以这样闹，唯独你不可！”

广平愣住了，先生对自己怎么这般严厉？几乎要哭了。但转念一想，才明白鲁迅是对她“另眼看待”，先生对她有跟别人不一样的感情。装着不情愿的模样，拿出一些分给张静淑等。自己只剩得一只绿色蟾蜍，一只紫色水桶，一只黄色喇叭花形的牙签筒。

一九二五年十一月底，北京爆发了由学生发起，有各界人民参加的旨在打倒军阀政府、惩办卖国贼的“首都革命”。女师大学生热烈参加了游行示威，分头参加了砸章士钊、刘百昭等人住宅和烧《晨报》馆的行动。

十一月三十日清晨，女师大学生不断接到法大、北大、工大、师大等兄弟学校学生会及“教育维持会”电话，告诉她们章士钊等已潜逃天津了，建议回到石驸马大街光复学校。法大同学还告诉她们，他们已决定将国会会址接收，发展为学校的校址。近午，入了女大的原女师大同学，推派许广平班的楼亦文、黄粹筠两人到宗帽胡同，也报告了章士钊等已潜逃的消息，并建议他们“立即复校”，说她们会做好内部工作，组织欢迎。

那天，鲁迅先生上午到北大讲课，下午赶到宗帽胡同开过校务维持会一直陪着学生们忙。三日后一切准备就绪，整队出发，沿途散发复校宣言，路人为她们欢呼鼓掌，跟着她们喊口号。从西单牌楼到石驸马大街，在她们队伍左右两边随行助威的人越来越多。校门前，站着欢迎她们回校的同学们，她们鼓掌、欢呼、燃放鞭炮。当队伍站列在校门前时，就有预先请来的两名木工,将那块横在校大门上的“国立北京女子大学”牌子取下,换上原来的“国立北京女子师范大学”牌子。

鲁迅先生和许寿裳、马裕藻、郑奠、罗静轩几位先生，随后也乘车到达石驸马大街。

她们是按照原定安排行事的。为避免与女大方面人发生不必要的冲突，不是全部人一拥而入“红楼”，而是只推派了十个人随同站在门外欢迎她们回校的同学一同进校，到特为她们布置好的舍务处旁边的大房里休息。只为着表示“我们是回来了”，十位同学最后留在那间房住宿，其他同学都仍回到宗帽胡同，为翌日下午举行的各界联合会及正式接管校舍做准备工作。鲁迅先生等曾与女大教务长萧纯锦在西院大会客室做过移交谈判。

十二月一日下午在大礼堂举行的各界联合会，萧纯锦被邀代表女大参加。他布置数十名打手持木棍木棒包围礼堂，听到号令就冲进去，捣乱会场，但阴谋未得逞，萧纯锦在群众正义的威迫下，只得照要求办了移交，灰溜溜地退出学校。接着，女师大经政府明令恢复，并委派易培基为校长。

至此，女师大算是胜利复校了，但不等于斗争结束了。十二月十四日，一个由“名流学者”陈源、王世杰、燕树堂等三十余人组成的“国立北京女子大学后援会”出笼了！从此，又不得不和他们所谓后援编辑部的女大方面的人做各种各样的周旋。

女师大开始团结一致，力求革新发展，各行政部门都增添了新力量，林语堂继许寿裳任教务长兼英文系主任，还加聘了新教师。师生满怀信心,从“把女师大坚持办下去”上升为“把女师大办得很好很好”。

在人人欢腾的大好形势中，鲁迅却看到了危机，屡次告诫一些学生不要有过激行为，今后不可再做请愿、游行、砸烧之类的事情，还是要学点知识，干点实事。如他早在《娜拉走后怎样》的讲演中所说:“震骇一时的牺牲,不如深沉的韧性的战斗。”但应者寥寥,学生们被更大的狂热激动着。

他不禁深感失望和孤独。

《孤独者》

愈到病痛和苦闷的时候,鲁迅的创作激情反倒愈高。他斜躺在床上,抽着烟,喷出一口浓浓的烟雾。在浓雾中,仿佛看见了自己。在《新生》创办失败时,虽然自有无端的悲哀,却也并不愤懑,因为这经验使他反省,看见自己了:自己绝不是一个振臂一呼应者云集的英雄,而是一只被逐出人世的桀骜不驯的枭蛇鬼怪,自己也时常感到自己身内有一种“鬼气”,使人感到沉重的气闷。他想:应该好好反省一下自己,看看自己到底是怎样的模样,处在怎样的境遇。在砖塔胡同创作《在酒楼上》时,吕纬甫身上已有自己的影子,但还不是全影,需要全面地观照一下真实的自我。

写什么呢?自己就是一个“孤独者”,主人公就叫魏连殳。

他翻身起来,铺纸握笔,写下了题目——

孤独者

应该写他的一生,从生到死,于是一段独特的开头出来了:

> 我和魏连殳相识一场,回想起来倒也别致,竟是以送殓始,以送殓终。

对。还是在“S城”,他和我一样都被本地人“当作一个外国人看待,说是‘同我们都异样的’”。

形象也和自己一样:

一个短小瘦削的人，长方脸，蓬松的头发和浓黑的须眉占了一脸的小半，只见两眼在黑气里发光。

祖母也是继祖母，但对自己比亲生的还好。在一场传染病中死了，入殓的情况，简直就是自己经历的写实。

“我”失了业，去访他。他屋里的布置与自己在砖塔胡同时一模一样：

两间连通的客厅，并无什么陈设，不过是桌椅之外，排列些书架，大家虽说他是一个可怕的“新党”，架上却不很有新书。他已经知道我失了职业；但套话一说就完，主客便只好默默地相对，逐渐沉闷起来。我只见他很快地吸完一枝烟，烟蒂要烧着手指了，才抛在地面上。

“吸烟罢。”他伸手取第二枝烟时，忽然说。

他也像自己一样喜欢孩子：

我正想走时，门外一阵喧嚷和脚步声，四个男女孩子闯进来了。大的八九岁，小的四五岁，手脸和衣服都很脏，而且丑得可以。但是连殳的眼里却即刻发出欢喜的光来了，连忙站起，向客厅间壁的房里走，一面说道：

“大良，二良，都来！你们昨天要的口琴，我已经买来了。”

孩子们便跟着一齐拥进去，立刻又各人吹着一个口琴一拥而出，一出客厅门，不知怎的便打将起来。有一个哭了。

“一人一个，都一样的。不要争呵！”他还跟在后面嘱咐。

“这么多的一群孩子都是谁呢？”我问。

“是房主人的。他们都没有母亲，只有一个祖母。”

对孩子的看法，也与自己相同：“孩子总是好的。他们全是天真……”自己也曾经在《狂人日记》结尾呐喊：“救救孩子！”

连婚姻状况实质也一样：

“房东只一个人么？”

“是的。他的妻子大概死了三四年了罢，没有续娶。——否则，便要不肯将余屋租给我似的单身人。”他说着，冷冷地微笑了。

我很想问他何以至今还是单身，但因为不很熟，终于不好开口。

自己虽有名义上的妻室，却过着“古寺僧人”式的单身生活。

因为发议论、写文章而遭到攻击更其一致：

虽在这一种百无聊赖的境地中，也还不给连殳安住。渐渐地，小报上有匿名人来攻击他，学界上也常有关于他的流言，可是这已经并非先前似的单是话柄，大概是于他有损的了。我知道这是他近来喜欢发表文章的结果，倒也并不介意。S城人最不愿意有人发些没有顾忌的议论，一有，一定要暗暗地来叮他，这是向来如此的，连殳自己也知道。

失业——失去经济基础，没有生存的来源，其境遇更是自己深切感受过的：

但到春天，忽然听说他已被校长辞退了。

……

有一天，我路过大街，偶然在旧书摊前停留，却不禁使我觉到震悚，因为在那里陈列着的一部汲古阁初印本《史记索隐》，正是连殳的书。他喜欢书，但不是藏书家，这种本子，在他是算作贵重的善本，非万不得已，不肯轻易变卖的。难道他失业刚才两三月，就一贫至此么？

人一穷，就倍感世态炎凉。“我”去访他，周围人的脸色大变，大良们的祖母，那三角眼的胖女人，从对面的窗口探出她花白的头来了，也大声说，不耐烦似的。使他想起自己被人称为“乞食者”时那个黄胖的矮女人。

童年的坎坷遭遇、周围人们的脸色变化，对鲁迅的印象太深刻了！他一写到人的破落时，总不会忘记把这种变化写出来。甚至于“很小的小孩，拿了一片芦叶指着我道：杀！他还不很能走路……”在《颓败线的颤动》中也出现过。

“冬天的公园，就没有人去……”也是在世态炎凉中提炼出的警言。

没有职业，便不能生存。他仰起头对“我”说：“想来你也无法可想。我也还得赶紧寻点事情做……”但朋友们的境遇都和他差不多……

为了活下去，魏连殳投靠了当权者，给一个军阀师长当了顾问，躬行他先前所憎恶，所反对的一切，拒斥他先前所崇仰，所主张的一切了。他承认已经真的失败，——然而又觉得胜利了。

但是，不久他就死了。作者“会见了死的连殳。但是奇怪！他虽然穿一套皱的短衫裤，大襟上还有血迹，脸上也瘦削得不堪，然而面目却还是先前那样的面目，宁静地闭着嘴，合着眼，睡着似的，几乎要使我伸手到他鼻子前面，去试探他可是其实还在呼吸着”。在棺材里，“他在不妥帖的衣冠中，安静地躺着，合了眼，闭着嘴，口角间仿佛含着冰冷的微笑，冷笑着这可笑的死尸。”

这是“亲手造成孤独，又放在嘴里去咀嚼的人的一生。”死了之后，还在咀嚼。

作者“快步走着，仿佛要从一种沉重的东西中冲出，但是不能够。耳朵中有什么挣扎着，久之，久之，终于挣扎出来了，隐约像是长嗥，像一匹受伤的狼，当深夜在旷野中嗥叫，惨伤里夹杂着愤怒和悲哀。”

作者的“心地就轻松起来，坦然地在潮湿的石路上走，月光底下。”

这就是人世间知识分子命运的缩影，你要生存，就不得不朝着两边的墙壁靠拢，不靠这边就靠那边。否则，就只有死亡，而且像魏连殳或《野草》中《死后》的“我”一样，“六面碰壁”，“在不妥帖的衣冠中，安静地躺着”。独立呵，自由呵，简直是不可能的……但又只能在绝望中抗战！

酝酿了很长的日子，居然两三天就写出了。一九二五年十月十七日，许广平来，他把手稿交广平拿回去看。

“你战胜了！”

广平一带回《孤独者》的手稿，连夜读了，读得泪流满面。她从小说中清楚地感觉到先生是在写自己，那无边的寂寞与孤独，是多么痛苦！自己就不能与先生同行，使他不孤独，至少减轻一些孤独感么？她找僻静地方，悄悄把手稿仔细、工整地抄写了一遍。

鲁迅心里早已爱上了广平。三月十一日，他接到广平的第一封信时，就有这种感觉，所以才那么认真地连夜回复了一封长信。及至四月十二日，广平和林卓凤第一次来访，这种感觉更加明显。六月二十五日端午节的“酒戏”与按头更是超出了师生界限，而“训词”的发出与“嫩弟”“愚兄”的称谓，则完全把两人的关系明确了。八月二十二日，广平到西三条避难，就自然而然成了“另眼看待”的自家人。但这个时候，他绝对不能造次，一是有许羡苏在旁边，二是自己不可在广平遭难时“趁人之危”。倘若那样，还叫什么爱情？还能算对自己真爱的人负责任吗？所以他一直克制着自己。纵然他知道广平渴望着他的爱抚，有什么亲昵的行为，不但不会拒绝，还会欣然接受的。他也决不往前多走一步，反倒格外礼貌，决不进到南房去。

在与广平的爱情中，鲁迅深感自卑：在许多方面不相配，论年龄，他大十七岁，而且有病，身体不好；论形象，广平身材修长，有一米七〇，在北方女子中也算大个子，而他才一米六〇，比广平矮一大截，是个瘦小病弱的矮个儿。由于不修边幅，四十四岁的人已经显出老相。虽然已是著名作家，却没有什么社会地位，一个区区的佥事还被免了。经济也不宽裕，没有丰厚的家产和积蓄，好不容易安置的一座小院，还是借债买的，使他负债在身，心中不安。而更为重要的，是朱安，这个原配妻子虽然是名义上的，除了一两次不成功的性接触外，根本连话都不愿说，但又不能离婚。如果“休出”，无疑是置她于死地，而朱安本人也是封建婚姻的牺牲者，本身是无辜的。连鸽子、蝌蚪、小狗、小兔的死都使他心颤，何况是人，是极力照顾自己的朱安呢？人道主义者的鲁迅是决不会也不能这样做的。那么怎么办呢？只能强力克制着自己，与许广平保持师生和朋友的关系。不能往前迈出一步！

许广平也早就爱上了自己的这位先生。现在在她眼里，鲁迅再不是她速写过的“长发直竖的先生”，而是变得很美，很可爱，既有学问才情，又具内涵教养的美男子。身材虽然矮小，但从学问和人格上看，先生是高大的。同时，又很幽默，是一位可以随意笑闹的“嫩弟”。尤其是他的眼睛，是怎样充溢着静穆温挚的情味啊！他的眼就像荡漾着光辉的深泉那样澄澈。在课堂上，即使生气时用眼睛往下一掠，看着学生们，也使人感到一个时代的全智者的催逼。他有一颗仁慈、善良的心，又是能够保护、教导自己的靠山，应该向他奉献自己全部的毫无保留的爱。

一九二五年十月二十日下午，是个值得纪念的日子。广平拿着《孤独者》的原稿和自己的抄稿来到西三条，叩响了门环，王妈来开门，见是广平，就微笑着让进去。广平直进了“老虎尾巴”，鲁迅正斜躺在床上抽烟，构思着什么，一看广平来了，立刻翻身起来。

广平两眼汪着泪，把原稿和抄稿分别摆在桌上。鲁迅惊讶地说：“只说让你看看，没说让你抄呵！怎么？又要流‘四条胡同’了？”

广平流下两行泪说：“先生写得太感人了！看哭了！是不是写的先生自己啊？以后的稿子全由我抄，你的手稿要保存下来。”

鲁迅感动地说：“嗨！傻孩子，我的稿子没那么珍贵，交排字工排好丢掉就是了。写的也不全是我，而是被‘鬼气’伤害的奴性。何必让你费力，看，手都磨破了。”说着，拉过广平的手，细看右手食指和中指被笔磨破的地方，心疼地抚慰。又说要看看广平手指的纹路。

广平伸开手掌让他看，鲁迅看时，广平紧紧握住了鲁迅的手。鲁迅同时也报广平以轻柔而缓缓的紧握，广平脉搏的跳荡，正和鲁迅呼呼的声音相对，鲁迅首先向广平说：“你战胜了！”

广平心里想：真的吗？偌大的鲁迅，当我是小孩子的鲁迅，竟至于被我战胜了吗？从前他看我是小孩子的耻辱，如今洗刷了！这许算是战胜了吧！不禁微微报以一笑。

广平再也忍不住了，突然扑进先生怀里，热烈地亲吻他的嘴唇和唇上的胡髭。

鲁迅惊住了！呆了会儿，也回吻她的双颊。两个心心相通了半年多的爱人紧紧地搂抱在一起，往床上滚。好一会儿，鲁迅霍然冷静下来，放开广平，坐到藤椅上抽烟。

仍然躺在床上，等待先生进一步爱抚的广平，坐起来轻声问："怎么了？"她回想起李小辉当年不可扼制的激情……

鲁迅深吸一口烟，吐出股烟雾道："要冷静！目前只能到此为止，不然，后果不堪设想！"

广平无畏地说："豁出去了！左不过如此，由人说去吧！"

鲁迅沉下气说："没那么简单！万一怀孕怎么办？可就给你造成大痛苦，大麻烦了！"

广平明白先生是为了她而极力克制了自己，义无反顾地说："一切由我自己负责！是我主动愿意的。"

鲁迅望着心爱的广平说："我说了，你战胜了！我爱你！正因为爱你，我们要有一个妥善的安排。"

广平感到欣慰，说："有先生这句话，我就心安了！"待了会儿，主动说："先生，我走了！"

鲁迅知道广平并不想走，说走，是为了使先生不要再过多地克制自己，就说："好吧！"破例送她到街口，叫来辆人力车，付了钱，让车夫送广平到宗帽胡同。

广平很想再吻先生一下，让先生的胡髭再扎一下自己的脸颊，但终于克制住了，坐上车，向亲爱的先生挥手告别，回头望着先生的身影，直到看不见了……

回校以后，广平写了一篇文章——

风子是我的爱……

平　林

风子是我的爱……它，我不知道降生在甚么时候。这是因为在有我的历史以前，它老早就来到这个宇宙和人们结识了吧。

风子是什么一个模样呢？我可说不出，因为自始我就没法子整个的看清楚它，许是因为我太矮小的原故吧！

即使我看着最有趣的书，或者干着最聚精会神的事体，耳根响着隆隆的12345，54321，135，531……钢琴的竟日震动鼓膜的声音，任何人都不容易忍耐的下去领会或细心高兴的工作吧！这时风子突然投入我怀，令我不期然而然的抛开工夫，装作假寐的去回味它，屡屡不只一二次的追溯它，当遇着我的时候和离开我的时候是什么样的情景。

比起蝼蚁鸡犬之流。我，小小的我，勉强可以算是“庞然大物”吧！然而风子总看我是小孩子。

这于我真算是莫大的耻辱。它，是天上的一种气体，时间，空间，自然比我伟大得多。在解冻的时候它算是春风；在汗流浃背的时候，它算是薰风；梧桐叶落的时候呢，人们知道它换了秋的袍子；而狂风怒号有似刀割的时候，人们在它的名字上改换了一个名，说是冬风了！它虽则能被人改变各式花样，但仍不是风子么？时候、地位的不同，风子能不单只给我一些暖暖的呵气吗？有谁能禁止我不爱风子，为了我的藐小，否认我的资格呢？

风子有一个劫运，就是在上古的时候，人们把它女性化了，说它是“风姨”，然而我则偏偏说它是风子。何以故，因为我是男性化的，不妨引为同类，可以达到我同性爱的理想的实现，而且免掉了她和他的麻烦。

淡漠寡情的风子，时时攀起脸孔呼呼的刮叫起来，是深山的虎声，还是狮吼呢？胆小而抖擞的，个个都躲避开了！穿插在躲避了的空洞洞呼号而无应的是我的爱的风子呀！风子是我的爱，于是，我起始握着风子的手。

奇怪，风子同时也报我以轻柔而缓缓的紧握，并且我脉搏的跳荡，也正和风子呼呼的声音相对，于是，它首先向我说：“你战胜了！”真的吗？偌大的风子，当我是小孩子的风子，竟至于被我战胜了吗？

从前它看我是小孩子的耻辱，如今洗刷了！这许算是战胜了吧！不禁微微报以一笑。

它——风子——承认我战胜了！甘于做我的俘虏了！即使风子有它自己的伟大，有它自己的地位，藐小的我既然蒙它殷殷握手，不自量也罢！不相当也罢！同类也罢！异类也罢！合法也罢！不合法也罢！这都于我们不相干，于你们无关系，总之，风子是我的爱……呀！风子。

这篇文章刊登在一九二六年二月二十三日《国民新报副刊》上。

许广平以前还写有一篇文章，题为《同行者》，署名同是“平林”。写于一九二五年十月十二日，发表在同年十二月十二日《国民新报副刊》，文中说：“在社会上严厉的戴着道德的眼镜、专唱高调的人们，在爱之国度里是不配领略的人们，或者嫉恨某一桩事，某一方面的，对相爱的他俩，也许给予一番猛烈的攻击。然而，沐浴游泳于爱之波的人们，不知道什么是利害，是非，善恶，只一心一意的向着爱的方面奔驰。从浅的比方一句罢，有似灯蛾赴火，就是归宿到‘死’字上，这死，是甜蜜的，值得歌颂的，此外还有什么问题？！”广平对鲁迅的爱是那样真诚，确是“一心一意的向着爱的方面奔驰。”“有似灯蛾赴火”，甚至可以为爱而“情死”！没有丝毫功利和虚荣，完全是一种崇敬和牺牲。

《伤逝》

送广平走后，鲁迅始终沉浸在爱的愉悦中。在充满爱情的诗意中继续写起来。

鲁迅是惯于从事物的反面理解世界的，他从不歌颂“大团圆”，而总是乐观时想到悲观，胜利时想到失败，光明时想到黑暗，幸福时想到痛苦。他从来没有写过爱情小说，除了少年时与琴表妹那点朦胧的初恋，也没有尝过爱情的滋味儿，现在跟广平刚刚进入爱河，还没有品尝其中的甜蜜，却想到可能失败后的悔恨。看了看已写就的半篇，摇摇头，决定重写。又斜躺在床上，抽着烟构思了一会儿，翻身起来，笔直地坐在藤椅上，铺纸握笔写来——

伤　逝

——涓生的手记

如果我能够，我要写下我的悔恨和悲哀，为子君，为自己。

诗一般的文字从他的笔下流出，如一行行热泪，一股股清泉，一丝丝细流……一直写到东方发白也没有觉得，一口气吐了出来——

涓生回到了一年前的会馆。依然是破屋，破窗，窗外半枯的槐树和老紫藤，窗前的方桌，败壁，板床。深夜中独自躺在床上，就如他未曾和子君同居以前一般，过去一年中的时光全已泯灭，全未有过，他并没有曾经从这破屋子搬出，在吉兆胡同创立过满怀希望的小小的家庭。

人未到，先听声。在久待的焦躁中，一听到皮鞋的高底尖触着砖路的清响，是怎样地使涓生骤然生动起来呵！于是就看见带着笑涡的苍白的圆脸，苍白的瘦的臂膊，布的有条纹的衫子，玄色的裙。她又带了窗外的半枯的槐树的新叶来，使他看见，还有挂在铁似的老干上的一房一房的紫白的藤花。

鲁迅在《我怎么做起小说来》中说过："要极省俭的画出一个人的特点，最好是画他的眼睛。"鲁迅的"画眼睛"在《祝福》中写祥林嫂时有这样的名句："只有那眼珠间或一轮，还可以表示她是一个活物。"到了《伤逝》，这种"画眼睛"的技巧达到了高峰。

第一层写涓生与子君初识时，热烈地讨论外国文学和社会问题。子君"总是微笑点头，两眼里弥漫着稚气的好奇的光泽"。看到雪莱最美的半身像，"却只草草一看，便低了头，似乎不好意思了。这些地方，子君就大概还未脱尽旧思想的束缚"。

第二层写涓生向子君求爱时，"她脸色变成青白，后来又渐渐转作绯红——没有见过，也没有再见的绯红；孩子似的眼里射出悲喜，但是夹着惊疑的光，虽然力避我的视线，张皇地似乎要破窗飞去。然而我知道她已经允许我了”。“孩子似的眼”表现出子君接受爱情时的天真、幼稚。

第三层写子君回味涓生对她的求爱，“只要看见她两眼注视空中，出神似的凝想着，于是神色越加柔和，笑窝也深下去，便知道她又在自修旧课了”。“两眼注视空中”，反映出子君对爱的沉浸。

第四层写子君听到涓生说已经不爱她了，“她脸色陡然变成灰黄，死了似的；瞬间便又苏生，眼里也发了稚气的闪闪的光泽。这眼光射向四处，正如孩子在饥渴中寻求着慈爱的母亲，但只在空中寻求，恐怖地回避着我的眼。”多么悲惨！又是孩子似的眼光，“在饥渴中寻求着慈爱的母亲”因为她生命的唯一支撑就是涓生对她的爱，倘若这个爱没有了，她真是无路可走……

通过这四层子君眼光的变化，子君活生生地出现在读者眼前了。她悲惨的一生也生动地展现出来，从最后“眼光射向四处，正如孩子在饥渴中寻求着慈爱的母亲，但只在空中寻求”中，我们已经预见到她的死：“负着虚空的重担，在严威和冷眼中走着所谓人生的路，这是怎么可怕的事呵！而况这路的尽头，又不过是——连墓碑也没有的坟墓。”

结尾又神来一笔：阿随回来了。瘦弱的，半死的，满身灰土的……

涓生的心就一停，接着便直跳起来。

这篇《伤逝》是鲁迅最充满感情、最具诗韵美的一篇。贯穿着鲁迅一贯的思想：“人必生活着，爱才有所附丽。”

倘若沿着《孤独者》《伤逝》和《野草》的路子写下去，鲁迅不知会有多么无可限量的文学成就，为世界文学宝库增添多少堪与《阿Q正传》相媲美的作品。可惜由于时代和个人的原因，这个创作路子被中断了。多么令人惋惜！

《伤逝》没有给广平看，她来时，热吻之后，鲁迅叹口气说：“做文学家的女人真不容易呢，早该通知你了。”

“我不相信做文学家的女人就那么难，我甘愿永远和先生在一起！在一起就觉得幸福！”广平调皮地用自己的脸颊蹭鲁迅的胡髭，怪痒痒的。

鲁迅任凭她嬉闹着，沉静地说：“不。要有坏的准备。”

至今费解的是：《孤独者》和《伤逝》，都未曾在报刊上发表，直接编入了鲁迅的第二本小说集《彷徨》。

《伤逝》之后，鲁迅还于一九二五年十一月三日，写了小说《弟兄》，发表在一九二六年二月十日《莽原》半月刊第三期；一九二五年十一月六日，写了小说《离婚》，发表在《语丝》周刊第五十四期。两篇都收入《彷徨》。

一九二六年八月，有人从《彷徨》中读到《伤逝》时，流行一种传说，说《伤逝》是鲁迅自已的事，因为没有经验是写不出这样的小说的。十二月二十九日鲁迅在致韦素园信中感叹道："哈哈，做人真愈做逾难了。"

周作人则相反，认为"《伤逝》不是普通恋爱小说，乃是假借了男女的死亡来哀悼兄弟恩情的断绝的"。因为在《伤逝》写作的九天前，周作人曾经在一九二五年十月十二日《京报副刊》上发表过一篇同名短文《伤逝》，署名丙丁，向决裂的鲁迅道一声"珍重"。全文如下：

伤　逝

我走尽迢递的长途，
渡过茫茫的大海，
兄弟呵，我来到你墓前，
献给你一些祭品，
作最后的供献，
对你沉默的灰土，
作徒然的话别，
因为她那运命的女神，
忽而给予又忽而收回，已经把你带走了，
我照了古旧的遗风，
将这些悲哀的祭品，
来陈列在你的墓上；
兄弟，你收了这些东西吧，
都泌透了我的眼泪，
从此永隔幽明，兄弟，

只嘱咐你一声珍重！

这是罗马诗人“喀都路死”的第百一首诗，现经某君参照几种译本说给我听，由我自由地笔述下来的。“琵亚词侣”画有一幅插画，今转载于右。一个人举起右手，上题“哀尾哀特该乏勒”三字，大约即系表示致声珍重的意思。据说这是诗人悼其兄弟之作，所以添写了这样一个题目。《晨报》副刊模写琵君此画作为篇首图案，大约只取其图样。有一个《晶报》式的滑稽家说，这恐怕是表示逼死别的副刊再掐死自己副刊的意思，倒也想得很有趣，不过未必是编辑先生的原意罢。

这里，周作人借了罗马诗人的一首诗和英国画家的一幅画，传达了他对已经不可再得的兄弟之情的追念，“只嘱咐你一声珍重！”这是他向鲁迅发出的一份密码电报。这时《京报》副刊的编者是孙伏园，鲁迅是它经常的撰稿人和每天的读者。不晓得是他自己看出来的，还是孙伏园告诉他的：这篇的作者是周作人。鲁迅看了这篇，当然也明白了它所传递过来的信息，于是也用《伤逝》这个题目写一篇作答。

但是，据许钦文说《伤逝》是鲁迅一年多前构思的，曾经写到一半，还给许钦文看过。这回又继续写下去，作家的创作感情是复杂的。鲁迅肯定看了周作人的《伤逝》，也有跟兄弟的惜别之情，但总体来说，还是痛惜男女之间爱情的逝去。

第十三章　诗意的栖居

《这样的战士》

爱情是蕴含诗意的。和广平明确了爱情关系后，鲁迅心中更加充溢着诗意。自一九二五年七月十二日写了《死后》，一连五个月陷在女师大学潮中，始终在激烈的斗争和病痛中度过，再不能“画梦”，继续《野草》的创作了。现在总算平静下来，学校恢复到原址上课，教授们更加死气沉沉地讲授着老课本，学生们，尤其是即将毕业的学生，更加死“啃”起书本，并为毕业后的生路操心，整个学校毫无生气。但对鲁迅的种种流言却风起了，什么“鼓动学生”呀，“谋做校长”呀，“打落门牙”呀……造流言的是一个人还是多数人？姓甚，名谁？无从去查考，也没有工夫查考。然而，所遇见的都对他一式点头，似乎都很友好。并且头上有各种旗帜，绣出各样好名称：慈善家，学者，文士，青年，雅人，君子……明明自己是在不断地“碰壁”，却像“鬼打墙”一样地无形，冠以“无物之阵”的命名，确是太精彩了。青年时代大声呼唤的“精神界之战士”在哪里？在这样的境遇中，需要“这样的战士”——

已不是蒙昧如非洲土人而背着雪亮的毛瑟枪的；也并不疲惫如中国绿营兵而却佩着盒子炮。他毫无乞灵于牛皮和废铁的甲胄；他只有自己，但拿着蛮人所用的，脱手一掷的投枪。

他走进无物之阵，所遇见的都对他一式点头。他知道这点头就是敌人的武器，是杀人不见血的武器，许多战士都在此灭亡，正如炮弹一般，使猛士无所用其力。

那些头上有各种旗帜，绣出各样好名称：慈善家，学者，文士，长者，青年，雅人，君子……。头下有各样外套，绣出各式好花样：学问，道德，国粹，民意，逻辑，公义，东方文明……。

但他举起了投枪。

他们都同声立了誓来讲说，他们的心都在胸膛的中央，和别的偏心的人类两样。他们都在胸前放着护心镜，就为自己也深信心在胸膛中央的事作证。

但他举起了投枪。

他微笑，偏侧一掷，却正中了他们的心窝。

一切都颓然倒地；——然而只有一件外套，其中无物。无物之物已经脱走，得了胜利，因为他这时成了戕害慈善家等类的罪人。

但他举起了投枪。

他在无物之阵中大踏步走，再见一式的点头，各种的旗帜，各样的外套……。

但他举起了投枪。

他终于在无物之阵中老衰，寿终。他终于不是战士，但无物之物则是胜者。

在这样的境地里，谁也不闻战叫：太平。

太平……。

但他举起了投枪！

这样的战士，是孤独的，“只有他自己”，装备也不精利，只有柄“蛮人”所用的简陋的投枪——一杆“金不换”的毛笔。但无论遇见什么样的论敌，处于什么样的境遇中，都不断地“举起了投枪”，挥起了笔锋，直到在“无物之阵中老衰，寿终”。

这确实是鲁迅的自画像。十二月十四日夜里，鲁迅起身把这个构思写下，在十二月二十一日《语丝》五十八期上，作为《这样的战士——〈野草〉之十九》发表了。

十二月十二日，鲁迅在《国民新报副刊》上发表了《这个与那个》三《最先与最后》。谈道：

> 所以中国一向就少有失败的英雄，少有韧性的反抗，少有敢单身鏖战的武人，少有敢抚哭叛徒的吊客；见胜兆则纷纷聚集，见败兆则纷纷逃亡。战具比我们精利的欧美人，战具未必比我们精利的匈奴蒙古满洲人，都如入无人之境。“土崩瓦解”这四个字，真是形容得有自知之明。

这里所说的“失败的英雄”“韧性的反抗”“敢单身鏖战的武人”“敢抚哭叛徒的吊客”等，应该就是“这样的战士”。

《聪明人和傻子和奴才》

一九二五年十二月二十六日下午，广平来了。一坐下，就不禁要流出“四条胡同”来。鲁迅惊问：“怎么啦？受什么委屈了？”

广平说：“什么事都没有。就是在《语丝》上看到你的《这样的战士》，就直想哭。”

鲁迅笑道：“傻孩子！有什么好哭的？”

广平不平地说：“怎么那样孤独？只有你自己一个人，还有我与你同行啊！”把脸紧贴在鲁迅胸前。

鲁迅抚着她的头发，说道：“是的，有了你，我就不孤独了！那是诗，不必当真！”

见屋门的帘子很严密，不会有人撞进来，俩人热烈地亲吻。广平弯下身，愿意让鲁迅的胡髭扎弄自己的脸颊，而且喜欢闻他嘴里的烟味儿。

好一会儿，俩人才分开，鲁迅点着一支烟，深吸一口，吐出一团烟雾，玩笑道：“傻孩子，我给你讲一个《聪明人和傻子和奴才》的故事。”

于是鲁迅开说了——

奴才总不过是寻人诉苦。只要这样，也只能这样。有一日，他遇到一个聪明人。

“先生！”他悲哀地说，眼泪联成一线，就从眼角上直流下来。“你知道的。我所过的简直不是人的生活。吃的是一天未必有一餐，这一餐又不过是高粱皮，连猪狗都不要吃的，尚且只有一小碗……。”

“这实在令人同情。”聪明人也惨然说。

“可不是么！”他高兴了。“可是做工是昼夜无休息的：清早担水晚烧饭，上午跑街夜磨面，晴洗衣裳雨张伞，冬烧汽炉夏打扇。半夜要煨银耳，侍候主人耍钱；头钱从来没分，有时还挨皮鞭……。”

“唉唉……。”聪明人叹息着，眼圈有些发红，似乎要下泪。

“先生！我这样是敷衍不下去的。我总得另外想法子。可是什么法子呢？……”

“我想，你总会好起来……。”

“是么？但愿如此。可是我对先生诉了冤苦，又得你的同情和慰安，已经舒坦得不少了。可见天理没有灭绝……。”

但是，不几日，他又不平起来了，仍然寻人去诉苦。

“先生！”他流着眼泪说，“你知道的。我住的简直比猪窠还不如。主人并不将我当人；他对他的叭儿狗还要好到几万倍……。”

“混帐！”那人大叫起来，使他吃惊了。那人是一个傻子。

“先生，我住的只是一间破小屋，又湿，又阴，满是臭虫，睡下去就咬得真可以。秽气冲着鼻子，四面又没有一个窗……。”

“你不会要你的主人开一个窗的么？”

“这怎么行？……”

“那么，你带我去看去！”

傻子跟奴才到他屋外，动手就砸那泥墙。

“先生！你干什么？”他大惊地说。

“我给你打开一个窗洞来。”

“这不行！主人要骂的！”

“管他呢！”他仍然砸。

“人来呀！强盗在毁咱们的屋子了！快来呀！迟一点可要打出窟窿来了！……”他哭嚷着，在地上团团地打滚。

一群奴才都出来了，将傻子赶走。

听到了喊声，慢慢地最后出来的是主人。

“有强盗要来毁咱们的屋子，我首先叫喊起来，大家一同把他赶走了。”他恭敬而得胜地说。

“你不错。”主人这样夸奖他。

这一天就来了许多慰问的人，聪明人也在内。

“先生。这回因为我有功，主人夸奖了我了。你先前说我总会好起来，实在是有先见之明……。”他大有希望似的高兴地说。

“可不是么……。”聪明人也代为高兴似的回答他。

广平听后禁不住大笑了起来。笑得往床上滚，也拉鲁迅靠在她身边。

俩人依偎在一起，广平笑道：“最可笑的那个傻子，要为奴才办好事，还遭到一群奴才驱赶。奴才因为得了主人‘你不错’的夸奖，就如此高兴和自豪。”

鲁迅告诫道：“这个傻子也该挨驱赶，他的做法未免太幼稚、莽撞了，而且也不真正认识到奴才的根性就是奴才，他是不会进行反抗的。向人诉苦，正是奴性的表现。”

广平说：“顶坏的是那位聪明人，两边讨好，从不伤害自己。”

鲁迅感叹地说：“可是，这种聪明人很多！而且越来越多了！”

广平说：“我宁肯当傻子，也不当聪明人，更不做奴才！”

鲁迅指点道：“当傻子，决不当这种蛮干的傻子！要懂得策略，讲究斗争方法。奴才跟奴隶不同，奴隶虽然身为奴隶，但心存反抗；奴才是心里就是甘当奴才。”

快到晚饭时间了，鲁迅要留广平吃饭。广平不愿意，因为跟朱安在一起总不舒坦，就说：“先生不是说要逛白塔寺么？走，我们去白塔寺吃小吃吧？”

鲁迅一听，兴致来了，说：“好，现在就去。”

广平跟先生走到中堂，鲁迅叫了一声“娘”，说道：“今天不在家吃晚饭了。”鲁瑞在屋里“嗯”了一声。俩人出了北房，恰好碰见从厨房出来的朱安，什么也没说就出了院门。

一出来，广平就搀着鲁迅，像晚辈搀扶着老人，鲁迅倒不愿意她搀，甩开膀子，大步走起来，说：“比一比，看谁走得快！”

东边不远，就是白塔寺。白塔寺是因白塔而得名的寺院，这座白塔坐落在阜成门内大街，始建于元代，原名大圣寿万安寺。明天顺元年，即一四五七年奉敕重建，赐额妙应寺，因此塔通体皆白，人们常又称之为白塔寺。此时正赶上庙会。

寺内头院东侧，有卖山货的、卖针头线脑的，还有卖小百货、布匹成衣的，也有卖儿童玩具的，但最受人们欢迎的是当时的一种木碗。据记载：白塔寺的木碗花草，土地庙的木器、竹器皆属特有。

寺内西侧南半段以食品摊为主，北半段和塔院地方宽敞，是搭台唱戏的最佳场所，唱滑稽大鼓的，说评书《小五义》的，唱乐亭大鼓《杨家将》《呼家将》的，还有些佚名艺人在此拉洋片、表演双簧、说相声，为热闹的庙会增加了不少色彩。

塔院内的地方不大，虽然也有几个卖儿童玩具、百货和食品的小摊位，但这里几乎成了医卜星相之流人物活动的天下，这些人打扮得非僧非道，却招引了不少游客，一些善男信女来到这里，占卜未来，祈祷好运。

塔院的北墙外是鸟市。这里卖的主要有鸽子、鹌鹑、狗等家禽、家畜。鸟笼子的品种很多，样式也讲究，好像摆放整齐的一件件工艺品。秋天，大量的蛐蛐、蝈蝈等秋虫纷纷上市，蛐蛐罐又成了抢手的商品。一般的蛐蛐罐不上釉，呈圆形，上品以澄泥制成，盖上有花纹，很是精致，备受收藏者的青睐。

即使到了冬天，也有保暖的罐罐，能养长寿的蛐蛐、蝈蝈。

白塔寺庙会形成于清末民初时期，当时政局不稳，寺内香火不旺，寺里的僧人开始出租部分寺产，由于租赁者行业五花八门，三百六十行会聚于此，使得白塔寺这块风水宝地逐渐成为了京城的闹市。今天正逢庙会期间，寺庙的山门前人群熙熙攘攘，热闹非凡。郊区的农民兄弟早早地就来到这里，为的是占据一个好的摊位，出售自己的家禽和农副产品。北京风味传统小吃的摊位更是一个挨着一个，卖冰糖葫芦的、卖年糕的、卖豆汁的、卖油茶的，叫卖声不绝于耳。越到傍晚越是热闹。

鲁迅和广平直接到西侧南半段食品摊去，鲁迅在一个豆汁儿摊前坐下，要两碗豆汁儿,两个又叫“油炸鬼”的“焦圈儿”,两个“薄脆”,一大盆辣咸菜，叫广平同坐吃喝。一会儿，两大碗滚烫的豆汁儿和辣咸菜送上来了。鲁迅端起碗就“吸溜吸溜”地大喝起来,又大口吃咸菜,嚼刚送到的“焦圈儿”和“薄脆”，真如饿狼一般。一边吃喝，还一边叫“真好吃！”

广平端过豆汁儿，刚一尝，就皱了眉头，恨不能吐出来。娇嗔地对鲁迅说:“这有什么好喝的？一股馊泔水味儿。”

掌柜的听了说：“嘿，北京人就偏爱喝馊泔水。”又问道：“这位先生肯定是北京人吧？”

鲁迅答道：“非也。是绍兴人士。”

掌柜的恍然大悟，说道：“怪不得呢。凡是喝过上等绍酒的，都爱喝北京豆汁儿，体会得出那种酸中带鲜的美味。”

鲁迅道：“老板说的是理。喝不惯的嫌涩，喝惯了的，能品味出那种酸中带鲜的美味。”

广平发了小脾气：“我是广东人，可喝不了这种馊泔水。”

其实，北京土著人士大都晓得，所谓豆汁儿，还有麻豆腐，纯属下脚料，甚或称之为“废料”。那原是制粉丝、粉皮儿的剩余物，麻豆腐就是湿豆渣，豆汁儿就是豆泔水罢了。早年大凡开粉坊的，总兼设猪圈，以渣及泔水饲饮之，则肥猪满圈，作坊主也易饱其囊。外乡人错将“豆汁儿”误认为“豆浆”，忖度着该是甜淡的呢，殊不知才舀到碗里，还没沾唇，就像广平似的屏气蹙额了。

鲁迅将广平的一份揽过来，说道："你的，我喝。过会儿，请你吃爱吃的。"就秋风扫落叶般，一扫而光了。

吃喝完毕，鲁迅拉着广平去喝馄饨，吃烧饼，广平才喜笑颜开。

趁着高兴劲儿，广平拉鲁迅去买糖葫芦。广平要那又长又大的，鲁迅觉得拿上车很不方便，就买了小根的。广平嫌小，不要，鲁迅劝慰道："一会儿，还要进洋车呢，长的放不进去。"广平才罢，伸过糖葫芦要鲁迅先吃第一颗，鲁迅摆摆手，说："怕吃酸。"就去买了几个柿饼，咬了一口说："真甜！跟糖一样甜。"广平知道鲁迅爱吃糖，这里又没有糖，吃柿饼正好代替，撒娇地说："让我也尝一口。"鲁迅把自己咬过的那个柿饼递给广平，广平吃了一口说："是的，真甜！"又递回给鲁迅。鲁迅沿着广平咬过的牙印，又咬了一口。

最后要了辆洋车，两人一起上去。冬天的车有棉棚、棉帘，包遮得严严实实。两人拥在车里，广平感到无限的幸福，叮嘱鲁迅道："先生要努力工作，不要松懈，不要怠忽，因为你一出手就是传世经典，有益于后世；但希望先生多加保养，不要过劳，不要发狠。"鲁迅"嗯嗯"地答应着，竟至到了石驸马大街两人还依依不舍，广平不愿下车。鲁迅想得周到，怕遇见熟人，催她下车，才勉强下去了。洋车又转回送鲁迅回西三条，广平依恋地望着洋车远去，愉快地回到宿舍……

《腊叶》

鲁迅在车上重温着给广平讲的故事，回到"老虎尾巴"，顾不上洗漱，就铺纸握笔，写下《野草》之二十：

聪明人和傻子和奴才

写完，鲁迅和衣睡去，打了一个盹儿，想起了广平的嘱托，翻身起来，捻就了灯蕊，又铺纸写了一篇《野草》之二十一：

腊　叶

灯下看《雁门集》，忽然翻出一片压干的枫叶来。

这使我记起去年的深秋。繁霜夜降，木叶多半凋零，庭前的一株小小的枫树也变成红色了。我曾绕树徘徊，细看叶片的颜色，当他青葱的时候是从没有这么注意的。他也并非全树通红，最多的是浅绛，有几片则在绯红地上，还带着几团浓绿。一片独有一点蛀孔，镶着乌黑的花边，在红，黄和绿的斑驳中，明眸似的向人凝视。我自念：这是病叶呵！便将他摘了下来，夹在刚才买到的《雁门集》里。大概是愿使这将坠的被蚀而斑斓的颜色，暂得保存，不即与群叶一同飘散罢。

但今夜他却黄蜡似的躺在我的眼前，那眸子也不复似去年一般灼灼。假使再过几年，旧时的颜色在我记忆中消去，怕连我也不知道他何以夹在书里面的原因了。将坠的病叶的斑斓，似乎也只能在极短时中相对，更何况是葱郁的呢。看看窗外，很能耐寒的树木也早经秃尽了；枫树更何消说得。当深秋时，想来也许有和这去年的模样相似的病叶的罢，但可惜我今年竟没有赏玩秋树的余闲。

一九二五年十二月二十六日。

第二天，鲁迅把《聪明人和傻子和奴才》与《腊叶》一起交给孙伏园。伏园讽诵、欣赏、研究着这两篇美文，如获至宝，问鲁迅腊叶是指什么。鲁迅答道：“许公很鼓励我，希望我努力工作，不要松懈，不要怠忽；但又很爱护我，希望我多加保养，不要过劳，不要发狠。这是不能两全的，这里面有矛盾。《腊叶》的感兴就从这儿得来，《雁门集》等等却是无关宏旨的。”

“许公”是谁，从谈话的上下文听来，孙伏园是极其明白的。鲁迅先生的熟朋友当中，姓许的共有五位。第一位自然是许季茀先生寿裳，那是先生幼年的朋友，友谊的深挚，数十年如一日的。第二位是许季上先生丹，一位留学印度，研究佛经的学者，先生在壮年的研究学术的朋友，可以说是先生的道义之交。还有三位都是较晚一辈的少年朋友，一位是少年作家许钦文先生，一位是钦文的妹妹许羡苏女士，还有一位则是许广平女士景宋。孙伏园常常私议：鲁迅先生的好友当中，姓许的占着多数，“许”字给予先生的印象是最好的。

但是孙伏园心知先生口头的“许公”，绝不是其他四位，确指的是景宋先生。景宋先生初在报上发表文字，钱玄同先生便来打听：“景宋的文字像是一个熟人所写，景宋到底是谁呢？”

孙伏园答道：“是许公。”

“啊，我知道了，当然是她。她景仰唐玄宗时的宰相宋广平，所以自号‘景宋’喽。”钱玄同大悟道。

孙伏园把这话告诉鲁迅先生，先生却说：“玄同完全错了，你对他说，他推理是完全靠不住的。我告诉你：许公的母亲姓宋，她为景仰母亲，所以自号‘景宋’；至于她‘广平’，也和宋广平全不相干，只是广东的风气，常常喜欢把地名放在名字当中，如她名‘广平’，她的妹妹名‘东平’，何尝有宋广平的影子呢？”

鲁迅先生了解景宋先生如此之深，景宋先生又鼓励和爱护鲁迅先生如此之切，孙伏园那时便感觉他们两位的情感已经超出友谊之上了。

鲁迅先生自己在《野草》英译本序言中，曾经提示了几篇的创作用意，关于《腊叶》只有一句话，与先生当年所谈完全相合，“是为爱我者的想要保存我而作。”“爱我者”当然是许景宋先生。

这两篇散文诗作为《野草》之二十、二十一，一同发表于一九二六年一月四日《语丝》周刊第六十期。

广平看到后曾问《腊叶》的寓意，鲁迅说：“《腊叶》，是为你——爱我者的想要保存我而作的。那篇《腊叶》，那假设被摘下来夹在《雁门集》里的斑驳的枫叶，就是自况的。”

第十四章　冬日的冷箭

《论“费厄泼赖”应该缓行》

一九二五年十二月二十五日，在《国民新报副刊》刊出预告的《莽原》半月刊，终于在一九二六年一月十日正式出版了。女师大学生们看到这小而精的半月刊，真是欢欣鼓舞！

刘和珍先拿到一册。她虽然父亲早亡，母亲一人在江西南昌抚养她和二弟一妹，家境极贫，却毅然拿出一元钱预定了全年的《莽原》。

她微笑着，态度很温和地看着崭新的《莽原》，如视珍宝。

首篇是林语堂的《祝土匪》。写得潇洒，流畅，幽默自如，竟把别人贬斥的土匪当作歌颂的对象。说“有史以来大思想家都被当代学者称为‘土匪’”，但他们“却要请真理出来登极”。“为真理喝彩，祝真理万岁”！因为鲁迅曾经被一些“正人君子”诬为“土匪”，所以林语堂这篇洋洋洒洒的文章也是为他所尊敬的鲁迅先生辩诬的。

林语堂，福建龙溪人，哈佛和莱比锡大学博士，西式教育的一流高才生，回国开始也是不可一世，但遇到鲁迅和周作人，看到他们的绚烂文章后，才真正明白了自己的差距。他在毕生唯一的学术论集——开明书店一九三三年版《语言学论丛》前言中，说了几句老实话：“这些论文，有几篇是民国十二三年初回国时所作，脱离不了哈佛架子，俗气十足，文也不好，看了十分讨厌。其时文调每每太高，这是一切留学生刚回国时之通病。后来受《语丝》诸子的影响，才渐渐知书识礼，受了教育，脱离哈佛腐儒的俗气。所以现在看见哈佛留学生，专家架子十足，开口评人短长，以为非哈佛藏书楼之书不是书，非读过哈佛之人不是人，知有世俗之俗，而不知有读书人之俗，也只莞尔而笑，笑我从前像他。”自此，他认真学习鲁迅、周作人的文章，采取了《语丝》文体：任意而谈，无所顾忌，要催促新的产生，对于有害于新的旧物，则竭力加以抨击。文章特色大变，每每有奇文出手，很得鲁迅欣赏。作为主编，不把自己的文章列为首篇，而将林语堂的大作当为《莽原》第一期的开篇之作了。林语堂对鲁迅也非常敬重，称鲁迅为“白象”，就是稀有的天才之意。

广平自然也是最早看到新《莽原》的读者，她不是预订，是鲁迅亲自送的。她首先看的是排在第二篇的鲁迅的文章《论“费厄泼赖”应该缓行》。“打落水狗”，在绍兴叫“打死老虎”，先生早就在口头上说过多回，写成文章还是首次。因为当时章士钊、杨荫榆等都垮台了，林语堂、周作人等主张对这些“垮台人物”应该“费厄泼赖”，即英语的“宽容大度”的意思，鲁迅却持异议。广平对文章居高临下的风度和幽默的笔法，很是钦佩，但对其意不甚理解，就趁空去“老虎尾巴”向先生请教。

鲁迅先生严肃地说：“这不是对章士钊、杨荫榆等个别人讲的，是见了我的同辈和比我年幼的青年们的血而写的。中国历史上，历来是革命者宽容权力者，而权力者却从来没有宽容过革命者。要为秋瑾姑娘报仇的王金发宽容了杀人者，自己反被杀人者所杀了，这样血的教训实在太多了。我是在总结历史的经验！”

广平霍然明白了一些。

而林语堂对鲁迅在《论“费厄泼赖”应该缓行》里批评他一事，不但不生气，还幽默地为鲁迅绘了一张《鲁迅先生打叭儿狗图》。

真是好事不断。一九二六年一月十三日，易培基正式到女师大任校长职，女师大全体师生及女师大教育维持会，国立各校校长、各校学生会代表共五百余人盛会欢迎。许寿裳主持大会，鲁迅代表校务维持会致欢迎词。他回顾了女师大风潮的艰难斗争历程，阐明了这一斗争胜利的意义，说："欢迎新校长，原是极平常的事，但是，以校务维持会欢迎校长，却是不常有的。回忆本校被非法解散以来，在外，有教育维持会；在内，有校务维持会，共同维持者，计有半年。其间仍然开学、上课，以至恢复校址。本会一面维持，一面也无时不忘记恢复，并且希望有新校长到校，得以将这重大责任交出。现在，政府居然明令恢复……这才将向来的希望达到，同人认为自己的责任已尽，将来的希望也已经有所归属，这是非常之欢喜的。从此本会就告了一个结束，自行解散。但是这解散，和去年本校的解散很不同，乃是本校更进于光明的路的开始……这希望的达到，也几乎是到现在为止中国别处所没有达到的创举，所以今天的盛会，实在不是单用平常的欢迎的意思所能表现的。"会后，摄影留念，鲁迅坐第一排。是夜，鲁迅又往"女师大纪念会"，观看女师大学生自治会演剧。

一月十六日，控告章士钊初步获胜。教育部发布"复职令"："被告呈请免职之处分系属违法，应予取消"，"兹派周树人暂署本部佥事，在秘书处办事，此令。"由于平政院的正式裁决书尚未下达，故为"暂署佥事"。此事老寿先生的儿子寿洙邻、即小寿先生出力甚大。一九〇二年前后，他已不愿再做私塾教师，本着自己的才华选择了科举道路。寿镜吾先生出于反清意识和三味书屋的事业，对儿子这一打算大加反对。寿洙邻不服，他在一九〇三年去杭州由禀生考取光绪癸卯科浙江优贡。第二年因慈禧太后七十大寿，清政府决定在保和殿举行全国优贡会考，寿镜吾坚决反对儿子参加考试，在接近考期的前几个月，把儿子锁在楼上，每顿饭都叫人送去，不许他出房门。后来由于母亲支持，寿洙邻用一根麻绳绑捆在窗门上，自己缘绳而下，逃出楼房，终于去北京参加了考试。这就使寿镜吾更加生气，大骂寿洙邻不孝，骂了很长一个时候。他还写了一张状子，到塔子桥头的穆神庙里烧给菩萨，向土地爷告发他儿子不孝。虽然这样，寿洙邻在北京的会考却取得极好的成绩，获"甲辰科朝考一等第一名"。不久，寿洙邻被委任为吉林农安县知县。他任人唯贤、成绩卓著，由中央宪政编查馆特保东三省吏治第一。后来到北京任平政院首席书记官，与鲁迅、周作人往来频繁。所以，鲁迅控告章士钊时，得到首席书记官寿洙邻的支持，而且理由充分，斗争自然取胜。鲁迅高兴地在文章中说："今年又变了'暂署佥事'了，还未去做，然而预备去做的，目的是在弄几文俸钱，因为我祖宗没有遗产，老婆没有奁田，文章又不值钱，只好以此暂且糊口。还有一个小目的，是在对于以我去年的免官为'痛快'者，给他一个不舒服，使他恨得扒耳搔腮，忍不住露出本相。"

陈源的"闲话"

正在顺利之时，鲁迅却受到了最刺心的冷箭。

一九二六年一月三十日，《晨报副刊》发表了陈源的《闲话的闲话之闲话引出来的几封信》，其中《致志摩》的信中说鲁迅的"《中国小说史略》，却就是根据日本人盐谷温的《支那文学概论讲话》里面的'小说'一部分。"

这"流言"鲁迅早听到过了，而在正式发表的文章中说他的《中国小说史略》是"抄袭"，还是首次。这确实深深刺伤了鲁迅的心，批评工作的第一苦处是，为了找出值得评介的书，非读许多作品不可。其中有的是读了要使人生理上感到忍受不了的。当时他读了许多旧小说，其中绝大多数是忍受着生理上的难堪读下去的。"每读完一部"，就做着用双手把书拿到一起去的姿势，叹道："哎，损阳寿一年……"并且编了《小说旧闻钞》《古小说钩沉》《唐宋传奇集》等史料，在《中国小说史略》中有自己独特的章法，提出了从未有人说过的观点，这样耗费生命而又具有独创性的辛勤工作，如今却轻易地被人扣上"抄袭"的罪名，真是无可忍耐。当即写了一篇辩诬文章《不是信》，在二月八日《语丝》第六十五期发表了。文中说：

> 我相信陈源教授是一定会干这样勾当的。但他既不指名，我也就只回敬他一通骂街，这可实在不止"侵犯了他一言半语"。这回说出来了；我的"以小人之心"也没有猜错了"君子之腹"。但那罪名却改为"做你自己的蓝本"了，比先前轻得多，仿佛比自谦为"一言半

语”的“冷箭”钝了一点似的。盐谷氏的书，确是我的参考书之一，我的《小说史略》二十八篇的第二篇，是根据它的，还有论《红楼梦》的几点和一张《贾氏系图》，也是根据它的，但不过是大意，次序和意见就很不同。其他二十六篇，我都有我独立的准备，证据是和他的所说还时常相反。例如现有的汉人小说，他以为真，我以为假；唐人小说的分类他据森槐南，我却用我法。六朝小说他据《汉魏丛书》，我据别本及自己的辑本，这工夫曾经费去两年多，稿本有十册在这里；唐人小说他据谬误最多的《唐人说荟》，我是用《太平广记》的，此外还一本一本搜起来……。其余分量，取舍，考证的不同，尤难枚举。自然，大致是不能不同的，例如他说汉后有唐，唐后有宋，我也这样说，因为都以中国史实为“蓝本”。我无法“捏造得新奇”，虽然塞文狄斯的事实和“四书”合成的时代也不妨创造。但我的意见，却以为似乎不可，因为历史和诗歌小说是两样的。诗歌小说虽有人说同是天才即不妨所见略同，所作相像，但我以为究竟也以独创为贵；历史则是纪事，固然不当偷成书，但也不必全两样。说诗歌小说相类不妨，历史有几点近似便是“摽窃”，那是“正人君子”的特别意见，只在以“一言半语”“侵犯”“鲁迅先生”时才适用的。好在盐谷氏的书听说（！）已有人译成（？）中文，两书的异点如何，怎样“整大本的摽窃”，还是做“蓝本”，不久（？）就可以明白了。在这以前，我以为恐怕连陈源教授自己也不知道这些底细，因为不过是听来的“耳食之言”。不知道对不对？（盐谷教授的《支那文学概论讲话》的译本，今年夏天看见了，将五百余页的原书，译成了薄薄的一本，那小说一部分，和我的也无从对比了。广告上却道“选译”。措辞实在聪明得很。十月十四日补记。）

李霁野等青年朋友看到陈源的文章后，都义愤填膺，怒不可遏，立即去访问鲁迅。见鲁迅非常坦然，愉快地把答辩文章的主要内容随谈随笑地告诉他们。

尚钺气愤地说:“单是《中国小说史略》对清末‘谴责小说’与‘讽刺小说’的区分，对《儒林外史》‘感而能谐，婉而多讽’的评说，也是除鲁迅先生之外，谁也说不出的。怎么能说‘抄袭’呢？”

韦素园说:“还有后来对《红楼梦》的评论:‘所叙的人物，都是真的人物。’把传统的思想和写法都打破了。我看不仅是外国人说不出来，中国人恐怕也在多少年内无人可以相比。”

台静农静静地说:“仅从《古小说钩沉》《唐宋传奇集》等史料来看，外国人怎么可能掌握呢？就说是中国人，在鲁迅先生之前，是绝没有人做过此种工作。”

韦丛芜怀疑道:“陈源是不懂中国文学，也不看中国历史书的。他肯定没有看过先生的《中国小说史略》,怎么胆敢说先生抄袭？显然来自‘耳食之言’。然而这‘耳食之言’究竟出自何人呢？”

章川岛快人快语地说:“有人讲是张凤举说的，这个小人，表面对鲁迅先生那般尊敬，背后又造这种谣言！”

鲁迅摆摆手说:“好啦！由他去罢！我们自己心中坦然就是了。”

鲁迅心里想到另一个人,做“古史辨”的,鼻头发红者。虽然嘴上说要“心中坦然”,但《中国小说史略》确是鲁迅自己多年苦心孤诣、艰苦创造的结晶,竟然被诬为“剽窃”,怎么说也是刺痛了鲁迅先生的心？成为终生难解的症结。

在一边的高长虹、向培良倒没有说什么。长虹注意到一位高个儿的女学生,在“老虎尾巴”里走来走去，像是与鲁迅很熟。

忽想起去年的一天晚上，到鲁迅那里去，他正在编辑《莽原》，从抽屉里拿出一篇稿子给长虹看，问他写得怎样，可不可修改发表。《莽原》的编辑责任是完全由鲁迅担负的，不过他时常把外面投来的稿子先给高长虹看。长虹看了那篇稿子觉得写得很好，赞成发表出去。鲁迅说作者是女师大的学生。俩人都说,女子能有这样大胆的思想,是很不容易的了。以后还继续写稿子来,后来知道此人就是景宋。高长虹那时候有一本诗集，是同《狂飙》周刊一起出版的。一天接到一封信，附了邮票，是买这本诗集的，这人正是景宋。因此他们就通起信来。前后通了有八九次信，可是并没有见面，这时长虹仿佛觉得鲁迅与景宋的感情是很好的。因为女师大的风潮，常有女学生到鲁迅家里。长虹在鲁迅这里同景宋仅见过这次面，并没有谈话，此后连通信也间断了。景宋所留给长虹的唯一印象就是一副长大的身材。她的信还留在长虹的记忆中，说她的性格很矛盾，仿佛中山先生那样性格。对于当时思想界那种只说不做的缺点，在通信中也是讲到的。

后来高长虹问了荆有麟，知道景宋在鲁迅家里的厮熟情形，高长虹就决定停止与景宋通信。此后再无任何往来。

受伤的鸽子

二月末，虽然已经立春，北京还是有些寒冷。用“春寒料峭”一词，形容北京的初春，的确再恰当不过了。

这天正是星期日，许广平和刘和珍在宗帽胡同时住一室，谈得很投机，复校后就仍然住在一起了。刘和珍原籍安徽，因祖父宦游江西，她生于江西，母亲是江西人，幼时父亲又死于江西，她入女师大时就填江西南昌籍了。和珍素爱梅，视为第二生命，有“花因清淡花方艳，色到无时色斯真”文句贴于床铺墙壁上。其为人秉性烂漫，天资颖聪，待人接物，从容和蔼，群众甚为拥护。她俩都感到天寒，没有出门，分头细读二月二十五日新出的《莽原》第四期，不约而同读着鲁迅的《一点比喻》。

许广平一边读，一边说：“鲁迅先生最会用比喻，《论‘费厄泼赖’应该缓行》中形容‘叭儿狗’‘很像猫，折中，公允，调和，平正之状可掬，悠悠然摆出别个无不偏激，唯独自己得了“中庸之道”似的脸来。因此也就为阔人，太监，太太，小姐们所钟爱，种子绵绵不绝。它的事业，只是以伶俐的皮毛获得贵人豢养，或者中外的娘儿们上街的时候，脖子上拴了细链子跟在脚后跟。’这篇《一点比喻》里又把领着胡羊去屠场的‘山羊’，比喻为‘脖子上还挂着一个小铃铎，作为智识阶级的徽章。’”

刘和珍答道：“是呵，这种‘山羊’其实是最坏的。”

许广平说：“那些自称什么‘导师’的人，不就是‘山羊’吗？”

刘和珍说:“鲁迅先生就从来不自称‘导师’，而且从来不让别人这样称呼自己。”

许广平道:“不自称‘导师’的人，反倒是值得信任的导师！”

说着，门忽然猛地被推开了，原来是陆晶清和石评梅。评梅的怀里揣着一只受伤的鸽子。

陆晶清急急忙忙地说:“快，快给这鸽子铺一个窝儿。”

四位姑娘连忙找来一个硬纸盒，底层铺上稻草和棉花。评梅小心翼翼地把受伤的鸽子轻轻放在硬纸盒制成的小窝里，晶清让广平找一个小碗，从暖壶里倒点儿开水，又到外面水房填了点儿凉水，用手指试试水温，就用棉花球细细擦洗鸽子胸前的伤口。和珍又拿过了碘酒瓶，评梅用一个新的棉花球沾了碘酒，往鸽子伤口上轻抹。鸽子不禁颤动了一下。

晶清这时才说:“我们正要到你们这儿来。哪知一个坏孩子，用弹弓射这只停在树上的鸽子。鸽子摔下来，评梅手疾眼快，把鸽子接住了。我把那坏孩子赶跑了。”

和珍仔细看看鸽子说:“看来伤得还不重，只擦破一点儿皮，好好养养，能缓过来的。”

广平急忙拿着小碗出去，到伙房要了碗小米粥，回来放在鸽子身边。鸽子看来是饿急了，探过头吃粥。四位姑娘商量了一下，在窗口搭了个支架，把硬纸盒做的临时鸽子窝放在架上，时时照看。夜里鸽子有时咕咕地叫，还散发出一股不大好闻的鸽子味儿，和珍、广平不但不嫌弃，还觉得很有趣。

这样一连几天，和珍和广平一直看护着鸽子。评梅和晶清也常来看望。评梅说要把鸽子带回她那儿去养，和珍拒绝了。因为她知道评梅的恋人高君宇去年三月五日刚刚去世，评梅天天到陶然亭旁边高君宇墓前悲泣，苦吟《墓畔哀歌》,人已经瘦得不行，不能再承担喂养受伤鸽子的重任了。坚决地说:“我和广平俩人足可以了，你们放心吧！”

这是一只棕褐色羽毛的健壮雄鸽，恢复得很快，不多几天，竟能立起忽扇翅膀了。两只金黄的小圆眼睛咕噜噜地转，有几只母鸽天天在屋檐上立着咕咕地叫，雄鸽竟跳出盒子，咕咕叫着凑到和珍身边，像要说什么，过一会儿，低飞起来，停在窗口。和珍跟广平，还有赶来看望的评梅、晶清商量，把雄鸽放飞了吧，省得母鸽想念他。大家都同意，就由和珍抱着雄鸽来到院里，向天空一撒手，雄鸽就飞起来，母鸽也一起跟着飞到上空。一会儿，雄鸽又领着母鸽回来了。朝着四位姑娘盘旋了几圈，鸣响着动听的鸽哨，飞远了。

和珍、评梅、广平、晶清四位姑娘，瞭望着远去的鸽群，依依不舍……

第十五章　三一八惨案

惨　案

一九二六年三月十二日，冯玉祥国民军与奉军作战期间，两艘日本军舰护卫奉系军舰进入大沽口，并炮击国民军，守军死伤十余名。国民军开炮自卫还击，将日本军舰逐出大沽口。事后，日本认为国民军破坏了《辛丑条约》，与英、美、法、意、荷、比、西等八国公使，于十六日向北洋军阀段祺瑞执政府发出最后通牒，提出拆除大沽口国防设施的要求，并限令四十八小时内答复，否则以武力解决。同时各国派军舰云集大沽口，用武力威胁北洋政府。

一九二六年三月十六、十七日，在北京的国共两党开会，徐谦以国民党执行委员会代表的身份同李大钊领导的中国共产党北方区委决定组织各学校和群众团体在天安门集会。三月十八日上午十时，国民党北京执行部、北京市党部，中共北方区委、北京市委、北京总工会、学生联合会等团体与八十多所学校共约五千多人在天安门举行"反对八国最后通牒的国民大会"，广场北面临时搭建的主席台上悬挂着孙中山先生的遗像和他撰写的对联"革命尚未成功，同志仍须努力"。台前横幅上写着"北京各界坚决反对八国最后通牒示威大会"。

中共北方区委的领导李大钊、赵世炎、陈乔年参加了大会，大会主席、中俄大学校长徐谦发表了慷慨激昂的讲话，大会决议："通电全国一致反对八国通牒，驱逐八国公使，废除一切不平等条约，撤退外国军舰，电告国民军为反对帝国主义侵略而战。"最后大会一共通过了八条决议。

大会结束后，群众游行请愿队伍约两千人，在王一飞等率领下，下午一时二十分由天安门经东长安街转北，再经东单、东四到达铁狮子胡同东口，沿途高呼口号，散发传单、标语，马路两旁群众纷纷脱帽致敬，表示支持。游行队伍在执政府门前排列站定之后，当即公推王乐平、安体诚、陈公翊、丁惟汾及留日归国代表谭季缄等五人为代表，入内交涉，要求会见段祺瑞、贾德耀。全副武装的府卫队和军官，不仅对代表不予理睬，而且蛮横地驱逐请愿群众。此时，群众愤激，振臂高呼"打倒丧权辱国的政府！""打倒帝国主义！""驱逐八国公使出境！""打倒段祺瑞！"等口号，并高唱《国民革命歌》。代表再次力争入内交涉。当时卫队军官气势汹汹地说："执政有病休息，不在这里。""赶快走开！"代表即转身向群众报告，院中无人，拟找到负责之人，再为交涉，请大家静候，严守秩序，不可向前，群众中有人提出："到吉兆胡同去！"突然，执政府门楼的窗户里向外连发三枪，警笛随即鸣起，东西辕门的卫兵也同时开枪，对准群众平射，枪弹密如连珠，前后两次扫射，每次五分钟左右。霎时间，执政府门前，血肉横飞，死者、伤者互相堆压在一起，东辕门人叠人，有五六层，垛起了近两尺多高的人墙。与此同时，有的卫兵还用刺刀、铁棍砍杀、殴击群众。这场有预谋的大屠杀，持续了半个小时，当场伤两百多人，死亡二十六人，后来在城官医院、协和医院等处，因伤势过重，抢救无效，先后死亡二十一人，共死亡四十七人。其中还有小芬等三个三河老妈。李大钊、陈延年等也负了伤。军警在清理现场时，竟然将死者财物尽行掠去，甚至连衣服也全部剥光。真是惨不忍睹！

这天一大早，刘和珍始终微笑着，态度很温和地到各个宿舍动员大家去参加请愿大会。许广平说她一定去，但要先给鲁迅先生送篇抄好的稿子，然后前去。刘和珍微笑着答应了。连被和珍介绍到老师家看孩子的三河小老妈小芬也说一定去，还拉上两位同乡。

广平急急忙忙跑到西三条，把抄好的《小说旧闻钞》稿子交给鲁迅就要走。鲁迅一把拉住她问："有什么事？这样匆忙！"

广平说："要去请愿！"

鲁迅不耐烦地说："请愿请愿，天天请愿，我这里还有些东西等着要抄呢！"

广平明白这是先生挽留的话，学生不好执拗，而且她和先生的关系从去年十月二十日起已经亲密无间。三月六日晚上，先生还曾经替她修剪秀发，并告诉她在日记中这样记载："夜为害马剪去鬃毛。"俩人为此笑闹了一番。无论作为学生，还是作为爱人，她都只能服从，于是坐在茶几旁的椅子上抄起来。

下午两点多钟，许羡苏突然大哭着闯进来了，声嘶力竭地哭喊道："国务院门口开枪打人了，死伤好些人，刘和珍、杨德群都死了，张静淑也不知道怎样？"

屋里好似响起一声炸雷，鲁迅、广平全愣住了。鲁瑞和朱安也跑过来。

许羡苏接着哭泣着说："我在图书馆工作，忽然听到校门口有同学的呼喊声，声音很惊慌，说是刘和珍和杨德群死了，但大家还希望只是传说，或者是受了重伤，谁也没料到段祺瑞竟凶恶到如此地步的。但不久，许寿裳先生给同学们讲话了，他说他刚从现场回来，刘和珍和杨德群尸体上已经盖上了青天白日旗，那简直是国丧。当他刚从现场出来的时候，卫兵不断挡住了他的路不让他出来，他说他的汽车在外边，意思是说他是要人，卫兵才闪开路让他出来，并说还有受伤的同学尚待营救。同学们都惊住了，赶紧跑去参加营救。"

广平跟着大哭，想起早上还跟和珍说话，现在就已经死了，简直不敢相信，对许羡苏说："走！咱们也快去！"就丢下稿子，和许羡苏疯跑去了。

鲁迅一下子跌坐在藤椅上，呆了似的，说不出话来，只点着一支烟，闷闷地深吸。鲁老太太和朱安也都落下泪来。

后来从许寿裳处传来了更具体的情况，许两天以前才辞去教务长兼职，这天偶然跑到学校去看看，忽听得这个噩耗，并且遇着受伤同学的逃回，便立刻拉着新任教务长的林语堂同车赶往国务院察看。到时，栅门已关闭，尚留一条缝容许出入，只见尸体纵横枕藉，鲜血满地，是一个最阴惨的人间地狱！刘和珍的尸骸已经放入一具薄棺之中了。并排的还有好几具，都是女子的。刘和珍面目如生，额际尚有微温，他瞥见毛医师正在门外人群中，急忙请他进来诊视，哪知道心脏早停，已经没有希望了。又听得还有许多许多的受伤者在医院里，赶紧往视，见待诊室满是尸体，这些该是当初还没有死，抬到医院——或没有抬到，途中便已气绝了罢！杨德群的尸骸，放在一张板桌上，下半身拖落在旁。呜呼！惊心动魄，言语道断，他不再看了！他一向不赞成什么请愿，绝对不参加什么开会游行，然亦万料不到会有如此喋血京师的惨事！

鲁迅又听来人说：刘和珍在执政府前中弹了，从背部入，斜穿心肺，已是致命的创伤，只是没有便死。同去的张静淑想扶起她，中了四弹，其一是手枪，立仆；同去的杨德群又想去扶起她，也被击，弹从左肩入，穿胸偏右出，也立仆。但她还能坐起来，一个兵在她头部及胸部猛击两棍，于是死掉了。

鲁迅惊呼：始终微笑的和蔼的刘和珍君确是死掉了，这是真的，有她自己的尸骸为证；沉勇而友爱的杨德群君也死掉了，有她自己的尸骸为证；只有一样沉勇而友爱的张静淑君还在医院里呻吟。当三个女子从容地转辗于文明人所发明的枪弹的攒射中的时候，这是怎样的一个惊心动魄的伟大呵！中国军人的屠戮妇婴的伟绩，八国联军的惩创学生的武功，不幸全被这几缕血痕抹杀了。

他在写《无花的蔷薇之二》，于是怀着满腔愤怒继续写道：

4

已不是写什么“无花的蔷薇”的时候了。

虽然写的多是刺，也还要些和平的心。

现在，听说北京城中，已经施行了大杀戮了。当我写出上面这些无聊的文字的时候，正是许多青年受弹饮刃的时候。呜呼，人和人的魂灵，是不相通的。

5

中华民国十五年三月十八日，段祺瑞政府使卫兵用步枪大刀，在国务院门前包围虐杀徒手请愿，意在援助外交之青年男女，至数百人之多。还要下令，诬之曰“暴徒”！

如此残虐险狠的行为，不但在禽兽中所未曾见，便是在人类中也极少有的，除却俄皇尼古拉二世使可萨克兵击杀民众的事，仅有一点相像。

6

中国只任虎狼侵食，谁也不管。管的只有几个年青的学生，他们本应该安心读书的，而时局漂摇得他们安心不下。假如当局者稍有良心，应如何反躬自责，激发一点天良？

然而竟将他们虐杀了！

7

假如这样的青年一杀就完，要知道屠杀者也决不是胜利者。

中国要和爱国者的灭亡一同灭亡。屠杀者虽然因为积有金资，可以比较长久地养育子孙，然而必至的结果是一定要到的。“子孙绳绳”又何足喜呢？灭亡自然较迟，但他们要住最不适于居住的不毛之地，要做最深的矿洞的矿工，要操最下贱的生业……。

8

如果中国还不至于灭亡，则已往的史实示教过我们，将来的事便要大出于屠杀者的意料之外——

这不是一件事的结束，是一件事的开头。

墨写的谎说，决掩不住血写的事实。

血债必须用同物偿还。拖欠得愈久，就要付更大的利息！

9

以上都是空话。笔写的，有什么相干？

实弹打出来的却是青年的血。血不但不掩于墨写的谎语，不醉于墨写的挽歌；威力也压它不住，因为它已经骗不过，打不死了。

三月十八日，民国以来最黑暗的一天，写。

这篇怒吼发表于一九二六年三月二十九日《语丝》周刊第七十二期。“三月十八日，民国以来最黑暗的一天”，成为全社会的共识。

许羡苏、许广平跑到医院，见到张静淑同学因伤在下部及大腿那些地方，子弹有的在肉内未穿出，虽未丧命而万分惨痛。紧忙请医生疗伤。

此外，当执政府卫兵在门楼开枪的时候，请愿的人就向外逃跑，但铁门预先关上了出不去，大家只有卧倒地上以避枪弹，但人多地小，人压人的堆了三四层。有一位女师大不知姓名的同学，被压停止呼吸了，事后人散，收尸的人把她装在棺材里，经同学检查，她的心脏未停止跳动，才从棺材里取出来送到医院里，她吐血又吐五色水，但医生说她只是外伤，经再三的交涉，才检查出来她因被乱拖，肋骨折断，内脏受伤，住院很久，还是走不得路，头发掉光了，好久都长不出新发。

此时，许广平、许羡苏忽见一高大、精悍的男子，猛扑到刘和珍尸体上大哭。听人说，这是刘和珍的未婚夫方其道。原来在军队服役，供给和珍学费。后来和珍不忍心他为求学费拿生命去冒险，就劝他回江西当了新闻记者，说是只要生命安全，钱少不要紧。但是，方其道为人耿直，不久因为得罪权贵，报馆被封，只得再回北京，已经一周年了。准备和珍毕业后同居，哪知温和、勤奋的和珍竟遭惨死！他大哭着说：“和珍自幼丧父，母亲在江西南昌抚养她和二弟一妹，家境极贫。自生到死，从没有穿过新里子的衣服，都是用穿破了的衣服，改作新衣的里子。这次殉难时，所穿的棉裤棉袍，还是用破衣服做里子的。昨晚她电话告诉我第二天同去国民大会请愿。据理驳复八国最后通牒，我问身体如何？她说伤风作呕，我劝她不必去，她不听。第二天我到天安门稍迟，人丛中并没有看见她。到执政府门口，才远远地见着一面。岂知这遥遥一面，便是最末的一次了。”说着，又泣不成声。

方其道哭泣着举起一封信给大家看，说道：“这是和珍弟弟和理刚给姐姐来的信，和珍还没有看到，信里说：‘母亲因病手，我已学会了做饭，姐姐暑假回家时，请吃吃我做的好饭吧！’哪知道，和珍永远不能回家吃弟弟做的饭了！”说完，号啕大哭。许羡苏、许广平以及旁边的人们无不饮泣。

石评梅听说陆晶清受伤了，翌日一早，马上到医院去看她的挚友。她伏在晶清的病榻前，为了她侥幸地生存，向上帝作虔诚的祈祷！晶清闭着眼，脸上现出极苦痛的表情。

“呵！想不到还能再见你！”晶清哽咽着用手紧紧握住评梅，两眼瞪着，再不能说什么话了。评梅一只腿半跪着，蹲在病榻前说：

“清！你不要悲痛，现在我们不入地狱，谁入地狱？便是这样的死，不是我们去死，谁配去死？我们是在黑暗里摸索寻求光明的人，自然也只有死和影子追随着我们。‘永远是血，一直到了坟墓’。这不值得奇怪和惊异，更不必过分的悲痛，一个一个倒毙了，我们从他们尸身上踏过去，我们也倒了，自然后边的人们又从我们身上踏过去。

“生和死，只有一张蝉翼似的幕隔着。

“看电影记得有一个暴君放出狮子来吃民众。昨天的惨杀，这也是放出野兽来噬人。

“只恨几十个中国青年，却反给五色的国徽上染了一片污点，以后怎能再拿上这不鲜明的旗帜见那些大礼帽，燕尾服的外国绅士们。”

这时候张静淑抬下去看伤，用X光线照子弹在什么地方。她睡在软床上，眼闭着，脸苍白得可怕。经过评梅和晶清面前时，她们都默祷她能恢复健康。医院的空气自然是阴森凄惨的，尤其不得安神的是同屋里重伤者的呻吟。晶清说她闭上眼便看见和珍，耳鼓里常听见喊救命声和枪声。因此，得了狄大夫的允许，和评梅一起回到女师大，听说和珍的棺材，五时可到学校，评梅便坐在晶清的床畔等着。

评梅觉得自己一定要与和珍做最后的告别，她要看到和珍在世界上所获得的报酬。由许多人抚弄培植的健康人格，健康身体，更是女界将来健康的柱石，怎样牺牲在不知觉的撒手中?

天愁地惨，风雪交作的黄昏时候，和珍与德群的棺材由那泥泞的道路里，抬进了女师大。

许羡苏、许广平以及多少同学哭声震天地迎着进了大礼堂。这时一阵阵的风，一阵阵的雪，和着这凄凉的哭声和热泪！评梅扶着晶清，也在这许多勇敢可敬的同学后面，向着她可钦可敬可悲可泣的和珍，洒尽一腔懦弱的血泪，吊她尚未远去的英魂！

洗 尸

粗糙轻薄的几片木板，血都由裂缝中一滴一滴地流出，和珍上体都赤裸着，脸上切齿瞪眼的情形，赠给同学们多少的勇气和怨愤。她胸部有一个大孔，鲜血仍未流完，翻过背来，有一排四个枪眼，前肋下一个，腋下一个，胸上一个，大概有七枪，头上的棒伤还没有看出。杨德群是弹从左肩入，穿胸偏右出，头部及胸部有两道猛击的棍伤。她是湖南湘阴人，如果当时就跑是不会被打死的。但是她不能这样做，她要营救可敬可爱的和珍，于是一起惨死了。

昏暗中，广平、羡苏、评梅和同学们都被哭声和风声，绞着；雪花和热泪，融着。这就是她们现实的环境，是她们的令人撕心裂腑的世界。

广平和同学们找来了十六支长长的蜡烛，羡苏和评梅一一点燃，大礼堂在烛火中昏昏然进入另一个世界。有人端来了八盆清水，有人寻来了雪白的棉花，姑娘们将刘和珍、杨德群的衣襟解尽，一边流着泪水，一边给她俩擦洗血尸。

仔仔细细地洗擦，连额头和脚趾都不漏下，两具血尸变得干干净净，雪白无瑕。

有人捧来了大家捐赠的白布，姑娘们分头用雪一样晶莹的白布，缠裹两具雪白的尸体。端端正正地摆放在洗净的棺椁里。两只棺椁放在大礼堂中央，周围敬献着雪白的鲜花。

没有乐声，但仿佛有玄美的音乐从天际传来……

祭　奠

三一八惨案后，举国震惊。中国知识阶层无论其政治观点与学术观点有怎样的不同，均纷纷痛斥执政府和“执政”段祺瑞的行为为“倒行逆施”“暴行”，“是政府自弃于人民矣”，“是民国历史上黑暗的一页”，学人如蒋梦麟、傅斯年、周作人、林语堂、朱自清、闻一多、王世杰、许士廉、高一涵、杨振声、凌叔华、邵飘萍、陶孟和等，均有文字见诸报端；梁启超刚刚动完手术，缠绵病榻之中，犹不忘口诛笔伐；刘半农与赵元任再一次词曲璧合，哀声凄楚，传唱京城……民意不可违。为此，有历史学家称：“这个时代的知识分子即使和俄罗斯最优秀的知识分子们相比也并不逊色，在他们身上我们看到了知识分子最可贵的那些品质，他们是民族的脊梁，是我们心中永远不倒的长城，是‘真的猛士’。”表现出中国知识分子和媒体前所未有的社会良知，《语丝》《国民新报》《世界日报》《清华周刊》《晨报》《现代评论》等加入谴责暴行的行列。邵飘萍主持的《京报》，大篇幅地连续发表消息和评论，广泛而深入地报道惨案真相，《京报副刊》也发表了有关文章。

对于该惨案，《申报》给予了充分报道，一九二六年三月二十二日《申报》四版《本馆要电》称：三月十八日，北京群众五千余人，由李大钊主持，在天安门集会抗议，要求拒绝八国通牒。当学生游行队伍到北京铁狮子胡同执政府和国务院门前请愿时，执政府卫队在不加任何警告的情况下，向请愿队伍实弹射击，顿时血肉横飞，当场打死四十七人，二百余人受伤。北京昨各界调查，为卫队击死者，男尸有姓氏十九名，黄日葵、宋昭世、时长福、陈桂生、王庆馀、赵从恩等，还有三河老妈三个……

一九二六年三月二十二日《申报》十三版《各界对北京血案之愤激》称：

本埠各团体对北京血案极为愤激，昨日各校学生有出校演讲者，惟态度和平，尚无风潮，兹将各种情形、分志如下——“学总会请愿二商会全国学生总会……请愿对北京流血案，一致合作，其函云，段政府媚外残民，惨杀爱国同胞，都门之下，死伤山积。各界援助北京惨案。”

一九二六年三月二十九日，原定在中央公园开“国民追悼大会”，哀悼三月十八日死难诸烈士，因警厅禁止，改在北京大学一院大操场举行。自上午九时到下午六时，参加大会者有十万之多。北大代校长蒋梦麟在会上沉痛地说：“我任校长，使人家子弟，社会国家之人才，同学之朋友，如此牺牲，而又无法避免与挽救，此心诚不知如何悲痛。”说到这里潸然涕下，全场学生相向而泣，门外皆闻哭声。

强大的民意压力迫使段祺瑞政府召集非常会议，通过了屠杀首犯“应听候国民处分”的决议；京师地方检察厅对惨案进行了调查取证并正式认定：“此次集会请愿宗旨尚属正当，又无不正侵害之行为，而卫队官兵遽行枪毙死伤多人，实有触犯刑律第三百一十一条之重大嫌疑。”同意举行追悼死难烈士大会，三一八烈士公葬于圆明园。

在国外的强大压力下，总理贾德耀当日辞职。段祺瑞在知道政府卫队打死徒手请愿的学生之后，随即赶到现场，面对死者长跪不起，说：“从此终生食素，以示忏悔。”顿足长叹：“一世清名，毁于一旦！”一九二六年四月被冯玉祥驱逐下台，退居天津日租界当寓公，潜心佛学，自号“正道居士”。其实，段祺瑞虽为武将出身，是个军阀，却是个有文化的军阀。这与他的出身有很大的关系，段祺瑞的祖父是淮军的将领，等到段祺瑞出生的时候，家境已经没落。十八岁那年，父亲在看望从军的段祺瑞的路上，被人杀害，不久，母亲也因悲痛去世。留下段祺瑞和三个弟妹，兄妹几个人的生活一直很窘迫。即使当上了总理，段祺瑞个人生活也相当简朴，总是一件长衫，一顶瓜皮帽了事。

几天后许羡苏到西三条来看老太太的时候，老太太说大先生从刘和珍和杨德群死后，好几天饭也不吃，话也不说，终于病倒了，又不肯看医生。许羡苏心想：大先生对人类和宇宙间一切生命都怀着无限的大爱，连蝌蚪、小兔、小狗、鸽子这样的小生命，都发自心底地疼爱，何况人呢？更何况是他的学生，始终微笑着、态度很温和的刘和珍与她的同难者呢？

羡苏即刻说："我就去请山本医生来。"山本医生是在八道湾时常请上门的熟医生，但西三条还不曾来过。鲁迅先生知道许羡苏要请医生来家里，说不如自己去，这样才看了病。

一九二六年三月二十五日上午，女师大为刘和珍、杨德群召开追悼会，鲁迅先生亲临。刘和珍的未婚夫方其道，穿着一身黑衣，也来了，一直低头饮泣。会前，鲁迅心情极为沉痛，长时间独自在礼堂外徘徊，遇到学生程毅志前来问道："先生可曾为刘和珍写了一点什么没有？"鲁迅说："没有。"程君说："先生还是写一点罢，刘和珍生前就很爱先生的文章。"鲁迅点头应允。

会场挂满了各界人士的挽联。鲁迅题写的是：

死了倒也罢了，活着又怎么做。

周作人写的是：

死了倒也罢了，若不想到二位有老母倚闾，亲朋盼信；
活着又怎么着，无非多经几番的枪声惊耳，弹雨淋头。

周作人为悼念三一八惨案中牺牲的学生，又作了以下挽联：

赤化赤化，有些学界名流和新闻记者还在那里诬陷；
白死白死，所谓革命政府与帝国主义原是一样东西。

周作人为纪念三一八惨案中牺牲的学生胡锡爵所作的挽联是：

什么世界，还讲爱国？

如此死法，抵得神仙。

在哀悼声中，许广平愤怒地拿出刘和珍、杨德群的血衣，控诉段祺瑞执政府的罪行……

忽然，人们听见天空响起了哀鸣的鸽哨，仰首望去，只见天上一只棕褐色羽毛的健壮雄鸽领着一群雌鸽在刘和珍、杨德群遗体上空盘旋，久久不去。刘半农作词、赵元任谱曲的哀歌也随着鸽哨唱遍京城……

第十六章　北京避难

避　难

对刘和珍等烈士的纪念，并没有制止执政当局的暴行，他们不仅颁布明令，严禁一切集会，还开了五十一个教授的名单，要予以通缉。但没有传到军警手里，大多数的教授们，已经晓得。当时第一个通知鲁迅的，是北大哲学教授徐炳昶。其次，是周作人托人转达。鲁迅便动了离寓的念头。

避难的第一个去处，是北平西城，锦什坊街九十六号莽原社。当时莽原社仅有两间房子。荆有麟住一间，另外一间，做会客、办事、吃饭之用。鲁迅先生在一个暖和的中午，突然来到了。于是荆有麟便将自己住的一间，让给先生住，自己移到外间去。荆有麟每日仍照常上课，去报馆编社会新闻。鲁迅便在家看书，写东西。到晚上，总要出去到东城转一趟，打听打听当天政治上的特殊要闻。住到第三天，许羡苏给他送东西去，忽然听到有人在敲门，出去一看，见有貌似大学生的三个青年，他们问许羡苏："鲁迅先生在这里没有？"许羡苏说："没有。"但就此站在门口不走开，买些过街的东西，等他们走了之后好久，才进去向鲁迅报告情况，请他换一个地方。

鲁迅也疑心那些访问者，是侦探改装的假学生。深恐他们再来找麻烦，于是在第四天极早，装成病人，由荆有麟携带鲁迅随身的零星用品，将他送往石驸马大街的山本医院里。

西单旧刑部街的山本医院，是日本人开的私人医院。鲁迅在八道湾的时候，全家人都请过山本医院的医生看病，对这家医院的医生护士都很熟悉。鲁迅虽然以病人的资格住在那里，仍很自由，也还方便，可以摆出稿纸写他的文章，或编刊物和校对将出版的书籍等。护士每次照例把体温表往桌上一放就去别的病房，过一个时候来收回，表上的度数她是不管的。家里的人也随便什么时候都可以去看他，送衣服文稿书籍或吃的，而他自己也自由出入，有时出来上课，或转一转，看看母亲。

一九二六年四月一日晚上，他回到“老虎尾巴”，斜依在木床上抽烟，想起女师大学生的敦请，刘和珍那常常微笑着、态度很温和的影像，又浮现在眼前；几个所谓学者文人说刘和珍等死难烈士是自己去“死地”的阴险论调，又在耳畔回响，尤使他觉得悲哀。鲁迅已经出离愤怒了，深味这非人间的浓黑的悲凉；以他的最大哀痛显示于非人间，使它们快意于他的苦痛，就将这作为后死者的菲薄的祭品，奉献于逝者的灵前。继《无花的蔷薇之二》以后，关于三一八惨案，鲁迅又写了《死地》《可惨与可笑》，但仍觉得话没说尽。

他霍然起身，捻灭了烟头，坐在藤椅上，铺开稿纸，提笔写下——

记念刘和珍君

…………

真的猛士，敢于直面惨淡的人生，敢于正视淋漓的鲜血。

…………

我向来是不惮以最坏的恶意，来推测中国人的，然而我还不料，也不信竟会下劣凶残到这地步。况且始终微笑着的和蔼的刘和珍君，更何至于无端在府门前喋血呢？

…………

惨象，已使我目不忍视了；流言，尤使我耳不忍闻。我还有什么话可说呢？我懂得衰亡民族之所以默无声息的缘由了。沉默呵，沉默呵！不在沉默中爆发，就在沉默中灭亡。

…………

我已经说过：我向来是不惮以最坏的恶意来推测中国人的。但这回却很有几点出于我的意外。一是当局者竟会这样地凶残，一是流言家竟至如此之下劣，一是中国的女性临难竟能如是之从容。

…………

苟活者在淡红的血色中，会依稀看见微茫的希望；真的猛士，将更奋然而前行。

呜呼，我说不出话，但以此记念刘和珍君！

鲁迅用血泪铸成的文字，如火山爆发，飞瀑奔窜，令人痛彻肺腑！在四月十二日《语丝》第七十四期发表后，人们读到无不痛哭流泪。当时，几乎所有的文人、作家都写了纪念三一八惨案烈士的文章，但高峰独耸的无疑是鲁迅这篇不朽的传世之作！

不知为什么，鲁迅在山本医院住了只有四五天，荆有麟最后一次去看他时，他已经留条子而去了，并要荆有麟到德国医院去一趟。

鲁迅因避难而住德国医院有好几次，有时是以病人的资格住在病房里的，最后一次则住在医院的一间地下室里。鲁迅自己在文章里称它是木匠房，因为那屋子在他来住之前是木匠做工的地方，有许多木匠用的家具和木头留在那里，以后还是要做木工房的。他和许寿裳等先生睡地下，买面包充饥，但鲁迅先生仍然写文章。他自己说《朝花夕拾》中有几篇文章是在那个木匠房写的。许钦文的《故乡》也是在木匠房里校完的，鲁迅戏称它为“逃生”。因为“逃生”在绍兴话里是双关语，有“私生子”的意思。文章和校完的文稿便是私下的产品。

荆有麟第一次到德国医院，鲁迅真的病起来了。独自在一个很小的病房里，床前茶几上摆着药瓶，据说是肠胃病，消化不良。每天就只吃医院给病人所规定的无盐无油的淡饭、麦粥、牛奶及莫名其妙的蛋糕，先生说:这种饭，

呜呼，我说不出话，但以此记念刘和珍君！

即使没有病的人住下去，也会吃出病来，他实在不能下咽了。要荆有麟代他买些有盐的东西来。当天就给他照买了四块火腿面包，鲁迅一下子全吃完了。

荆有麟第二次去医院访鲁迅时，鲁迅已经脱离病房，与其他避难的教授们同住一间大房子，房里人乱哄哄，正在围听有人刚由外面带来的新消息，似乎是说，当局计划搜查被缉的教授们的家庭。这消息，当然是一个打击。先生当时也很着急，于是听了当时在场的戴应观之劝，交给荆有麟五十元，要他把老太太及太太暂接送到饭店里。同时，受了鲁迅嘱托，又将存在家里的书籍，检查一遍。幸而鲁迅不是研究政治经济的，所以各种主义书籍还不大多。略微抽出一部分，连同一些必要保留的信件，一并送到一个熟识的米店里暂存。然而，周老太太怕家里两个女佣人出毛病。结果：荆有麟晚上就代他们看家了。但搜查的事，并没有实行。本来住不惯旅店的周老太太及周太太，听说没有什么事故发生，几天就要回家去了。但鲁迅本人，这时却又由德国医院转到法国医院了。因为德国医生们不大赞成无病的人在医院多住。大家只得另找安稳地了。法国医院是比德国医院自由得多。避难的教授们，在树下花前散步看书，李石曾与马叙伦等，在屋中下围棋。鲁迅则趴在一个小桌上，答复上海友人的来信。这时节，有人传出消息，说执政府对于教授们不愿追究了。奉军当局，也表示不愿再提了。于是胆大的教授们，便开始向东交民巷以外的地区走动了。鲁迅因神情不安，难于工作，再加以经济上无法支持下去，因避难已借贷数百元，便决定仍回到西三条胡同的本寓去。四月的一个早晨，太阳刚刚放出红光，鲁迅已由东交民巷赶到西三条二十一号，“砰砰砰”在打自己的大门了。

但齐寿山忽然来到，仍然敦促鲁迅快走。当天晚上许羡苏往东交民巷法国医院给他送东西去的时候，不断出来戴“白馄饨帽”的童贞女，恶声恶气地说：“晚上不能看病人，这是医院的规则，送东西也不行。”第二天清早许羡苏又去的时候，在东交民巷口上碰到鲁迅先生和马幼渔、许寿裳等十余人，都是黑名单上的被通缉者。他们正在谈论昨晚他们所受到的待遇，“白馄饨”不许他们开电灯看书或闲谈，她们都是杨荫榆同类的寡妇主义者，在那里决不能写什么文章的。但为了安全，只得仍然待在那里。

《血痕》与《一觉》

避难中，三一八惨案烈士的鲜血一直深深地刻浸在鲁迅心里，久久不能忘怀，一想起来就心颤。四月八日晚上，他又偷偷回到西三条，问候过母亲后，就进到“老虎尾巴”，铺纸写《野草》之二十二：

淡淡的血痕中

——记念几个死者和生者和未生者

《野草》中其他文章，都没有副题，为什么这篇偏偏有这样长的副题？其实，鲁迅是在写了《记念刘和珍君》等几篇纪念三一八惨案的文章之后，又上升到历史哲学的高度进行思考，根据“死者”，即牺牲的烈士的惨痛经验和斗争方式做了深省，向“生者”，即生存着的战士，“未生者”，即将来的战士，提出了这样的告诫：须总结经验，接受教训，“洞见”一切已改和现有的废墟和荒坟，“记得”一切深广和久远的苦痛，“正视”一切重叠淤积的凝血，“深知”一切已死，方生，将生和未生。他“看透”了造化的把戏；他将要起来使人类苏生，或者使人类灭尽，这些造物主的良民们。这里的“洞见”“记得”“正视”“深知”“看透”五点，正是鲁迅为了“人类苏生”和中国复兴向革命者做出的永久的忠告。

四月十日，鲁迅犹觉意味未尽，再回“老虎尾巴”，在军阀混战的飞机嗡嗡声中，开手编校那历来积压在他这里的青年作者的文稿了；他要全都给一个清理。照作品的年月看下去，这些不肯涂脂抹粉的青年们的魂灵便依次屹立在他眼前。鲁迅感到他们是绰约的，是纯真的，——呵，然而他们苦恼了，呻吟了，愤怒，而且终于粗暴了！鲁迅忽然记起一件事：两三年前，他在北京大学的教员预备室里，看见进来了一个并不熟识的青年，默默地给他一包书，便出去了，打开看时，是一本《浅草》。就在这默默中，使鲁迅懂得了许多话。啊，这赠品是多么丰饶呵！可惜那《浅草》不再出版了，似乎只成了《沉钟》的前身。那《沉钟》就在这风沙澒中，深深地在人海的底里寂寞地鸣动。鲁迅不禁呼道：呵，那可爱的青年们呵！

他提笔写了《野草》的最后一篇——《野草》第二十三《一觉》，觉得人类和中国的希望就寄托在这些踏踏实实做实事的青年们身上。

《淡淡的血痕中》和《一觉》两文作为《野草》的结束篇，一同发表在一九二六年四月十九日《语丝》第七十五期上。

太师母避难俞芳家

鲁迅在山本医院、法国医院、德国医院等处避难时，有时回家看看，在家里写文章，看书报，和太师母谈谈情况，安慰老人，还按时到学校去讲课。外面的风声紧了，齐寿山便设法通知，他们就迅速住进医院，或去其他预先联系好的地方。鲁迅十分爱惜时间，不让自己空闲下来，让时间白白流逝，所以即使在避难中，仍然写文章，或代人校对、修改文章。

四月十六日下午，大先生得到一个消息，说国民军在张作霖和吴佩孚联合进攻下退出北京，奉系军阀进入北京后，以“宣传赤化”的罪名，封闭《京报》，逮捕了经理兼总编辑邵飘萍，大概就要处决。当晚可能还要捉人，并要抄家，这可使他着急了。大先生自有藏身之处，他不怕，可是要抄家呢——鲁迅不怕别的，只怕太师母高龄，要受惊恐，身体、精神吃不消，最好出去躲一躲。但这消息来得太迟，临时到哪里去避难呢？鲁迅向许羡苏和俞芬说了这个事情，俞芬灵机一动，邀请太师母、大师母到她们家暂时避难。因为鲁迅一家搬出砖塔胡同时，她们三姐妹也同时移居真如镜一号了。这是一座二层楼的房间，楼上楼下各三间，楼下薛伯伯一家租用，楼上俞芬三姐妹和章伯伯一家合租，俞芬姐妹住东面的一间，章伯伯家住西面的一间，中间的一间两家公用。这座房子的开间比较大，每间有二十平方米左右。另外，各家的厨房都在楼下，所以这所房子还算宽敞的。

许羡苏同意俞芬的意见。这房子的产权属于法国教堂，而且和法国教堂，只有一墙之隔。收房租的人多次关照，万一时局紧急，有事时，允许她们从窗口跳到教堂的院子里，就没有问题了，因为军队、警察是不敢进教堂的。这是一个万全的办法，太师母同意了，鲁迅也放心。事情决定下来，俞芬连忙回来通知俞芳和三妹说：太师母、大师母、许姐姐今晚到家来住，把房子打扫干净，并嘱咐说，大床让给太师母和大师母睡，叫俞芳再向楼下的薛伯伯家借铺板搭两张床，给她们三姐妹睡。

俞芳和三妹一听说太师母要来，真是高兴极了。俞芳觉得自己从来没有这样自觉又尽力地收拾过屋子。她和三妹首先把房子打扫好，把房里的陈年灰尘打扫出去，又用清水擦洗干净。接着把大床的垫被垫得厚厚的，换上干净的床单和最干净最好的被子和枕头，一心想让两位老人家睡得舒舒服服。从薛伯伯家借来的两副床板也拿上来了，可是还没有搭好床，俞芬和许羡苏就陪着太师母和大师母来了。她们看到俞芳和三妹把房子整理得干干净净就夸奖了一番。看到太师母和大师母还有许姐姐，俞芳和三妹真开心哪！太师母、大师母是第一次到俞芬这里来，看来她们两位老人家对这里还是满意的。俞芳猛然想起，现在是应该招待她们了，于是上前招呼她们两位老人家喝茶、吸烟。俞芬忙到厨房准备晚饭，还叫俞芳到厨房做她的助手。因为突然增加了三位客人，特别是太师母、大师母两位老人既是稀客，又是贵客，锅碗瓢盆都不够。只得向邻居借用，或者把自己搁置的东西拿出来用。不管是借来的，还是自己的，都得用清水洗净，再用开水泡过，擦干，然后盛放俞芬炒好的菜，端到楼上。这一切都是俞芳这个“助手”的任务。尽管又忙又累，但在晚饭前，都顺利地完成了。吃晚饭的时候，太师母夸奖菜烧得好吃，俞芬很高兴。太师母、大师母毕竟是上了年纪的人，胃口不大，俞芳搛给她们的菜，她们又把大部分搛到俞芳和三妹的碗里。太师母叫她们帮助她们吃；俞芳呢，收不是，不收也不好，开始有点尴尬，后来只好“来者不拒”，于是都吃下去了。饭后，俞芳把该收拾的都收拾干净了，想想这个下午，为了招待太师母、大师母、羡苏姐姐，做了不少事，人倒也不觉得吃力，工作中没有出差错，感到很高兴。刚想进屋去听听老人家和大姐姐们谈天，大概是菜吃得太多的缘故，口渴得很，于是走到茶几去找茶壶。当时外间屋没点灯，很暗，看不见，俞芳就悄悄地用手摸。怪了，明明记得，茶壶是放在茶几上的，怎么没有了呢？俞芳心里越急，口里越渴，一不小心，“啪”的一声，茶壶掉在地上，打碎了。俞芳吓了一跳。太师母坐在里屋床上，连忙问是什么东西打碎了？俞芬拿着灯出来，看到俞芳把茶壶打碎了，很心痛，刚要骂，羡苏姐姐跟着出来解围了，她说，“老二已经吓了一跳，不要再骂她了。”说这话时，她还用手指指里边，暗示大姐，两位老人在里边。在昏暗的灯光下，俞芳看见大姐狠狠地瞪了自己一眼，回到她屋去陪太师母、大师母谈话去了。俞芳收拾好茶壶碎片，擦干了地上的水——奇怪，闯了祸，口倒不渴了。

不一会儿，她走进里屋，想听太师母和大姐姐们谈话，看到太师母的床边已围满了人，就在刚搭好的床上坐下。突然，感到大腿上好像被刺了一下，很痛。她想，太师母、大师母在不便声张，只是悄悄用手去摸痛处，想把针拔出来。谁知手又被刺了一下，这时才意识到，不是针，可能是蝎子——因为这床板是借来的，他们平时不用，放在阴暗的地方，刚才以为反正是自己睡的，脏点也不要紧，急急忙忙，没来得及仔细打扫，哪里想到……俞芳这才说出这床上有蝎子，刚才螫了她两下。于是满屋子的人，顿时紧张起来，大姐姐们又是忙着找蝎子，又是急于为俞芳止痛解毒，忙乱了一阵。蝎子没找到，而当时已是晚上八点多了，外面又是戒严，店铺早已关门，到哪里去找药呢？后来，好心的薛伯母，把药送来了。敷了药，就好多了，可太师母却还在着急。老人家以没有捉住蝎子把它弄死为憾：一面担心蝎子再爬出来螫人，一面觉得只有把蝎子找到，弄死，才能替俞芳解恨。她微微地责怪大姐姐们，为什么不把蝎子找到，弄死，说不定还会爬出来螫人。而且老二白白地被它螫了两下太便宜了它！……天晚了，大家睡了。俞芳的右手和左腿，被蝎子螫过的地方，渐渐不痛了，人也够累的，不一会也就睡着了。一夜没有发生什么事。

第二天一早，太师母看俞芳醒来，就问：蝎子螫过的地方还痛吗？俞芳看了看说：“痛倒不痛了，可是手臂、大腿上都起了一条红腺。”太师母叫俞芳过去，老人家反复看着，怜惜地说这红腺是毒气，看来这蝎子是很毒的，螫得不轻，要是娇生惯养的孩子，眼泪不知道要流多少呢？俞芳说，太师母，你们来了，我高兴还来不及呢？又说：太师母，你们最好多住些日子。老人家微笑着摸摸俞芳的头，没有正面回答，只说：下次做事要细心些。当然，昨天是我们把你们忙坏了，忙中出错，是难免的。太师母多么懂得孩子的心哪！

她们刚吃过早饭，潘妈来了，是来接太师母、大师母、许羡苏的，潘妈说，鲁迅已在一个旅馆租好了房间，请太师母等三人去那里住。潘妈还说，昨夜家里没事，宋紫佩先生派董焙来管家的。于是太师母她们吃了中饭就回去了。

送走了太师母她们，又要还东西，收拾屋子了。可俞芳的劲头一下就跌了下来，做事总是无精打采、慢吞吞的。她心里好像失去了什么，一肚子的懊恼，被蝎子螫过的地方好似又隐隐作痛。

没想到，过了不久，潘妈又来了。说大先生听说昨晚俞芳被蝎子螫了，不放心，叫她们下午到西三条去一趟，给他看看。这下俞芳高兴了，赶紧和大姐、三妹一起去。进门后，知道太师母、大师母、羡苏姐姐已到东安饭店去了，家里只有大先生和潘妈、王妈在，整座房子冷清清的。当时大先生正在南屋整理东西，见俞家三姐妹来了，就迎了出来。大先生看到俞芳手臂上的红腺，也说这个蝎子是很毒的。又笑说：听说当时太师母一定要找蝎子，这位老太太真是由自己说，人被螫了，总应该先管人的。大先生说着把他事前准备好的药，给俞芳敷上，安慰说：不要紧的，过几天红腺会退去的。

她们坐了一会儿，看大先生很忙，俞芬带着两个妹妹向大先生致了谢，告辞回家。

大先生在这样艰难的处境中，对俞芳被蝎子螫了这么点小事如此关心，还亲自给她敷药医治，使她深受感动。鲁迅先生那慈祥、和蔼的笑容和对她的深切关怀，一直深深地印在她心里。

画　幅

《呐喊》的俄文译本将出版，要鲁迅先生的照相，鲁迅先生不愿意把他的照相印到那译本上去，想用艺术品的画像，因此叫许钦文同给他做过多本书籍封面的陶元庆商量。可是他俩都就要动身到浙江台州教书，只好拿得相片走，鲁迅先生说是宁可等候，也不愿意随便用照相。

鲁迅先生和陶元庆，只会见过两三回，时间都是很短的。他们所谈的话，加在一起不会超过五十句。陶元庆一向寡言，鲁迅先生在他面前，也就不多说。如果当面画，可能还画得像，这样生疏的人，只带着几张相片，怎么画得像呢？在一道离开故都的时候，许钦文很替陶元庆担心。

到了学校里，已经过了好些日子，陶元庆对于鲁迅先生的画像，还是若无其事。鲁迅先生写信来催了，许钦文把原信递给陶元庆看。他仍然不动手，也不像就会动手的样子。

鲁迅先生又写信给许钦文，说是俄文的译者已来催了好几回，许钦文又把信递给陶元庆，他依然若无其事。

又着急，又替陶元庆担心，许钦文对于这件事不知道怎样才好。可是，一个星期日的下午，他独自坐在房间里，已经许久没有听到人声，正感到冷清。忽然房门开了，陶元庆站在门口，擎着一手招呼他，是含着微笑的。

“你来看，到我的房间里来！”

让许钦文走在前头，一跨进陶元庆的房门，许钦文就不自主地欢呼起来，鲁迅先生已经出现在画架上了，庄严的样子。

胡子和眉毛都是浓浓的，无论眼睛、鼻子，没有一处不像。许钦文这才放心，以为卷拢以后就可以交卷，当天快邮寄发。因此更加佩服陶元庆，以为他的眼光实在是锐敏，而且观察得仔细。

“像不像？”陶元庆问许钦文。

许钦文答：“像的。”

“还有什么地方要修改么？”陶元庆又问许钦文。

许钦文看不出什么不对的地方来，只好照实回对。陶元庆又很仔细地观察起来，侧着头，闭着左眼，又闭拢右眼看，忽然他朝画架跨进一步，忽又倒走几步。

照例地倒摆着看，横放着看，考查是否统一，是否调和以后，又把他新作品正摆着察看，同时起劲地捏着软橡皮。许钦文以为还有什么地方要修改准备擦去些线条的。但他并不在橡皮上捏出个尖头来，只是把整块的橡皮翻来翻去。

突然，陶元庆擎起捏着橡皮的手来，在空中挥了个圈子，是很有劲的，跨到画架旁边，一口气把创作成的画像如数擦去了。

“怎么了？”许钦文不禁惊奇地问。

陶元庆不作声，只是向许钦文摇了摇手。

“怎么了？”许钦文禁不住追问。

陶元庆仍然不作声，只用手向着门口一指，要许钦文走出他的房间。陶元庆一向不让人妨碍他的作画，否则发起脾气来要故意戳破妨碍者的文稿。许钦文只好离开那里，却在廊下留着，暗暗地从门缝里窥着他。

好像是打拳时的摆着水平马步，陶元庆迅速地转动手臂，起劲的神情，似乎正在同人决斗，木炭接触纸面，不绝地嚓嚓作响。

不过十分钟工夫，陶元庆又邀许钦文进去。鲁迅先生又在画架上出现了。

“这才真的像了！”一看见画，许钦文就这样想。

“为什么要画两回呢？”许钦文认真地问。

好像不曾听见，陶元庆把画架移在一边，在原地方摆上一把椅子，叫许钦文坐，静静地察看了一下，要许钦文脱去大衣，换穿由他身上脱下来的一件，是由黑呢做成的。

“他是大刀阔斧的。”陶元庆休息了一下，才指着画架上的鲁迅先生对许钦文解释，“所以他的画像一定要用大笔触，线条也要硬。恐怕不大正确，特地先细细地描一回。那只有表面的像，类似插笔画。也是为着表现强有力的猛烈的性格，故意把身材和衣服装点一下，不管他本来是怎么样的。”

一九二六年五月三日画像寄到以后，鲁迅先生当即写信来：说是很满意。不久又听到这样的消息，鲁迅把这幅画像挂在南屋会客室墙上。有位侄子，还是手抱着的，一望见这画像，就叫起大伯来了。

鲁迅对画幅特别有兴趣。一九二六年六月六日，他抓紧就要离京南下的有限时间，到中央公园去，请擅长德文的齐寿山协助他翻译荷兰作家望·蔼覃的童话小说《小约翰》，中午抽空参观司徒乔绘画展览会。会上展出七十多件作品，鲁迅看中了两件，一件是素描《五个警察和一个〇》，画的是五个警察高举警棍扑打一位讨粥的孕妇。是司徒乔亲眼看见，后来凭记忆画出的。另一幅水彩画《馒头店门前》，画着一个半裸瘦削的老人，在初冬的早晨，走过馒头店门前，刚出笼的馒头热气腾腾，面香扑鼻，但饥饿的老人没钱买，只好背过脸朝着深深的胡同走去。这两幅画标价十八元，鲁迅拿出两张十元钞票购买。司徒乔中午吃饭去了，替司徒乔看摊的小孩一时找不出钱，抱歉地说："画家吃饭去了，没钱找。"鲁迅和蔼地说："不用找了，这两幅画根本不止值这些钱。"回家之后，鲁迅把《五个警察和一个〇》挂在"老虎尾巴"东壁上，时时观看。

鲁迅喜欢美术，还特别讲究书籍的封面设计，对陶元庆的设计尤其欣赏。说也奇怪，陶元庆是认生的人，但一见鲁迅，说话就很投机，两人彼此很投缘，这原因除了是老乡之外，与鲁迅懂得美术也有关系。此后，陶元庆时有造访，鲁迅也时常邀请他来。如有年春节，鲁迅邀三个故乡青年来吃饭，这三个人就是陶元庆、许钦文、孙伏园，作陪的则有鲁迅的母亲以及俞家三姊妹和许羡苏、王顺亲等故乡的女子，桌上的菜肴都是绍兴的风味。其实，鲁迅向来宴客都到馆子里，这次破例在家中设宴，实在是为主客的陶元庆特意准备的。此后，两人有了更多的合作，鲁迅把自己的许多书籍都交由他设计。

鲁迅非常欣赏这位来自故乡的艺术青年，对他几乎常常不加任何掩饰的褒奖，鲁迅也非常尊重陶元庆的性格，在他们时间不长的往来中，充满了怡怡之情，鲁迅曾多次赠书和宴请他，陶元庆更是以同乡晚辈的身份对鲁迅执弟子之礼，不仅经常赠画作和画信片，还不时赠送家乡的火腿，以及从西湖边采撷来的梅花。

"未名社"出版了鲁迅翻译的《苦闷的象征》，陶元庆在设计封面时，用一个在压抑中拼命挣扎的半裸的妇人人体形象为主体，通过这个披着波浪似的黑发、用脚趾夹着钗的柄、又用温柔的嘴和舌舔着这染了血的武器的尖头的妇人，用那略带恐怖的情景和暗藏着无限的悲哀的画面表达所谓"苦闷的象征"，画面还用了黑、白、灰、红等彼此相衬的色彩和郁悒的线条，这样来深刻地表现主题，鲁迅以为这样处理"使这书披上了凄艳的新装"，许钦文更认为它“首创了新文艺书籍的封面画”，而“五四”新文学书籍以图案为封面的则始于此书。这本书初版时因经费所限，封面用单色印成，鲁迅觉得过意不去，于是待初版售完后，以版税作为再版时的补充经费，并将封面由单色还原为复色，视觉效果也更加强烈了，于是这本书的两个版本，因为有不同色彩的封面而成为收藏家的珍品，以至被称为是“人间妙品”。

一九二六年六月，许钦文的小说集《故乡》由未名社正式出版。陶元庆为他设计了“大红袍”，那是一次他从北京天桥的戏院看戏出来后，为舞台上的艺术形象深深感动而忘情地彻夜画出的。

他取故乡绍兴戏《女吊》的意境，画出一幅半仰着脸的女子，把其中“恐怖美”中病态的因素删除，表现出一种渗着悲苦、愤怒、坚强的艺术精神。画面中蓝衫、红袍、高底靴等都是古装戏中常见的道具，主人公持剑的姿势也来自于京戏中武生的造型。这一作品，陶元庆汲取多元的艺术感悟，稍加变型，遂为一幅绝唱的艺术创作，后来许钦文把他创作这幅画的经过讲给鲁迅听，鲁迅沉醉其中，不断地说：“呵，是这样的，璇卿是这样的”，“这样一气呵成，好像是偶然的，其实早就积累了素材，甚至已经有了初步的腹稿。那天晚上的看戏，只是最后的促成。写文章总要多看看，不看到一点就写，才能写得深刻，生动。绘画也要这样，有功夫的艺术家大概都是这样的。”

许钦文一九二二年，陆续在北京杂志报章上，发表他以学生为题材的短篇小说，当他的第二个集子《故乡》出版后，他挟着初印成的样本，与两个朋友来访鲁迅先生。一位朋友讲了一个笑话：“钦文的第一本小说集，叫《短篇小说三篇》什么的，只有一个青年太太买了一本，而且看后，到处对人讲，说她佩服得不得了。甚至表示，想同钦文做朋友。”

鲁迅当即对钦文说：“那以后再出新集子，我看你还是送她一本罢，不必再要她买了。”

那位朋友却说：“那可糟糕！钦文第一集小说，就卖掉一本呵！”

在场的人，都笑了，鲁迅先生也笑了，在笑声还未了时，鲁迅又对许钦文说：“那不要紧！你更应该送她。为保持你的利益起见，我这里一本，可不必送了，反正我总得买。”

在钦文与朋友们走后，荆有麟问先生对于钦文小说的意见，先生严肃地说："在写学生生活这一点上，我不及他。"

因为先生不肯轻易赞许人，但也不肯轻易指责人。所以对于从事文艺工作的青年，从来没有板起面孔写长篇大论的批评，某人如果有一点可以指责，先生就指责那一点，某人如果有一点可以赞扬，先生就赞扬那一点。"莽原"时代，先生所赞许的几个青年，如高长虹、李遇安、黄鹏基、韦丛芜、向培良、韦素园等，先生就曾分别地讲出他们某一点的可取来。

当时《彷徨》还没有正式印出，但封面大样出来了，陶元庆用橙红色为底色，配以黑色的装饰人物和傍晚的太阳，上下两段横线，简练地概括了画面的空间，而人物的动作似坐又似行，满幅画面被紧张的情绪所包围，将"彷徨"表现得恰到好处，又耐人寻味。鲁迅称赞说："《彷徨》的书面实在非常有力，看了使人感动。"可是当时有的人却看不懂那寓意，以为陶元庆居然连太阳都没有画圆，陶元庆只好愤愤地说："我真佩服，竟还有人以为我是连两脚规也不会用的！"

陶元庆还为鲁迅设计了《出了象牙之塔》《工人绥惠略夫》《中国小说史略》《唐宋传奇集》《坟》《朝花夕拾》等，其中《唐宋传奇集》封面素朴静穆，古风悠然，画中人物、马车、旗幡，排列有序，意趣高远，这种用写意的手法表达性情则是他的艺术特色之一。

《坟》，鲁迅邀请他设计封面时说："我的意思是只要和'坟'的意义绝无关系的装饰就好"，陶元庆遂在创作封面时用一种包含着死的气息的画面营造构图，把棺椁与坟相排列，强烈传达出鲁迅作品的寓意。

整理汉画像

鲁迅对美术的热爱是一贯的。到北京以后，他一直痴迷于收集汉画像。在准备离京南下之刻，他首先要整理、带走的就是这些视为珍宝的文物和艺术品。

在绍兴会馆抄校古碑的时候，他从清人王昶的《金石萃编》，黄易的《小蓬莱阁金石文字》，以及宋人洪适的《隶释》诸金石学著作的描摹拓片或抄录碑文的方式中，获得一个信息：山东嘉祥县武梁祠汉代石画像精彩纷呈，可以窥见汉代习俗，并提供一条通向天地之大美的独特途径。武梁祠始建于东汉桓帝建和元年，乃武氏兄弟为其母造阙。二子武梁于元嘉元年病逝，子孙为之建立祠堂。经过三代人二十余年慎终追远的精心构建，而成了令人瞩目的艺术奇品库藏。

鲁迅从抄古碑开始，就通过逛琉璃厂和托友人等方式多方搜集武梁祠石画像。为此，还在一本金石目录小书的扉页上，写下对拓艺的要求："一、用中国纸及墨拓；二、用整纸拓全石，有边者并拓边；三、凡有刻文之处，无论字画悉数拓出；四、石有数面者令拓工注明何面。"这是为了存其真迹，以便探其本原，察其委曲，得其神韵。如此得来的数百张武梁祠和嘉祥及山东他处的石画像拓片，大抵都是鲁迅居留北京时期所得。

这些汉石画像具有"上古淳厚之风"，画面上马匹健硕，牛虎刚猛，龙体流畅，禽鸟简捷，建筑豁敞，洋溢着力之美。譬如鲁迅收藏的武班石室泗水打捞宝鼎的石画像拓片，水底有三人潜水打捞，水面有六人驾双舟协力推举，以鸟飞鱼跃衬托其繁忙气氛，堤上有七人以绳索拖拉，不料鼎耳卡着桥柱，急得岸上几位衣冠之辈指手画脚出主意，身后还有随从为之摇扇取凉，一只小熊挤在中间，焦急地蹦跳。另一栏里，有人用桔槔汲水，旁有巨熊在击掌赞叹。武开明石室桥头战斗，也是场面激烈，车马纷驰，剑盾齐举，鱼与鸟纷纷逃难。其场面构思，车马器具的安排，以及人兽杂糅，得世俗之活泼，状想象之不羁，力透纸背，前所未见。

这些图像，可考证汉代车马形制，水井设置，厨房灶口，宰割烹调，宴客迎宾，服饰装束，建筑家具等等，的确是古代家居交游生活的具象再现，也具有很高的审美价值。鲁迅极其珍惜，一一清点、装箱。凡是有所破损的，都要用自己的专门修书工具一一整好，亲自动手，绝对不用别人代替。

从所藏的汉代画像里可以发现，鲁迅从此获得的灵感很多。生前搜购历代拓本五千一百余种，六千余张，品类丰富，多为罕见之作。拓片主要有两类：一为河南南阳的画像，一系山东的画像。这些拓片风格不同，汉代社会种种风貌以神异的方式呈现出来。观看这些藏品，气象高远而丰润，线条朗健，构图灵动，毫无说教的呆气。许多作品多神来之笔，心灵与上苍的交流，思想与远古的对话，宏阔而大气，有无量的雄浑之美流溢其间。鲁迅生前曾赞叹汉唐气魄，不是没有原因的。这些藏品有的为鲁迅自己购置，有的系朋友所赠。他搜求它们，有一个梦想，就是回溯历史，打捞失去的文明，给中国现代艺术一种参照。后来在致青年画家李桦的信中，先生说："至于怎样的是中国精神，我实在不知道。就绘画而论，六朝以来，就大受印度美术的影响，无所谓国画了；元人的水墨山水，或者可以说是国粹，但这是不必复兴，而且即使复兴起来，也不会发展的。所以我的意思，是以为倘参酌汉代石刻画像，明清的书籍插画，并且留心民间所欣赏的所谓'年画'，和欧洲的新法融合起来，也许能创出一种更好的版画。"阅读这些遗物，深觉其暗功夫的不凡，这些内化在其文字里的美质，不细细体察，是难以知道的。鲁迅这番感叹，有自己的理由。他收藏过罗振玉、王国维的著作多部，金石方面的、考古方面的都有。他看那些文献，思路大变，佩服新的学者的眼光。一九一四年，罗振玉编《云窗丛刊》十二种，内收魏齐石刻、唐人写本、宋元资料，其中包括王国维《简牍检署考》等。对理解历史有相当的冲击力。后来鲁迅还收集过罗振玉的《敦煌拾零》七种，俚曲、云谣、经文种种，折射出一段宏放的历史书写空间。此前，鲁迅还收藏了一九〇九年出版的《晨风阁丛书》，均为文化史中被遗漏的一页，看得出汉文明的另一种风景。罗振玉《昭陵碑录》，王国维《曲录》《戏曲考源》，都有妙文于斯。旧时的士大夫者流，断没有这样的视野。

鲁迅看了南阳的汉代造像以后，曾经在给蔡元培先生的信中说：其实日本的浮世绘是模仿了我们中国的汉代造像。大家知道江户时代的艺术很伟大，特别是浮世绘，我每次去东京都要去那个国立博物馆看浮世绘，觉得那个真的是有创造性的艺术，这是文明的互动。

离开北京的打算一定下来，鲁迅就把这些珍贵的石刻拓片分箱装好，准备带到厦门大学去展览，让大家开开眼界。

离京南下

无论从政治压迫，还是从个人生活角度看，鲁迅都感到不能再在北京待下去了。

一九二五年十月，鲁迅和许广平定情以后，来往就更频繁了。广平送给鲁迅一对枕套，白色的细布上，用五彩的丝线分别绣着“安睡”“卧游”两字。

一天晚上，鲁迅在“老虎尾巴”，用茶几上的一个石刺猬头压碑帖拓片。广平知道先生非常爱护书籍，有一套修书工具。广平一边帮助鲁迅压碑帖，一边欣赏鲁迅手捧的汉唐石刻拓片。见一幅嘉祥画像拓片上有“周氏”印一方，上面有小人、小马、马车，人还互相施礼、作揖，古朴、简劲，鲁迅文章的风格很与之相似。广平从而也了解到鲁迅为什么喜欢收集汉唐石刻了。

鲁迅对广平小声说：“我们都必须尽快离开这里。”往朱安住的西屋使个眼色说：“林语堂邀请我到厦门大学去，这些汉唐石刻拓片就是准备带到厦门大学的。你已经毕业，可到广东教书。离开这里，各自奋斗两年，有些积蓄了，再合在一起，永不分开。”

广平明白鲁迅的意思，点了点头。

这时，王妈递过一张片子说：“有一位日本人来访。”

鲁迅看片子说：“好，请他进来。”又对广平说：“是辛岛骁，盐谷温介绍来的。我要是真的抄袭盐谷温的书，他会介绍学生来见我吗？你也不必回避。”

辛岛骁进来，恭敬地施礼。处处都把鲁迅作为《中国小说史略》的著者、北京大学的教授，向他请教，鲁迅也不讲有关学问以外的话。这天晚上，在辛岛骁面前呈现的已经不是作为教授的鲁迅，而是作为一个人的鲁迅的全貌，给辛岛骁以深刻的印象。

昏暗的灯下摆着菜肴，鲁迅和辛岛骁喝着鲁迅故乡的绍兴酒，都喝醉了。鲁迅渐渐地显露出激动的感情说着话。那已经不是有关中国过去小说的话，而是有关在鲁迅周围打着旋涡的活的现代中国的深刻苦恼。他说道：

“为什么会搞成那样呢？就因为张作霖这些旧军阀的势力统治了北京，《京报》总编邵飘萍不经审讯就枪决了，我非得从北京逃走。”

那天晚上，就是辛岛骁一个人跟鲁迅在一块，并无其他客人，辛岛骁只看见一个年轻的中国女学生不时进出，觉得鲁迅的心情是：此时无论对谁都没有拘束的必要，就通过这个穿着东京大学制服的辛岛骁留下告别的话，实际上是对北京许多仰慕鲁迅的大学生们悄悄留下告别的话。鲁迅讲到三一八惨案时，对中国不易动摇的黑暗封建势力的力量感到愤慨，同时也说出了对当时领导纯真的学生的部分领导者的利己行为感到憎恶的话。在谈话的过程中，鲁迅很有神气地从凳子上站了起来，他的因为喝了酒而发热的脸孔，由于愤怒更加泛红。他一面飞快地伸出了手臂，一面表演着指挥学生群众的人物的模样，说："他们发出'前进！前进！'的号召，叫纯真的学生朝着枪口冲击，可是他们自己决不站在前面把胸脯朝着枪弹。只是从旁边发出号召，这就是中国的领导者的姿态。你以为这样就能救中国吗？"这时鲁迅连眼泪也流出来了，凝视着辛岛骁的脸孔。辛岛骁后来再也没有看到过鲁迅像那时那么激动的神态。辛岛骁偶然地得到好机会看到了从北京逃走前夜的鲁迅！他永远忘记不了鲁迅那时候的激动。当鲁迅进而谈到以后逃到厦门去时，很快就表现出寂寞的神态，黯然地说：是朋友要我去，但也不晓得能否在那边待得长。我不想随声附和。听着这话，辛岛骁忽然记起蒋光慈曾在《徐州旅馆之一夜》中所写的"可怜的中国！"这样的话。"这是在厦门的住址。"当辛岛骁要告辞的时候，鲁迅拿起笔来，写给他。

辛岛骁这天夜晚在鲁迅那里的感触异常深刻。他从高等学校的学生时代起，就对胡适等人的新文学运动很关心，读过一些作品，但那不过是从对所谓日本的汉学的天真的叛逆精神出发，因而对于那些"新东西"特别具有兴趣而已。自从那天晚上亲眼看到了鲁迅的怒诉以后，辛岛骁才用完全不同的态度去接触那些作品。了解了鲁迅的为人，了解了中国现代的苦闷，对于没有意思的作品，也会听出从印刷纸后面发出的中国人的苦闷的叫喊。每当拿到新出版的书籍时，也觉着那寻求解放的中国的灵魂和年轻的自己，在心中的血肉联系正在加深。报纸上关于中国的短小的记事，辛岛骁也能够将它背后所具有的意思读出来，一颗颗的铅字都像是中国民族的血一般地铭记在他的心里。

一九二六年七月二十八日，鲁迅收到厦门大学汇来的薪水四百元，旅费一百元，正式接受厦门大学聘请，任国文系教授兼国学院研究教授。许广平也被推荐回母校——广东女子师范学校教书，她欣然接受。

一九二六年八月二十六日，鲁迅由北京前门火车站起程赴厦门，许广平同行。许寿裳、孙伏园、荆有麟、章川岛、许钦文、许羡苏、俞芬、俞芳、俞藻和王顺亲等朋友送行，陶元庆也和他的妹妹一起来了。石评梅在陆晶清搀扶下慢步来到。高君宇逝世后，她一直处在悲痛中，这次刘和珍死去，又给她沉重一击，写了《血尸》《痛哭和珍》等文，身体更加虚弱了。

火车启动了，忽然天空中飞来了一群鸽子，为首的还是那只棕褐色羽毛的健壮雄鸽。前门站，不，似乎整个北京古城，都响起哀鸣的鸽哨。广平搀着鲁迅先生站在车尾向友人们挥着手，仰望着鸽群，心里说着:再见了，北京!再见了，鸽子！禁不住热泪滚滚……

三一八惨案之后，易培基就遭到通缉并被免职，由任可澄接任北洋政府教育总长。七月末，鲁迅尚未离京，任可澄就将女师大与女大合并为北京女子学院，自兼院长，林素园任师范部学长。女师大进步师生奋起抗议合并。

九月五日下午一时半，任可澄特同林氏一起，率警察厅及军警处兵士约四十人，驰赴女师大，武装接管女师大。

再见了，北京！再见了，鸽子！

尾　声

鲁迅、许广平下午一时乘特别快车从天津到浦口。又坐船到上海，刘大白、夏丏尊、陈望道、沈雁冰、郑振铎、胡愈之、朱自清、叶圣陶、周建人等文化界知名人士，在消闲别墅宴请。鲁迅和许广平分头乘海轮去厦门和广州。九月四日，鲁迅抵厦门大学，与许广平书信不断。终因生活不便等原因，于一九二七年一月十八日转赴中山大学任教，与许广平会合。又因当局政变，大肆捕杀进步学生，鲁迅愤然辞去一切职务。

四月二十六日，在刺刀加钢盔的一片恐怖中，鲁迅于广州白云楼上写《〈野草〉题辞》——

当我沉默着的时候，我觉得充实；我将开口，同时感到空虚。

过去的生命已经死亡。我对于这死亡有大欢喜，因为我借此知道它曾经存活。死亡的生命已经朽腐。我对于这朽腐有大欢喜，因为我借此知道它还非空虚。

生命的泥委弃在地面上，不生乔木，只生野草，这是我的罪过。

野草，根本不深，花叶不美，然而吸取露，吸取水，吸取陈死人的血和肉，各各夺取它的生存。当生存时，还是将遭践踏，将遭删刈，直至于死亡而朽腐。

但我坦然，欣然。我将大笑，我将歌唱。

我自爱我的野草，但我憎恶这以野草作装饰的地面。

地火在地下运行，奔突；熔岩一旦喷出，将烧尽一切野草，以及乔木，于是并且无可朽腐。

但我坦然，欣然。我将大笑，我将歌唱。

天地有如此静穆，我不能大笑而且歌唱。天地即不如此静穆，我或者也将不能。我以这一丛野草，在明与暗，生与死，过去与未来之际，献于友与仇，人与兽，爱者与不爱者之前作证。

为我自己，为友与仇，人与兽，爱者与不爱者，我希望这野草的死亡与朽腐，火速到来。要不然，我先就未曾生存，这实在比死亡与朽腐更其不幸。

去罢，野草，连着我的题辞！

散文诗二十三篇，合名《野草》。一九二七年七月由北京北新书局初版，列为作者所编的《乌合丛书》之一。封面由孙伏园弟弟孙福熙设计，灰色的面上，下有两支青绿的草枝，上是白色勾出的几道云电，右上方是：白色的隶书“野草”二字和鲁迅亲笔题“鲁迅著”几个字。

一九二七年九月二十七日，鲁迅携同许广平乘“山东”轮离广州赴上海，开始了新的生活。

二〇一五年二月十六日初稿

二〇一五年春节期间修订、补充、润色

二〇一五年七月十二日再润色

二〇一六年春节至六月再修订

参考书目

1. 鲁迅著:《鲁迅全集》(十八卷),人民文学出版社 2005 年版。

2. 鲁迅著,北京鲁迅博物馆、上海鲁迅纪念馆编:《鲁迅辑校古籍手稿》(六函),上海古籍出版社 1999 年 3 月版。

3. 鲁迅、许广平著:《两地书真迹(原信)》,上海古籍出版社 1996 年 1 月版。

4. 舒汉编:《鲁迅生平自述辑要》,山东人民出版社 1979 年 5 月版。

5. 北京鲁迅博物馆鲁迅研究室编:《鲁迅年谱》第二卷,人民文学出版社 1983 年 4 月版。

6. 中国社会科学院文学研究所鲁迅研究室编:《1913—1983 鲁迅研究学术论著资料汇编》五卷一分册,中国文联出版公司 1985—1991 年版。

7. 北京鲁迅博物馆鲁迅研究室编:《鲁迅回忆录》六册,北京出版社 1999 年 1 月版。

8. 薛绥之主编:《鲁迅生平史料汇编》第二辑,天津人民出版社 1981 年 7 月版。

9. 周建人口述、周晔整理:《鲁迅故家的败落》,福建教育出版社 2001 年 8 月版。

10. 周作人著,止庵编:《关于鲁迅》(《鲁迅的故家》《鲁迅小说里的人物》《鲁迅的青年时代》),新疆人民出版社 1997 年 3 月版。

11. 周作人著:《苦茶——知堂回想录》,敦煌文艺出版社 1995 年 3 月版。

12. 周作人著:《周作人日记》(上),大象出版社 1996 年 12 月版。

13. 张菊香、张铁荣编著:《周作人年谱》，天津人民出版社 2000 年 4 月版。

14. 张能耿、张款著:《鲁迅家世》，党建读物出版社 2000 年 6 月版。

15. 北京鲁迅博物馆编:《鲁迅大影集》，中原出版传媒集团河南文艺出版社 2008 年 4 月版。

16. 止庵、王世家编:《鲁迅著译编年全集》20 卷，人民出版社 2009 年 7 月版。

17. 王得后著:《〈两地书〉研究》，天津人民出版社 1982 年 9 月版。

18. 陈漱渝著:《许广平传》，天津人民出版社 1981 年 5 月版。

19. 李允经著:《鲁迅的婚姻与家庭》，北京十月文艺出版社 1990 年 2 月版。

20. 李浩著:《许广平画传》，上海社会科学院出版社 2008 年 7 月版。

21. 张恩和著:《鲁迅　许广平》，中国青年出版社 1995 年 1 月版。

22. 倪墨炎、陈九英著:《鲁迅与许广平》，世纪出版集团上海书店出版社 2001 年 1 月版。

23. 张恩和著:《鲁迅与许广平》，湖北人民出版社 2008 年 1 月版。

24. 龙吕黄、刘世洋编著:《以沫相濡亦可哀——鲁迅与许广平的情爱世界》，东方出版社 2008 年 4 月版。

25. 倪墨炎、陈九英著:《鲁迅与许广平》，世纪出版集团上海书店出版社 2009 年 7 月版。

26. 倪墨炎、陈九英著:《鲁迅的写作和生活——许广平忆鲁迅精编》，上海文化出版社 2006 年 7 月版。

27. 孙玉石著:《〈野草〉研究》，中国社会科学出版社 1982 年 6 月版。

28. 孙玉石著:《现实的与哲学的——鲁迅〈野草〉重释》，世纪出版集团上海书店出版社 2001 年 9 月版。

29. 张洁宇著:《独醒者与他的灯——鲁迅〈野草〉细读与研究》，北京大学出版社 2013 年 4 月版。

30. 李玉明著:《“人之子”的绝叫——〈野草〉与鲁迅意识特征研究》，北京大学出版社 2012 年 3 月版。

31. 汪卫东著:《探寻“诗心”:〈野草〉整体研究》，北京大学出版社 2014 年 10 月版。

32. 江长仁编:《三·一八惨案资料汇编》,北京出版社1985年5月版。
33. 叶淑穗、杨燕丽著:《从鲁迅遗物认识鲁迅》,中国人民大学出版社1999年5月版。
34. 朱正著:《鲁迅传》,人民文学出版社2013年1月版。
35. 孙郁著:《鲁迅书影录》,东方出版社2004年9月版。
36. 柯兴著:《风流才女——石评梅传》,华艺出版社1992年2月版。
37. 石评梅著:《象牙戒指——石评梅散文选》,中国三峡出版社2010年6月版。
38. 陈丹青著:《笑谈大先生》,广西师范大学出版社2011年1月版。
39. 乔丽华著:《我也是鲁迅的遗物——朱安传》,上海社会科学出版社2009年12月版。
40. 于润琦编:《文人笔下的旧京风情》,中国文联出版社2003年10月版。
41. 王秉愚编著:《老北京风俗词典》,中国青年出版社2009年1月版。
42. 孙郁著:《民国文学十五讲》,山西人民出版社2015年8月版。
43. 黄乔生著:《鲁迅"沉入古代"的"暗功夫"——谈鲁迅收藏的古砖及砖文拓本》,《光明日报》2016年4月12日。